ÉMILE DUMONT

LA
BONNE CUISINE
FRANÇAISE

MANUEL-GUIDE
DE LA CUISINIÈRE ET DE LA MAITRESSE DE MAISON

Dessins d'après YSABEAU

1877 — 3ᵉ Edition — 1877

PARIS
A. DEGORCE-CADOT, LIBRAIRE-ÉDITEUR
70 bis, RUE BONAPARTE, 70 bis

LA
BONNE CUISINE
FRANÇAISE

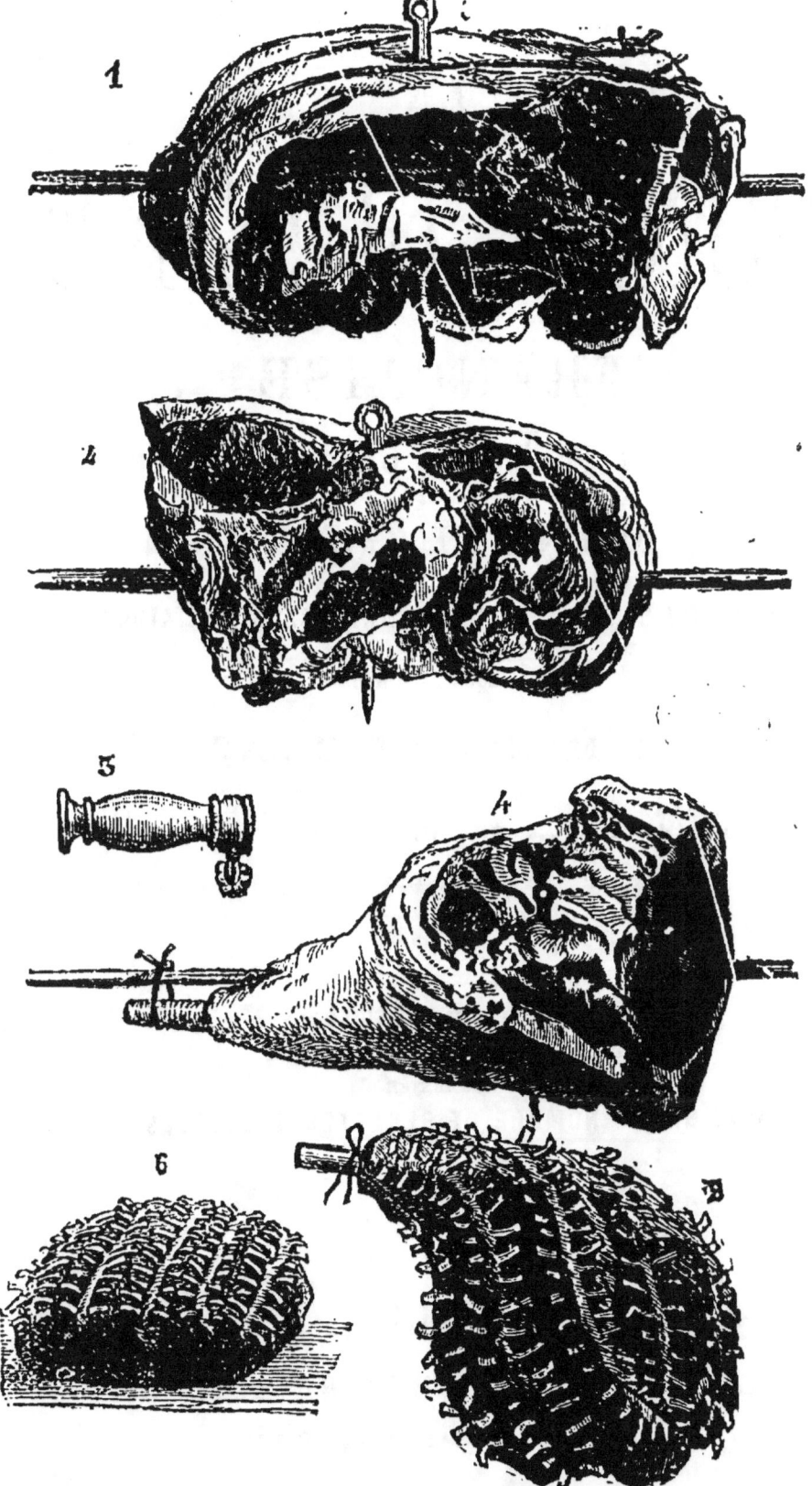

LA BONNE CUISINE FRANÇAISE

TOUT CE QUI A RAPPORT A LA TABLE

MANUEL-GUIDE

DE LA CUISINIÈRE ET DE LA MAITRESSE DE MAISON

PUBLIÉ SOUS LA DIRECTION

DE M. ÉMILE DUMONT

DESSINS DE A... B... GRAVÉS PAR YSABEAU

TROISIÈME ÉDITION
ENTIÈREMENT REVUE ET CORRIGÉE
ET AUGMENTÉE
D'UN GRAND NOMBRE DE RECETTES NOUVELLES

PARIS

DEGORCE-CADOT, LIBRAIRE-ÉDITEUR

70 BIS, RUE BONAPARTE, 70 BIS

AVANT-PROPOS

Tout ce qui a rapport à la table est une des choses importantes du ménage. Chacun a ses jours de festin. D'ailleurs il faut manger tous les jours.

Une maîtresse de maison doit se préoccuper, sinon pour elle du moins pour les autres, des diverses préparations culinaires qui composent les repas. Parfois même elle est obligée — permettez-moi cette expression vulgaire — de *mettre la main à la pâte*. Les cuisinières honnêtes, intelligentes, économes, laborieuses, expérimentées sont fort rares. Souvent, en dépit de tous les diplômes et certificats dont elles se munissent, elles se montrent d'une ignorance désespérante. Il faut les diriger ou l'on risque de mourir de faim ou de présenter à ses convives des mets détestables. La maîtresse de maison a donc besoin elle-même dun bon GUIDE MANUEL.

Admettons, cependant, qu'à force d'argent, on parvienne à se faire *servir* convenablement.

Mais combien de gens, qui n'ont qu'une modeste fortune, sont obligés par leur éducation, et leurs relations de famille, de recevoir à leur table des personnages riches et blasés !

J'ai surpris le secret de bien des ménages ; j'ai été témoin de bien des prodiges opérés par l'administration d'une sage ménagère.

A différentes reprises mes amis et mes connaissances me tourmentèrent pour écrire le résultat de mon expérience, de mes observations, et donner la recette de certains petits plats de ma façon. Ils prétendaient, avec quelque raison, qu'un livre de cuisine véritablement pratique et économique, indiquant des procédés clairs, précis et d'une exécution facile n'existait pas.

Ce travail me souriait peu...

Mais, réflexion faite, j'envisageai les choses autrement. Je crus qu'un livre de cuisine, tel que je le comprenais, pouvait être utile et je me mis à l'œuvre.

Mettre toute personne, même celle qui n'a aucune notion culinaire, dans la possibilité de confectionner de bons mets et aussi de les faire exécuter ; donner des recettes claires, promptes, peu coûteuses, de manière à mettre le confortable à la portée même des petites bourses ; donner les moyens d'exécution les plus simples pour tout ce qui a rapport au service et aux exigences de la table ; enfin indiquer *tout le parti* que l'on peut tirer des *restes*, faire des *plats nouveaux* avec la desserte des anciens ; voilà les différents problèmes que je me suis proposé de résoudre.

Faire beaucoup avec peu, telle est la devise de ce livre.

Il s'adresse :

1° Aux maîtresses de maison ;

2° Aux jeunes filles qui se destinent aux fonctions de cuisinière.

Avec ce livre, sans aucune initiation préalable, on peut aisément arriver à préparer un bon dîner, non-seulement un dîner bourgeois, mais encore un dîner fin et varié, et, au bout d'un certain temps, devenir assez bonne cuisinière pour n'avoir plus besoin de recourir à ce GUIDE MANUEL que comme à un memento.

J'ai omis tout ce qui est du domaine de la fantaisie, j'ai laissé les recettes qui n'ont aucune utilité pratique, ou parce qu'on n'aura jamais l'occasion d'y recourir, ou parce qu'en les exécutant soi-même on ne trouve nul avantage sous le point de vue économique, tels les *échaudés*, pâtisserie dont la confection est longue, minutieuse, et que l'on trouve dans les plus petits villages au prix le plus modique.

Je ne me suis pas servi, à l'exception de celles qui sont du vocabulaire français vulgaire, d'expressions techniques, parce que souvent elles ne sont comprises que des initiés, et mon livre n'est pas fait pour ceux-là.

LA BONNE CUISINE FRANÇAISE, je le répète, est avant

tout un livre d'utilité et d'actualité pratiques. J'ai expérimenté, je me suis renseigné un peu partout, j'ai surtout pris conseil de maîtresses de maison intelligentes et éclairées. Nulle recette n'a été admise sans un sérieux examen.

J'ai cru faire un bon livre, un livre utile, c'est à ce titre que j'espère obtenir l'approbation du public, approbation qui déjà ne m'a pas fait défaut, mais en d'autres temps et pour un genre de littérature tout différent.

Emile DUMONT.

Paris, le 1ᵉʳ février 1873.

BUT ET PLAN DE CE LIVRE

Enseigner à faire bien, en dépensant le moins d'argent possible, par les procédés les plus simples.

Première partie. { Avant propos. — Conseils et instructions utiles. — Ustensiles de cuisine. — Approvisionnements. — Service de table.

Deuxième partie. { Préliminaires. Potages. Hors-d'œuvre froids et chauds. Relevés et entrées de viande, poisson, œufs, gibier... Légumes. Entremets. Pâtisserie, confiserie. Café, thé, chocolat, liqueurs.

Troisième et dernière partie. { Vins en fûts et vins en bouteilles.

POUR LES INDICATIONS PLUS DÉTAILLÉES, VOIR A LA FIN DU VOLUME LA TABLE GÉNÉRALE DES MATIÈRES.

LA BONNE CUISINE

FRANÇAISE

PREMIERE PARTIE

PETIT VOCABULAIRE. — CONSEILS ET INSTRUCTIONS UTILES. — USTENSILES DE CUISINE. — APPROVISIONNEMENTS. — SERVICE DE TABLE.

PETIT VOCABULAIRE EXPLICATIF

DES TERMES, EXPRESSIONS ET DÉSIGNATIONS SE RAPPORTANT A L'ART CULINAIRE, EMPLOYÉS DANS CE LIVRE. RENSEIGNEMENTS SUR LES MOTS ET LES CHOSES.

Aiguillettes — morceaux minces et longs qu'on enlève sur l'estomac des volailles. On les appelle aussi, quelquefois, FILETS.

Amalgamer — bien mêler; bien mélanger.

Assiettes. — On appelle souvent assiette, la quantité d'objets qu'une assiette peut contenir; on dit ASSIETTE DE DESSERT, ASSIETTE DE FRUITS, ASSIETTE DE PETITS FOURS, etc.

Assiettes volantes. — On les appelle ainsi parce qu'on ne les pose pas sur la table; on les apporte lorsque le moment est venu de manger ce qu'elles contiennent et on les passe immédiatement de convive à convive. Cette manière de *présentation* s'emploie surtout pour les mets qu'on était convenu d'appeler autrefois HORS-D'ŒUVRE CHAUDS et qu'on désigne maintenant sous le nom de PETITES ENTRÉES.

Bain-Marie — quantité d'eau plus ou moins grande dans laquelle on plonge la casserole renfermant le mets que l'on veut faire cuire; de cette manière l'action du feu est moins active, puisqu'elle n'est pas immédiate.

Barder — couvrir le dessus des pièces de viande ou des volailles avec des lames de lard très-minces, appelées BARDES. (*Voir bardage.*)

Bateaux — petits plats de forme allongée pour mettre les hors-d'œuvre. (*Voir les mots coquilles, raviers, hors-d'œuvre.*)

Brochettes — petites broches pour retenir les viandes et les poissons dans une certaine position. Pour la table on les fait en argent ou argentées; pour la cuisine, en fer. On peut en confectionner en bois.

Caisses — petits moules en papier qui servent de maintien au four et d'ornement sur la table à certains gâteaux.

Les caisses servent aussi à mettre, au moment de leur présentation, certaines petites entrées. Chaque caisse se confectionne de dimension à contenir la part d'un convive. Les entrées en caisses, comme coup d'œil, sont d'un charmant effet.

La cuisinière ou la maîtresse de maison peut confectionner elle-même les caisses; voici un procédé simple et peu coûteux :

Prenez une feuille de papier, ou la moitié, le quart, le huitième d'une feuille, suivant que vous voulez faire des caisses plus ou moins grandes; posez votre papier sur un moule à gâteau, ou sur un verre à eau rougie, ou un verre à liqueur, suivant encore la dimension que vous voulez donner à vos caisses, mais il faut en tous cas que vos verres soient en forme de gobelet; appuyez sur le papier pour qu'il prenne l'empreinte de l'orifice du moule ou du verre (*Voir dessins explicatifs pour aider à la confection des caisses, fig.* 1), coupez le papier en rond en vous guidant sur l'empreinte, mais en laissant en plus le papier nécessaire pour la hauteur que vous voulez donner à la caisse; remettez le papier sur le moule ou le verre; appuyez tout autour sur la partie qui dépasse, en la collant pour ainsi dire au moule et en rangeant les plis aussi régulièrement que possible (*Voir dessins explicatifs, fig.* 2); fixez ces plis en appuyant dessus avec un couteau à papier; ôtez le papier de dessus le moule ou le verre et c'est alors le moule ou le verre que vous mettez dans le papier qui commence déjà à prendre la forme de caisse; posez alors caisse et moule dans un autre moule où le premier peut entrer, mais juste, afin d'achever de former les plis de la caisse; puis, dans cette position, pour terminer, rabattez à peu près un centimètre du bord de la caisse, ce qui la rend tout à fait solide (*Voir ci-dessous, fig.* 3.) Caisse terminée (*Voir fig.* 4).

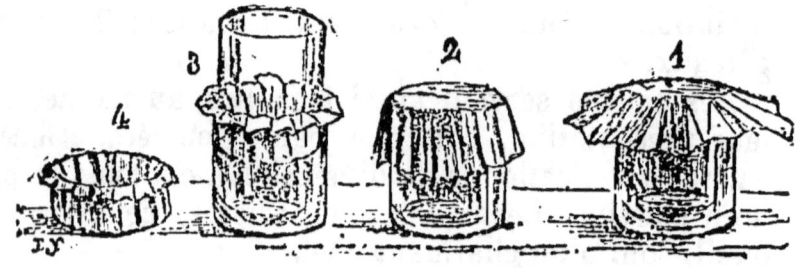

Dessins explicatifs pour aider à la confection des caisses.

Cassolettes — petits mets servis dans des espèces de petites caisses en pâte. — On désigne aussi par ce mot les petites caisses elles-mêmes. (*Voir au chapitre Pâtisserie la manière de confectionner ces caisses.*)

Chausse — appareil pour filtrer les liquides tels que sirops, jus de fruits et liqueurs. Il est en futaine, flanelle, molleton ou même feutre, cousus en forme d'entonnoir et fixés par le haut, pour les tenir ouverts, à un petit cercle fait avec une baguette flexible;

On y passe des ficelles afin de pouvoir l'accrocher.

Ciseler — faire des incisions plus ou moins grandes, plus ou moins profondes. Il est bon de ciseler le dessus de certains poissons et de quelques viandes avant de les mettre cuire.

Clarifier — rendre limpide. — On clarifie les liqueurs en les faisant passer à travers du papier à filtrer, à travers la CHAUSSE (*Voir clarification des liqueurs*). On clarifie le sucre, le jus et les gelées avec des blancs d'œufs (*Voir clarification du sucre et clarification du jus*).

Coiffe. — On appelle COIFFE OU TOILETTE et encore CRÉPINE, une membrane composée de filaments graisseux qui se trouve dans l'intérieur des porcs, moutons et autres animaux et que l'on emploie pour envelopper certaines préparations de viandes hachées, telles que pieds de cochon farcis, petites saucisses crépinette, etc. La coiffe, toilette ou crépine que l'on préfère est celle de porc. On la trouve chez les charcutiers ou lardiers; elle se vend au morceau ou au poids.

Concasser — écraser grossièrement.

Coquilles — petits mets servis dans des coquilles Saint-Jacques. Souvent les coquilles Saint-Jacques sont remplacées par des imitations en métal qui portent elles-mêmes le nom de coquilles. Les petits mets bien apprêtés et servis dans des coquilles sont fort appétissants. On appelle aussi COQUILLES des petits plats en forme de coquilles pour hors-d'œuvre.

Crème — couche onctueuse qui se forme au-dessus du lait lorsqu'on le laisse reposer plusieurs jours. (*Pour plus amples renseignements voir, à la table des matières, le mot crème.*) On appelle aussi crème certaines préparations culinaires pour entremets.

Crépine — coiffe ou toilette de porc (*Voir le mot coiffe*). — On appelle aussi crépine un assemblage de viandes hachées enveloppé dans une coiffe de porc (*Voir crépine de veau*).

Cuisson — se dit du changement qui s'opère dans les mets ou préparations que l'on a mis sur le feu; s'emploie aussi pour désigner le liquide dans lequel la viande, le poisson ou les légumes cuisent.

Décanter — ôter un liquide d'un vase et le mettre dans un autre pour n'en avoir que la partie claire et laisser le dépôt.

Décoction, FAIRE UNE DÉCOCTION — faire bouillir des herbes ou des plantes avec de l'eau pour en extraire la substance. Si on ne fait que les jeter dans l'eau bouillante et ôter du feu, c'est une INFUSION.

Dégorger, METTRE A DÉGORGER — mettre les viandes tremper dans l'eau pour les débarrasser du sang qu'elles contiennent et les rendre plus blanches.

Dégraisser — ôter la graisse de dessus un ragoût ou un mets.

Dégraissis — graisse que l'on a enlevée.

Désosser — ôter les os.

Dorer — enduire une pâtisserie de jaune d'œuf avec un pinceau ou une barbe de plume pour qu'elle prenne couleur au four. (*Voir dorage.*)

Dresser — disposer avec symétrie sur le plat les pièces et les morceaux que l'on va présenter sur la table.

Echauder — tremper dans l'eau bouillante l'animal dont on veut enlever le poil, la plume ou la peau.

Entrées — mets ainsi appelés parce que ce sont les premiers que l'on mange après le potage. Ce sont des plats de viandes, gibier, volaille, poisson, presque tous avec de la sauce. Les entrées se servent dans des plats ronds. (*Voir la liste des entrées dont la confection est indiquée dans ce volume.*)

Entremets — mets qui se servent après les rôts et la salade. Ils se composent de poissons, légumes, œufs et aussi de pâtisseries et de diverses préparations sucrées. (*Voir la liste des entremets dont la confection est indiquée dans ce volume.*)

Escalopes — petites tranches de viande ou de poisson taillées minces, et, autant que possible, de forme ronde. On dispose les escalopes une fois cuites en couronne sur le plat à moitié les unes sur les autres.

Eteindre — mettre un liquide dans un ROUX lorsqu'il est à point pour l'empêcher de se colorer davantage.

Etouffée, CUIRE A L'ÉTOUFFÉE — faire cuire dans une casserole bien close, de manière à ce que la vapeur de la cuisson et de la viande ne se perde pas.

Filet — partie la plus tendre de la chair de certains animaux. Dans le bœuf, le veau, le mouton, le cochon, le sanglier, le cerf, c'est le rouleau de chair placé à l'intérieur de chaque côté de l'épine dorsale; dans les poulets, poulardes, dindes, etc., on donne le nom de filets à toutes les parties blanches; dans le gibier à plumes aux chairs de l'estomac; dans les poissons aux morceaux débarrassés des arêtes et de la peau. On appelle encore filets les aiguillettes (*Voir ce mot*).

Filets mignons. — On donne le nom de filets mignons à chaque morceau de filet de veau, mouton, cochon, sanglier, cerf, chevreuil, etc., coupé par tranches transversales. Le filet de bœuf conserve son nom de filet; ainsi on dit pour désigner des tranches de filet sautées, des FILETS SAUTÉS. Dans les volailles, les filets mignons sont les parties de chair qui se trouvent sous les ailes et qui tiennent au bréchet.

On appelle **faux filet** la masse de chair qui dans l'aloyau se trouve à l'opposé du filet dont elle est séparée par des os. On le demande aussi sous la dénomination de CLERC OU MORCEAU DU CLERC par opposition au nom que l'on donne au filet vulgairement appelé MORCEAU DU PROCUREUR.

Filtre — appareil pour filtrer les liquides. Le filtre le plus connu se fait avec une feuille de papier spongieux que l'on plie en forme d'éventail, que l'on ouvre ensuite et que l'on dispose dans un entonnoir sur une bouteille. Le liquide versé dans le filtre tombe dans la bouteille très-clair, très-limpide; mais le filtre en papier a l'inconvénient de se crever facilement; je conseille d'employer de préférence la chausse *(voir ce mot)*.

Il est une disposition très-simple qui remplace le filtre, c'est de mettre dans l'entonnoir un peu de ouate que l'on enfonce plus ou moins.

Filtrer — faire passer un liquide à travers un filtre pour le rendre clair et limpide.

Fines herbes — plantes d'assaisonnement telles que persil, cives, ciboule, cerfeuil, pimprenelle, estragon, etc...

Flamber — faire passer la volaille ou le gibier à plumes, une fois plumés, sur la flamme pour les débarrasser du duvet qui reste. Pour flamber, employer du papier mince faisant une flamme très-claire afin de ne pas noircir la volaille, ou une lampe à l'esprit de vin en éparpillant bien la mèche.

Glacer — mettre sur les viandes, au moyen d'une plume ou d'un pinceau, une légère couche de sauce réduite à l'état presque solide. En pâtisserie, c'est couvrir les gâteaux de sucre en poudre pour, qu'en les remettant ensuite un instant dans le four, il se forme une couche qui les orne et leur donne un goût plus savoureux. En confiserie, c'est le travail qui consiste à entourer les fruits d'une couche transparente de sucre.

Gratin — portion d'une sauce qui s'attache au fond de la casserole ou du plat où l'on fait cuire un mets. Se dit aussi de la surface d'un mets que l'on a mis au four ou sous le four de campagne et qui s'est colorée et est devenue croquante.

Gratiner, faire gratiner — faire prendre de la couleur et du croustillant sous l'action du feu.

Hors-d'œuvre — petits mets que l'on sert ordinairement dans les *raviers*, *coquilles* ou *bateaux*, petits mets qui sont en dehors de la composition principal du repas, qui ne s'y présentent, pour ainsi dire, qu'accessoirement, tels que huîtres marinées, thon mariné, anchois, crevettes, sardines, radis, beurre, etc. On les fait passer dans les intervalles nécessités par le service et le découpage, comme pour *chasser les ennuis de l'attente*. On les laisse à la disposition des convives jusqu'au dessert.

Il y avait autrefois les HORS-D'ŒUVRE CHAUDS. C'était de ce nom qu'on appelait les petites entrées sans sauce. On les servait dans des plats plus petits. Aujourd'hui on les considère comme entrées. On les sert sur des plats semblables. On peut aussi ne pas les faire figurer sur la table et les passer sur des assiettes volantes (*voir ce mot*) quand le moment est venu de les manger.

Les hors-d'œuvre froids ont une certaine importance dans la science du bien manger. En général ils sont appétissants, ils occupent agréablement les convives, et, d'un autre côté, au point de vue économique, ils achèvent de garnir et d'orner la table sans grande dépense. Il serait assez difficile d'indiquer tous les hors-d'œuvre. Nous en indiquons une grande quantité à la liste dressée pour servir à la composition des repas. La plupart s'achètent tout préparés chez les marchands de comestible et les épiciers, il ne s'agit plus que de les disposer dans les coquilles; d'autres peuvent se préparer à la maison et nous en donnons les recettes dans la seconde partie de cet ouvrage.

Infusion — liquide que l'on obtient en versant de l'eau bouillante sur une herbe ou une plante dont on veut obtenir la saveur ou le parfum.

Lard — couche de graisse ferme qui se trouve entre la chair et la couenne du cochon et avec laquelle on confectionne des lardons et des bardes.

Macérer — infuser à froid.

Mariner — mettre et laisser tremper dans une marinade. (*Voir marinades.*)

Masquer — couvrir un mets avec une sauce consistante.

Mijoter, FAIRE MIJOTER — faire cuire lentement et à petits bouillons.

Mouvettes — cuillères en bois de forme ronde de fréquent emploi en cuisine.

Mouiller — mettre un liquide quelconque pendant la cuisson d'un mets.

Noix — morceau qui se trouve en dessous de la cuisse des animaux, bœuf, veau, mouton et qui est plus tendre que les autres morceaux.

Paner — enduire de mie de pain émiettée bien fine. (*Voir pour les différentes manières de paner les pages indiquées à la table des matières.*)

Papillotes. — On entend par papillote le papier dont on entoure les viandes pour les faire cuire d'une certaine manière. On entend aussi par papillote une petite bande de papier taillée, découpée et frisée dont on entoure, comme d'une manchette, le haut de l'os d'une côtelette, le bout des cuisses d'une volaille, l'extrémité du manche d'un gigot.

Modèles de papillotes.

La manière de confectionner les papillotes-manchettes est assez simple :

Pour faire une papillote pour côtelette, coupez une bande de papier mince de 20 centimètres environ sur 4 1/2 de large; pliez-la en deux sur le sens de la largeur; ensuite pliez-la plusieurs fois sur le sens de sa longueur de manière à réduire cette largeur le plus possible, cependant sans que l'épaisseur soit trop forte pour pouvoir la couper facilement et régulièrement avec des ciseaux; coupez avec des ciseaux de manière à former des petites lanières, mais en laissant intacte au bord inférieur une bande de 2 centimètres environ; dépliez la bande de papier; ouvrez-la dans le sens de la largeur et repliez en sens inverse de manière à décoller complétement et à arrondir les petites lanières; roulez ensuite cette bande, soit en collerette, fig. 2, soit en spirale, fig. 1, suivant celui des deux modèles que vous voulez obtenir, autour d'un petit bâton de la grosseur du doigt et terminez en collant avec un peu de gomme ou avec un pain à cacheter blanc.

Les papillotes pour pattes de lièvre se font plus grandes; celles pour manche de gigot encore plus grandes; plus les papillotes sont grandes plus le papier qu'on emploie pour les confectionner doit avoir d'épaisseur; pour le manche de gigot on pourra employer du papier écolier.

Parer — enlever les parties superflues des viandes pour rendre celles-ci plus présentables.

Passer — faire couler à travers une passoire pour dégager de diverses substances.

Petits fours — petites pâtisseries légères composées principalement de blancs d'œufs ou d'amandes comme petites meringues, patiences, macarons.

Piquer — couvrir le dessus des pièces de viande de petits morceaux de lard espacés également. (*Voir piquage.*)

Pocher — jeter dans l'eau ou un liquide bouillant. (*Voir pour la manière de pocher : œufs pochés.*)

Raviers — petits plats de forme particulière pour des hors-d'œuvre. (*Voir bateaux, coquilles.*)

Relevés — mets ainsi nommés parce qu'ils remplacent le potage sur la table dès que celui-ci est distribué aux convives; le bouilli est un relevé. Ce sont d'ordinaire de grosses entrées qui servent de relevés. On a l'habitude pour les distinguer des autres entrées de les entourer d'une forte garniture. Les relevés se servent dans des plats longs ou ronds.

Revenir, faire revenir — faire chauffer beurre, huile ou graisse et y mettre les viandes pour les raffermir et les colorer un peu.

Rôt — viande rôtie ou mets considéré comme pouvant la remplacer dans l'ordre du service.

Rouelle — tranche coupée en rond ; ROUELLE D'OIGNON, ROUELLE DE CAROTTE, ROUELLE DE VEAU....
La rouelle de veau se prend dans le morceau de la cuisse qui se trouve entre le quasi et le jarret ; on la coupe en travers du fil de la viande et plus ou moins épaisse. On l'accommode de différentes manières ; on en fait des fricandeaux, des escalopes, etc.

Roux, FAIRE UN ROUX — mettre dans une casserole du beurre et de la farine et les tourner sur feu vif jusqu'à ce qu'ils soient bien mélangés et prennent couleur. Il y a le ROUX BLANC, le ROUX BLOND, le ROUX BRUN, suivant le plus ou moins de couleur qu'on laisse prendre au beurre et à la farine.

Saumure — mélange d'eau et de sel. (*Voir pour la manière de la préparer à la table des matières.*)

Sauter — faire cuire à feu vif dans une casserole ou une poêle en agitant de temps à autre la casserole ou la poêle pour faire changer de côté aux objets qui y cuisent.

Selle, SELLE DE MOUTON. — On appelle ainsi le morceau du mouton qui se trouve entre le gigot et la dernière côtelette de carré. La selle de mouton se compose donc de toutes les côtelettes connues vulgairement sous le nom de CÔTELETTES DE FILET.

Surtout — grande pièce de porcelaine ou d'orfèvrerie que l'on place comme ornement au milieu de la table. On peut en faire soi-même avec des fruits, des fleurs, des feuillages et de la mousse. Celui dont nous donnons le modèle est peu coûteux. Il se compose tout simplement d'une corbeille, soit de faïence, de porcelaine ou d'osier, posée sur un plateau ou même une planche de forme ovale, garnie de mousse parsemée de bouquets et de fleurettes ; la corbeille, où sont disposées différentes espèces de fruits, est également ornée de fleurs et aussi de grandes herbes telles que chiendent, tiges de géranium, etc.

Surtout improvisé.

Toilette, TOILETTE DE PORC. — (*Voir is mot coiffe.*)
Zeste — partie jaune et odorante de la peau du citron et de l'orange. Il faut l'enlever aussi mince que possible ; la partie blanche donne de l'amertume.

I

DE LA PIÈCE OU L'ON FAIT LA CUISINE. — DISPOSITION. — AMEUBLEMENT. — CONSEILS POUR LES SOURIS ET LES MOUCHES.

La pièce où l'on fait la cuisine, et qui elle-même porte le nom de cuisine, doit être — ceci dit pour les gens qui seraient dans l'intention de bâtir — d'assez grande dimension, avoir tout à proximité, un office pour conserver et serrer les provisions et un endroit pour laver la vaisselle.

Elle doit avoir un buffet, des planches et des installations pour les casseroles et la vaisselle.

En plus, comme complément du strict nécessaire, une table et un *chouquet*.

Une cuisine a le droit d'être petite, mal disposée, elle était ainsi et on la laisse telle qu'on l'a prise, mais elle n'a pas le droit d'être sale et en désordre. Elle doit être tenue avec le plus grand soin.

Que chaque objet soit remis en place chaque jour, les casseroles, la vaisselle, etc., tout cela bien clair, bien net, bien essuyé.

Tous les soirs, le fourneau sera nettoyé avec soin. Il le sera dans la journée à chaque accident.

Les travaux terminés, on ouvrira les fenêtres, afin de renouveler l'air et de chasser les mauvaises odeurs.

Tous les soirs la pierre sur laquelle on lave la vaisselle, et qu'on appelle *pierre à évier* ou simplement *palle*, sera lavée à l'eau chaude.

Une fois par semaine il sera fait un grand nettoyage. *Tous les ustensiles*, même ceux qui ne servent pas habituellement, seront passés en revue et nettoyés. On nettoiera les vitres avec de l'eau et de l'eau-de-vie; les planches avec de l'eau et du savon au moyen d'une brosse; les tables de même; si elles sont trop engraissées on se servira d'un peu de potasse. On ôtera les toiles d'araignée, etc. On terminera en lavant le carrelage, mais l'hiver pas à trop grande eau, car on risque d'amener de l'humidité et de le faire souffler. On frotte avec une brosse, et l'on éponge. On ouvre les fenêtres toutes grandes afin de faire bien sécher. Puis on remet tous les objets à leurs places.

Il y a deux sortes d'animaux, hôtes incommodes des cuisines : les souris et les mouches. Je conseille les souricières pour les premières. Pour les autres employez de petites bouteilles que vous emplirez d'eau miellée où les mouches viendront se noyer, ou bien encore des verres pleins à moitié d'eau de savon très-épaisse et que vous couvrirez d'un carton percé d'un trou au milieu et enduit au-dessous d'un peu de miel. Les mouches entrent par le trou et ne tardent pas à tomber dans l'eau de savon. Je suis tout-à-fait opposé à l'emploi de tout autre moyen, surtout à celui de la poudre vulgairement appelée *mort-aux-mouches;* car les mouches empoisonnées peuvent tomber dans les mets et les rendre malfaisants.

II

USTENSILES ET APPAREILS CULINAIRES. — DE LEUR NETTOYAGE. — NETTOYAGE DE LA VAISSELLE, DES CRISTAUX ET DE L'ARGENTERIE. — FOURNEAUX ÉCONOMIQUES.

§ 1er.

Ustensiles de cuisine. — De leur nettoyage.

Je ne suis pas partisan d'une grande quantité d'ustensiles de cuisine. On ne saurait trop éviter l'encombrement; cela donne plus de mal pour l'entretien et le nettoyage; puis, acheter un objet qui ne sert qu'une fois et qu'on met ensuite à l'écart, c'est augmenter la dépense sans presque nul avantage. Si par exception vous avez besoin d'un ustensile que vous n'avez pas parce que vous n'auriez que fort rarement l'occasion de vous en servir, vous trouverez à l'emprunter ou à le louer, ainsi, par exemple, les *turbotières* et les *poissonnières* de grande dimension.

Une cuisinière intelligente et consciencieuse doit, autant que possible, se contenter des ustensiles qu'on met à sa disposition. Elle saura à l'occasion suppléer ou remédier à ce qui lui fera défaut.

Achetez de préférence des ustensiles en métal. Les ustensiles en terre, sont moins cher, il est vrai, mais, étant fragiles, il faut les remplacer plus souvent et ils finissent par être onéreux. Ils ont aussi l'inconvénient de donner plus aisément un mauvais goût aux mets que l'on accommode.

Je suis l'adversaire déclaré des ustensiles de cuivre, je les admets seulement dans les cas, très-rares, où ils sont indispensables ; d'abord le prix d'achat est souvent fort élevé ; ensuite, comme ils s'oxydent très-facilement, ils exigent de plus grands soins, un plus grand entretien. Croyez-moi, contentez-vous d'ÉMAIL BELGE, de POTERIE et de FER-BLANC.

Je conseille surtout l'ÉMAIL BELGE comme propreté, hygiène et économie.

On trouve toutes espèces d'objets de ce genre : pots-au-feu, casseroles, écumoires, jusqu'à des pots à eau et cuvettes, même des services de table. Ces derniers sont assez chers et n'ont d'avantage que pour les parties de campagne.

Je ne puis préciser le nombre et le genre d'ustensiles nécessaires, c'est à chaque maîtresse de maison à prendre un parti à cet égard, mais je ne saurais trop leur recommander le tamis à purée dont le dessin suit :

Tamis à purée et son pilon.

De même que la casserole braisière ci-contre.

Cette casserole ovale est très-commode pour apprêter les volailles entières et de plus, comme son nom l'indique du reste, elle peut remplacer une braisière ou daubière.

J'engage aussi les maîtresses de maison à choisir

des poêles à frire très-profondes pour que la friture déborde moins facilement et aussi à les prendre sans queue ou au moins avec une queue très-courte....

Casserole braisière.

Poêle à frire très-profonde, à anses.

On en fait de forme ovale pour friture de poisson. Les poêles pour OMELETTES ou SAUTÉS doivent nécessairement avoir une queue, mais que cette queue soit courte. Je recommande bien, si l'on veut réussir les omelettes d'avoir une poêle spéciale pour ces préparations, de ne jamais l'écurer, mais de se contenter de la laver à l'eau bouillante ; on évite ainsi que les omelettes ne collent.

Il est indispensable d'avoir des ustensiles de cuisine — casseroles, cafetières, cuillères de bois même, — où il ne soit jamais entré de substances grasses ; car si l'on employait des ustensiles ayant servi aux sauces, ragoûts ou fritures pour lait, tisanes, etc., ces préparations contracteraient un goût très-désagréable connu sous la dénomination de GOUT DE GRAILLON.

Je recommande bien aussi d'employer autant que possible pour toutes les préparations culinaires les cuillères de bois ; celles de fer ou d'étain ont l'inconvénient de noircir les sauces. Les cuillères de bois connues sous le nom vulgaire de MOUVETTES sont indispensables. Il est bon d'en avoir de différentes grandeurs et de ne pas employer pour faire les sauces blanches, sous peine de leur donner une vilaine nuance, les mouvettes qui ont servi aux sauces brunes.

Avant de se servir, pour la première fois, des ustensiles en fonte ou en tôle, non émaillés ou étamés, il est bon, pour empêcher que la rouille ne s'en empare, de les mettre sur le feu avec de la graisse et de bien les en enduire.

On doit faire bouillir de l'eau une ou deux fois dans les casseroles, pots et cafetières de terre avant de les employer à quelque préparation culinaire que ce soit sous peine de donner un mauvais goût à cette préparation.

Nous répéterons ici, à propos des ustensiles de cuisine, ce que nous avons dit à propos de la cuisine : de la propreté, une grande propreté, une propreté méticuleuse. Sans cela, outre que vos mets prendraient souvent mauvais goût, avec certains ustensiles il y aurait les plus grands inconvénients pour la santé.

Pour les ustensiles de cuivre on fera bien de les passer en revue tous les jours et de les faire étamer aussitôt qu'ils commenceront à rougir à l'intérieur.

Les procédés de nettoyage diffèrent suivant la nature de l'ustensile.

La vaisselle, la poterie (*plats, assiettes, cafetières, casseroles*), se lavent à l'eau très-chaude, au moyen d'une *lavette*, sorte de petit balai composé de gros fils ; on laisse égoutter et l'on essuie soigneusement avec un torchon très-propre et pas trop rude.

L'argenterie se lave à l'eau bouillante. On doit avoir le soin de la laver avant tout ustensile de cuisine. On la rince ensuite dans une eau moins chaude ; on dépose chaque pièce à mesure qu'elle est rincée sur un linge, puis on essuie le tout avec une toile douce.

De temps à autre, tous les quinze jours par exemple, on frotte les pièces d'argenterie avec une peau d'agneau préparée, dite *peau à argenterie*, légèrement enduite de *rouge anglais;* on termine en les essuyant avec une autre peau sans rouge ou un linge très-doux.

La teinte brune qui paraît sur les pièces d'argenterie qui ont servi à manger des œufs s'enlève en frottant les parties teintées avec un peu de cendre fine mouillée ou un peu de blanc d'Espagne.

Les lames des couteaux de table doivent être nettoyées chaque jour, après chaque repas, en les frottant avec un bouchon de liége enduit de tripoli, ou sur la planche à terre pourrie; mais en posant la lame *bien à plat* pour ne pas l'ébranler dans le manche. Les manches d'argent des couteaux s'arrangent par le procédé indiqué pour l'argenterie, *en ayant soin de les mettre à l'eau tiède*, car l'eau chaude ferait détacher la lame du manche. Employez pour les manches d'ivoire du blanc d'Espagne légèrement imbibé d'eau.

Les verres et cristaux se lavent à l'eau froide. Employez pour les bouteilles et carafons, qui se trouveraient tachés, un peu de gros sel de cuisine et de coquilles d'œufs ou un peu de crottin de cheval. Emplissez au quart d'eau, agitez fortement en bouchant avec la main, lavez et rincez bien.

Pour nettoyer **les casseroles et les chaudrons en cuivre,** on se sert de cendre, de grès ou de sablon. On mouille d'eau et l'on frotte avec un chiffon ou un bouchon de foin; puis on lave à plusieurs eaux et l'on fait sécher au soleil ou au feu le plus promptement possible.

Quant aux **chandeliers et autres ustensiles en cuivre jaune** qui exigent plus de soin, je conseille de les nettoyer avec la poudre métallique de Grosset-Grange.

Il suffit d'imbiber un peu de cette poudre d'eau; ensuite d'en frotter l'objet avec un linge ou une brosse; terminer en essuyant bien avec un linge.

Cette poudre se trouve maintenant chez presque tous les épiciers et même chez beaucoup de ferblantiers et quincailliers.

L'ancien nettoyage, à l'eau de cuivre, est malsain pour la personne qui l'exécute et beaucoup plus coûteux.

On nettoie l'intérieur des ustensiles étamés en faisant bouillir dedans de l'eau et de la cendre. On frottera avec un chiffon, mais de manière à ne pas enlever l'étamage qui est une chose fort susceptible.

Les ustensiles en fer se nettoient avec du grès et de l'eau en frottant fortement avec un bouchon de foin ou de paille.

Il ne faut pas employer le grès pour les ustensiles en FER BLANC, on doit se contenter de les faire bouillir avec de l'eau et beaucoup de cendre, et de les frotter avec un bouchon de foin ou un chiffon.

L'étain se nettoie avec du blanc d'Espagne et de l'eau ; on finit avec un chiffon sec.

Les ustensiles émail belge se nettoient comme les casseroles en faïence, tout simplement à l'eau bouillante, en ayant soin, s'ils sont encroûtés ou encrassés à l'intérieur, de les laisser un instant sur le feu avec de l'eau. Si le dessus est noirci, on emploie un peu de cendre fine imbibée d'eau en frottant avec un linge.

ANNEXE AU § 1er DU CHAP. II.

Le sujet que nous venons de traiter ne le serait pas complétement, si nous ne consacrions pas quelques lignes à parler des soins qui, dans les maisons bourgeoises, incombent aux cuisinières, en plus de la préparation des mets et du nettoyage des ustensiles de la cuisine.

Avant de resserrer l'argenterie, on doit la compter pour s'assurer s'il n'en manque aucune pièce ; car dans le cas d'absence, les recherches seront plus faciles plus tôt que plus tard.

Quant à l'argenterie et aux objets de réserve dont on ne se sert qu'exceptionnellement, ils devront être l'objet de soins encore plus minutieux.

L'argenterie sera examinée pièce à pièce, nettoyée, séchée, fourbie avec la plus grande attention.

Les lames de couteaux (*les lames en acier; les lames en argent ne demandent pas les mêmes soins*), avant de remettre les couteaux dans leurs boîtes à compartiments, seront enduites d'un peu de graisse pour les empêcher de rouiller.

Les bouteilles et carafons seront resserrés bien rincés et égouttés, mais sans être bouchés; car ils se tacheraient et prendraient un mauvais goût.

§ 2.

Des fourneaux économiques.

Je suis, et l'expérience m'a convaincu que j'étais dans le vrai, pour les FOURNEAUX ÉCONOMIQUES.

Je sais tout ce qu'on a pu dire contre.

Les rôtis y sont moins bons.

Je répondrai péremptoirement qu'il y a des fourneaux économiques qui remédient à cet inconvénient. Dans tous les cas on peut avoir une *coquille*.

Maintenant passons aux avantages.

Ces appareils présentent une économie incontestable; d'abord il n'y a qu'un seul feu à entretenir, par suite moins de surveillance et de peines; il suffit d'éloigner ou de rapprocher les casseroles du foyer suivant que l'on veut une cuisson plus ou moins rapide; le même feu vous entretient d'eau chaude, vous fournit four, étuve, une étuve excellente qui sert de chauffe-assiettes et encore à conserver la chaleur aux mets une fois préparés en attendant qu'on les porte sur la table.

Les cuisinières, qui n'ont pas l'habitude des fourneaux économiques, ont peut-être du mal à s'y *mettre*, mais une fois bien au courant elles n'en veulent pas d'autres.

Il faut les prendre assez grands. Il n'y a pas avantage à les avoir petits, ces derniers consomment autant de combustible et sont incommodes parce qu'on ne peut y confectionner qu'un nombre restreint de plats.

Mais il faut les prendre a foyer de petite dimension.

J'en ai vu d'excellent système, à foyer circulaire, brûlant peu de charbon ou de bois et qui permettaient cependant de préparer à la fois jusqu'à dix ou douze mets différents.

§ 3.

Recommandations pour l'emploi des fours de campagne.

Lorsqu'on n'a pas de four à sa disposition, il est indispensable à toute personne qui s'occupe de cuisine d'avoir le petit appareil appelé four de campagne pour colorer et gratiner les mets qui en ont besoin, faire cuire des omelettes soufflées et les soufflés, faire des galettes, etc.

Ce pis-aller exige beaucoup de soins, mais enfin n'est pas à dédaigner.

Voici quelques recommandations expresses pour l'emploi de cet ustensile :

Avant de se servir du four de campagne, il est presque indispensable de le faire chauffer et même pour les gratins et les grosses pâtisseries de le faire presque rougir, car il n'est guère probable que le feu que l'on va placer dessus suffira à lui donner à temps la chaleur convenable pour le succès de l'opération.

On aura soin de placer sous les mets que l'on couvre du four de campagne, soit pour les cuire, soit pour leur faire prendre couleur, un feu très-modéré, presque pour ainsi dire de la cendre chaude, sans cela on s'exposerait à les brûler en dessous avant que le dessus soit à point.

III

APPROVISIONNEMENTS.

§ 1er.

Achat des denrées. — Indices pour reconnaître les denrées de bonne qualité. — Conseils.

Une des choses importantes du ménage, une des premières à apprendre pour les cuisinières, c'est à bien *faire son marché*, c'est-à-dire à savoir trouver des denrées de bonne qualité, et ensuite à ne les payer que ce qu'elles *valent*.

Sans denrées de bonne qualité on ne fera jamais de cuisine parfaite.

En payant chaque chose plus que sa valeur, on augmente considérablement, sans aucun avantage, la dépense d'une maison.

Nous indiquons, à la seconde partie de cet ouvrage, en tête de chaque catégorie de mets, les indices auxquels on reconnaît leurs différentes qualités. Nous recommandons à tout aspirant cordon bleu de bien méditer tous les enseignements et conseils qui y sont consignés.

La personne chargée de *faire le marché* doit d'abord parcourir tous les étalages, avant de faire *aucune* acquisition, pour voir où se trouve le meilleur et ensuite se mettre au courant du *cours* du jour.

Je ne conseille pas d'avoir de fournisseur attitré ; on risque de n'avoir pas ce qu'on désire ou de le payer plus cher.

Après avoir tout examiné et considéré, arrêtez votre choix et discutez le prix.

Prenez vos conserves, vos épices, chez les marchands qui ont une nombreuse clientèle ; comme ils doivent les renouveler plus souvent, vous êtes plus certain de les avoir fraîches et de meilleure qualité.

§ 2.

Conservation des provisions. — Garde-manger.

Il est indispensable pour toute maison d'avoir un garde-manger, d'abord pour y conserver les viandes crues, ensuite pour y enfermer les restes.

Le garde-manger doit être autant que possible placé au nord, et, dans tous les cas, à l'abri du soleil. On peut encore le placer en plein air suspendu aux branches d'un arbre au feuillage épais qui puisse l'abriter contre le soleil ; mieux encore dans une cheminée qui ne sert plus.

Que l'air y circule librement ; qu'il soit ouvert, autant que possible, de tous les côtés ; que toutes ses ouvertures soient closes avec un canevas ou une toile métallique assez serrée pour empêcher le passage des insectes et assez claire pour ne pas intercepter celui de l'air.

Examinez soigneusement vos viandes avant de les suspendre dans ce garde-manger afin de voir si les mouches n'y ont pas déjà déposé leurs œufs et pour ôter ces derniers.

Suspendez les viandes que vous voulez conserver dans le garde-manger de manière à ce qu'elles ne se touchent pas entre elles, ni qu'elles ne touchent pas au garde-manger, ni à quoi que ce soit.

On reproche, avec raison, au garde-manger de dessécher les viandes, telles que bœuf, mouton, veau ; pour remédier à cet inconvénient on peut les enduire d'un peu d'huile d'olive.

Il faut avoir soin de ne pas mettre dans le garde-manger des choses à odeur forte, comme le fromage par exemple.

Si le temps est très-chaud et orageux, s'il est humide, les viandes se garderont moins bien que par un temps sec et frais. Lorsqu'il pleut, les viandes contractent aisément un fort mauvais goût connu sous le nom de goût de *relan*.

L'hiver quant il gèle très-fort les viandes se conservent indéfiniment.

Lorsqu'on croit que les viandes sont sur le point de se gâter dans le garde-manger et que l'on désire les conserver encore, il faut alors avoir recours à d'autres moyens de conservation.

Le bœuf pour pot-au-feu ne peut se conserver, après le garde-manger, que par la cuisson.

Il faut le mettre dans une casserole ou un pot-au-feu avec la quantité d'eau nécessaire pour qu'il baigne entièrement, mais bien se garder de saler. On le fait cuire jusqu'à ce que la graisse surnage un peu, tout au plus pendant une heure ; puis on retire du feu, on laisse refroidir, on couvre soigneusement et on le porte dans un endroit frais. Quand le moment est arrivé de se servir de sa *conserve*, on met viande et bouillon dans le pot-au-feu, on remplit s'il n'y a pas assez de liquide, on sale, on écume, etc., comme on fait pour tout autre pot-au-feu. Par ce moyen la viande peut se conserver un ou deux jours pendant les plus grandes chaleurs sans contracter de mauvais goût et le bouillon est aussi bon que s'il avait été fait en une seule fois.

SI LE BŒUF EST POUR ROTIR OU GRILLER, le mettre dans une casserole sur le feu avec un peu de beurre et l'y laisser quelques minutes en le tournant de tous côtés, ôter du feu, le laisser refroidir et l'enfermer dans le garde-manger où il se gardera encore ainsi deux ou trois jours.

Il y a encore pour le bœuf destiné à être rôti ou grillé le moyen de conservation par la marinade. (*Voir marinades.*)

LE VEAU ET LE MOUTON peuvent se conserver aussi en les faisant revenir sur le feu avec un peu de graisse ou de beurre ou bien en les marinant.

La marinade est un excellent moyen de conservation pour le LIÈVRE, le LAPIN, le CERF, le CHEVREUIL, le SANGLIER.

Voici un autre procédé pour conserver les viandes :

Entourez d'un torchon bien propre et bien sec les viandes que vous voulez conserver, couvrez-les de poussier de charbon ou de braise, et placez-les ainsi disposées dans un endroit frais.

POUR LE POISSON il y a aussi des moyens de conservation.

Un des principaux est la CUISSON, mais il ne faut pas le faire cuire à moitié comme la viande, mais complétement, ne mettre ni sel, ni poivre, ne l'assaisonner que lorsqu'on le fera réchauffer pour le manger.

Certains poissons se gardent bien un ou deux jours

quand ils sont très-frais : ainsi la sole, la raie, le turbot, le saumon, le thon.

Mettez-les au frais sans les laver ni les nettoyer.

Certains poissons s'accommodent assez bien de la marinade, ainsi l'anguille quand on veut la mettre sur le gril, à la broche ou à la tartare, le thon, le saumon et l'alose coupés en tranches pour mettre sur le gril.

§ 3.

Grosses provisions.

Il ne s'agit plus dans ce paragraphe des approvisionnements de chaque jour, de chaque semaine, des approvisionnements que l'on fait, pour ainsi dire, au fur et à mesure des besoins ; mais des GROSSES PROVISIONS, de celles que l'on fait pendant le printemps et l'été pour le reste de l'année, à l'époque où tout est plus abondant et à meilleur marché pour en profiter dans la saison où tout est ordinairement d'un prix élevé.

Il y a beaucoup à dire sur ces provisions.

Est-ce une économie ?

Oui et non.

Oui, si on a une cuisinière sûre, intelligente, économe ; oui si une maîtresse de maison veut prendre elle-même la direction et la distribution de ces provisions. Si la maison est dirigée autrement, ces provisions sont une occasion de dépense et de coulage assez considérable ; *provision est synonyme de profusion.*

Nous indiquons plus loin les meilleurs procédés de conservation pour le beurre, les œufs, les légumes, le porc, etc. (*Voir table des matières.*)

IV

COMPOSITION D'UN REPAS. — MENU. — DISPOSITIONS PARTICULIÈRES. — SERVICE DE TABLE. — SOIRÉES.

§ 1er.

Des différentes espèces de repas.

Il ne suffit pas de savoir préparer de bons mets; la gastronomie a aussi des règles pour les présenter.

Le soin de composer les repas, d'arrêter le nombre et la nature des mets, de dire dans quel ordre et avec quel appareil ils paraîtront sur la table qui, dans les maisons princières, concerne spécialement le maître d'hôtel, dans nos ménages bourgeois est du domaine de la maîtresse de maison ou, à son défaut, du maître, et souvent, en époux guidés par une même pensée, l'un et l'autre s'en occupent en collaboration.

Les repas de tous les jours s'accomplissent sans longues méditations, sans grands préparatifs. Chaque maison a son petit train-train, sa routine que scandent régulièrement les dîners de famille et que dérange de temps à autre l'arrivée inattendue d'un convive.

Dans ce dernier cas, bonne contenance, ô maîtresses de maisons! que cette arrivée subite, qui parfois est des plus intempestives à cause de l'exiguïté du repas, ne mette pas de nuage apparent sur votre front. Il n'y a rien de plus désagréable que l'air inquiet, contrarié, affairé ou surpris des gens que l'on vient surprendre de bonne amitié!

Pour obvier à l'exiguïté du repas, vite aux choses de ressource!

N'y a-t-il pas toujours des œufs dans la maison?

D'ailleurs le charcutier est tout proche. En cinq minutes vous aurez de bon jambon, de la galantine... Les saucisses, les andouillettes ne demandent pas une longue cuisson.

D'un autre côté n'y a-t-il pas les conserves de saumon, de homard, de légumes chez l'épicier?

Mais surtout soyez de belle humeur, tout ira bien, n'avez-vous pas l'excuse de l'impromptu?

Quant aux repas où la gastronomie peut donner des préceptes, je les diviserai en trois catégories : Le Repas de petit comité, les Réunions de famille et le Festin d'apparat.

Pour le Repas en petit comité, le tête-à-tête avec les intimes, pas de luxe, mais beaucoup de confortable ; un couvert bien mis, une salle à manger convenablement chauffée l'hiver et fraîche l'été; pas un grand nombre de plats, mais le plat de *gourmet* s'y présente à propos et c'est l'occasion ou jamais de boire de bon vieux vin.

Dans les Repas de famille que tout soit de bonne qualité, copieux, appétissant; mais la recherche doit en être exclue. Le classique bouilli servira de *relevé;* les œufs à la neige et les œufs au lait, accompagnés de meringues ordinaires, y figureront avec honneur à la grande joie des petits enfants.

Reste le Festin d'apparat, le repas officiel. Pour celui-là, il faut que tout brille aux yeux; que l'étiquette règne ; il faut que chaque chose semble dire aux convives : nous ne pouvons trop nous réjouir; nous ne pouvons avoir trop de splendeur, nous ne pouvons vous faire trop d'honneur.

Les repas suivant l'heure à laquelle on les donne changent de nom et diffèrent un peu de composition et de physionomie. Envisagés sous ce point de vue, on les désigne sous les dénominations de DÉJEUNER, DÉ-JEUNER DINATOIRE, DINER et SOUPER.

Le DINER est le plus complet de tous les repas, potage, hors-d'œuvre, relevés, rôtis, entremets, tout y figure! Les heures varient de quatre à sept.

Le DÉJEUNER D'APPARAT, en dehors de l'heure, ne diffère souvent du DINER D'APPARAT que par l'absence de potage. On ne sert jamais de potage dans un déjeuner.

Le déjeuner véritablement déjeuner, même quand on veut y apporter un certain raffinement, a des allures un peu plus simples. On n'y servira en tant que mets chauds que ceux qui demandent des préparations peu compliquées : côtelettes, rognons, biftecks. Il peut se composer principalement de mets froids et de toutes sortes de charcuteries. Le thé, le café, le chocolat complètent son ensemble.

Le DÉJEUNER DINATOIRE a lieu au milieu de la journée, passé midi. On le termine comme le dîner, par le café et les liqueurs. On n'y donne ni chocolat ni café au lait.

Le SOUPER, qui a presque toujours un peu le caractère de l'impromptu, n'a pas de potage et doit se composer principalement de mets froids, tels que mayonnaises, rôtis, pâtés, poissons, galantines, salades et légumes froids, etc. On disposera à l'avance tout ensemble sur la table, viandes, poisson, légumes et dessert.

§ 2.

Composition du menu.

Dès qu'on a fait ses invitations, une chose importante est de songer au nombre de mets nécessaires pour bien traiter ses convives, d'en arrêter les diverses espèces, c'est ce qu'on appelle COMPOSER LE MENU.

Le mot MENU s'applique aussi à la liste écrite ou imprimée des mets.

Le menu d'un repas se compose des différentes sortes de préparations connues sous les noms de POTAGES, HORS-D'ŒUVRE, RELEVÉS, ENTRÉES, ROTS, SALADES, ENTREMETS et PLATS DE DESSERT.

Autant que possible n'attendez pas au dernier instant pour composer le menu d'un repas.

Il faut que la cuisinière ne soit pas prise au dépourvu; qu'elle ait le temps de se procurer les choses nécessaires à la confection des mets arrêtés pour le repas; qu'elle ait aussi le temps de préparer et de disposer ses viandes.

Il n'est pas mauvais que la cuisinière soit admise à la composition du menu; car elle peut donner des renseignements utiles. Elle aussi a son *expérience* et ses idées. Du reste elle sera mieux disposée à bien faire du moment où elle aura eu voix consultative *au projet*.

Les menus diffèrent suivant le nombre et la qualité des convives et aussi suivant les jours et les circonstances.

Trois entrées, relevé compris, et quatre hors-d'œuvre peuvent suffire pour huit à dix convives. Le choix de ces entrées doit être fait de manière à satisfaire tous les goûts, c'est-à-dire de nature et d'aspect différents.

Pour 5 à 6 personnes on pourra ne mettre que deux entrées, par conséquent ne pas relever le potage. On pourra pour le coup d'œil du service servir également quatre hors-d'œuvre.

Pour compléter votre menu il vous faut un rôt, une salade, un plat de légumes et un entremets, puis le dessert.

On procède de la même manière en augmentant le nombre des plats à proportion du nombre des convives.

Pour 24 couverts, 6 hors-d'œuvre, 2 relevés, 4 entrées, 2 rôtis, 4 entremets, une salade, 29 assiettes de dessert suffiront.

MODÈLE DE MENU.

MENU.

POTAGES.

Potage au vermicelle.
Potage à la purée aux croûtons.

HORS-D'ŒUVRE.

Beurre.
Radis.
Olives.
Cornichons.

RELEVÉ.

Turbot sauce blanche aux câpres.

ENTRÉES.

Salmis de bécasses.
Mayonnaise de filets de sole.
Volaille au jus.
Canard aux navets.

ROTIS.

Poularde du Mans.
Perdreaux à la broche.

SALADE.

ENTREMETS.

Céleri au jus.
Pommes de terre duchesses.
Macaroni en timbale.
Charlotte russe.

DESSERT.

Le guide indicateur page 44 et suivantes servira dans le choix que nécessite la composition du repas.

Lorsqu'on aura composé un menu pour plus de 25 à 30 convives, éviter les répétitions de mets.

En se conformant à la méthode de service généralement adoptée aujourd'hui, il est à peu près indispensable de mettre à la disposition des convives le détail exact du dîner offert à leur dégustation. Mais je conseille de ne faire imprimer les *menus* que le plus tard possible, que lorsqu'on aura fait tous ses approvisionnements, car, en agissant autrement, c'est s'exposer à beaucoup de difficultés et de mécomptes ; et d'un autre côté il est assez ridicule de mettre sous les yeux de ses convives une liste qui ne les renseigne nullement sur la composition du repas et qui peut les exposer à des déceptions toujours désagréables.

Une chose sur laquelle je ne saurais trop appuyer c'est que, lorsqu'il s'agit de la composition d'un repas, on ne doit pas lésiner. Allez largement. En réalité l'économie que vous pourriez faire serait relativement petite, c'est dans les choses répétées, les choses de chaque jour que l'économie est fructueuse.

INDICATEUR DES METS

POUR SERVIR

A LA COMPOSITION DES MENUS.

POTAGES.

Potage au pain.
— croûtes au pot.
— au riz au gras.
— au riz au maigre.
— au riz au lait.
— au riz Crécy.
— au riz à l'oseille.
— au vermicelle au gras.
— au vermicelle au lait.
— au vermicelle à l'oseille.
— aux pâtes d'Italie au gras.
— aux pâtes d'Italie au lait.
— aux lazanes au gras.
— aux lazanes au lait.
— aux nouilles au gras.
— aux nouilles au lait.
— aux quenèfes.
— au macaroni.
— à la semoule.
— à la semoule au lait.
— à la fécule.
— au tapioca.
— au tapioca au lait.
— au sagou.
— au sagou au lait.
Bouillie.
Potage au jus de veau.
— au lard et aux choux.
— aux choux (maigre).
— aux poireaux.
— à la graisse.

Potage à l'oseille.
— à l'oseille et au jus de légumes.
— panade.
— à la purée de pois verts.
— à la purée aux croûtons.
— à la purée de lentilles.
— à la purée de pommes de terre.
— à la purée de haricots blancs.
— à la purée de haricots rouges.
— à la purée de marrons.
— à la citrouille.
— à l'oignon.
— au riz à l'oignon.
— au vermicelle à l'oignon.
— à la julienne.
— à la julienne passée.
— printanier.
— Crécy au gras.
— Crécy maigre.
— Consommé.
— Consommé aux œufs pochés.
— à la bisque d'écrevisses.
— à la tortue.
— à la flamande.
Garbure.
Bouille-baisse.
Potage à la tête de congre.

HORS-D'ŒUVRE.

Melon.
Figues.
Beurre.
Radis et raves.
Petits artichauts.
Citrons.
Cornichons marinés.

Boutons et graines de capucines marinés.
Oignons marinés.
Champignons marinés.
Christe-Marine marinée.
Pickles.
Achards de l'Inde.

Hareng mariné.
Maquereau mariné.
Congre mariné.
Concombres marinés.
Tomates marinées.
Céleri-rave.
Sardines.
Anchois.
Huîtres marinées.
Olives.
Crevettes,
Homard conservé.

Thon.
Saucisson.
Langue fourrée.
Cervelas.
Pommes de terre en robe de chambre.
Mortadelle de Bologne.
Jambon.
Rillettes de Tours.
Hareng saur en anchois.
Chou rouge mariné.
Saumon fumé.

PETITES ENTRÉES APPELÉES AUTREFOIS HORS-D'ŒUVRE CHAUDS.

Huîtres frites.
Huîtres en coquilles.
Petits pâtés.
Pieds de cochons à la Sainte-Menehould.
Pieds de cochon truffés.
Pieds farcis.
Saucisses.
Boudins.
Andouillettes.
Rissoles.
Cervelles frites.
Tête de veau frite.
Oreilles de veau frites.
Croquettes
Rognons de mouton à la brochettes.
Pieds de mouton frits.

Langue de mouton en papillotes.
Harengs au naturel.
Coquilles de volaille.
Coquilles de poisson.
Croustades de volaille.
Croustades de poisson.
Cassolettes de volaille.
Cassolettes de crevettes.
Truffes au naturel.
Œufs à la coque.
Champignons en coquilles.
Champignons sur le gril.
Pommes de terre sautées.
Moules.
Escargots.
Grenouilles.

RELEVÉS.

Bœuf bouilli.
Bœuf bouilli servi sur une sauce quelconque.
Bœuf à la mode.
Aloyau à l'étuvée.
Filet de bœuf mariné.
Filet de bœuf à la chicorée.
Filet de bœuf à la sauce tomate.
Langue de bœuf à toute espèce de sauce.
Chapon au gros sel.
Poule au riz.
Longe ou carré de veau dans son jus, à la bourgeoise, à l'oseille.
Épaule de veau roulée.

Épaule de mouton roulée.
Tête de veau au naturel.
Tête de veau en tortue.
Tête de veau à la financière.
Fraise de veau.
Gigot de mouton cuit dans son jus.
Gigot de mouton à l'anglaise.
Gigot de mouton braisé.
Gigot de mouton à la provençale.
Jambon au vin de Madère.
Jambon à la chicorée.
Cochon de lait.
Tous les gros poissons que l'on sert chauds peuvent être présentés comme relevés.

Saumon.
Esturgeon.
Turbot.
Barbue.
Alose au court bouillon.
Alose à la broche.

Truite.
Brochet.
Bar.
Carpe.
Et toute espèce de matelotes de poisson.

ENTRÉES.

Entrées de Bœuf.

Bœuf bouilli à la sauce piquante.
— en bœuf à la mode.
— aux navets.
— en blanquette.
— à la ravigote.
— à la sauce poivrade.
— à la sauce tomate.
— à la sauce tartare.
— à la sauce pauvre homme.
— à la mayonnaise.
— à la sauce italienne.
— aux choux.
— en miroton.
— à la poêle.
— au gratin.
— sur le gril.
— en hachis.
— en huilade.
— en croustades.
— en croquettes.
Filet à l'étouffée, avec champignons.
— à la chicorée.
— à la sauce tomate.
— à la sauce piquante.
Biftecks à la maître d'hôtel.
— aux pommes de terre.
— au beurre d'anchois.
— aux champignons.
— au cresson.
— à la châteaubriand.
Tête de bœuf braisée.
Entre-côtes à la maître d'hôtel.
— aux pommes de terre.
— aux champignons.
Langue de bœuf à la sauce piquante.
— à la sauce tomate.
— à la sauce blanche.
Bœuf à la mode.
Rognons sautés.
— en salmis.

Rognons à l'étouffée.
Foie à la maître d'hôtel.
Foie à la poêle.
Tripes à la mode de Caen.
Gras-double à la lyonnaise.

Entrées de veau.

Veau à la bourgeoise.
Poitrine de veau farcie.
Veau aux petits pois.
Blanquette de veau.
Côtelettes de veau au naturel.
— en papillotes.
— dans leur jus.
— panées.
Fricandeau au jus.
— aux champignons.
— à la sauce tomate.
— à la chicorée.
— à l'oseille.
Escalopes de veau aux fines herbes.
— à la milanaise.
Paupiette de veau.
Crépine de veau.
Épaule de veau à la bourgeoise.
Foie à la poêle.
— en biftecks.
— en papillotes.
— à l'italienne.
Ris de veau en fricandeau.
— à la sauce tomate.
— à l'oseille.
— à la poulette.
Cervelle en matelote.
— à la poulette.
Tête de veau.

Entrées de mouton.

Gigot dans son jus.
— braisé.
— à la provençale.
Hachis de gigot.
Émincé.
Épaule à la bourgeoise.

COMPOSITION DU MENU

Épaule à l'étouffée.
— farcie.
Poitrine sur le gril.
— à la sauce piquante.
— à la sauce poivrade.
— à la chicorée.
— à l'oseille.
— à la sauce soubise.
Côtelettes au naturel.
— à la jardinière.
— à la sauce piquante.
— à la sauce tomate.
— à la sauce soubise.
— aux champignons.
— panées.
— farcies.
Rognons à la brochette.
— sautés.
— sautés au vin de Madère.
— sautés aux champignons.
Langues en papillotes.
Queues braisées.
— sur le gril.
— à la sauce tomate.
Pieds à la poulette.
— farcis.
— frits.
Cervelles à la poulette.
— au gratin.
— en matelote.
— frites.

Entrées d'agneau.

Agneau au blanc.
Epigramme d'agneau.
Issues au petit lard.
Tête d'agneau à la poulette.

Entrées de chevreau.

Blanquette de chevreau.

Entrées de cochon.

Porc frais à l'étouffée.
Grillades.
Côtelettes au naturel.
— à la sauce piquante.
— à la sauce poivrade.
— à la sauce Robert.
— à la sauce tomate.
— à la sauce soubise.
— panées.
Filet piqué et mariné.

Filets mignons.
Oreilles à la sauce piquante.
— à la sauce tomate.
Rognon sauté au vin blanc.
Queues à la purée.
Pieds à la cherbourgeoise.
— à la Sainte-Menehould.
Jambon au Madère.
— à la chicorée.
— à l'oseille.
— aux épinards.
Saucisses au naturel.
— aux choux.
— à la lorraine.
— à la purée de pois verts.
— à la purée de pommes de terre.
Boudin noir.
— blanc.
Petit salé aux choux.
— à la purée de pois verts.

Entrées de volaille

Volaille au jus.
— au riz.
— au gros sel.
Blanquette de volaille.
Capilotade.
Mayonnaise.
Aspic.
Fricassée de poulet.
Poulet au blanc.
— à la tartare.
— à la crapaudine.
— à la marengo.
— à la bordelaise.
— à l'estragon au blanc.
— à l'estragon au brun.
— au jambon.
— en papillotes.
— à la diable.
— à la jardinière.
Poule aux oignons.
Dinde dans son jus.
Abattis de dinde à la bourgeoise.
— — au blanc.
Canard en salmis.
— aux navets.
— aux olives.
— aux petits pois.
Oie en salmis.
Oie aux navets.
Cuisses d'oie à la sauce piquante

Cuisses d'oie à la sauce Robert.
— aux oignons.
Abattis d'oie à la bourgeoise.
Pigeons en compote.
— à la crapaudine.
— aux champignons.
— aux marilles.
— aux choux.
Lapin en gibelotte.
— en civet.
— sauté.
— à la tartare.
— en papillotes.
— au blanc.
— à l'estragon.
— au jambon.
— aux olives.
— à la bonne femme.
— en fricandeau.
Pintade aux jus.
Pintade en salmis.
Ragoût financière.

Entrées de gibier.

Gigot de chevreuil à la sauce poivrade.
Civet de chevreui
Filet et côtelettes
Epaules.
Civet de lièvre.
Levraut sauté.
Levraut chasseur.
Civet de lapin.
Gibelotte de lapin.
Lapin sauté.
Salmis de perdreaux.
Perdreaux aux choux.
Chartreuse de perdreaux.
Perdreaux à la chipolata.
— en mayonnaise.
Faisan aux choux.
— en salmis.
Bécasses en salmis.
Pigeons ramiers en salmis.
— aux choux.
— en compote.
— aux champignons.
Cailles sur le gril.
Bécassines en salmis.
Cailles sur le gril.
Cailles en salmis.
Allouettes en salmis.
— en caisses.
Canard sauvage en salmis.
Macreuse en salmis.

Bizette en salmis.

Entrées de pâtisserie.

Vol-au-vent.
Tourtes.
Pâtés chauds.
Timbales.
Rissoles.

Entrées de poisson.

Saumon à la génevoise.
— aux câpres.
— à la maître d'hôtel.
— en mayonnaise.
— en salade.
Tranches de saumon à toute espèce de sauce.
Escalopes de saumon.
Truites.
Bar accommodé de toutes les manières.
Mulet accommodé de toutes les manières.
Turbot à la sauce blanche.
— au gratin.
— en mayonnaise.
Barbue à la sauce blanche
— au gratin.
— en mayonnaise.
Raie à la sauce blanche.
— au beurre noir.
— frite.
Morue fraîche à la sauce blanche.
— à la hollandaise.
Morue salée à la sauce blanche.
— à la cherbourgeoise.
— à la maître d'hôtel.
— aux pommes de terre.
Brandade de morue.
Turban de morue.
Anguille à la broche.
— à la tartare.
— en matelote.
Congre.
Maquereau à la maître d'hôtel.
— à la sauce blanche.
Filets de maquereau sautés.
— en papillotes.
Maquereau salé.
Harengs sur le gril.
— à la sauce blanche.
— à la sauce Robert.
— frits.
Harengs salés.

COMPOSITION DU MENU

Soles, limandes, carrelets, plies, flondres.
— au gratin.
— aux fines herbes.
— en matelote.
— à la sauce blanche.
Sole normande.
Sole à la Colbert.
Filets de sole.
Merlans frits.
— au gratin.
— sur le plat.
— aux fines herbes.
Eperlans frits.
— aux fines herbes.
— sur le plat.
— en matelote.
— sur le gril.
Grondins ou rougets grillés.
— à la sauce blanche.
— en mayonnaise.
Alose au court-bouillon.
— à la sauce blanche.
Alose à l'oseille.
Moules à la marinière.
— à la poulette.
Matelote de toute espèce de poisson.
Carpe grillée.
— en matelote.
— à la sauce blanche.
Tanches frites.
— en matelote.
Brochet au bleu.
— en matelote.
Escargots à la poulette.

Entrées d'œufs.

Œufs sur le plat.
Œufs à la poêle.
Œufs frits.
Œufs brouillés.
Œufs à la tripe.
Œufs à la sauce blanche.
Œufs à l'oseille.
Omelettes.

ENTRÉES FROIDES EMPLOYÉES PRINCIPALEMENT POUR DÉJEUNERS.

Tranches de jambon.
Tranches de galantine.
Tranches de hure de cochon.
Tranches de fromage d'Italie.
Assiettes assorties.

ROTS.

Aloyau.
Côte de bœuf.
Filet de bœuf.
Rognon de veau.
Carré de veau.
Quasi.
Paupiette de veau.
Gigot de mouton.
Gigot de mouton mariné.
Epaule de mouton.
Quartier d'agneau.
Quartier de chevreau.
Porc frais.
Jambon rôti.
Cochon de lait.
Poulets, poulardes, chapons.
Poulardes truffées.
— aux marrons.
Poulets à la reine.
Dinde truffée.
Dinde aux marrons.
Canard.
Pigeons.
Pintades.
Lapin.
Gigot de chevreuil.
Lièvre.
Lapin de garenne.
Faisans.
Perdreaux.
Pigeons ramiers.
Pluviers.
Bécasses.
Bécassines.
Cailles.
Allouettes ou mauviettes.
Râles.
Canards sauvages.
Sarcelles.

Rôts maigres.

Saumon à la broche.
Alose à la broche.
— au four.

Anguille à la broche.
Soles frites.
Merlans frits.
Eperlans frits, etc.

ENTREMETS.

Entremets de viande.

Jambon froid.
Daubes.
Galantines.
Pâtés en terrine et autres.
Hure de cochon.
      de sang

Entremets de poisson.

Toute espèce de poissons cuits au court-bouillon, à la seule différence avec les relevés, que comme entremets on les sert froids.
Truites frites.
Soles frites.
Merlans frits.
Harengs frits.
Eperlans frits.
Goujons frits.
Saumon en salade.
Brochet en salade.
Turbot en salade.
Ecrevisses.
Homards.
Crabes.
Grenouilles frites.

Entremets de légumes.

Haricots verts.
— flageolets.
— blancs.
— rouges.
Petits pois.
Fèves de marais.
Lentilles.
Choux.
Choux-fleurs.
Choux de Bruxelles.
Artichauts.
Chicorée.
Laitue.
Céleri.
Cardons.
Asperges.

Tomates.
Concombres.
Aubergines.
Salsifis.
Pommes de terre.
Patates.
Topinambours.
Champignons.
Truffes.
Toute espèce de salade de légumes.

Entremets d'œufs.

Œufs brouillés.
Œufs au jus.
Œufs aux asperges.
Œufs aux fines herbes.
Omelettes.
Œufs en salades.

Entremets divers.

Salade russe.
Macaroni.
Mayonnaises.

Entremets sucrés.

Œufs à la neige.
— au lait.
— à l'eau.
Omelette à la célestine
— au sucre.
— au rhum.
— au kirsch.
Crème à la vanille.
— à la fleur d'oranger.
— au caramel.
— au café.
— au chocolat.
— renversée.
Blanc-manger.
Fromage bavarois.
Gelée au rhum.
— au kirsch.
— au noyau.
— à l'anisette.

Gelée au marasquin.
— au citron.
— à l'orange.
— aux groseilles.
— rubanée.
Macédoine de fruits.
Pilau.
Plum-pudding.
Rouled pudding.
Pudding aux fruits.
— au pain.
— de cabinet.
Roussettes.
Croûtes au Madère.
— aux fruits.
Charlotte.
Charlotte meringuée.
Charlotte russe.
Pommes au beurre.
— flambantes.
Beignets de pommes.
— d'abricots.
— de pêches.

Beignets à la confiture.
Beignets soufflés ou pets de nonne.
Cheveux d'ange.
Soufflé à la fécule.
— aux macarons.
— au chocolat.
— au riz.
— au café.
— à la farine de châtaignes.
Pain perdu.
Tôt-fait.
Crêpes.
Gâteau au riz.
— à la semoule.
Croquettes de riz.
Gâteau d'amandes.
Quatre-quart.
Bouillie renversée.
Meringues.
Biscuit de Savoie.
Nougat.
Croquenbouche.

DESSERT.

Fruits de toutes sortes.
Fromages.
Fromage à la crème.
— de la bonne Marie.
Crème à la Chantilly.
Brioche.
Baba.
Savarin.
Gâteau de Savoie.
Gâteau de Madeleine.
Biscuit de Savoie.
— à la cuillère.
— de Reims.
Gaufres.
Nougats.
Macarons.
Massepains.
Petites meringues.
Petits pains de fleurs d'oranger.

Compote de pommes.
— de poires.
— d'abricots.
— de prunes.
— de cerises.
Fruits confits de toutes espèces.
Confitures de toutes espèces.
Conserves de fruits.
Salade d'oranges.
Quartiers d'oranges glacés.
Groseilles candisées.
Raisins secs.
Figues sèches.
Pruneaux.
Amandes.
Avelines.
Cerneaux.
Noisettes.
Fruits à l'eau-de-vie.

§ 3.

Personnel.

Recevoir n'est pas petit train surtout dans les ménages bourgeois où, si le confortable règne dans la vie de chaque jour, bien des choses manquent dans les grandes occasions.

Il faut songer à tout.

Nous avons parlé dans le paragraphe précédent du menu d'un repas et de sa composition, dans celui-ci nous allons traiter d'une question non moins grave, de celle du PERSONNEL nécessaire pour le jour du festin; car il est peu probable, si le repas est nombreux, que l'on ait dans sa maison assez de monde pour n'en pas faire venir du dehors.

A Paris, on trouve sur l'heure non-seulement repas, vaisselle, cristaux... mais aussi domestiques de toutes sortes pour le service. En province, les maîtres de maison, les jours où ils *reçoivent*, ont à résoudre mille et un problèmes. Celui du personnel n'est pas un des moindres, et il ne faut pas attendre au dernier moment, car on courrait risque de se trouver dépourvu de toutes espèces de *capacités,* car ces capacités sont rares, fort recherchées et retenues à l'avance.

Pour un repas d'apparat de 12 à 15 convives, il faut bien deux personnes de service dans la salle : une pour découper, — à moins que le maître de maison ne découpe lui-même, ce que je ne lui conseille pas dans les repas d'apparat, ayant assez de sa surveillance et du soin d'égayer ses convives ; — une autre pour offrir et changer les assiettes. En plus il faut une personne pour faire le service de la salle à la cuisine.

Dans la cuisine, outre la cuisinière, il est indispensable, surtout si l'on n'a pas un grand nombre d'assiettes et de couverts de rechange, d'avoir une personne pour laver la vaisselle et une autre pour l'essuyer.

Pour un repas de 20 à 25 convives, il suffira d'avoir une personne de plus pour le service de la salle.

§ 4.

Quelques mots sur le service à la russe et à la française. — Transaction.

Le service de table ne présente qu'une question sans importance lorsqu'il s'agit du repas de tous les jours, mais il n'en est pas de même pour le repas nombreux ou de cérémonie.

L'ancien SERVICE A LA FRANÇAISE faisait comparaître sur la table tous les mets d'un repas, repartis en deux ou trois catégories appelés SERVICES ; on les enlevait ensuite, chacun à son tour, pour les découper. Le SERVICE A LA RUSSE présente aux convives les mets découpés à l'avance. Rien ne figure sur la table que l'on orne de fleurs et de fruits.

On a beaucoup discuté pour savoir lequel de ces deux systèmes valait le mieux. La question a été résolue comme beaucoup de difficultés de ce monde, par une transaction.

Il y avait évidemment du bien à prendre et du mal à éviter dans les deux méthodes : le service à la française était plus beau, plus riche, plus varié ; le service à la russe était incontestablement plus expéditif, plus simple, plus économique ; plus économique, surtout en ce que, ne présentant pas les mets sur la table, on pouvait n'acheter qu'une partie d'une grande pièce, si une partie seulement suffisait au nombre des convives ; puis il évitait le grave inconvénient de faire figurer indéfiniment certains mets qui perdent beaucoup de leur qualité pour peu qu'on les laisse attendre, qui ne sont pas mangés à point s'ils ne sont pas mangés au sortir des mains de la cuisinière.

Mais il est fâcheux quand on a une belle pièce de ne

pas la faire paraître entière, et les fleurs et les fruits n'arriveront jamais à produire, seuls, l'effet que l'on obtenait par les mille combinaisons du service à la française.

Voici la transaction, qui me semble raisonnable et qui du reste paraît à présent être généralement adoptée : elle consiste à ne faire figurer que les plus belles pièces, et celles qui peuvent attendre, à orner et garnir le reste de la table avec des corbeilles de fleurs et des plats de dessert. Au fur et à mesure que les mets mis sur la table sont servis aux convives on les remplace par des plats de dessert mis de côté pour cet usage.

Avec cette manière de servir soi-disant à l'anglaise on peut se faire honneur des mets rares ou chers dont on a fait acquisition pour son repas ; d'un autre côté, se permettre les économies notables du service à la russe ; enfin les mets qui doivent être servis très-chauds ne sont plus exposés à perdre de leur qualité par le refroidissement.

§ 5.

Préparatifs. — Dressage et disposition de la table. — Service.

Le jour où l'on *traite*, — le jour d'un repas nombreux et de cérémonie, est un jour bien rempli.

Dès la veille on a déjà dû s'occuper de visiter la vaisselle, les couteaux, l'argenterie de réserve pour s'assurer si le tout est net et en bon état.

La cuisinière a piqué, bardé les pièces qui doivent l'être, elle a préparé du jus si elle suppose en avoir besoin, fait cuire les jambons, les galantines, etc...

Dès le matin du grand jour la maîtresse de maison, ou la personne chargée de ce soin, peut remplir les plats de dessert, disposer les fruits dans les compotiers ou les corbeilles; les fruits se montent en pyramides, ornés et entremêlés de mousse ou de feuillage.

Quant aux corbeilles de fleurs, je conseille de les arranger le plus tard possible et une fois arrangées de les tenir au frais jusqu'au moment où elles doivent paraître sur la table. Il en est de même des hors-d'œuvre.

On doit aussi songer à mettre le couvert deux ou trois heures à l'avance, afin d'avoir le temps de remédier à toutes les erreurs ou omissions.

Une fois la salle bien frottée et nettoyée, on dresse la table.

Il faut qu'elle ait assez de circonférence pour que chaque convive y soit à l'aise (60 à 65 *centimètres environ par personne; un peu moins aux bouts s'ils sont arrondis*), et un mètre 50 à un mètre 60 centimètres de largeur au moins pour qu'on puisse y disposer convenablement les plats.

On fera bien de garnir le dessous d'une natte de paille ou d'un tapis, à cause du froid ou de l'humidité.

Puis on mettra le couvert suivant l'usage reçu :

La nappe étant disposée bien correctement (*on peut se dispenser de mettre une couverture sous la nappe, mais cependant j'engage à en mettre, car elle est de bon effet,— si l'on n'a pas de couverture de table, mettre une couverture de coton bien blanche*), deux assiettes seront placées en face l'une de l'autre, séparées par la largeur de la table et bien au milieu de chaque côté, ce sont les places du maître et de la maîtresse de maison. Puis les autres assiettes seront placées, espacées de trente à trente-cinq centimètres l'une de l'autre, à partir des deux premières.

La cuillère et le couteau seront placés à droite de l'assiette; la fourchette à gauche; la serviette, à laquelle on donnera un plus ou moins joli pliage, sur l'assiette; dans l'un des plis on mettra un petit pain.

Pour le service des repas qui ne seront pas de cérémonie, les assiettes à potage, si c'est le maître ou la maîtresse de maison qui servent, seront disposées en pile un peu à gauche entre la soupière et le couvert de celui des deux qui doit servir. Pour les repas d'apparat le potage sera servi à l'avance à chaque convive, par conséquent on ne mettra pas d'assiettes à potage sur la table.

Devant chaque couvert on placera les verres : verre à eau rougie, verre à vin de Bordeaux, à vin de Madère, à vin de Champagne, etc.

Les verres à liqueur ne figurent qu'à la fin du repas. On les apporte à la maîtresse de maison qui les emplit de liqueurs diverses et les fait passer aux convives ; souvent même le soin d'emplir les verres à liqueurs et de les présenter revient complétement au domestique chargé du service. Il les emplit, les pose sur une assiette et les présente à chaque convive.

Au centre de la table on réserve une place assez large pour le potage, si l'on veut le présenter, ou pour le relevé ou l'un des relevés, ou mieux encore pour une corbeille. (Voir le mot Surtout et le dessin qui l'accompagne, pag. 21 et 22.)

Aux deux bouts de la table on aura des corbeilles ou des dispositions rappelant celle du milieu, mais de dimensions moindres.

On placera immédiatement le dessert en réservant des places pour les mets que l'on veut faire figurer et pour les lampes et les flambeaux. On mettra de côté les plats de dessert qui devront remplacer à la fin du repas les mets que l'on a voulu présenter.

Les plats doivent être disposés sur la table et alignés de manière à présenter trois rangs.

Chaque plat, à l'exception du plat du milieu, a son correspondant, c'est-à-dire son pendant, un mets de même nature. Une entrée doit être placée de manière à correspondre avec une autre entrée, un rôti avec un autre rôti. Les fruits sont les correspondants des fruits ; les bonbons des bonbons, etc.

L'usage admet que certains mets de nature différente cependant peuvent se servir de correspondants, ainsi on peut servir le fromage en vis-à-vis ou en correspondant non-seulement avec le fromage, mais avec les confitures, les mendiants, les marrons.

Les rangs des côtés sont indépendants du rang du milieu, mais ils correspondent entre eux. Leurs plats correspondants se placent diagonalement par rapport les uns aux autres.

On met des salières en quantité suffisante pour la commodité des convives.

L'usage autorise de faire passer le moutardier par une des personnes de service ; si l'on préfère agir autrement on doit en mettre un sur la table pour quatre à cinq convives.

Les carafons à vin et à eau alterneront entre eux et seront en assez grand nombre pour que chaque convive les ait à sa portée, de manière qu'il ne soit pas obligé d'avoir continuellement recours à ses voisins et aux personnes de service.

La planche ci-contre donne à peu près l'aspect et la disposition que doit avoir une table de 20 couverts au moment de l'arrivée des convives.

Bien entendu que cette disposition peut subir des modifications suivant les circonstances.

Entre chaque couvert se trouve un carafon : d'un côté carafon d'eau, de l'autre, carafon de vin ordinaire ; devant chaque couvert 4 verres : verre à eau rougie, à bordeaux, madère et champagne ; on peut les disposer en ligne droite ou en carré suivant ce qui plaira le mieux. On met le plus élevé en tête.

De petites salières à deux compartiments sont distribuées de place en place et assez rapprochées pour que chaque convive en ait à sa portée.

Aux n°˚ 1, au milieu et aux deux bouts de la table, des corbeilles de fleurs.

A l'un des n°˚ 2, sera placé un relevé, *tel que poisson, tête de veau en tortue*, etc., qui sera remplacé par un rôt, puis, au dessert par un compotier ou une assiette montée ; à l'autre n° 2 *un pâté ou un jambon ou du coquillage auquel on ne touchera pas au premier service* et qui sera enfin remplacé, au dessert, également par un compotier ou une assiette montée.

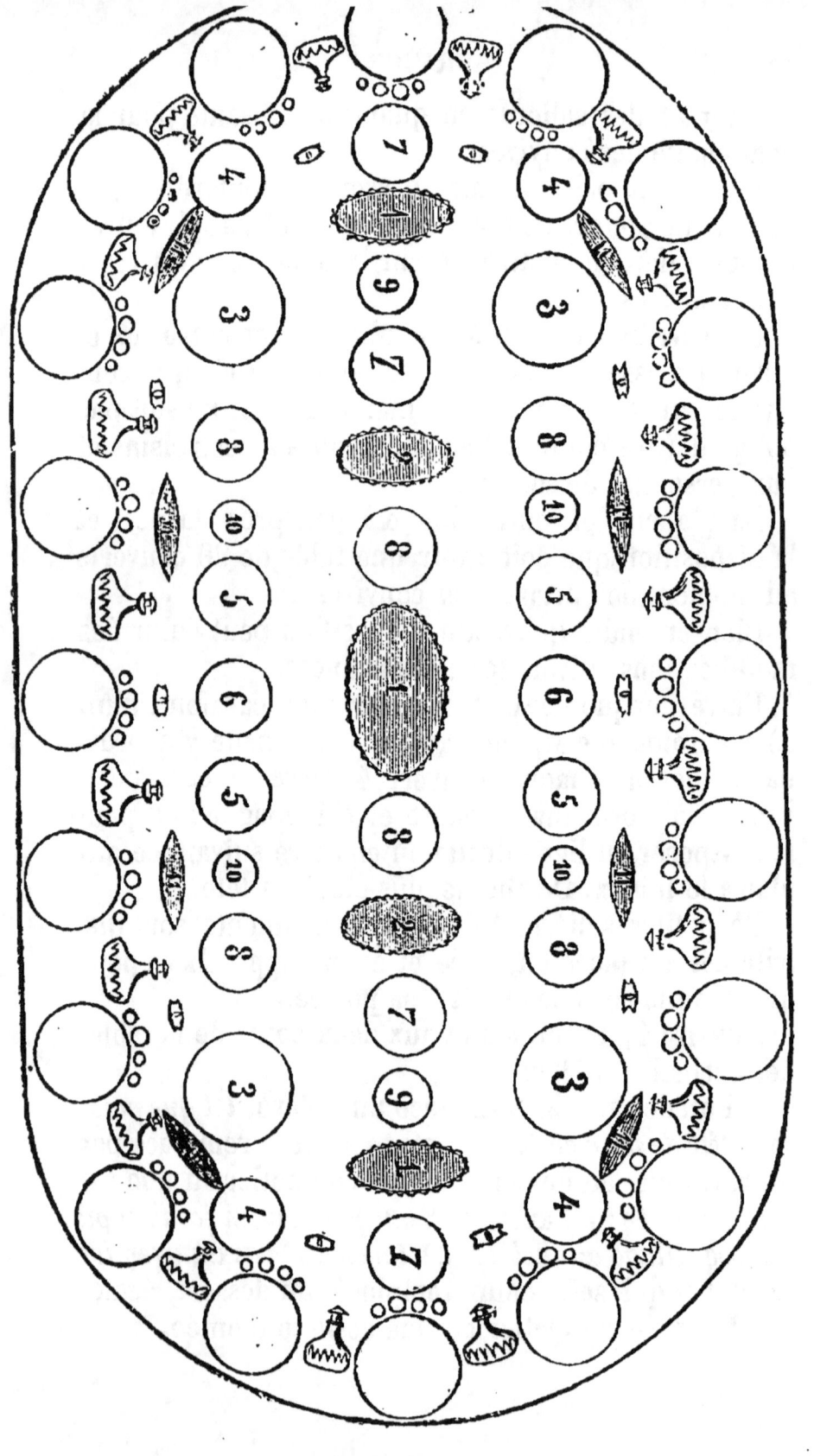

Aux n°ˢ 3, des entrées, — *entrées de poisson, de viande de boucherie, de volaille, de gibier,* — remplacées ensuite par des entremets, — *2 entremets d'œufs ou de légumes et 2 entremets sucrés,* — et au dessert par des compotiers ou des assiettes montées.

Aux n°ˢ 4, des compotiers de fruits.

Aux n°ˢ 5, des compotiers ou des assiettes de petits fours ou de confiserie.

Aux n°ˢ 6, les sucriers, l'un à sucre râpé, l'autre à sucre en morceaux.

Aux n°ˢ 7, des compotiers en cristal pour confitures, conserves de fruits ou fruits à l'eau-de-vie ; puis les fromages couverts de cloches en cristal.

Aux n°ˢ 8, des assiettes de dessert, noix, amandes, figues sèches, raisins secs, marrons, etc.

Aux n°ˢ 9, des lampes.

Aux n°ˢ 10, des flambeaux.

N°ˢ 11, huit hors-d'œuvre.

Si l'on possède des réchauds on en mettra sous les plats qui doivent être mangés chauds. On en placera aussi sous les autres pour la symétrie ; mais on ne les allumera pas.

On met sur les serviettes ou dans les verres la carte-étiquette indiquant la personne qui doit occuper chaque place (*je sais que depuis quelque temps on semble vouloir laisser à chaque convive le droit de choisir sa place, mais je suis opposé à ce système qui souvent amène embarras et désordre*), et à côté de chaque couvert le MENU écrit à la main ou imprimé, presque indispensable pour le service à la russe et même pour le service dit à l'anglaise.

Voici quelques indications pour le placement des convives :

Les places d'honneur appartiennent aux fonctions sociales élevées, aux étrangers, aux personnes âgées.

La première pour les dames est à la droite du maître de la maison, pour les hommes à la droite de la maîtresse de maison, la seconde à leur gauche. Pour les autres on se base sur ce point de départ, en alternant autant que possible hommes et dames. Il y a cependant un bout de la table considéré plus spécialement comme le haut bout, c'est le bout opposé à la porte d'entrée. Dans le placement de ses convives il faut aussi avoir égard à leur caractère et à leurs goûts et les placer de manière à ce que la gaîté et l'animation doivent s'ensuivre pendant le cours du repas.

Les vins fins doivent être montés plusieurs heures à l'avance, surtout en hiver : trop froids ils ne développent pas tout leur bouquet. Cette précaution est essentielle pour les bordeaux. On nettoiera les bouteilles sans cependant leur enlever complétement leur aspect vénérable. On devra les placer dans l'ordre où l'on doit les offrir. (*Voir service des vins.*)

Rangez dans un buffet, à portée des personnes de service, auxquelles vous donnerez vos instructions à cet égard, les plats de dessert qui doivent remplacer les mets que l'on fait figurer sur la table, les assiettes à dessert pour les convives garnies d'avance chacune de leur couvert, des couteaux d'acier ou d'argent, pour tenir moins de place; les tasses à café et leurs soucoupes; les petites cuillères, *si l'on doit prendre le café à table*.

Dans un coin de la salle, ou dans l'office, s'il y a un office et s'il est contigu, on placera deux tables que l'on recouvrira d'une nappe ou d'une serviette. Sur la première, qui servira à la personne de service chargée de DÉCOUPER, on mettra un réchaud pour poser le plat pendant le temps du découpage afin qu'il se maintienne chaud; les fourchettes et les couteaux à découper; la liste du menu afin que les domestiques puissent voir quel mets ils sont chargés d'offrir. Sur la seconde on mettra la vaisselle qui doit servir pendant tout le repas; on y mettra aussi l'argenterie de rechange que l'on aura soin de faire laver et rapporter au fur et à mesure ; quelques verres et quelques carafons.

Le chauffe-assiettes n'est pas non plus un meuble que l'on doive dédaigner. L'hiver il est presque indispensable de donner des assiettes chaudes pour les mets qui doivent être mangés chauds.

On aura soin de tenir en place des bouteilles de vin ordinaire et des cruches d'eau de manière que les personnes de service soient à même de remplir promptement les carafons qui deviendraient vides.

Un moment avant le repas on laissera tomber le feu si la température a exigé qu'on en fît.

On allumera les lampes et les flambeaux si l'heure où a lieu le repas demande de la lumière. Si l'on se met à table dans une saison où la nuit doive arriver pendant le repas, on devra fermer les volets et *allumer* avant de servir pour ne pas occasionner de dérangement une fois que les convives seront à table.

Je ne saurais trop recommander, si la hauteur du plafond de la salle à manger le permet, les suspensions pour les lampes. Les lampes ainsi disposées répandent leur lumière plus également et elles ne sont pas exposées à être renversées.

On aura soin de mettre sous la table, à la place de chaque dame, l'été un petit tabouret, l'hiver un chauffe-pieds; que celui-ci surtout soit arrangé de manière à ne pas porter odeur.

Les plats qui doivent figurer de prime abord sur la table seront placés avant l'entrée des convives dans la salle à manger ; le potage au milieu en supposant qu'on le fasse figurer sur la table.

SERVICE

Recommandation aux cuisinières. — Bien que nous admettions la vérité de ce dicton « Qu'un dîner réchauffé ne valut jamais rien, » je recommande aux cuisinières la plus grande exactitude. Il vaut mieux qu'elles soient en avance qu'en retard. Il est toujours possible de ralentir les choses ; si au contraire, faute de s'y être pris à temps, on est forcé de se hâter, on s'expose à faire tout de travers.

S'il y a plusieurs sortes de potages, il faut attendre pour les servir que les convives soient à table afin de laisser à chacun la faculté de choisir celui qu'il préfère. Si l'on sert le potage à l'avance, poser chaque assiette de potage entre chaque couvert. Les convives doivent prendrent l'assiette qui se trouve à leur droite.

Tout étant disposé, une des personnes de service ira avertir le maître ou la maîtresse de maison par la formule :

Monsieur est servi, ou Madame est servie.

Le maître de la maison offrira le bras à la dame qui doit occuper la place à sa droite, la maîtresse de maison prendra le bras du monsieur à qui est destinée la place d'honneur auprès d'elle, pour passer du salon à la salle à manger.

Si le potage figure sur la table, aussitôt servi, la soupière est remplacée par le relevé, qui, si ce n'est pas tout simplement le bœuf avec du persil autour, doit être une entrée d'une certaine importance.

Après le potage on présente aux convives, les mets ainsi qu'il suit :

Les hors-d'œuvre froids (*le melon le premier, s'il y en a : on pourra continuer à passer les autres pendant la première partie du repas dans les intervalles du service*) ;

Les hors-d'œuvre chauds ou petites entrées ;

Le relevé ou les relevés (*s'il y en a plusieurs on commencera par celui de poisson et l'on servira ensuite celui de boucherie*);

Les entrées (*d'abord celles de boucherie, puis celles de poisson, de volaille et de gibier; en dernier lieu les entrées froides*);

Les rôts (*d'abord ceux de volaille, puis ceux de gibier, dans les dîners d'apparat, on ne met pas de rôt de viande de boucherie*).

Les salades;

Les entremets (*d'abord ceux d'œufs ou de légumes, puis les entremets sucrés*).

S'il y a des sorbets ou du punch à la romaine on les servira après les entrées et avant les rôts.

Les assiettes seront enlevées par les personnes de service au fur et à mesure que les convives auront fini de manger et portées sur la table de décharge où une autre personne les prendra pour les porter à la cuisine.

Dans certaines maisons on change les fourchettes et les couteaux après chaque mets, on peut se dispenser de ce luxe de propreté, mais il est indispensable de les changer quand on vient de manger du poisson, car ils donneraient un goût fort désagréable à tout ce qu'on mangerait après.

On enlève les relevés, les entrées qui ont figuré sur la table et on les remplace par les rôtis et les entremets qui doivent y figurer à leur tour. Les hors-d'œuvre, comme on le sait, figurent jusqu'au dessert.

On offre le rôti aussitôt qu'il est découpé en passant le plat à chaque convive (*s'il y a plusieurs rôtis on commence par le moins délicat*), et presque en même temps la salade; puis on sert les fritures, les légumes et enfin les entremets sucrés.

Les entremets mangés, on enlève les plats, les réchauds, l'argenterie, les salières, les hors-d'œuvre (*mais on doit laisser les verres et les carafons à vin et à eau*).

On comble les vides par les plats de dessert mis de côté à cette intention.

On enlève les assiettes, les fourchettes, les couteaux de chaque convive. Une fois le tout enlevé, on ôte avec une brosse destinée à cet usage toutes les miettes de pain qui se trouvent à la place de chaque convive et que l'on reçoit dans une corbeille pour les empêcher de tomber à terre. Puis on apporte les assiettes, les cuillères, les couteaux à dessert (*les couverts et les couteaux dans les assiettes*). — *Les assiettes, les couverts, les couteaux à dessert sont de dimension moindre que ceux qui servent pendant le repas.*

ORDRE DANS LEQUEL ON PRÉSENTE LES PLATS DE DESSERT. — On commence par passer le ou les fromages; ne pas oublier de mettre un couteau dans l'assiette avant d'offrir à chaque convive. On sert presque en même temps les marrons, les fromages à la crème... ensuite les fruits, les conserves de fruits, les compotes, les gâteaux, les petits fours, les bonbons et autres confiseries.

Les personnes de service auront soin de distribuer des petites cuillères en même temps que les plats de dessert qui en nécessitent.

Quant AU SERVICE DES VINS, établir une règle absolue serait impossible, je ne peux que donner quelques indications générales qu'on pourra modifier suivant les goûts et les vins qu'on a en sa possession.

Servez après le potage du MADÈRE, du XÉRÈS, du SAUTERNE; on peut offrir aussi les vins rouges de MACON, de TONNERRE, de MERCUREY et aussi les vins de l'ORLÉANAIS, mais de première qualité.

Pendant que l'on mange les relevés et les entrées,

servez les vins de Bordeaux rouges, SAINT-JULLIEN, SAINT-ÉMILION, les vins blancs de POUILLY, MEURSAULT, CHABLIS, SAUTERNE et les VINS DU RHIN. Les vins blancs surtout avec le poisson.

A partir des rôtis, on peut commencer les vins de Bourgogne des grands crûs : VOLNAY, NUITS, POMARD, CLOS-VOUGEOT, CHAMBERTIN ; les vins du Rhône, SAINT-PÉRAY, ERMITAGE ; les vins de Bordeaux : CHATEAU-LAFFITE, CHATEAU-MARGAUX, CHATEAU-LATOUR, MOUTON-ROTSCHILD, etc. On continuera ces vins jusque vers la fin du dessert, moment où paraîtront alors les vins sucrés de France, les vins d'Espagne, d'Italie et de Grèce : ROUSSILLON, RIVESALTE, GRENACHE, FRONTIGNAN, MALAGA, ROTA, ALICANTE, MALVOISIE, CHYPRE, CONSTANCE, RANCIO, etc.

Les vins de CHAMPAGNE sucrés ou secs, frappés ou non, peuvent se servir dès le commencement du repas, il faut au plus tard les présenter avec les rôts et les cesser au dessert.

On doit servir les vins du RHIN avec les sorbets et le punch à la romaine et avec les entremets sucrés.

Il faut que tout le service d'un repas se fasse avec la plus grande promptitude ; un repas même des plus nombreux ne doit pas durer plus d'une heure et demie ; car une trop longue séance à table peut fatiguer et incommoder les convives.

La maîtresse de la maison donne enfin le signal de la fin du repas en se levant et l'on passe au salon...., en supposant qu'il soit décidé que l'on prendra le café au salon.

(*Ici ouvrons une parenthèse pour discuter une grave question : celle de savoir lequel vaut le mieux de prendre le café à table ou dans le salon.*

Il y a le pour et le contre pour les deux cas.

Le prendre à table est plus commode, plus confor-

table, mais prolonge encore le repas; le prendre au salon est meilleur genre si l'on veut, d'un service plus expéditif, mais moins agréable; ajoutons de plus, que le prenant debout, on est exposé à une foule de petits accidents désagréables.

C'est aux maîtres de maison à prendre un parti).

Si l'on a décidé que l'on prendrait le café à table, lorsqu'on a fini d'offrir les plats de dessert, les personnes de service remplaceront les assiettes des convives par une assiette sur laquelle auront été disposées à l'avance une tasse à café avec sa soucoupe et une cuillère.

Les liqueurs, puis un plateau chargé de petits verres, ou bien la *cave à liqueurs* s'il y en a une, sont placés devant la maîtresse de maison.

Une des personnes de service passe le sucrier, *avec ou sans pinces*, à chaque convive qui prend la quantité de sucre qu'il croit nécessaire à sa consommation; tandis qu'une autre personne distribue le café apporté le plus chaud possible dans une cafetière. Ne pas emplir les tasses de manière à ce qu'elles débordent et surtout ne pas verser plus de café dans la tasse du convive que celui-ci ne semble en désirer.

Le carafon à eau-de-vie pour le café suivra à peu d'intervalle la distribution du café.

La maîtresse de maison remplit alors les petits verres qu'elle a à sa disposition, de différentes liqueurs, les pose sur une assiette ou un plateau, et les donne à une des personnes de service pour les passer aux convives.

Si l'on doit prendre le café au salon, quelques minutes avant la fin du dessert une des personnes de service aura été disposer sur un plateau les tasses, les cuillères à café, le sucrier, puis le porte-liqueurs ou la *cave*.

Une fois les convives arrivés au salon, un domestique apporte le café et le verse dans les tasses que la maîtresse de maison distribue aux convives. Le café se prend debout.

Ensuite elle s'occupe d'offrir les liqueurs.

Au bout de quelque temps le domestique enlève tasses, verres, plateaux, liqueurs.

Je crois encore que le plus simple et le plus commode est de prendre le café à table.

On remarquera peut-être que je n'ai pas fait mention dans le service sus-indiqué des rince-bouches. Je l'ai fait avec intention, trouvant cet usage assez dégoûtant. Si l'on persistait néanmoins à le mettre en pratique, voici les indications d'après lesquelles on pourra les disposer. On les remplit, avant le dîner, à moitié d'eau froide que l'on parfume avec un peu d'eau de menthe ou autre. A la fin du dessert au moment de les porter devant les convives, on y ajoute un peu d'eau bouillante.

§ 6.

Service des domestiques pendant le repas.

La place des domestiques pendant le repas, celle à laquelle ils doivent toujours revenir, — à l'exception du domestique qui découpe (*celui-ci est constamment occupé à découper les mets et à les distribuer dans les assiettes destinées aux convives, jusqu'au dessert où alors débarrassé de sa besogne il peut aider aux autres domestiques*), la place des domestiques pendant le repas est toujours derrière le maître ou la maîtresse de maison, de manière à être en position de recevoir leurs ordres quand ceux-ci jugeront convenable de leur en donner. Ils auront l'œil sur tous les convives afin de pouvoir aller au devant de tous leurs désirs et auront constamment une serviette sur le bras pour essuyer les objets, assiettes ou couverts, qui pourraient en avoir besoin avant de les offrir. Ils ne doivent rien présenter, — pain, verres, fourchettes ou cuillères, — autrement que sur une assiette et ne jamais prendre les verres de manière que leurs doigts touchent l'intérieur.

Après le potage ils enlèveront les assiettes à potage et les cuillères de manière à ne pas les faire dégoutter sur les convives et les porteront sur la table de décharge d'où un autre domestique les enlèvera pour les porter à la cuisine. Ils continueront à enlever les assiettes de chaque convive, chaque fois que ce convive aura fini de manger; ils enlèveront aussi les fourchettes et les remplaceront si c'est dans l'ordonnancement du service. Dans toutes ces opérations les domestiques devront avoir soin de ne pas trop se charger pour éviter les accidents et ensuite ils ne devront enlever ni assiette ni couvert sans en avoir à mettre immédiatement à la place de ceux qu'ils enlèvent. Il n'y a que lorsqu'arrive le moment du dessert, qu'on ne remplace pas les assiettes au fur et à mesure, afin de pouvoir enlever les miettes de pain avant de mettre devant les convives les assiettes et les couverts à dessert.

Dans les repas de cérémonie les domestiques sont aussi chargés d'offrir les vins fins, ils les offriront en les désignant par leurs noms à chaque convive, ils auront soin de ne pas trop emplir les verres.

Pendant toute la durée du repas, les personnes de service auront soin de remettre en place les objets et plats qui seraient dérangés, de remplir les carafons à eau de même que ceux à vin au fur et à mesure qu'ils se videront, de manière à éviter aux convives toutes espèces de réclamations ou de les forcer à se passer du nécessaire.

Il faut aussi pendant le repas qu'une des personnes de service aille faire une visite au salon pour remettre en ordre les siéges qui auraient été dérangés, pour entretenir le feu, disposer les lumières, et aussi, si l'on doit prendre le café au salon, disposer tout ce qu'il faut à cet effet.

Le repas terminé, la personne de service à laquelle la maîtresse de maison aura accordé sa confiance et donné ses ordres à ce sujet, avant de manger et d'aider aux autres domestiques dans leurs différentes occupations mettra de côté les mets qu'on a l'intention de réserver.

Quant à la personne de service chargée du découpage et de la distribution des mets, sa besogne est des plus actives et des plus importantes.

Elle doit découper avec le plus de promptitude possible et faire assez de morceaux, si exigu que soit le mets, pour en offrir à tous les convives qui peuvent en désirer ; ensuite disposer dans les plats que l'on doit faire passer ou dans les assiettes qu'elle envoie aux convives, les morceaux de manière à flatter l'œil.

(*Nous avons indiqué dans la seconde partie de cet ouvrage à la suite de chaque mets les règles pour le découper et le servir.*)

§ 7.

Des attributions de la maîtresse de maison, les jours où elle donne un repas.

Dans les maisons bourgeoises, celles surtout où l'on doit regarder à la dépense, où cependant on tient à ce que tout se passe convenablement, le rôle de la maîtresse de maison, le jour où elle donne un repas de cérémonie, est des plus compliqués.

Elle a la direction et la surveillance générales.

Elle doit veiller à tout, s'occuper de tout, avoir l'œil à tout.

C'est elle qui prononce le dernier mot sur le menu.

Qui s'occupe du personnel.

Le jour du repas elle n'a plus assez d'instants pour suffire à tout le travail qui lui incombe.

C'est elle qui doit s'occuper des tasses à café et des verres à liqueurs, de l'argenterie de réserve et des objets précieux, elle les examinera et les disposera ; de même que ce sera elle qui les resserrera le lendemain du repas afin d'éviter les accidents.

Elle s'occupera dès la veille à apprêter certains mets dont elle se réserve la confection.

Le matin du jour du repas elle disposera les plats de dessert ; elle les mettra dans l'ordre où ils doivent être servis et elle initiera les domestiques de service dans ses intentions à cet égard... Elle pourra aussi s'occuper des hors-d'œuvre.

Elle veillera aussi à ce qu'on allume du feu dans le salon et en temps convenable pour que la pièce soit chauffée lorsque les convives arriveront.

Elle indiquera autant que possible à l'avance les choses de la desserte qu'il faudra mettre de côté et celles qui devront servir au repas des gens de service.

Nous croyons inutile de dire que les maîtres de maison se doivent tout entiers à leurs convives ; ils veilleront à ce qu'ils ne manquent de rien ; à ce que l'amitié, la gaîté, le bien-être règnent parmi eux.

Je ne conseille pas, dans les dîners nombreux, au maître de maison de se réserver le découpage et la distribution des mets, cela prolongerait indéfiniment le repas et d'un autre côté, tout occupé de son travail, il ne serait pas assez à ses convives.

ANNEXE AU CHAPITRE IV.

§ 8.

Des soirées. — Léger aperçu des rafraîchissements que l'on doit préparer.

Quoique les soirées semblent sortir du cadre que nous nous sommes tracé dans cet ouvrage, nous croirions cependant y laisser une lacune si nous ne disions quelques mots sur les rafraîchissements qu'elles nécessitent.

Pour les simples soirées, pour celles qui suivront tout naturellement les repas de cérémonie, où il n'y aura d'autres personnes que les convives, il suffira une heure ou deux après qu'on sera remonté au salon d'offrir des verres d'eau sucrée sur un plateau et aussi, si l'on veut, quelques bonbons et petits fours restant du dessert.

Pour les soirées invitées nombreuses, dansantes ou non, on doit préparer à l'avance les rafraîchissements. On peut choisir soit sirop de groseille, sirop d'orgeat, orangeade, limonade, jus de groseille frais ou conservé, sirop de vinaigre framboisé ; ces préparations seront servies dans des verres dits verres de soirée un peu moins grands que les verres ordinaires ; on en mettra dans la proportion de un cinquième contre quatre cinquièmes d'eau. On peut les mélanger à l'avance et conserver le mélange dans des cruches ; on n'aura plus qu'à le mettre dans les verres. Ne pas trop les emplir. On pourra aussi préparer à l'avance l'eau sucrée.

Pour une soirée de 50 à 60 personnes, il faut bien un litre à un litre et demi de deux de ces préparations, qui, mélangés avec quatre fois autant d'eau, feront neuf litres et demi de liquide.

Il faut bien autant d'eau sucrée.

On passera aussi en même temps toutes espèces de pâtisseries ; pour une soirée de 50 à 60 personnes il faut bien trois ou quatre livres de brioche, trois ou quatre livres d'un autre gâteau (*brioche et gâteau seront coupés en morceaux*), trois ou quatre livres de petits fours, autant de bonbons et de fruits confits.

Dans les soirées dansantes, on passe les rafraichissements entre chaque danse ; dans les soirées non dansantes, tous les trois quarts d'heure environ ; plus souvent dans les grandes chaleurs que lorsque la température est froide. Une personne de service suit avec un plateau pour recevoir les verres vides. Souvent aussi on offre du punch dit punch de dames (*Voir pour la recette à la table des matières*). Pour une soirée de 50 à 60 personnes, il en faut environ 6 à 7 bouteilles. On peut le servir dans des verres à vin. On le fera bien chauffer ; mais sans le laisser bouillir. On le présentera à partir du milieu de la soirée.

Si l'on veut offrir des glaces, il faut bien calculer deux demi-glaces par personne. On en offrira la moitié vers le premier tiers de la soirée et l'autre vers le second tiers.

Dans le cas où la soirée se prolongerait et qu'on n'eût pas de souper ou de collation à offrir à ses invités, on fera bien de passer quelques rafraichissements plus nourrissants tels que chocolat, café au lait froid, potages au riz, au vermicelle, au gras ou au lait, consommés, sandwichs et petits pâtés. On peut aussi offrir à ce moment du vin de Bordeaux et même du vin de Champagne.

Avec les potages, le chocolat, le café au lait, on présente aux dames des petites serviettes dites de soirées.

Nous n'avons donné qu'un léger aperçu des rafraîchissements que l'on peut offrir dans une soirée. On pourra faire passer en même temps que les gâteaux, des quartiers d'orange, des petites tranches de grenade, de grosses fraises ananas ou autres. etc...

Dans les soirées ordinaires on peut aussi faire apporter vers la fin de la soirée, au lieu d'autres rafraîchissements ou reconfortants, du thé accompagné de gâteaux et de sandwichs... Le tout est apporté sur des plateaux, et mis sur une table. La maîtresse de maison verse le thé dans les tasses et les distribue aux invités en leur offrant en même temps soit de la brioche, du baba ou des petits gâteaux secs, ou bien encore des sandwichs. En même temps que les tasses de thé, on donne aux invités des petites serviettes. Une fois les invités satisfaits, les domestiques viennent enlever tasses, théière, etc.. ainsi que ce qui reste des gâteaux.

Lorsque, pendant la durée d'une soirée, ou à la fin, on a l'intention d'offrir un souper ou une collation à ses invités, on dispose tout ce qu'on veut offrir sur une table dans une pièce voisine, le dessert au milieu, les mets autour. La plupart des mets doivent être froids et sans sauce, car beaucoup des convives restant debout il ne serait pas commode qu'il en fût autrement ; d'un autre côté les mets froids sont plus agréables la nuit.

Quand le moment est venu d'aller souper, les domestiques ouvrent les portes du salon ; la maîtresse de maison prend le bras d'un de ses invités et l'on passe dans la salle du festin. S'il n'y a pas assez de place pour tout le monde autour de la table, les dames seules s'asseyent.

V

LES RESTES.

Importance des restes. — Il y a manière de les employer en en faisant des mets nouveaux. — Détails et procédés économiques.

Je croirais laisser une lacune à cet ouvrage, entrepris au point de vue économique, si je ne parlais pas des RESTES ; si je ne donnais pas quelques conseils sur l'emploi de la DESSERTE des repas.

Les restes, les débris, les rogatons !

C'est un sujet qui, au premier abord, semble sans importance, niais, puéril, ridicule. En y réfléchissant bien je n'ai pas cru devoir le traiter si à la légère, même il m'a semblé mériter un chapitre spécial.

Si l'on n'emploie pas les restes, on double, on triple les dépenses d'une maison.

Les servir tels quels, c'est souvent donner à ses convives des mets peu appétissants, c'est presque toujours s'ôter la possibilité de les servir ; car vous ne pouvez présenter des mets qui ne sont pas *présentables*.

On ne peut cependant pas les perdre. Les donner ? Le pauvre auquel vous les donnerez en tirera peu ou point de parti.

Le but où l'on doit tendre c'est d'en faire des plats nouveaux.

Vous avez un ami, un étranger à héberger pendant plusieurs jours, vous lui avez servi à son dîner un magnifique homard, le lendemain vous ne pouvez lui présenter à son déjeuner ou à son dîner des petites pattes, des *épluchettes* de homard, mais vous pouvez lui offrir une mayonnaise, une salade de homard, ou bien, si vos restes de homard sont restreints, de petites croustades de homard ; ou bien encore ces épluchettes de homards peuvent être mises dans une sauce blanche pour poisson et la convertir en une des sauces les plus délicates et les plus recherchées.

Si, dans l'exemple que je cite, je me sers du homard, c'est que ce mot est tombé sous ma plume, ce que je viens de dire au sujet du homard, on peut l'appliquer à toutes espèces de mets.

On a parlé de l'ART d'accommoder les restes ; en effet c'est un véritable art, un art qui a ses règles, ses secrets, et auquel je vais tâcher d'initier le lecteur dans les lignes qui vont suivre.

Le premier soin d'une cuisinière, je dirai même d'une maîtresse de maison, chaque matin, doit être de rendre visite à son garde-manger, d'examiner ce qui reste des repas précédents et de réfléchir à la manière dont on peut le disposer pour les repas dont il va falloir s'occuper.

La nature des restes inspirera les mets à composer.

La quantité modifiera aussi les déterminations que l'on prendra.

Ajoutons, comme renseignement très-utile, que cette quantité pourra subir des modifications par l'adjonction de certaines garnitures.

On trouvera les recettes pour accommoder les restes des différents mets à leur lieu et place. Je me bornerai, quant à présent, à mentionner un point important, c'est de tailler, de couper les restes aussi régulièrement, aussi convenablement que possible, de leur donner une tournure agréable à l'œil et aussi de bien les disposer dans les plats. Cette dernière recommandation, que l'on ne doit pas oublier en préparant n'importe quelle espèce de mets, doit l'être encore moins quand il s'agit des restes.

Parmi les restes il y en a que l'on peut élever jusqu'à la hauteur de PROVISIONS et de CONSERVES.

Je me rappelle à ce sujet ce que me raconta la femme d'un de mes amis. Ils avaient donné un dîner d'intimes. Le motif du festin était une dinde truffée qu'on leur avait expédiée tout droit du Périgord. « L'animal était tellement bourré de truffes, me dit-elle, qu'après que chacun des convives s'en fut régalé il en restait encore une grande quantité. Que faire ? on était saturé et dégoûté. On ne pouvait cependant perdre les précieux tubercules ! Je les entassai dans un pot en grès avec autant de saindoux fondu qu'il en fallait pour les couvrir entièrement. Lorsque le goût nous en revint, on fouilla la graisse. Les truffes étaient parfaitement conservées, aussi parfumées que le premier jour et de plus avaient donné au saindoux, qui nous servit dans la suite à arranger mainte et mainte omelette, une partie de leur délicieux arome. »

Il est aussi une autre sorte de conserves que j'indique au point de vue économique, c'est de resserrer, entourés de papier et dans des boîtes, les bonbons, fruits confits, petits fours, noix, amandes qui restent du dessert. Cette précaution évitera de nouvelles dépenses pour le prochain repas. Bien enfermés, ils peuvent se garder ainsi plusieurs mois.

Je conseille aussi de mettre de côté les restes de vin de Madère. Ce vin ne s'évente pas pour ainsi dire et peut très-bien encore s'offrir à l'occasion ; dans tous les cas, en supposant qu'il n'en reste pas assez pour pouvoir l'offrir, il pourra toujours servir à la confection de certaines préparations culinaires.

DEUXIÈME PARTIE

PRÉLIMINAIRES. — APPRÊT ET CONFECTION DES METS. — POTAGES, HORS-D'ŒUVRE. — ENTRÉES. — ROTIS. — ENTREMETS. — PATISSERIE, CONFISERIE. — CAFÉ, THÉ, CHOCOLAT, LIQUEURS.

PRÉLIMINAIRES.

Avant de commencer notre explication des différentes manières d'apprêter et de confectionner toutes espèces de mets, il est nécessaire, je crois, de donner quelques notions sur les choses que l'on doit avoir, sur celles indispensables aux principales préparations culinaires, sur celles de fréquent emploi qui ne sont pas partie intégrante des recettes, mais qui cependant les complètent et servent à bien les exécuter.

Il est aussi nécessaire, je crois, d'initier à certains petits subterfuges, à certains petits procédés expéditifs et économiques.

Tel est l'objet de nos préliminaires.

DES CHOSES QUE L'ON DOIT AVOIR.

Il est certaines choses dont une maison doit être approvisionnée; car il pourrait se faire qu'on ne pût se les procurer au dernier moment et d'un autre côté il est incommode de ne pas les avoir sous la main. Ainsi une maison ne doit jamais manquer complétement :

D'œufs ;

De beurre ;

De graisse ; — de friture ; (*Il faut avoir deux fritures préparées, l'une pour le poisson, l'autre pour les pommes de terre et autres objets*) ;

De farine de froment ;

De fécule ;

De sucre ;

De caramel (*Se renseigner pour la recette du caramel à la table des matières*) ;

De bonne huile d'olives, *mais sans goût de fruit, car ce goût ne plaît pas à tout le monde* ;

De sel, *gros sel et sel fin* ;

De poivre, *poivre moulu et poivre en grains* ;

De clous de girofle ;

De poudre dite des *quatre-épices* ;

De muscade ;

De moutarde ordinaire, *sans aromates* ;

D'eau de fleurs d'oranger ;

De pommes de terre ;

De carottes ;

De choux ;

De poireaux ;

D'oignons, *petits et gros* ;

D'ail ;

De thym ;

De laurier ;

D'eau-de-vie. — *L'eau-de-vie s'emploie dans une foule de préparations culinaires. Il n'est pas nécessaire bien entendu d'avoir de l'eau-de-vie extra.*

LAIT, FLEURETTE. CRÊME.

Dans la plupart des livres de cuisine on fait souvent confusion de noms... Qu'à Paris, on appelle du LAIT de la CRÊME, fort bien ! mais un livre, conçu et édité pour les confectionneurs de cuisine de la France entière, doit éviter tout ce qui peut amener erreur ou équivoque.

Le LAIT est le liquide tel qu'il sort de la mamelle de la vache.

La FLEURETTE est le dessus du lait lorsqu'on l'a laissé reposer quelques heures ; liquide épais ; onctueux, excellent mélangé avec le café... mais le lait, privé de sa fleurette, est bien moins savoureux et délicat.

La CRÊME est la partie épaisse qui se forme au-dessus du lait quand on l'a laissé *cailler* l'été dans un endroit frais, l'hiver dans un endroit chauffé... La fleurette au bout d'un ou deux jours devient de la crême. C'est avec la crême que l'on fait le beurre.

Ce qui reste du lait, une fois qu'on a enlevé la crême, s'appelle *en Normandie* MATTES, PIQUETTE, etc. *Elles sont un peu acides. C'est un excellent rafraîchissant pendant les grandes chaleurs de l'été. On peut aussi les mettre égoutter dans un linge fin et les manger avec du sel ou de la crême et du sucre. Les fromages blancs que l'on vend à Paris ne sont que des mattes égouttées.*

La crême est un excellent manger. Fouettée, elle compose le plat de dessert ou d'entremets connu sous le nom de crême à la Chantilly, ou sert à la confection du fromage bavarois. A l'état ordinaire, elle peut être employée dans l'assaisonnement des salades blanches à la place de l'huile. Enfin c'est avec la crême que l'on fait la SAUCE BLANCHE NORMANDE, sauce ignorée de la plupart des cuisiniers, sauce par conséquent omise dans la plupart des livres de cuisine.

BEURRE.

Le beurre de bonne qualité est d'un beau jaune clair; il ne doit pas *s'émietter* quand on le rompt, il doit être ce qu'on appelle *long*. N'achetez jamais de beurre avant de l'avoir soigneusement flairé et goûté. Il ne doit être ni amer, ni rance, ni trop sentir la crème; il doit avoir un semblant de goût de noisette.

Pour les sauces blanches, pour les blanquettes, les poulettes, les maîtres-d'hôtel, il est indispensable que le beurre soit de première qualité.

Le beurre se conserve quelques jours, sans aucune préparation, dans une cave, dans un cellier, dans un endroit frais, enveloppé dans un linge mouillé... Le beurre perd de sa qualité conservé dans l'eau.

Si l'on fait provision de beurre, il y a deux moyens principaux de conservation : en le salant ou en le faisant fondre. Je conseille surtout le premier mode, réservant le second exclusivement pour le beurre destiné aux FRITURES.

Conservation du beurre par le sel. — Prenez du beurre de première qualité, complétement *fait*, c'est-à-dire qu'il n'en reste plus aucune partie encore à l'état de crème. Lavez-le et pétrissez-le dans de l'eau fraîche jusqu'à ce que l'eau ne devienne plus laiteuse et reste aussi claire et transparente que si elle sortait de la fontaine ou du puits. Otez toute l'eau, étendez votre beurre; mettez dessus 65 grammes de sel fin par livre, pliez et repliez, pétrissez, et pendant assez longtemps, avec les poings, de manière à bien incorporer le sel. Mettez dans des pots en grès que vous avez soigneusement nettoyés et lavés et dont vous couvrez le fond d'une légère couche de sel avant de commencer à y mettre le beurre. Tassez sur tous les sens pour qu'il ne reste pas de creux. Emplissez les pots à deux pouces du bord; aplatissez régulièrement le dessus du beurre que vous couvrez d'une couche de sel; portez à la cave ou dans un endroit frais. Au bout de quelques jours mettez l'épaisseur d'un pouce de saumure; couvrez avec un linge et un papier fort.

Lorsqu'on prend du beurre il faut avoir soin de le prendre bien également et de continuer le même pot avant d'en entamer un autre.

Conservation du beurre en le faisant fondre. — Mettez le beurre dans un chaudron; faites cuire à petit feu, sans l'écumer, jusqu'à ce qu'il soit clair et limpide, pendant trois heures environ; retirez du feu et laissez reposer un instant; écumez et versez avec précaution dans des pots de grès; emplissez-les complétement, le refroidissement opérera un vide suffisant en dessus; laissez refroidir; couvrez d'un papier que vous maintenez pour ainsi dire collé au beurre par une ardoise, de la dimension de l'orifice du pot, et des poids.

Dans le cas où le beurre, en dépit de toutes les précautions, deviendrait rance ou prendrait un goût fort, il ne serait pas complétement perdu pour cela; on pourrait encore l'employer pour roux ou pour friture; mais il serait de toute impossibilité de s'en servir pour poulettes ou sauces blanches; ces sauces confectionnées avec de mauvais beurre sont détestables.

Beurre en hors-d'œuvre. — Choisissez tout ce qu'il y a de meilleur et de plus fin en beurre. Servez dans des raviers, coquilles ou bateaux.

Les tabletiers vendent de petits moules pour façonner le beurre que l'on veut présenter en hors-d'œuvre; il y a aussi divers autres appareils tendant au même but. Il sera facile de se renseigner à ce sujet ; nous nous contenterons ici d'indiquer le moyen le plus simple de *parer* le beurre :

Avec la lame d'un couteau grattez en appuyant légèrement le pain de beurre ; continuez jusqu'à ce que l'espèce de petite coquille, qui se produira par ce travail, ait la dimension que vous désirez ; rangez au fur et à mesure dans la coquille ou ravier ; garnissez celui-ci d'une quantité suffisante de petites coquilles de beurre.

Il faut avoir soin de maintenir ce beurre au frais jusqu'au moment de le placer sur la table ; l'été même on fera bien de glisser entre chaque petite coquille un petit morceau de glace.

Le beurre en hors-d'œuvre peut se mettre en vis-à-vis avec les radis, les crevettes, etc.

SUCRE.

On reconnaît que le sucre est de bonne qualité lorsqu'il est dur, brillant, d'un beau blanc, et relativement léger, qu'il n'a aucune odeur, qu'il est d'un goût agréable, et qu'en fondant dans l'eau il ne la trouble pas trop. Il faut éviter celui qui s'affaisse et tombe en cassonade, celui qui est mal raffiné, ou qui est gras, d'une couleur jaune et d'un goût désagréable.

Sucre pilé. — Vous savez ou vous ne savez pas, mais il est certain, la chimie vous l'explique, que le sucre râpé sucre moins que le sucre en morceaux. Voici un procédé simple et facile d'exécution qui remédie en partie à l'inconvénient de la râpe employée pour réduire le sucre en poudre :

Cassez votre sucre en morceaux ; écrasez bien avec

un maillet en bois un peu large ; passez à travers une passoire.

Vous aurez par ce procédé, et en moins de temps, un sucre en poudre qui sucrera davantage que le sucre râpé.

Cuisson du sucre. — Pour la confection de certaines compositions gastronomiques on est obligé de faire subir au sucre la préparation de la CUISSON qui consiste à le faire bouillir plus ou moins longtemps avec une certaine quantité d'eau. Plus on met d'eau, plus il faut le faire bouillir de temps. La proportion la meilleure est un verre d'eau (à peu près un quart de litre) par 500 grammes de sucre. Prenez de préférence une bassine de cuivre non étamée. Mettez sur un feu vif.

La cuisson du sucre a différents degrés auxquels on a donné les dénominations suivantes : la NAPPE, le PETIT LISSÉ, le GRAND LISSÉ, le PETIT PERLÉ, le GRAND PERLÉ, le SOUFFLÉ ou PETITE PLUME ou PETIT BOULÉ, la GRANDE PLUME ou GRAND BOULÉ, le PETIT CASSÉ, le GRAND CASSÉ et le CARAMEL.

Nappe. — Pour reconnaître que le sucre est cuit à la nappe, quand il a jeté quelques bouillons trempez-y l'écumoire, retirez-la de suite et si, après un tour de main, le sirop s'étend le long de l'écumoire, le sucre est cuit au point que l'on appelle à la nappe.

Petit lissé. — Le sucre est cuit au petit lissé lorsqu'en en prenant un peu sur l'écumoire avec l'index et l'appliquant contre le pouce, puis écartant l'un et l'autre, il se forme un petit filet qui se rompt immédiatement et forme une goutte.. Si le filet s'étend davantage sans se rompre c'est le GRAND LISSÉ.

Petit perlé. — Si l'on trempe une petite écumoire dans le sirop et qu'on la retire, on voit comme de petites perles dans les gouttes de sirop.

Grand perlé. — Le sirop a plus de consistance

qu'au petit perlé et chaque goutte présente plus de perles.

Soufflé ou petite plume ou petit boulé. — Plongez l'écumoire dans le sirop, secouez-la, puis soufflez à travers les trous, il en sortira des gouttes; si, ayant trempé votre doigt dans l'eau fraîche, vous le mettez dans le sirop, et qu'aussitôt vous le replongiez dans l'eau, il vous restera assez de sucre pour pouvoir l'étendre dans vos doigts et en former une boulette.

Grande plume ou grand boulé. — Un peu plus de consistance que la cuisson ci-dessus.

Petit et grand cassé. — Si vous plongez votre doigt dans le sirop, comme il est indiqué, pour vérifier si le sucre est au petit boulé, qu'après l'avoir replongé, le sucre qui reste au doigt se casse sous la dent, mais s'y attache, votre sucre est arrivé au PETIT CASSÉ; s'il se casse en faisant entendre un petit bruit et ne s'attache pas à la dent, votre sirop est arrivé au GRAND CASSÉ.

Quelques bouillons après le grand cassé et aussitôt que vous sentez une légère odeur, retirez promptement votre casserole ou bassin de dessus le feu, votre sucre est arrivé à son dernier degré de cuisson, il a une couleur roussâtre et quelques bouillons de plus le brûleraient.

Clarification du sucre. — Le sucre maintenant est si bien préparé qu'il est à peu près inutile de clarifier le sirop de sucre, il suffit de l'écumer un peu. Dans le cas où l'on emploierait du sucre de qualité inférieure voici la manière dont on doit procéder :

Lorsque le sucre est fondu dans l'eau dans la proportion indiquée à la cuisson du sucre page 84 et qu'il commence à bouillir, versez-y un peu d'eau fraîche pour arrêter l'ébullition; pour 500 grammes de sucre, battez un blanc d'œuf, mêlez-le avec un peu d'eau; ajoutez au sirop; remettez sur le feu ; écumez, puis passez à la chausse.

CARAMEL POUR COLORER BOUILLON, JUS, ETC.

Le meilleur *colorant* pour les préparations culinaires est le caramel; c'est aussi le plus commode.

J'engage à le faire soi-même; c'est facile et on l'a meilleur. Voici une recette aussi bonne que simple :

Mettez dans une casserole de métal qui aille sur le feu vif (*en fer, en fonte ou en cuivre*), 250 grammes de sucre cassé en morceaux et un quart de verre d'eau. Remuez de temps en temps avec un bâton ou une cuillère en fer pour qu'il caramélise également, jusqu'à ce qu'il arrive au marron très-foncé, presque au noir. Alors versez-y peu à peu un quart de litre (un verre ordinaire) d'eau. Faites bouillir, en détachant le caramel attaché à la casserole et remuant, jusqu'à ce que l'eau et le caramel soient bien amalgamés. Laissez refroidir et mettez dans un pot ou une bouteille pour vous en servir au besoin.

Placé dans un endroit sec et frais il peut se garder plusieurs mois.

Quand il est bien fait et refroidi il a la consistance de bonne mélasse, mais doit être de couleur encore plus foncée.

DES GRAISSES. — DES DÉGRAISSIS. — DE LA GRAISSE DE BŒUF, DE VEAU, DE MOUTON, DE COCHON, SAINDOUX ET AXONGE.

La question des graisses est une des plus importantes du GUIDE CULINAIRE. D'abord dans tous les ménages on a besoin de graisse pour les fritures ; ensuite avec la graisse on peut faire d'excellente soupe dite SOUPE A LA GRAISSE, potage très-estimé en Basse-Normandie et dont nous donnons le procédé plus loin. De plus elles peuvent être utilisées dans une foule de circonstances, et c'est une grande économie, pour faire des *roux*, pour accommoder certains légumes, frire et sauter des pommes de terre et même pour faire des *blancs*.

On emploie la graisse exactement de la même manière que le beurre. Les mets sont un peu moins délicats et cependant j'en ai fait manger sans qu'on s'aperçût de mon subterfuge.

Enfin, quand ce ne serait que comme expédient, la graisse est une grande ressource si l'on vient à manquer de beurre ou si le beurre est hors de prix.

Il y a différentes espèces de graisses :

Celles qu'on ôte de dessus les préparations culinaires qui, une fois terminées, sont par trop grasses, dans lesquelles, par conséquent, se trouve inévitablement un peu de jus de viande et de sauce et que l'on appelle DÉGRAISSIS ; celles qui tombent des rôtis dans la lèchefrite, qui ont les mêmes qualités que les précédentes, mais qui sont encore beaucoup plus savoureuses. *Parmi ces dernières, les meilleures, comme goût, sont les graisses de porc frais et d'oie rôtis. On les réserve tout particulièrement pour l'accommodement des légumes et sont fort bonnes à manger sur le pain à défaut de beurre.*

Ces dégraissis se mettent à mesure qu'on les recueille dans un pot, tels quels, et peuvent être employés ainsi pour soupe à la graisse, roux et accommodement de légumes, mais au bout d'un certain temps, surtout en été, pour les conserver il faut les épurer. Il faut aussi les épurer lorsqu'on veut les employer comme friture. (*Voir préparation et épuration des graisses.*) Une fois épurés on les passe, on les met dans un pot et, ainsi disposés, on peut les conserver fort longtemps, surtout si on a le soin de les placer dans un endroit frais.

Il y a ensuite les graisses extraites des parties grasses des animaux.

Voici la manière de les préparer :

Fonte et épuration. — Coupez le gras que vous avez à votre disposition en tout petits morceaux, hachez-le même ; mettez-le dans une casserole sur feu doux ; faites cuire pendant deux heures au moins en prenant bien garde que vos *cretons* ne brûlent. On reconnaît que la graisse est suffisamment fondue et cuite quand elle est assez claire et limpide pour qu'on puisse voir aisément le fond de la casserole. Une fois bien claire et bien cuite, passez dans une passoire fine, pressez bien les cretons de manière à en extraire toute la graisse ; versez dans un pot ; laissez refroidir ; couvrez et placez dans un endroit frais.

Ce même procédé d'épuration peut servir pour toutes espèces de graisses crues ou cuites.

Saindoux ou axonge. — On appelle ainsi la graisse de lard épurée.

Pour obtenir du beau saindoux blanc, neigeux, il faut le battre pendant tout le temps de son refroidissement.

FRITURE. — FRITURE CHERBOURGEOISE.

La graisse est ce qu'il y a de meilleur pour friture. On doit employer de préférence les dégraissis des rôtis et des pots-au-feu bien préparés et épurés.

A défaut de ces dégraissis, on emploiera la graisse de rognon de bœuf.

Les dégraissis et la graisse de rognon de bœuf sont préférables au saindoux qui, outre le défaut qu'il a de ramollir la pâte, de laisser sur les objets une couche de gras désagréable, a encore celui de s'enfler, d'écumer et de déborder dans le feu.

Pour les fritures maigres on emploie le beurre fondu (*voir beurre fondu page* 82) et l'huile.

Le beurre employé comme friture donne fort bon goût aux objets, mais il faut surveiller cette friture avec beaucoup d'attention ; car elle chauffe en moins de temps que celle à la graisse et brûle et noircit très-promptement. Dans ce cas elle donne aux objets un goût âcre et un aspect peu appétissant. L'huile est préférable ; elle frit plus ferme ; mais il est prudent, avant de s'en servir comme friture, de la faire cuire pendant 25 minutes à feu doux parce que, sans cette précaution, certaines huiles bouillonnent et débordent.

Il faut avoir deux fritures : une pour le poisson, l'autre pour les pommes de terre et objets divers.

N'emplissez votre poêle à frire qu'à moitié pour éviter que la friture ne déborde et ne prenne feu. (*Voir page* 27 *le modèle des poêles à frire dont nous conseillons l'emploi*).

Manière de faire frire. — Faites fondre la friture sur feu assez vif. Tant qu'elle crie, crépite et bouillonne, elle n'est pas chaude. Elle ne commence à être chaude que lorsqu'elle devient unie et tranquille. Lorsque, de sa surface, s'élève une fumée vaporeuse, elle est chaude à point. Il ne faut pas attendre plus longtemps, car elle noircirait et brûlerait. Si l'on ne peut pas s'en servir immédiatement, retirez-la sur le bord du fourneau. Une fois bien fumante, disons-nous, on y met les objets à frire, et on active le feu. Si l'on fait frire des poissons, il faut que le feu soit plus vif que pour les croquettes, les pommes de terre et surtout les beignets, objets qui ne demandent pas beaucoup de coloration.

Quand c'est du poisson que vous avez à frire, il est une manière facile de s'assurer si la friture est assez chaude : prenez un des poissons par la tête et trempez le bout de la queue dans la friture : si en un instant elle devient cassante, la friture est à point et vous pouvez y mettre le poisson que vous retournerez à moitié de sa cuisson pour qu'il cuise également.

Si vous avez une certaine quantité d'objets à frire n'en mettez pas trop à la fois, ils friraient mal ; et chaque fois avant d'en mettre, attendez que votre friture fume bien.

Avant de faire frire votre poisson ayez soin de bien le vider, l'écailler, le laver, l'essuyer, et quand il est d'une certaine dimension de faire, avec un couteau qui coupe bien, des incisions en biais sur chacune de ses surfaces. Farinez seulement au moment de le mettre dans la friture. Souvent au lieu d'un simple farinage, on trempe le poisson dans un peu de lait et ensuite dans la farine ; ce procédé est employé dans la plupart des restaurants de Paris et donne un bon résultat ; mais de même que le farinage simple, il doit être fait au dernier moment.

Lorsque votre poisson est cuit, vous le mettez égoutter un instant dans une passoire, le saupoudrez de sel fin, le mettez sur un plat chaud et le servez.

Si, contrairement à vos prévisions, votre poisson n'était pas raide, croustillant et d'une belle couleur lorsque vous le retirez de la friture, faites réchauffer votre friture jusqu'au moment où vous êtes convaincu qu'elle est excessivement chaude par la quantité de fumée vaporeuse qui s'en dégage et remettez-y vos poissons deux ou trois minutes.

Le degré de chaleur de la friture est une chose essentielle. Si la friture n'est pas assez chaude, les objets que l'on y met ne seront jamais fermes et d'une belle coloration ou alors vous les aurez laissés trop longtemps dans la friture, ils auront absorbé une certaine quantité de friture qui les rendra lourds et désagréables.

Je recommande bien de ne jamais s'éloigner quand on a de la friture sur le feu, car, arrivée à son point de chaleur, elle se détériore en noircissant et d'un autre côté elle pourrait prendre en feu. S'il tombait de la friture dans le feu éteignez-le en jetant de la cendre dessus ; si la poêle de friture s'enflammait, couvrez avec un torchon mouillé assez grand pour l'envelopper entièrement ; on peut aussi employer un grand couvercle.

Quand vous n'avez plus rien à faire frire, ôtez immédiatement votre friture du feu, laissez-la refroidir un peu dans la poêle, remettez-la dans son pot en versant doucement et de manière à ne pas entraîner le fond. Vous jetez ce fond.

On peut se servir de la même friture tant qu'elle n'a pas atteint une couleur brun foncé. Alors il faut la remplacer, car les objets que vous y feriez frire seraient d'une couleur noirâtre et de mauvais goût.

Si, sans être usée, il n'y en a plus assez, on peut en ajouter un peu chaque fois qu'on s'en sert. Il faut qu'il y en ait toujours assez pour que les objets que l'on veut faire frire baignent entièrement.

Pâte pour fritures. — Prenez une certaine quantité de farine, plus ou moins, suivant la quantité d'objets que vous avez à faire frire, faites un trou au milieu, mettez y, pour 250 gr. de farine, un œuf (jaune et blanc), un peu de sel fin et de poivre, une cuillerée d'eau-de-vie ; mêlez bien avec la farine ; ajoutez peu à peu de l'eau et du lait jusqu'à ce que votre pâte n'ait plus que la consistance nécessaire pour laisser une couche de l'épaisseur d'un sou sur les objets. Mêlez, battez, travaillez avec une fourchette; laissez reposer une demi-heure. Au moment de se servir de cette pâte vous y mettez la moitié d'un blanc d'œuf battu en neige, si vous voulez qu'elle boursoufle beaucoup; mais cette boursoufflure de *bonne mine* a l'inconvénient parfois de laisser les objets plus imprégnés de friture.

Cette pâte s'emploie principalement pour les BEIGNETS, les FRITURES DE CERVELLE, les FRITOTS DE VOLAILLE, etc. *Pour le poisson mieux vaut employer le farinage simple et le farinage au lait.*

Friture cherbourgeoise. — A Cherbourg et dans une grande partie de la Basse-Normandie, on emploie fort peu la friture en pleine graisse, on met dans un plat, dans une poêle comme pour omelette, dans un hêtier (sorte de poêle pour faire la galette de sarrazin et les crêpes) soit beurre, graisse ou huile en petite quantité, de manière qu'il y en ait à peu près l'épaisseur d'un sou. On laisse bien chauffer, et l'on y place l'un auprès de l'autre les objets que l'on a à frire, légèrement enfarinés ou complètement sans farine... Lorsque le poisson est rissolé et bien raidi d'un côté, on le tourne de l'autre.

Cette friture qui demande encore plus de soin que l'autre est d'un goût tout autre, certaines personnes la préfèrent; je l'indique comme manière de varier les mets, je la trouve agréable de temps à autre, et ensuite parce qu'elle est économique et expéditive.

Elle ne peut servir que pour le poisson; car il serait impossible de faire frire de cette manière beignets, pets de nonnes, fritots et autres objets en pâte.

PIQUAGE, BARDAGE, PANURES.

On PIQUE, c'est-à-dire on passe de petits morceaux de gras de lard appelés LARDONS, dans les pièces de viande, non-seulement pour les orner, mais encore pour leur donner plus de qualité. Par ce travail elles acquièrent un parfum tout particulier, et celles qui sont bien en chair, mais maigres, de l'onctuosité. Le BARDAGE s'emploie aussi pour atteindre le même but ; mais il est d'une réussite moins parfaite. Il n'a sur le piquage, pour le faire préférer, que l'avantage d'une exécution plus facile et plus prompte.

Voici comment on procède pour le **piquage** :

Vous commencez par tailler les lardons.

On taille les lardons plus ou moins gros suivant la viande que l'on a à piquer. Pour un filet de bœuf on les coupera plus gros que pour un poulet. Pour un perdreau il suffira qu'ils soient gros comme un fêtu de paille. Du reste on peut les faire tailler par le charcutier en lui indiquant le genre de pièce à piquer.

On prend une lardoire plus ou moins fine suivant la dimension des lardons ; on y ajuste un lardon, puis on l'enfonce en piquant une très-petite portion de chair de la pièce de viande, et quand la lardoire est prête à ressortir, on maintient de l'autre main le lardon pour qu'il reste adhérent à la chair. Les deux extrémités du lardon doivent toujours paraître. On continue ainsi sur toute la longueur de la viande en formant une ligne régulière. Plus les lardons sont près les uns des autres, plus le piquage produit un bon effet. La ligne une fois terminée on en recommence une autre parallèle à la première, puis une autre, etc., en mettant entre chaque ligne, à partir de l'endroit piqué, l'espace de l'épaisseur de deux lardons. Ces lignes doivent être disposées entre elles et par rapport à l'animal aussi régulièrement que possible.

On ne pique d'ordinaire que le dessus des pièces, c'est-à-dire ce que l'on en voit quand elles sont disposées sur le plat dans lequel on les sert.

Il y a des piquages très compliqués. Nous n'indiquons que le plus simple. C'est à l'exécutant, s'il est habile, à varier son travail pour le plus grand plaisir des yeux.

Quant au BŒUF A LA MODE et au FOIE A LA BOURGEOISE, on les pique de travers en travers et les lardons doivent être taillés au moins de la grosseur du doigt et être assez longs pour traverser toute l'épaisseur de la viande.

Le BARDAGE consiste à mettre sur les pièces de viande des bandes de lard très-minces, à peine épaisses comme des pièces de cinq francs, plus ou moins larges, suivant la superficie qu'elles ont à couvrir, et à les attacher avec des ficelles.

De même que les lardons on peut les faire tailler par le charcutier en lui indiquant la dimension dont on les veut.

Pour les tout petits oiseaux à peine les fait-on couper plus épaisses qu'une feuille de papier.

Lorsqu'on a une surface très-arrondie à barder, il est bon de faire quelques incisions à la barde pour qu'elle se colle mieux à la surface que l'on veut couvrir.

Panures. — Le goût se blase vite; on ne saurait donc trop varier les mets et leurs préparations. En PANANT les viandes, c'est-à-dire en les enduisant d'une couche de mie de pain émiettée fin, on obtient un nouveau genre de mets.

Suivant les pièces à paner la panure varie d'apprêt et de procédé.

PANURE DES CÔTELETTES, ET PIEDS DE COCHON. — Pour six côtelettes ou six pieds : Prenez deux fois gros comme le poing de mie de pain bien rassis, rompez-la, mettez-la dans un torchon au travers duquel vous la pétrissez pour ainsi dire avec la main afin de bien l'écraser; passez-la dans une passoire, ajoutez-y sel et poivre et persil haché très-fin. Mélangez bien. Enduisez les côtelettes ou les pieds d'huile ou trempez-les dans du beurre ou de la graisse fondus, puis tournez-les dans la mie de pain de tous les côtés, de manière à ce qu'ils en soient bien garnis. Faites griller à feu un peu moins vif que pour les objets non panés.

Les côtelettes de veau et de mouton se panent par le même procédé.

Panure pour rissoles, boulettes et autres objets que l'on fait frire. — Préparez et assaisonnez la mie de pain comme dans la recette ci-dessus.

Mettez dans un plat un, deux ou trois œufs (*plus ou moins suivant la quantité d'objets à paner*). Mêlez bien blanc et jaune, ajoutez pour trois œufs une cuillerée d'huile et une cuillerée d'eau. (*Si vous mettez moins d'œufs vous diminuerez aussi la quantité d'huile et d'eau.*) Battez comme pour omelette. Trempez, l'un après l'autre, les objets que vous avez à paner, d'abord dans ce mélange, ensuite dans la mie de pain. Faites frire à friture bien chaude.

Pour quelques objets, entre autres l'anguille à la tartare, on emploie ce qu'on appelle DOUBLE PANURE ou PANURE A L'ANGLAISE qui consiste à paner deux fois les objets. Nous indiquerons ce procédé exceptionnel en temps et lieu.

MARINADES.

On marine les viandes, le poisson, pour les conserver et aussi pour leur donner un goût particulier. Il y a deux sortes de marinades : la marinade au vinaigre et la marinade au vin.

Marinade au vinaigre. — Mettez dans un plat ou dans une terrine huile et vinaigre, dans cette proportion : 6 cuillerées de vinaigre, une cuillerée d'huile; sel, poivre en grains, clou de girofle, oignons coupés en rouelles, thym, laurier; placez-y la viande ou le poisson; arrosez soir et matin la viande ou le poisson de tous les côtés et dans les moindres petits creux.

Marinade au vin. — Se fait comme la marinade au vinaigre, seulement on remplace le vinaigre par un demi-litre de vin rouge ou blanc.

Marinade à la minute. — Faites bouillir un demi-litre de vinaigre très-fort avec un demi-litre d'eau; sel, poivre, une gousse d'ail, thym, laurier, clou de girofle, ronds d'oignons et de carottes, persil... Versez bouillant sur les viandes que vous voulez mariner. Tournez celles-ci au bout d'un quart d'heure.

SAUCES.

Lorsqu'on sait faire bien toutes les sauces on est presque cuisinier accompli; du moins on est en bonne voie de le devenir.

On ne saurait connaître trop de sauces. Plus on en connaît plus on peut varier ses mets.

On ne saurait apporter trop de soin dans la confection des sauces; car avec une mauvaise sauce, une sauce mal faite, il n'y a pas de bons mets.

Je n'indiquerai pas les grandes méthodes. Souvent les grandes méthodes ne sont qu'un étalage de grands mots inintelligibles. Nous autres, ménages bourgeois, nous aimons peu l'argot culinaire, et, tout en voulant obtenir un bon résultat et nous faire frissonner d'aise, nous ne voulons pas mettre la maison sens dessus dessous et nos bourses à vide. Nous voulons faire de bonnes, d'excellentes sauces sans avoir à nous instruire sur ce que c'est que le VELOUTÉ, L'ALLEMANDE, L'ESPAGNOLE, etc. Rien que ces mystérieuses dénominations nous arrêtent, rien que cette pensée de mettre d'excellent gibier, qui coûte fort cher, dans le but seulement de préparer une sauce, nous épouvante. (*Dans certains livres de cuisine, les perdreaux entrent dans la confection de la sauce dite* ESPAGNOLE.)

Pour réduire les sauces. — Il arrive parfois quand un mets est cuit que la sauce est trop longue; ôtez votre viande ou vos légumes et faites bouillir à très-grand feu jusqu'à ce que votre sauce soit réduite à la quantité convenable.

Quand une sauce est tournée. — Parfois il arrive, quand un mets a cuit à trop grand feu ou trop longtemps, que le jus s'attache autour et au fond de la casserole et que la sauce tourne en huile; ôtez une grande partie de la graisse, mettez peu à peu trois ou quatre cuillerées, quelquefois un demi-verre (*suivant la quantité de sauce que vous voulez avoir*) d'eau tiède; remuez avec une mouvette et détachez le jus coagulé au fond et autour de la casserole, faites jeter un ou deux bouillons, et votre sauce reviendra parfaitement.

Liaisons. — Pour *parfaire* les sauces, pour leur donner de l'épaisseur, de l'onctueux, on LIE les sauces.

Pour lier les sauces, il y a différentes manières de

procéder : la LIAISON A LA FARINE, la LIAISON A LA FÉCULE, la LIAISON AU BEURRE, la LIAISON AU BEURRE ET A LA FARINE OU A LA FÉCULE, la LIAISON A L'ŒUF ET A LA CRÈME, la LIAISON A L'HUILE, mais nous parlerons de cette dernière liaison quand nous nous occuperons des MAYONNAISES.

Liaison à la farine. — Délayez un peu de farine dans une assiette avec un peu de la sauce que vous avez à lier; éclaircissez encore avec un peu de la même sauce; versez peu à peu dans la casserole en tournant avec une cuillère; faites jeter deux ou trois bouillons en continuant de tourner, servez.

Plein une cuillère à café de farine suffit largement pour lier une sauce d'un demi-litre. Du reste on ne peut fixer au juste la quantité, cela dépend de la plus ou moins grande quantité de sauce, comme de la plus ou moins grande consistance de cette sauce.

Liaison à la fécule. — Délayez un peu de fécule dans une assiette avec une ou deux cuillerées d'eau froide; mêlez peu à peu à votre sauce en tournant cette dernière; ôtez de dessus le feu au premier bouillon, car sans cela votre sauce redeviendrait claire. *La liaison à la fécule peut remplacer même avantageusement la liaison à la farine. Pour la quantité de fécule voir ci-dessus ce que nous avons dit pour la quantité de farine à employer dans la liaison à la farine.*

Liaison au beurre. — Mettre un morceau de beurre plus ou moins gros dans la sauce que l'on veut lier; remuer la sauce tout le temps que le beurre met à fondre; ne pas laisser bouillir; ôter de dessus le feu aussitôt que le beurre est fondu. *Si on laissait bouillir, la sauce perdrait la délicatesse que le beurre lui donne. On ne saurait employer pour les liaisons au beurre et pour les sauces blanches de beurre trop fin.*

Liaison au beurre et à la farine, ou au beurre et à la fécule. — Maniez un peu de beurre avec un peu de farine ou de fécule; mettez dans la sauce que vous voulez lier; tournez sur le feu sans laisser bouillir pendant quelques minutes. *Si l'on emploie de la farine il faut laisser sur le feu quelques minutes de plus.*

Liaison à l'œuf. — Prenez un ou plusieurs œufs suivant la quantité de sauce que vous avez à lier. Cassez-les avec précaution pour n'en pas crever le jaune. Séparez le blanc du jaune en le faisant passer d'une moitié de coquille dans l'autre jusqu'à ce que le jaune soit complétement dégagé du blanc. Otez les germes qui y sont restés. Mêlez et battez bien ces jaunes. Otez la sauce que vous voulez lier de dessus le feu. Faites-en refroidir une petite quantité que vous mêlez à vos jaunes d'œufs. Ajoutez peu à peu ce mélange à votre sauce en remuant. Une fois la lésion bien incorporée à la sauce, remettez la casserole sur le feu, remuez en promenant la mouvette autour et au fond de la casserole; prenez bien garde surtout que votre sauce ne tourne lorsqu'elle est arrivée à l'épaisseur désirée, ôtez immédiatement du feu.

Il faut à peu près deux jaunes d'œufs par demi-litre de sauce.

Si les œufs sont chers, on peut en mettre moins et incorporer un peu de fécule ou de farine à la liaison avant de les mettre dans la sauce.

Les blancs des œufs qui ont été employés pour la liaison à l'œuf peuvent être utilisés pour *paner*, en les battant avec un peu d'eau et d'huile; on peut les ajouter à une omelette ordinaire; on peut en confectionner des meringues, des petits macarons; on peut s'en servir pour charlotte meringuée.

Liaison à l'œuf et à la crème. — Se fait comme

la liaison à l'œuf, seulement on ajoute aux jaunes d'œufs, en les mélangeant bien, deux ou trois cuillerées de bonne crème bien épaisse. (*Voir page* 80 *ce qu'on doit entendre par crème.*)

Liaison au sang. — La liaison au sang se fait avec le sang, auquel on ajoute quelquefois le foie, des animaux que l'on emploie, soit volaille ou gibier.

On écrase bien le foie en se servant de deux fourchettes, l'une avec laquelle on maintient le foie et l'autre avec laquelle on le réduit en bouillie en frottant et en appuyant sur la surface. Une fois le foie bien écrasé on le mêle avec le sang. On incorpore cette bouillie à la sauce en tournant la sauce ; on fait jeter un ou deux bouillons en tournant toujours. Passez et servez.

Sauce maître-d'hôtel. — C'est la plus simple de toutes les sauces. Maniez du beurre avec un peu de persil haché très-fin. Étendez au fond du plat qui doit vous servir ; saupoudrez de sel et poivre et faites fondre à feu doux, servez aussitôt fondu. *Souvent la chaleur du mets que l'on sert sur le beurre suffit pour le faire fondre. Se bien garder de laisser trop longtemps sur le feu, car le beurre tournerait en huile.*

Si l'on veut, on peut ajouter à la sauce maître-d'hôtel un peu de jus de citron ou de vinaigre.

Sauce à la pauvre homme. — Mettez dans une casserole un verre d'eau (*plus ou moins suivant la quantité de sauce que l'on désire*), cinq à six échalottes et trois à quatre branches de persil hachées fin, une ou deux cuillerées de vinaigre, sel et poivre. Faites mijoter jusqu'à ce que les échalotes soient cuites.

Cette sauce peut servir pour reste de bouilli ou de rôti.

On peut remplacer les échalotes par des oignons coupés en rouelles très-minces.

Sauce dite beurre noir. — Mettez dans une poêle un morceau de beurre assez gros. Faites roussir. Vous remuerez de temps à autre la poêle pour que le beurre roussisse également. Lorsque le beurre sera bien coloré, presque noir sans être brûlé cependant, mettez dedans quelques branches de persil et quand le persil sera frit, versez le tout, beurre et persil, sur le mets que vous voulez servir au beurre noir. Mettez dans la poêle quelques cuillerées de vinaigre; aussitôt chaud, ajoutez-le à la sauce.

Le beurre noir convient surtout au poisson.

Sauce piquante. — Mettez dans une casserole gros comme un œuf de beurre. Lorsqu'il est fondu, ajoutez-y plein une cuillère à bouche de farine. Faites roussir sur feu vif en remuant avec une mouvette jusqu'à ce que beurre et farine soient d'une belle couleur marron foncé; mettez un oignon moyen haché fin, tournez et faites prendre couleur. Éteignez avec un verre d'eau ou de bouillon. Mettez sel, poivre, bouquet garni, une ou deux cuillerées de vinaigre. Laissez bouillir une demi-heure, trois quarts d'heure à petit feu. Passez et servez.

Une fois passée on peut ajouter à cette sauce des cornichons coupés par rouelles minces.

Autre sauce piquante. — Mettez dans une casserole gros comme un œuf de beurre. Faites roussir de belle couleur un peu foncée. Mettez-y trois ou quatre échalotes hachées fin, tournez avec la cuillère jusqu'à ce que les échalotes aient pris couleur, ajoutez une cuillerée de farine, tournez quelques minutes, éteignez avec un verre d'eau ou de bouillon. Ajoutez poivre, sel, et une ou deux cuillerées de vinaigre. Faites cuire pendant un quart d'heure.

Au moment de servir ajoutez cornichons et persil hachés.

Autre sauce piquante. — Mettez dans une casserole gros comme un œuf de beurre, une demi-cuillerée de chapelure, 2 échalotes hachées fin, poivre et sel, tournez un instant sur le feu. Ajoutez un verre d'eau ou de bouillon, un peu de vinaigre, deux cornichons hachés, faites bouillir une ou deux minutes et servez.

Sauce Robert. — Mettez dans une casserole gros comme un œuf de beurre. Une fois fondu ajoutez-y plein une cuillère à bouche de farine, remuez sur feu vif jusqu'à ce que beurre et farine soient d'une belle couleur marron. Éteignez avec un verre d'eau ou de bouillon. Assaisonnez. Faites bouillir un quart d'heure. Au moment de servir ajoutez une pleine cuillère à bouche de moutarde; mais gardez-vous bien alors de remettre la sauce sur le feu, elle tournerait.

Cette sauce est très-bonne avec côtelettes ou grillades de porc frais.

Sauce poivrade. — Mettez dans une casserolle gros comme un œuf de beurre. Faites roussir d'une belle couleur. Jetez-y deux oignons moyens coupés en rouelles minces. Lorsqu'ils auront pris couleur, mouillez avec un verre d'eau ou de bouillon. Mettez sel, poivre, thym, laurier, persil, un ou deux clous de girofle, deux ou trois ronds de carottes, deux cuillerées de vinaigre. Faites bouillir une heure. Passez et liez avec gros comme une grosse noix de beurre manié avec un peu de fécule ou de farine. Si cette sauce était d'une couleur trop claire, on la colorerait avec un peu de caramel. Cette sauce exige pas mal de poivre.

Si l'on confectionne cette sauce pour gibier ou viande marinés on peut procéder de cette manière :

Faire roussir le beurre, y ajouter la marinade dont

on a autant que possible ôté l'huile, assaisonner. Faire bouillir une heure, colorer avec un peu de caramel, passer et lier avec beurre manié avec un peu de fécule ou de farine.

Sauce au sang et au foie pour lièvre et lapin. — Mettez dans une casserole gros comme un œuf de beurre et plein une cuillère à bouche de farine; remuez sur feu vif jusqu'à ce que beurre et farine soient d'une belle couleur marron; mettez plein une soucoupe d'oignon haché fin; tournez et faites prendre couleur; éteignez avec un demi-verre d'eau et une demi-bouteille de vin rouge; mettez sel, poivre, bouquet garni, un peu de muscade, une cuillerée de vinaigre, laissez bouillir une heure au moins; ajoutez le sang et le foie bien écrasé; faites jeter un bouillon; ôtez le bouquet; passez à la passoire assez fine en pressant bien et pilant avec un pilon. *Il faut qu'il ne reste rien dans la passoire.*

Cette sauce est celle qu'on adopte généralement pour le lièvre rôti; elle est également très-bonne pour le lapin.

Une fois qu'elle est passée, il faut ne la remettre sur le feu que le temps de réchauffer, car elle tournerait et d'un autre côté, bouillant avec le sang et le foie, elle serait moins délicate. On ajoute à cette sauce, au moment de servir, le jus que le lièvre ou le lapin ont répandu dans la lèchefrite.

Sauce blanche parisienne. — Mettez dans une casserole gros comme un œuf de beurre et plein une cuillère à bouche de farine ; pétrissez bien ensemble ; délayez peu à peu avec un verre environ d'eau chaude; assaisonnez. Placez sur le feu, tournez avec une cuillère jusqu'à ce que votre mélange commence à bouillir. Ajoutez alors une nouvelle quantité de beurre, coupée en morceaux pour qu'elle fonde plus facilement, et retirez immédiatement du feu. Tournez jusqu'à ce que le beurre soit entièrement fondu. Dans le cas où la sauce serait trop épaisse, ajouter un peu d'eau chaude et de beurre, mais sans remettre sur le feu.

Si on le désire on peut aciduler cette sauce avec un peu de vinaigre et de jus de citron. Mais il ne faut mettre le vinaigre et le citron qu'au moment de servir ; sans cette précaution la sauce tournerait.

Sauce blanche normande. — Délayez plein une cuillère à café de fécule ou de farine avec une ou deux cuillerées d'eau ; joignez à ce mélange gros comme un œuf de beurre et un quart de litre ou environ sept à huit cuillerées de crème dite à Paris crème double. (*Voir page 80 ce qu'on doit entendre par crème.*) Mettez sur le feu et continuez de remuer jusqu'à ce que cette sauce ait jeté deux ou trois bouillons. Servez.

On peut aciduler cette sauce avec un peu de vinaigre, mais, de même que dans la sauce blanche parisienne, il ne faut mettre le vinaigre que lorsque la sauce est hors du feu.

Sauce blanche normande économique. — Délayez plein une cuillère à café de fécule ou de farine avec un demi-verre d'eau, ajoutez à ce mélange gros comme un œuf de beurre et quatre cuillerées de crème ; assaisonnez. Faites cuire comme la précédente.

Cette sauce est moins délicate que la précédente, mais bien faite, elle est bonne et, comme on le voit, on emploie moitié moins de crème.

Sauce blanche acidulée à l'oseille. — Faites une sauce blanche, soit parisienne, soit normande, mais avec un peu plus de farine ; ôtez du feu, ajoutez au moment de servir une bonne poignée d'oseille bien épluchée et lavée et hachée fin.

Les sauces blanches ainsi acidulées ont un goût tout différent des sauces acidulées au vinaigre et au citron et assez agréable.

Sauce blanche aux câpres. — Faites une sauce blanche, soit parisienne, soit normande, ajoutez-y au moment de servir plein une cuillère à bouche de câpres.

Sauce écrevisses, homard ou crevettes. — Faites une sauce blanche, soit parisienne, soit normande, ajoutez-y au moment de servir soit des queues d'écrevisses cuites, bien épluchées et coupées en ronds, soit du homard, soit des crevettes... On peut mettre l'un et l'autre si l'on veut.

Cette sauce est fort appréciée des gourmets.

Sauce blanquette. — Faites fondre dans une casserole gros comme un œuf de beurre, ajoutez-y plein une cuillère à bouche de farine... Mélangez. Une fois bien mélangés, versez un verre d'eau; mettez un oignon, un bouquet garni; assaisonnez de sel et poivre. Laissez mijoter une demi-heure. Mettez dedans le mets que vous avez à préparer. Otez le bouquet et servez.

Sauce poulette. — Faites une sauce blanquette. Au moment de servir liez à l'œuf ou à l'œuf et à la crème, (*Voir liaison à l'œuf et liaison à l'œuf et la crème.*)

Il faut que ce qu'on aura à faire cuire ou réchauffer dans la sauce poulette soit complètement cuit ou réchauffé avant de mettre la liaison; la liaison, nous le répétons, ne doit être mise qu'au moment de servir.

Sauce à la Béchamel. — MAIGRE : Mettez dans une casserole gros comme un œuf de beurre, une cuillerée de farine, sel et poivre. Une fois le beurre fondu et bien mélangé avec la farine, versez-y peu à peu, en tournant toujours, un verre de lait bien bouillant. Faites cuire un quart d'heure en continuant de tourner.

Au gras. — Faites fondre dans une casserole gros comme un œuf de beurre. Faites-y revenir, mais sans prendre couleur, un quart de poitrine de porc frais coupée en tout petits morceaux, ajoutez une cuillerée de farine ; une fois le tout bien mélangé, versez-y un verre de bouillon non coloré ; mettez sel, poivre, bouquet garni, clou de girofle, un oignon, une carotte coupée en rouelles. Laissez cuire une heure. Dégraissez, passez et servez.

Sauce pour gibier et volaille. — Mettez dans une casserole un verre à vin de vin blanc ou d'eau-de-vie, une cuillerée de vinaigre, trois cuillerées d'huile, une cuillerée de chapelure, sel, poivre, épices, bouquet garni. Remuez sur le feu. Ajoutez un verre d'eau ou de bouillon. Laissez mijoter dix minutes. Faites réchauffer dans cette sauce les restes de gibier ou de volaille.

Sauce rémoulade. — Mettez dans un bol deux ou trois cuillerées de moutarde, sel, poivre, et un filet de vinaigre. Versez de l'huile goutte à goutte en tournant la moutarde avec une cuillère de manière à bien l'amalgamer avec l'huile... On met plus ou moins d'huile suivant qu'on aime cette sauce plus ou moins forte de goût. Quelques personnes mêlent à cette sauce, échalote, persil, ciboule hachés très-fin.

Bonne avec le céleri et la volaille froide.

Sauce ravigote chaude. — Mettez dans une casserole un verre d'eau ou de bouillon ; échalote, cerfeuil, pimprenelle, estragon, cresson alénois hachés très-fins ; sel, poivre, vinaigre. Faites bouillir dix minutes, un quart d'heure. Retirez du feu et liez avec gros comme un œuf de beurre manié avec plein une cuillère à café de fécule ou de farine.

Sauce ravigote froide. — Prenez échalote, cerfeuil, pimprenelle, estragon, cresson alénois, cives, ciboule... Pilez dans un mortier. Lorsque le tout est bien réduit en pâte, ajoutez un jaune d'œuf cru. Mettez de l'huile en laissant tomber goutte à goutte et en remuant votre mélange. Lorsque votre sauce a une consistance suffisante, ajoutez une cuillerée de vinaigre et plein une cuillère à café de moutarde.

La sauce une fois terminée et assaisonnée serait trop épaisse, on pourrait l'éclaircir avec un peu d'eau froide.

Sauce tartare. — Mettez dans un plat deux ou trois jaunes d'œufs crus, une cuillerée de vinaigre, une cuillerée et demie de moutarde (*plus ou moins suivant que l'on aime la tartare plus ou moins forte de goût*) sel, poivre, quatre cuillerées d'huile. Mêlez bien le tout ensemble. Faites prendre sur feu très-doux ou plutôt sur cendre chaude en tournant avec la cuillère; une ou deux minutes suffisent. On peut, si on les aime, mettre dans cette sauce persil, ciboule, échalotes hachés très-fins.

Sauce mayonnaise blanche. — Mettez dans un bol un ou deux jaunes d'œufs crus, poivre et sel. Mêlez bien le tout. Laissez tomber goutte à goutte, en remuant bien les jaunes d'œufs avec une cuillère, une assez grande quantité d'huile. (*Vous vous apercevrez qu'il y a assez d'huile, quand le mélange aura de la consistance et se détachera du bol. Lorsque les jaunes d'œufs auront commencé à prendre de la consistance on pourra mettre un peu plus d'huile à la fois, mais jusque-là ne la mettre que goutte à goutte.*) Ajoutez vinaigre, sel et poivre et remuez bien jusqu'à ce que le tout soit bien amalgamé. Une fois terminée et bien assaisonnée, si la sauce était trop épaisse, y mettre un peu d'eau froide. On peut aussi y ajouter une ou deux cuillerées de bonne crème.

Pour bien réussir cette sauce, il faut opérer dans un endroit frais.

Sauce mayonnaise verte. — Ajoutez à la mayonnaise blanche une certaine quantité de cerfeuil, estragon, cresson alénois et pimprenelle pilés au mortier.

Ayoli (sauce méridionale). — Pilez dans un mortier deux gousses d'ail; ajoutez un jaune d'œuf cru, gros comme une noix de mie de pain trempée dans de l'eau ou du lait et bien pressée, sel, poivre; pilez et mêlez bien le tout ensemble en ajoutant de l'huile, environ 7 à 8 cuillerées, goutte à goutte. Si elle est trop épaisse y mettre un peu d'eau.

Sauce tomate. — Coupez en morceaux sept ou huit tomates, mettez cuire sur feu pas trop vif; passez dans une passoire fine. Faites blondir gros comme la moitié d'un œuf de beurre; ajoutez-y votre purée de tomates, sel, poivre; laissez mijoter cinq minutes en remuant de temps en temps. Si votre sauce est trop claire, liez avec un peu de fécule ou de farine. (*Voir liaison à la fécule et liaison à la farine*, page 98.)

La sauce avec de la purée de tomates de conserve se fait de la même manière. Si, comme il arrive parfois lorsqu'on emploie les purées de conserves, la sauce était trop épaisse, éclaircissez avec un peu d'eau ou de bouillon.

Sauce soubise. — Prenez une douzaine d'oignons blancs, épluchez et coupez en deux et jetez quelques minutes dans l'eau bouillante. Mettez dans une casserole gros comme un œuf de beurre et une cuillerée de farine, faites fondre à feu doux; le beurre fondu et le mélange bien opéré, mettez un verre d'eau tiède, remuez et mettez les oignons; faites cuire à feu doux. Les oignons cuits, passez à la passoire, remettez dans la casserole, assaisonnez de sel et poivre et gros comme une noix de sucre. Laissez mijoter quelques minutes; au moment de servir mettez-y une cuillerée de crème. Il faut que cette sauce ait la consistance des purées, parmi lesquelles elle pourrait être classée.

Elle est fort bonne avec le bœuf et le mouton.

Sauce au madère. — Mettez dans une casserole gros comme un œuf de beurre; faites fondre; ajoutez plein une cuillère à bouche de farine; remuez avec la cuillère sur feu vif jusqu'à ce que beurre et farine soient d'une belle couleur marron; éteignez avec deux verres d'eau ou de bouillon; mettez sel, poivre, bouquet garni, un oignon, un peu de muscade, un clou de girofle... laissez mijoter une heure; au moment de servir mettez deux ou trois cuillerées de madère; passez et servez.

Sauce aux anchois. — Videz et lavez deux anchois; pilez au mortier; mettez dans une casserole avec un verre de vin rouge, un demi-verre d'eau ou de bouillon, échalote hachée... assaisonnez de sel, poivre, épices et muscade; faites cuire à petit feu pendant un quart d'heure; passez, liez avec beurre manié de fécule ou de farine.

On peut servir cette sauce avec le bouilli, les biftecks et les rôtis.

Sauce au jambon. — Hachez et pilez au mortier un quart de jambon fumé cru; mettez dans une casserole avec gros comme la moitié d'un œuf de beurre; faites blondir et revenir; ajoutez plein une cuillère de farine; tournez le tout sur le feu jusqu'à ce que ce soit d'une belle couleur marron; éteignez avec deux verres d'eau ou de bouillon; mettez un bouquet garni et un peu de poivre; laissez mijoter une heure; passez.

Cette sauce est très-bonne pour œufs pochés, céleri, cardons, etc.

Sauce à la diable. — Mettez dans une casserole gros comme un œuf de beurre et une cuillerée de farine; remuez sur le feu jusqu'à ce que beurre et farine soient d'une belle couleur marron; éteignez avec un demi-verre de vin rouge et un verre d'eau ou de bouillon ; mettez sept à huit branches de persil, un peu de thym, une feuille de laurier, une gousse d'ail, deux échalottes hachées, une pincée de poivre de Cayenne, et un peu de sel ; faites mijoter pendant vingt minutes ; passez et servez.

Sauce au kari. — Mettez dans une casserole gros comme un œuf de beurre, une cuillerée à café de kari, un peu de muscade, deux cuillerées de farine ; faites fondre, en remuant, sur le feu ; ajoutez, toujours en tournant, deux verres d'eau ou de bouillon ; laissez bouillir un quart d'heure ; liez avec un morceau de beurre et servez.

Sauce bordelaise. — Mettez dans une casserole quatre cuillerées d'huile, une douzaine de petits oignons, sel et poivre ; faites prendre couleur sur feu vif ; lorsque les oignons sont d'une belle couleur, ajoutez une cuillerée d'eau-de-vie et deux verres d'eau ou de bouillon dans lesquels vous aurez délayé quatre cuillerées de purée de tomates ; mettez aussi une poignée de persil haché fin; faites bouillir une demi-heure ; liez avec un peu de fécule ou de farine.

Sauce béarnaise. — Mettez dans une casserole quatre jaunes d'œufs, quatre cuillerées d'huile, quatre cuillerées d'eau, une cuillerée de vinaigre, une cuillerée d'estragon haché fin, sel, poivre, mêlez bien le tout ensemble, faites prendre sur cendre chaude en tournant avec une mouvette jusqu'à consistance convenable.

Cette sauce, très-prompte à faire, excellente à manger avec les côtelettes de mouton, le rosbif et les bifteks, doit être faite avec beaucoup de précaution et doit avoir l'épaisseur de la sauce mayonnaise.

Sauce hollandaise. — Mettez dans une casserole 125 grammes de beurre, plein une cuillère à café de vinaigre et deux cuillerées à bouche d'eau froide, sel et poivre ; passez sur la cendre chaude et tournez avec la cuillère de bois jusqu'à ce que le beurre soit fondu.

Sauce italienne. — Mettez dans une casserole gros comme un œuf de beurre et plein une cuillerée à bouche de farine ; tournez sur feu vif jusqu'à ce que beurre et farine soient d'une belle couleur marron ; éteignez avec un verre et demi d'eau ou de bouillon et un demi-verre de vin blanc ; assaisonnez de sel et poivre ; faites cuire pendant un quart d'heure ; ajoutez échalote, persil, champignons hachés ; faites jeter quelques bouillons et servez.

Sauce provençale. — Mettez dans une casserole trois cuillerées d'huile, sept ou huit champignons et une échalote hachés fin, une gousse d'ail, sel, poivre, bouquet garni et une cuillerée à bouche de farine ; tournez sur feu vif jusqu'à ce que le tout commence à prendre couleur ; mouillez avec un verre et demi d'eau ou de bouillon et un demi-verre de vin blanc ; faites bouillir sept à huit minutes ; ôtez l'ail et le bouquet et servez.

Sauce genevoise. — Mettez dans une casserole gros comme un œuf de beurre et plein une cuillère à bouche de farine ; remuez sur feu vif jusqu'à ce que beurre et farine soient d'une belle couleur marron ; éteignez avec un verre de vin rouge et un verre et demi de la cuisson du poisson pour lequel vous préparez la sauce ; ajoutez un ou deux oignons coupés en ronds, un bouquet garni, sel et poivre, quelques champignons si vous en avez ; laissez mijoter une demi-heure ; au dernier moment, mettez deux ou trois cuillerées de vin de Madère ou, à défaut de vin de Madère, une cuillerée d'eau-de-vie ; passez et servez.

Sauce vénitienne. — Délayez une demi-cuillerée de farine avec un verre d'eau froide ; assaisonnez de sel et poivre ; mettez sur le feu et faites prendre en tournant ; lorsque la sauce est d'une bonne épaisseur, liez avec gros comme un œuf de beurre ; ajoutez deux cuillerées de persil haché très-fin et une cuillerée de vinaigre ; remuez et servez immédiatement.

Sauce Périgueux. — Mettez dans une casserole gros comme un œuf de beurre et une cuillerée de farine ; remuez sur le feu jusqu'à ce que beurre et farine soient d'une belle couleur marron ; éteignez avec deux verres de bouillon ; mettez sel et poivre, un peu de jambon fumé ou haché fin ; ajoutez deux échalotes et un bouquet garni ; faites réduire à peu près à moitié ; passez ; remettez sur le feu ; ajoutez un demi-verre à vin de Madère et une ou deux truffes hachées, faites jeter un ou deux bouillons ; servez.

Sauce Périgueux maigre. — Mettez dans une casserole deux cuillerées d'huile et une cuillerée de farine ; tournez sur feu vif jusqu'à ce que ce mélange soit d'une belle couleur marron ; éteignez avec deux verres de la cuisson du poisson pour lequel vous préparez cette sauce ; mettez sel et poivre ; ajoutez deux échalotes et un bouquet garni ; faites réduire à peu près de moitié ; passez ; remettez sur le feu ; ajoutez un demi-verre à vin de madère et une ou deux truffes hachées ; faites jeter un ou deux bouillons ; servez.

Salmis. — Faites rôtir les oiseaux ou volatiles que vous voulez mettre en salmis ; levez les membres et l'estomac.

Pilez les os, le foie et l'intérieur dans un mortier jusqu'à ce que le tout soit bien réduit en pâte ; délayez avec deux verres de vin rouge et un verre d'eau ou de bouillon ; passez dans une passoire en pressant bien ; mettez cette espèce de coulis dans une casserole avec gros comme une noix de beurre, sel, poivre, muscade, un peu de zeste de citron; faites mijoter pendant trois quarts d'heure, une heure, au moins ; faites réchauffer, *simplement réchauffer* sans bouillir, dans cette sauce vos morceaux de gibier ou de volatile ; liez avec gros comme un œuf de beurre manié de fécule et versez dans le plat où, à l'avance, vous avez disposé de petites tranches de pain séchées et grillées ou frites... entourez, si vous voulez, de croûtons frits et servez.

Autre salmis (très-bon procédé). — Faites fondre dans une casserole gros comme la moitié d'un œuf de beurre; mettez-y une soucoupe comble d'oignon haché fin et une cuillerée de farine; faites revenir sur le feu jusqu'à ce que le tout commence à prendre couleur ; ajoutez alors les os, le foie et l'intérieur du gibier ou des volatiles, le tout bien pilé au mortier, et les trois quarts environ d'une bouteille de vin rouge, sel, poivre, muscade, girofle, bouquet garni, un peu de zeste de citron ; faites bouillir pendant une heure et demie environ ; passez en ayant soin d'extraire toute la sauce; versez cette sauce sur les morceaux de gibier ou de volatile que vous aurez disposés dans un plat sur des petites tranches de pain grillé ; faites réchauffer feu dessus, feu dessous, trois ou quatre minutes à feu très-doux et servez.

Salmis pour restes de canard. — Mettez dans une casserole gros comme un œuf de beurre et une cuillerée de farine; tournez sur feu vif jusqu'à ce que beurre et farine soient d'une belle couleur marron ; mettez deux ou trois oignons hachés fin; faites revenir; mouillez avec un verre d'eau et deux verres de vin rouge; remuez; ajoutez sel, poivre, muscade, bouquet garni... mettez dans cette sauce vos restes de canard coupés en morceaux à peu près carrés... faites cuire une heure et demie à deux heures; ôtez le bouquet; servez sur tranches de pain grillées.

Salmis au vin blanc. — Faites blondir dans une casserole gros comme un œuf de beurre; ajoutez une cuillerée à café de farine, le foie de votre gibier bien écrasé, sel, poivre, muscade, bouquet garni; mouillez avec un demi-verre de bouillon et un demi-verre de vin blanc; laissez bouillir un quart d'heure; passez et faites réchauffer dedans vos morceaux de gibier ou de volatile; servez sur tranches de pain grillées.

Salmis à la minute. — Une fois le canard ou le gibier cuit à la broche servi et découpé, écrasez bien le foie; mettez une cuillerée d'huile et un verre à vin de vin rouge ou de vin blanc, sel, poivre, muscade, épices; écrasez et mélangez bien le tout ensemble; faites prendre sur feu doux et servez au bout d'une ou deux minutes.

GARNITURES.

On entend par garnitures en cuisine des sortes d'accessoires, des menus objets, — poissons, viande ou légumes, — préparés d'une certaine manière et dont on accompagne un mets pour l'orner et aussi pour le rendre plus fin et délicat. Quelques-unes coûtent peu et ont le grand avantage de donner un aspect agréable aux mets qu'elles accompagnent, ce n'est cependant pas à ce point de vue que nous songeons à donner une place dans ce livre aux GARNITURES, mais surtout parce qu'elles ont l'immense avantage d'augmenter un plat quand l'objet principal laisse à désirer sous le rapport de la quantité. Nous indiquerons à chaque mets, lorsque nous expliquerons la ma-

GARNITURES

nière de le confectionner, la garniture qui peut lui convenir.

Le nombre des garnitures est infini. Nous ne ferons qu'en exposer ici la nomenclature. QUANT A LA MANIÈRE DE LES CONFECTIONNER, IL SUFFIRA POUR SE RENSEIGNER A CET ÉGARD D'AVOIR RECOURS A LA TABLE DES MATIÈRES PLACÉE A LA FIN DE CE VOLUME.

Voici le nom des garnitures les plus employées :
Garnitures de :

CROUTONS FRITS; — TRANCHES DE CITRON; — PERSIL FRIT;

BOULETTES; — QUENELLES DE VIANDE; — QUENELLES DE POISSON; — FINANCIÈRE BRUNE; — FINANCIÈRE BLANCHE; — SAUCISSES, etc.;

CERVELLES; — RIS DE VEAU; — ROGNONS ET CRÊTES DE COQ; — PETITES CROUSTADES;

HUITRES; — MOULES; — ÉCREVISSES; — CREVETTES; — HOMARD; — PETITS POISSONS FRITS;

CHOUX; — CHOUCROUTE; — CHOUX DE BRUXELLES; — CHOUX-FLEURS; — CAROTTES; — NAVETS COLORÉS; — NAVETS BLANCS; — PURÉE DE NAVETS; — POMMES DE TERRE A L'EAU; — POMMES DE TERRE SAUTÉES; — POMMES DE TERRE FRITES; — PAILLES DE POMMES DE TERRE; — POMMES DE TERRE SOUFFLÉES; — PURÉE DE POMMES DE TERRE; — CROQUETTES DE POMMES DE TERRE; — HARICOTS VERTS; — HARICOTS BLANCS; — PURÉE DE HARICOTS BLANCS; — LENTILLES; — PURÉE DE LENTILLES; — PETITS POIS; — PURÉE DE POIS VERTS; — FONDS D'ARTICHAUTS; — TOPINAMBOURS; — PURÉE D'ÉPINARDS; — PURÉE DE CHICORÉE; — PURÉE D'OSEILLE; — LAITUES; — OIGNONS BLANCS; — OIGNONS COLORÉS; — OIGNONS GLACÉS; — PURÉE D'OIGNONS CONNUE SOUS LE NOM DE PURÉE SOUBISE; — TOMATES; — TOMATES FARCIES; — CHAMPIGNONS; — CHAMPIGNONS FARCIS; — MORILLES; — TRUFFES, etc.

Les garnitures dites JARDINIÈRE et PRINTANIÈRE;

Garnitures d'œufs ; — POCHÉS ; — FRITS ; — DURS ; — MOLLETS ; — D'ŒUFS A L'ESCARGOT.

Règle générale, les légumes pour garniture doivent être de petite dimension et de grosseur à peu près égale ; si vous n'en avez pu trouver que des gros ou de dimensions inégales, réduisez-les et façonnez-les ; fendez-les en deux ou en quatre ou coupez-les en rouelles épaisses à peu près d'égales grosseur et dimension ; arrondissez les angles et détruisez les inégalités, vous aurez ainsi des petites carottes, des petits navets, des petites pommes de terre, etc.

Financière brune, garniture et entrée.

(*Les quantités indiquées peuvent convenir comme garniture d'un mets pour traiter dix à douze personnes.*)

Mettez dans une casserole un litre de bouillon ; mettez-y une poignée de crêtes et de rognons de coq préparés (*voir crêtes et rognons de coq*) ; une poignée de quenelles (*voir ce mot*) ; une poignée de champignons bien épluchés et blanchis à l'eau bouillante ; une ou deux truffes coupées par tranches ; un ou deux fonds d'artichauts coupés par petits morceaux ; quelques petits morceaux de ris de veau et de foies de volaille ; quelques petits morceaux de langue à l'écarlate ; une vingtaine d'olives dont on ôte le noyau ; un verre à vin de vin blanc ou de vin de Madère ; un peu de sel ; un peu de poivre. Faites mijoter vingt minutes environ. Ajoutez trois ou quatre cuillerées de jus ; liez avec un peu de fécule ou de farine. (*Voir liaison à la farine.*) Mettez dans le plat ; rangez dessus le mets auquel cette financière doit servir de garniture.

(*Il n'est pas indispensable que toutes les choses indiquées se trouvent dans ce ragoût ; on y met celles qu'on a à sa disposition ; elle a beau avoir un bon guide, il faut qu'à l'occasion une cuisinière prenne un peu d'initiative.*)

La financière peut se servir non-seulement comme garniture, mais encore comme mets. On peut aussi en garnir une croûte de pâté (*voir pâté chaud*), de petits pâtés, de petites cassolettes (*voir ce mot*), de petites croustades (*voir ce mot*), etc.

Financière blanche, garniture et entrée. — Mettez dans une casserole gros comme un œuf de beurre et plein une cuillère à bouche de farine; remuez sur feu vif jusqu'à ce que beurre et farine soient bien mélangés; mouillez avec deux verres d'eau ou de bouillon *sans couleur*.

Mettez dans cette sauce une poignée de crêtes et de rognons de coq préparés (*voir crêtes et rognons de coq*); une poignée de quenelles (*voir ce mot*); une poignée de champignons bien épluchés et blanchis à l'eau bouillante; une ou deux truffes coupées par tranches; un ou deux fonds d'artichauts coupés par petits morceaux; quelques petits morceaux de ris de veau et de foies de volaille; quelques petits morceaux de langue à l'écarlate; une vingtaine d'olives dont on ôte les noyaux; un verre à vin de vin blanc ou de vin de Madère; un peu de sel; un peu de poivre. Faites mijoter vingt minutes environ. Liez avec deux jaunes d'œufs ou un jaune d'œuf et deux cuillerées de crème (*voir liaison à l'œuf et liaison à l'œuf et à la crème*); mettez dans le plat; rangez dessus le mets auquel cette financière doit servir de garniture.

(*Il n'est pas indispensable que toutes les choses indiquées se trouvent dans ce ragoût; on y met celles qu'on a à sa disposition; elle a beau avoir un bon guide, il faut qu'à l'occasion une cuisinière prenne un peu d'initiative.*)

Cette financière peut se servir non-seulement

7.

comme garniture, mais encore comme mets et alors, si l'on veut, on peut l'orner de croûtons. On peut aussi en garnir un vol-au-vent (*voir ce mot*), de petits pâtés, de petites cassolettes (*voir ce mot*), de petites *croustades*, etc.

PRÉPARATIONS DIVERSES.

Jus. — Le jus est une des préparations culinaires les plus agréables et les plus hygiéniques. S'il n'est pas indispensable dans beaucoup de cas, il est un accessoire des plus précieux et sert à l'amélioration de presque toutes les sauces. Quand on prépare un dîner d'apparat, ou de gourmet, il est de grande ressource.

Pour beaucoup de maîtresses de maison il semble que la confection du jus est la *mer à boire*.

J'avoue, qu'après l'explication qu'elles m'en donnaient, j'aurais bien moi-même reculé d'épouvante.

Voici une excellente recette qui a le double avantage d'être prompte et économique et qui sera bien accueillie, j'en suis sûr, de toutes les ménagères.

Pour faire un litre de jus, ayez :

250 grammes (*une demi-livre*) de jarret de bœuf ;
250 grammes (*une demi-livre*) de jarret de veau ;
Un pied de veau.

Coupez le jarret de bœuf et le jarret de veau en morceaux de la grosseur de la moitié d'un œuf, plutôt plus petits que plus gros ; mettez dans une casserole avec une grosse carotte ou deux carottes moyennes coupées en ronds, un gros oignon ou deux oignons moyens également coupés en ronds, un bouquet garni composé de la moitié d'une feuille de laurier, de long comme la moitié du doigt de thym, de deux branches de persil et d'une toute petite branche de céleri, deux clous de girofle, sel et poivre. (*Le sel et le poivre en petite quantité; il vaut mieux que le jus soit plutôt fade que trop assaisonné; car s'il était trop assaisonné, cela pourrait être un inconvénient pour les sauces dans lesquelles on l'emploierait*). Mettez aussi dans la casserole tous les os, toutes les parures et rognures de viande que vous aurez, couennes de lard, gésiers et abattis de volaille... A condition que tout cela soit de la plus grande fraîcheur.

Couvrez et faites suer sur feu assez vif. Remuez de temps en temps. Quand les viandes, les ronds d'oignons et de carottes commenceront à prendre une belle couleur dorée et leur jus à s'attacher à la casserole, versez de l'eau froide en assez grande quantité pour que légumes, os et viande baignent complétement, même pour qu'il y en ait l'épaisseur d'un doigt au-dessus. Remuez et détachez le jus attaché autour de la casserole.

Ajoutez le pied de veau, que vous pouvez couper en deux ou trois.

Faites bouillir deux heures *au moins*. Lorsque votre cuisson est réduite à peu près à la quantité d'un litre, passez dans une passoire très-fine et laissez refroidir pour vous en servir au besoin. Une ou deux cuillerées de jus améliorent beaucoup les sauces et l'on peut en mettre dans presque toutes. La plupart des *sautés* en acquièrent une grande qualité.

Avant de se servir du jus, on ôte la couche de graisse qui s'est formée dessus et que l'on peut mettre avec les autres dégraissis, mais qui nuirait à la qualité du jus, car le jus pour être bon doit être parfaitement dégraissé.

Le pied de veau, que vous ôterez du jus aussitôt que vous le croirez cuit, peut être accommodé à toutes espèces de sauces.

Comme on le voit ce procédé pour faire un litre de

jus est peu coûteux puisque la plus grande dépense consiste dans une dem' livre de jarret de bœuf et une demi-livre de jarret de veau.

Clarification du jus. — Il est des circonstances où pour la beauté des sauces, il est nécessaire que le jus soit parfaitement clair et limpide, ainsi pour les galantines, les volailles et les œufs au jus. Parfois par le seul fait d'une ébullition à gros bouillons on obtient un bon résultat, mais parfois ce moyen ne suffit pas. Employez alors la méthode suivante :

Le jus fait, bien passé et dégraissé, remettez-le sur le feu. Lorsqu'il commence à bouillir, mettez, pour un litre de jus, deux blancs d'œufs battus en neige. Mélangez bien. Laissez mijoter une demi-heure, passez à travers une serviette très-fine, sans presser. Vous aurez un jus d'une belle nuance, très-clair et très-transparent.

Farce pour garnir toute espèce de viandes, pâtés, etc. — Faites tremper dans du lait ou de l'eau 125 grammes de mie de pain mollet ; égouttez et pressez bien ; mêlez 500 grammes de chair à saucisses avec ; mélangez bien ; goûtez pour l'assaisonnement.

Garnissez avec cette farce les viandes que vous voulez préparer de cette manière.

On diminuera ou l'on augmentera les quantités indiquées suivant que l'on aura besoin d'une plus ou moins grande quantité de farce.

Si on les aime, on peut ajouter à cette farce persil, ciboules hachés fin.

Godiveaux. — On appelle godiveau une préparation culinaire fort délicate qui peut servir à farcir viandes, poissons et légumes et qui peut aussi servir pour CROQUETTES et QUENELLES.

Godiveau de veau, de volaille ou de lapin. — Prenez une demi-livre de rouelle de veau, ou de chair de poulet ou de chair de lapin (*une demi-livre, bien entendu, une fois que la chair est débarrassée des os et des peaux*); hachez et pilez de manière à faire une pâte très-fine; ajoutez 125 grammes de mie de pain mollet *que vous ferez, avant de la mêler à la viande, tremper dans du lait et ensuite que vous égoutterez et presserez même dans un torchon pour enlever l'humidité*, et 125 grammes de beurre; pilez et mêlez bien viande, pain et beurre; assaisonnez de sel et poivre; ajoutez deux jaunes d'œufs; enfin les deux blancs battus en neige.

Avec cette farce on fait toute espèce de quenelles pour garnitures de fricassées et de financières.

Godiveau de poisson. — Prenez 250 grammes de chair de poisson cru, ôtez bien les arêtes, hachez et pilez au mortier, ajoutez le même poids de mie de pain trempée dans du lait bien égouttée et pressée dans un linge, et aussi le même poids de beurre; pilez et mêlez bien le tout ensemble; assaisonnez de sel et poivre; mettez 3 jaunes d'œufs et un peu de persil haché très-fin; puis 2 blancs d'œufs en neige; mêlez bien.

Servez-vous de cette farce pour farcir toute espèce de poisson qu'il vous plaira et aussi pour en faire des quenelles.

Quenelles. — On appelle quenelles de petites boulettes ou de petits rouleaux préparés avec du godiveau et qui servent ordinairement de garnitures à certains mets.

Quenelles grasses. — Préparez un godiveau de veau, de volaille ou de lapin (*Voir page* 120). Faites bouillir de l'eau; quand elle bout, laissez tomber de petites quantités de godiveau que vous avez moulées en boulettes ou en forme de petites saucisses chipolata et légèrement enfarinées; laissez-les cuire 5 à 10 minutes à feu doux ; égouttez et ajoutez au ragoût que vous voulez garnir.

On peut aussi les pocher de la manière suivante :

Emplissez comble une cuillère à café ou à bouche suivant que vous voulez faire la quenelle plus ou moins grosse ; arrondissez en-dessus avec un couteau trempé dans l'eau chaude ; enlevez-la de la cuillère avec une autre cuillère trempée aussi dans l'eau chaude et posez-la sur un papier beurré. Lorsque vous avez confectionné toutes vos quenelles, glissez le papier dans une casserole où se trouve de l'eau bouillante et retirez-le quand elles en sont détachées ; laissez cuire huit à dix minutes, à feu doux pour qu'elles se conservent entières ; retirez-les et laissez égoutter.

Quenelles maigres. — Préparez un godiveau de poisson (*Voir page* 121).

Moulez et faites cuire comme il est indiqué ci-dessus pour les quenelles grasses.

Croquettes, hors-d'œuvre chaud ou petite entrée.

Prenez soit du bouilli, soit du veau rôti ou cuit au blanc, ou des restes de fricandeau, soit du poulet rôti ou cuit au blanc, soit de la dinde rôtie ou cuite au blanc, soit du lapin rôti ou cuit au blanc, soit du ris de veau, soit un mélange de ces différentes viandes ; ôtez les os et les peaux et hachez, mais pas très-fin.

Pour 250 grammes de viande hachée :

Mettez dans une casserole gros comme un œuf de beurre et plein une cuillère à bouche de farine ; faites fondre sur le feu ; lorsque le beurre est fondu et bien mélangé avec la farine, délayez avec un demi-verre d'eau, puis mettez la viande préparée comme il vient d'être dit, sel et poivre, *un peu de persil haché très-fin, si vous l'aimez*, quelques champignons hachés si vous en avez.

Faites mijoter un quart d'heure, sans couvrir de manière à laisser s'évaporer la sauce ; il faut qu'il n'en reste plus du tout.

Laissez refroidir.

Ajoutez deux jaunes d'œufs et si vous voulez une cuillerée de crème.

Faites des petits tas que vous moulez en forme de boulette ou de bouchon ; enfarinez-les ; trempez-les dans un œuf (jaune et blanc) battu comme pour omelette et mélangé avec une cuillerée d'eau et une cuillerée d'huile, puis roulez dans de la mie de pain émiettée fin.

Faites frire (*Voir friture page* 88) ; servez avec persil frit.

Croquettes, entremets sucré.

(*Voir croquettes de pommes et croquettes de riz*).

Rissoles, hors-d'œuvre chaud ou petite entrée.

Pour 8 à 10 personnes prenez 250 grammes de pâte soit brisée, soit feuilletée (*Voir pâte brisée et pâte feuilletée*).

Etendez cette pâte de l'épaisseur d'un sou ; découpez en ronds au moyen d'un bol ou d'un pot à confiture ; mettez sur chacun un petit tas de hachis de viande, ou de viande préparée comme pour croquettes ou de godiveau pour quenelles ; repliez chaque rond de pâte en deux ; collez, en enduisant d'un peu d'eau, les deux bords superposés ensemble ; faites frire à friture bien chaude ; retirez de belle couleur ; égouttez et servez orné de persil frit.

Rissoles, entremets sucré.

(*Voir rissoles à la confiture.*)

Croûtons. — Mie de pain qu'on taille de différentes manières et qu'on fait frire pour s'en servir ensuite à orner certains mets ou à mettre dans certains potages.

Croûtons pour garnitures. — Coupez des tranches de pain de l'épaisseur d'un décime ; enlevez la croûte et taillez en carrés, en triangles ou bien en crêtes de coq, comme il vous plaira, et de la dimension que vous jugerez convenable ; faites frire d'une belle couleur d'or au beurre, à l'huile ou à la graisse bien chauds.

Au lieu de les faire frire en pleine friture, on peut mettre dans un plat, une casserole ou une poêle, du beurre, de l'huile ou de la graisse de manière qu'il y en ait à peu près l'épaisseur d'un décime ; faites bien chauffer ; une fois le beurre, l'huile ou la graisse bien chauds, mettez les morceaux de mie de pain coupés et disposés comme nous l'avons indiqué ; au bout d'une ou deux minutes changez-les de côté.

Croûtons pour potage. — Taillez des tranches de mie de pain en petits dés de la dimension du bout du doigt ; faites frire.

Ne mettez dans le potage qu'au moment de l'apporter sur la table ; sans cette précaution, les croûtons gonfleraient, deviendraient mous et perdraient toute leur délicatesse.

Croustades. — Les croustades sont des espèces de croûtons taillés de manière à pouvoir contenir une portion de préparation culinaire dans le genre des petites entrées. On les fait de différentes formes, rondes, carrées, en losanges, etc.

La manière de les confectionner est assez simple :

Coupez des tranches de mie de pain de l'épaisseur de deux doigts ; taillez en morceaux de la forme qu'il vous plaira d'adopter et

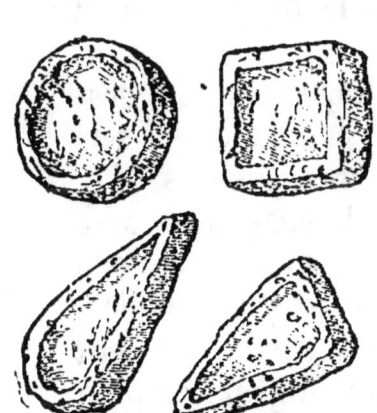

Modèles de croustades.

plus ou moins grands suivant ce que vous aurez à y placer ; mais elles sont d'un plus joli aspect lorsque la superficie ne dépasse pas la moitié de la main. On en fait même de plus petites.

Creusez ces morceaux de mie de pain à moitié de leur épaisseur, de manière à former une sorte de petit vase et surtout ne faites pas les bords trop minces.

Faites frire de belle couleur dans la friture bien chaude.

Ces croustades se remplissent de hachis de viande, de purées de volaille, de ragoûts à la financière, on peut aussi poser sur chacune une allouette sautée ou en salmis, des champignons farcis, etc.

Bouquet garni. — Petit paquet de différentes plantes que l'on met dans les sauces pour les aromatiser.

Il se compose ordinairement de persil, thym, laurier.

On lave le persil, le thym, le laurier ; on place le laurier et le thym au milieu ; on replie les deux extrémités du persil ; on noue. Un bouquet garni bien apprêté ne doit pas être plus long que le petit doigt. Le bouquet garni est de fréquent emploi en cuisine. On doit toujours l'ôter avant de servir la préparation où on l'a mis.

Chapelure. — Croûte de pain râpée ou pain desséché et coloré au four et réduit en poudre et qui sert pour les gratins et autres préparations culinaires.

Dans les grandes villes on vend de la chapelure toute préparée chez les boulangers ; mais je conseille de la préparer soi-même. Une des méthodes les plus simples, c'est de râper la croûte de dessus d'un pain. On peut aussi faire de la chapelure avec des morceaux de pain que l'on fait dessécher au four. Lorsqu'ils sont bien desséchés et d'une belle couleur blonde, les écraser et passer... Il faut que la chapelure ne soit pas d'une couleur trop brune ; car elle donnerait de l'amertume.

Saumure. — Remplissez d'eau une casserole ou une marmite, plus ou moins grandes selon ce que vous voulez avoir de saumure, mais qu'elles ne soient pas en cuivre à cause du vert-de-gris ; mettez sur le feu ; lorsque l'eau bout, mettez-y du sel peu à peu et le laissez dissoudre. Pour savoir à quel moment votre saumure sera assez saturée de sel, vous avez mis d'avance un œuf dans l'eau bouillante ; lorsqu'il montera dessus et s'y soutiendra de lui-même, l'eau sera assez salée.

Otez la saumure de dessus le feu et laissez-la refroidir.

Ne la versez dans le saloir, ou sur le beurre que lorsqu'elle sera *complétement* froide ; sans cela elle produirait un fort mauvais effet.

Vanille en poudre. — On vend de la vanille en poudre, mais cependant il peut se faire que dans certaines localités on ne puisse s'en procurer. Voici un procédé facile pour la réduire en poudre :

Coupez menu une gousse ou une demi-gousse de vanille, mettez dans un mortier de marbre avec un ou deux morceaux, de la grosseur d'une noix, de sucre très-dur ; pilez avec un pilon très-dur, détachez lorsque le sucre et la vanille s'attachent au mortier ou au pilon, pilez jusqu'à ce que la vanille et le sucre soient réduits en poudre fine.

PETITS SECRETS D'UN CORDON BLEU. — PETITS PROCÉDÉS UTILES. — SUBTERFUGES CULINAIRES, ETC.

Procédé pour mortifier promptement les viandes. — Si vous ne pouvez laisser mortifier un ou deux jours dans l'été, trois ou quatre dans l'hiver, un poulet ou une volaille, vous ferez bien de leur faire avaler au moment de les tuer une cuillerée à bouche de fort vinaigre ; sans cela, vous vous exposeriez à les avoir la chair longue et comme de la filasse.

Du reste, de même que la fraîcheur conserve les les viandes, la chaleur les avance. Une température tiède peut être employée pour mortifier les viandes... Si elles ne sont pas assez avancées, au lieu de les descendre à la cave ou de les mettre dans le garde-manger, on les mettra simplement dans la cuisine enveloppées d'un linge pour les préserver des mouches.

Moyen d'attendrir les rôtis de bœuf et de mouton. — Une précaution toujours bonne à prendre lorsqu'on a un gigot de mouton ou une forte pièce de bœuf pour mettre à la broche, est, un instant avant de les embrocher, de les battre de tous côtés pendant une minute avec un rouleau à pâtisserie. Ce procédé attendrit beaucoup la viande.

Moyen d'attendrir les vieilles poules et les vieux coqs. — Les vieux coqs et les vieilles poules ne se mangent que bouillis, au riz, au gros sel... quelquefois aussi accommodés au roux, aux carottes, aux oignons...

Si on les croit très-durs, on fera bien, avant de les accommoder d'une manière quelconque, de les faire cuire une heure à petit bouillon dans le pot-au-feu.

Apprêt pour les viandes très-maigres. — Quand la viande est très-maigre, si on a des biftecks ou des entrecôtes à faire griller, je conseille de les enduire d'un peu d'huile, non pour leur donner un parfum quelconque, mais pour les empêcher de se racornir au feu. Je conseille le même procédé quand on aura à faire rôtir un canard qui sera bien en chair, mais maigre, comme il arrive parfois pour les canards sauvages.

Moyen d'ôter le mauvais goût aux viandes passées. — Faites bouillir de l'eau et, au moment où elle bout à gros bouillons, mettez-y votre viande. Prenez 1 ou 2 gros morceaux de charbon de bois, mettez-les au feu, et, une fois bien embrasés de toutes parts, jetez-les dans l'eau bouillante où est votre viande au moment où elle est prête d'écumer. Dès que le charbon est éteint, ôtez votre viande pour vous en servir.

Moyen d'ôter l'acidité du bouillon. — Faites-le bouillir. Au moment où il bout à gros bouillons, mettez-y du bi-carbonate de soude ; faites encore jeter deux ou trois bouillons ; écumez et servez-vous du bouillon pour ce dont vous aurez besoin.

Il faut environ plein une cuillère à café de bi-carbonate de soude pour deux litres de bouillon.

Le bouillon, après cette opération, est loin d'être aussi délicat ; il est un peu trouble, mais il est parfaitement mangeable et sans aucune acidité.

Moyen de rendre mangeable le poisson qui commence à se corrompre. — Mettez-le dans une casserole de manière qu'il baigne avec trois quarts d'eau et un quart de vinaigre, du sel et un nouet de linge contenant du charbon de bois écrasé ; faites bouillir à grand feu jusqu'à ce qu'il soit cuit. En procédant de cette manière tout mauvais goût disparaît.

Vin remplacé par eau-de-vie; échalotes par oignons; cives, ciboules par oignon vert; beurre par graisse et dégraissis; etc. — Il est rare qu'on manque de vin rouge ordinaire, mais il arrive souvent qu'on n'a pas de vin blanc de débouché et que, pour une petite quantité, on hésite à entamer une bouteille ; dans cette circonstance, je conseille de remplacer le verre de vin par une cuillerée d'eau-de-vie.

De même on peut remplacer, sans trop de désavantage, l'ÉCHALOTE par l'oignon haché très-fin; les CIVES, la CIBOULE par du vert d'oignon.

J'ai dit à l'article GRAISSES et FRITURE tout le parti que l'on pouvait tirer des GRAISSES et DÉGRAISSIS et aussi, lorsque l'on manque de BEURRE, que l'on pouvait les lui substituer. Dans les circonstances difficiles il ne faut pas faire fi des expédients.

Les noix et les noisettes peuvent remplacer les amandes. — On se trouve à la campagne, supposons! On manque d'amandes et l'on veut faire un gâteau, un entremets, une préparation où il en faut, on a en sa possession une grande quantité de noix et de noisettes, on peut les employer à la place d'amandes. Le parfum n'est pas tout à fait le même, mais pas assez différent pour que l'on soupçonne le subterfuge.

Pour empêcher le lait de tourner complétement. — Souvent lorsqu'on l'a gardé quelques heures, surtout en été, le lait tourne si on le fait bouillir. Dès qu'on remarque qu'il a quelque disposition à tourner sur le feu, y mettre, par litre, une cuillerée à café de bi-carbonate de soude; remuez bien; continuez à faire bouillir; et se servir du lait comme si on n'y avait rien mis.

Pour donner aux grosses noix sèches les apparences de noix fraîches. — Il suffit de les mettre tremper sept à huit jours dans de l'eau fraîche. Elles retrouvent une partie de leur qualité première et la pellicule s'enlève facilement.

Garnitures. — Les garnitures, comme nous l'avons dit lorsque nous nous sommes occupé de cet article, servent non-seulement à orner et à rendre plus délicat un plat, mais elles peuvent aussi être considérées comme un subterfuge culinaire en augmentant par leur adjonction l'importance de ce plat.

Pousses de ronces et de houblon pour remplacer les pointes d'asperges. — Souvent on n'a pas de petites pointes d'asperges pour faire des POINTES D'ASPERGES en PETITS POIS ou des ŒUFS BROUILLÉS AUX POINTES D'ASPERGES. En semblable circonstance, j'ai remplacé, sans trop d'insuccès, les pointes d'asperges par des pousses nouvelles de ronces ou de houblon. (*Préparer les pousses de ronces ou de houblon comme les pointes d'asperges.*)

Épinards remplacés par cresson de fontaine; chicorée par pissenlit. — Le cresson de fontaine apprêté comme des épinards, soit au sucre, soit au jus, ressemble beaucoup à ce mets.

Le PISSENLIT cuit, ressemble beaucoup comme goût à la chicorée cuite et peut remplacer ce mets.

POT AU FEU.

Pour un ménage de six personnes et pour avoir du bouillon de quoi faire deux fois du potage, ayez :

Un kilogramme et demi à deux kilogrammes de bœuf [1];

Deux grosses carottes ou trois moyennes;

---

[1]. Les meilleurs morceaux pour le pot-au-feu sont : La *tranche* appelée *nache* dans quelques localités; la *tranche au petit os*; le *gîte à la noix*; la *culotte* ou *bout de queue*. (*La tranche fait le meilleur bouillon, la culotte le meilleur bouilli à cause de la graisse qui recouvre entièrement une de ses surfaces.*) Ces quatre morceaux composent toute la partie supérieure de la cuisse du bœuf. Ce sont les meilleurs pour faire un bon pot-au-feu, cependant on peut y employer tous les autres, même les hauts de rôtis, mais il vaut mieux employer ces derniers avant qu'ils aient été au feu parce qu'autrement le bouillon qu'ils donnent est trouble.

On peut faire aussi un pot-au-feu avec une langue de bœuf, et même avec une vieille poule.

Quelques personnes n'y emploient que des os de viande, alors il en faut un poids plus considérable.

Quand on se sert d'une langue pour faire le pot-au-feu, avoir soin de bien la laver et râcler avant de la mettre dans le pot-au-feu.

Un navet moyen ou deux petits ;
Un panais ;
Trois ou quatre poireaux ;
Un peu de persil, une toute petite branche de thym, une feuille de laurier, une petite branche de céleri ;
Une *toute petite* gousse d'ail ;
Un petit chou, ou la moitié d'un moyen, ou le quart d'un gros ;
Un gros oignon ; deux clous de girofle ;
Douze à quinze grains de poivre ;

Mettez dans un pot-au-feu, soit de terre, soit de fonte émaillée, soit d'émail belge, les deux kilogrammes de viande, bien ficelés pour les empêcher de se déchiqueter pendant la cuisson, avec six litres à six litres et demi d'eau froide et une poignée de sel. Si vous avez un os à moelle vous l'envelopperez, soit dans un petit linge, soit dans une feuille de choux, pour empêcher la moelle de se répandre. (*Vous pouvez ajouter, débris de viandes, os, morceau de poitrine de mouton si vous en avez et même un pied de bœuf. Un pied de bœuf donne beaucoup d'onctueux au bouillon et l'on peut facilement faire passer celui-ci pour du consommé. Le pied de bœuf peut s'accommoder ensuite de la manière que l'on désire. Eviter de mettre du veau; il blanchit et affadit le bouillon. Le morceau de poitrine de mouton, une fois cuit doit être ôté du pot-au-feu. Il lui faut deux heures de cuisson à peu près. Alors on le pane. On le fera griller et on le servira avec une sauce piquante ou Robert* [*Voir poitrine de mouton panée et grillée.*])

Vous posez le pot-au-feu sur bon feu.
Aussitôt que l'écume vient à monter et à former une couche au-dessus du liquide, vous l'enlevez le plus complétement possible.
Ecumez jusqu'à ce qu'il ne se forme plus d'écume.
Cette opération terminée, mettez dans le pot-au-

feu carottes, navets, panais, poireaux (*liés en petite botte*), un bouquet composé du persil, du thym, du laurier, du céleri, l'oignon piqué des deux clous de girofle, la gousse d'ail, le poivre; tout cela épluché et lavé soigneusement.

Faites repartir à grand feu, l'ébullition ayant été arrêtée par vos légumes; puis, quand le tout bout bien, modérez votre feu, de manière que votre pot-au-feu ne fasse plus que bouillir à tout petits bouillons.

Le chou se met beaucoup plus tard, car il est moins long à cuire que les autres légumes, deux heures suffisent pour le chou le plus dur.

C'est une erreur de croire que le chou ôte de la force et de la qualité au bouillon. Tous les ingrédients qui entrent dans le pot-au-feu, mis dans une bonne proportion, concourent à le rendre succulent. Cependant nous devons dire que le chou a l'inconvénient de l'empêcher de se conserver aussi longtemps. Pour les personnes qui ont l'estomac et les intestins délicats, on doit supprimer les navets, le chou, l'oignon, l'ail et le poivre.

Pour faire un bon pot-au-feu, il faut de cinq à six heures au plus. Laissez bouillir tout doucement pendant ce laps de temps; le couvercle placé un peu de côté de manière à laisser passer la vapeur.

Au bout de trois heures et demie d'ébullition environ, mettre le chou.

Laissez mijoter encore au moins deux heures.

Un moment avant d'employer le bouillon, on le goûte pour voir s'il est assez salé et on le colore avec un peu de caramel (*Voir ce mot*). Le bouillon doit être d'une belle couleur or, pas trop foncé [1].

---

[1]. Je conseille de ne saler à point et de ne colorer que la partie que l'on emploie, car le bouillon réduisant chaque fois qu'il bout ce qui reste pourrait être trop salé. D'un autre côté si le tout

Quand on prend le bouillon dans le pot-au-feu, il faut avoir soin de le prendre à l'endroit où il bout pour éviter la graisse et de le passer dans une passoire fine dite *passoire à bouillon*.

Le bouillon sert à une infinité d'usages, on peut le prendre seul, chaud ou froid; on peut l'employer à confectionner une foule de potages : potage au pain, au riz, au vermicelle, juliennes; ou bien à améliorer les sauces.

Conservation du bouillon. — Le premier soin pour conserver le bouillon est de le passer. Laissez-le parfaitement refroidir avant de l'enfermer. Placez-le sans le couvrir, dans un endroit frais et sec, et surtout ne pas mélanger le nouveau bouillon avec de l'ancien.

En hiver le bouillon peut être gardé deux ou trois jours sans s'altérer.

En été il est prudent de le faire bouillir chaque jour et de bien nettoyer le vase avant de l'y remettre.

Pour remédier à l'acidité du bouillon. — (*Voir page* 128.)

Légumes du pot-au-feu. — Les légumes du pot-au-feu, c'est-à-dire le chou, les carottes, les poireaux, le navet et le panais se servent ou en même temps que le potage ou avec le bœuf, sur une assiette, rangés de la manière suivante : le chou au milieu, les autres légumes autour.

S'il reste des légumes on peut les réchauffer le lendemain pour accompagner le nouveau potage, si cet accompagnement lui convient. Dans le cas contraire, on peut les accommoder de différentes manières : le chou sauté dans un peu de beurre roux peut se servir

était coloré, on ne pourrait en employer, à l'occurrence, pour *poulettes* et *blanquettes.*

avec des saucisses cuites dans la poêle que l'on sert dessus si l'on veut.

On peut aussi les passer avec une certaine quantité de bouillon et se faire ainsi une espèce de potage ressemblant à la *julienne passée*. (Voir *potage purée julienne*.)

POTAGES GRAS ET MAIGRES.

Potage au pain. — Ce potage est meilleur le jour du pot-au-feu qu'avec du bouillon de la veille.

Taillez dans la soupière de petites tranches de pain de l'épaisseur, au plus, d'un sou. Prenez de préférence du pain au levain doux tel que *régences*, *flûtes*, etc. Qu'il y en ait à peine le tiers de la soupière. Au moment du repas, emplissez la soupière de bouillon que vous prenez dans le pot-au-feu, à l'endroit où il bout pour prendre le moins de graisse possible. Si votre potage est encore trop gras, enlevez ce que vous pourrez de graisse avec une cuillère. Servez immédiatement avec légumes du pot-au-feu sur une assiette.

Pour six personnes il faut *au moins* un litre et demi de bouillon et environ 100 gr. de pain.

Colorez le bouillon s'il ne l'a pas été.

Croûtes-au-pot. — Ce potage, comme le précédent, est meilleur le jour même du pot-au-feu.

Votre pot-au-feu étant à point, un *quart d'heure* avant le repas, mettez dans votre soupière des morceaux de pain (surtout de régences ou de flûtes et autres pains à potage) *séché soigneusement et lentement au four jusqu'à ce qu'il ait pris une belle couleur jaune foncé, mais non brune ce qui donnerait de l'amertume au potage.* Du reste on trouve ces croûtes toutes préparées chez les boulangers.

Vous les cassez chacune en quatre ou cinq morceaux.

Versez dessus deux ou trois fois plein la cuillère à pot de bouillon bouillant. Laissez tremper ainsi, — chaudement, — la soupière couverte. L'heure du repas arrivée, ajoutez la quantité de bouillon nécessaire pour compléter votre potage.

S'il est trop gras, dégraissez avec une cuillère.

On sert aussi en même temps que ce potage, comme avec le précédent, les légumes du pot-au-feu.

Si l'on préfère, au lieu de faire simplement tremper la croûte dans le bouillon on peut la faire MIJOTER avec pendant un quart-d'heure, vingt minutes.

Riz au gras. — *Pour six personnes un litre et demi de bouillon (au moins) et cinq cuillerées à bouche combles de riz.*

Mettez le riz que vous avez préalablement lavé à l'eau tiède en même temps que le bouillon sur le feu ; laissez mijoter une heure et demie, casserole couverte aux trois quarts, écumez et servez.

Quelques personnes, quand on doit manger le potage au riz le jour même où elles mettent le pot-au-feu font crever le riz dans le pot-au-feu au moyen d'une boule métallique. Ce procédé, commode du reste, a l'inconvénient de rendre trouble le bouillon du pot-au-feu.

Si l'on est à court de bouillon, faire crever le riz dans un verre et demi d'eau, lorsque le riz est presque crevé et a bu l'eau, y mettre le bouillon, mettre un peu de sel si le potage n'est assez salé, faire jeter deux ou trois bouillons, écumer et servir.

Parfois on ajoute au potage au riz au gras une ou deux carottes du pot-au-feu écrasées et passées à la passoire. Cela fait assez bon effet.

Ce dernier potage, riz et carottes, prend la dénomination de RIZ CRÉCY.

Vermicelle au gras et pâtes d'Italie au gras. — *Cassez un peu de vermicelle.*

Pour 6 personnes 1 litre et demi de bouillon au moins et cinq cuillerées de vermicelle.

Mettez votre bouillon sur le feu; quand il bout à gros bouillons, jetez-y votre vermicelle; laissez mijoter 15 à 20 minutes la casserole couverte aux trois quarts; goûtez s'il est assez salé; ôtez l'écume qui s'est formée à la surface et servez.

On procède de la même manière pour les pâtes d'Italie.

Souvent, avec les potages vermicelle, pâtes d'Italie et lazanes au gras, on sert une assiette de fromage, soit gruyère, soit parmesan râpé.

Lazanes au gras. — Pour les lazanes, espèce de pâte en forme de rubans, on procède de la même manière que pour le vermicelle et les pâtes d'Italie; seulement il faut bien une demi-heure de cuisson et par conséquent un peu plus de bouillon.

Pour 6 personnes: 125 grammes de lazanes, presque deux litres de bouillon.

Potage au macaroni. — Pour 6 personnes ayez 125 grammes de macaroni, un litre et demi de bouillon.

Faites bouillir dans une casserole un litre et demi d'eau. Quand elle bout bien, mettez-y votre macaroni que vous avez cassé en morceaux de la largeur du doigt; au bout d'une demi-heure de cuisson, ajoutez un peu de sel. Le macaroni à peu près cuit (il faut environ 40 à 45 minutes), mettez-le égoutter dans une passoire. Faites bouillir le bouillon; quand il bout bien, mettez-y le macaroni, faites bouillir dix minutes et servez, accompagné de fromage, soit gruyère, soit parmesan, râpé, à part dans une assiette.

Je conseille de faire cuire le macaroni dans l'eau,

d'abord parce qu'il rendrait le bouillon trouble et qu'ensuite il en faudrait beaucoup plus.

Potage aux nouilles. — Les nouilles sont de petites bandes de pâte qui peuvent remplacer, je dirai même avantageusement, le macaroni soit en potage, soit de toute autre manière.

Voici la manière de les faire :

Prenez 250 grammes (*une demi-livre*) de farine ; faites un trou au milieu, mettez-y trois œufs, blanc et jaune, gros comme une noix de beurre, la moitié d'une cuillère à café de sel fin, un peu de poivre, un tout petit peu de muscade, un quart de verre d'eau. Mêlez le tout de manière à faire une pâte bien lisse et assez ferme. Etendez cette pâte avec le rouleau sur une table que vous aurez farinée afin que la pâte ne s'y attache pas. Étendez cette pâte jusqu'à ce qu'elle n'ait pas plus d'épaisseur qu'une pièce de cinq francs ; coupez en petites lanières de la longueur du doigt et moitié de sa largeur. Faites-les cuire 6 minutes dans de l'eau très-bouillante.

Egouttez bien, versez dessus un litre et demi de bouillon bouillant et servez.

On sert avec le potage aux nouilles, de même qu'avec le potage au macaroni, du fromage râpé, soit gruyère soit parmesan.

Potage aux quenèfes. — (Potage russe.)

Pour six personnes un litre et demi de bouillon.

Prenez 250 grammes de farine ; faites un trou au milieu, mettez-y 6 jaunes d'œufs et seulement deux blancs, la moitié d'un verre d'eau, gros comme une noix de beurre, plein une cuillère à café de sel fin et une bonne pincée de poivre ; mélangez bien le tout ensemble.

Faites bouillir le bouillon ; quand il est bien bouillant, laissez-y tomber la pâte, que vous avez préparée, par petites parties. Vous vous servirez pour cela d'une cuillère à café; vous la remplirez de pâte que vous pousserez avec le doigt dans le bouillon et qui, en tombant dans le liquide, formera une petite boulette ronde ou ovale.

Laissez cuire une demi-heure et servez.

Potage à la semoule. — Pour 6 personnes : **un litre et demi de bouillon, 5 cuillerées de semoule.**

Lorsque le bouillon bout à gros bouillons, mettez-y la semoule en laissant tomber en pluie d'une main, pendant que vous tournez de l'autre le bouillon pour aider au mélange et empêcher la semoule de se mettre en blocs. Laissez mijoter pendant 25 à 30 minutes.

Potage au tapioka. — Pour 6 personnes : un litre et demi de bouillon, quatre cuillerées de tapioka.

Se fait comme le potage à la semoule; seulement le laisser mijoter un peu moins longtemps; 10 minutes environ.

Le potage au tapioka pour être délicat ne doit pas être trop épais; il doit avoir plutôt l'apparence d'un consommé très-onctueux qu'une apparence de colle.

La quantité indiquée sur les paquets est presque toujours trop considérable.

Potage au sagou. — Pour 6 personnes: un litre et demi de bouillon, quatre cuillerées de sagou.

Se fait comme le potage à la semoule; seulement le laisser mijoter plus longtemps, au moins 30 minutes.

Potage à la fécule. — Pour 6 personnes : 2 cuillerées de fécule, un litre et demi de bouillon.

Délayez bien avec un peu de bouillon froid la fécule, ajoutez-la au bouillon; faites bouillir une minute en ayant soin de toujours remuer à partir du moment où la fécule est mêlée au bouillon. — Une fois le potage fait, ne pas le laisser sur le feu car il redeviendrait clair.

On peut au lieu de fécule employer de la farine de froment, mais alors il faut laisser bouillir le potage plus longtemps, dix à quinze minutes.

Riz au maigre. — Pour 6 personnes :
Mettez dans un litre et demi d'eau cinq cuillerées de riz que vous aurez eu soin de bien laver à l'eau tiède, puis un peu de sel ; laissez mijoter une heure ; au moment de servir, ajoutez gros comme un œuf de beurre et liez avec jaunes d'œufs ou un jaune d'œuf et une ou deux cuillerées de crème.

Pour lier votre potage vous vous prenez de la manière suivante :

Quand le riz est crevé vous mettez refroidir quelques cuillerées de potage. Une fois qu'elles sont froides, vous les mêlez bien avec les jaunes d'œufs ou le jaune d'œuf et la crème... Vous ôtez le potage du feu et vous y ajoutez la liaison, préparée comme il vient d'être dit, en remuant bien avec une cuillère.

Riz au lait. — Pour 6 personnes : 5 cuillerées de riz, un litre et demi de lait.

Lavez le riz à l'eau tiède ; mettez-le en même temps que le lait sur feu *doux ;* assaisonnez d'une pincée de sel. Laissez crever *sans remuer.* Il faut environ une heure à une heure et demie.

Quelques personnes sucrent ce potage avant de le servir, mais il vaut mieux ne point faire et présenter aux convives du sucre râpé pour que chacun le sucre à sa fantaisie.

Vermicelle et pâtes d'Italie au lait. — *Cassez un peu le vermicelle.*

Pour 6 personnes : un litre et demi de lait, 5 cuillerées de vermicelle ; 5 cuillerées de pâtes d'Italie.

Lorsque le lait *bout,* mettez-y, soit le vermicelle, soit les pâtes d'Italie, avec une pincée de sel.

Laissez mijoter, si c'est du vermicelle 15 à 20 minutes; si ce sont des pâtes d'Italie, 20 à 25 minutes.

Servez accompagné de sucre râpé.

Semoule, tapioka, sagou au lait. — Pour 6 personnes : un litre et demi de lait, cinq cuillerées de semoule, 4 cuillerées de tapioka, 4 cuillerées de sagou.

Lorsque le lait *bout*, mettez-y soit la semoule, soit le tapioka, soit le sagou, en les laissant tomber en pluie d'une main, tandis que vous remuez le lait de l'autre pour aider au mélange et empêcher les pâtes de se mettre en blocs; et une pincée de sel.

Laissez mijoter la semoule pendant 25 à 30 minutes;

Le tapioka pendant 20 minutes;

Le sagou pendant 40 à 50 minutes.

Servez accompagné de sucre râpé.

Bouillie de farine de froment. — Pour 6 personnes : 3 cuillerées de farine, un litre et demi de lait.

Délayez bien la farine avec le lait en versant le lait peu à peu afin de bien délayer la farine et d'éviter les grumeaux; ajoutez une pincée de sel.

Mettez sur le feu et faites cuire pendant 15 minutes environ en remuant toujours avec une cuillère de bois, surtout au fond de la casserole.

Si la bouillie était trop épaisse, vous ajouteriez un peu de lait pour l'éclaircir. Lorsqu'elle est cuite, elle doit être assez consistante pour laisser autour de la cuillère une légère couche blanche.

Servez accompagnée de sucre râpé.

Potage au jus de veau. — Lorsqu'on a fait cuire une tête, une fraise ou des pieds de veau, on peut employer l'eau de la cuisson pour confectionner le potage suivant :

Pour 6 personnes :

Délayez une cuillerée de farine avec un litre et demi de l'eau dans laquelle ont cuit la tête, la fraise ou les pieds de veau ; faites bouillir en remuant de temps en temps ; assaisonnez de sel et poivre si elle ne l'est pas suffisamment, ajoutez une poignée d'oseille et quelques branches de cerfeuil hachées fin. Versez sur des tranches de pain taillées en languettes très-minces.

Soupe au lard et aux choux. — Vous mettez dans trois litres d'eau, une livre ou une livre et demie de lard frais ou salé *(s'il est salé vous le faites désaler préalablement et ne mettez pas de sel dans l'eau)*; un chou coupé en quatre, ou moitié d'un chou, s'il est gros, un oignon piqué de deux clous de girofle, poivre en grain, deux cervelas... Vous faites bouillir deux heures au moins en écumant soigneusement ;

Versez le bouillon dans la soupière sur des tranches de pain avec le quart environ des choux.

On peut ajouter quelques pommes de terre que l'on met à temps dans la soupe pour qu'elles y cuisent.

Le lard se sert après sur le reste des choux, les cervelas autour.

On peut employer également pour ce potage du lard fumé au lieu de lard frais... On peut mettre si l'on veut moitié de l'un, moitié de l'autre.

Soupe aux choux maigre. — Pour 6 personnes :

Faites bouillir un litre et demi d'eau ; mettez-y un chou coupé en quatre (*ou la moitié ou le quart d'un chou selon la grosseur*) ; faites cuire une heure et même une heure et demie. Lorsque le chou sera cuit, ajoutez un demi-litre de lait, gros comme un œuf de beurre, du sel ; au premier bouillon, versez liquide et chou sur des tranches de pain coupées en languettes minces.

On peut mettre dans ce potage un ou deux poireaux coupés fin, ce qui lui donne un goût assez agréable, et même quelques pommes de terre.

Epluchez et lavez les pommes de terre et mettez-les avec l'eau et le chou à peu près le temps nécessaire à leur cuisson.

Soupe aux poireaux. — Pour 6 personnes :

Faites fondre dans une casserole gros comme un œuf de beurre; mettez-y cinq à six poireaux coupés en rouelles minces; faites blondir un peu. Mettez un litre d'eau, du sel et un tout petit peu de poivre. Faites cuire 20 minutes ; ajoutez un demi-litre de lait. Faites repartir et, au premier bouillon, versez sur des tranches de pain coupées en languettes minces.

On peut mettre dans ce potage quelques pommes de terre. Epluchez-les et lavez-les, coupez-les en morceaux et ne mettez le lait dans le potage que lorsqu'elles seront cuites.

Soupe à la graisse. — Pour 6 personnes :

Mettez dans une casserole deux litres d'eau et gros comme un œuf de graisse de dégraissis de viande, ou de la graisse préparée comme il est indiqué ci-après. Faites bouillir à grand feu. Au bout de quelques minutes, mettez un chou (ou la moitié ou le quart, selon la grosseur), après avoir bien épluché et séparé les feuilles ; deux poireaux coupés en rouelles minces, trois ou quatre pommes de terre; et, dans la saison, quelques haricots verts, quelques petits pois, quelques haricots flageolets, quelques mange-tout, etc., sel, poivre. Faites bouillir, après qu'on a mis les légumes, une heure et demie environ ; colorez avec un peu de caramel et versez dans la soupière sur des tranches de pain coupées minces.

En Basse-Normandie, le pays de la soupe à la graisse, on emploie pour cette soupe de la graisse préparée de la manière suivante :

Pour avoir 3 kilogrammes de graisse pour faire de la soupe à la graisse, ayez 3 kilogrammes de graisse de rognon de bœuf, 1 kilogramme de graisse de porc, 1 kilogramme de maigre de bœuf ;

Coupez par tout petits morceaux ; mettez dans une marmite avec 6 carottes, 4 oignons, un gros bouquet composé de thym, laurier, persil. Faites cuire à petit feu dix à douze heures ; passez, mettez dans un pot en grès et laissez refroidir. Lorsque cette graisse commencera à prendre la consistance de crème, mettez-y poivre, sel et épices.

Cette graisse serrée dans un endroit sec et frais se conserve fort longtemps.

Potage à l'oseille. — Pour six personnes :
Épluchez, lavez, hachez gros, une forte poignée d'oseille (*plus ou moins d'oseille selon qu'elle sera plus ou moins acide*). Mettez sur feu doux avec gros comme un œuf de beurre. Lorsque l'oseille aura cuit cinq minutes, ajoutez un litre et demi d'eau et un peu de sel, coupez-y en languettes minces 125 grammes environ de pain (*pain à potage, flûte, ou même pain ordinaire*). Faites jeter deux ou trois bouillons.

Au moment de servir, liez avec deux jaunes d'œufs ou un jaune et deux cuillerées de crème, en vous y prenant de la manière suivante :

Séparez les jaunes d'œufs des blancs en les passant d'une moitié de coquille dans l'autre ; battez les deux jaunes ou le jaune avec la crème si vous en mettez, battez-les ensuite avec quelques cuillerées du potage que vous avez mis refroidir, sans cette précaution elles feraient tourner votre liaison ; puis ce mélange bien opéré, versez cette liaison, peu à peu et en remuant, dans le potage que vous avez ôté du feu, versez immédiatement dans la soupière et servez.

Quelques personnes laissent les blancs d'œufs avec les jaunes pour les liaisons ; ce procédé est mauvais a fait souvent tourner la soupe. Si l'on tient à employer le blanc, voici ce que je conseille : Séparez le jaune du blanc comme il est dit et mettez le blanc cuire cinq à six minutes dans le potage avant d'y mettre la liaison. Une fois que le blanc sera dans le potage vous aurez soin de ne pas remuer celui-ci pour ne pas éparpiller le blanc. Le blanc ainsi cuit n'est pas désagréable dans la soupe à l'oseille.

Potage au riz et à l'oseille. — Pour six personnes : une forte poignée d'oseille, gros comme un œuf de beurre, un litre et demi d'eau, cinq cuillerées de riz.

Préparez l'oseille et faites-la cuire comme il est dit pour la soupe à l'oseille. Mettez la même quantité d'eau ; seulement au lieu de tranches de pain, mettez cinq cuillerées de riz bien lavé à l'eau tiède. Laissez cuire une demi-heure à partir du moment où le potage recommence à bouillir. Liez comme la soupe à l'oseille.

Potage au vermicelle et à l'oseille. — Préparez l'oseille et faites-la cuire comme il est dit pour la soupe à l'oseille ; mettez la même quantité d'eau ; seulement au lieu de tranches de pain, mettez 80 grammes de vermicelle ; ne le mettez que lorsque le potage bout bien. Laissez mijoter vingt minutes. Liez comme la soupe à l'oseille.

Soupe à l'oseille et au jus de légumes. — Se fait comme la soupe à l'oseille ordinaire, seulement au lieu d'employer simplement de l'eau, on emploie, pour la confectionner, jus de fèves, jus de haricots flageolets, jus de haricots verts si l'on en a à sa disposition.

Panade ou soupe au beurre. — Pour six personnes :

Mettez dans une casserole, une demi-livre environ de pain coupé en tranches, avec un litre et demi d'eau et un peu de sel. Laissez mijoter une heure sur feu doux en remuant de temps en temps. Ajoutez 125 gr. de beurre. Lorsque le beurre est fondu, servez.

On peut aussi mettre dans ce potage, au moment de servir, une ou deux cuillerées de crême. On peut aussi le lier soit avec des jaunes d'œufs, soit avec jaune d'œuf et crême.

Potage à la purée de pois verts. — Pour six personnes :

Mettez tremper quelques heures dans de l'eau froide un demi-litre de pois verts secs. Mettez-les sur le feu avec assez d'eau froide pour qu'ils baignent complétement. Lorsqu'ils sont cuits, au bout d'une heure environ, écrasez-les et passez-les dans la passoire à purée en pressant bien de manière qu'il ne reste que les pellicules. (*Vous devez avoir de cette purée — qui ne doit pas être trop épaisse, auquel cas vous ajouteriez un peu d'eau — au moins un litre et demi.*)

Faites blondir gros comme un œuf de beurre, mettez-y la purée et quelques tranches de pain, assaisonnez d'un peu de sel, faites mijoter pendant un quart d'heure en remuant de temps en temps pour que la purée ne s'attache pas au fond ; servez.

On peut aussi faire le potage à la purée de pois verts au lait ; alors il faut mettre un peu moins d'eau ; on met aussi un peu moins de beurre ; au moment de servir, ajoutez un demi-litre de lait ; faites jeter un bouillon et servez.

On peut aussi y mettre un peu d'oignon haché fin. Faites revenir l'oignon dans le beurre, mettez la purée, etc.

Purée aux croûtons. — Se fait exactement comme la purée aux pois verts indiquée ci-dessus, seulement au lieu d'y mettre du pain, on y jette au moment de l'apporter sur la table plein une soucoupe de petits croûtons frits. (*Voir ce mot.*)

Potage à la purée de lentilles, dit potage à la Conti. — Se fait exactement comme le potage à la purée de pois verts : tout ce que nous avons dit à propos de ce dernier potage peut se rapporter au potage à la purée de lentilles.

Quand on le qualifie de POTAGE A LA CONTI, on n'y met pas de pain et on le sert avec des petits croûtons frits.

Potage à la purée de pommes de terre. — Pour six personnes :

Épluchez et lavez sept ou huit pommes de terre (*plus ou moins suivant la grosseur*); faites-les cuire avec assez d'eau pour qu'elles baignent; une fois bien cuites, au bout d'une demi-heure environ, écrasez-les et passez-les dans la passoire à purée. (*Vous devez avoir de cette purée, qui ne doit pas être trop épaisse, auquel cas vous ajouteriez un peu d'eau, au moins un litre et demi.*)

Faites blondir gros comme un œuf de beurre, mettez-y la purée et quelques tranches de pain, assaisonnez d'un peu de sel, faites mijoter pendant un quart d'heure en remuant de temps en temps pour que la purée ne s'attache pas au fond; servez.

On peut aussi faire le potage à la purée de pommes de terre au lait; alors il faut mettre un peu moins d'eau; on emploie un peu moins de beurre; au moment de servir, ajoutez un demi-litre de lait; faites jeter un bouillon et servez.

On peut aussi y mettre un peu d'oignon haché fin. Faites revenir l'oignon dans le beurre, mettez la purée, etc.

Potage à la purée de haricots blancs. — Pour six personnes :

Mettez tremper quelques heures dans de l'eau froide un demi-litre de haricots blancs de l'année. Mettez sur le feu avec assez d'eau pour qu'ils baignent complètement. Lorsqu'ils sont cuits, au bout d'une heure environ, écrasez-les et passez-les dans la passoire à purée en pressant bien de manière qu'il ne reste que les pellicules. (*Vous devez avoir de cette purée, qui ne doit pas être trop épaisse, auquel cas vous ajouteriez un peu d'eau, au moins un litre et demi.*)

Faites blondir gros comme un œuf de beurre, mettez-y la purée et quelques tranches de pain, assaisonnez d'un peu de sel, faites mijoter pendant un quart d'heure en remuant de temps en temps pour que la purée ne s'attache pas au fond; servez.

On peut aussi faire le potage à la purée de haricots blancs au lait; alors il faut mettre un peu moins d'eau, on met aussi un peu moins de beurre; au moment de servir, ajoutez un demi-litre de lait; faites jeter un bouillon et servez.

On peut aussi y mettre un peu d'oignon haché fin. Faites revenir l'oignon dans le beurre, mettez la purée, etc.

On peut aussi, au lieu d'y mettre du pain, verser cette purée au moment de servir sur de petits croûtons.

On peut dans le potage à la purée de haricots blancs ajouter une poignée d'oseille hachée fin; beaucoup de personnes l'aiment avec cet assaisonnement; mais, lorsqu'on y met de l'oseille, on n'y met pas d'oignon et l'on ne fait pas blondir le beurre.

Potage à la purée de haricots rouges, dit potage à la Condé. — Se fait exactement comme le potage à la purée de haricots blancs; tout ce que nous avons dit à propos de ce dernier potage peut se rapporter au potage à la purée de haricots rouges.

Quand on le qualifie de POTAGE A LA CONDÉ on n'y met pas d'oseille et on le sert avec des petits croûtons frits.

Potage à la purée de marrons. — Pour 6 personnes :

Prenez 30 marrons moyens, ôtez-en la première peau; mettez dans une poêle sur un feu vif pour ôter facilement la seconde; faites cuire à petit feu dans un litre d'eau. Écrasez dans une passoire à purée en ajoutant la quantité nécessaire de bouillon pour qu'il y ait en tout un litre de purée.

Faites blondir gros comme un œuf de beurre; mettez-y la purée de marrons et un peu de sel; laissez mijoter 20 minutes en remuant de temps en temps pour empêcher la purée de s'attacher au fond; servez sur des petits croûtons frits.

Purée de marrons maigre. — Les jours maigres on peut ne pas employer de bouillon; mais alors il faut employer un peu plus de beurre.

Potage au potiron ou citrouille. — Pour 6 personnes :

Ayez environ un kilogramme soit de citrouille, soit de potiron vert appelé giraumon; retirez les pépins et la croûte de dessus à une épaisseur d'un centimètre; coupez par morceaux carrés; mettez dans une casserole avec un verre d'eau, faites cuire une heure et demie à feu pas trop vif de peur qu'il ne brûle; passez à la passoire à purée; remettez dans la casserole avec un litre de lait que vous aurez soin de faire bouillir à l'avance pour qu'il ne tourne pas, gros comme un œuf de beurre, un petit morceau de sucre, sel et poivre et quelques tranches de pain; mettez sur le feu, tournez de temps en temps et au premier bouillon versez dans la soupière.

On fait avec du melon trop mauvais pour être mangé cru un potage analogue.

Potage à la flamande. — Pour 6 personnes :
Faites cuire dans un litre et demi d'eau 3 à 4 navets

moyens, autant de pommes de terre et un morceau de croûte de pain, sel et poivre, écrasez et passez ; ajoutez la quantité d'eau nécessaire pour qu'il y ait à peu près un litre de purée ; faites mijoter un quart d'heure en remuant de temps en temps ; ajoutez du cerfeuil haché fin et gros comme un œuf de beurre ; servez aussitôt le beurre fondu.

Potage à l'oignon dit soupe d'ivrogne. — Pour 6 personnes : un litre d'eau, 125 grammes de pain.

Faites roussir gros comme un œuf de beurre ; mettez-y deux oignons moyens coupés en rouelles très minces que vous laissez fortement prendre couleur ; ajoutez un litre et demi d'eau, sel et poivre ; faites bouillir une ou deux minutes et versez dans la soupière sur le pain coupé en tranches très-minces ; servez bouillant.

On peut avec le potage ci-dessus faire passer du fromage de gruyère râpé. Cet assaisonnement est apprécié par certaines personnes.

Potage à l'oignon et au lait. — Opérez comme pour le précédent, seulement, au lieu de mettre toute eau, en mettre moitié moins et au dernier moment ajouter moitié lait bouillant.

Autre potage à l'oignon. — Pour 6 personnes : Mettez dans une casserole gros comme un œuf de beurre et la moitié d'une cuillerée de farine ; remuez sur feu vif jusqu'à ce que beurre et farine soient d'une belle couleur marron ; mettez-y alors deux oignons moyens coupés en rouelles fines et, quand les oignons auront pris couleur, un litre et demi d'eau ou un litre d'eau et un demi-litre de lait ; faites bouillir 4 à 5 minutes, et versez sur 125 grammes de pain coupé en tranches très-minces.

On peut aussi, au lieu de tremper le potage, le faire bouillir une ou deux minutes avec le pain.

Riz et vermicelle à l'oignon. — Employer un des trois procédés précédents. Seulement au lieu de pain on met du riz ou du vermicelle... laisser bouillir jusqu'à ce que le riz soit crevé ou le vermicelle cuit.

Si l'on emploie du lait... ne mettre le lait que bouillant et au dernier moment.

Potage à la julienne au gras. — Pour 6 personnes ayez :

Une belle carotte ou deux moyennes ;
Une pomme de terre ;
Un petit navet ;
Un poireau ;
Un petit oignon ;
Une toute petite branche de céleri ;
Une branche de persil ;
Une ou 2 feuilles de chou.

Coupez les carottes, pomme de terre, navet, feuille de chou en petites lanières très-fines ; hachez l'oignon, le poireau, le persil, le céleri.

Mettez dans une casserole gros comme un œuf de beurre et gros comme une grosse noix de sucre. Faites blondir ; faites-y revenir les légumes disposés comme nous venons de l'indiquer ; ajoutez un verre de bouillon, sel, poivre, laissez mijoter deux heures à feu doux, ajoutez un litre et demi de bouillon ; faites bouillir encore un quart d'heure ; colorez si le bouillon ne l'est pas ; servez chaud.

Si l'on veut on peut ajouter à cette julienne une cuillerée de riz que l'on met cuire en même temps que les légumes.

On peut aussi y ajouter, et ils y font très-bien, des petits pois, des haricots verts, des haricots flageolets. Alors il faut diminuer un peu la quantité des autres légumes.

Potage à la julienne maigre. — Se fait exactement comme le potage à la julienne au gras; seulement au lieu de bouillon on emploie de l'eau et l'on a soin d'employer plus de beurre.

Potage purée julienne. — Passez l'un ou l'autre des potages précédents; remettez mijoter quelques minutes sur le feu; servez.

Il faut avoir soin que cette espèce de potage ne soit pas trop épais.

Potage à la julienne conservée. — Le potage à la julienne fait avec des légumes conservés est bien moins bon que celui fait avec des légumes frais, mais comme on peut être forcé d'avoir recours à cette ressource, je vais indiquer la manière de confectionner ce potage.

Mettez tremper quelques heures à l'avance vos légumes secs préparés pour julienne dans de l'eau froide; égouttez.

Faites blondir beurre et sucre, mettez les légumes, l'eau ou le bouillon; continuez comme la julienne faite avec des légumes frais.

Potage printanier. — Faites cuire dans du bouillon avec gros comme une noix de sucre une carotte moyenne, une petite pomme de terre, un petit navet taillés en petites boules de la grosseur du petit doigt, puis une petite poignée de haricots flageolets; ajoutez la quantité de bouillon nécessaire pour compléter votre potage; puis, quand le tout bout bien, un quart d'heure avant de l'ôter de dessus le feu, ajoutez des pointes d'asperges, des petits pois, quelques petits morceaux de choux-fleurs.

Potage printanier aux œufs pochés. — Si l'on veut un potage encore plus raffiné que le précédent, on peut y ajouter dans la soupière des œufs pochés. (*Voir ce mot.*) On en sert un avec du bouillon et des légumes à chaque convive. Ce potage est très-recherché des gourmets.

Potage Crécy au gras. — Épluchez et lavez à peu près une demi-livre de carottes, coupez-les en morceaux, mettez-les dans une casserole avec gros comme un œuf de beurre, le blanc de deux poireaux, un oignon moyen coupé en quatre. Faites revenir un peu dans le beurre. Mettez un demi-litre de bouillon et 50 grammes de pain à potage; faites mijoter à feu doux, la casserole couverte, jusqu'à entière cuisson des carottes. Passez à la passoire fine, puis remettez sur le feu avec un litre de bouillon. Faites mijoter tout doucement pendant une heure environ, la casserole couverte, en ayant soin de tourner de temps en temps avec une cuillère de bois. Au moment de servir écumez et dégraissez s'il est besoin et servez sur des petits croûtons frits.

Potage Crécy maigre. — Procédez entièrement de même que ci-dessus, seulement employez de l'eau à la place de bouillon; mettez un peu plus de beurre.

Consommé. — Dans cinq litres d'eau mettez un kilogramme de tranche de bœuf, une poule, un pied de bœuf, trois grosses carottes, un oignon, deux poireaux, un bouquet garni, un clou de girofle; faire cuire huit heures à petit feu et faire réduire d'un tiers; passez, laissez refroidir et ôtez toute la graisse.

Consommé aux œufs pochés. — Pour six personnes :

Faire chauffer un litre et demi du consommé ci-dessus; servez-le avec six œufs pochés. (*Voir ce mot.*)

Potage à la bisque d'écrevisses. — Pour six personnes :

Ayez vingt écrevisses moyennes, lavez-les, enlevez-leur la nageoire du milieu de la queue et le boyau noir qui y tient.

Mettez sur le feu un litre d'eau avec sel, poivre, oignon en rouelles, une carotte, persil, thym, laurier, une petite pointe de poivre de Cayenne. Quand elle bout à gros bouillons, mettez-y les vingt écrevisses; au bout de cinq à six minutes à partir du moment où l'eau est repartie à bouillir, retirez du feu; épluchez les écrevisses, mettez de côté la chair des queues, pilez le reste, coquilles, têtes et pattes dans un mortier; mettez cette pâte dans une casserole sur le feu avec un verre environ de la cuisson des écrevisses, passez et remettez sur le feu avec à peu près 100 grammes de croûte à potage très-peu colorée, un litre de bouillon, un demi-verre à vin de vin blanc ou de madère ou même d'eau-de-vie ; faites mitonner pendant une demi-heure, trois-quarts d'heure, passez à travers une passoire fine, remettez sur le feu et après deux ou trois bouillons pendant lesquels vous n'avez pas cessé de tourner avec une cuillère de bois, deux ou trois minutes avant de servir mettez les queues d'écrevisses et gros comme une grosse noix de bon beurre; servez aussitôt le beurre fondu. On ajoute quelquefois à ce potage en même temps que les queues d'écrevisses des petits morceaux de quenelles ou de godiveau.

Potage à la bisque d'écrevisses maigre. — Les jours maigres on peut faire le potage à la bisque avec de l'eau ou du bouillon de poisson au lieu de bouillon de pot-au-feu, mais le potage est bien moins bon et comme la bisque est un potage de luxe, du moment où l'on ne peut pas le faire parfait, mieux vaut choisir un autre potage.

Mock-Turtle. — Potage imitant le potage à la tortue.

On n'a pas toujours de tortue sous la main; on mange cependant assez fréquemment des potages à la tortue; voici la manière de confectionner le potage que l'on sert sous ce nom et qui n'est pas à dédaigner ; j'ai vu certains gourmets s'en délecter.

Faites cuire dans de l'eau avec un peu de sel un morceau de tête de veau blanchie et préparée [1].

Faites un roux très-épais ; mettez-y le morceau de tête de veau, coupé en petits dés, avec la quantité d'eau nécessaire pour votre potage qui doit avoir l'épaisseur d'un coulis, un bouquet garni, deux clous de girofle ; faites bouillir pendant deux heures en ayant soin d'écumer ; ajoutez deux ou trois cuillerées de madère, ou à défaut de madère une ou deux cuillerées d'eau-de-vie ; puis un peu de poivre de Cayenne.

On peut aussi mettre dans ce potage des petits morceaux de godiveau, de jambon et même de langue à l'écarlate.

Otez le bouquet et servez bouillant.

Ce potage est de facile digestion, mais, comme il est très-excitant, il est mauvais d'en faire une habitude.

Garbure aux choux. — Prenez un chou moyen, épluchez-le bien, coupez en quatre, mettez blanchir dix minutes, un quart d'heure dans l'eau bouillante, égouttez et mettez cuire dans une casserole avec une cuisse ou une aile d'oie de desserte, une tranche de jambon cru de 250 grammes environ ou des petites saucisses, une carotte, un oignon, deux clous de girofle et un litre d'eau ou de bouillon. Une fois le chou cuit, rangez dans un plat creux de la manière suivante : une couche de chou, une couche de tranches de pain, en saupoudrant chaque couche de gros poivre ; arrosez de la cuisson et faites gratiner sur feu doux.

---

[1]. Dans l'impossibilité de trouver de la tête de veau, je l'ai remplacée souvent, sans trop de désavantage, par un pied de veau.

Servez la cuisse d'oie sur la garbure, le jambon coupé par filets ou les saucisses tout autour du plat.

Pour les personnes qui n'aiment pas les potages très-épais, on peut servir en même temps que la garbure du bouillon gras qu'elles pourront ajouter à leur potage.

Garbure aux laitues. — Se fait de la même manière que la garbure aux choux.

Garbure à l'italienne. — Se fait comme les garbures ci-dessus, seulement on saupoudre chaque couche de pain et de chou ou de laitues de fromage de gruyère et de parmesan râpés.

Potage au congre. — Mettez dans une marmite ou une casserole une livre de congre environ ou tout simplement une tête de gros congre avec deux litres et demi à trois litres d'eau, un peu de sel, une pincée de poivre. Faites bouillir jusqu'à ce que le congre soit bien cuit; passez la cuisson afin d'en ôter toutes les arêtes. Remettez-la sur le feu avec gros comme la moitié d'un œuf de beurre, une petite poignée d'oseille hachée fin, une poignée de cerfeuil, un peu de persil, un peu de ciboule, cerfeuil, persil et ciboule également hachés fin. Faites bouillir quelques minutes; goûtez pour l'assaisonnement; ajoutez plein une cuillère à bouche de bonne crème bien épaisse (*voir ce qu'on entend par crème, pag.* 80) et versez immédiatement dans la soupière sur des tranches de pain coupées très-minces.

Bouille-baisse potage Marseillais. — Mettez dans une casserole environ un kilogramme de poisson : sole, merlan, carpe, homard, vidés, lavés, et coupés en morceaux; vingt à trente moules bien nettoyées; deux oignons coupés en quatre; une tomate en tranches, une demi-feuille de laurier, une tranche de citron, ou un peu de zeste d'orange; deux clous de girofle, la moitié d'une cuillère à café de sel, une forte pincée de poivre, beaucoup de persil haché, un peu de safran, un quart de litre de vin blanc, quatre cuillerées d'huile fine et autant d'eau qu'il en faut pour faire baigner complétement le tout. Mettez sur un feu vif et laissez bouillir fortement pendant trente ou quarante minutes; au bout de ce temps on enlève le poisson de la casserole avec une écumoire. Versez le reste dans la soupière sur 125 grammes de pain coupé en tranches minces et servez immédiatement.

On sert le poisson rangé sur un plat en guise de relevé de potage.

BOUILLON A LA MINUTE.

Bouillon Liébig et tablettes de bouillon. — Je ne suis pas fanatique de l'extrait de viande Liébig et des tablettes de bouillon; il n'y a rien de tel que le bon bouillon de bœuf fait d'après la méthode vulgaire; cependant il y a des circonstances où ils peuvent rendre service. Il vous arrive subitement un convive, vous ne voulez pas mettre le pot-au feu, soit que vous n'ayiez pas le temps, soit que vous vouliez vous dispenser du bouilli; vous faites chauffer de l'eau et immédiatement avec un peu de l'extrait de viande de Liébig et quelques grains de sel vous avez du bouillon et vous pouvez confectionner un potage passable.

Voici une méthode très-bonne pour employer le Liébig :

Si vous avez une heure ou deux devant vous, faites bouillir dans l'eau, que vous devez employer, une ou deux carottes, des poireaux, un navet, un morceau de chou, un oignon, un bouquet garni, un peu de céleri, sel et poivre en grain, ajoutez en même temps que votre Liébig un peu de dégraissis de rôti ; vous aurez un bouillon très-agréable et presque identique à celui du bouillon du pot-au-feu. Si vous êtes pressé, au lieu de faire bouillir des légumes dans l'eau qui doit vous servir pour confectionner votre bouillon, ajoutez-y un peu d'EXTRAIT DE LÉGUMES de la même maison Liébig.

On peut faire avec le bouillon Liébig toutes espèces de potages gras comme avec le bouillon ordinaire.

Bouillon maigre ayant toutes les apparences du bouillon gras. — Dans trois litres d'eau mettez quatre ou cinq carottes, un navet, 3 ou 4 poireaux liés en bottes, un morceau de chou, un oignon piqué de 2 clous de girofle, un bouquet garni, une branche de céleri, du sel, du poivre en grain, 125 grammes de beurre ; faites cuire à petits bouillons pendant trois heures ; goûtez ; colorez...

On se sert de ce bouillon comme de bouillon gras, après l'avoir passé. Il est bon surtout avec le riz et le tapioka auxquels on ajoute les carottes écrasées et passées à la passoire. J'ai vu des personnes croire manger du potage gras, un peu léger, il est vrai, mais fort agréable.

Bouillon de poulet pour les malades. — Mettez dans un litre d'eau le quart d'un poulet maigre, une carotte moyenne coupée en quatre, un poireau, quelques grains de sel... écumez soigneusement et faites bouillir une heure et demie à petits bouillons.

Bouillon de veau. — Se fait de la même manière que le bouillon de poulet en substituant au quart de poulet 125 grammes de *maigre* de rouelle de veau.

BŒUF.

Le bœuf de bonne qualité a la chair d'un rouge brun *très-vif*, mais non d'un rouge jaunâtre ou d'un brun presque noir. La graisse doit être abondante et d'une belle nuance jaune-clair.

Tous les morceaux du bœuf ne conviennent pas également aux différentes espèces de mets que l'on peut préparer avec la chair de cet animal, ainsi les morceaux que l'on emploie pour le pot au-feu et le bœuf à la mode ne sauraient convenir aux rôtis et aux bifteeks. Il est donc essentiel d'apprendre à distinguer les différents morceaux.

POUR LE POT-AU-FEU on emploie la CULOTTE connue aussi sous le nom de BOUT-DE-QUEUE; la TRANCHE, la TRANCHE AU PETIT OS, appelées NACHE dans quelques localités; le GÎTE A LA NOIX; puis l'ÉPAULE et le talon du COLLIER, mais ces morceaux sont moins succulents que les précédents; il en faut un plus grand poids pour faire du bon bouillon. On peut faire un bon Pot-au-feu avec les CÔTES.

POUR LES RÔTIS on emploie le FILET, l'ALOYAU, les CÔTES COUVERTES.

L'Aloyau ou rosbif se compose de deux espèces de chair séparées par des os : de FILET et de FAUX-FILET vulgairement appelé CLERC.

Pour le BŒUF A LA MODE on emploie la TRANCHE, la TRANCHE AU PETIT OS, le GÎTE A LA NOIX et le talon du COLLIER. Ce dernier morceau est moins sec que les précédents et peut leur être préféré parfois avec avantage.

Les ENTRE-CÔTES se font avec la chair des CÔTES dont on ôte les os, les nerfs et les peaux.

Les BIFTECKS se font avec du filet que l'on coupe,

transversalement aux fibres de la viande, en tranches plus ou moins épaisses. Les BIFTECKS DES MÉNAGES BOURGEOIS, connus aussi sous le nom de GRILLADES, se font rarement avec du FILET qui est une viande fort chère, mais avec d'autres parties tendres, avec le FAUX-FILET, avec la NOIX qui est un morceau qui se trouve en dessous de la cuisse et qui est aussi plus tendre que les autres morceaux.

Le JARRET du bœuf comme celui du veau sert à faire des JUS et des CONSOMMÉS; mais il faut y joindre d'autres viandes, car la chair en est bien moins succulente que celle des autres parties.

Bœuf bouilli, entrée et relevé.

Dès que l'on a commencé à manger le potage, la cuisinière doit s'occuper à disposer le BOUILLI pour le faire paraître sur la table. Elle l'ôte du Pot-au-feu avec l'écumoire, le débarrasse des ficelles et des légumes; ainsi bien *approprié*, elle le pose sur le plat où il doit figurer et dont elle couvre les bords de persil en branches. C'est la manière la plus simple de servir le bouilli. On le mange avec sel, poivre, moutarde, cornichons, achards, etc., suivant les goûts.

Au lieu d'une parcimonieuse garniture de persil, on peut l'entourer soit de tomates farcies, soit d'oignons glacés ou farcis, de carottes, de choux, de navets, de champignons *préparés pour garnitures*.

On peut encore le servir avec une des sauces suivantes : tomate, piquante, Robert, ravigote chaude, Ayoli, soubise, bordelaise, poivrade, béarnaise, vénitienne, etc...

Si l'on sert le bouilli comme relevé de potage, on le sert, à son bon plaisir dans le plat sur la sauce, ou la sauce dans un saucier; mais s'il figure simplement comme entrée, on doit le servir avec sa sauce autour.

Pour découper le bouilli on commence par détacher les os. On cherche le fil de la viande et l'on coupe par tranches transversales.

Chaque morceau doit être offert avec un peu de graisse.

S'il y a un os à moelle, on en fait tomber la moelle, en agitant par petites secousses, sur une assiette bien chauffée et l'on fait passer aux personnes qui en désirent.

Souvent, au lieu d'adresser à chaque personne un morceau de bouilli, on fait passer, pour que chacun se serve à sa fantaisie, les tranches rangées avec symétrie dans une assiette et ayant chacune un petit morceau de gras. S'il y a de la moelle, on la place en dessus.

On passe le saucier. Si la sauce est dans le plat on fait parvenir à la personne qui sert l'assiette de la personne qui en désire.

Le bouilli est exclu des dîners de cérémonie.

Manières diverses d'accommoder les restes de bouilli.

Bouilli au naturel. S'il reste du bouilli, on peut le faire réchauffer dans un peu de bouillon et le servir au naturel.

On peut aussi le manger froid avec sel, poivre et moutarde. Pour le rendre plus présentable, coupez-le en tranches de l'épaisseur du doigt et rangez-le en couronne orné de persil en branches.

Le jambon est très-bon avec le bouilli froid. Pour le présenter sur la table, alternez les tranches de bouilli de tranches de jambon.

Bouilli en huilade. Otez les os. Hachez fin. Mettez en monticule sur un plat. Hachez persil, ciboule, oignon... ou bien l'un ou l'autre suivant votre goût... disposez-les sur votre bouilli de manière à orner votre plat.

On assaisonne sur la table avec sel, poivre, huile, vinaigre dans cette proportion : 2 cuillerées de vinaigre et 4 d'huile pour à peu près une livre de bouilli. Quelques personnes ajoutent un peu de moutarde. Tournez-bien, viande et assaisonnement, le tout ensemble.

Cette manière convient surtout quand le bœuf est maigre.

Si la quantité de bœuf dont vous disposez est un peu exiguë, on peut mettre autour soit des quartiers d'œufs durs, soit des légumes : haricots verts, haricots flageolets, pommes de terre, etc., cuits à l'eau... et que l'on assaisonne en même temps.

Bouilli a la pauvre homme. *Cette méthode est bonne surtout lorsque le bouilli est gras.*

Mettez dans un demi-litre d'eau sel, poivre, cinq ou six oignons coupés en rouelles très-fines, quelques branches de persil hachées fin. Faites bouillir une demi-heure. Faites réchauffer votre bouilli coupé en tranches dans cette sauce... l'y laisser même mijoter pendant un quart d'heure. Au moment de servir, ajoutez, si vous l'aimez, un filet de vinaigre.

Souvent on ajoute au bouilli arrangé d'après cette méthode des pommes de terre, elles y tiennent très-bien leur place. Vous les pelez et les mettez dans le ragoût entières ou par morceaux. Ne servez que lorsqu'elles sont bien cuites sans être défaites cependant.

Si vous mettez des pommes de terre, il vaut mieux ne pas mettre de vinaigre.

Bouilli a la sauce piquante. Coupez votre bouilli par tranches. Versez dessus une sauce piquante. Faites chauffer, disposez en couronne sur le plat, la sauce au milieu. Servez accompagné de cornichons marinés.

Bouilli a la sauce poivrade. Même méthode que pour le précédent ; seulement on emploie une sauce poivrade au lieu d'une sauce piquante.

Bouilli a la sauce tomate. — Faites blondir gros comme un œuf, — *plus ou moins suivant la quantité de bœuf,* — de beurre, faites-y réchauffer votre bouilli par tranches; servez rangé en couronne sur une sauce tomate.

Bouilli sur le gril. — *Cette manière convient surtout au bouilli gras.*

Coupez-le par tranches épaisses, saupoudrez de sel et poivre, faites griller à feu assez vif, des deux côtés... servez.

On peut aussi le servir soit sur une sauce tomate, soit sur une sauce poivrade, piquante, Robert, rémolade, tartare, etc.

Bouilli en hachis. — Otez les os et les peaux ; hachez très-fin.

Pour une livre de bouilli haché, mettez dans une casserole, si votre bouilli est gras, gros comme une grosse noix cerneau de beurre, s'il est maigre, gros comme un gros œuf, et plein une cuillère à bouche de farine. Faites roussir sur feu vif en remuant avec une mouvette jusqu'à ce que le beurre et la farine soient d'un beau marron foncé. Mettez-y votre bouilli haché, avec sel, poivre, un peu de muscade, un peu de persil, et même un peu d'oignon, si vous l'aimez, hachés très-fin. Laissez gratiner en le remuant de peur qu'il ne brûle. Mettez un verre d'eau ou de bouillon, une cuillerée d'eau-de-vie. Remuez et laissez mijoter une demi-heure, faites réduire à feu vif ; le hachis se sert à très-courte sauce, goûtez pour voir si l'assaisonnement est convenable. Servez entouré de croûtons frits.

Vous pouvez aussi le servir dans des croustades.

Si on a un reste de bœuf ou de mouton rôtis, on peut le hacher avec le bouilli et on obtient comme goût un bon résultat.

Si vos restes de viande, soit bouilli, soit bœuf, soit mouton, sont insuffisants, ajoutez un peu de chair à saucisses ; alors vous aurez un hachis excellent.

Avec les restes de hachis on peut faire des boulettes, des croquettes, des rissoles.

Boulettes de bouilli. — Otez les os et les nerfs. Hachez très-fin. Pour 250 grammes de bouilli : mettez un œuf, jaune et blanc, un peu de beurre, *plus ou moins suivant que le bouilli est plus ou moins gras*, assaisonnez de sel et poivre. Si votre bouilli est très-gras ajoutez une ou deux pommes de terre cuites à l'eau et bien écrasées.

Partagez votre mélange en autant de parties que vous voulez avoir de boulettes ; moulez chacune en rond, ou en forme d'œuf ou de bouchon... farinez-les.

Trempez-les dans un œuf battu comme pour omelette avec sel, poivre et une cuillerée d'huile, puis tournez-les au fur et à mesure dans de la mie de pain émiettée.

Faites frire à pleine friture et servez avec persil frit dessus.

Boulettes de bouilli a la sauce brune. — Ôtez les os et les nerfs de votre bouilli ; hachez-le très-fin. Mettez, pour une demi-livre de bouilli haché, gros comme un œuf, moins s'il est gras, de beurre, sel, poivre ; deux œufs, jaune et blanc, du persil haché très-fin ; pétrissez ; mettez en boulettes et farinez.

Mettez dans une casserole gros comme un œuf de beurre et plein une cuillère à bouche de farine. Remuez sur feu vif jusqu'à ce qu'ils soient d'un beau marron foncé. Eteignez avec un verre d'eau ou de bouillon, mettez bouquet garni, deux ou trois oignons entiers, un verre d'eau-de-vie, et un peu de persil haché fin, assaisonnez.

Lorsque cette sauce bout à gros bouillons, mettez-y, avec précaution, vos boulettes, les unes auprès des autres ; tournez les boulettes au bout d'un quart d'heure ; ôtez le bouquet ; servez à sauce pas trop longue, le plat entouré de croûtons frits.

Si la sauce était trop longue on la ferait réduire à grand feu.

Boulettes de boulli a la sauce poulette. — Faites vos boulettes comme dans la recette ci-dessus.

Mettez dans une casserole gros comme un œuf de beurre et plein une cuillère à bouche de farine. Faites fondre en remuant. Aussitôt le beurre fondu et bien mélangé avec la farine, mettez un verre d'eau ou de bouillon, un bouquet garni, deux ou trois oignons entiers, un peu de persil haché fin et un verre d'eau-de-vie; assaisonnez. Lorsque cette sauce bout à gros bouillons, mettez-y vos boulettes en ayant soin de ne pas les mettre les unes sur les autres, tournez au bout d'un quart-d'heure. Rangez les boulettes sur le plat où vous devez les servir, ôtez la casserole de dessus le feu; jetez le bouquet et liez la sauce avec un jaune d'œuf (*voir liaison à l'œuf page* 99). Versez sur les boulettes et servez entouré de croûtons frits si vous voulez.

Boulettes de bouilli a la sauce bordelaise. — Les boulettes se préparent et se moulent comme dans les deux recettes précédentes.

Pour la sauce mettez dans la casserole trois cuillerées d'huile et plein une cuillère à bouche de farine. Faites roussir en remuant jusqu'à ce qu'ils soient d'un beau marron. Eteignez avec un verre d'eau ou de bouillon, mettez bouquet garni, deux ou trois oignons entiers, un verre d'eau-de-vie, deux cuillerées à bouche de coulis de tomates, la moitié d'une gousse d'ail, un peu de persil haché fin; assaisonnez. Lorsque cette sauce bout, etc. (*Finir comme les boulettes de bouilli à la sauce brune*).

Rissoles de hachis de bouilli. — Se font comme les autres rissoles (*voir rissoles*), seulement à la place d'autres viandes on emploie le bouilli haché fin, assaisonné de sel, poivre et beurre.

On peut aussi employer pour rissoles les restes de boulettes à la sauce; on les écrase et les mêle bien à froid avec leur sauce; ces rissoles confectionnées avec restes de boulettes à la sauce sont très-délicates.

Bouilli haché aux pommes de terre gratinées. — Otez les os et les nerfs de votre bouilli, hachez-le fin, mettez sur feu vif avec sel, poivre, gros comme un œuf de beurre... Tournez sur le feu jusqu'à ce que le mélange soit bien complet.

Faites cuire des pommes de terre à l'eau, pelez-les quand elles sont bien cuites, écrasez et assaisonnez de sel, poivre et beurre.

Mettez une couche de pommes de terre au fond d'un plat; puis une couche de hachis; en dessus une autre couche de pommes de terre. Mettez au four ou sous four de campagne bien chaud avec feu dessus et feu dessous. Servez lorsque votre mets est rissolé de belle couleur.

BOUILLI AUX CHOUX. — Mettez dans une casserole gros comme un œuf de beurre; faites-y prendre couleur à 125 grammes de poitrine de porc frais coupés pas morceaux. Otez le lard lorsqu'il a pris une belle couleur.

Mettez dans le beurre plein une cuillerée à bouche de farine, remuez sur feu vif jusqu'à ce que le beurre et la farine soient d'un marron très-foncé. Eteignez avec un verre d'eau. Mettez sel, poivre, un bouquet garni, deux oignons, une carotte coupée en rouelles, le bouilli entier, les morceaux de lard, une cuillerée d'eau-de-vie, un chou de Milan fendu en deux.

A défaut de chou de Milan on peut employer une autre espèce de chou, le chou blanc. S'il est très-gros vous n'en mettrez que la moitié ou le quart que vous couperez en deux.

On peut aussi ajouter au bouilli et au lard des saucisses et des cervelas.

Faites cuire à feu pas trop vif jusqu'à ce que le chou soit bien cuit, une heure et demie ou deux. Dressez sur le plat, le bouilli au milieu, les deux morceaux de chou de chaque côté, ronds de carottes, oignons, saucisses, cervelas autour. Faites réduire à grand feu la sauce si elle est trop longue; versez sur votre bouilli disposé comme nous l'avons indiqué et servez.

BOUILLI EN MATELOTE. — Mettez dans une casserole gros comme un œuf de beurre et une cuillère à bouche comble de farine. Remuez sur feu vif avec une mouvette jusqu'à ce que beurre et farine aient pris une couleur marron très-foncé. Eteignez avec un verre d'eau et un verre de vin rouge (*verres ordinaires*), un verre à vin d'eau-de-vie. Mettez sel, poivre, épices, bouquet garni, une douzaine de petits oignons gros comme le pouce.

Mettez dans cette sauce votre bouilli en tranches. Faites bouillir une demi-heure, ôtez le bouquet et servez, entouré de croûtons si vous voulez.

Bouilli en mirotons. — Mettez dans une casserole gros comme un œuf de beurre et plein une cuillère à bouche de farine. Faites roussir sur feu vif, en remuant toujours, jusqu'à ce que beurre et farine soient d'une belle couleur marron foncé. Eteignez avec deux verres ordinaires d'eau ou de bouillon. Mettez votre bouilli coupé en tranches, sel, poivre, bouquet garni, deux oignons entiers et des pommes de terre pelées et bien lavées. Faites bouillir jusqu'à ce que vos pommes de terre soient bien cuites, servez.

Si l'on veut, on peut ajouter au bouilli en mirotons quelques navets entiers ou par morceaux. Ils donnent bon goût.

Bouilli en bœuf a la mode. — Mettez dans une casserole gros comme un œuf de beurre (*pour une livre de bouilli, moitié moins si vous n'en avez qu'une demi-livre*). Faites roussir blond; mettez-y un quart de poitrine de porc frais coupé par morceaux; faites prendre couleur à grand feu. Otez le lard. Mettez dans la casserole plein une cuillère à bouche de farine, remuez sur feu vif avec une mouvette jusqu'à ce que beurre et farine aient pris une couleur marron foncé. Eteignez avec un verre d'eau ou de bouillon. Mettez votre bouilli et les morceaux de lard, un verre à vin d'eau-de-vie, sel, poivre, deux ou trois carottes coupées en rouelles, un bouquet garni, deux ou trois oignons entiers. Faites bouillir jusqu'à ce que les carottes soient cuites. Otez le bouquet, servez, le bouilli au milieu du plat, lard, carottes, oignons autour.

Bouilli aux navets. — Mettez dans une casserole gros comme un œuf de beurre et un morceau de sucre gros comme une grosse noix. Laissez blondir et caraméliser un peu... Mettez alors vos navets entiers s'ils sont petits, coupés en morceau et taillés et arrondis sur tous leurs angles s'ils sont gros, et laissez prendre couleur en tournant de temps en temps.

Une fois les navets bien colorés, ôtez-les de la casserole, mettez à la place gros comme un œuf de beurre, — le premier a dû être absorbé par les navets, — et plein une cuillère à bouche de farine, faites roussir en remuant jusqu'à ce que beurre et farine soient d'un beau marron. Eteignez avec deux verres d'eau ou de bouillon. Mettez dans cette sauce votre bouilli entier ou coupé par grosses tranches, les navets, sel, poivre, deux oignons, un bouquet garni. Faites bouillir jusqu'à ce que les navets soient cuits sans attendre qu'ils se déforment cependant.

Si l'on veut, on peut joindre au bouilli un quart de poitrine de porc coupé par morceau. On fera blondir le beurre, on y mettra le lard et les navets prendre couleur. Le lard et les navets ayant pris couleur, vous les ôterez, pour mettre dans le beurre votre farine pour faire le roux; éteindre et remettre les morceaux de porc en même temps que le bouilli, les navets, etc.

Si la sauce est trop grasse, dégraisser avant de servir.

On met le bouilli au milieu du plat ; les navets et le lard autour.

Bouilli au gratin. — Mettez au fond d'un plat beurre, sel, poivre, fines herbes hachées très-fin, saupoudrez d'un peu de mie de pain émiettée. Rangez sur ce lit votre bouilli coupé par tranches minces. Mettez dessus, de place en place, de petits morceaux de beurre, sel, poivre, fines herbes, un peu de mie de pain émiettée, la moitié d'un verre d'eau ou de bouillon, une cuillerée d'eau-de-vie ; laissez mijoter un instant en ayant soin de prendre un peu de sauce pour humecter le dessus. Terminez en faisant rissoler au four ou sous four de campagne bien chauffé et préparé.

Bouilli a la poêle. — Mettez dans une poêle gros comme une noix de beurre, faites-y revenir un quart de poitrine de porc frais coupée en petits morceaux, un ou deux oignons coupés en rouelles ; une fois les oignons et le lard colorés, mettez vos tranches de bouilli, un verre d'eau ou de bouillon, une cuillerée d'eau-de-vie, sel et poivre, faites bouillir trois minutes à grand feu, servez.

Si l'on veut augmenter un peu le plat, on peut y ajouter un quart de petites saucisses *chipolata* que l'on met dans la poêle en même temps que le lard et l'oignon, et entourer le plat, au moment de servir, de pommes de terre frites ou sautées.

Bouilli en blanquette. — Mettez dans une casserole gros comme un œuf de beurre, plein une cuillère à bouche de farine; une fois le beurre fondu et bien mélangé avec la farine, mettez un verre et demi d'eau, remuez. Ajoutez sel, poivre, bouquet garni, deux oignons entiers, puis votre bouilli entier ou par tranches, une cuillerée d'eau-de-vie. Laissez mijoter un quart d'heure, vingt minutes. Liez avec jaunes d'œufs ou jaunes d'œuf et crême, (*Voir liaison à l'œuf et liaison à l'œuf et à la crême pages* 99 *et* 100), et servez.

On peut mettre avec le bouilli en blanquette soit de petites pommes de terre, soit quelques ronds de carottes, soit des salsifis. On met ces légumes en même temps que le bouilli et on ne lie la sauce que lorsqu'ils sont cuits.

Bouilli en persillade. — Faire blondir dans une poêle gros comme un œuf de beurre, y mettre vos tranches de bouilli saupoudrées de sel et de poivre; les ôter lorsqu'elles auront pris couleur et les ranger dans le plat où vous devez les servir. Mettre dans la poêle avec le beurre qui vous reste un demi-verre d'eau ou de bouillon, une cuillerée de vinaigre, sel, poivre, la valeur de 3 ou 4 branches de persil haché très-fin. Faites jeter un ou deux bouillons et versez sur le bouilli.

Mayonnaise de bouilli. — Préparez une salade (laitue, scarolle, chicorée, chicon, etc.). Mettez en monticule sur un plat; disposez autour votre bouilli coupé en tranches minces, grandes et épaisses comme des pièces de cinq francs. Couvrez d'une mayonnaise un peu relevée. (Mayonnaise ordinaire ou mayonnaise à la moutarde.) Ornez de quartiers d'œufs durs, cerfeuil haché fin, tranches de cornichons.

Bouilli utilisé pour les pâtés. — Le bouilli haché fin et mêlé à de la chair à saucisses peut servir comme farce pour les pâtés et même pour garnir de petits pâtés à la viande.

Aloyau ou Rosbif. — Nous avons dit plus haut que le morceau de bœuf appelé aloyau se compose de filet et de faux-filet appelé clerc. Et encore, souvent, d'un morceau entremêlé de peaux et de graisse appelé bavette.

Je conseille de couper la bavette qui ne contient que des parties dures et graisseuses et de la mettre de côté pour le pot-au-feu.

Si vous tenez à ce que votre aloyau reste intact, repliez la bavette, en dessous, du côté du filet, et ficelez-le.

L'aloyau peut être servi comme entrée ou comme rôt.

Pour découper l'aloyau on s'y prend de la manière suivante :

On commence par détacher la bavette que l'on met à part. Ensuite on détache le filet que l'on coupe, transversalement au fil de la viande, en tranches de l'épaisseur du doigt. On enlève la peau coriace qui se trouve sur le CLERC. On détache le clerc des os et on le coupe de la même manière que le filet... On a le soin de disposer les tranches de filet d'un côté du plat, les tranches de clerc de l'autre, pour que chacun des convives puisse s'y reconnaître. On fait passer.

Aloyau rôti, relevé et rôt. — Embrochez en passant par une des jointures de l'os et ressortant de l'autre côté au milieu de la bavette repliée.

(*Voir planche I, figure* 1.)

Mettez devant un feu assez vif. Au bout d'un instant, saupoudrez de sel et poivre. Faites cuire une heure ou deux suivant la grosseur et suivant votre goût.

Pour un aloyau de 4 à 6 livres, il faut bien au moins une heure un quart à une heure et demie ; au dessus de six livres, un quart d'heure en plus par livre de viande ; pour un morceau de bœuf de dix livres, deux heures et demie.

REMARQUE IMPORTANTE — *Plus un morceau est fort, moins le feu doit être vif, car devant un feu très-ardent, un morceau de bœuf très-fort sera complétement carbonisé en dessus avant d'être cuit convenablement en dedans. Activer le feu au dernier instant de la cuisson pour colorer et rissoler un peu la surface.*

Il y a des personnes qui aiment le bœuf presque cru, d'autres complétement gris à l'intérieur. D'après la gastronomie, un rôti de bœuf cuit à point doit avoir l'intérieur rose et lorsqu'on le coupe il doit répandre de toutes parts un jus d'un rose vif qui est sa meilleure sauce.

COMME RÔT, — on servira l'aloyau sur un plalong.

Le jus qui se trouve dans la léchefrite sera dégraissé ; on ajoutera deux ou trois cuillerées d'eau ou de bouillon, sel, poivre, et on la servira dans un saucier pour les personnes qui en désirent, car, je le répète, la seule, la véritable, la meilleure sauce des rôtis de bœuf est le jus qui en sort pendant qu'on les découpe.

Si on l'aime, on peut mettre un peu d'échalote hachée très-fin dans un coin du plat et la mêler au jus, mais il faut être sûr que cet assaisonnement est du goût des convives.

Comme entrée — On sert l'aloyau dans un plat rond entouré de sa sauce ou d'une sauce tomate, piquante ou poivrade.

Souvent on met sous le rôti de bœuf pendant sa cuisson des pommes de terre ou des haricots blancs cuits à l'eau. Il faut les assaisonner de sel et poivre et les tourner de temps en temps pendant la cuisson du rôti afin qu'ils s'imbibent de graisse et gratinent également. S'ils ne l'étaient pas suffisamment, on pourrait ajouter un peu de graisse et mettre un peu de feu sous la lèchefrite : les légumes ainsi préparés se servent dans un plat à part.

Souvent on sert aussi, avec les rôtis de bœuf, en même temps que la salade, des haricots arrangés à la bretonne, des pommes de terre frites ou à la maître-d'hôtel et toute espèce de légumes.

Manières diverses d'accommoder les restes de rôti de bœuf.

EmincÉ de bœuf. — Coupez ce qui vous reste d'aloyau en tranches de l'épaisseur d'une pièce de cinq francs et autant que possible régulières. Versez dessus une sauce piquante ou une sauce poivrade. Faites chauffer sans bouillir et ne laissez sur le feu que le temps nécessaire pour que votre viande soit chaude. *Si vous laissiez bouillir ou même simplement trop longtemps sur le feu, votre viande deviendrait dure.* Servez avec filets ou ronds de cornichons.

Aloyau réchauffé a la poêle. — Faites blondir gros comme un œuf de beurre; mettez-y vos tranches de bœuf coupées de l'épaisseur du doigt, un oignon moyen coupé en rouelles *très-fines.* Saupoudrez de sel, poivre. Mettez sur feu vif. Au bout de 2 à 3 minutes changez vos tranches de bœuf de côté. Laissez encore 2 à 3 minutes. Rangez vos tranches sur le plat où vous devez les servir. Mettez un demi-verre d'eau ou de bouillon dans la poêle, un filet de vinaigre, faites jeter deux ou trois bouillons, liez avec un peu de fécule et versez sur les tranches de bœuf.

Cette manière convient surtout quand le rôti de bœuf est très-cuit.

Tranches de bœuf a la sauce tomate. — Faites blondir gros comme un œuf de beurre, mettez-y vos tranches d'aloyau ; faites réchauffer en changeant votre viande de côté au bout de 2 à 3 minutes; rangez sur le plat en couronne, versez au milieu une sauce tomate.

Aloyau froid. — L'aloyau rôti est également excel-cellent à manger froid. Pour le servir plus convenablement, coupez-le en tranches de l'épaisseur du doigt et autant que possible régulières, rangez-les sur un plat. On le mange avec sel, poivre et moutarde, selon le goût.

On peut servir les tranches en couronne et verser au milieu une rémoulade ou une ravigote froide.

Aloyau en filet de bœuf, entrée et rôt. — Laissez bien mortifier. Frappez avec un rouleau à pâtisserie sur tous les côtés pendant une minute. Enlevez le filet le plus près des os possible ainsi que le clerc ou faux-filet. Otez les peaux, les nerfs et la graisse. Piquez les deux morceaux, en dessus, et sur les côtés, de rangées de petits lardons gros comme de gros fétus. Faites mariner pendant deux ou trois jours et faites cuire à la broche ou à l'étouffée, comme il est indiqué plus loin pour le filet piqué et mariné.

La peau et les os peuvent servir à faire un petit pot-au-feu.

Aloyau à l'étuvée ou étouffée, entrée. — Mettez dans une casserole 125 grammes de beurre, faites blondir... Mettez alors votre aloyau bien ficelé et disposé et saupoudré de sel et poivre. Faites prendre couleur sur feu vif. Tournez de l'autre côté. Une fois coloré des deux côtés, mettez autour un ou deux oignons coupés par rouelles... couvrez hermétiquement et continuez à faire cuire sur feu doux; au milieu de sa cuisson vous le tournerez.

Pour le bœuf à l'étuvée il faut pour qu'il arrive à cuisson parfaite un peu moins de temps que pour le bœuf à la broche.

Pour un aloyau de 4 à 6 livres à peu près une heure et demie.

Vous servirez le bœuf sur plat rond avec sa sauce autour. Vous pouvez lier celle-ci avec un peu de fécule.

Dans le cas où, ayant mis votre casserole sur feu trop vif, au moment de la parfaite cuisson de votre morceau, votre sauce se trouverait tournée en huile, mettez votre bœuf sur le plat où vous devez servir et versez dans la casserole où se trouve votre sauce un demi-verre d'eau; faites jeter quelques bouillons en tournant et détachant le jus coagulé au fond et autour de la casserole; liez avec un peu de fécule et versez autour de la viande.

On peut aussi servir sur sauce tomate, piquante, poivrade et aussi sur purée d'oseille et de chicorée.

Aloyau à la bordelaise, entrée.
Mettez dans une casserole trois ou quatre cuillerées d'huile, l'aloyau préparé et ficelé comme pour rôtir, sept ou huit oignons moyens, sel, poivre, une demi-gousse d'ail; faites prendre couleur à feu vif; tournez l'aloyau de l'autre côté. Mettez un verre d'eau, trois ou quatre cuillerées de purée de tomates, un bouquet

garni. Faites cuire suivant la grosseur du morceau. (*Il faut que l'intérieur soit rose.*) Otez le bouquet et servez la sauce autour du bœuf.

Pour le temps de la cuisson, s'en rapporter à ce que nous avons dit pour la cuisson du bœuf à l'étuvée.

Filet mariné, rôt, entrée et relevé.

Otez les peaux, la graisse et les nerfs; piquez-le fin, pas trop, de manière cependant que les lardons ne disparaissent pas complétement à la cuisson. Faites mariner pendant douze heures dans une marinade au vinaigre ou une marinade au vin. (*Voir marinade au vinaigre, page* 96 ; *marinade au vin, page* 96.) Embrochez, faites cuire suivant la grosseur devant un feu vif. (*Il faut que l'intérieur soit saignant.*) Servez avec sauce piquante, poivrade ou tomate. SI C'EST COMME ENTRÉE dans un plat rond, la sauce autour. SI C'EST COMME RÔTI, la sauce dans un saucier.

Filet à l'étuvée, entrée.

Le préparer, le piquer, le mariner comme pour la broche, le faire cuire comme l'aloyau à l'étuvée; le servir soit avec une sauce piquante ou poivrade ou tomate.

Filets, biftecks et grillades. —Les biftecks sont des tranches de filet de bœuf à peu près de l'épaisseur de quatre centimètres environ coupé sur le travers. On aplatit légèrement, on ôte les nerfs et les peaux.

Ces tranches portent indistinctement le nom de filets ou biftecks. Les autres parties tendres du bœuf que l'on taille aussi en tranches pour mettre soit sur le gril soit à la poêle portent plutôt le nom de GRILLADES. Du reste les GRILLADES peuvent s'accommoder de toutes les manières dont on apprête les FILETS OU BIFTECKS.

Filets, biftecks et grillades au naturel, entrée.

Taillez de l'épaisseur de quatre centimètres environ, aplatissez légèrement, enlevez peaux et nerfs; *s'ils sont très-maigres, enduisez d'un peu d'huile*, saupoudrez de sel et poivre. Faites griller sept à huit minutes (*quatre minutes d'un côté trois de l'autre*) à feu vif. Lorsque le dessus s'irise de jus rose, ôtez-les et servez.

Filets, biftecks et grillades à la maître-d'hôtel, entrée.

Préparez, faites cuire comme les précédents.

Pour une demi-livre de viande, mettez sur le plat gros comme un œuf de beurre. Faites fondre à moitié; mettez vos biftecks dessus et servez assaisonné d'un peu de persil haché très-fin.

Quelques personnes mettent dans cette sauce un tout petit filet de vinaigre.

Filets, biftecks et grillades aux pommes de terre, entrée.

Disposez comme ci-dessus, à la maître-d'hôtel, et servez entourés de pommes de terre frites ou de pommes de terre sautées.

Filets, biftecks et grillades au cresson, entrée.

Disposez et faites cuire comme à la maître-d'hôtel et servez entourés de cresson bien épluché.

Filets, biftecks et grillades au beurre d'anchois, entrée.

Saupoudrez de sel et poivre, faites cuire sur feu vif quatre minutes d'un côté, trois de l'autre. Servez sur du beurre d'anchois

Filets, biftecks et grillades à la béarnaise, entrée.

Saupoudrez de sel, poivre, faites cuire sur feu vif, quatre minutes d'un côté trois de l'autre.

Servez sur sauce béarnaise.

Filets, biftecks et grillades sauce soubise, entrée.

Saupoudrez de sel et poivre, faites cuire sur feu vif quatre minutes d'un côté trois de l'autre. Servez sur sauce Soubise.

Filets, biftecks et grillades à la jardinière, entrée.

Faites cuire comme au naturel. Servez sur une jardinière.

Filets sautés aux champignons, entrée.

Saupoudrez les morceaux de filet de sel et poivre.

Mettez dans une poêle ou un plat à sauter gros comme un œuf de beurre. Faites blondir. Mettez les filets et faites cuire sur un feu assez vif quatre minutes d'un côté, trois ou quatre de l'autre.

(*Faites bien attention que votre beurre ne brûle pas.*)

Otez vos filets de la poêle. Mettez plein une cuillère à bouche de farine dans le beurre, tournez un peu avec la cuillère de bois et laissez prendre un peu couleur. Ajoutez un verre d'eau ou de bouillon, des champignons que vous avez bien épluchés ; assaisonnez. Faites mijoter cinq minutes. Remettez vos filets pour les réchauffer un peu et servez entourés des champignons.

Filets aux olives, entrée.

Ils se font de la même manière que les filets sautés aux champignons; seulement au lieu de champignons vous mettez dans la sauce mijoter cinq minutes vingt-cinq ou trente olives avec ou sans noyaux.

Filets sautés aux truffes, entrée.

Ils se font de la même manière que les filets sautés aux champignons, seulement au lieu de champignons vous mettez mijoter sept à huit minutes dans la sauce des tranches de truffes.

Filets sautés au vin de Madère, entrée.

On ajoute tout simplement, au moment de servir, aux filets sautés soit aux champignons, soit aux olives, soit aux truffes, une ou deux cuillerée de vin de Madère.

Filets châteaubriand, entrée.

Les filets CHATEAUBRIAND sont tout simplement des morceaux de filet du double et même du triple d'épaisseur de ceux employés pour les biftecks ordinaires.

Il faut les faire cuire à feu moins vif que les autres; car sans cela ils seraient carbonisés avant que l'intérieur ne soit cuit à point.

Ils s'accommodent de toutes les manières dont on arrange les autres biftecks.

Grillades à la poêle, entrée.

Mettez dans une poêle gros comme un œuf de beurre. Faites blondir. Mettez vos grillades ou tranches de bœuf saupoudrées de sel et poivre et un ou deux oignons coupées en rouelles fines. Laissez cuire quatre minutes d'un côté, trois de l'autre à feu vif, mais pas trop vif cependant de peur que la viande et l'oignon ne brûlent avant d'être cuits. Ajoutez un demi-verre d'eau ou de bouillon, liez d'un peu de fécule et servez.

Côtes et entre-côtes. — Les côtes de bœuf font aussi un excellent rôti. On fait donner par le boucher un coup de couperet à moitié de la longueur de l'os pour pouvoir replier le haut en dedans. On les fait cuire de toutes les manières indiquées pour l'aloyau, avec les mêmes règles pour le temps de la cuisson.

Côtes braisée, entrée.

Mettez gros comme un œuf de beurre dans une casserole. Faites blondir. Faites prendre couleur à votre côte de bœuf et à une demi-livre de poitrine de porc frais coupée par morceaux. Otez bœuf et lard. Mettez avec le beurre plein une cuillère à bouche de farine, tournez sur feu vif jusqu'à ce que beurre et farine soient d'une belle couleur marron. Mettez un demi-verre d'eau, une cuillerée d'eau-de-vie, deux ou trois carottes coupées en rouelles, un ou deux oignons, un bouquet garni, sel, poivre, le bœuf et le lard. Couvrez et faites cuire quatre heures à petit feu. (*Vous aurez soin de tourner la côte à moitié de sa cuisson.*) Dégraissez, ôtez le bouquet et servez la côte entourée du lard et des carottes.

Entre-côtes. — On appelle entre-côte toute la partie maigre du milieu de la côte fine. On la dégage des peaux et des nerfs et on la coupe en deux ou trois suivant son épaisseur. Une entre-côte doit avoir quatre centimètres environ d'épaisseur. Il lui faut de dix à douze minutes de cuisson, cinq d'un côté cinq de l'autre. Les entre-côtes s'accommodent de toutes les manières indiquées pour les filets et biftecks. Il faut aussi qu'elles soient cuites de manière que l'intérieur soit rose.

Entre-côte panée et grillée, entrée.

Trempez vos entre-côtes dans un peu de graisse ou de beurre fondus et ensuite dans de la mie de pain émiettée fin et assaisonnée de sel et poivre. Faites cuire à feu moins vif que pour les entre-côtes non panées et un peu plus longtemps. Servez avec sauce piquante, poivrade ou tomate.

Bœuf à la mode, entrée et relevé.

On emploie, avons-nous dit plus haut, pour bœuf à la mode, la tranche, la tranche au petit os, le gîte à la noix et aussi le talon du collier.

Le bœuf à la mode doit être piqué selon le fil de la viande avec des lardons de la grosseur du doigt.

Les morceaux pour bœuf à la mode se vendent à Paris tout préparés et lardés.

On peut prendre le morceau que l'on destine pour

bœuf à la mode un peu fort, car s'il en reste c'est un excellent mets à manger froid.

On le découpe de façon que chaque lardon se trouve en travers et forme de place en place comme une sorte de moucheture.

Il y a différentes manières de préparer le bœuf à la mode, j'en donne trois, on pourra expérimenter et choisir.

1re MANIÈRE. — Faites blondir 125 grammes de beurre. Faites prendre couleur à votre morceau de bœuf piqué préparé comme il est dit plus haut et ficelé. Mettez un verre d'eau ou de bouillon, un verre à vin d'eau-de-vie, sel, poivre, bouquet garni, un pied de veau coupé en trois ou quatre, deux ou trois carottes coupées en rouelles, un gros oignon piqué de deux clous de girofle. Couvrez hermétiquement. Faites cuire cinq à six heures à petit feu. Tournez au milieu de la cuisson. Dégraissez, ôtez le bouquet et servez entouré des morceaux de pied et des carottes.

2e MANIÈRE. — Préparez, piquez, ficelez votre morceau de bœuf. Mettez dans une casserole gros comme un œuf de beurre; faites blondir, faites prendre couleur à votre morceau de bœuf et à une demi-livre de poitrine de porc frais coupée en morceaux. Otez bœuf et lard. Mettez dans la casserole plein une cuillère à bouche de farine, remuez sur feu vif jusqu'à ce que beurre et farine aient pris une belle couleur marron. Mettez un verre et demi d'eau ou de bouillon, un verre à vin d'eau-de-vie, sel, poivre, bouquet garni, un gros oignon piqué de deux clous de girofle, deux ou trois carottes coupées en rouelles, puis votre bœuf et le lard. Faites cuire quatre à cinq heures à petit feu. Tournez à moitié de la cuisson. Dégraissez, servez le bœuf entouré du lard et des carottes.

3e MANIÈRE. — Coupez votre bœuf par tranches

d'un doigt d'épaisseur; préparez des carottes, coupez-les en rouelles; coupez un pied de veau en trois ou quatre morceaux; ayez persil, thym, laurier, clou de girofle, poivre en grain.

Mettez au fond d'une casserole de terre appelée *huguenote*, sel, poivre, une petite branche de thym, une feuille de laurier, deux ou trois petits morceaux de poitrine de porc frais; puis en dessus une rangée de tranches de bœuf; sur le bœuf, sel, poivre, thym, laurier, lard, les trois ou quatre morceaux de pied de veau... puis une rangée de bœuf; finissez par sel, poivre, thym, laurier, glissez un ou deux morceaux de carottes desséchée au four pour colorer votre sauce, mettez deux verres d'eau et un verre à vin d'eau-de-vie, un oignon piqué de clous de girofle; couvrez hermétiquement; laissez passer la nuit au four pas trop chaud de manière que le contenu de votre huguenote mijote six à sept heures sans brûler; dégraissez; dressez votre bœuf au milieu du plat, les carottes, le pied et les morceaux de lard autour.

Langue de bœuf. — La langue de bœuf offre de grandes ressources et se prête à une foule de combinaisons.

Elle peut remplacer le bœuf dans le pot-au-feu. Le bouillon est plus faible, mais cependant, bien soigné et assaisonné, il n'est pas à dédaigner.

On la lave bien, on la gratte, on la lave de nouveau et l'on procède pour le pot-au-feu à la langue de bœuf comme pour le pot-au-feu ordinaire.

Lorsque la langue est à peu près cuite (*il faut environ trois heures à trois heures et demie au plus*) on l'ôte du pot-au-feu, on enlève la grosse peau dure et l'on peut arranger la langue des manières suivantes :

Langue au roux, entrée.

Une fois cuite dans le pot-au-feu (*Il faut environ*

trois heures de cuisson) retirez-la, enlevez la grosse peau dure, fendez la langue dans toute sa longueur.

Mettez dans une casserole gros comme un œuf de beurre et plein une cuillère de farine, remuez avec une mouvette sur un feu vif jusqu'à ce que beurre et farine soient d'une belle couleur marron foncé, éteignez avec deux verres d'eau, remuez, faites jeter quelques bouillons; mettez votre langue de bœuf, les deux morceaux à plat rangés en couronne, sel, poivre, bouquet garni, dix ou douze oignons moyens; faites mijoter une heure à cinq quarts d'heure; ôtez le bouquet; mettez la langue dans le plat, en couronne comme elle était dans la casserole, versez la sauce dessus, les oignons au milieu et autour de la langue.

Souvent dans la sauce de la langue au roux, au moment de servir, on ajoute une ou deux cuillerées de vinaigre et quelques cornichons coupés en rond ou hachés.

Langue à la sauce piquante, entrée.

On la prépare comme celle ci-dessus au moment où on la tire du pot-au-feu. On verse dessus une sauce piquante, on fait jeter quelques bouillons et l'on sert la langue en couronne, sauce dessus et dessous.

Langue à la sauce poivrade, entrée.

Même manière que la langue à la sauce piquante seulement on emploie une sauce poivrade.

Langue à la sauce tomate, entrée.

Retirez du pot-au-feu; ôtez la peau; fendez la langue dans toute sa longueur; servez en couronne sur une sauce tomate.

AUTRE MANIÈRE. — Préparez comme la langue au roux, seulement ne mettez ni cornichons ni vinaigre. Disposez la langue en couronne sur le plat, ajoutez à la sauce dans la casserole une forte purée de tomates; faites chauffer un instant; versez sur la langue.

Langue panée et grillée, entrée.

Retirez du pot-au-feu, ôtez la peau et fendez la langue dans toute sa longueur; trempez dans un œuf (*jaune et blanc*) battu comme pour omelette et auquel vous avez ajouté une cuillerée d'eau, une cuillerée d'huile, sel et poivre; tournez ensuite dans la mie de pain émiettée très fin et mélangée de persil haché; faites chauffer et prendre couleur sur le gril à feu assez doux; servez en couronne avec sauce piquante ou poivrade, ou tartare ou tomate, que vous aurez soin de ne pas verser dessus, mais autour et au milieu, ou bien de mettre dans un saucier.

Langue à la broche, entrée et rôt.

Retirez du pot-au-feu, ôtez la grosse peau, mais laissez la langue entière. Piquez-la sur toute sa surface avec des lardons de la grosseur de gros fêtus; embrochez et maintenez avec une brochette, mettez devant un feu assez vif; mettez dans la lèchefrite gros comme un œuf de beurre, trois cuillerées d'eau, deux cuillerées de vinaigre, sel, poivre, persil et ciboules hachés fini; arrosez souvent; laissez cuire une demi-heure, trois quarts-d'heure; servez avec sauce autour ou dans un saucier.

On peut servir une langue piquée et rôtie avec une sauce piquante, une sauce poivrade, une sauce tomate. On mélange la sauce de la langue avec celle des sauces qu'on lui préfère.

Langue au gratin, entrée.

Mettez sur un plat présentable, de place en place, de petits morceaux de beurre; saupoudrez de sel et poivre, persil et ciboule ou échalotes hachés fin, mie de pain émiettée; coupez la langue de bœuf, cuite dans le pot-au-feu et débarrassée de sa peau dure, en petites tranches minces, disposez avec symétrie; terminez en mettant sur vos morceaux de langue, une couche semblable à celle dont vous avez garni le fond de votre plat Versez de place en place un peu de bouillon ou d'eau dans lequel vous aurez mis plein une cuillère à bouche de vinaigre et d'eau-de-vie... Il faut que votre liquide, — bouillon, vinaigre et eau-de-vie, — ne forme pas plus que la contenance d'un demi-verre ordinaire; faites mijoter dix-minutes; mettez dans le four ou sous four de campagne bien chaud de manière à faire rissoler le dessus du mets.

On peut arranger au gratin les restes de langue accommodée de toutes les différentes manières.

Rondelles de langue en papillotes, entrée.

Retirez du pot-au-feu, ôtez la grosse peau dure, coupez en rondelles de l'épaisseur d'une pièce de cinq francs; trempez chaque rondelle dans un peu d'huile, puis dans de la mie de pain émiettée, assaisonnée de sel, poivre, épices, persil haché fin; coupez des feuilles de papier écolier en quatre; graissez chaque quart de feuille avec un peu de beurre; placez chaque rondelle sur un des papiers du côté beurré et enfermez-l'y en repliant le papier et repliant les bords ensemble de manière à bien enfermer la rondelle. *Si votre papier était trop grand, vous couperiez avec des ciseaux avant de replier les bords;* mettez sur le gril à feu pas trop vif pendant un quart d'heure; servez enveloppées.

Rondelles de langue en caisses, entrée.

Retirez du pot-au-feu, enlevez la peau dure et coupez en rondelles de l'épaisseur de deux pièces de cinq francs. *Le haut et le petit bout seront hachés.*

Vous disposez autant de petites caisses, grandeur verre gobelet ordinaire, que vous avez de rondelles de langue. (*Voir la manière de conditionner ces caisses page* 12.)

Mettez dans une casserole gros comme un œuf de

beurre, plein une cuillère à bouche de farine. Tournez sur feu vif avec une mouvette jusqu'à ce que beurre et farine soient d'une belle couleur marron. Éteignez avec un verre et demi d'eau ou de bouillon et deux cuillerées d'eau-de-vie. Mettez sel, poivre, bouquet garni, oignons et fines herbes hachés fin, vos rondelles et votre hachis de langue; laissez mijoter une demi-heure ; mettez vingt-cinq ou trente champignons bien épluchés et coupés en petits morceaux; faites mijoter encore cinq minutes ; ôtez le bouquet; disposez chaque rondelle dans une caisse sur de la sauce et de la garniture. Servez.

Langue de bœuf à la poulette, entrée.

Retirez du pot-au-feu, ôtez la grosse peau dure, fendez la langue dans toute sa longueur.

Mettez dans une casserole gros comme un œuf de beurre et plein une cuillère à bouche de farine ; faites fondre en remuant avec une mouvette; lorsque le mélange est bien fait, mettez deux verres d'eau, une cuillerée d'eau-de-vie, sel, poivre, bouquet garni, deux ou trois oignons; faites mijoter cinq minutes. Mettez la langue; faites mijoter une demi-heure; disposez la langue sur le plat, les deux morceaux placés en couronne; ôtez bouquet et oignons; liez la sauce avec jaunes d'œufs ou jaunes d'œufs et crême (*Voir liaison à l'œuf page* 99 *et liaison à la crême page* 100). Versez sur la langue et servez... On peut mettre sur la langue un peu de persil haché fin.

Langue de bœuf à la sauce blanche, entrée.

Retirez du pot au feu; ôtez la grosse peau dure; fendez la langue dans toute sa longueur; disposez sur le plat en couronne ; versez dessus une sauce blanche normande ou une sauce blanche parisienne ; ornez de cornichons coupés en rond ou hachés.

Langue à la sauce bordelaise, entrée.

Mettez dans une casserole trois ou quatre cuillerées d'huile, mettez-y votre langue de bœuf *cuite au pot-au-feu, dépouillée de sa grosse peau, fendue en deux dans le sens de sa longueur et saupoudrée de sel et poivre;* faites prendre couleur; tournez de l'autre côté; faites également prendre couleur; ajoutez un verre et demi d'eau ou de bouillon, une cuillerée d'eau-de-vie, un bouquet garni, 7 ou 8 petits oignons, deux ou trois cuillerées de purée de tomates, la moitié d'une gousse d'ail; faites mijoter une demi-heure, trois quarts d'heure, en remuant de temps en temps; ôtez le bouquet; disposez la langue en couronne sur le plat; dégraissez la sauce si elle est trop grasse et versez sur la langue et autour.

Langue de bœuf braisée, entrée.

Lavez-la; plongez-la dans l'eau bouillant à gros bouillons; laissez dans l'eau cinq à six minutes de manière à pouvoir enlever facilement la grosse peau dure; piquez de gros lardons, (gros au moins comme le petit doigt,) de travers en travers.

Mettez-la dans une casserole avec un litre d'eau ou de bouillon, un pied de veau coupé en 3 ou 4, sel, poivre, bouquet garni, persil, thym, laurier, deux oignons piqués de un ou deux clous de girofle, une ou deux carottes coupées en rouelles, rognures et débris de viande si vous en avez, deux cuillerées d'eau-de-vie; couvrez bien; faites cuire pendant cinq à six heures à petit feu; tournez la langue 1 ou 2 fois; mettez la langue dans le plat; faites réduire la sauce, dégraissez et versez sur la langue en la passant.

Vous pouvez mettre autour de la langue les ronds de carottes et les morceaux de pied de veau.

Langue à l'écarlate, entrée et hors-d'œuvre froid.

Otez la partie dure et coriace qui se trouve au haut

de la langue, mettez la langue sur de la braise ardente de manière à pouvoir enlever la grosse peau dure. Une fois la peau bien enlevée, frottez la langue de poivre et de salpêtre ; mettez dans une terrine un lit de sel, posez-y la langue, recouvrez de sel ; mettez autour quelques clous de girofle, du thym, du laurier ; au bout de 24 heures vous remettez du sel et ainsi chaque jour jusqu'à ce que la langue baigne dans la saumure ; au bout de 12 ou 15 jours ôtez-la de la saumure, laissez-la égoutter ; mettez-la dans un boyau, où vous la serrez en nouant les deux bouts ; crochez-la quelques jours dans une cheminée où l'on brûle du bois, assez haut pour qu'elle ne carbonise pas.

Lorsqu'on la fait cuire, il faut la laisser tremper deux ou trois heures dans de l'eau.

Mettez-la dans une marmite pleine d'eau avec thym, laurier, oignons, clou de girofle; faites cuire à feu doux pendant 5 ou 6 heures ; laissez refroidir dans sa cuisson ; ôtez et laissez égoutter...

La langue salée et fumée peut être servie comme entrée froide, mais on la sert plus souvent comme hors-d'œuvre.

Coupez-la par tranches minces, rangez symétriquement dans un ravier décorée de quelques petites branches de persil.

Palais de bœuf. — Jetez les palais de bœuf dans de l'eau bouillante; laissez bouillir pendant dix minutes; ôtez-les et mettez-les dans de l'eau froide ; ratissez-les, enlevez la peau dure; coupez chaque palais en deux ou trois morceaux; faites cuire à petit feu pendant 7 à 8 heures dans assez d'eau pour qu'ils baignent, sel, poivre, oignon, bouquet garni; ôtez, laissez égoutter.

Ces palais, ainsi préparés, coupés en morceaux

plus ou moins gros, font bien dans toutes espèces de ragoûts, C'est avec les palais de bœuf que se font les fausses crêtes de coq.

Palais de bœuf à la sauce piquante, à la sauce tomate. à la financière, etc.

Préparés comme il est dit ci-dessus et bien égouttés, rangez-les en couronne et versez au milieu soit une sauce piquante, soit une sauce tomate, soit une financière...

Palais de bœuf farcis. — On peut, pour avoir un mets plus distingué, farcir les palais de bœuf.

Vous coupez les palais en deux ou trois morceaux au plus. Vous étendez sur chaque morceau, bien préparé et cuit, une couche mince de farce de quenelles, de godiveau ou de chair à saucisses; vous roulez chaque morceau et nouez avec un fil. Faites mijoter quelques minutes dans la sauce, dressez sur le plat en ayant soin de retirer les fils, versez la sauce au milieu ou autour.

Palais frits, petite entrée.

Panez chaque morceau une fois cuit, ou trempez-le dans la pâte à frire et faites frire. Servez orné de persil frit.

On peut aussi faire frire les palais farcis.

Croquettes de palais de bœuf, petite entrée.

Faites cuire les palais comme il est dit au bas de la page précédente; coupez-les en tout petits morceaux.

Mettez dans une casserole, pour deux palais, gros comme un œuf de beurre et une bonne cuillerée de farine; remuez sur le feu jusqu'à ce que beurre et farine soient bien mélangés; éteignez avec un quart de verre d'eau ou de bouillon; mettez les morceaux de palais, sel et poivre; laissez mijoter un instant; que le tout soit bien épais; mettez par petits tas sur une assiette et laissez refroidir.

Moulez en boulettes ou en bouchons; farinez; trempez dans de l'œuf battu comme pour omelette avec sel poivre et une cuillerée d'huile, puis dans de la mie de pain émiettée fin. Faites frire à friture bien chaude. Servez accompagnées de persil frit.

Queues de bœuf. — La queue de bœuf n'est pas un mets à dédaigner. D'abord avec assez de queues de bœuf on peut faire un pot-au-feu passable.

Les queues qui ont servi à faire le pot-au-feu peuvent être mangées panées et grillées et servies avec une sauce piquante ou tomate.

Queues de bœuf braisées, entrée.

Coupez en morceaux et faites cuire comme la côte de bœuf braisée.

Queues de bœuf en hochepot, entrée.

Coupez en morceaux, puis préparez comme hochepot ou haricot de mouton (*Voir haricot de mouton*).

Cœur de bœuf piqué et mariné, entrée et rôt.

Fendez-le en deux, mais d'un seul côté de manière à ne pas le séparer complétement. Retirez le sang de l'intérieur, lavez avec soin et essuyez. Piquez-le de lard en dessus comme le filet de bœuf; marinez.

Faites cuire à la broche ou à l'étuvée de manière que l'intérieur de la chair soit rose. Servez avec sauce piquante, poivrade ou tomate.

Cœur de bœuf en bœuf à la mode, entrée.

Fendez, ôtez le sang, lavez et essuyez. Piquez-le de travers en travers de lardons gros comme le petit doigt. Procédez ensuite comme pour le bœuf à la mode.

Rognons de bœuf. — Enlevez du milieu du rognon la partie jaune, grasse et dure qui s'y trouve. Lavez-le et vous le débarrasserez ainsi du goût d'urine qu'il conserverait autrement.

Rognons de bœuf sautés.

Sautés a l'ordinaire. — Une fois débarrassé de son cordon jaune, graisseux et dur et lavé, coupez-le en quatre dans le sens de sa longueur, puis chacun de ces quatre morceaux en petites lamelles de la grandeur et de l'épaisseur d'un sou.

Faites blondir dans une casserole ou une poêle gros comme un œuf de beurre; lorsqu'il sera d'une belle couleur blonde, mettez-y vos lamelles de rognon; saupoudrez de plein une cuillère à bouche de farine, mettez sel, poivre, persil et ciboule hachés fin et même un tout petit peu d'oignon, si vous l'aimez, haché également très-fin. Faites cuire quatre à cinq minutes à feu vif en remuant de temps en temps, ajoutez la moitié d'un verre ordinaire d'eau, une cuillerée d'eau-de-vie; remuez et servez.

Si l'on faisait cuire les rognons de bœuf trop longtemps ils seraient durs. On peut mettre au fond du plat où on les sert quelques petites tranches de pain très-minces et desséchées au four.

Sautés au vin de Madère. — Vous n'y mettez pas d'eau-de-vie; seulement au moment de servir vous y mettez une cuillerée à bouche de vin de Madère.

Sautés au vin de Champagne. — Pas d'eau-de-vie non plus, mais seulement au moment de servir deux ou trois cuillerées de vin de champagne.

Sautés aux champignons. — Vous avez bien nettoyé et lavé dix-huit à vingt champignons; vous les jetez deux ou trois minutes dans l'eau bouillante, vous les égouttez bien et les mettez dans le beurre en même temps que le rognon. (*Les champignons peuvent aussi accompagner le rognon sauté au vin de Madère ou au vin de Champagne.*)

Rognons de bœuf à la maître-d'hôtel, entrée.

Découpez le rognon de bœuf de manière à approcher autant que possible de la forme du rognon de mouton ; fendez, écartez et embrochez avec une brochette en saisissant le morceau de rognon par le fond de la fente et de manière à former godet.

Mettez à chaque brochette un, deux ou trois morceaux de rognon.

Faites cuire sur le gril à feu vif, trois minutes d'un côté, trois de l'autre, saupoudrés de sel fin et poivre. Servez avec les brochettes sur gros comme un œuf de beurre fondu et parsemé de persil haché très-fin.

Rognons de bœuf à l'étouffée, entrée.

Otez le milieu du rognon, la partie blanche et dure. Lavez-le bien. Coupez-le en trois ou quatre morceaux, cinq ou six même si vous le préférez.

Faites un roux avec gros comme un œuf de beurre et plein une cuillère à bouche de farine ; remuez sur feu vif jusqu'à ce que beurre et farine soient d'une belle couleur marron. Mettez le rognon, une soucoupe comble d'oignon haché fin, sel, poivre, bouquet garni, deux cuillerées à bouche d'eau ou de bouillon, une cuillerée d'eau-de-vie Couvrez hermétiquement et laissez cuire à tout petit feu deux heures et demie à trois heures.

Remuez deux ou trois fois pendant la cuisson.

Si, au moment de servir, vous vous aperceviez que la sauce est tournée en huile, vous ajouteriez deux ou trois cuillerées d'eau, vous feriez jeter un ou deux bouillons et remueriez avec la cuillère, et la sauce redeviendrait comme elle doit être pour être bonne.

Rognons de bœuf en salmis, entrée.

Procédez comme pour le rognon de bœuf à l'étouffée, seulement au lieu de mettre de l'eau vous mettrez la moitié d'un verre ordinaire de vin rouge et un peu de muscade. Faites cuire exactement comme le rognon à l'étouffée, à petit feu.

On peut servir le rognon en salmis sur des petites tranches de pain desséchées et grillées au feu.

On peut aussi y ajouter dix-huit à vingt champignons cinq à six minutes avant sa cuisson complète.

Cervelles de bœuf. — Laissez-les tremper dans l'eau légèrement tiède, débarrassez-les bien, en prenant garde de ne pas les déchirer, de la petite peau et des filaments sanguinolents qui les entourent. Une fois bien épluchées, laissez-les dégorger une ou deux heures dans l'eau froide.

Mettez-les dans une casserole avec assez d'eau pour qu'elles baignent complétement et deux ou trois cuillerées de vinaigre, et du sel. Faites mijoter pendant trente ou trente cinq minutes.

Ainsi cuites elles peuvent être accommodées des manières suivantes :

Au gratin. — Mettez de place en place dans un plat de petits morceaux de beurre gros comme le bout du petit doigt, une couche légère de mie de pain émiettée et mélangée de persil et de ciboule hachés fin. Saupoudrez de sel et poivre. Disposez les unes auprès des autres sur cette couche, les cervelles préparées et cuites comme il est dit ci-dessus. Saupoudrez de mie de pain, de fines herbes, de sel et poivre. Faites fondre gros comme un œuf de beurre avec lequel au moyen d'une passoire vous humectez la couche de mie de pain que vous avez mise sur les cervelles. Faites gratiner feu dessus feu dessous. Servez dans le plat où vous les avez fait gratiner.

En coquilles. — On les prépare de la même manière que pour le gratin ordinaire, seulement au lieu de les disposer dans un plat, on les divise en morceaux de la grosseur d'un œuf et on arrange chaque morceau dans une coquille Saint-Jacques ou une coquille de métal. Faire gratiner comme les cervelles au gratin.

Au beurre noir. — Préparez et faites cuire dans l'eau comme il est dit page 191.

Mettez-les sur le plat où vous devez le servir.

Mettez dans une poêle gros comme un œuf de beurre, plus si vous avez beaucoup de cervelles; faites-le roussir très-foncé, mais sans le laisser brûler... Jetez-y deux ou trois branches de persil. Une fois le persil frit, versez beurre et persil sur les cervelles.

Mettez dans la poêle trois ou quatre cuillerées de vinaigre ; aussitôt chaud, versez aussi sur les cervelles.

A la poulette. — Faites une sauce poulette, mettez-y les cervelles, préparées et cuites à l'eau comme il est dit page 191, faites mijoter un quart d'heure ; ôtez les cervelles, mettez-les sur le plat, liez la sauce avec un jaune d'œuf ou un jaune d'œuf et deux cuillerées de crème (*Voir liaison à l'œuf et liaison à la crème pages* 99 *et* 100) et versez sur les cervelles.

On peut mettre dans cette sauce des champignons et des quenelles comme garniture.

Les champignons doivent être bien blanchis avant de les mettre dans la sauce... Les mettre dans la sauce ainsi que les quenelles huit ou dix minutes avant la complète cuisson.

On peut aussi entourer le plat de croûtons frits.

En matelote. — Mettez dans une casserole gros comme un œuf de beurre et plein une cuillère à bouche de farine, remuez sur feu vif avec une mouvette jusqu'à ce que beurre et farine soient d'une belle couleur marron foncé. Mettez un verre ou un verre et demi de bouillon ou d'eau, deux cuillerées d'eau-de-vie, huit ou dix petits oignons, sel, poivre, bouquet garni, les cervelles préparées et cuites à l'eau comme il est dit page 191. Laissez mijoter une demi-heure ; ôtez le bouquet et servez cervelles et oignons.

Les champignons font bien dans ce ragoût. Vous les épluchez et lavez bien, jetez dans l'eau bouillante trois ou quatre minutes, puis les mettez dans le ragoût entier ou par morceaux.

On peut servir les cervelles en matelote entourées de croûtons frits.

Cervelles frites. — Une fois préparées et cuites à l'eau comme il est dit page 191, coupez-les chacune en sept ou huit et même plus. Trempez chaque morceau dans la pâte à friture assez épaisse et faites frire, servez avec persil frit dessus.

Cervelles pour garnitures. — Vous les préparez et faites cuire à l'eau comme il est dit page 191, puis vous les mettez mijoter huit à dix minutes dans le ragoût que vous voulez garnir ou bien même vous les mettez autour en sortant de l'eau, après que vous les avez bien égouttées, entières ou par morceaux.

Foie de bœuf. — Le foie de bœuf est bien moins tendre et moins délicat que le foie de veau et cependant arrangé de la manière suivante ce n'est pas un mets à dédaigner.

Foie de bœuf à la maître d'hôtel. — Coupez des tranches de foie de bœuf de l'épaisseur du doigt, enduisez d'un peu d'huile, saupoudrez de sel et poivre. Mettez griller à feu vif quatre minutes d'un côté, quatre de l'autre. Servez sur beurre à peine fondu manié de fines herbes (persil et ciboule hachés fin.)

Quelques personnes mettent un filet de vinaigre.

Le foie de bœuf s'arrange aussi de toutes les différentes manières dont on arrange le foie de veau, sauté, *sauté à l'italienne*, à *la bourgeoise*, etc.... mais sous peine de le manger dur, il doit être mangé un peu moins cuit que le foie de veau.

Tripes à la mode de Caen. — Videz, grattez, nettoyez à plusieurs eaux les tripes de bœuf; coupez-les par morceaux grands comme la moitié de la main.

Pour trois livres de tripes ayez un pied de bœuf que vous coupez également par morceaux.

Disposez au fond d'une braisière ou huguenote un lit composé de quelques tranches de carottes, un ou deux oignons piqués d'un ou deux clous de girofle, un bouquet garni, thym, laurier, sel et poivre en grain; mettez sur ce lit une couche de morceaux de tripes, parmi eux un ou deux morceaux de pied; faites un autre lit de carottes, oignons, sel, poivre etc.. puis une couche de tripes avec pied de bœuf; et ainsi de suite. Terminez par carottes, oignons, bouquet garni, thym laurier.

Pour trois livres de tripes il faut environ deux belles carottes ou trois moyennes, trois oignons moyens, deux feuilles de laurier, une petite branche de thym, quatre à cinq clous de girofle.

Mettez de l'eau de manière que le tout baigne; couvrez hermétiquement et laissez mijoter six à sept heures; au bout de ce temps, découvrez, colorez avec un peu de caramel et faites réduire la sauce pendant une demi-heure. *La sauce doit être onctueuse et de belle couleur, mais pas trop foncée.* Servez très-chaud.

Gras-double à la lyonnaise. — Souvent on confond les tripes avec le gras-double.. le gras-double est tout simplement de la panse de bœuf, les tripes au contraire se composent de différents organes.

Le gras-double à la lyonnaise se fait avec des tripes;

cependant nous lui conservons le nom de gras-double à cause de l'usage.

Prenez des tripes de bœuf, lavez, nettoyez et faites bouillir quelques minutes dans l'eau bouillante. (*Dans beaucoup de localités, elles se vendent toutes préparées*).

Coupez en lanières longues et larges comme le doigt. Mettez dans une poêle deux ou trois cuillerées d'huile, puis trois ou quatre oignons coupés en rouelles très minces. *La quantité d'huile et d'oignons variera suivant la quantité de gras-double que vous avez à préparer.* Faites prendre couleur à votre oignon sur feu vif. Lorsqu'il sera d'une belle couleur marron, mettez avec dans la poêle vos lanières de gras-double, sel, poivre. Faites sauter quelques minutes à feu vif.. Mettez plein une cuilleré à bouche de vinaigre. Servez chaud.

Pieds de bœuf. — On emploie très rarement les pieds de bœuf pour les accommoder en ragoût; ils sont moins délicats que ceux de veau et de mouton; d'ailleurs on les garde ordinairement dans beaucoup de villes pour accommoder les tripes à la mode de Caen.

Dans le cas où l'on aurait à en apprêter, on peut les accommoder de toutes les manières qui conviennent à ceux de veau et de mouton. Comme pour ceux de mouton il leur faut beaucoup plus de temps de cuisson que pour les pieds de veau. Il faut au moins six à sept heures pour les bien cuire.

Bœuf de Hambourg aussi appelé bœuf à l'Anglaise. — Ayez une culotte de bœuf, laissez-la bien mortifier.

Désossez-la en entier, frottez-la de salpêtre et de sel fin. Placez-la dans une terrine avec sel, poivre en grain, thym, laurier, clous de girofle etc.

Tournez et frottez de sel tous les jours pendant une semaine. Au bout de ce temps, ôtez le bœuf de la terrine, suspendez-le et laissez-le égoutter jusqu'au lendemain. Enveloppez-le dans un papier un peu fort, ficelez et suspendez dans une cheminée où l'on ne brûle que du bois, assez haut pour que le feu n'y prenne pas. Au bout de huit jours on pourra l'employer.

Il se fait cuire comme le jambon.

On le sert d'ordinaire sur de la choucroûte ou sur des pommes de terre cuites à l'eau.

On peut aussi le manger froid.

La tranche et la poitrine de bœuf sont très bonnes salées et fumées.

VEAU.

Le veau de bonne qualité est d'un gris rosé excessivement pâle. Sa graisse est blanche et transparente. Trop petit il est sans goût, mucilagineux; trop fort il est moins délicat. Le veau dont la chair a une teinte rougeâtre est de qualité inférieure.

Les parties du veau que l'on emploie pour mettre à la broche sont la LONGE et le QUASI.

La longe est l'échine du veau. Elle se divise en deux parties : le morceau du rognon et le morceau du carré.

Le quasi comprend le haut de la cuisse, l'endroit où elle est la plus épaisse.

Pour les FRICANDEAUX, on prend de la ROUELLE et de la NOIX, mais surtout de la rouelle.

La rouelle de veau est le morceau de la cuisse qui se trouve entre le quasi et le jarret et que l'on coupe en travers du fil de la viande en tranches plus ou moins épaisses. La noix de veau est également une partie de la cuisse, la partie d'en dessous, mais on la coupe en long.

Pour les ESCALOPES on prend la ROUELLE, la NOIX et toutes les parties bien charnues.

Le JARRET de veau entre dans la confection des JUS et CONSOMMÉS.

Veau rôti. — Comme nous venons de le dire, les parties du veau que l'on emploie pour mettre à la broche sont la LONGE, composée du MORCEAU DU ROGNON et du MORCEAU DU CARRÉ, et le QUASI ; ce dernier morceau est bien moins délicat à la broche que les précédents.

Pour un ménage de six personnes ayez un kilo et demi à deux kilos de viande.

Si c'est le morceau du rognon, roulez et rabattez le haut, la *bavette*, du côté du rognon, où elle se trouvera maintenue par la broche. (Voir *pl. I, fig. 2*).

Si c'est le morceau du carré, vous sciez le haut des côtes à moitié de leur longueur et vous le rabattez sur le filet.

Ou bien encore vous pouvez enlever la bavette et le haut du carré pour les accommoder séparément de toute autre manière que vous désirerez.

Mettez dans la lèchefrite gros comme un œuf de beurre, *beaucoup moins, et même pas du tout, si votre veau est très-gras ;* sel, poivre, persil et ciboule ou cives hachés très-fin, un verre d'eau, deux cuillerées de vinaigre. Cet assaisonnement servira à arroser le veau pendant tout le temps de sa cuisson.

Il ne faut pas que le feu soit par trop vif, car le veau devant être mangé très-cuit, si le feu était trop ardent, le dessus serait brûlé avant que l'intérieur soit suffisamment cuit. Pour un rôti de veau pesant deux kilos il faut bien une heure et demie à deux heures de cuisson.

Lorsque votre rôti est à peu près cuit, si vous ne le trouvez pas assez coloré, rapprochez-le du feu et activez ce dernier.

On sert la sauce dessous ou dans un saucier, mieux vaut pour la commodité du découpage dans un saucier. On aura soin de la dégraisser si elle est trop grasse.

Manière de découper et servir le rôti de veau. — On commence par détacher le rognon que l'on coupe par tranches de l'épaisseur du petit doigt au plus; puis on enlève le morceau de chair de dessus, ce qui forme une espèce de manchon; on coupe aussi ce manchon en tranches de l'épaisseur du doigt. Enfin on disjoint chaque os de la colonne vertébrale. Pour rendre ce dernier travail plus facile, on peut faire donner, au moment de l'achat, par le boucher des coups de couperet entre chaque joint. On range chaque morceau autour du plat et l'on fait passer.

La dissection du morceau du carré se fait, sauf ce qui a rapport au rognon, de la même manière.

La dissection du quasi se fait en enlevant des tranches minces transversales au fil de la viande, en procédant de manière à ne pas être entravé par l'os.

Manières diverses d'accommoder les restes de veau rôti.

Les restes de veau rôti sont fort bons froids.

Coupez soigneusement et disposez sur le plat de manière à les rendre appétissants.

Veau et jambon. — Les restes de rôti de veau sont excellents à manger froids avec du jambon salé et fumé.

Coupez soigneusement par tranches et disposez en monticule au milieu du plat ; entourez d'une couronne de petites tranches de jambon salé et fumé.

On peut aussi accompagner les restes de veau rôti, de ronds d'andouille, de cervelas, de saucisson.

En mayonnaise. — Coupez soigneusement les restes

de veau rôti, disposez-les en couronne sur le plat et versez au milieu une sauce mayonnaise.

On peut aussi faire une mayonnaise montée comme nous l'avons indiqué pour les restes de bouilli. (Voir page 169.)

A LA RÉMOULADE. — Coupez soigneusement, rangez en couronne et mettez une sauce rémoulade au milieu.

EN BLANQUETTE. — Coupez les restes de rôti de veau en morceaux à peu près égaux; faites mijoter une demi-heure dans une sauce blanquette. Les champignons vont bien avec le veau en blanquette; faites-les bien blanchir avant de les mettre dans la sauce.

A LA POULETTE. — S'accommodent comme les restes de rôti de veau en blanquette; seulement au moment de servir on lie la sauce avec des jaunes d'œufs ou jaunes d'œufs et crème.

EN CROQUETTES. — (*Voir croquettes pag.* 122.

EN RISSOLES. — (*Voir rissoles de veau*).

EN CASSOLETTES. — (*Voir cassolettes de veau*).

EN CROUSTADES. — (*Voir croustades de veau*).

EN COQUILLES. — (*Voir coquilles de veau*).

EN CAPILOTADE. — Pour environ une demi-livre de rôti de veau, mettez dans une casserole gros comme un œuf de pigeon de beurre, une demi-cuillerée de farine, persil, ciboule, échalotes hachés très-fin. Remuez sur feu vif jusqu'à ce que le tout commence à blondir; mettez un demi-verre d'eau ou de bouillon, une cuillerée d'eau-de-vie, faites mijoter environ dix minutes, puis mettez vos morceaux de veau réchauffer. Au dernier moment, ajoutez une cuillerée d'huile. Versez dans le plat sur des petits morceaux de pain desséchés et grillés.

RESTES DU ROGNON. — S'il reste du rognon on peut l'employer à faire l'omelette connue sous le nom d'omelette au rognon de veau (voir cette recette).

Veau au four, entrée et rôt.

Le veau est de parfaite cuisson au four; souvent même il est meilleur cuit de cette manière qu'à la broche.

Prenez morceau du rognon, morceau du carré ou quasi...

Mettez dans un plat qui puisse supporter la chaleur du four sans se casser; disposez de place en place de petites plaques de beurre sur le dessus du morceau de veau ; saupoudrez de sel et poivre; mettez dans le plat un verre d'eau, deux cuillerées de vinaigre, persil et échalote hachés fin. Mettez au four après la cuisson du pain, si vous le faites cuire dans le four d'un boulanger. Il faut deux heures environ de cuisson.

Pour qu'il soit un manger parfait il est nécessaire de l'arroser de temps en temps.

Si, à son retour du four, la sauce est tournée en huile, enlevez une partie de cette huile; ajoutez un demi-verre d'eau et détachez le jus qui est gratiné autour du plat.

Si vous le servez comme rôti vous le mettrez dans un plat long et servirez la sauce dans un saucier; comme entrée dans un plat rond avec la sauce autour.

On peut accommoder les restes de veau cuit au four des diverses manières indiquées pour les restes de veau cuit à la broche.

Veau piqué et mariné, entrée et rôt.

Prenez une noix de veau ou un morceau du quasi, ôtez les os et les peaux; piquez le dessus ; faites mariner deux ou trois jours, faites cuire soit à la broche, soit au four, soit même à l'étouffée ; servez avec sauce piquante ou poivrade autour ou dans un saucier.

Epaule de veau à la bourgeoise, relevé et entrée.

Désossez une épaule de veau, saupoudrez de sel et poivre. Farcissez-la ou non. Roulez et ficelez en rond et faites cuire comme veau à la bourgeoise ou bœuf à la mode.

Galantine de veau, rôt et entremets.

Ayez une épaule de veau... deux livres de poitrine de porc, une demi-livre de jambon fumé cru, deux livres de chair à saucisses.

Désossez l'épaule de veau... Enlevez une partie des chairs de l'intérieur que vous coupez en forme de lardons de la grosseur et de la longueur du doigt... Coupez de la même façon la poitrine de porc frais dont vous ôtez la couenne. Coupez aussi le jambon. Étendez l'épaule... saupoudrez de sel, poivre, épices... Mettez dessus une couche de chair à saucisses; rangez sur cette couche le lard, le jambon et le veau en les entremêlant; mettez une nouvelle couche de chair à saucisses et ainsi de suite. Roulez et ficelez soigneusement en forme de gros saucisson. Enveloppez dans un linge, ficelez encore.

Garnissez une braisière de bardes de lard, de couenne, de carottes, oignons, clous de girofle, bouquet garni. Placez sur cette couche l'épaule avec ses os autour et un pied de veau coupé en trois ou quatre... Assaisonnez de sel et poivre... Emplissez d'eau froide de manière que le tout baigne complètement. Couvrez et laissez cuire quatre heures. Otez l'épaule. Ne la déficelez que lorsqu'elle sera complètement froide, mieux vaut même que le lendemain.

Aussitôt l'épaule ôtée de la braisière, vous passez la cuisson, la dégraissez et la clarifiez.

Pour cette dernière opération vous vous y prenez de la manière suivante :

Battez bien ensemble trois œufs, blanc et jaune, versez-y la cuisson un peu refroidie et mélangez bien. Vous mettez votre mélange sur le feu jusqu'au moment où il commencera à bouillir, alors vous le mettrez sur le bord du fourneau avec feu sur le couvercle et le laisserez mijoter pendant une heure. Au bout de ce temps, vous le passez à travers une serviette en versant avec précaution, puis vous le mettez autour de votre galantine déballée et dégagée de ses ficelles.

Crêpine ou hachis de veau, entrée.

Pour un ménage de six personnes, prenez du veau et de la poitrine de porc frais en assez grande quantité pour, lorsqu'ils seront dégagés de leurs peaux et de leurs os, qu'il y ait de chacun environ une livre et demie.

On peut faire la crêpine un peu forte, parce qu'étant très bonne à manger froide, il n'y a aucun inconvénient à ce qu'elle soit trop copieuse.

Hachez fin veau et poitrine de porc débarrassés de leurs os et de leurs peaux; ajoutez deux œufs, blanc et jaune, un quart de mie de pain trempée dans du lait, mais que vous avez ensuite bien égouttée et pressée. Assaisonnez de sel, poivre, épices. Mélangez bien le tout. Égouttez pour vous assurer si l'assaisonnement est convenable. Enveloppez alors ce hachis dans une coiffe ou crêpine de porc, roulez en boule et ficelez.

Faites blondir dans une casserole gros comme un œuf de beurre, Faites-y prendre couleur au dessus de votre crêpine. Tournez-la. Mettez deux verres d'eau ou de bouillon, sel, poivre, un bouquet garni, un gros oignon, une carotte coupée en ronds, vos débris de viande, os et peaux. Couvrez hermétiquement et faites cuire trois heures à petit feu, feu dessus feu dessous. Mettez votre crêpine sur le plat. Dégraissez la sauce, liez-la avec un peu de farine ou de fécule si elle est trop claire, passez-la et versez sur votre crêpine. Servez chaud.

La crêpine se coupe en tranches de l'épaisseur du doigt.

Fricandeau au jus, entrée.

Vous prenez une rouelle de veau épaisse *au moins* de trois doigts.

Enlevez os, peaux et nerfs. Piquez le côté, que vous adoptez comme dessus de votre fricandeau, de lardons un peu plus gros que des fétus de paille.

Mettez votre morceau de rouelle ainsi paré et piqué dans une casserole avec sel, poivre (*pas trop de sel et de poivre parce que la sauce devant réduire beaucoup, vous courriez risque d'avoir un mets trop assaisonné*), bouquet garni, une ou deux carottes coupées en rouelles, un oignon, un ou deux clous de girofle, un pied de veau coupé en morceaux et aussi des rognures et débris de viande, si vous en avez; mettez de l'eau ou du bouillon de manière que votre viande baigne; Faites bouillir à feu vif pendant une heure et demie.

Otez votre fricandeau. Passez votre cuisson. Remettez le fricandeau et sa cuisson passée dans la casserole feu dessus feu dessous, arrosez de temps en temps. Lorsque le fricandeau sera d'une belle couleur, faites réduire la sauce à feu vif si elle est trop longue et servez.

C'est la manière la plus prompte, la meilleure et la plus économique de faire le fricandeau au jus.

On peut aussi le faire cuire comme les côtelettes de veau à la bourgeoise (*Voir cette recette.*)

Le fricandeau bien apprêté est excessivement tendre et se sert à la cuillère.

Fricandeau à la sauce tomate, entrée.

Préparez et faites cuire comme le fricandeau au jus; faites réduire la sauce un peu plus; mettez le fricandeau sur le plat. Ajoutez à la sauce une purée de tomates; faites jeter un ou deux bouillons; servez autour du fricandeau.

Fricandeau à l'oseille, entrée.

Préparez et faites cuire comme fricandeau au jus; faites réduire un peu plus la sauce; mettez le fricandeau sur le plat; ajoutez à la sauce une purée d'oseille. Servez autour du fricandeau.

Fricandeau à la chicorée, entrée.

Comme le fricandeau à l'oseille, seulement au lieu d'une purée d'oseille on ajoute de la chicorée cuite et préparée pour garniture.

Fricandeau aux champignons, entrée.

Préparez et faites cuire comme le fricandeau au jus. Cinq minutes avant de servir ajoutez à la sauce vingt-cinq à trente champignons bien épluchés et lavés et blanchis quelques minutes à l'eau bouillante.

Fricandeau aux morilles, entrée.

Préparez et faites cuire comme le fricandeau au jus. Au moment où vous remettez votre fricandeau dans la casserole avec sa cuisson passée à la passoire, ajoutez-y des morilles entières ou par morceaux : n'en mettez pas une trop grande quantité parce que la morille ayant le goût très fort, cette abondance nuirait à la délicatesse de la sauce.

Il faut avoir bien soin d'ouvrir et de laver minutieusement les morilles; car elles sont souvent remplies de terre, de sable ou d'insectes.

Si ce sont des morilles sèches que vous employez, vous aurez soin de les faire tremper quelques instants dans un peu d'eau avant de vous en servir.

Fricandeau à la jardinière, entrée.

Préparez et faites cuire comme le fricandeau au jus; mettez le fricandeau sur le plat; faites réduire la sauce; ajoutez-y une jardinière brune ou blanche (*Voir jardinière*) mêlez en tournant sur le feu; versez autour du fricandeau.

Fricandeau à la financière, entrée.

Préparez et faites cuire comme le fricandeau au jus; mettez le fricandeau sur le plat. Faites réduire la sauce;

ajoutez une garniture financière (*voir financière*), faites jeter un ou deux bouillons; servez autour du fricandeau.

Fricandeau au macaroni, entrée.

Préparez et faites cuire comme le fricandeau au jus; mettez le fricandeau sur le plat; mettez dans la sauce une demi-livre de macaroni cuit dans l'eau. Tournez, assaisonnez, faites jeter un ou deux bouillons, saupoudrez d'un quart de fromage de gruyère râpé en tournant toujours. Une fois bien lié et bien filant, versez autour de votre fricandeau.

Côtelettes de veau. — Parez en coupant l'extrémité de l'os de l'échine.

On peut les piquer et les faire cuire de la même manière que les fricandeaux; seulement il faut les faire cuire moins longtemps. Ainsi cuites et préparées on peut les accommoder de toutes les manières indiquées pour le fricandeau, au JUS, au MACARONI, à la FINANCIÈRE, aux MORILLES, aux CHAMPIGNONS, à la CHICORÉE, à l'OSEILLE, à la SAUCE TOMATE etc.

Côtelettes de veau à la bourgeoise, entrée.

Parez vos côtelettes de veau en coupant le bout de l'os de l'échine, piquez ou non.

Faites blondir gros comme un œuf de beurre; mettez-y vos côtelettes prendre couleur, mettez autour vos rognures de veau et des débris de viande si vous en avez, un pied de veau coupé en morceaux; ajoutez un verre d'eau ou de bouillon, un bouquet garni, un ou deux oignons, une ou deux carottes coupées en rond; faites mijoter deux heures et demie feu dessus feu dessous; ayez soin d'arroser vos côtelettes de temps en temps; ôtez bouquet et débris; servez les côtelettes avec oignons et morceaux de pied, dont vous avez ôté les os, autour. Au moment de verser dans le plat, si la sauce était longue et trop claire vous pourriez la faire réduire un peu et la lier avec une demie-cuillerée de fécule.

Côtelettes de veau à la bordelaise, entrée.

Mettez dans une casserole à fond large deux ou trois cuillerées d'huile, trois ou quatre, suivant ce que vous avez de viande à cuire, et de manière qu'il y en ait à peu près l'épaisseur d'un sou sur le fond de la casserole; rangez-y vos côtelettes avec huit ou dix petits oignons et la moitié d'une gousse d'ail, saupoudrez de sel et poivre, mettez sur feu vif, faites prendre couleur des deux côtés. Mettez un verre d'eau, une cuillerée d'eau-de-vie, deux cuillerées de purée de tomates, une cuillerée de persil haché fin, une vingtaine de champignons bien épluchés... remuez... Laissez mijoter une demi-heure; dégraissez si votre ragoût est trop gras; servez.

Côtelettes de veau aux fines herbes. entrée.

Faites fondre gros comme une œuf de beurre, mettez-y vos côtelettes saupoudrées de sel et poivre; mettez sur feu vif trois minutes d'un côté, trois minutes de l'autre; mettez plein une soucoupe de fines herbes hachées fin et deux cuillerées d'eau-de-vie; retournez vos côtelettes; laissez cuire à petit feu la casserole bien couverte, une demi heure environ; servez en couronne, sauce au milieu.

Côtelettes de veau sur le gril, entrée.

Trempez dans du beurre fondu... saupoudrez de sel et poivre, mettez sur le gril à feu pas trop vif dix minutes d'un côté, dix minutes de l'autre; servez sur beurre fondu et fines herbes avec filet de vinaigre.

Côtelettes de veau panées et grillées. —Trempez dans du beurre fondu, ensuite dans de la mie de pain émiettée et assaisonnée de sel et poivre; faites griller à feu pas trop vif dix minutes d'un côté, dix de l'autre ; servez sur beurre fondu et fines herbes ou sur sauce piquante, poivrade ou tomate.

Côtelettes de veau à la jardinière, entrée.

Préparez et faites cuire comme les côtelettes de veau à la bourgeoise ; disposez les côtelettes sur le plat ; passez la sauce et faites-la réduire à grand feu ; ajoutez-y une jardinière brune ou blanche (*Voir jardinière*) ; mêlez en tournant sur le feu, versez autour des côtelettes.

On peut aussi se contenter de faire cuire les côtelettes sur le gril, panées ou non panées, et les servir sur une jardinière brune ou blanche.

Côtelettes de veau à la financière, entrée.

Parez et piquez les côtelettes ; faites les cuire comme le fricandeau au jus (*Voir fricandeau au jus*) ; faites réduire la sauce ; ajoutez-y une financière brune ou blanche et versez autour des côtelettes.

Côtelettes de veau farcies, entrée.

Fendez la noix de vos côtelettes, dans le sens de son épaisseur, jusqu'à l'os... introduisez entre les deux côtés de cette fente une petite couche de chair à saucisses ; mettez également une petite couche de chair à saucisses sur les deux côtés de la côtelette... Enveloppez votre côtelette ainsi farcie dans de la crépine ou coiffe de porc. Quelquefois au lieu de la couche du milieu on met dans l'intérieur de la noix de la côtelette de veau une petite tranche très-mince de jambon fumé.

Ces côtelettes de veau ainsi farcies se font cuire de toutes les manières indiquées pour les côtelettes de veau ; seulement il faut les laisser sur le feu un peu plus longtemps.

Côtelettes de veau en papillotes, entrée.

1re MANIÈRE. — Coupez le petit bout de l'os de l'échine, trempez dans du beurre fondu ; tournez sur tous sens dans la mie de pain émiettée, assaisonnée de sel, poivre, persil, ciboule, oignon hachés très-fin ; beurrez une feuille de papier écolier ; saupoudrez de mie de pain ; posez votre côtelette dessus, repliez le papier ; coupez-le selon la figure ci-contre ; repliez en biais de manière à bien enfermer la côtelette, et ainsi qu'il est représenté page 19 papillote n° 3 ; faites cuire 15 minutes d'un côté, 10 minutes de l'autre sur feu pas trop vif ; servez enveloppée.

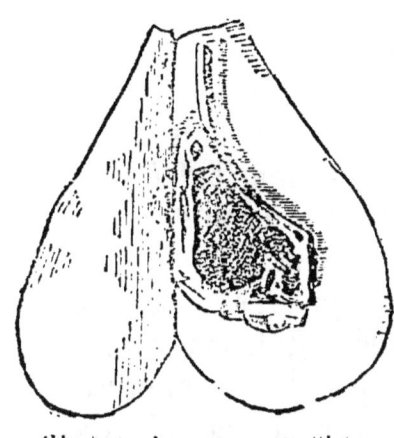

Côtelette de veau en papillote.

2ᵉ MANIÈRE. — Enlevez l'os de l'échine ; saupoudrez de sel et poivre.

Faites blondir dans la poêle ou le plat à sauter gros comme un œuf de beurre, mettez-y votre côtelette 6 minutes d'un côté, 6 minutes de l'autre ; quand elle est cuite, retirez-la de la casserole ; mettez dans la casserole avec le beurre plein une cuillerée à bouche de farine ; faites prendre un peu couleur sur le feu en remuant avec la cuillère de bois ; ajoutez un verre d'eau ou de bouillon ; faites réduire de moitié ; ajoutez persil, ciboules, échalotes, champignons hachés fin. Faites mijoter cinq minutes et retirez du feu.

Ayez une feuille de papier blanc très-fort et bien collé ; huilez votre papier. Enveloppez votre côtelette de la manière indiquée dans la précédente recette ; mais au lieu de beurre vous placez d'abord sur un côté du papier huilé une barde de lard très-mince, sur le lard une bonne cuillerée de sauce, puis la côtelette ; sur la côtelette, une cuillerée de sauce, enfin la seconde barde. Vous repliez le papier de manière à envelopper complétement la côtelette comme il est représenté page 19, fig. 3.

Faites cuire à feu doux 8 minutes d'un côté, 7 de l'autre. Servez enveloppée.

Escalopes. — On se sert ordinairement de la rouelle pour les escalopes, cependant, à défaut de rouelle, on peut employer d'autres parties maigres de l'animal.

Escalopes de veau aux fines herbes, entrée.

Otez les peaux et le gras de votre morceau de veau et coupez en escalopes ou petites tranches d'égale longueur et épaisseur ; aplatissez légèrement ; saupoudrez de sel et poivre ; mettez dans la poêle ou dans le plat à sauter, pour une demi-livre d'escalopes, gros comme un œuf de beurre ; lorsqu'il est d'une belle couleur blonde mettez-y vos escalopes ; faites prendre couleur des deux côtés ; mettez persil, ciboule, échalotes hachés fin, même un peu de champignons aussi hachés si vous en avez ; deux cuillerées d'eau, une cuillerée d'eau-de-vie... faites mijoter cinq à six minutes. Servez.

Escalopes à la milanaise, dites aussi à l'anglaise, entrée.

Taillez comme ci-dessus. Trempez dans un œuf (jaune et blanc) battu comme pour omelette avec sel, poivre, une cuillerée d'eau et une cuillerée d'huile ; tournez ensuite dans de la mie de pain émiettée où vous aurez mis persil et ciboule hachés fin.

Mettez dans une poêle ou dans un plat à sauter 3 ou 4 cuillerées d'huile de manière qu'il y en ait à peu près l'épaisseur d'un sou. Faites chauffer... Lorsque l'huile est chaude, placez-y les une auprès des autres vos escalopes... Tournez au bout de trois minutes, laissez-les encore trois minutes... ôtez et mettez en couronne sur le plat ; mettez un demi-verre d'eau pour détacher le jus et le pain attachés autour de la poêle ; faites jeter un ou deux bouillons et versez au milieu de vos escalopes.

On peut aussi servir les escalopes sur une sauce tomate ou une sauce italienne, ou une sauce béarnaise.

Au lieu d'huile, pour les personnes qui ont l'estomac délicat, on peut employer le beurre pour faire cuire les escalopes... On fait blondir et bien chauffer le beurre et on continue comme avec l'huile.

Veau à la bourgeoise, relevé et entrée.

Prenez morceau de carré, de quasi, d'épaule ou même de rouelle. Si c'est un morceau d'épaule vous le désossez, roulez en manchon et le ficelez.

Si votre morceau est maigre traversez-le de part en part de gros lardons.

Faites roussir gros comme un œuf de beurre, plus si votre morceau est gros; Lorsqu'il est d'un beau blond, faites-y revenir et prendre couleur à votre morceau de veau; mouillez de deux verres d'eau ou de bouillon ; (*Une ou deux cuillerées d'eau-de-vie font bien;*) Mettez sel, poivre, bouquet garni, deux oignons, de petites carottes ou des grosses coupées en ronds; un pied de veau coupé en trois ou quatre; faites cuire à petits bouillons pendant deux ou trois heures à casserole bien close; tournez votre morceau une ou deux fois pendant la cuisson. Otez le bouquet; dégraissez; servez votre morceau de veau entouré des carottes et du pied.

Si votre sauce était trop longue, avant de la verser sur le veau, vous la feriez réduire à grand feu.

Épaule de veau roulée et farcie, relevé et entrée.

Désossez-la... Mettez à l'intérieur, dans tous les vides, de la chair à saucisses, repliez et ficelez en boule; faites cuire comme le veau à la bourgeoise ou comme le bœuf à la mode.

Paupiettes de veau, entrée et rôt.

Prenez un morceau de veau n'importe lequel; fendez-le mince de manière à l'étendre en une surface de l'épaisseur du doigt; étendez dessus une couche mince de chair à saucisses ou de porc frais et de veau hachés; assaisonnez de sel, poivre et fines herbes hachées fin; roulez comme vous roulez une serviette, ficelez bien; piquez de petits lardons; faites cuire à la broche comme le rôti de veau, mais sans vinaigre dans la lèchefrite.

La paupiette est plus ou moins longue à cuire suivant sa grosseur; mais il faut qu'elle soit bien cuite.

On ôte la ficelle et l'on sert sauce dessous ou dans un saucier.

Paupiette braisée. — *On peut aussi la faire cuire dans une braisière de la même manière que le veau à la bourgeoise ou le bœuf à la mode.*

Poitrine de veau. — La poitrine de veau peut se manger farcie ou non. Pour la farcir on procède comme pour les paupiettes, on lui donne soit la forme de boule, soit celle de manchon en la ficelant.

Poitrine de veau farcie à la broche, rôt.

On procède pour la disposition et la cuisson exactement comme pour la paupiette à la broche.

Poitrine de veau farcie braisée, entrée.

On procède comme pour la paupiette braisée.

Poitrine de veau aux petits pois, entrée.

Farcissez-la ou non suivant votre volonté, mais ne la piquez pas.

Mettez dans une casserole gros comme un œuf de beurre, faites blondir. Une fois votre beurre blond, faites-y prendre couleur à la poitrine de veau en dessus, retournez-la; Mettez un demi-verre d'eau ou de bouillon, sel, poivre, bouquet garni, un ou deux oignons; couvrez et laissez cuire à petit feu pendant deux heures. Au bout de ce temps enlevez le bouquet et mettez un litre de petits pois. Une fois les pois cuits, (*il faut environ* 20 *à* 25 *minutes*) dégraissez s'il y a besoin et servez à courte sauce la poitrine sur les pois.

Poitrine de veau en blanquette, entrée.

Coupez la poitrine en morceaux, grands à peu près comme le quart de la main.

Mettez dans une casserole gros comme un œuf de beurre, plein une cuillère à bouche de farine. Lorsque le beurre est fondu et bien mélangé avec la farine, éteignez avec un verre d'eau ou de bouillon; remuez. Mettez vos morceaux de poitrine, sel, poivre, bouquet garni, un ou deux oignons; couvrez et laissez mijoter deux heures. Otez le bouquet, liez avec jaunes d'œufs ou jaunes d'œufs et crême. (*Voir liaison à l'œuf et liaison à l'œuf et à la crême, pages* 99 *et* 100.)

On peut ajouter au veau en blanquette des champignons. (*On les nettoie bien, on les jette trois ou quatre minutes dans l'eau bouillante, on les égoutte et on les met dans la blanquette cinq à six minutes avant complète cuisson.*)

On peut aussi y mettre de petites carottes, des salsifis. (*On les gratte, les lave bien et on les met cuire en même temps que le veau.*)

Pour servir le veau en blanquette on peut l'orner et l'entourer de croûtons frits.

Poitrine de veau à la marengo, entrée.

Pour un ménage de six personnes ayez une livre ou une livre et demie de poitrine de veau, coupez-la en morceaux carrés de la grandeur à peu près du quart de la main.

Mettez dans une poêle ou une casserole à sauter trois ou quatre cuillerées d'huile de manière qu'il y en ait au fond de la casserole ou de la poêle, l'épaisseur à peu près d'un sou. Rangez-y vos morceaux de poitrine, saupoudrez de sel et poivre; faites prendre couleur sur feu vif. Lorsque vos morceaux sont d'une belle couleur dorée, saupoudrez d'une bonne cuillerée de farine. Tournez le tout sur feu vif pour achever de colorer; mettez un verre d'eau ou de bouillon, une cuillerée d'eau-de-vie, persil, ciboule, échalotes hachés fin, des champignons si vous en avez; faites cuire une demi-heure trois quarts d'heure, dégraissez s'il est besoin; servez entouré ou non de croûtons.

Poitrine de veau à la Bordelaise, entrée.
Mettez dans une casserole deux ou trois cuillerées d'huile; rangez-y la poitrine de veau coupée en morceaux, sept ou huit petits oignons, la moitié d'une gousse d'ail; saupoudrez de sel, poivre. Faites prendre couleur sur feu vif. Une fois d'une belle couleur, mouillez d'un verre d'eau ou de bouillon mélangé de deux ou trois bonnes cuillerées de purée de tomates, et d'une cuillerée d'eau-de-vie. Ajoutez persil, ciboule hachés fin, champignons si vous en avez; Faites mijoter une demi-heure trois quarts d'heure; Dégraissez s'il y a besoin et servez entouré de croûtons frits.

Poitrine de veau en matelote, entrée.
Mettez dans une casserole gros comme un œuf de beurre et plein une cuillère à bouche de farine, remuez sur feu vif jusqu'à ce que beurre et farine soient d'une belle couleur. Éteignez avec un verre d'eau ou de bouillon, puis un verre à vin de vin blanc ou deux cuillerées d'eau-de-vie. Ajoutez sel, poivre, bouquet garni, une douzaine de petits oignons. Mettez-y vos morceaux de poitrine. Laissez cuire une heure et demie. Lorsque le veau est presque cuit mettez les champignons si vous devez en mettre. Otez le bouquet. Dégraissez s'il est besoin et servez.

On peut orner ce plat de croûtons frits.
Si l'on veut aussi on peut mettre au fond du plat des petites tranches de pain desséchées et grillées. On

verse le ragoût dessus. On en sert une à chaque convive.

Poitrine de veau aux choux ou chartreuse de poitrine de veau, entrée.

Roulez votre poitrine farcie ou non et ficelez en boule.

Mettez dans une casserole 125 grammes de beurre; faites blondir; faites-y prendre couleur à 125 grammes de poitrine de porc coupés en morceaux et au-dessus de la poitrine; ôtez de la casserole.

Mettez dans la casserole avec le beurre une cuillerée comble de farine. Remuez sur feu vif jusqu'à ce que beurre et farine soient d'un beau marron foncé; éteignez avec un verre d'eau ou de bouillon, ajoutez sel, poivre; mettez la poitrine de veau et les morceaux de poitrine de porc, puis autour un chou de Milan coupé en deux, ou à défaut de Milan un autre chou, un bouquet garni, un ou deux oignons, une ou deux carottes coupées en ronds. Faites cuire deux heures. Une demi-heure avant la complète cuisson, ajoutez à ce ragoût des saucisses; ôtez le bouquet; servez la poitrine entourée des choux, du lard et des saucisses.

Poitrine de veau à la chipolata, entrée.

Pour un ménage composé de six personnes, ayez une livre de poitrine de veau, un quart de poitrine de porc frais, un quart de petites saucisses chipolata et 25 marrons moyens.

Mettez dans une casserole gros comme un œuf de beurre... faites blondir; mettez-y le quart de poitrine de porc coupé en petits morceaux; lorsqu'il est d'une belle couleur, ôtez-le; mettez à la place avec le beurre plein une cuillère à bouche de farine; remuez sur feu vif jusqu'à ce que beurre et farine aient pris une belle couleur marron. Éteignez avec un verre d'eau ou de bouillon. Mettez la poitrine de veau coupée en morceaux, les morceaux de poitrine de porc frais, les petites saucisses chipolata, un bouquet garni, un ou deux oignons, une carotte coupée en ronds; salez et poivrez. Laissez cuire une heure, cinq quarts d'heure. Un quart d'heure avant la complète cuisson, mettez les 25 marrons grillés et bien épluchés. Otez le bouquet, servez la poitrine de veau entourée du lard, des saucisses et des marrons.

Poitrine de veau au jambon, entrée.

Pour 6 personnes 500 grammes de poitrine de veau; 125 grammes de jambon salé et fumé (*cru*).

Faites blondir dans une casserole gros comme un œuf de beurre (non salé); ajoutez une cuillerée d'huile; faites revenir la poitrine coupée en morceaux de la grandeur de la moitié de la main et le jambon coupé en morceaux tout au plus de la grandeur de la moitié d'un domino; ôtez poitrine et jambon; mettez dans la casserole plein une cuillère de farine; remuez sur le feu jusqu'à ce que beurre, huile et farine soient d'une belle couleur marron... Mettez le veau et le jambon, une douzaine de petits oignons, bouquet garni, un verre d'eau ou de bouillon, une cuillerée d'eau-de-vie. Laissez mijoter deux heures. Otez le bouquet; dégraissez si la sauce est trop grasse; servez le veau au milieu, jambon et oignons autour et entouré de croûtons frits si vous voulez

Tête de veau. — La tête de veau se mange avec ou sans sa peau.

A Paris et dans les villes d'une certaine importance, on la mange ordinairement avec la peau et on la vend par morceaux plus ou moins gros à la volonté de l'acheteur. Dans les petites villes on a l'habitude de la manger sans la peau et il faut la *commander* au boucher quand on la veut autrement.

Nous allons commencer par indiquer la manière

de procéder quand on fait cuire une tête de veau avec sa peau.

Tout d'abord faites-la dégorger à l'eau froide pendant 24 heures l'hiver et 6 heures l'été, en ayant soin de changer plusieurs fois d'eau. Désossez-la entièrement ; retirez la langue et la cervelle ; laissez la langue dans l'eau pour qu'elle dégorge bien ; faites bouillir de l'eau dans une grande casserole ; lorsqu'elle bout bien, mettez-y la tête de veau que vous venez de désosser ; faites bouillir à grande eau pendant 20 minutes. Otez la tête de cette eau que vous jetez et mettez-la dans l'eau froide.

Mettez dans la casserole 125 grammes de farine, délayez peu à peu avec six litres d'eau, ajoutez sel, poivre en grain, bouquet garni, oignons et demi-verre de vinaigre. Posez sur le feu, remuez avec une mouvette de bois, jusqu'au moment où votre mélange commence à bouillir ; mettez-y la tête de veau et la langue que vous avez bien lavée ; faites cuire à petits bouillons deux heures environ.

Vous aurez eu soin de couvrir la tête d'une feuille de papier fort, car sans cela, toutes les parties qui se trouveraient hors du liquide noirciraient.

Le couvercle de la casserole ne doit être mis qu'aux trois quarts.

Préparation de la cervelle. — Enlevez avec précaution la petite peau et les filaments sanguinolents de la cervelle que vous avez mise à dégorger. Remettez-la dans l'eau encore tremper quelques instants.

Lorsqu'elle est bien blanche, mettez-la dans une casserole avec assez d'eau pour qu'elle baigne, du sel et un quart de verre de vinaigre. Faites cuire pendant une demi-heure environ... plutôt plus que moins.

Disposition de la tête de veau sur le plat. — Au bout de deux heures de cuisson, vous vous assurez si la tête de veau est cuite en appuyant sur la peau. Si elle fléchit bien sous le doigt, la tête est cuite.

Couvrez le plat dans lequel vous devez présenter la tête de veau d'une serviette pliée; placez-y la tête de veau, bien égouttée, la langue, dont vous avez ôté la peau blanche, et la cervelle en dessus. Servez entouré et orné de persil en branches.

La tête de veau au naturel se mange à l'huile et au vinaigre. On sert en même temps, sur une assiette à part, du persil et de l'oignon hachés très-fin et quelquefois aussi des câpres.

Parfois, AU LIEU DE LAISSER LA TÊTE DE VEAU ENTIÈRE pour la faire cuire, on la coupe en morceaux. On a moins de mal à la désosser. Commencez par la fendre en deux sans endommager la cervelle; ôtez tous les os; coupez les deux demi-têtes désossées chacune en trois morceaux; faites cuire comme nous avons indiqué pour la tête entière.

Si vous n'avez à faire cuire que la moitié d'une tête ne mettez que moitié de l'eau et de la farine indiquées.

Dressez vos morceaux sur le plat de manière à leur donner à peu près la position qu'ils occupent dans la tête entière.

Manière de servir la tête de veau. — On coupe les oreilles, les tempes et les joues en morceaux carrés. On sert avec la cuillère les joues et la cervelle dont on donne un peu avec chaque morceau.

Les morceaux les plus estimés sont les yeux, les oreilles, les tempes et les bajoues.

La tête de veau doit être servie promptement, car pour être bonne, elle doit être mangée chaude.

Langue de veau. — Si l'on n'a pas servi et mangé la langue en même temps que la tête, on peut pour un autre repas la paner, la mettre sur le gril et la servir avec sauce poivrade, piquante, tomate, tartare, etc.

On peut aussi l'apprêter de toutes les manières indiquées pour la langue de bœuf.

L'eau dans laquelle a cuit la tête de veau peut servir à faire du potage (*Voir potage au jus de veau*).

Tête de veau sans la peau. — On fait enlever le bout du mufle, où ne se trouvait que la peau et où il ne reste par conséquent que les parties cartilagineuses, et fendre la tête en deux; mais on ne la désosse pas; on fait bien dégorger à l'eau froide; puis on la fait cuire comme la tête de veau avec la peau seulement un peu moins longtemps.

Au moment de la servir, on retire tous les os que l'on peut ôter sans trop la déformer.

La tête sans la peau est aussi un bon manger, mais on ne peut la faire figurer dans les repas de cérémonie.

Manières diverses d'accommoder les restes de tête de veau.

RÉCHAUFFÉS. — Les faire réchauffer dans un peu de l'eau qui a servi à la cuisson de la tête, et les servir dressés le plus convenablement possible pour être mangés au naturel comme la première fois.

Ainsi réchauffés, on peut aussi les servir sur une SAUCE PIQUANTE, POIVRADE, TOMATE, POULETTE, ETC.

A la sauce POULETTE on peut les accompagner de champignons et de quenelles, et entourer le plat de croûtons frits; c'est un mets excellent.

FRITOTS DE TÊTE DE VEAU. — Coupez vos restes de tête de veau en morceaux de la grandeur d'une pièce de cinq francs. Trempez-les dans la pâte à frire; faites frire et servez ornés de persil frit.

VOICI UNE AUTRE MANIÈRE PLUS DÉLICATE de préparer les fritots de tête de veau : Coupez en morceaux de la grandeur d'une pièce de cinq francs; enfarinez-les; trempez dans un œuf (jaune et blanc), battu comme pour omelette et auquel vous avez ajouté sel, poivre, une cuillerée d'huile, une cuillerée d'eau; roulez ensuite dans de la mie de pain émiettée fin. Faites frire.

Les fritots préparés de cette manière sont beaucoup plus jolis à l'œil et plus délicats au goût.

CROQUETTES DE TÊTE DE VEAU. — Coupez vos restes de tête de veau en tout petits morceaux presque hachés.

Mettez dans une casserole un morceau de beurre, plein une cuillère à bouche de farine. Une fois le beurre fondu et bien mélangé avec la farine, mettez trois ou quatre cuillerées d'eau, sel, poivre, vos morceaux de tête de veau. Remuez pendant quelques minutes sur le feu. Liez avec un ou deux jaunes d'œufs; (voir liaison à l'œuf page 99).

Il faut que votre mélange soit assez épais. Mettez sur un plat en petits tas et laissez refroidir. Moulez en boulettes ou en forme de bouchon, enfarinez, trempez dans l'œuf, puis dans la mie de pain. Faites frire.

Quelques champignons hachés fin font bien dans les croquettes de tête de veau.

Tête de veau à la financière, relevé et entrée.

Faites-la cuire comme il est dit page 216, bien désossée, entière ou en morceaux.

Egouttez-la bien et servez sur un copieux ragoût financière auquel vous aurez ajouté un verre de Madère, la langue et la cervelle coupées en morceaux plus ou moins gros. (Voir *financière* page 116.)

Vous mettez la tête de veau bien égouttée au milieu; si elle est en morceaux vous dressez vos morceaux le plus en pyramide possible; ornez d'écrevisses et de croûtons frits.

Ce ragoût s'appelle aussi TÊTE DE VEAU EN TORTUE; *mais, présentée sous ce nom, mieux vaut servir la tête de veau désossée entière.*

Oreilles de veau, entrée.

Au lieu de servir une tête de veau, on peut faire un plat avec trois ou quatre oreilles..

Elles se font cuire comme la tête de veau au naturel..

On peut les servir sur une sauce tomate, piquante, poivrade ou sur une financière.. On les sert aussi sur du beurre d'écrevisses.

On les présente sur la sauce l'extrémité fendue en barbes de plume et retournée en dehors.

Oreilles de veau frites, entrée.

Coupez-les en deux... garnissez-les ou non de farce de quenelles.. trempez dans l'œuf, puis dans la mie de pain émiettée; faites frire et servez en pyramide ornées de persil frit.

Ris de veau. — Otez l'espèce de tube coriace qui tient aux ris; laissez dégorger les ris pendant deux ou trois heures à l'eau tiède; lavez-les bien; piquez-les comme un fricandeau. Le ris de veau se fait cuire de la même manière que le fricandeau et se prête aussi à tous les accommodements qui conviennent à ce dernier.

Il se sert aussi à la cuillère.

Les *croquettes* de ris de veau sont très délicates. Elles se font comme les autres croquettes (*Voir croquettes pag.* 122.)

Il est inutile de piquer les ris lorsqu'on doit les mettre en croquettes.

Cervelles de veau. — Procéder comme pour les cervelles de bœuf; elles s'accommodent aussi des mêmes manières.

Fraise de veau à la vinaigrette. — Nettoyez-la bien, laissez dégorger deux ou trois heures... faites-la cuire comme la tête de veau. On la sert bien égouttée et on la mange avec huile et vinaigre.

Quant aux restes, voyez manières diverses d'accommoder les restes de tête de veau, pag. 218.

Pieds de veau. — D'ordinaire on vend les pieds

nettoyés et échaudés. S'ils ne le sont pas, plongez-les dans l'eau chaude, grattez-les bien avec un couteau de manière à enlever tous les poils, et la corne qui couvre les ergots ; laissez-les tremper pour dégorger quelques heures dans l'eau froide.

Cuisson. — Faites cuire deux heures, deux heures et demie comme la tête de veau au naturel.

On se sert de leur cuisson pour potage.

Pieds de veau au naturel, entrée.

Une fois cuits, comme il est indiqué ci-dessus, servez-les bien égouttés sur une serviette, débarrassés de tous les os que l'on peut enlever sans les déformer, et entourés de persil en branches.

On les mange à l'huile et au vinaigre.

Comme pour la tête de veau au naturel, on sert en même temps que les pieds de veau, à part sur une assiette, du persil et de l'oignon hachés fin et aussi, si l'on veut, des câpres.

Pieds de veau à la poulette, entrée.

Mettez dans une casserole gros comme un œuf de beurre, plein une cuillère à bouche de farine. Remuez sur feu vif. Lorsque le beurre est fondu et bien mélangé avec la farine, mettez un verre d'eau, sel, poivre, bouquet garni, un ou deux oignons. Faites mijoter une demi-heure ; ôtez bouquet et oignons. Mettez les pieds de veau, cuits comme il est indiqué ci-dessus et désossés autant que possible. Faites mijoter huit à dix minutes ; liez avec jaunes d'œufs ou jaunes d'œufs et crème. (*Voir liaison à l'œuf page* 99 *et liaison à l'œuf et à crème page* 99). Semez dessus du persil haché très fin. Les champignons font très bien dans les pieds à la poulette. *Les éplucher bien, les laver, les jeter dans l'eau bouillante 3 à 4 minutes, les bien égoutter, les mettre dans la sauce en même temps que les pieds.*

Pieds de veau frits, petite entrée.

Les faire cuire au naturel (*Voir pag.* 221), les désosser ; les couper par morceaux ; les tremper dans de la pâte à frire ou les paner, et les faire frire *(Voir tête de veau frite)*.

Pieds de veau farcis frits, petite entrée.

Les faire cuire au naturel (*Voir pag.* 221). Oter les os; les couper chaque pied en quatre, garnir l'intérieur de chaque morceau de chair à saucisses préparée pour farce ou de farce pour quenelles ou godiveau ; rouler chaque morceau en forme de bouchon ; les enfariner, les tremper dans un œuf (jaune et blanc) battu comme pour omelette et mélangé avec sel, poivre, une cuillerée d'eau et une cuillerée d'huile, puis ensuite dans la mie de pain émiettée. Faites frire et servez avec persil frit.

Foie de veau à la broche, entrée et rôt.

Piquez-le de travers en travers de lardons gros comme le doigt... Faites mariner pendant deux ou trois jours avec huile, vinaigre, sel, poivre, oignons, thym, laurier, clous de girofle ; embrochez-le enveloppé dans une coiffe ou crépine de porc ; faites cuire environ une heure et demie, à feu pas trop vif et en l'arrosant avec sa marinade ; au dernier instant faites prendre couleur. Ajoutez une ou deux cuillerées d'eau ou de bouillon à ce qu'il y a dans la lèchefrite ; liez d'un peu de fécule, passez et versez sur le foie ou servez dans un saucier.

Foie de veau à la bourgeoise, relevé et entrée.

Piquez-le de travers en travers de lardons gros comme le doigt.

Mettez dans une casserole, gros comme un œuf de beurre, deux cuillerées de farine, remuez sur feu vif jusqu'à ce que beurre et farine soient d'une belle couleur marron foncé, éteignez avec deux verres d'eau, une cuillerée d'eau-de-vie, assaisonnez de sel, poivre, épices... Mettez le foie, mettez autour cinq à six oignons moyens, un bouquet garni, une carotte coupée en ronds, les débris de lardons. Couvrez et faites cuire trois heures à feu doux, ôtez le bouquet et servez le foie entouré des oignons et des ronds de carottes.

Foie de veau en biftekes, entrée.

Voyez pag. 193 *Foie de bœuf à la Maître-d'Hôtel*, seulement au lieu de quatre minutes, il faut laisser les tranches de foie de veau un peu plus longtemps sur le feu : cinq minutes d'un côté, cinq minutes de l'autre.

Foie de veau en papillotes, entrée.

Coupez-le en tranches de l'épaisseur du doigt; enveloppez chaque tranche dans du papier fortement beurré et saupoudré de sel, poivre et fines herbes hachées fin; faites cuire, à feu pas trop vif, huit minutes d'un côté, huit minutes de l'autre; servez enveloppées.

Foie de veau sauté, entrée.

1re MANIÈRE. — Vous coupez votre foie en petites languettes de la grandeur et de l'épaisseur d'un décime; puis vous procédez comme pour le rognon de bœuf sauté, excepté que vous ne le lavez pas.

2e MANIÈRE. — Vous le coupez par tranches de l'épaisseur du doigt et saupoudrez de sel et poivre.

Vous faites blondir dans une poêle ou dans une casserole gros comme un œuf de beurre. Faites-y prendre couleur à vos tranches de foie, laissez cuire 3 minutes d'un côté, trois minutes de l'autre. Otez le foie. Mettez dans la poêle persil, ciboule, échalotes hachés fin. Saupoudrez de farine, faites prendre couleur. Mettez un verre d'eau; faites jeter à grand feu deux ou trois bouillons, versez sur vos tranches de foie.

Foie de veau sauté à l'Italienne, entrée.

Coupez votre foie en tranches de l'épaisseur du doigt au plus, saupoudrez de sel et poivre.

Faites blondir dans une poêle ou un plat à sauter gros comme un œuf de beurre. Mettez-y vos tranches de foie trois minutes d'un côté, trois minutes de l'autre, retirez-les et tenez-les chaudement. Mettez dans la poêle une cuillerée de farine, persil et échalotes hachés fin, six ou sept champignons épluchés, lavés et hachés ; faites un peu prendre couleur. Mouillez avec moitié vin blanc et moitié eau ou bouillon. *On peut remplacer le vin blanc par une bonne cuillerée d'eau-de-vie et mettre alors un peu plus d'eau et de bouillon.* Laissez mijoter cette sauce pendant dix minutes; goûtez pour l'assaisonnement; servez vos tranches de foie disposées en couronne, versez votre sauce dessus.

Foie de veau sauté à la marengo, entrée.

Coupez votre foie en tranches de l'épaisseur du doigt; saupoudrez de sel, poivre.

Mettez dans une poêle ou dans un plat à sauter de l'huile de manière qu'il y en ait au fond à peu près l'épaisseur d'un sou. Rangez-y vos tranches de foie.. faites cuire à feu vif trois minutes d'un côté, trois minutes de l'autre; ôtez le foie. Mettez dans la poêle persil, échalote hachés fin, une cuillerée de farine ; faites prendre un peu couleur; mettez un verre d'eau, une cuillerée d'eau-de-vie; faites jeter trois ou quatre bouillons ; versez sur le foie.

Foie de veau sauté à la bordelaise, entrée.

Disposez et faites cuire comme le précédent, seulement ajoutez une petite gousse d'ail et au moment où vous mettez l'eau deux ou trois cuillerées de purée de tomates.

Foie de veau à la provençale, entrée.

Faites fondre sur un plat ou une tourtière gros comme un œuf de beurre. Lorsqu'il est bien chaud, mettez-y les tranches de foie, persil, ciboule, échalote hachés fin, un peu d'ail aussi haché très fin, sel et poivre. Faite cuire dix minutes feu dessus feu dessous. Détachez le gratin qui s'est formé au fond du plat avec un demi-verre d'eau ou de bouillon ; faites bouillir une minute et servez.

Rognon de veau. *Voyez Rôti de veau.* — *Voyez aussi Omelette au rognon de veau.*

Cœur de veau sauté, entrée.

Coupez par tranches de l'épaisseur d'un décime.

Mettez dans une poêle gros comme un œuf de beurre ; faites blondir ; mettez les petites tranches de cœur de veau ; saupoudrez de sel, poivre, cuillerée de farine, poignée de persil haché fin... tournez, ajoutez une cuillerée d'eau-de-vie et retournez ; faites cuire un quart d'heure au moins.

On peut aussi accommoder le cœur de veau des différentes manières indiquées pour le cœur de bœuf.

Croquettes de veau, petite entrée et garniture.
(*Voir Croquettes page* 122).

Cassolettes de veau, petite entrée.

Pour une douzaine de cassolettes ayez 250 grammes de veau... *gras et maigre.*

Mettez dans une casserole gros comme un œuf de beurre et une demi-cuillerée de farine ; faites fondre sur le feu ; lorsque le beurre est fondu et bien mélangé avec la farine, délayez avec un demi-verre d'eau, mettez le veau haché pas trop fin cependant... sel, poivre, un oignon entier. Faites cuire trois quarts d'heure, une heure, à petit feu... (*Si l'on emploie des restes de rôti ou de fricandeau de veau un quart d'heure suffira*). Dix minutes avant la parfaite cuisson, ajoutez une douzaine de champignons bien épluchés et bien blanchis, coupés en petits morceaux. *On peut aussi ajouter des petits morceaux de cervelle et de ris.* Otez l'oignon; liez avec deux jaunes d'œufs ou un jaune d'œuf et une cuillerée de crème (*Voir liaison à l'œuf et liaison à l'œuf et à la crème page* 99); versez dans de petites cassolettes (*Voir ce mot*) et servez.

Croustades de veau, petite entrée.

La garniture se prépare comme la garniture des cassolettes ci-dessus; servez dans des croustades (*Voir ce mot*).

Coquilles de veau, petite entrée.

La garniture se prépare comme la garniture des cassolettes de veau; mettez dans des coquilles *soit coquilles dites Saint-Jacques, soit coquilles de métal*; saupoudrez de mie de pain émiettée fin et mélangée de sel, poivre et persil haché fin. Faites prendre couleur à four très-chaud ou sous four de campagne presque rouge.

Rissoles de veau, petite entrée.
(*Voir Rissoles page* 123).

Quenelles de veau, garniture.
(*Voir Quenelles page* 121).

MOUTON.

Le bon mouton se reconnaît aux mêmes indices que le bon bœuf. Il doit avoir la chair d'une belle couleur rouge-foncé et la graisse blanche et ferme.

Dans le mouton il y a deux sortes de côtelettes : les côtelettes de carré et les côtelettes de filet. Les premières sont plus *présentables* et plus faciles à *parer*; les autres n'ont pour ainsi dire point d'os et par conséquent sont plus avantageuses au point de vue économique; ce sont celles que l'on prend entre le carré et le gigot.

Gigot de mouton rôti. — Laissez-le bien mortifier. Battez-le avec le rouleau à pâtisserie pendant une minute. Embrochez-le en passant autant que possible par le milieu. Maintenez-le sur la broche avec une brochette (Voir planche I, figure 4).

Mettez-le devant un feu vif. Au bout d'un instant saupoudrez de sel et poivre.

Pour un gigot de mouton pesant six livres il faut environ une heure et demie... au dessus de six livre un quart en plus par livre de viande. — *Je répétera ici ce que j'ai dit pour l'aloyau rôti. Il faut que le feu soit vif; mais, si le gigot est fort, il faudra que le feu soit un peu moins vif; car devant un feu très-ardent un gigot pourra être complétement carbonisé en dessus avant d'être cuit en dedans.*

Le gigot de mouton convenablement cuit, comme l'aloyau, doit être rose à l'intérieur.

On servira le gigot de mouton rôti, présenté comme rôt, sur un plat long ; présenté comme entrée, sur un plat rond. Dans tous les cas, on doit entourer l'extrémité du manche soit d'une manchette ou papillote de papier dans le genre du modèle indiqué (Voir page 19 fig. 1 et 2), mais plus haute et en papier plus fort que pour côtelette, soit d'un manche à gigot en bois ou en métal (Voir manche à gigot, planche I, figure 3). Cette précaution n'est pas seulement dans le but d'orner le gigot, mais encore pour empêcher que celui qui le découpera se brûle ou se graisse les doigts.

Le jus qui se trouvera dans la lèchefrite sera dégraissé ; on y ajoutera pendant qu'il est encore dans la lèchefrite deux ou trois cuillerées d'eau ou de bouillon, sel, poivre et on le servira dans un saucier pour les personnes qui en désirent.. La meilleure sauce des rôtis de mouton comme des rôtis de bœuf est le jus rose qui en découle pendant qu'on les découpe.

On peut mettre un peu d'échalote hachée très fin dans un coin du plat qui se trouvera ainsi mêlée si jus, mais il faut être sûr que cet assaisonnement est du goût des convives.

Si on aime l'ail, mettez-en une gousse auprès du manche et quelques filets dans les chairs de votre gigot, mais si on a des convives dont on ignore le goût, je conseille de s'abstenir de cet agrément.

On peut aussi mettre sous le gigot à la broche, comme sous le rôti de bœuf, des haricots blancs ou des pommes de terre cuits à l'eau rissoler dans la lèchefrite (*Voir ce que nous avons dit pour l'accommodement de ces légumes page* 171).

Pour entrée, le gigot de mouton rôti se servira dans un plat rond entouré de sa sauce ou d'une sauce tomate, piquante ou poivrade.

Manière de découper le gigot de mouton. — Le gigot de mouton se découpe de deux manières : à la française, par tranches horizontales ; à l'anglaise, par tranches verticales.

Ayez un couteau bien aiguisé, saisissez le gigot par le manche. Coupez les tranches minces. Si la partie du gigot où se trouve le plus de chair ne suffit pas, tournez du côté opposé ; mais pour cette partie, quand même on aurait coupé l'autre à l'anglaise on coupe par tranches horizontales.

Si le gigot avait la queue, on aura commencé par la détacher.

On fait enlever l'os ; on range les tranches autour du plat et l'on fait passer.

Si le gigot est servi sur une sauce quelconque on fera bien de le découper dans un plat à part. On fera passer la sauce à la suite.

Manières diverses d'accommoder les restes de gigot rôti.

D'abord on peut les accommoder de toutes les manières dont on accommode les restes de rôti de bœuf, en émincé, réchauffés à la poêle, à la sauce tomate (*Voir manières diverses d'accommoder les restes de rôti de bœuf*). On peut aussi les manger froids.

On peut aussi les mettre en HACHIS. Les accommoder de la même manière que le hachis de bouilli page 162. Le hachis de mouton est bien supérieur comme goût au hachis de bouilli.

RESTES DE MOUTON RÔTI EN HARICOT DE MOUTON. — *Cette manière convient quand il ne reste pas assez de chair autour des os pour en faire des tranches.*

Faites un roux avec gros comme un œuf de beurre et une cuillerée de farine, remuez sur le feu jusqu'à ce que beurre et farine aient pris une belle couleur marron foncé. Mettez deux verres d'eau ou de bouillon, sel, poivre, bouquet garni, un oignon, une ou deux carottes coupées en rouelles, deux ou trois navets et vos restes de gigots coupés en morceaux, viande et os. Faites cuire une heure et demie à deux heures. *On peut mettre aussi dans ce ragoût des pommes de terre, mais il faut les mettre un peu plus tard que les carottes et les navets.* Otez le bouquet et servez.

Gigot de mouton mariné appelé aussi gigot en chevreuil, relevé, entrée et rôti.

Prenez un gigot bien mortifié, battez-le pendant une minute avec un rouleau à pâtisserie, débarrassez-le de toute sa peau, piquez le dessus avec des lardons gros comme de gros fétus (Voir pl. 1, fig. 5); faites-le mariner pendant cinq à six jours dans une marinade composée de la manière suivante : un verre de vin rouge, un verre de vinaigre, sel, poivre, persil, thym, laurier, clous de girofle, une petite gousse d'ail, quelques rouelles d'oignon, trois ou quatre cuillerées d'huile.

Otez-le de la marinade, embrochez-le et maintenez-le à la broche de manière à l'arrondir un peu..

Pour la cuisson il faut un peu plus de temps que pour le gigot de mouton non mariné.

On l'accompagne d'ordinaire d'une sauce piquante ou poivrade, quelques personnes même d'une sauce tomate.

Si l'on sert le gigot mariné comme rôti, on le sert dans un plat long et sa sauce dans un saucier.

Si on le sert comme entrée, on le sert dans un plat rond entouré de sa sauce.

Gigot de mouton braisé, relevé et entrée.

Faites une fente en dessous du gigot, en face des os, de manière à pouvoir le désosser sans l'abîmer; piquez-le de travers en travers de gros lardons; saupoudrez de sel et poivre, roulez-le et ficelez-le en l'arrondissant en boule.

Faites blondir dans une casserole gros comme un œuf de beurre, mettez-y le gigot, le dessus en dessous, pour qu'il y prenne couleur; retournez-le, mettez deux verres d'eau et deux cuillerées d'eau-de-vie, sel, poivre, oignons, bouquet garni, deux ou trois carottes coupées en ronds, un pied de veau coupé en quatre, les os du gigot. Couvrez. Quand votre ragoût commence à bouillir, apaisez votre feu. Laissez cuire tout doucement quatre heures. Otez le bouquet, les os, dégraissez et servez le gigot entouré des carottes.

Si la sauce était trop longue, avant de la verser sur le gigot vous la feriez réduire à grand feu.

Gigot de mouton à la provençale, relevé et entrée.

Désossez-le; piquez-le de travers en travers de lardons gros comme le doigt et de place en place de petits filets de gousse d'ail; ficelez-le en lui donnant une forme ronde.

Faites blondir dans une casserole gros comme un œuf de beurre ou 2 cuillerées d'huile; faites-y prendre couleur au dessus du gigot; ôtez ce dernier; mettez dans la casserole avec le beurre ou l'huile plein une cuillère de farine; remuez sur feu vif jusqu'à ce que beurre, ou huile, et farine soient d'une belle couleur marron; éteignez avec deux verres d'eau; mettez le gigot; ajoutez les os autour, sel, poivre, bouquet garni, un gros oignon piqué de deux clous de girofle; quelques ronds de carottes. Faites cuire quatre à cinq heures à petit feu; ôtez os, oignon et bouquet; dégraissez la sauce; disposez dans un plat et servez.

Le gigot à la provençale est aussi très-bon froid.

Epaule de mouton rôtie, relevé et entrée.

Embrocher en passant par le milieu... saupoudrer de sel et poivre, laisser cuire autant de quarts d'heure qu'elle pèse de livres, enfin procéder comme pour le gigot de mouton. Elle se découpe aussi à peu près de la même manière. Ses restes s'accommodent comme ceux du gigot.

Epaule de mouton farcie braisée, relevé et entrée.

Procéder comme pour l'épaule de veau (*Voir page* 210).

Epaule de mouton aux carottes, relevé et entrée.

Désossez; ficelez en donnant une forme ronde.

Faites blondir dans une casserole gros comme un œuf de beurre; faites-y prendre couleur à l'épaule; ôtez l'épaule; mettez avec le beurre dans la casserole plein une cuillère à bouche de farine; remuez sur feu vif jusqu'à ce que beurre et farine soient d'une belle couleur marron; éteignez avec deux verres d'eau ou de bouillon; mettez l'épaule; ajoutez les os autour, sel, poivre, bouquet garni, un oignon piqué de deux clous de girofle, puis un peu plus tard cinq à six belles carottes coupées en ronds... (*Dans le cas où l'on aurait des petites carottes nouvelles les employer de préférence, les laisser entières, et les mettre cuire beaucoup moins de temps.*) Faites cuire l'épaule quatre à cinq heures à petit feu ; ôtez os, oignon et bouquet ; dégraissez la sauce ; disposez l'épaule au milieu du plat, carottes et sauce autour, et servez.

Si l'on veut on peut farcir l'épaule de mouton aux carottes.

Epaule de mouton aux navets, relevé et entrée.

Désossez ; ficelez en donnant une forme ronde.

Faites cuire d'après le même procédé que le canard aux navets mais beaucoup plus longtemps (*Voir Canard aux navets*).

Selle de mouton rôtie. — Faites cuire de toutes les manières indiquées pour le gigot.

Côtelettes de mouton au naturel, entrée.

Parez les côtelettes en enlevant le petit bout de l'échine et une partie de la graisse qui garnit l'os ; saupoudrez

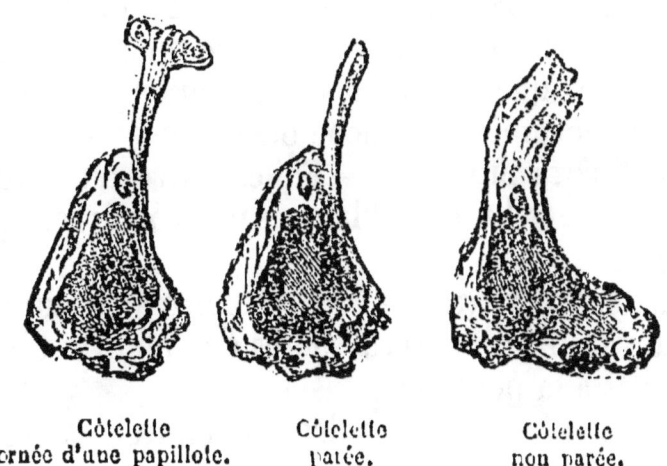

Côtelette ornée d'une papillote.   Côtelette parée.   Côtelette non parée.

de sel et poivre et faites griller à feu vif 4 minutes d'un côté, 3 de l'autre. Lorsque le dessus s'irrise de jus rose, ôtez-les du feu ; servez en rond le haut des os maintenus en faisceau au-dessus du centre du plat.

On peut aussi pour les servir les orner d'une papillote. (*Voir Papillote pag. 19.*)

A LA SAUCE PIQUANTE. — Faites cuire au naturel et

servez avec une sauce piquante dans le plat ou dans un saucier.

A LA SAUCE POIVRADE. — Faites cuire au naturel et servez avec une sauce piquante dans le plat ou dans un saucier.

A LA SAUCE TOMATE. — Faites cuire au naturel et servez avec une sauce tomate dans le plat ou dans un saucier.

A LA SAUCE BÉARNAISE. — Faites cuivre au naturel servez sur une sauce béarnaise dans le plat ou dans un saucier.

AUX POMMES DE TERRE FRITES. — Faites cuire au naturel et servez entourées de pommes de terre frites ou de pailles de pommes de terre frites.

AUX POMMES DE TERRE SAUTÉES. — Servez entourées de pommes de terre sautées.

A LA PURÉE DE POMMES DE TERRE. — Faites cuire au naturel et servez sur une purée de pommes de terre.

A LA JARDINIÈRE. — Faites cuire au naturel et servez sur une jardinière blanche ou brune.

AUX HARICOTS BLANCS. — Faites cuire au naturel et servez sur des haricots blancs sautés ou arrangés à la bretonne.

AUX HARICOTS VERTS. — Faites cuire au naturel et servez sur des haricots verts sautés à la maître-d'hôtel ou arrangés à la poulette.

A LA SOUBISE. — Faire cuire au naturel et servez sur une sauce soubise.

Côtelettes de mouton sautées, entrée.

Parez... Coupez un peu l'os de manière que sa trop grande longueur n'embarrasse pas dans la casserole à sauter et procédez comme pour les filets de bœuf sautés. Accommodez aussi de toutes les mêmes manières.

Côtelettes de mouton panées et grillées, entrée.

Parez les côtelettes en coupant le petit bout de l'échine et en débarrassant l'extrémité de l'os d'une partie du gras, trempez-les dans de la graisse ou du beurre fondus, puis tournez-les dans de la mie de pain émiettée fin et assaisonnée de sel, poivre, fines herbes hachées fin. Faites cuire sur un feu un peu moins vif que pour les côtelettes au naturel, quatre minutes d'un côté, quatre minutes de l'autre.

On peut aussi accompagner les côtelettes panées d'une sauce piquante, poivrade ou tomate, servie soit dans le plat sous les côtelettes, soit dans un saucier.

Côtelettes de mouton crêpinées, entrée.

Procéder comme pour les côtelettes de veau farcies.

Haricot de mouton ou hochepot appelé encore navarin, entrée.

Le meilleur hochepot se fait avec le haut des côtelettes et avec l'épaule; on peut le faire aussi avec toute autre partie du mouton.

Pour 6 personnes prenez une livre de mouton.

Coupez-le en morceaux à peu près carrés de la grandeur du quart de la main.

Mettez dans une casserole gros comme la moitié d'un œuf de beurre. Faites blondir. Mettez-y les morceaux de mouton et faites prendre couleur sur feu vif... retirez le mouton. Mettez dans la casserole avec le beurre plein une cuillère à bouche de farine, remuez jusqu'à ce que beurre et farine soient d'un beau marron foncé. Éteignez avec deux verres d'eau, remettez votre mouton, sel, poivre, bouquet garni, deux oignons. Laissez cuire deux heures à deux heures et demie... Une heure avant la parfaite cuisson, mettez des navets et des pommes de terre.

Vous mettez les pommes de terre en dessus; les pommes de terre étant moins de temps à cuire que les navets; vous aurez soin aussi de ne pas trop les remuer afin de ne pas les mettre en bouillie et faire une purée de votre sauce. On peut faire prendre couleur aux navets avant de les mettre.

Otez le bouquet, dégraissez s'il y a besoin et servez.

Quelquefois on met aussi dans ce ragoût quelques ronds de carottes.

Manière économique. — Lorsque le mouton que vous employez est très-gras, vous pouvez vous passer de beurre pour accommoder le hochepot, voici comment vous procédez :

Mettez les morceaux de mouton dans la casserole sur feu vif, tournez jusqu'à ce qu'ils aient pris couleur et aient laissé échapper une partie de leur graisse; ôtez-les. Mettez dans la casserole avec la graisse plein une cuillère à bouche de farine; procédez ensuite comme dans la méthode ci-dessus.

Hochepot du pauvre homme. Economique et d'une digestion plus facile.

Coupez le mouton par morceaux; mettez-le dans la casserole avec assez d'eau pour qu'il baigne, sel, poivre, bouquet garni, une ou deux carottes coupées en rond, deux oignons piqués de un ou deux clous de girofle; faites bouillir pendant deux heures et demie; une heure avant la complète cuisson, ajoutez navets et pommes de terre. Un peu avant de servir si vous voyez que la sauce est trop longue découvrez et faites réduire à grand feu. Otez le bouquet et servez.

Poitrine de mouton et haut de côtelettes panés et grillés, entrée.

Faites cuire deux heures au moins dans le pot-au-feu; ôtez et tournez tout chauds dans de la mie de pain émiettée très-fin et assaisonnée de sel, poivre et fines herbes hachées fin; mettez sur le gril à feu pas trop vif, cinq minutes d'un côté, cinq minutes de l'autre. Servez accompagnés d'une sauce piquante, poivrade ou tomate dans le plat ou dans un saucier.

Rognons de mouton à la brochette, entrée.

Otez la petite pellicule, ouvrez-les par le dos, pas trop ; écartez les chairs et passez, en piquant le fond de la fente, une brochette de métal ou de bois de manière à former une sorte de godet. On peut embrocher un ou plusieurs rognons ensemble suivant la longueur de la brochette.

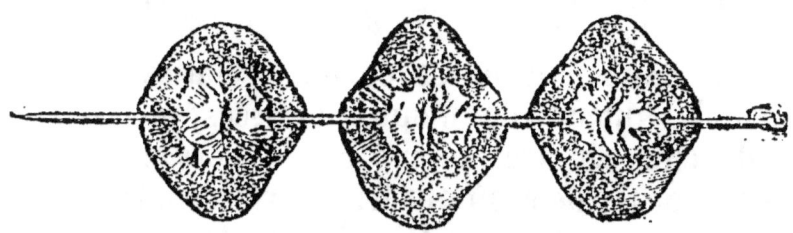

Rognons à la brochette.

Faites cuire sur le gril à feu vif trois minutes d'un côté, trois minutes de l'autre ; servez sur beurre à peine fondu, manié de persil haché fin et assaisonné de sel et poivre.

Rognons de mouton sautés, entrée.

Otez la pellicule, coupez par petites tranches de l'épaisseur d'un sou... (*Il n'est pas nécessaire de laver les rognons de mouton*) et procédez ensuite comme pour les rognons de bœuf sautés.

Pieds de mouton. — Ils s'arrangent de même que les pieds de veau, seulement il faut les faire cuire beaucoup plus longtemps dans l'eau, au moins six à sept heures.

Cervelles de mouton. — Elles s'arrangent de même que les cervelles de bœuf et de veau.

Queues de mouton braisées, entrée.

Coupez une partie du petit bout, mettez dans une casserole avec carottes coupées en rouelles, oignons piqués de deux ou trois clous de girofle, bouquet garni, la quantité d'eau nécessaire pour que les queues baignent à peu près, un demi-verre d'eau-de-vie, sel et poivre, peu de sel, car la sauce doit réduire de beaucoup. Ajoutez-y un ou deux pieds de mouton ou un pied de veau, ou la moitié d'un pied de bœuf; couvrez... faites cuire quatre heures environ... ôtez les queues et tenez-les chaudement; passez, dégraissez le jus et faites-le bouillir à grand feu jusqu'à ce qu'il soit épais et onctueux; servez les queues dessus.

Il faut compter une queue de mouton pour deux personnes.

Queues de mouton à la chicorée. — Faites-les cuire comme les queues de mouton braisées, mêlez une purée de chicorée avec le jus réduit, servez les queues dessus; ornez de croûtons frits si vous voulez.

Queues de mouton à l'oseille. — Faites-les cuire comme les queues de mouton braisées, mêlez au jus réduit une purée d'oseille; servez les queues dessus.

Queues de mouton à la sauce tomate. — Faites-les cuire comme les queues de mouton braisées, mêlez au jus réduit une purée de tomates; servez les queues dessus.

Queues de mouton panées, grillées ou frites. — Faites-les cuire comme les queues de mouton braisées, trempez-les dans de la mie de pain émiettée fin assaisonnée de sel, poivre et persil haché fin, trempez dans un œuf, blanc et jaune, battu comme pour omelette, et roulez-les encore une fois dans la mie de pain, faites griller sur le gril à feu pas trop vif ou faites-les frire de belle couleur. Servez sur sauce piquante, poivrade, tartare ou tomate. Lorsqu'elles sont frites on peut les servir sans sauce, montées en pyramide et ornées tout simplement d'un peu de persil frit.

Queues de mouton farcies. — Si l'on veut avoir un plat plus fin, on peut, pour les queues de mouton que l'on veut paner, faire griller ou frire, une fois les queues cuites, remplacer l'os du milieu par un peu de farce de viande. Panez, faites griller ou frire comme les précédentes. Ce mets est très-délicat.

Langues de mouton en papillotes, petite entrée.
Grattez, nettoyez et lavez ; mettez-les dans l'eau bouillante jusqu'à ce que vous puissiez ôter la petite peau dure qui les couvre ; enlevez les parties dures du haut ; faites cuire les langues deux ou trois heures dans une casserole avec eau, carottes, oignons, bouquet garni, sel et poivre, ou bien tout simplement dans le pot-au-feu. Une fois bien cuites, retirez-les et laissez égoutter. Mettez-les dans une casserole avec beurre, fines herbes hachées fin, un peu de mie de pain émiettée... tournez et faites revenir sur feu vif... ôtez du feu.

Disposez des morceaux de papier un peu fort taillés en cœur, — autant de morceaux qu'il y a de langues, — et assez grands pour pouvoir dans chaque morceau envelopper une langue, frottez-les de beurre, saupoudrez de mie de pain émiettée fin et mélangée avec du persil haché très-fin... Enfermez-y les langues avec un peu de leur sauce et de leur assaisonnement, roulez les bords de manière à ce que le tout soit bien enfermé. Faites griller sur feu doux un quart d'heure à 20 minutes environ en changeant de côté.

Tripettes de mouton. — Se préparent et se font cuire comme les tripes de bœuf.

AGNEAU.

Souvent on considère comme agneau le mouton pas encore complétement *fait ;* apprêtez ce mouton de toutes les manières indiquées pour le mouton *fait.*

Le véritable agneau ne doit pas avoir plus de trois mois.

Le bon agneau a la chair rose et la graisse très-blanche.

Quartier d'agneau rôti, entrée et rôt.

S'embroche et se fait cuire comme le gigot de mouton, un peu plus cependant, comme toutes les viandes non faites.

Peut se servir accompagné d'une sauce piquante.

Quartier d'agneau à la poulette, entrée et relevé.

Pour cet accommodement il faut que l'agneau soit très-jeune et très-blanc.

Faites bouillir de l'eau dans une grande casserole. Quand elle bout à gros bouillons, mettez-y votre quartier d'agneau, ôtez du feu et laissez tremper une heure.

Mettez dans une casserole gros comme un œuf de beurre et plein une cuillère de farine; faites fondre. Lorsque le beurre et la farine sont bien mélangés, mettez deux verres d'eau; faites jeter quelques bouillons; mettez votre quartier d'agneau avec sel, poivre, bouquet garni et oignons. Faites cuire une heure et demie, liez avec jaunes d'œufs ou jaune d'œuf et crême (*Voir liaison à l'œuf et liaison à l'œuf et à la crême page* 99) et servez.

Les champignons vont bien avec l'agneau à la poulette.

Galantine d'agneau, rôt et entremets.

Prenez un quartier d'agneau ou de chevreau, désossez-le... procédez comme pour la galantine de veau.

Epigramme d'agneau, relevé et entrée.

Ayez un quartier de devant d'agneau, détachez-en l'épaule que vous ferez rôtir; coupez-la en petits morceaux et faites-en une petite blanquette.

Faites cuire la poitrine braisée. Aplatissez-la entre deux planches chargées de poids... une fois froide, vous la coupez en morceaux imitant un peu pour la forme de petites côtelettes; farinez-les; trempez-les dans un œuf, blanc et jaune, battu comme pour omelette et dans lequel on a mis une cuillerée d'eau ; roulez dans la mie de pain émietté fin... faites frire.

Saupoudrez les côtelettes taillées et parées de sel et de poivre ; faites-les cuire dans un plat à sauter avec un peu de beurre. Une fois cuites, dressez en couronne en entremêlant de petites poitrines frites. Versez la blanquette faite avec l'épaule dans le milieu.

Issues d'agneau au lard, entrée.

Faites blondir 125 grammes de beurre ; mettez-y une 1/2 livre de poitrine de porc frais coupée en petits morceaux ; ajoutez un litre d'eau ou de bouillon, la tête d'agneau que vous avez fait bouillir une heure dans l'eau et débarrassée des os de la mâchoire, le cœur, le foie, le mou et les pieds ; assaisonnez de sel, poivre, bouquet garni, deux oignons, une carotte coupée en ronds. Faites cuire deux heures ; servez la tête au milieu entourée des autres issues. Passez la sauce dessus.

CHEVREAU.

Le chevreau s'accommode des mêmes manières que l'agneau.

PORC

La meilleure chair de COCHON est celle qui est ferme et d'un gris rose pâle, sans marques blanches qui indiquent que le cochon était *ladre*. Les cochons jeunes, bien en chair, pas trop gras, sont les meilleurs. Surtout que la graisse soit bien blanche.

Pour les rôtis les morceaux que l'on prend ordinairement sont le FILET, le CARRÉ ou ÉCHINÉE désigné aussi dans quelques villes sous le nom de ATTELET et le JAMBON ou cuisse. Le carré et le morceau du filet sont les morceaux les plus délicats pour mettre à la broche.

Conservation de la chair de porc par la salaison.

Lorsqu'on a un nombreux personnel à nourrir à la cuisine, surtout à la campagne, il est avantageux de tuer un cochon. Sa chair revient à bon marché, puisque, d'abord, on bénéficie du *bénéfice* du charcutier ou lardier et qu'ensuite on l'a acheté dans la saison où les porcs sont le moins cher.

Choisissez un cochon ni trop jeune ni trop vieux, d'un an et demi à deux ans tout au plus.

Le cochon une fois tué, grillé et échaudé, dépecez-le. Mettez de côté la tête, les pieds, l'intérieur pour manger tout de suite. Coupez le reste en morceaux de deux à trois livres en retranchant les os qui sont entourés de peu de chair. Faites des incisions de place en place à la couenne de chaque morceau, introduisez-y du sel... frottez de sel bien écrasé toutes les faces de chaque morceau... Mettez au fond des pots en grès, des barils ou du saloir où vous devez conserver la chair du cochon, une couche de sel, rangez-y les morceaux bien frottés de sel, la couenne en-dessus; à chaque rangée ajoutez une couche de sel, terminez également par une couche de sel. Il faut avoir soin de presser tous les morceaux aussi fortement que possible afin qu'il ne reste entre eux aucun vide et de les maintenir dans cette position au moyen d'une planchette chargée de cailloux. On couvre les pots, les barils ou le saloir, de silex bien nettoyés. Le tout étant ainsi disposé on couvre les pots, les barils ou le saloir, et l'on met dans un endroit frais. Au bout d'un mois, si la saumure qui s'est formée ne couvre pas entièrement le lard, on en ajoute en en faisant d'après le procédé indiqué (*Voyez saumure*). Le lard ainsi préparé peut se conserver plusieurs mois et peut se faire cuire de différentes manières, dans le pot-au-feu, ou bien avec des pois, des choux, de la choucroûte... On aura soin, si on pense qu'il est trop salé, de le laisser tremper un ou deux jours dans l'eau fraîche. Il ne faut le tirer de la saumure qu'au fur et à mesure qu'on en a besoin, se bien garder de toucher aux autres morceaux, et remettre la planchette et les cailloux. Si en dépit de toutes ces précautions la saumure blanchissait, si le lard venait à prendre mauvais goût, faire bouillir la saumure, la laisser complétement refroidir et la remettre sur le lard. Souvent on ajoute au sel, dans la préparation du lard de conserve, un peu de salpêtre; le lard est peut-être d'une plus belle couleur; mais le salpêtre le durcit. Ce sont ces morceaux de porc salé que l'on nomme PETIT SALÉ, mais principalement les morceaux de la poitrine et du dessous du ventre. On les mange aux choux, à la purée de pois verts, etc. (*Voir les diverses manières d'apprêter le petit salé*). Au bout de quinze jours on peut se servir, comme de petit salé, du lard qu'on a mis au saloir.

Quand on veut employer du lard de conserve pour lardons ou pour ragoûts, il faut le laisser tremper une ou deux heures dans l'eau fraîche afin de le dessaler avant de s'en servir.

Porc frais à la broche. — Nous avons indiqué page 240 les morceaux que l'on doit préférer pour faire rôtir.

Otez la couenne et la couche de graisse, n'en laissez qu'une toute petite épaisseur. Embrochez en passant par le joint du milieu de l'os de l'échine. Saupoudrez de sel; mettez dans la léchefrite un peu d'eau et de sel.

Pour un morceau de lard pesant deux livres il faut

bien une heure de cuisson, pour un pesant quatre livres deux heures.

Vous l'arroserez fréquemment avec l'eau de sel que vous avez mise dessous à laquelle vient bientôt se joindre la graisse qui tombe du rôti.

On dégraisse la sauce avant de la servir. Les dégraissis de rôtis de lard se mettent à part... On les assaisonne de sel et de poivre pendant leur refroidissement et ils sont fort bons à manger sur le pain.

C'est surtout avec le rôti de lard que les haricots blancs et les pommes de terre cuits à l'eau que l'on met rissoler dans la lèchefrite deviennent un plat de gourmet. Mais, avec eux, il ne faut pas mettre d'eau dans la lèchefrite.

Le attelet de lard se découpe comme le carré de veau.

Porc frais au four, entrée et rôt.

Le porc frais comme le veau se fait très-bien cuire au four.

Vous mettez dans un plat, le côté gras en-dessus et saupoudrez de sel et poivre. Mettez autour quelques pommes de terre cuites à l'eau et assaisonnées de sel et poivre.

Arrosez de temps à autre avec le jus et la graisse qui tombent dans le plat.

Porc frais à l'étuvée, entrée.

Faites blondir gros comme la moitié d'un œuf de beurre. Faites prendre couleur au-dessus du morceau de lard, attelet, morceau de cuisse ou d'épaule... Retournez-le, saupoudrez-le de sel et de poivre et laissez cuire à petit feu casserole couverte, en le changeant de côté au milieu du temps de sa cuisson. Dégraissez et servez avec la sauce.

Des pommes de terre que l'on fait cuire avec ce morceau de porc à l'étouffée sont un délicieux accompagnement.

Côtelettes de porc frais, entrée.

Coupez un peu la pointe de l'os de l'échine, saupoudrez de sel et poivre, laissez cuire vingt à vingt-cinq minutes, quinze minutes d'un côté, dix de l'autre à feu pas trop vif. Servez-les disposées en faisceau.

On peut accompagner ces côtelettes d'une sauce poivrade, piquante, robert ou tomate dans le plat ou dans un saucier.

Côtelettes de porc frais panées, entrée.

Parez; trempez dans un œuf, blanc et jaune, battu comme pour omelette et mélangé d'une cuillerée d'huile et d'une cuillerée d'eau, puis roulez dans de la mie de pain émiettée fin et assaisonnée de sel, poivre et fines herbes hachées fin. Mettez sur le gril à feu moins vif que pour les côtelettes non panées. Il faut un peu plus de cuisson.

On peut aussi accompagner les côtelettes de porc frais panées d'une sauce piquante, poivrade, robert ou tomate.

Filet de porc frais. — S'accommode de toutes les manières dont on accommode le filet de bœuf : PIQUÉ ET MARINÉ, cuit à la BROCHE ou à L'ÉTOUFFÉE et servi avec SAUCE PIQUANTE, SAUCE POIVRADE, OU SAUCE TOMATE. (*Pour l'accommodement voir filet de bœuf.*)

Filets mignons de porc frais piqués et marinés, entrée.

Coupez le filet de porc frais par tranches transversales de l'épaisseur du doigt; aplatissez légèrement; piquez de tout petits lardons gros au plus comme un fétu; faites mariner un ou deux jours; faites cuire sur le GRIL ou à L'ÉTOUFFÉE avec beaucoup de feu *dessus* pour les colorer un peu; servez rangés en couronne accompagnés d'une sauce piquante, poivrade, Robert, tomate, ou même béarnaise..

Filets mignons de porc frais panés et grillés, entrée.

Taillez le filet de porc frais en filets mignons comme il est indiqué ci-dessus ; enduisez d'un peu de graisse fondue, puis trempez dans de la mie de pain émiettée fin et assaisonnée de sel, poivre et persil haché très-fin ; faites griller à feu pas trop vif ; servez rangés en couronne accompagnés d'une sauce piquante, poivrade, Robert, tomate ou même béarnaise.

Les FILETS MIGNONS DE PORC FRAIS peuvent encore s'accommoder de toutes les manières dont on accommode les FILETS-BIFTECKS DE BŒUF : à la MAÎTRE D'HÔTEL, AUX POMMES DE TERRE, AU CRESSON, AU BEURRE D'ANCHOIS, A LA SOUBISE, A LA JARDINIÈRE, SAUTÉS AUX CHAMPIGNONS, AUX OLIVES, AUX TRUFFES, AU VIN DE MADÈRE. *(Voir pour la manière de les accommoder : filets biftecks à la maître d'hôtel, aux pommes de terre, au cresson, etc.)*

Tête de cochon panée et grillée, entrée.

Echaudez bien la tête de manière qu'il ne reste pas de poil.

Fendez-la en deux ; enveloppez chaque moitié dans un linge et ficelez bien ; mettez dans une marmite avec assez d'eau pour qu'elles baignent entièrement ; ajoutez sel, poivre en grain, oignon, carottes, bouquet garni ; faites cuire cinq à six heures, retirez de la marmite ; laissez égoutter et refroidir un peu ; déficelez et développez du linge ; enduisez de graisse fondue et panez ; faites griller sur feu pas trop vif et servez accompagnées d'une sauce piquante, poivrade, Robert ou tomate.

Fromage de cochon, entrée et entremets.

Echaudez bien une tête de cochon de manière qu'il ne reste pas de poil ; faites-la cuire dans une marmite avec assez d'eau pour qu'elle baigne entièrement, sel, poivre en grain, oignons, carottes, bouquet garni. Il faut bien cinq à six heures de cuisson. Une fois

14.

cuite, désossez-la ; coupez couenne, chair, langue, en petites lanières; assaisonnez-les de sel, poivre, épices, goûtez pour l'assaisonnement, mettez dans une terrine ou dans un moule; chargez de poids pour bien presser; laissez ainsi jusqu'au lendemain; démoulez et servez saupoudré de chapelure et orné de persil haché fin.

Ce mets se sert surtout pour les déjeuners, on peut n'en servir que des tranches que l'on dispose le mieux possible sur une assiette ; pour le servir en hors-d'œuvre, couper les tranches plus minces et ensuite en deux ou quatre, et servir dans des raviers ou coquilles à hors-d'œuvre.

Hure de cochon, entrée et entremets.

Echaudez bien une tête de cochon de manière qu'il ne reste pas de poil; dépouillez-la en prenant bien soin de ne pas endommager la couenne... détachez toutes les chairs des os ; mettez couenne et chairs (*les chairs coupées en filets*) dans une terrine avec sel, poivre, un peu de salpêtre en poudre, épices, thym, laurier, laissez ainsi trois jours en remuant une ou deux fois par jour. Etendez la couenne, disposez-y les chairs que vous entremêlez aussi de languettes de porc frais (*il en faut deux kilogrammes pour remplir la couenne en plus de la chair de la tête et de la langue*). La couenne étant couverte d'assez de chairs, repliez-la et donnez-lui la forme de la tête de cochon; enveloppez et ficelez avec soin de manière à ne pas la déformer; faites-la cuire avec assez d'eau pour qu'elle baigne entièrement et sel, poivre, oignon, carottes, clous de girofle, bouquet garni pendant sept ou huit heures. Otez-la de la cuisson, laissez refroidir presque complétement, déficelez et développez. (Redonner un peu la forme, si elle s'était déformée, en refoulant les chairs et redressant les oreilles.)

Il faut pour la manger qu'elle soit cuite au moins de la veille ; on la saupoudre de chapelure et on l'orne de persil haché fin.

Oreilles de cochon panées et grillées, entrée.

Faites cuire une ou deux oreilles de cochon dans de l'eau assaisonnée de sel, poivre, bouquet garni, oignons, carottes ; une fois cuites, égouttez et roulez toutes chaudes dans de la mie de pain émiettée et assaisonnée de sel, poivre et fines herbes hachées fin. Faites griller sur le gril à feu doux et servez sur sauce piquante, poivrade, Robert ou tomate.

Oreilles de cochon à la purée de pois verts, entrée.

Mettez-les dans la saumure pendant deux ou trois jours ; faites-les cuire deux heures environ à plein eau avec un litre de pois verts par 2 oreilles de cochon. Passez les pois, servez les oreilles de cochon sur cette purée.

Queues de cochon. — Les queues de cochon s'accommodent de la même manière que les oreilles de cochon, PANÉES ET GRILLÉES et aussi A LA PURÉE DE POIS VERTS ; elles sont très bonnes A LA PURÉE DE LENTILLES.

Queues de cochon à la purée de lentilles. — Mettez-les dans la saumure deux ou trois jours ; faites-les cuire à pleine eau avec des lentilles (*un litre de lentilles pour quatre queues*) ; passez les lentilles, assaisonnez de sel et poivre s'il est besoin et servez les queues sur cette purée qui doit être assez épaisse.

Foie de cochon. — Le foie de cochon s'accommode des différentes manières indiquées pour le foie de bœuf et le foie de veau, seulement il faut le faire cuire un peu plus que le foie de bœuf. (*Voir foie de bœuf à la maître d'hôtel, foie de veau à la bourgeoise, foie de veau sauté, foie de veau sauté à l'italienne.*)

Rognons de cochon. — On les apprête comme ceux de bœuf et de mouton; les laisser cuire un peu plus longtemps.

Rognons de cochon à la poêle, entrée.

Mettez gros comme un œuf de beurre dans une poêle; faites blondir; mettez-y deux ou trois oignons coupés en rouelles très-minces; lorsque les oignons auront pris couleur, mettez les rognons coupés en petites tranches très-minces et saupoudrés de farine; saupoudrez de sel, poivre, persil haché fin; tournez avec le beurre et les oignons; ajoutez une cuillerée d'eau-de-vie ou un verre à vin de vin blanc, un demi-verre d'eau; faites cuire dix minutes et servez.

Pieds de cochon à la sainte-menehould. — Echaudez, ratissez et nettoyez bien. Fendez-les en deux dans le sens de leur longueur, enveloppez chaque morceau dans un linge; ficelez-les bien; faites cuire dans une marmite, à pleine eau, avec sel, poivre, un bouquet garni, faites cuire cinq à six heures. Laissez refroidir à moitié, défaites du linge, trempez dans l'huile et panez, faites griller à feu vif au moment de les manger.

Pied de cochon à la Cherbourgeoise, entrée.

Echaudez, ratissez et nettoyez, mettez dans une casserole avec autant d'eau qu'il est nécessaire pour qu'ils baignent entièrement, sel, poivre, bouquet garni, deux oignons, un ou deux clous de girofle, une ou deux carottes coupées en ronds. Faites bouillir trois ou quatre heures. Découvrez la dernière heure pour faire réduire la sauce... Otez le bouquet; colorez avec un peu de caramel et servez.

Comme il faut que cette sauce bouille longtemps et réduise beaucoup, je recommande de ne pas trop la saler tout d'abord, car elle le serait trop, arrivée à cuisson parfaite.

Pieds de cochon truffés, petite entrée.

Echaudez, ratissez, nettoyez... fendez-les en deux et faites cuire pendant six à sept heures à pleine eau avec sel, poivre, clous de girofle, carottes, oignons, bouquet garni. Otez les os.

Etendez des morceaux de toilette de cochon grands comme les deux mains sur une table ; mettez sur la moitié de chacun, à intervalles égaux, de petites tranches de truffes ; couvrez d'une petite couche de chair à saucisses à laquelle vous aurez mélangé un peu d'épluchure de truffes hachée... Sur cette couche, étendez des morceaux de pieds de cochon... terminez par une couche de chair à saucisses sur laquelle vous mettrez quelques tranches de truffes ; rabattez la partie de la coiffe que vous n'avez pas couverte et enfermez en forme de grosses saucisses plates.

On les fait cuire sur le gril à petit feu pendant une demi-heure...

Langue de cochon fumée, hors-d'œuvre.

Procédez comme pour la langue de bœuf à l'écarlate.

Fromage d'Italie, entrée pour déjeûner.

Hachez ensemble trois livres de foie de veau ou de cochon, deux livres de poitrine de lard et une demi-livre de panne, ajoutez-y persil, ciboule hachés fin, sel, poivre, épices. Mettez au fond d'une casserole ou d'un moule un barde de lard très-mince, couvrez, d'une épaisseur de trois doigts, de hachis de foie et de lard, et ainsi de suite jusqu'à ce que le moule soit plein. Terminez par des bardes et faites cuire trois heures à four doux. Laissez refroidir.

On coupe par tranches.

Boudin noir. — Le boudin se vend tout fait chez les charcutiers ; dans le cas où l'on voudrait en confectionner soi-même en voici la recette :

Faites bouillir pendant dix minutes dans l'eau deux litres d'oignon, hachez-les fin et mettez-les cuire à feu doux avec 250 grammes de saindoux ; une fois cuits, ajoutez alors un kilogramme et demi de panne de lard dont vous avez enlevé toutes les peaux et tous les filaments et que vous avez coupé en tout petits dés, trois litres de sang de porc. (*Il ne faut pas laisser refroidir le sang; aussitôt recueilli, y verser deux ou trois cuillerées de vinaigre, le fouetter bien et l'employer immédiatement.*) Mettez aussi, en même temps que la panne et le sang, un demi-litre de crème, des fines herbes hachées fin, poivre, sel fin, épices... Mêlez bien le tout ensemble, ôtez du feu, remuez encore un instant; goûtez si ce mélange est bien assaisonné et entonnez dans les boyaux. (*On emploie pour le boudin les boyaux du porc. On doit nettoyer ces boyaux avec le plus de soin possible ; retournez-les ; servez-vous pour cela d'une petite tringle de fer dont l'extrémité soit aiguë et recourbée en crochet ; lavez-les bien dans l'eau tiède, lavez-les jusqu'à ce que l'eau reste claire et limpide; soufflez dedans pour vous assurer qu'ils ne sont pas crevés*). Une fois tout votre mélange de panne de lard et de sang mis dans les boyaux, serrez avec de la ficelle de place en place en prenant pour intervalle de chaque ligament la longueur que vous voulez donner aux bouts de boudin; piquez-les de place en place avec une épingle, pour les empêcher de crever pendant la cuisson, mettez-les dans de l'eau que vous aurez soin de tenir bouillante sur le feu (*au moment où l'on y met les boudins, il faut qu'elle soit prête à bouillir, mais qu'elle ne bouille pas*). Il faut que les boudins cuisent dans cette eau sans que celle-ci arrive à bouillir; quand en les piquant légèrement il ne sortira plus de sang ils seront cuits. Ôtez-les de l'eau et laissez-les égoutter sur un linge. Lorsqu'ils sont bien égouttés, pour leur donner un beau vernis, frottez-les doucement avec un peu de gras de lard; laissez refroidir.

Le boudin noir ne se mange qu'au naturel.

Boudin noir au naturel, petite entrée.

Piquez le boudin avec une fourchette pour qu'il ne crève pas à la cuisson ; faites cuire sur le gril à feu pas trop vif ; comme le boudin est déjà cuit, dix minutes suffisent.

On peut aussi le faire cuire dans une poêle, une casserole ou un plat.

La moutarde est un bon condiment pour le boudin noir.

Boudin blanc. — Se vend tout préparé chez les charcutiers ; cependant comme c'est un mets qui laisse souvent à désirer lorsqu'on l'achète chez les marchands et que l'on peut désirer le faire soi-même, en voici la recette :

Jetez dans l'eau bouillante et faites bouillir 10 minutes une vingtaine d'oignons blancs ; ôtez et égouttez, coupez-les et faites-les cuire à petit feu avec une demi-livre de saindoux ; hachez et pilez une demi-livre de panne avec une quantité égale de maigre de poulet (*On peut remplacer la chair de poulet par la chair de lapin*); ajoutez à ce hachis une demi-livre de pain bien mitonnée dans du lait ; mêlez le tout avec les oignons ; ajoutez quatre cuillerées de bonne crème, sel, poivre... Le tout étant bien mêlé, on entonne dans des boyaux de porc bien lavés et nettoyés ; faites cuire dans l'eau comme le boudin noir (*Voir boudin noir*). Une fois complétement préparés et refroidis, quand vous voudrez les manger, piquez avec une fourchette, enveloppez dans un papier beurré, faites cuire sur le gril à feu pas trop vif.

Saucisses. — Il y a trois espèces de saucisses : les SAUCISSES LONGUES ET RONDES, les SAUCISSES PLATES appelées aussi crépinettes et les petites SAUCISSES CHIPOlata; mais ces dernières ne s'emploient d'ordinaire que pour garnitures.

Les saucisses se vendent toutes faites chez les charcutiers, dans le cas où l'on voudrait, pour être plus sûr de leur qualité, en confectionner soi-même, en voici la recette :

Prenez de la chair de porc,— moitié gras moitié maigre, — ou bien tout simplement de la poitrine ; hachez très-fin *(ajoutez, si vous voulez, un peu de mie de pain trempée dans de l'eau et du lait et bien égouttée, cela donne de la finesse à la chair à saucisses)*; assaisonnez de sel, poivre, épices, mêlez bien ; entonnez pour les grosses saucisses longues dans des boyaux de porc, pour les petites saucisses longues dans des boyaux de mouton. Les petites saucisses chipolata s'entonnent comme les dernières dans des boyaux de mouton, seulement on les fait de la longueur de moitié du doigt. *(On prépare les boyaux pour les saucisses de la manière indiquée page 250 pour ceux destinés au boudin; pour arrêter la longueur de la saucisse il n'est pas besoin de nouer comme pour le boudin ; il suffit de marquer, en tortillant, la longueur de chaque saucisse).*

Petites saucisses-crépinettes. — On divise la chair à saucisses en petites quantités de la grosseur d'un œuf environ, on enferme chacune de ces quantités dans un petit morceau de toilette, ou coiffe ou crépine de porc frais en leur donnant une forme plate oblongue.

Saucisses au naturel, petite entrée.

Piquez les saucisses avec une fourchette pour qu'elles ne crèvent pas à la cuisson ; faites cuire sur le gril, à feu pas trop vif, environ vingt minutes pour les grosses rondes, un quart d'heure pour les crépinettes. Vous les tournez à moitié de leur cuisson. Servez.

La moutarde est un bon condiment pour les saucisses au naturel.

On peut aussi les faire cuire dans une poêle, une casserole ou un plat.

On peut les servir entourées de pommes de terre frites ou sautées, ou bien sur une purée de pommes de terre ou de pois verts.

Saucisses aux choux, entrée.

Pour environ une demi-livre de saucisses, mettez dans une casserole gros comme un œuf de beurre, laissez fondre, ajoutez deux cuillerées de farine, tournez sur feu vif jusqu'à ce que beurre et farine soient d'un beau marron foncé ; éteignez avec deux verres d'eau, assaisonnez de sel, poivre, bouquet garni ; faites jeter quelques bouillons, mettez un chou moyen coupé en quatre ou la moitié d'un gros, une carotte coupée en ronds, une demi-heure avant la complète cuisson, mettez les saucisses. Il faut que la sauce ne soit pas trop longue. Dégraissez si elle est trop grasse. Servez les saucisses disposées régulièrement sur les choux.

On peut, au lieu de choux de Milan ou de choux ordinaires, employer des choux de Bruxelles ; seulement il faut les faire cuire moins longtemps ; on peut les mettre en même temps que les saucisses.

Saucisses à la lorraine, entrée.

Pour 500 grammes de saucisses, mettez dans une casserole ou une poêle gros comme un petit œuf de beurre ; faites-le blondir ; mettez-y les saucisses que vous avez piquées avec une fourchette pour les empêcher de crever à la cuisson ; faites-les cuire ; ôtez-les et maintenez-les chaudes ; mettez à leur place avec le beurre cinq à six pommes de reinette bien pelées, bien épluchées et coupées en tranches fines... laissez-les cuire et réduisez-les en marmelade. Servez les saucisses sur cette marmelade.

Saucisses fumées. — On les fait avec des boyaux de porc ou de mouton selon qu'on les désire plus ou moins grosses. On ne mettra pas de pain dans la chair à saucisses et on l'assaisonnera un peu davantage. Une fois faites, on les crochera huit ou quinze jours dans une cheminée où l'on brûle du bois. Au bout de ce temps, on les ôtera et on les pendra dans un endroit sec, ou bien au plafond de la cuisine.

Manière de les faire cuire. — Faites bouillir cinq minutes dans de l'eau ; égouttez ; puis mettez quelques minutes sur le gril à feu vif.

Saucissons fumés appelés cervelas, hors-d'œuvre.

Se font comme les saucisses fumées ; seulement on entonne la chair à *saucisses* dans des boyaux de veau.

Ils se conservent aussi comme les saucisses fumées, crochés dans un endroit sec.

Les faire cuire une demi-heure, trois quarts d'heure, dans l'eau (les mettre en même temps que l'eau) ; les laisser refroidir ; les couper par tranches que l'on dispose dans un ravier.

Andouillettes. — Se vendent toutes préparées chez les charcutiers. Pour les petites andouillettes enveloppées de papier, il suffit de les faire griller à feu vif ; pour les autres, on fait des incisions sur les deux faces avant de les mettre sur le gril. Ces dernières se servent souvent sur une purée d'oseille. (*Voir purée d'oseille pour garniture.*)

Petit salé. — *Pour l'explication de ce qu'on entend par ce mot se reporter au chapitre : Conservation de la chair de porc par la salaison pag. 241.*

Petit salé aux choux, entrée.

Prenez un morceau de petit salé. S'il est très-salé, faites-le dessaler dans l'eau froide un jour ; mettez-le cuire avec un chou blanc coupé en quatre... (la moitié du chou s'il est très-gros), dans une quantité assez grande d'eau pour qu'il baigne. Il faut environ deux heures de cuisson.

Faites un potage en versant la cuisson, avec un peu du chou, sur des tranches de pain, servez ensuite le morceau de petit salé sur le reste du chou.

Le petit salé ainsi cuit est très-bon à manger froid. Si on veut le manger froid, on peut tout simplement le mettre cuire dans le pot-au-feu. [*Il faut le faire dessaler davantage et surtout ne pas mettre de sel dans le pot-au-feu. On le retire lorsqu'il est cuit.*

Petit salé à la purée de pois verts, entrée.

Si votre petit salé est très-salé, faites-le dessaler un ou deux jours dans l'eau froide, mettez-le cuire à pleine eau avec des pois verts. (*Un demi-litre de pois verts pour un kilogramme de petit salé.*) Une fois les pois cuits, passez-les, mettez mijoter quelques minutes et servez le petit salé dessus. Il faut que la purée soit assez épaisse. (*Voir purée de pois verts pour garniture.*)

Jambons. — Les meilleurs jambons et les plus estimés sont ceux d'York, ceux de Westphalie dits de Mayence, ceux de la Bigorre et du Béarn connus sous le nom de jambons de Bayonne; puis les jambons de Bordeaux, d'Angers...

En fait d'excellent manger nous ne pouvons non plus passer sous silence les délicieux petits jambons roulés de Strasbourg.

Sans viser à égaler en qualité les jambons mentionnés ci-dessus, on peut cependant en apprêter chez soi de fort bons et qui reviennent à beaucoup moins cher. Voici la manière de les préparer :

Ce sont les cuisses du cochon que l'on emploie d'ordinaire pour faire des jambons. On peut aussi apprêter de cette manière les épaules.

Cuisses ou épaules, laissez-les entières, à l'exception du pied que vous enlevez. Frottez-les de tous les côtés avec du sel ordinaire écrasé fin; mettez dans une terrine et recouvrez de sel. Au bout de cinq jours, frottez-les de nouveau en ajoutant au sel une once de salpêtre; laissez-les encore cinq jours dans la terrine, trempant dans la saumure qui s'est formée; suspendez ensuite dans une cheminée où l'on brûle du bois. Il faut que les jambons soient suspendus assez haut pour que la chaleur ne les fasse pas fondre. Au bout de deux mois, lorsque l'on suppose les jambons fumés, décrocher les jambons, les enduire de lie de vin et de vinaigre pour les protéger contre les mouches et les suspendre au plafond dans un endroit sec.

On peut aussi fumer des morceaux de la poitrine et du dessous du ventre.

Autre manière employée pour préparer les jambons de Mayence. — Prenez une cuisse de porc; qu'elle soit coupée très-court et que la peau déborde tout autour; laissez-la mortifier pendant vingt-quatre heures suspendue dans un endroit frais; puis mettez-la entre deux planches que vous chargez le plus possible; une fois bien comprimée, placez-la dans une terrine et couvrez-la d'une saumure composée de trois bouteilles de vin blanc, 1 kilo de sel, 30 grammes de salpêtre, 15 grammes de poudre de chasse, plein une cuillère à bouche de poivre, 3 oignons piqués chacun de 6 clous de girofle, 2 grandes poignées de laurier-sauce, 250 grammes de graines de genièvre concassées. (*Si la quantité de saumure ne suffit pas pour complétement couvrir le jambon, on ajoutera un peu d'eau.*) Il faut laisser le jambon 40 jours dans la saumure, on le retournera tous les deux jours en ayant soin de bien recouvrir la terrine pour que l'air ne puisse s'y introduire. Mettez-le ensuite dans un sac de toile claire et crochez dans une cheminée où l'on fait habituellement du feu de bois, crochez-le assez haut pour que la chaleur ne puisse le faire fondre. Vous le laisserez également 40 jours à la cheminée. Au bout de ce temps, mettez-le au grenier, enveloppé d'un sac, dans une boîte remplie de cendres.

Jambon au naturel, entremets.

Mettez-le dans une marmite avec assez d'eau pour qu'il baigne entièrement, accompagnez-le d'un gros bouquet de persil, oignons, carottes... faites cuire devant le feu, à petits bouillons, autant d'heures que le jambon pèse de livres. Otez de la cuisson et laissez *complétement* refroidir.

On peut aussi, au sortir de la marmite, le disposer d'après les prescriptions suivantes :

Retirez-le de la marmite. Enlevez les os sans endommager le jambon, mettez-le dans une terrine creuse, couenne en dessous, et chargez de poids de manière à bien le presser. Ne le défaites de la terrine que lorsqu'il sera bien froid. Saupoudrez le dessus d'un peu de chapelure et servez.

Pour découper le jambon. — Commencez par chercher le fil de la viande, coupez en travers du fil de la viande et par tranches, le plus mince possible.

Jambon aux épinards, relevé et entrée.

Lorsque le jambon est cuit comme pour manger au naturel on le met un instant sécher à four doux ou sous le four de campagne, on glace le dessus avec un peu de jus très-réduit et on le sert sur des épinards arrangés pour garniture (*Voir Épinards pour garniture*) et entourés de croûtons.

Aux choux. — On le sert sur un ragoût de choux.

A la choucroute. — On le sert sur une choucroûte garnie.

Au macaroni. — On le sert sur un macaroni au jus ou à l'italienne.

Jambon à la sauce madère. — Faites dessaler le jambon à pleine eau pendant deux jours. Faites cuire dans un vase pas trop grand avec deux litres d'eau et une bouteille de Madère.

Mettez dans une casserole gros comme un œuf de beurre ; faites fondre ; ajoutez plein une cuillère à bouche de farine ; remuez avec la cuillère sur feu vif jusqu'à ce que beurre et farine soient d'une belle couleur marron ; éteignez avec un verre de la cuisson et un verre d'eau et de bouillon ; mettez bouquet garni, oignon, muscade, poivre, clou de girofle. Laissez mijoter une heure. Au moment de servir ajoutez une ou deux cuillerées de jus (*Voir Jus page* 118). Passez et servez sur cette sauce le jambon que vous avez mis sécher un instant à four doux et glacé avec du jus très-réduit.

Jambon à la broche, entrée et rôt.

Laissez-le tremper 24 heures au moins en pleine eau pour le dessaler, en changeant plusieurs fois d'eau ; puis ôtez l'eau et remplacez-la par trois bouteilles de vin blanc accompagnées de ronds d'oignons et de carottes, persil, thym, laurier ; laissez le jambon dans le vin blanc environ 24 heures, le vase où il se trouve bien hermétiquement fermé.

Embrochez et faites cuire à feu doux autant de quarts d'heure qu'il pèse de livres ; pendant toute la durée de sa cuisson arrosez-le fréquemment avec le vin blanc dans lequel il a trempé. Une fois cuit, débrochez-le, parez-le et servez-le accompagné de sa sauce. On aura soin de faire réduire cette sauce avant de la mettre autour du jambon... On peut aussi servir cette sauce dans un saucier.

Le jambon à la broche peut se servir sur des ÉPINARDS AU JUS, ou bien sur des CHOUX, de la CHOUCROUTE et même du MACARONI.

Lames de jambon à la poêle, entrée.

Coupez des tranches de jambon cru très-minces, le plus mince que vous pourrez; laissez tremper une ou deux minutes dans l'eau pour les dessaler.

Faites blondir dans une poêle ou un plat à sauter gros comme un œuf de beurre pour à peu près une livre de jambon (*poids de jambon convenable pour 6 à 8 personnes*). Lorsqu'il est bien chaud, rangez-y vos lames de jambon bien égouttées. Faites cuire à feu vif 2 minutes d'un côté, 2 minutes de l'autre. Otez le jambon. Mettez dans la poêle avec le beurre un verre ordinaire de cidre ou de vin blanc. Faites réduire à grand feu au moins de moitié, versez sur le jambon.

Ce mets est très-bon et a l'avantage de pouvoir être préparé en quelques minutes.

Les tranches de jambon ainsi cuites peuvent servir de garniture à des œufs à la sole, à des œufs pochés ou à deux œufs frits.

Sandwichs au jambon. — Prenez du pain rassis. Faites de petites tartines de l'épaisseur d'un sou et dont vous enlevez la croûte; beurrez-les légèrement de bon beurre bien frais; entre deux de ces tartines, mettez une lame excessivement mince de jambon cuit au naturel.

Les sandwichs se servent pour collation et aussi pour soirées... Ils sont très-bons avec le thé.

On en fait au fromage d'Italie, au pâté de foie gras, à la langue fumée, etc...

COCHON DE LAIT.

On le saigne en lui enfonçant un couteau à la base du cou; faites-le bien saigner pour que sa chair soit bien blanche. Trempez-le dans l'eau bouillante et agitez-le dedans jusqu'à ce que le poil se détache; mettez-le sur une table, frottez-le et ratissez-le avec un couteau, trempez-le de nouveau dans l'eau bouillante si vous voyez que le poil ne se détache pas, et ainsi de suite jusqu'à ce qu'il soit débarrassé de tout son poil ; les oreilles et le tour des yeux offrent assez de difficulté. Otez les sabots. Videz-le ; mais laissez les rognons. Recousez le ventre. Disposez l'animal de la manière ci-dessous.

Cochon de lait.

Embrochez-le ; mettez-le devant grand feu avec une demi-livre de beurre et un demi-verre d'eau dans la lèchefrite, sel et poivre ; arrosez fréquemment. Il faut deux heures environ de cuisson.

Souvent on met dans le corps du cochon de lait une farce composée de la manière suivante : Hachez fin le cœur, la rate, le foie avec une livre de poitrine de porc frais ; ajoutez persil, ciboule hachés fin ; assaisonnez de sel, poivre, épices ; mêlez bien.

Si l'on veut, on peut faire passer en même temps que le cochon de lait une sauce piquante ou poivrade.

Manière de découper le cochon de lait. — Le découpage du cochon de lait est difficile, aussi mieux vaut-il le faire découper hors de table.

On s'y prend de la manière suivante :

Commencez par séparer la tête à la naissance des épaules ; enlevez les cuisses et les épaules, que vous coupez en morceaux de la largeur de moitié de la main en laissant à chacun une partie de la peau appelée

DRAP D'OR... Enlevez le drap d'or qui reste sur le corps du cochon, en longeant les os de manière à laisser autour du drap d'or une certaine épaisseur de chair; coupez ce drap d'or en morceaux carrés; détachez les côtes de chaque côté de l'épine dorsale; coupez celle-ci de deux en deux vertèbres. Au fur et à mesure qu'on les découpe, on pose les morceaux dans un plat à peu près dans la position où ils se trouvaient lorsque l'animal était entier. Détachez les oreilles; fendez la tête en deux; posez-la à sa place sur le plat et faites passer.

Manières diverses d'accommoder les restes du cochon de lait.

On peut accommoder les restes de cochon de toutes les manières indiquées pour les restes de rôti de veau : en MAYONNAISE, en BLANQUETTE, en CAPILOTADE, en CROQUETTES. Les restes de cochon de lait sont aussi très-bons à manger froids.

Intérieur de cochon de lait en ragoût, entrée.

Dans le cas où l'on n'emploierait pas le cœur, le foie, la rate comme farce, on peut les accommoder de la manière suivante :

Faites un roux avec 125 grammes de beurre et une cuillerée et demie de farine. Lorsque beurre et farine sont d'une belle couleur marron foncé, faites-y revenir plein une soucoupe d'oignon haché fin, puis ensuite une livre de poitrine de porc coupée en dés... Eteignez avec moitié eau et moitié vin... Faites jeter quelques bouillons; mettez dans cette sauce le cœur, le foie, la rate du cochon de lait coupés en morceaux, une carotte coupée en ronds, sel, poivre, bouquet garni; faites cuire deux heures à feu pas trop vif; servez avec sauce pas trop longue.

Galantine de cochon de lait, entremets.

Il est bon parfois d'avoir des plats copieux et la galantine de cochon de lait est un de ces plats-là.

Désossez le cochon de lait à l'exception de la tête et des pattes.

Vous procéderez pour garnir l'intérieur comme vous avez fait pour la galantine de veau et la galantine de volaille; vous prenez une partie des chairs du cochon de lait, autant de maigre de veau et autant de gras de lard que vous hachez fin; ajoutez-y une livre de mie de pain mollet que vous avez fait tremper dans de l'eau ou du lait; mêlez le tout ensemble; assaisonnez de sel, poivre, épices... Vous mettez dans l'intérieur du cochon de lait d'abord une couche de la farce ci-dessus; ensuite une couche de petits filets de jambon, de porc frais, de foie, de cœur, de rate du cochon de lait; mettez une nouvelle couche de farce, une couche de jambon, de porc, de foie, etc., et ainsi de suite jusqu'à ce qu'il y ait assez de couches pour remplir l'intérieur du cochon de lait; recousez la peau du ventre et redonnez autant que possible la forme de cochon de lait; enveloppez-le dans un linge et ficelez bien... Faites cuire comme la galantine de veau, (*Voir Galantine de veau pag. 201.*)

VOLAILLE

On entend par *volaille* tous les animaux à ailes qui s'élèvent dans la basse-cour, comme poulets, canards, dindons, oies, pigeons, pintades; en cuisine, souvent ce sont les poulets, les poules, les poulardes et les chapons que l'on comprend sous cette dénomination... Mais passons! nous n'écrivons pas ici pour faire un cours de linguistique. Nous emploierons l'expression volaille dans le sens le plus étendu; le lecteur saura bien distinguer les cas, fort rares, où nous nous en servirons dans le sens exceptionnel.

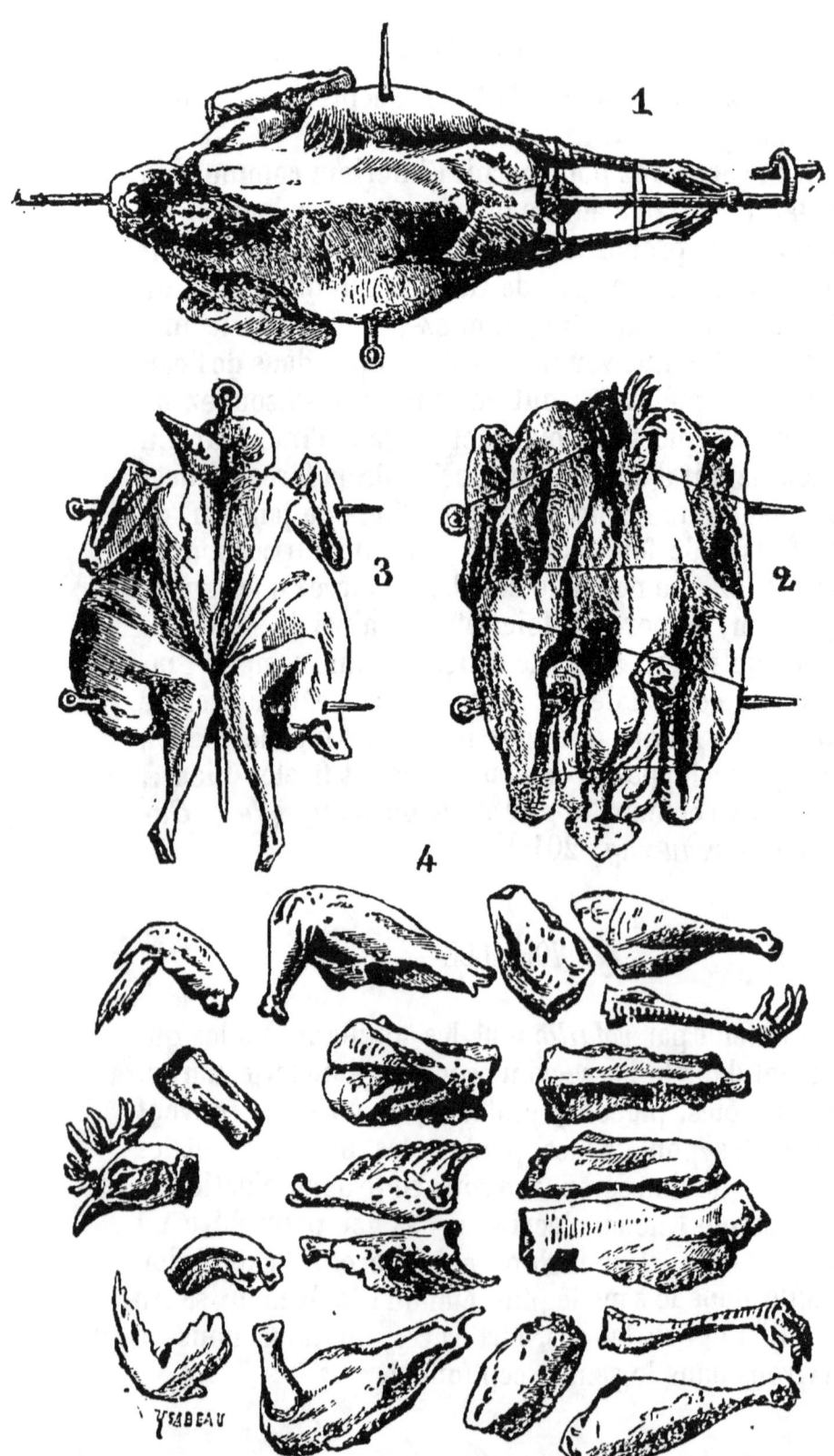

Avant tout il faut qu'une volaille soit tendre.

C'est une erreur, qu'on ne saurait trop combattre, de croire que les vieilles volailles sont préférables pour certains mets. Même pour les daubes, mieux vaut de jeunes bêtes; arrivées à un certain point cependant.

Ainsi donc, autant que possible, pas de vieilles volailles. Nous donnerons néanmoins le moyen de tirer parti des vieilles poules, des vieilles dindes et des vieilles oies; car il peut se faire qu'on ait à en accommoder.

La recherche des jeunes volailles réclame quelque attention surtout à la *fin de la saison*, qui est, pour les volailles, du 1er décembre au 1er mai. C'est en septembre que la volaille est la meilleure; elle est plus succulente et moins chère. Elle se soutient jusqu'en février. Puis elle devient rouge, dure et le choix en est plus difficile.

Prenez de préférence les volailles à la chair rebondie, à la peau fine et blanche.

Si vous achetez votre volaille vivante, vous commencerez par la soupeser, vous examinerez les pattes, vous tâterez le bréchet, pour voir si elle est bien en chair, enfin vous écarterez les plumes du gros de la cuisse auprès du croupion pour vous assurer si la bête est grasse et bien blanche. Si elle remplit toutes les conditions mentionnées ci-dessus vous pouvez l'acheter en toute confiance.

Nous ne donnons ici que quelques indices généraux, nous entrerons dans plus de détail au fur et à mesure que nous allons traiter de chaque espèce de volaille.

Gardez-vous d'employer une volaille, — une volaille à chair blanche, car pour les canards et les pigeons il y a moins d'inconvénient, — aussitôt tuée. Si même l'on n'attend que trois ou quatre heures, quelques précautions que l'on prenne pour la faire rôtir ou bouillir, elle ne sera ni tendre ni délicate, elle aura la chair longue et filandreuse. En hiver on doit la tuer quatre ou cinq jours avant celui où l'on doit la manger, l'été au moins la veille. Si l'on suppose qu'on n'aura pas le temps de la laisser mortifier, pour remédier aux inconvénients signalés, lui faire avaler une minute avant de la tuer plein une cuillère à bouche de fort vinaigre; une fois tuée, la mettre dans un endroit tiède.

Aussitôt une volaille tuée, il faut la plumer, — elle se plume plus facilement chaude, — et la vider pour éviter qu'elle ne prenne un mauvais goût à cause de la nourriture restée dans les intestins, ou bien si l'on ne veut être obligé de la vider de suite, la laisser jeûner 24 heures avant de la tuer. Mais avant de la vider, on la passe sur un papier enflammé (1) ou sur une lampe à l'esprit de vin pour faire disparaître les petits poils et les petites plumes qui restent. On lui pose les pattes, en les tournant de tous les sens, sur les charbons ardents pour enlever la première peau qui est sale et rocailleuse; puis on l'épluche de nouveau avec soin.

Une fois bien épluchée, on la vide de la manière suivante : Enlevez le dessous du bec et l'espèce de boyau qui y tient; faites une fente longue comme le doigt sur le cou du côté du dos près des épaules pour ôter l'espèce de poche qui se trouve au creux de l'estomac ; la poche retirée, faites une incision sous la cuisse pour dégager la graisse qui se trouve au fondement et retirer les intestins, le gésier et le foie; avec

---

(1) Employer du papier mince et qui flambe bien ; sans cela, on noircirait la volaille.

des ciseaux coupant bien, ôtez le fiel ou l'amer qui est une petite vessie remplie d'un liquide verdâtre adhérente au foie. En vidant votre volaille, il vous arriverait de crever le fiel, lavez aussitôt l'intérieur de la volaille avec de l'eau tiède pour enlever l'amertume. On sépare le gésier des intestins, on le fend dans sa partie la plus charnue jusqu'à la membrane dure, on l'ouvre, on ôte la poche qui se trouve au milieu.

Je donnerai aux chapitres spéciaux la manière de disposer chaque espèce de volaille suivant que l'on veut la mettre en entrée ou la faire rôtir.

Sang de volaille. — Beaucoup de personnes jettent le sang de volaille, j'engage à essayer de l'utiliser de la manière suivante : Hachez très-fin un petit morceau de lard très gras, ajoutez-y persil, ciboule, échalotte, thym, le tout haché aussi très-fin ; mêlez avec le sang de volaille que vous avez bien battu avec une fourchette aussitôt que vous l'avez recueilli ; assaisonnez de sel, poivre, quatre-épices. Mêlez bien le tout, laissez reposer. Faites fondre dans une casserole gros comme une noix de beurre, mettez-y votre mélange que vous hachez un peu s'il s'est mis en masse, faites cuire un quart d'heure et servez.

POULES, POULETS, POULARDES ET CHAPONS.

Les POULARDES sont de jeunes poules arrivées à toute leur croissance et soigneusement engraissées avant d'avoir commencé à pondre.

Les CHAPONS sont de jeunes poulets *châtrés* et soigneusement engraissés. Il ne faut pas les prendre, surtout pour rôtir, de plus de sept à huit mois.

LES MEILLEURS CHAPONS ET POULARDES sont ceux du Mans, de la Flèche et de Crèvecœur.

Les chapons et poulardes s'accommodent de toutes les manières indiquées pour les jeunes poulets gras.

On désigne sous le nom de POULES les femelles qui ont commencé à pondre. Toutes jeunes, elles peuvent encore se manger rôties ; celles d'un an à quinze mois en entrées, bouillies ; les toutes vieilles, ainsi que les vieux coqs, ne sont bonnes qu'à mettre au pot-au-feu ou en daube. On fait du bouillon assez agréable avec un vieux coq ou une vieille poule. On procède comme pour le pot-au-feu ordinaire ; mais je conseille de ne pas mettre plus de trois à quatre litres d'eau.

On appelle POULETS DE GRAIN, les poulets qui n'ont pas été enfermés pour être engraissés. Ils sont très-bons comme rôtis, mais ils sont exclus des dîners de cérémonie. Leur blancheur et leur graisse sont des signes de bonne qualité. Les poulets appelés POULETS A LA REINE sont des poulets qui ont été enfermés pour être engraissés avant d'être arrivés à toute leur croissance. Ils sont moins gros que les poulets de grain ; mais plus blancs et plus délicats. Les poulets nouveaux arrivent en mai ; c'est donc le moment favorable pour les personnes qui veulent s'en procurer de bons, ce qui n'empêche pas qu'il faille examiner toujours avec le même soin ceux que l'on désire avoir. Pour l'âge, examinez attentivement les pattes. Les jeunes poulets ont toujours les pattes et les genoux très-gros ; en vieillissant, la grosseur des pattes et des genoux diminue. Évitez les poulets maigres, décharnés et à la graisse jaune. Pour les mâles, il y a un indice d'âge facile à saisir. L'ongle qu'on appelle *ergot* ou *éperon* ne doit présenter que l'aspect d'un bouton grisâtre. S'il est développé, l'animal n'est plus jeune. Souvent les marchands coupent l'*ergot*, prendre garde à ce subterfuge.

Les poulets, poulardes et chapons, une fois plumés,

les pattes nettoyées, vidés, épluchés comme il est dit page 265, on aplatit l'os saillant de l'estomac, le *bréchet* comme on l'appelle, en appuyant dessus avec les mains; on remet le foie, dont on a ôté l'amer, dans l'intérieur de l'animal; on recoud la fente par laquelle on l'a vidé; on coupe les ongles; on tourne les ailes de manière à former un triangle et à ce que l'extrémité de l'aileron se trouve sur le dos.

Si c'est POUR RÔTIR, on lui laisse les pattes allongées. On passe la broche sous le croupion au travers du corps et la faisant ressortir au creux de l'estomac à la naissance du cou; on tord le cou de manière que la tête se trouve sur l'estomac. On attache les pattes, parallèlement à la broche, avec une ficelle pour qu'elles ne s'écartent pas. Une brochette est passée d'une cuisse à l'autre au travers du corps en passant par le trou de la broche pour empêcher l'animal de tourner autrement qu'avec la broche. (*Voir page* 263, *fig. 1.*)

Quelquefois, quand ce sont des poulets que l'on met à la broche, qu'ils sont en chair mais *peu gras*, on les pique avec de petits lardons gros comme de gros fêtus de paille, ou on leur couvre le ventre d'une barde de lard très-mince.

Si on a deux poulets à mettre à la broche, on peut faire ce qu'on fait pour les perdreaux, en piquer un et barder l'autre.

Si c'est POUR ENTRÉE, la volaille, une fois aplatie et recousue, on passe une brochette, qui traverse aussi l'extrémité du bréchet, à travers les cuisses pour les maintenir; on relève les pattes et on les arrange dans le creux entre les cuisses et le ventre; on ramasse le cou dans le creux de l'estomac de manière que la tête se trouve appuyée sur le commencement du bréchet. Le tout est ficelé de manière à maintenir chaque chose à sa position. (*Voir page* 263, *fig. 2.*)

Manière de découper les volailles, — poules, poulets, poulardes ou chapons, — quand on veut les faire cuire en morceaux. — Enlevez une cuisse; coupez en deux au joint; coupez la patte au joint. Enlevez l'aile du même côté; coupez en deux si l'aile est forte; détachez l'aileron. Procédez de même pour l'autre cuisse et l'autre aile. Coupez le cou entre les deux épaules; séparez la tête; coupez le reste du cou en deux. Séparez l'estomac des reins. Coupez l'estomac en deux; les reins aussi en deux; quelquefois en trois car, si la volaille est forte, on peut fendre le morceau où tient le croupion en deux. (*Voir page* 263, *fig.* 4.)

Manière de découper poules, poulets, poulardes ou chapons servis entiers, soit comme rôtis soit comme entrées. — Pour découper une volaille, — poule, poulet, chapon, — on commence par détacher la tête, puis le cou. On détache une cuisse en la soutenant avec la fourchette et donnant un coup de couteau tout autour, on la renverse avec la fourchette et on achève de la séparer du corps avec le couteau, au joint. Si la volaille est forte ou si les convives sont nombreux, on coupe la cuisse en deux. On passe à l'aile que l'on détache à l'épaule, au joint, avec le couteau en la soutenant avec la fourchette; on l'écarte du corps que l'on maintient avec le couteau; une fois complétement détachée, on la coupe en deux ou trois suivant la grosseur de l'animal et le nombre des convives. On procède de la même manière pour l'autre cuisse et l'autre aile. Ensuite on détache la lunette, puis les deux petits crochets, aux joints, avec le couteau, en maintenant le reste du corps avec la fourchette. On sépare le *bateau*, c'est-à-dire le bréchet garni de ses blancs, du dos. On partage le dos en deux, en renversant la partie antérieure sur la partie postérieure et coupant avec le couteau. La partie postérieure où se trouve le croupion se sépare en deux, quelquefois en trois.

On a soin de ranger dans le plat les morceaux à peu près dans la même position où ils se trouvent quand l'animal est entier... Et l'on fait passer le plat à chaque convive.

En entrée, la volaille se découpe de la même manière, mais on a soin de découper dans un autre plat de manière à ne pas éclabousser de la sauce ou à la troubler. On range les morceaux sur le plat où est la sauce. On sert ou l'on fait passer.

Volaille rôtie (poulet, poularde, chapon).

Votre volaille flambée, vidée, embrochée comme il est dit plus haut pages 265 et 267.

(*Nous rappelons que si c'est un poulet en chair, mais maigre cependant, que ce sera une excellente chose de le piquer ou de le barder.*) *J'engage aussi à mettre dans le corps un peu de sel et de poivre; même de beurre, si la volaille est maigre. Quelques personnes y mettent un oignon moyen coupé en deux ou en quatre; ce n'est pas une pratique à dédaigner, mais il faut consulter les goûts avant de l'employer. On peut aussi hacher le gésier et le foie, les mélanger avec un peu de chair à saucisses et des fines herbes hachées fin et en composer une espèce de petite farce pour le poulet.*

La volaille une fois flambée, vidée, embrochée, mettez-la devant un feu vif, mais pas trop ardent cependant en commençant; la peau se crisperait et brûlerait même.

Si vous n'avez pas de tourne-broche, tournez la volaille toutes les cinq minutes. Lorsqu'elle est bien chaude, si elle n'est pas bardée (*on n'arrose pas les volailles bardées, même parfois celles piquées*), enduisez-la de tous les côtés de beurre; saupoudrez d'un peu de sel fin. Continuez de l'arroser et de la tourner toutes les cinq minutes. Si le beurre roussit et prend trop de couleur dans la lèchefrite, mélangez-le de quelques cuillerées d'eau. Si la volaille est bardée, cinq minutes avant qu'elle soit complétement cuite, on fait tomber la barde et l'on fait prendre couleur à la volaille en la rapprochant du feu et en activant ce dernier. (*Pour un poulet il faut environ trois quarts d'heure de cuisson; pour une poularde et un chapon au moins une heure.*) Débrochez, ôtez les ficelles, les brochettes et servez sauce à part.

Je conseille de servir la sauce à part, parce qu'en la servant avec le rôti on crée des difficultés à la personne qui découpe et on l'expose à éclabousser de la sauce sur ses voisins.

Manières diverses d'accommoder les restes de volaille rôtie.
Les restes de poulet rôti peuvent s'accommoder de toutes les manières indiquées pour les restes de veau rôti. Ils sont fort bons froids. Froids, on peut aussi les manger avec accompagnement de tranches de jambon salé et fumé. Surtout disposez les morceaux sur le plat de manière à les rendre appétissants. On peut les ranger en couronne et mettre au milieu une SAUCE RÉMOULADE OU MAYONNAISE, ou, mieux encore, en faire une MAYONNAISE MONTÉE. On peut aussi les mettre en BLANQUETTE, en CAPILOTADE, en SALADE; faire blondir du beurre et les faire réchauffer dedans, en ajoutant, au moment de servir, deux ou trois cuillerées d'eau ou de bouillon; on peut en faire des FRITOTS, etc.

Si les restes de poulet ne sont pas très-considérables, on peut les augmenter par l'adjonction de quelques garnitures, cervelles, ris, champignons, croûtons, etc.

Avec les petits restes, on peut faire des petites CROQUETTES, des CROUSTADES, des COQUILLES, des CASSOLETTES, des RISSOLES de volaille. S'ils sont encore insuffisants pour ces petits mets, recourez à l'adjonction des ris, cervelles, champignons, etc. Les restes de lapin et de veau rôtis vont très-bien avec les restes de poulet rôti.

Cuisses de poulet sur le gril. — Si les cuisses restent et que vous ne vouliez pas les manger froides, saupoudrez-les légèrement de sel et poivre, faites griller sur feu vif et servez soit sans aucun accompagnement, soit sur une Maître-d'hôtel, soit sur une sauce Robert, piquante, poivrade, tartare ou rémoulade, même sur une sauce béarnaise ou vénitienne.

Cuisses de poulet au feu d'enfer. — Faites des incisions dessus et dessous; saupoudrez fortement de sel fin et de poivre, surtout de poivre; arrosez d'un peu d'huile; faites griller une ou deux minutes sur feu ardent; servez dans l'assiette où vous les avez préparées. — On peut les accompagner d'une sauce tartare ou rémoulade.

Cuisses de poulet en papillotes. — Faites un petit roux léger, mais assez épais; éteignez avec un quart de verre d'eau ou de bouillon; mettez les cuisses de poulet dont vous avez ôté les pattes; ajoutez une échalote hachée fin et une cuillerée d'eau-de-vie, assaisonnez de sel, poivre, épices. Faites mijoter un quart d'heure, vingt minutes à tout petit feu. Coupez du papier écolier en morceaux assez grands pour envelopper chaque cuisse; beurrez-le, saupoudrez de mie de pain émiettée fin et mélangée avec sel, poivre et persil haché fin. Enveloppez chaque cuisse de poulet dans un morceau de papier ainsi préparé; fermez en roulant tout autour; par une ouverture que vous avez ménagée, faites glisser une partie de la sauce dans laquelle les cuisses ont mijoté et qui doit être assez liée; fermez cette ouverture. Faites griller à feu doux. — On sert enveloppées de leur papier.

Brochette de poulets à la reine, rôt.

Voici pour le moment où il n'y a plus de gibier un rôti délicat et d'un charmant effet :

Prenez des jeunes poulets, un par cinq à six personnes, de ces poulets dits POULETS A LA REINE, tout jeunes, pas beaucoup plus gros que des pigeons et cependant blancs, gros et gras.. (*Voir poulets à la reine.*) Plumez, flambez, videz, piquez fin ou bardez, embrochez, faites cuire une demi-heure à feu vif et servez. S'il y en a plus de deux, on les embroche par le côté.

Les poulets à la reine s'accommodent *aussi de toutes les manières indiquées pour les autres poulets.*

Salade de volaille, entrée et entremets.

Découpez par morceaux une volaille rôtie et bien refroidie ou des restes de volaille rôtie, rangez autour d'une salade, laitue, scarolle, n'importe laquelle; ornez de cornichons, câpres, quartiers d'œufs durs, fourniture de salade hachée comme cerfeuil et estragon. Assaisonnez comme une salade ordinaire, *un peu plus d'assaisonnement.*

Au lieu de l'assaisonnement, on peut verser dessus une sauce ravigote froide.

Mayonnaise de volaille, entrée.

Préparez votre volaille comme pour la salade ci-dessus, seulement, au lieu de l'accommodement ordinaire ou de la ravigote, versez dessus une assez forte sauce mayonnaise.

Mayonnaise montée.

Volaille rôtie aux marrons (poulet, poularde, chapon). — Prenez 60 ou 70 marrons suivant leur grosseur et aussi suivant celle de votre volaille ; faites-les griller dans une poêle ; lorsqu'ils sont presque cuits, épluchez-les sans les briser. Mettez-les dans une casserole avec gros comme un œuf de beurre, ou à peu près la même quantité de gras de lard haché très-fin, sel, poivre; tournez un peu sur le feu pendant huit à dix minutes. Laissez refroidir. Lorsqu'ils sont presque froids, emplissez votre volaille, recousez toutes les ouvertures et procédez comme pour la volaille rôtie ordinaire.

Quelques personnes au lieu de marrons grillés emploient des marrons cuits à l'eau. Faire cuire les marrons à l'eau (Voir table des matières), les éplucher, et procéder de la même manière qu'avec les marrons grillés.

Volaille (poulet, poularde, chapon) AU CRESSON. — La disposer et faire cuire comme la volaille rôtie pag. 270 ; la servir entourée de cresson au naturel ou assaisonné d'un peu de sel, poivre et vinaigre.

Volaille truffée rôtie. — D'ordinaire on ne truffe que les poulardes et les chapons. Les poulets même gras sont réputés indignes de cet honneur... Choisissez une volaille blanche, grasse, bien en chair... n'oubliez pas qu'elle soit jeune... Plumez, flambez, videz...

Si vous voulez que votre volaille soit bien truffée, ayez *au moins* deux livres de belles truffes de couleur foncée, bien noires, bien fermes, bien fraîches et parfumées. Brossez-les, lavez-les avec soin dans plusieurs eaux. Pelez-les légèrement de manière à enlever la surface rocailleuse, hachez ces épluchures avec quelques-unes des plus petites, mélangez avec une livre de chair à saucisses un peu grasse. Mettez ce mélange et les truffes entières, assaisonnés de sel, poivre, épices, dans une casserole sur le feu ; laissez sur feu doux pendant un quart-d'heure... Versez dans un plat et laissez presque refroidir. Une fois votre farce à peu près refroidie, mettez-en la plus grande partie dans l'intérieur de votre volaille et le reste dans le creux de l'estomac. Vous aurez soin de glisser quelques tranches de truffes sous la peau des ailes. Recousez bien toutes les ouvertures. Laissez votre volaille se parfumer ainsi deux ou trois jours en été, six en hiver; selon que le temps est plus ou moins froid.

Au bout du temps convenable, mettez-la à la broche couverte d'une barde très-mince et enveloppée complétement d'un papier beurré. Il faut bien une heure et demie pour la cuisson. Dix minutes avant sa complète cuisson; retirez le papier et faites prendre couleur, débrochez et servez avec une sauce périgueux dans un saucier.

Les restes de volaille truffée sont excellents froids. Servez rangés autour d'un plat avec le reste de la farce au milieu.

On peut aussi les accommoder de toutes les manières indiquées pour les restes de volaille rôtie.

Volaille au jus, entrée.

Prenez une poularde ou un chapon; disposez comme pour entrée (Voir pag. 268); piquez ou bardez si vous voulez ; mettez dans une casserole où la volaille soit à l'aise, mais pas trop grande cependant; rangez autour un pied de veau coupé en morceaux, le gésier de la volaille, des rognures et débris de viandes crues, une carotte coupée en rouelles, un oignon piqué de 2 clous de girofle, un peu de thym, une demi-feuille de laurier, une branche de persil, une toute petite tige de céleri, sel et poivre. Couvrez d'eau ou de bouillon, si vous en avez, de manière que le tout baigne ; couvrez d'un papier beurré pour empêcher votre volaille de noircir. Laissez mijoter une heure à partir du moment où elle commencera à bouillir... Retirez votre volaille et la laissez chaudement.

Passez la cuisson, remettez-la sur grand feu de manière à ce qu'il ne reste que la quantité de sauce nécessaire ; vous l'écumerez bien. Goûtez ; remettez un peu d'assaisonnement, s'il y en a besoin ; colorez légèrement avec un peu de caramel ; dégraissez. Mettez la sauce dans le plat, la volaille bien blanche au milieu. Ornez le plat de ronds de citron, si vous voulez donner à votre mets un plus grand air.

On peut faire une volaille au jus avec une poule quand elle n'est pas par trop vieille. Il faut la faire cuire plus longtemps. La poule au jus est un bon mets, mais bien moins délicat que le chapon ou la poularde au jus.

Volaille au macaroni, entrée.

Disposez et faites cuire comme la volaille au jus ; servez sur un macaroni à l'Italienne (*Voir table des matières*), auquel vous aurez ajouté le jus de la volaille très-réduit.

Volaille à la financière, entrée.

Disposez et faites cuire comme la volaille au jus ; servez sur un ragoût financière, blanc ou brun (*Voir pag.* 116) auquel vous aurez ajouté le jus de la volaille très-réduit.

Poulet au blanc, entrée.

Plumez, flambez, videz, épluchez votre poulet, disposez comme pour entrée (Voir pag. 268).

Mettez dans une casserole 125 grammes de beurre et une cuillerée à bouche comble de farine ; laissez fondre et mêlez ; ajoutez deux verres d'eau tiède ; remuez ; mêlez avec une mouvette de bois ; après un ou deux bouillons mettez votre poulet, un oignon, sel, poivre, un bouquet garni. Laissez mijoter pendant au moins une heure et demie, espace de temps pendant lequel vous tournez votre poulet une ou deux fois ; ôtez votre poulet, que vous avez soin de bien égoutter dans la casserole pour le débarrasser de la sauce qu'il pouvait avoir dans le corps ; mettez-le dans le plat et tenez-le chaudement. Liez la sauce, dont vous avez retiré oignon et bouquet, de la manière suivante :

Mettez dans un bol ou une assiette deux jaunes d'œufs bien débarrassés de leurs blancs ; mêlez-les bien, soit seuls, soit avec deux ou trois cuillerées de bonne crême épaisse. Lorsqu'ils sont bien mêlés, versez-y un peu de sauce que vous avez mis refroidir à part, mêlez bien encore, puis le mélange bien fait, versez peu à peu, de la main gauche, cette liaison dans la sauce qui est dans la casserole que vous avez eu soin de retirer du feu, et remuez en même temps avec une cuillère de la main droite. Remettez sur le feu... faites prendre en remuant toujours et quand la sauce commence à épaissir, versez sur le poulet. Il ne faut pas laisser bouillir la sauce car elle tournerait.

Si l'on veut varier le goût de ce mets ou augmenter son importance, on peut le garnir de salsifis, de pommes de terre, de carottes, de champignons, de ris, de cervelles, de quenelles... et au moment de le servir, l'orner de croûtons frits et même pour les jours de gala d'une douzaine de petites écrevisses.

Poulet au blanc aux salsifis. — Ratissez vos salsifis et jetez-les à mesure que vous les apprêtez dans un vase où vous aurez mis de l'eau avec un demi-verre de vinaigre ; jetez-les dans l'eau bouillante pour les blanchir... retirez-les et mettez-les en même temps que le poulet dans la sauce. Terminez de la même manière que s'il n'y avait pas de salsifis... Mettez le poulet sur le plat ; autour, les salsifis que vous prenez avec l'écumoire ; liez la sauce et versez-la sur les salsifis.

Aux carottes. — Vous épluchez et lavez bien quinze

à vingt petites carottes nouvelles, mettez-les dans la sauce en même temps que le poulet, terminez comme le poulet aux salsifis.

Aux pommes de terre. — Épluchez et lavez quinze à vingt petites pommes de terre nouvelles; puis procédez comme pour le poulet aux carottes.

A la jardinière. — Mettez dans la sauce cuire en même temps que le poulet, une ou deux pommes de terre, une carotte, un navet coupés en petits carrés pas plus grands que le bout du petit doigt ; une poignée de petits flageolets ; puis, un peu plus tard, des petits pois verts ; enfin au dernier moment quelques haricots verts, quelques petits choux de Bruxelles ; quelques morceaux de choux-fleurs, cuits dans de l'eau et du sel, mais très-peu de temps avant de servir, de manière qu'ils restent bien intacts. Otez et égouttez votre poulet et liez la sauce les légumes dedans. Servez les légumes autour du poulet.

Aux champignons. — Quand votre poulet est cuit, vous ajouterez dans la sauce vingt-cinq à trente champignons que vous avez fait blanchir cinq minutes dans l'eau bouillante ; faites jeter un ou deux bouillons ; ôtez votre poulet et liez la sauce sans ôter les champignons.

Aux cervelles, aux ris, aux quenelles. — Quand le poulet est presque cuit, vous faites jeter quelques bouillons dans la sauce, soit aux cervelles, soit aux ris, soit aux quenelles préparés pour garniture (*Voir table des matières*). On ôte les cervelles, les ris, les quenelles, le poulet, puis on lie la sauce que l'on verse sur le poulet et la garniture.

Souvent, lorsqu'on veut faire une garniture plus soignée, on ajoute aux cervelles, ris, quenelles et champignons, des crêtes et des rognons de coq, quelques tranches de truffes ; on a alors le POULET A LA SAUCE

FINANCIÈRE AU BLANC. C'est d'un très-joli effet de l'orner de croûtons frits et de petites écrevisses.

Fricassée de poulet, entrée et garniture.

Quand votre poulet est plumé, flambé, vidé, coupez-le par morceaux comme il est indiqué page 269.

Faites-le tremper une heure ou deux dans de l'eau tiède pour le faire blanchir, changez l'eau si elle est trop chargée. Egouttez vos morceaux dans une passoire.

Faites votre sauce comme pour le poulet au blanc, mettez-y vos morceaux de poulet, laissez mijoter une heure et demie. Otez vos morceaux de poulet et rangez-les dans le plat de la manière suivante :

D'abord, au milieu du plat, le cou et les morceaux les moins présentables ; autour, formant la pyramide, les ailes et les cuisses ; tout au-dessus, le morceau des blancs, le foie, la tête ; tout autour de cette pyramide, la garniture s'il y en a.

Liez votre sauce comme celle du poulet au blanc.

On peut aussi mettre dans la fricassée de poulet des champignons, des ris, des cervelles, des quenelles, des fonds d'artichauts, etc.

Vol-au-vent à la fricassée de poulet. — Faire une croûte de vol-au-vent (*Voir à la table des matières*); la garnir au moment de servir d'une fricassée de poulet.

Recouvrez avec le couvercle de la croûte.

Tourte à la fricassée de poulet. — Faire une croûte de tourte (*Voir à la table des matières*); la garnir d'une fricassée de poulet.

Excellente manière d'accommoder les restes de fricassée de poulet.

Prenez chaque morceau, entourez-le de la sauce, trempez-le dans de la mie de pain émiettée. Cassez un ou deux œufs avec une cuillerée d'huile, battez comme pour omelette; trempez-y chacun de vos morceaux panés et panez-les de nouveau; faites frire et servez ornés de persil frit.

Autre manière. — S'il y avait dans votre fricassée une garniture quelconque telle que champignons, cervelles, ris, quenelles, fonds d'artichauts, épluchez la chair d'autour les os de poulet, coupez par tout petits morceaux, coupez aussi les champignons, ris, cervelles, etc.; mêlez avec la sauce, faites des petits tas auxquels vous donnez la forme de boulettes ou de gros bouchons, panez, trempez dans de l'œuf et panez de nouveau, faites frire. Cette manière vous donne un mets encore plus délicat que la précédente.

Petites croustades de fricassée de poulet. — Otez les os des restes de fricassée; coupez en morceaux à peu près réguliers; la garniture, s'il y en a, en tout petits morceaux; faites réchauffer à feu très-doux en remuant avec soin pour empêcher la sauce de tourner; une fois chauds, servez dans de petites croustades, le morceau de poulet au milieu, la garniture autour; versez la sauce dessus; s'il ne restait pas de sauce avec les restes de fricassée, faites-en avec un peu de beurre et de farine que vous faites fondre ensemble, mouillez d'un quart de verre d'eau; faites mijoter quelques minutes; mettez-y les restes de fricassée; faites chauffer quelques minutes sans bouillir; liez au jaune d'œuf ou au jaune d'œuf et à la crème; versez dans les croustades. (*Voir croustades.*)

Fricassée de poulet très-prompte. — Lorsqu'on est pressé, voici une méthode de fricassée de poulet que je conseille, la cuisson demande en tout vingt minutes.

Coupez votre poulet comme il est dit pag. 269. Mettez les morceaux dans une casserole avec environ 125 grammes de beurre, faites cuire à feu vif... ôtez-les de la casserole. Ajoutez à la cuisson une cuillerée de farine, sel, poivre, un verre d'eau, une cuillerée d'eau-de-vie, faites bouillir quelques minutes à feu vif. Réchauffez les morceaux de poulet dans cette sauce. Dressez sur le plat ; liez et servez.

Fricassée de poulet à la Saint-Lambert, entrée.

Faites cuire dans deux litres de bouillon ou d'eau, assaisonnés de sel, poivre et épices, deux carottes, quatre oignons, deux navets, trois pieds de céleri et un bouquet garni. Les légumes étant cuits, retirez-les de l'eau et passez-les en purée.

Faites blondir 125 grammes de beurre, mettez-y votre poulet coupé en morceaux, mettez la cuisson des légumes, faites cuire et réduire à grand feu ; rangez votre poulet dans le plat.

Mettez votre purée de légumes dans la sauce, faites chauffer et servez comme garniture autour de votre poulet.

Poulets à la crapaudine, entrée.

Vous prenez de jeunes poulets de la grosseur d'un gros pigeon, deux pour six personnes. Vous les plumez, flambez, épluchez, videz comme il est indiqué pag. 265. Fendez-les par le dos dans toute leur longueur, ouvrez, aplatissez sur la table, fortement, avec la main. Vous les maintenez dans cette position avec la main gauche, puis vous passez une brochette qui les traverse dans toute leur largeur en commençant par le rebord du dos fendu, passant par la cuisse, le bas du bréchet et l'autre cuisse et enfin par l'autre rebord du dos ; avec une autre brochette, vous maintenez les ailes dans leur position ; enfin, avec une troisième vous maintenez la tête entre les épaules et vous traversez le poulet dans toute sa longueur. (*Voir pag.* 263, *fig.* 3.) Saupoudrez des deux côtés avec sel et poivre.

Mettez dans une poêle ou un plat à sauter, 125

grammes de beurre ; faites blondir légèrement ; mettez-y vos poulets à plat ; faites prendre légèrement couleur des deux côtés. Otez-les après les avoir bien arrosés de beurre de tous les côtés. Laissez-les refroidir un peu, trempez-les dans un œuf battu avec une cuillerée d'huile, un peu de sel et de poivre, puis dans de la mie de pain émiettée, passée à la passoire et mêlée avec des fines herbes hachées fin. Mettez sur le gril à feu doux dix minutes au moins de chaque côté.

Servez sur la sauce que vous avez préparée de la manière suivante :

Mettez dans le reste du beurre qui vous a servi pour vos poulets une petite poignée d'échalote hachée très-fin ; tournez deux minutes sur le feu ; ajoutez un bon verre de bouillon ou d'eau ; assaisonnez de sel et poivre ; faites réduire, en mijotant, de moitié ; ajoutez une cuillerée à café de vinaigre ; versez dans le plat et servez les poulets dessus.

Les poulets à la crapaudine peuvent se servir aussi sur une sauce piquante, une sauce poivrade, une sauce tomate, une sauce béarnaise, et aussi sur une sauce tartare ; servis sur cette dernière sauce, ils prennent le nom de POULETS A LA TARTARE.

Poulet à la diable, entrée.

Fendez-le par le dos, ouvrez-le, aplatissez-le et maintenez-le par des brochettes comme le poulet à la crapaudine, *seulement au lieu de le paner* enduisez-le d'huile ; saupoudrez de sel et poivre ; faites cuire sur le gril à feu assez vif ; ôtez les brochettes et servez sur sauce poivrade.

Poulet à la bourguignonne, entrée.

En tuant le poulet mettre le sang de côté.

Mettez dans une poêle ou un plat à sauter 125 grammes de beurre... faites blondir ; mettez-y votre poulet coupé en morceaux et 15 à 20 petits oignons gros comme le bout du doigt, sel, poivre, muscade, épices; faites sauter et prendre couleur à feu vif; ajoutez la moitié d'un verre de vin rouge et la moitié d'un verre d'eau ou de bouillon; faites bouillir une demi-heure; rangez votre poulet dans le plat; liez peu à peu la sauce avec le sang que vous avez mis de côté et battu pour l'empêcher de se mettre en caillots. (*Voir liaison au sang.*) Versez sur le poulet.

Il faut que le poulet à la bourguignonne soit assez relevé.

Poulet à la paysanne, entrée.

Mettez dans une casserole deux cuillerées d'huile d'olive, gros comme un œuf de beurre, votre poulet coupé en morceaux, mettez sur feu vif jusqu'à ce que le poulet ait pris couleur. Ayez soin de le tourner de temps en temps. Quand le poulet aura pris une belle couleur, mettez une carotte et deux oignons coupés en rouelles très-minces, deux branches de persil et un verre d'eau ou de bouillon, sel et poivre; faites mijoter une demi-heure et servez.

Poulet à l'estragon, entrée.

AU BLANC. — Mettez dans l'intérieur de votre poulet gros comme la moitié d'un œuf de beurre mêlé avec une petite poignée d'estragon haché très-fin; recousez et apprêtez votre poulet pour entrée. (*Voir page* 268.) Procédez alors comme pour le poulet au blanc, (*page* 276). Lorsque le poulet est cuit, ôtez-le, et mettez une poignée d'estragon haché très-fin dans la sauce; liez comme la sauce du poulet au blanc; versez sur le poulet.

On peut garnir le poulet à l'estragon au blanc de ris, de cervelles et de quenelles.

Les restes de poulet à l'estragon au blanc peuvent

être utilisés comme ceux du poulet au blanc et de la fricassée de poulet.

Au brun. — Mettez dans l'intérieur de votre poulet beurre, sel, poivre et estragon haché ou non haché.

Faites blondir dans une casserole gros comme un œuf de beurre; lorsqu'il est d'une belle couleur, mettez-y votre poulet pour qu'il prenne couleur, d'abord sur le ventre ensuite sur le dos. Mettez un verre d'eau ou de bouillon, sel, poivre. Faites cuire couvert, à petit feu, une heure et demie environ.

Vous aurez soin de changer votre poulet de côté une ou deux fois pendant la cuisson.

Lorsque votre poulet est cuit, ôtez-le, mettez une poignée d'estragon haché fin dans la sauce, liez d'un peu de fécule délayée dans une cuillerée d'eau, si la sauce est trop claire ; versez autour de votre poulet, servez chaud.

Il arrive quelquefois, si votre poulet a cuit sur feu trop vif, que la sauce est tournée en huile, mettez deux ou trois cuillerées d'eau, remuez avec une mouvette en bois et en détachant le jus qui s'est coagulé au fond et autour de la casserole, votre sauce reviendra parfaitement.

Les poulets à l'estragon peuvent s'accommoder aussi par morceaux ; ils ont plus de succulence, on les dresse en monticule et on les orne si l'on veut de croûtons frits.

Poulet aux olives, entrée.

Préparez votre poulet comme pour entrée (*Voir page* 268).

Coupez en petits morceaux carrés 125 grammes de poitrine de porc.

Faites blondir dans une casserole sur un feu vif gros comme un œuf de beurre; mettez-y votre poulet et les morceaux de lard. Quand ils auront pris une belle couleur, ôtez-les; mettez dans le beurre plein une cuillère à bouche de farine; remuez jusqu'à ce que le beurre et la farine aient pris une belle couleur marron; mettez un verre et demi d'eau ou de bouillon, sel, poivre, un bouquet composé d'une demi-feuille de laurier, d'une toute petite branche de thym et de deux branches de persil. Faites jeter deux ou trois bouillons en remuant pour bien lier la sauce. Remettez le poulet et le lard; faites cuire une heure. Mettez dans la sauce vingt-cinq ou trente olives. (Vous pouvez si vous voulez les débarrasser de leur noyau, détachant la pulpe en tournant tout autour du noyau. On redonne à cette spirale la forme de l'olive qu'elle reprend du reste assez facilement.) Faites bouillir trois ou quatre minutes; servez chaud le poulet au milieu du porc et des olives.

Poulet à la chipolata, entrée.

Préparez votre poulet comme pour entrée. (*Voir page* 268.)

Coupez en petits morceaux carrés 125 grammes de poitrine de porc.

Faites blondir dans une casserole sur feu vif gros comme un œuf de beurre; mettez-y le poulet et les morceaux de porc. Quand ils auront pris une belle couleur, ôtez-les. Mettez dans le beurre plein une cuillère à bouche de farine; remuez jusqu'à ce que beurre et farine aient pris une belle couleur marron; mettez un verre et demi d'eau ou de bouillon, sel, poivre, bouquet garni; faites jeter deux ou trois bouillons en remuant pour bien lier la sauce. Remettez le poulet et le lard et aussi une demi-livre de petites saucisses chipolata. Faites cuire une heure et demie. Une demi-heure avant la cuisson parfaite, vous mettrez 25 marrons grillés et bien épluchés. Servez chaud le poulet entouré de sa garniture.

Si on ne met pas de petites saucisses chipolata, ce mets prendra le nom de POULET AUX MARRONS ; on mettra un peu plus de ces derniers.

Poulet au beurre d'écrevisses, entrée.

Faites blondir gros comme un gros œuf de beurre. Mettez-y votre poulet disposé comme pour entrée (*Voir pag. 268*), un verre d'eau ou de bouillon, sel, poivre. Laissez cuire une demi-heure, trois quarts-d'heure. Otez votre poulet ; faites réduire la sauce à grand feu ; ajoutez 125 grammes de beurre d'écrevisses (*Voir table des matières*). Liez avec un peu de fécule et servez le poulet sur la sauce.

Poulet sauté, entrée.

Faites blondir dans une poêle ou dans un plat à sauter 125 grammes de beurre ; rangez-y votre poulet coupé par morceaux ; saupoudrez de sel et poivre, faites prendre couleur sur feu assez vif... lorsque les morceaux ont pris couleur d'un côté mettez-les de l'autre (*Si votre poulet prenait couleur trop vite modérez le feu*) ; quand votre poulet aura pris couleur et sera cuit, au bout de 25 minutes environ, retirez-le. Mettez dans la casserole où se trouve le beurre plein une cuillère à bouche de farine, remuez 3 ou 4 minutes sur le feu. Puis mouillez avec un verre d'eau et de bouillon. Laissez bouillir pendant 8 ou 10 minutes ; remettez votre poulet pour réchauffer.

SAUTÉ AUX CHAMPIGNONS. — Vous jetez vos champignons épluchés et bien lavés dans de l'eau bouillante pendant une ou deux minutes ; égouttez bien et mettez dans la sauce du poulet en même temps que le verre de bouillon.

Poulet sauté à la marengo, entrée.

Coupez votre poulet par morceaux ; mettez dans une poêle ou un plat à sauter une couche d'huile de l'épaisseur au plus d'un sou ; rangez-y vos morceaux de poulet avec ordre, de manière qu'ils ne soient pas les uns sur les autres; saupoudrez de sel, poivre; mettez une douzaine de petits oignons, gros comme le bout du doigt, une feuille de laurier, la *moitié* d'une gousse d'ail; faites cuire pendant 25 minutes à feu assez vif. Quand les morceaux sont rissolés d'un côté tournez-les de l'autre; enlevez le poulet avec une écumoire; mettez dans la casserole une cuillerée à bouche de farine; remuez sur le feu quatre à cinq minutes; quand le mélange aura une belle couleur marron clair, ajoutez un verre d'eau ou de bouillon et une cuillerée d'eau-de-vie; faites bouillir cinq minutes en remuant avec la cuillère de bois ; dressez le poulet dans le plat, passez la sauce dessus et servez.

Si le poulet n'est pas très-fort pour le nombre de convives que l'on a, ou si l'on veut offrir un plat plus distingué, on peut y ajouter des champignons. On les fait jeter un bouillon dans de l'eau bouillante, on les égoutte bien... puis on les fait bouillir 4 à 5 minutes dans la sauce une fois passée; on les range autour du poulet. Enfin pour orner davantage le plat et l'augmenter, on peut mettre autour du plat des œufs frits (voir ce mot), des croûtons et de petites écrevisses.

Poulet sauté à la minute, entrée.

Lorsqu'on est pressé par le temps, voici une manière prompte d'accommoder un poulet :

Mettez dans une casserole gros comme un œuf de beurre ou 5 à 6 cuillerées d'huile d'olive, votre poulet coupé par morceaux, sel et poivre... Mettez sur feu très-vif en remuant de temps en temps pour empêcher de brûler. Quand le poulet a pris une belle couleur, saupoudrez d'une cuillerée de farine; mettez demi-verre d'eau ou bouillon, une cuillerée d'eau-de-vie, fines herbes (persil, ciboule, échalote), hachées fin; faites bouillir trois minutes à grand feu en tournant avec une cuillère, renversez sur le plat et servez.

Poulet à la bordelaise, entrée.

Disposez le poulet comme pour entrée (*Voir pag.* 268).

Mettez dans une casserole quatre cuillerées d'huile (trois seulement si le poulet est gras), sel, poivre... puis le poulet, une vingtaine de petits oignons gros comme le bout du doigt, épluchés bien soigneusement de manière à ce qu'ils ne se défassent pas pendant la cuisson et une petite gousse d'ail ; faites prendre couleur à feu vif ; ajoutez un verre et demi d'eau, auquel vous aurez mélangé trois cuillerées de purée de tomates et une cuillerée d'eau-de-vie, du persil haché fin, puis un bouquet garni... Faites cuire une heure ; ôtez le bouquet ; dégraissez et liez la sauce s'il en est besoin avec un peu de fécule ou de farine (*Voir liaison à la fécule*).

On peut mettre dans le poulet à la bordelaise des champignons : le parfum des champignons y fait très-bien.. On met les champignons dix minutes avant la parfaite cuisson

On peut orner le poulet Bordelaise de croûtons frits.

Poulet au jambon, entrée.

Faites blondir gros comme un œuf de beurre ; faites-y revenir le poulet coupé en morceaux et 125 grammes de jambon fumé coupé en petites tranches.. que vous aurez eu soin de faire dessaler une heure ou deux ; ajoutez un verre d'eau ou de bouillon et deux cuillerées d'eau-de-vie... persil et ciboule hachés fin... faites cuire à feu doux. Disposez les morceaux sur le plat ; liez la sauce avec un peu de farine ou de fécule. (*Voir liaison à la fécule*).

Les champignons vont bien avec ce ragoût.

Poulet à la cinq clous, entrée.

Prenez un chapon, une poularde ou un beau poulet,

bien gras, bien blanc, bien en chair. Disposez-le comme pour entrée (*voir pag.* 268).

Prenez une grosse truffe ou deux moyennes ; taillez-les en dix morceaux, en long, en forme de petites chevilles ; au moyen d'une lardoire, passez ces petites chevilles dans le blanc de votre volaille, cinq d'un côté, cinq de l'autre.

Mettez votre volaille dans une casserole ou une petite braisière de manière qu'elle n'ait pas trop d'espace ; couvrez-la d'eau... rangez autour un pied de veau, un morceau de jarret de bœuf, ronds de carotte, oignons, bouquet garni. Assaisonnez d'un peu de sel, et d'un peu de poivre. Couvrez d'un papier beurré, faites cuire une heure, une heure et demie. Otez votre volaille et tenez-la chaudement.

Passez le jus... prenez-en la moitié ou le quart ; mettez-y les épluchures de la truffe qui vous a servi à faire les clous et une ou deux autres truffes coupées en tranches ; faites réduire à grand feu ; goûtez, assaisonnez et servez autour de votre volaille.

Chapon et poularde au gros sel, entrée et relevé.

Dressez comme pour entrée (*voir pag.* 268) ; mettez dans une casserole ou daubière pas par trop grande ; couvrez d'eau ; mettez sel, poivre, bouquet garni, carottes, oignons, un pied de veau, débris de viande, gésier, etc. Couvrez d'un papier beurré pour empêcher de noircir. Faites cuire une heure et demie à deux heures ; ôtez la volaille et tenez-la chaudement.

Passez la cuisson et faites réduire à très-grand feu ; colorez d'une belle couleur avec un peu de caramel ; goûtez ; assaisonnez. Versez la sauce dans le plat et posez votre volaille dessus.

Poule au riz, entrée et relevé.

Vous procédez de la même manière que pour le

chapon au gros sel, seulement il faut faire cuire votre poule plus longtemps.

Otez votre poule et tenez-la chaudement.

Passez votre cuisson comme vous avez fait pour le chapon au gros sel; colorez légèrement; faites-la réduire un peu à grand feu de manière qu'il vous en reste à peu près un litre et demi; mettez-y 125 grammes de riz lavé à l'eau tiède; faites mijoter. Quand le riz est bien crevé, goûtez; assaisonnez, mettez dans le plat, puis posez votre poule dessus.

Chapon, poularde, poule aux tomates, entrée et relevé.

Votre volaille, cuite comme nous l'avons indiqué pour le chapon au gros sel, peut se servir et est très-bonne sur une sauce tomate. Votre cuisson n'est pas perdue pour cela, vous pouvez l'employer si vous avez besoin de jus, ou encore en en mettant une petite quantité dans les sauces que vous voulez améliorer.

Poule aux oignons, entrée.

Mettez dans une casserole gros comme un œuf de beurre; faites-le blondir; mettez-y votre poule pour prendre couleur en la tournant de l'autre côté quand le premier est coloré; ôtez-la quand elle est colorée.

Mettez dans le même beurre une demi-livre de poitrine de porc, pas trop grasse, coupée par morceaux carrés.. faites-lui aussi prendre couleur; ôtez les morceaux de porc avec l'écumoire.

Mettez dans le beurre une cuillerée à bouche comble de farine, remuez avec la mouvette de bois jusqu'à ce que le mélange soit également d'une belle couleur marron foncé. Eteignez en versant deux verres d'eau; mélangez bien... faites jeter deux ou trois bouillons; mettez alors la poule, les morceaux de lard, quinze à vingt oignons gros comme une noix, sel, poivre, bouquet garni, une carotte coupée en rouelles; faites cuire deux ou trois heures suivant l'âge de votre poule. (*Si la poule exigeait plus de deux heures de cuisson, on ferait bien de mettre les morceaux de porc et les oignons un peu plus tard.*) Goûtez pour l'assaisonnement; ôtez le bouquet; dégraissez si la sauce est trop grasse. Servez la volaille avec sauce, porc et oignons autour.

(*Il arrive quelquefois qu'à force de bouillir la sauce tourne en huile, ne vous désespérez pas*). Otez votre volaille, ôtez la moitié de la graisse et mettez à la place dans la casserole un demi-verre d'eau tiède, faites jeter un ou deux bouillons en remuant avec la mouvette et détachant le jus qui s'est coagulé aux côtés et au fond de la casserole... versez autour de la poule.

Si on le préfère, on peut couper la poule en morceaux, ce n'en est que plus succulent.

On peut mettre aussi un poulet aux oignons; mais alors il faut moins de temps de cuisson.

Poule au kari, entrée.

Ayez une bonne poule pas trop vieille; faites-la revenir sur le feu avec gros comme un œuf de beurre, 250 grammes de poitrine de porc coupée en morceaux, sel, poivre, plein comble une cuillère à café de kari (*Plus ou moins suivant que l'on aime un assaisonnement plus ou moins fort*), une feuille de laurier, deux clous de girofle; faites revenir jusqu'à ce que le tout soit un peu coloré; ajoutez deux cuillerées de farine; mouillez avec deux verres d'eau ou de bouillon; faites cuire.

On peut ajouter à ce ragoût des petits oignons, des champignons et même des aubergines, etc.

Le poulet au kari se fait de la même manière que la poule au kari, seulement il faut moins de temps de cuisson.

On peut, si on le préfère, couper la poule ou le

poulet en morceaux, le mets ne fera qu'y gagner.

Daube ou galantine de volaille, entrée, rôt et entremets.

Plumez, flambez, videz une volaille, *soit poule, poularde ou chapon; les volailles jeunes sont plus délicates, il faut cependant qu'elles soient ce qu'on appelle faites, qu'elles aient au moins de dix à douze mois.* Coupez les pattes et les ailerons; désossez-la en vous y prenant de la manière suivante : Fendez la peau du dos dans toute sa longueur; puis, vous aidant du couteau et des mains, détachez la chair des os en longeant les os des côtes et ceux du bréchet, en laissant le moins de chair possible sur les os et sans surtout trouer la peau.

Hachez ensemble 375 grammes de veau et autant de poitrine de porc frais. (*Les peaux et les os ne sont pas comptés bien entendu.*) Assaisonnez avec sel, poivre et épices.

Pour l'assaisonnement des farces en général, on ne peut donner une règle absolue; c'est d'en faire cuire gros comme une noisette et d'en goûter avant de l'employer.

Préparez à même la chair des cuisses et des ailes de la volaille des filets de la grosseur du petit doigt. *On peut aussi y ajouter des filets (petites languettes) de jambon cru, de veau et de porc frais.*

Etendez votre volaille désossée, la peau du côté de la table; couvrez alors la surface intérieure qui se trouve en dessus d'une couche légère de la farce de veau et de porc frais que vous avez préparée; enfoncez-en dans les cavités qu'ont laissées les os des ailes et des cuisses; rangez, en les entremêlant, les petits filets de veau, jambon, porc, volaille; remettez une couche de farce; puis une couche de volaille, de filets de jambon, etc. Et ainsi de suite jusqu'à ce qu'il y en ait assez pour remplir complétement votre volaille ; *vous avez intercalé, parmi les couches de farce et de filets, le foie, les poumons, le cœur de votre volaille ;* relevez les deux côtés de votre volaille, rapprochez-les et cousez-les ensemble de manière à redonner autant que possible la forme primitive.

Enfermez votre daube dans un linge, ficelez-la soigneusement ; placez-la dans une daubière ou dans une grande casserole à pleine eau avec un jarret de veau et la moitié d'un pied, sel, poivre, oignons, carottes coupées en rouelles, rognures, os et débris de veau, de lard, et de votre volaille, une feuille de laurier, une petite branche de thym, deux clous de girofle ; faites cuire cinq heures ou six suivant la dureté de la volaille. Otez votre daube et ne la défaites du linge que lorsqu'elle est presque refroidie ; passez, dégraissez le jus, colorez-le avec un peu de caramel, clarifiez-le (*Voir Clarification du jus page* 120), et versez-le autour de la daube.

On peut aussi disposer une daube de la manière suivante ; elle forme un plat d'un plus bel effet : Ne versez autour de la daube que la moitié du jus. Laissez refroidir le reste à part ; un instant avant de servir la daube, hachez fin cette gelée ; mettez-en une partie sur le dessus de la daube, l'autre partie en petits tas autour ; l'ensemble formera à l'œil des espèces de cristallisations topaze d'un assez bel effet.

Blanquette de volaille, entrée.

Se fait comme la blanquette de veau (*page* 212).

Couper les morceaux de volaille aussi égaux et aussi réguliers que possible.

Capilotade de volaille, entrée.

Se fait de la même manière que la capilotade de veau (*Voir la recette page* 199).

Fritots de volaille, petite entrée.

Coupez en morceaux un jeune poulet ; mettez dans une terrine avec sel, poivre, quatre cuillerées de vinaigre ; laissez mariner deux ou trois heures en remuant de temps en temps ; faites égoutter.

Mettez dans une assiette creuse deux œufs (jaune et blanc), sel, poivre, une cuillerée d'huile et une cuillerée d'eau, battez comme pour une omelette. Trempez-y l'un après l'autre, chaque morceau de poulet, farinez-le ; retrempez-le dans l'œuf et terminez en le roulant dans de la mie de pain émiettée. Faites frire ; égouttez un instant sur la passoire et servez garni de persil frit.

On peut également faire des fritots de volaille avec des restes de poulet cuit.

Quelques personnes, au lieu de tremper, fariner et paner chaque morceau de volaille, se contentent de le tremper dans la pâte à frire. Je conseille, comme plus délicate, la première manière.

Papillotes de poulet, petite entrée.

Dépecez le poulet, enduisez chaque morceau de beurre fondu et trempez ensuite dans de la mie de pain émiettée fin et assaisonnée de sel, poivre et fines herbes hachées fin ; enveloppez chaque morceau dans du papier beurré ; faites cuire sur le gril à feu doux ; servez avec le papier.

Croquettes de volaille, petite entrée.

(*Voir croquettes page* 122.)

Rissoles de volaille, petite entrée.

(*Voir rissoles, page* 123.)

Cassolettes de volaille, petite entrée.

Se font comme les cassolettes de veau. (*Voir cassolettes de veau page* 225.)

Croustades de volaille, petite entrée.

Se font comme les croustades de veau. (*Voir croustades de veau page* 226.)

Coquilles de volaille, petite entrée.

Se font comme les coquilles de veau. (*Voir coquilles de veau page* 226.)

Quenelles de volaille, garniture.

(*Voir quenelles, page* 121.)

Foies de volailles, entrée.

Les foies de volailles sont un manger très-délicat ; si l'on peut en réunir une certaine quantité, c'est une bonne fortune.

Les couper en languettes minces et les apprêter comme les ROGNONS DE MOUTON SAUTÉS.

Crêtes de coq et rognons de coq, garniture.

Mettez les crêtes de coq dans une casserole avec assez d'eau pour qu'elles baignent entièrement ; mettez sur feu vif et tournez avec une cuillère ; aussitôt que la petite peau de dessus commence à se soulever, retirez la casserole du feu et mettez-y de l'eau froide de manière à rendre l'eau moins chaude et que les crêtes ne cuisent pas, ce qui les empêcherait de dégorger ; enlevez la petite peau des crêtes et mettez-les pendant plusieurs heures tremper dans de l'eau salée ; au bout de cinq à six heures, ôtez-les de l'eau salée et mettez-les dans de l'eau froide que vous changez au bout d'un certain temps jusqu'à ce que les crêtes soient bien blanches.

Une fois bien blanches, faites-les cuire avec eau ou bouillon, un peu de beurre et un jus de citron.

Quand elles sont aux trois quarts cuites, ajoutez les rognons de coq ; tournez avec une cuillère, jusqu'à ce qu'ils soient bien fermes ; quelques minutes suffisent ; il faut qu'ils cuisent sans que l'eau bouille, car l'ébullition les abîmerait.

Les crêtes et les rognons de coq ainsi préparés et cuits peuvent être employés comme garniture, il suffit de les ajouter aux sauces où l'on pense qu'ils seront de bon effet; on leur adjoint souvent des morceaux de ris de veau. Ils entrent pour une large part dans la confection des financières dont nous avons donné la recette (*page* 116 et 117), et qui sont de véritables ragoûts et garnitures de gourmets.

DINDES ET DINDONS

Lorsqu'une DINDE ou un DINDON sont jeunes, ils ont les pattes d'une couleur plus foncée que lorsqu'ils sont vieux. Les tout jeunes les ont presque noires.

Pour que l'animal soit de première qualité, il faut qu'il soit bien en chair, qu'il ait la graisse blanche et les pattes fines. Les tout jeunes ont cependant les pattes moins fines que les plus âgés.

Les dindes sont plus petites, mais de chair plus délicate que les dindons. On reconnaît les mâles à un bouquet de crins noirs qu'ils ont sur la poitrine et aussi à la longueur de leur crête.

Les dindes et dindons se saignent.

Quant à la manière de les tuer, de les plumer et de les vider *voir les instructions générales sur la manière de tuer, plumer et vider les volailles, page* 264 *et suiv.*

On a l'habitude, pour les dindes et dindons, surtout lorsque ces bêtes sont fortes, d'accommoder les ABATTIS à part. Le cou, la tête, les ailerons, le gésier, quelquefois aussi les pattes, constituent ce qu'on a l'habitude d'appeler ABATTIS. On coupe le cou entre les deux épaules; mais en laissant assez de peau pour pouvoir la rabattre et la coudre un peu sur le dos; on sépare les ailerons des ailes à la première jointure; si on enlève les pattes pour les joindre aux abattis, on en laisse une partie.

Manière de découper les dindes et dindons. — Lorsqu'ils sont petits et qu'on a laissé les abattis, ce que nous avons dit pour la dissection des poulets peut servir pour celle du dindon ou de la dinde. Lorsqu'ils sont très-forts, on peut faire ce qu'on appelle le BONNET D'ÉVÊQUE; c'est-à-dire que l'on détache d'un seul morceau les cuisses et les reins de la partie antérieure : détachez les cuisses en longeant le bréchet et vous arrêtant à l'os de l'échine, saisissez le bout des pattes d'une main et renversez les cuisses vers les épaules en maintenant de la main droite, avec le couteau, le commencement des reins. Le morceau des cuisses et des reins ne se débite pas et est envoyé à la cuisine pour un autre repas.

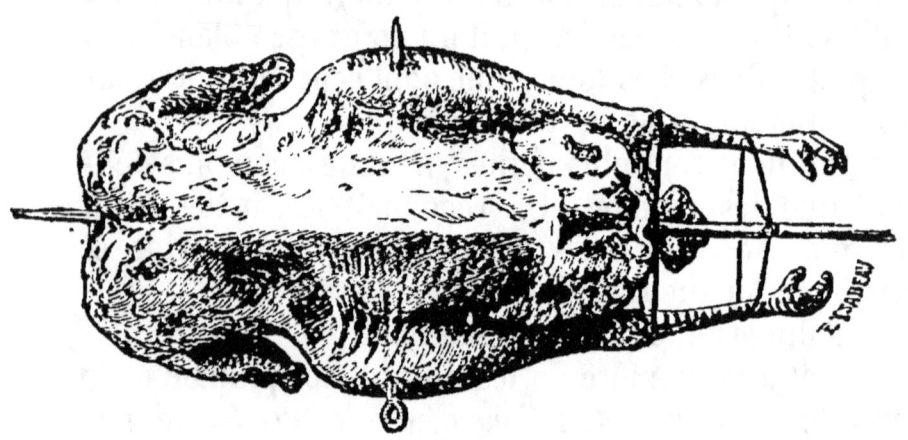

Dindon embroché.

Quant à l'autre moitié, on enlève les ailes que l'on coupe en morceaux plus ou moins gros, puis les blancs. Quelquefois au lieu d'enlever les ailes et ensuite de les couper en morceaux, on les découpe, à même l'animal, en petites lames de la forme d'une écaille d'huître et de l'épaisseur d'un décime.

Dindon ou dinde à la broche. — Plumez, videz, coupez les abattis, rabattez la peau du cou sur le dos et cousez, cousez également la fente par laquelle vous avez vidé l'animal dans l'intérieur duquel vous pouvez mettre un oignon coupé en quatre, un morceau de beurre et sel et poivre, piquez ou bardez. 17.

Embrochez et faites cuire comme la volaille à la broche, mais une heure et demie au lieu d'une heure.

Manières diverses d'accommoder les restes de dindon rôti. — Ils s'accommodent de toutes les manières dont on accommode les restes de volaille rôtie. (*Voir page* 271.)

Dindonneau à la broche. — Le dindonneau est beaucoup plus délicat que le dindon ou la dinde. On ôte ou on laisse les abattis; on le pique ou on le barde; faire cuire une heure comme la volaille à la broche.

Dindon, dinde, dindonneau farcis aux marrons. — (*Voir volaille rôtie aux marrons page* 273.) Seulement on emploie un peu plus de marrons et on laisse cuire une heure et demie au lieu d'une heure.

Dinde truffée. — (*Voir volaille truffée page* 274.) Seulement on emploie un peu plus de truffes et on laisse cuire un peu plus de temps.

Les dindons, dindes, dindonneaux peuvent s'accommoder :

Au JUS. (*Voir volaille au jus page* 275.)

Au MACARONI. (*Voir volaille au macaroni page* 276.)

A LA FINANCIÈRE. (*Voir volaille à la financière page* 276.)

AU BLANC. (*Voir poulet au blanc page* 276.)

EN FRICASSÉE. (*Voir poulet en fricassée page* 279.)

AUX OLIVES. (*Voir poulet aux olives page* 284.)

A LA CHIPOLATA. (*Voir poulet à la chipolata page* 285.)

A LA BORDELAISE. (*Voir poulet à la bordelaise page* 288.)

AU RIZ. (*Voir poule au riz page* 289.)

AUX TOMATES. (*Voir chapon aux tomates page* 290.)

AUX OIGNONS. (*Voir poule aux oignons page* 290.)

EN GALANTINE. (*Voir daube ou galantine de volaille page* 292.) Il faut un plus grand poids de viande et de farce pour la garnir.

En mayonnaise. (*V. mayonnaise de volaille pag. 273.*)

Abattis de dinde à la bourgeoise, entrée.

Épluchez bien les abattis ; détachez la tête du cou ; coupez le cou en trois, les ailerons en trois, le gésier en trois ou quatre.

Faites blondir gros comme un œuf de beurre ; faites revenir de belle couleur une demi-livre de poitrine de porc coupée en morceaux carrés de la dimension d'un domino ordinaire, mais un peu plus épais ; ôtez-les. Mettez dans la casserole plein une cuillère à bouche de farine, remuez sur feu vif jusqu'à ce que beurre et farine aient pris une belle couleur marron ; eignez avec deux verres d'eau ; mettez le lard, les abattis, une carotte coupée en ronds, deux ou trois navets, oignons, bouquet garni, sel, poivre, et *un peu plus tard* quelques pommes de terre. Laissez cuire une heure et demie à deux heures, ôtez le bouquet, dégraissez, s'il est besoin ; servez abattis au milieu, légumes autour.

Abattis de dinde aux navets, entrée.

Se font comme les abattis à la bourgeoise ; seulement on n'y met, en fait de légumes, que des navets que l'on fait revenir auparavant dans un peu de beurre et de sucre.

Abattis de dinde à la chipolata, entrée.

Se font comme les abattis à la bourgeoise ; seulement, au lieu des légumes, on y met des petites saucisses chipolata et des marrons grillés ; les saucisses 20 minutes avant la parfaite cuisson des abattis, les marrons 10 minutes.

Abattis de dinde à la bordelaise, entrée.

Se font comme la poitrine de veau à la bordelaise.

Abattis de dinde en fricassée de poulet, entrée.

Épluchez et coupez en morceaux ; mettez tremper une heure dans l'eau tiède pour blanchir... puis procédez comme pour le fricassée de poulet (*page 279*).

Si l'on n'a que les abattis d'un seul animal, comme le plat serait peu copieux, on fera bien d'avoir recours aux garnitures de ris, de cervelles, etc.

CANARDS.

Les canards de bonne qualité sont gras, bien en chair, ont la graisse blanche, ce qui ne les empêchera pas d'avoir le sang noir.

En les soupesant, ils doivent être, relativement bien entendu, lourds.

Quand ils sont jeunes, le bec fléchit sous la pression des doigts.

Il ne faut pas les prendre trop jeunes; car ils ne seraient pas *faits*, auraient peu de chair et peu de goût. Il est un indice qui peut guider sur ce point lorsqu'on les achète vivants, c'est de s'assurer s'ils sont *croisés*, c'est-à-dire, quand ils marchent, si les extrémités de leurs ailes se croisent.

Le canard est un des meilleurs rôtis et l'un des plus succulents; mais il n'y a que dans la Haute-Normandie où l'on sache manger le canard dans toute sa délicatesse. Partout ailleurs on le saigne ou plutôt on le saignait; car on commence à revenir un peu de cette erreur.

La méthode la plus expéditive pour tuer le canard est de lui enfoncer par le trou qu'il a derrière la tête, à l'endroit où elle se réunit au cou, une longue épingle; en une minute le canard est mort.

Plumez, flambez, videz, épluchez bien tous les étaux, puis coupez la peau du cou deux doigts avant les épaules, repoussez vers les épaules et coupez le cou à la naissance de celles-ci; rabattez le peu de peau du cou que vous avez laissé sur le dos où vous le maintenez en le cousant. On coud également l'ouverture par laquelle on a vidé le canard en ayant soin auparavant de remettre le foie à l'intérieur. On donne un coup de couteau jusqu'à l'os à la jointure de l'aile et de l'aileron; on remonte la peau et la chair jusque sous l'épaule, on casse l'os sous le moignon et l'on rabat les chairs. On replie les pattes sur le dos en les passant entre les cuisses et le corps de l'animal.

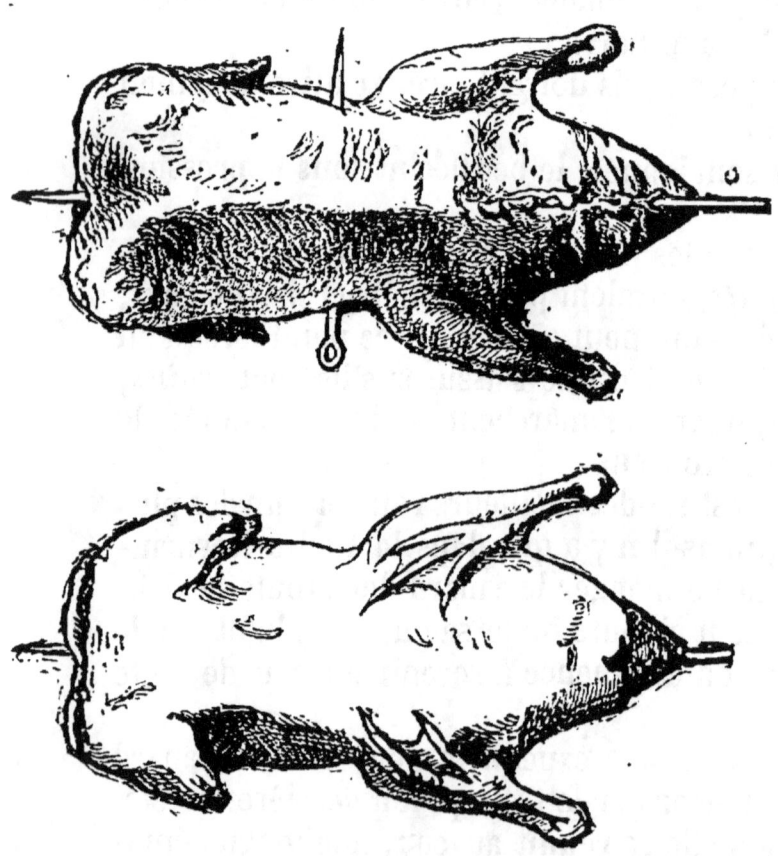

On peut laisser les pattes allongées pour rôti si on le préfère, mais il est indispensable de les replier pour entrée afin de les mettre commodément dans la casserolle.

On DÉCOUPE le canard de la manière suivante :

On débute par donner un coup de couteau tout autour d'une des cuisses que l'on soutient de la main gauche au moyen de la fourchette; on la renverse avec la fourchette, on aperçoit le joint que l'on détache avec le couteau... On la coupe en deux au joint ou on la laisse entière à volonté. Soutenant le canard de la main gauche au moyen de la fourchette, on fait une incision tout le long du bréchet du côté de la cuisse que l'on a enlevée; on soutient l'aile sous le moignon avec la fourchette, et l'on détache, au joint, l'aile de l'épaule avec le couteau ; on soulève avec la fourchette et l'aile se sépare; on a soin de couper avec le couteau les petites fibres qui s'opposeraient au détachement. L'aile ainsi détachée est coupée dans le sens de sa longueur en filets de l'épaisseur du doigt appelés AIGUILLETTES. (*Les aiguillettes se font plus ou moins grosses suivant que l'on a plus ou moins de monde à servir.*)

Il y a un autre système de découpage que je crois devoir enseigner aussi : Après qu'on a fait une incision le long du bréchet, on débite la chair de l'aile par petites lames de la forme d'une écaille d'huître et de l'épaisseur d'un sou. Ce système permet de faire un plus grand nombre de morceaux ; mais ils sont moins succulents.

Une fois l'aile détachée et coupée en aiguillettes, on détache le filet ou hareng collé sur la carcasse le long du bréchet. On procède de la même manière pour l'autre côté du canard. On dispose tous les morceaux régulièrement sur le plat à mesure qu'on les coupe.

Canard à la broche, rôt.

Plumez, videz, flambez et disposez comme il est dit plus haut; embrochez-le; faites-le cuire devant un feu très-vif en le tournant toutes les cinq minutes; laissez-le vingt à vingt-cinq minutes tout au plus, un peu plus longtemps le dos au feu que les trois autres côtés.

Gardez-vous de l'arroser.

Dans le cas où le canard serait en chair, mais peu gras et que vous craigniez qu'il ne brûlât au feu, enduisez-le tout simplement d'un peu d'huile d'olives.

Retirez du feu aux premières gouttes de sang qui tomberont dans la lèchefrite.

On découpe le canard comme nous l'avons indiqué page 301 ; on met les cuisses à une des extrémités du plat, les aiguillettes rangées en couronne tout autour. On égoutte la carcasse pour en faire bien découler tout le sang et on la met sur un plat à part pour être emportée à la cuisine... on pourra l'accommoder en salmis pour le lendemain.

Le jus rouge qui découle du canard rôti est la véritable sauce... On peut l'assaisonner de sel, poivre et un peu d'épices... ou le laisser assaisonner à chaque convive. On peut aussi ajouter à ce jus, un peu d'échalote hachée fin... mais dans le doute du goût de ses convives, il vaut mieux s'abstenir.

On fait quelquefois une farce avec le foie : Faites revenir une échalote hachée fin avec gros comme une noix de beurre ; mettez-y foie et gésier hachés très fin, assaisonnés de sel, poivre, épices... remuez une minute sur le feu et mettez dans le corps de l'animal avant de le faire cuire. Cette farce est bonne ; mais tout le monde ne l'aime pas ; il vaut mieux s'abstenir et faire sur la table le salmis à la minute indiqué page 114.

Cuisses de canard au feu d'enfer. — Parfois on accommode les cuisses du canard rôti de la manière suivante ; c'est une excellente manière surtout lorsque les cuisses sont très-incuites :

Faites des incisions sur le dessus et sur le dessous des cuisses ; saupoudrez de sel fin et surtout de forte poivre ; humectez d'huile d'olives ; mettez griller sur feu ardent, une ou deux minutes. Ce mets est excitant, digestif ; mais irritant.

Manières diverses d'accommoder les restes de canard rôti.

La meilleure manière pour les cuisses est le FEU D'ENFER.

Quant à la carcasse, vous pouvez la faire griller à feu doux : Ouvrez-la en deux, saupoudrez de sel et poivre, mettez sur feu doux des deux côtés, servez.

On peut aussi accommoder les restes de canard en SALMIS de la manière suivante :

Faites un roux avec gros comme un œuf de beurre et plein une cuillère de farine; faites-y revenir deux cuillerées d'oignon ou d'échalote hachés très-fin, mouillez d'un verre d'eau ou de bouillon et d'un verre de vin rouge; mettez-y la carcasse de canard coupée en morceaux réguliers autant que possible, mais réservez le foie; mettez sel, poivre, muscade, un peu de zeste de citron, bouquet garni ; faites cuire une heure. Au moment de servir, ôtez le bouquet, liez avec le foie bien écrasé, servez sur des petites tranches de pain grillées.

Salmis de canard, entrée.

Faites rôtir comme il est indiqué pour le canard à à la broche, plutôt un peu moins cuit que plus ; détachez les cuisses dont vous ôtez les pattes, découpez les ailes en petites tranches de la forme d'une écaille d'huître et de l'épaisseur d'un décime; détachez l'épaule au joint... les harengs, la lunette, les crochets ; séparez le bateau de l'autre partie, rompez cette dernière partie aux reins... coupez les reins en deux dans le sens de la longueur.

Broyez foie et poumons, etc. (*Continuer comme il est indiqué à l'article salmis, choisir l'une ou l'autre des manières indiquées. Il sera inutile de mettre dans le salmis le bateau qui, d'après le découpage ci-dessus indiqué, reste complétement dénudé; le morceau des côtes qui renferme les poumons ne figurera pas non plus; on le broiera aussi bien que possible avec le foie et les poumons.)*

Canard aux navets, entrée.

Préparation des navets. — Prenez une vingtaine de navets de la grosseur d'un œuf de pigeon... Si vous n'en avez que des gros, divisez-les en deux ou quatre, façonnez-les comme il est indiqué pour les garnitures (*Voir page* 116, *règle générale, etc..*) Épluchez et lavez... Mettez dans une casserole gros comme un œuf de beurre et gros comme une grosse noix de sucre, laissez le beurre blondir et le sucre caraméliser *un peu;* mettez les navets; remuez, laissez prendre couleur à feu pas trop vif et en remuant fréquemment; lorsque les navets auront de tous les côtés une belle couleur marron-clair, retirez-les du feu.

Préparation du canard. — Mettez dans une casserole gros comme un œuf de beurre; faites blondir, mettez-y le canard, bien préparé et disposé, pour y prendre couleur, ôtez-le; mettez avec le beurre une forte cuillerée de farine; remuez sur feu vif jusqu'à ce que beurre et farine soient d'une belle couleur marron; éteignez avec deux verres d'eau; mettez le canard (*on peut mettre les abattis autour; seulement si le canard est préparé pour un dîner de cérémonie on aura soin de ne pas mettre les abattis dans le plat*); sel, poivre, bouquet garni; les navets préparés comme il est indiqué ci-dessus. Faites cuire une heure et demie au moins.

Si le canard n'était pas très-jeune, il faudrait le faire cuire plus longtemps; alors on mettrait les navets un peu plus tard.

Otez le bouquet, dégraissez si la sauce est trop grasse et servez canard au milieu, navets autour.

Si la sauce était tournée en huile (*voir manière de détourner les sauces page* 97).

Canard aux oranges, entrée.

Mettez dans une casserole gros comme un œuf de beurre; faites blondir; mettez-y le canard, bien préparé et disposé, pour y prendre couleur; ôtez-le, mettez avec le beurre une cuillerée de farine, remuez sur feu vif jusqu'à ce que beurre et farine soient d'une belle couleur marron; éteignez avec deux verres d'eau; mettez le canard, sel, poivre, un bouquet garni, une bande de zeste d'orange longue comme le doigt. Faites cuire une heure et demie; au moment de servir, ôtez le bouquet; ajoutez à la sauce deux cuillerées de jus d'orange; ornez le tour du plat de ronds d'oranges dentelés.

Canard aux olives, entrée.

Se prépare comme le poulet aux olives *page* 284.

Canard à la bordelaise, entrée.

Se prépare comme le poulet à la bordelaise *page* 288.

Canard à la chipolata, entrée.

Se prépare comme le poulet à la chipolata *page* 285.

Canard aux petits pois, entrée.

Mettez dans une casserole 125 grammes de beurre; faites blondir; lorsqu'il est d'une belle couleur, faites-y revenir le canard et une demi-livre de poitrine de porc coupée en morceaux; ajoutez un verre d'eau ou de bouillon; assaisonnez de sel et poivre; laissez cuire à feu pas trop vif une heure et demie; une demi-heure avant la parfaite cuisson, ajoutez un litre de petits pois, pas trop fins cependant; ôtez le bouquet; servez canard sur les pois.

Il faut que la sauce ne soit pas trop longue, de manière que les pois n'y nagent pas.

Abattis de canard. — Les abattis d'un seul canard feraient un bien petit plat, aussi n'a-t-on pas l'habitude de les accommoder à part ; si l'on accommode le canard en ragoût on met les abattis autour ; dans le cas où l'on aurait les abattis de deux canards et qu'on voulût en faire un plat à part, se reporter aux manières indiquées pour les abattis de dinde ; on peut les accommoder de toutes ces manières, excepté au blanc, le canard ne s'accommode jamais au blanc.

OIES.

Les oies de bonne qualité ont la chair bombée au-dessus du bréchet, la graisse d'une teinte jaune très-pâle presque blanche et transparente.

Il faut les choisir jeunes, ce que l'on reconnaît à la souplesse des chairs de l'aileron et quand l'extrémité du bec se brise facilement.

Ce que nous avons dit du canard peut s'appliquer à l'oie, quant à la manière de la vider, de la disposer et de la découper, et aussi à différentes manières de l'accommoder, mais il vaut mieux saigner l'oie à cause de son goût fort.

Oie à la broche, rôt.

Plumez, videz, flambez, ôtez les abattis et disposez comme il est dit pour le canard (*page* 301), embrochez-la et mettez-la devant un feu assez vif une heure au plus, un peu plus longtemps du côté du dos que des trois autres côtés... Ne pas l'arroser.

Une heure paraîtra peut-être courte à certaines personnes qui ont l'habitude de manger l'oie excessivement cuite ; mais je maintiens cependant ce temps, l'expérience m'a démontré que l'oie pas trop cuite était beaucoup plus délicate ; du reste pour les personnes qui persisteraient à préférer l'autre manière, il sera toujours facile de la laisser un peu plus de temps au feu.

La GRAISSE qui tombera dans la lèchefrite ne sera pas servie avec l'oie, on la recueillera précieusement et on la conservera pour accommoder des légumes pour lesquels elle est un excellent assaisonnement. On peut aussi la manger sur le pain en guise de beurre.

Quant aux RESTES D'OIE A LA BROCHE, se reporter aux diverses manières d'accommoder les restes de canard à la broche (*page* 301).

On peut les faire réchauffer sur le gril et les servir avec sauce piquante, poivrade, Robert, ravigote, tartare, etc.

On peut aussi, quoique déjà cuits, les arranger à la bourgeoise (*Voir Oie à la bourgeoise*), seulement les faire cuire un peu moins longtemps.

Les cuisses peuvent être mises au FEU D'ENFER ; elles peuvent être panées, mises sur le gril et servies sur une sauce piquante, poivrade, Robert, tartare, rémoulade, mayonnaise, béarnaise, tomate, etc.

Les restes d'oie peuvent encore être mis aux OIGNONS (voir poule aux oignons), aux navets (voir canard aux navets), etc.

Salmis d'oie, entrée.

Se prépare comme le salmis de canard (*page* 304).

Oie aux navets, entrée.

Se prépare comme le canard aux navets (*page* 305); mettre un peu plus de navets.

Oie aux olives, entrée.

Se prépare comme le poulet aux olives (*page* 284); mettre un peu plus d'olives.

Oie à la bordelaise, entrée.

Se prépare comme le poulet à la bordelaise (*page* 288).

Oie à la chipolata, entrée.

Se prépare comme le poulet à la chipolata (*page* 285); — mettre un peu plus de garniture.

Oie aux petits pois, entrée.

Se prépare comme le canard aux petits pois (*page* 306); mettre un peu plus de petits pois.

Oie à la bourgeoise, entrée.

Coupez l'oie par morceaux.

Faites blondir gros comme un œuf de beurre; faites revenir de belle couleur une livre de poitrine de porc coupée en morceaux carrés de la dimension d'un domino ordinaire, mais un peu plus épais; ôtez-les. Mettez dans la casserole deux cuillerées de farine; remuez sur feu vif jusqu'à ce que beurre et farine aient pris une belle couleur marron; éteignez avec trois verres d'eau; mettez les morceaux de lard, l'oie coupée en morceaux, deux carottes coupées en ronds, deux ou trois navets, oignons, bouquet garni, sel et poivre, et, une heure plus tard, quelques pommes de terre, si l'on veut. Laissez cuire deux heures au moins. Otez le bouquet, dégraissez autant que possible, servez oie au milieu, légumes autour.

Oie en daube, entrée, rôt et entremets.

(*Voir daube ou galantine de volaille.*) Il faut un plus grand poids de viande et de farce pour la garnir.

Abattis d'oie. — Les abattis d'oie s'accommodent de toutes les manières indiquées pour les abattis de dinde, excepté au blanc.

PIGEONS.

Choisissez les PIGEONS jeunes, gros et gras. Ils doivent avoir la chair des ailes d'un rouge très-clair, les pattes fortes et présenter des poils follets jaune-clair parmi leurs plumes. Quand le pigeon est vieux sa chair est d'une teinte noire violacée, ses pattes sont plus minces et il n'a plus aucun poil follet.

Il y a deux manière de tuer les pigeons : en les saignant et en les étouffant.

Nous ne serons pas aussi absolu ici que lorsque nous avons traité du CANARD; nous dirons les cas où mieux vaut ne pas les saigner ; les cas où l'on doit les saigner, ainsi lorsqu'on doit les mettre au blanc... mais, comme nous ne voulons pas imposer notre goût, nous laisserons chacun libre d'agir à sa guise.

Le pigeon se vide comme le poulet, en faisant une ouverture sur le cou par laquelle on retire la poche et une autre sous une des cuisses par laquelle on ôte les boyaux et le gésier; le foie n'a pas d'*amer*.

On remet le foie à l'intérieur, on recoud l'ouverture du ventre ; on ôte le dessous du bec et l'on replie la tête au creux de l'estomac où on la maintient en la passant par un petit trou que l'on fait à la peau. Les ailes sont repliées sur le dos comme celles du poulet. Les pattes restent allongées lorsqu'on met les pigeons à la broche. On les replie lorsqu'on les met en entrée. S'il n'y a qu'un pigeon à faire rôtir, on l'embroche en long ; s'il y en a plusieurs, on les embroche de travers en laissant un intervalle entre chacun.

Les pigeons se coupent en deux dans le sens de leur longueur ou en quatre, en séparant les deux moitiés en deux. Le morceau le plus présentable est l'aile, mais le plus délicat, en réalité, est le morceau de la culotte.

Pigeons à la broche, rôt.

Saignez ou étouffez. — Piquez ou bardez. — Faites-les cuire devant feu très-vif pendant vingt à vingt-cinq minutes. Si les pigeons sont saignés, arrosez-les d'un peu de beurre; sinon, leur jus sera leur meilleure sauce. Dans le cas où l'on aimerait le pigeon très-cuit, laissez dix minutes de plus; dans ce cas, mieux vaut le saigner.

Autrefois on considérait le pigeon peu cuit comme

indigeste, témoin le dicton : Le pigeon cru rend le cimetière bossu. Aujourd'hui l'expérience a démontré que cette idée était fausse; aussi dans le cas où l'on serait retenu de manger du pigeon peu cuit par cette considération, on peut complétement se rassurer et satisfaire son goût.

Manières diverses d'accommoder les restes de pigeon à la broche.

On peut les manger froids.

On peut les arranger en COMPOTE (*voir pigeon en compote*).

On peut les manger en SALMIS (*voir pigeons en salmis*).

On peut les manger en MAYONNAISE (*voir pigeons en mayonnaise*).

Pigeons à la crapaudine, entrée.

S'apprêtent comme les poulets à la crapaudine. (*Voir poulets à la crapaudine page* 281.)

Saignez ou étouffez.

Il faut bien trois pigeons pour six ou huit personnes.

Pigeons en salmis, entrée.

Faites cuire à la broche ; dépecez membre par membre ; broyez foie et poumons, continuez comme il est indiqué à l'article salmis (*page* 112 *et suiv.*).

Pigeons farcis à la crapaudine, entrée.

Pour six personnes deux pigeons.

Saignez ou étouffez. Plumez, videz, flambez. Fendez-les par le dos; ouvrez-les. Remplissez les cavités et les creux des pigeons avec une farce faite avec les foies, cent vingt-cinq grammes de poitrine de porc hachés très-fin, gros comme un œuf de mie de pain trempée dans de l'eau ou du lait et bien égouttée, sel, poivre, fines herbes.

Beurrez la tourtière ou la casserole, disposez-y les

pigeons, le côté de l'intérieur en dessous; enduisez-les en dessus de beurre; saupoudrez de mie de pain émiettée fin et mélangée de sel, poivre, fines herbes; faites cuire une demi-heure feu dessus feu dessous, feu doux en dessous. Servez avec une sauce maître-d'hôtel ou piquante, ou poivrade, ou béarnaise, ou tomate, ou tartare, etc.

Pigeons aux petits pois, entrée.

Pour six personnes deux pigeons.

Etouffez ou saignez; videz, plumez, disposez comme il est dit plus haut (*Voir page* 310).

Mettez gros comme un petit œuf de beurre dans une casserole; faites blondir; faites prendre couleur dans ce beurre à cent vingt-cinq grammes de poitrine de porc coupée en morceaux; faites aussi prendre couleur aux pigeons. Ajoutez un demi-verre d'eau, sel, poivre, bouquet garni, un ou deux oignons, un litre de pois; faites cuire, à feu pas trop vif, une bonne heure; ôtez le bouquet; servez les pigeons sur les pois; la sauce doit être assez courte.

Pigeons en compote, entrée.

Pour 6 personnes 2 pigeons.

Etouffez ou saignez; videz, plumez, flambez, etc... Mettez dans une casserole gros comme un œuf de beurre; faite blondir; faites prendre couleur aux pigeons et à 250 grammes de poitrine de porc frais coupés en morceaux... Retirez pigeons et porc. Mettez dans la casserole plein une cuillère de farine, tournez beurre et farine sur le feu jusqu'à ce qu'ils aient pris une belle couleur marron; mettez un verre d'eau ou de bouillon, une carotte coupée en ronds, une douzaine de petits oignons, un bouquet garni, sel, poivre; remettez les pigeons et le porc. Faites cuire une heure et demie environ à feu pas trop vif. Otez le bouquet et servez pigeons au milieu, garniture autour.

On peut ajouter à ce mets des champignons ; faites-les blanchir à l'eau bouillante et ajoutez au ragoût dix minutes avant parfaite cuisson.

Pigeons aux choux, entrée.

S'apprêtent comme les perdreaux aux choux. (*Voir Perdreaux aux choux.*)

Chartreuse de pigeons, entrée.

S'apprête comme la Chartreuse de perdreaux. (*Voir Chartreuse de perdreaux.*)

Pigeons au blanc, entrée.

S'apprêtent comme le poulet au blanc. (*Voir Poulet au blanc page* 276.)

Les pigeons que l'on veut mettre au blanc doivent être saignés... On les fait tremper une heure dans l'eau tiède, pour les blanchir, avant de les mettre cuire.

Pigeons en papillotes, entrée.

Coupez-les en deux dans le sens de leur longueur.

Mettez-les dans une casserole avec gros comme un œuf de beurre, sel, poivre, 125 grammes de poitrine de lard hachée fin, deux cuillerées d'eau ou de bouillon ; étant à moitié cuits, mettez fines herbes, champignons, échalotes hachés. Laissez refroidir ; garnissez l'intérieur de chaque moitié de pigeon avec la sauce et l'assaisonnement ; enveloppez dans du papier beurré saupoudré de mie de pain ; faites griller un quart-d'heure à feu doux. Servez enveloppés de leur papier.

Pigeons à la chipolata, entrée.

S'apprêtent comme les perdreaux à la chipolata. (*Voir Perdreaux à la chipolata.*)

Pigeons frits, petite entrée.

Saignez, plumez, videz, flambez, enlevez les pattes.

Coupez les pigeons en 4 ; faites-les cuire une demi-heure, trois quarts d'heure, dans une casserole avec un demi-verre d'eau, gros comme un œuf de beurre, deux oignons, une carotte coupée en ronds, sel, poivre. Faites réduire la sauce de manière qu'il n'en reste pour ainsi dire plus; trempez chaque quartier de pigeon dans de la pâte à frire (*Voir page* 91), ou bien dans un œuf battu (blanc et jaune) comme pour omelette et ensuite dans de la mie de pain émiettée fin; et faites frire à pleine friture; servez garnis de persil frit.

PINTADES.

Voici un genre de volatiles dont le mérite est encore contesté; mais à tort. Si l'on dédaigne la pintade, si on la classe parmi les mets médiocres, c'est qu'on la mange dans de mauvaises conditions. La pintade doit être mangée jeune pour être tout à fait délicate. Elle doit être bien mortifiée, *presqu'autant* que le faisan, pour avoir la chair complétement tendre et avoir son fumet particulier. Elle tient comme goût du perdreau et du faisan; toute jeune, du perdreau; parvenue à toute sa croissance, du faisan... AUSSI TOUTES LES MANIÈRES D'ACCOMMODER LES PERDREAUX ET LES FAISANS CONVIENNENT-ELLES AUX PINTADES.

Si vous achetez des PINTADES, pour rôtir, surtout prenez-les très-jeunes. Une jeune pintade, en bon état, a la chair plus blanche, plus rebondie, la graisse moins jaune... Du reste, avec ce volatile, il est facile de se tromper; et je n'ai pu encore obtenir malgré amples informations les caractères précis qui distinguent les jeunes des vieilles.

Plus elles sont vieilles, plus elles ont besoin d'être mortifiées.

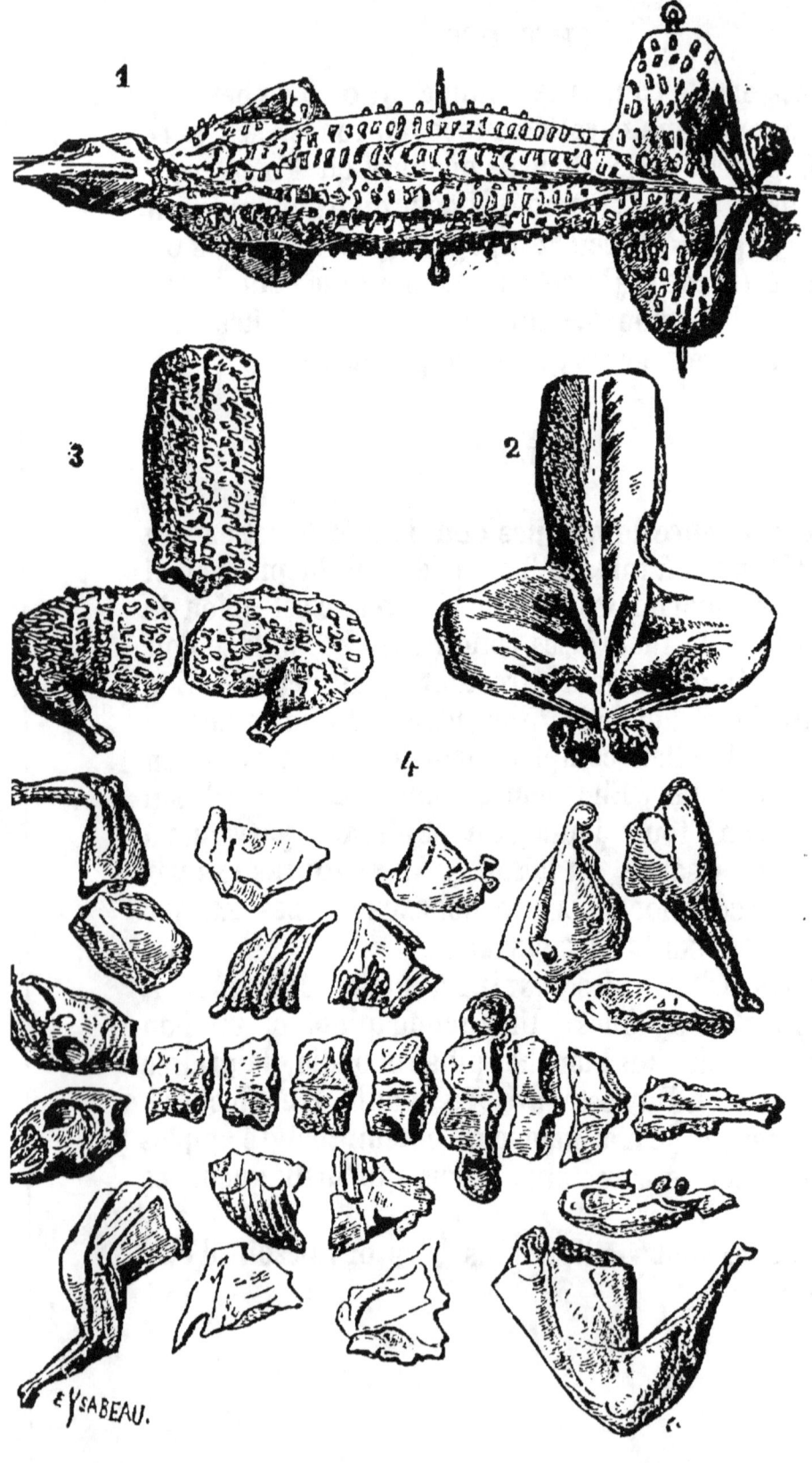

LAPIN DOMESTIQUE.

On a beaucoup calomnié le lapin domestique ; mais comme pour toutes choses méconnues, dénigrées, conspuées à tort, la vérité éclate enfin. Le jour de la justice arrive pour le pauvre animal outrageusement désigné sous le nom de LAPIN DE CHOU. Aujourd'hui on ne le dédaigne plus et l'on en arrive à supposer, — ce qui du reste est exact, — que les reproches que l'on croyait pouvoir adresser au *mets* peuvent revenir à bon droit à ceux qui l'accommodent. Quant au goût désagréable particulier à certains lapins, cela tient à l'état de malpropreté de l'endroit où il a été élevé plus encore qu'à la nourriture qu'on lui a donné. Ce goût est au lapin ce qu'est le goût de poulailler au poulet.

Rendons à chacun ce qui lui appartient. Si la justice est tardive, que du moins elle soit complète.

Le lapin, disons-le, offre les plus grandes ressources en cuisine. Il s'accommode très-bien de toutes les manières qui conviennent aux viandes blanches et aussi de toutes celles qui conviennent aux viandes rouges ; on peut l'accommoder comme le poulet et aussi comme le lièvre. De plus la chair de lapin remplace avantageusement la chair de veau dans les pâtés, rissoles, quenelles, etc.

Un bon lapin bien apprêté est un excellent mets.

Pour savourer le lapin dans toute sa délicatesse, il faut le prendre jeune (*parvenu cependant à une certaine croissance*), bien en chair, bien blanc, bien gras.

Je conseille de le saigner. (*Pour le saigner, certaines personnes lui arrachent l'œil, mais ce procédé fait longtemps souffrir l'animal, il vaut mieux lui plonger un couteau à la base du cou entre les deux pattes de devant ; on atteint le cœur et l'animal rend immé-*

diatement le dernier soupir, ainsi l'on fait à Paris.)

Je conseille de saigner les lapins, parce qu'en les tuant par ce procédé la chair est plus blanche, moins sujette à avoir un goût fort, certaines parties n'en sont pas gâtées par des amas de grumeaux de sang; ensuite on a dans le sang une ressource précieuse pour la sauce, soit qu'on fasse rôtir l'animal, soit qu'on le mette en civet.

Je conseille aussi de dépouiller le lapin et de le vider aussitôt mort.

MANIÈRE DE LE DÉPOUILLER. — On commence par faire avec des ciseaux une incision longue comme le doigt à la peau à partir du milieu des cuisses jusqu'à peu près le milieu du ventre. On soulève la peau avec le doigt tout autour de l'incision. On dégage les pattes de derrière auxquelles on laisse le poil au dernier joint... Une fois les pattes de derrière complétement dégagées, on renverse la peau vers la tête et l'on tire fortement, on dégage les pattes de devant que l'on coupe au premier joint, puis la tête... Si, par endroits, la peau semble ne pas vouloir se détacher convenablement on l'aide par de petits coups de couteau.

MANIÈRE DE LE VIDER. — Fendez la peau du ventre à partir d'entre les cuisses jusqu'à la poitrine en vous gardant bien de crever les intestins. Enlevez les intestins. Débarrassez le foie du fiel. — Veillez bien à ce qu'il ne reste aucune saleté à l'entrée du fondement; passez-y un linge et essuyez soigneusement.

MANIÈRE DE DÉCOUPER UN LAPIN POUR LE METTRE EN RAGOUT. — Enlevez l'épaule, coupez-la aux deux jointures. Enlevez la cuisse du même côté, ôtez la patte; faites deux morceaux de la cuisse... Procédez de même pour l'autre épaule et l'autre cuisse.

Enlevez les deux côtés de la peau du ventre et coupez-les en deux.

Détachez la tête du cou et fendez-la en deux.

Détachez le cou des épaules et coupez-le en deux.

Rompez la poitrine à la naissance du râble, coupez en deux dans le sens de l'épine dorsale, puis encore en deux dans l'autre sens.

Coupez le râble en morceaux de l'épaisseur de deux doigts.

Arrivé aux hanches, détachez-les. (*Voir page* 315, *fig. 4.*)

Lapin à la broche.

Dépouillez et videz, recousez la peau du ventre. *(Gardez le foie pour la sauce.)* Rentrez par une incision les pattes de devant entre les côtes; passez une brochette d'une cuisse à l'autre; attachez les pattes en les rapprochant de manière à ce qu'elles touchent presque le derrière; piquez ou bardez; embrochez l'animal en faisant ressortir la broche par la gueule de manière à maintenir la tête; mettez une brochette au milieu des reins de l'animal pour l'empêcher de tourner sur la broche (*Voir page* 315, *fig.* 1).

Mettez le lapin ainsi embroché devant un feu vif, mais pas trop cependant. Si vous n'avez pas de tourne-broche, tournez toutes les cinq minutes. Quand le lapin est bien chaud, frottez-le de tous les côtés avec gros comme un œuf de beurre. Saupoudrez de sel fin et de poivre. Rapprochez-le du feu pour lui faire prendre couleur peu à peu. Continuez de l'arroser et de le tourner toutes les cinq minutes. Si le beurre roussit et prend trop de couleur dans la léchefrite, mélangez-le de quelques cuillerées d'eau.

Pour un beau lapin il faut environ une heure de cuisson.

Cinq minutes avant qu'il soit complètement cuit, s'il n'est pas suffisamment coloré on active le feu.

Débrochez, ôtez la brochette et les ficelles..., envoloppez les pattes de derrière dans des papillotes de papier (*Voir page* 19) et servez sur un plat long, avec la sauce de la lèchefrite dans un saucier ou avec sauce piquante (*Voir page* 101) ou sauce au sang (*Voir page* 103). Dans le cas où l'on servirait une autre sauce que celle de la lèchefrite, on ajouterait cette dernière à celle des sauces que l'on servirait.

Manière de découper le lapin. — Pratiquez le long de l'épine dorsale avec la pointe du couteau une incision profonde; écartez et détachez les chairs en vous servant de la fourchette et du couteau; coupez ces filets de chair en trois ou quatre; exécutez de même de l'autre côté du râble; enlevez des lames de chair sur les cuisses; puis détachez les cuisses et les séparez en deux à la jointure; détachez les épaules. Tournez le lapin; détachez la peau du ventre et la coupez chaque morceau en deux; enlevez les filets intérieurs; coupez-les en deux; faites enlever la carcasse, rangez les morceaux autour du plat.

On n'a pas l'habitude de découper la carcasse. Dans le cas où le nombre des convives forcerait à la couper, on commence par détacher la tête, puis le cou à la naissance des épaules... puis la poitrine que l'on sépare en deux; enfin on rompt l'épine dorsale en morceaux de la grosseur que l'on juge convenable.

Les morceaux les plus délicats du lapin sont les morceaux du râble et ceux des filets intérieurs. Quelques personnes ont un faible pour la peau du ventre.

Si les convives sont peu nombreux et si le lapin est très-fort, on peut ne mettre que la moitié du lapin à la broche... C'est le train de derrière que l'on prend pour cet accommodement. On le sépare de la partie antérieure en coupant le râble à la naissance des épaules.

Manières diverses d'accommoder les restes de lapin rôti.

Les restes de lapin rôti peuvent s'accommoder de toutes les manières indiquées pour les restes de VEAU RÔTI et de POULET RÔTI.

Ils sont fort bons froids.

On peut aussi les manger avec accompagnement de tranches de jambon salé et fumé; ou bien avec une sauce rémoulade ou mayonnaise.

On peut en faire une MAYONNAISE MONTÉE.

On peut aussi les mettre en BLANQUETTE, en CAPILOTADE, en SALADE.

Faire blondir du beurre et les faire réchauffer dedans en ajoutant au moment de servir deux ou trois cuillerées d'eau ou de bouillon.

On peut en faire des FRITOTS, etc. etc.

(*Voir manières diverses d'accommoder les restes de volaille rôtie page* 271.)

Lapin mariné à la broche, rôt.

Si l'on veut, on peut mariner le lapin avant de le mettre à la broche; cela offre en outre l'avantage de pouvoir le conserver quelques jours de plus.

Disposez le lapin tout prêt à embrocher, dépouillé, vidé, piqué. Mettez-le dans un grand plat, versez dessus cinq à six cuillerées de vinaigre, deux d'huile, assaisonnez de sel, poivre, laurier, thym, deux clous de girofle, un oignon coupé en rouelles. Laissez mariner deux ou trois jours en arrosant de tous les côtés, matin, midi et soir. Faites cuire comme le lapin à la broche, vous n'aurez pas besoin de mettre de beurre pour l'arroser, vous l'arroserez avec la marinade.

Vous servirez avec sauce piquante ou poivrade ou sauce au sang auxquelles vous ajouterez la sauce qui se trouvera dans la lèchefrite... Vous aurez soin en faisant votre sauce piquante ou au sang de tenir compte pour l'assaisonnement de l'assaisonnement qui se trouve dans la marinade.

Lapin en gibelotte, entrée.

Dépouillez, videz et dépecez le lapin comme il est dit plus haut (*page* 317).

Si le lapin est très-fort et si vous n'êtes que six à sept convives, la moitié suffira, naturellement vous prendrez le train de devant.

Mettez dans une casserole gros comme un œuf de beurre. Faites-le blondir. Une fois d'un beau blond, mettez-y une livre de poitrine de porc frais coupé en morceaux de la dimension d'un gros domino. Lorsque les morceaux de lard seront d'une belle couleur blonde, retirez-les. Mettez dans le beurre plein une cuillère à bouche de farine, remuez sur le feu avec une mouvette jusqu'à ce que le beurre et la farine soient d'une belle couleur marron foncé ; mettez alors deux verres d'eau ou de bouillon, sel, poivre, deux oignons moyens ou huit à dix de la grosseur du pouce, un bouquet garni, une carotte coupée en ronds, les morceaux de lapin et les morceaux de porc. Faites cuire une heure et demie ; deux heures au moins si le lapin n'est pas très-jeune. Otez le bouquet garni et servez.

Aux champignons. — Lavez, épluchez une vingtaine de champignons, mettez entiers ou par morceaux dans la gibelotte un quart-d'heure au plus avant la parfaite cuisson.

Aux pommes de terre. — Pelez dix à douze pommes de terre moyennes ; mettez-les dans la gibelotte une demi-heure après le lapin. (*Il est bien entendu que lorsqu'on met des pommes de terre on ne met pas de champignons.*)

Lapin au blanc, entrée.

Dépouillez, videz et dépecez le lapin comme il est dit plus haut (*page* 317).

Si le lapin est très-fort et si vous n'êtes que six ou sept convives, la moitié suffira.

Mettez tremper une heure ou deux les morceaux de lapin dans l'eau tiède, pour les faire dégorger et blanchir... Changez l'eau si elle est trop chargée. (*On n'emploie pas le foie dans le ragoût de lapin au blanc; quelque soin qu'on prendrait, il noircirait toujours la sauce*). Les morceaux de lapin une fois bien blanchis, laissez-les égoutter.

Opérez ensuite comme pour la fricassée de poulet (*page* 279).

Le lapin au blanc peut se mettre, de même que le poulet au blanc, AUX CAROTTES, AUX SALSIFIS, AUX POMMES DE TERRE, A LA JARDINIÈRE, AUX CHAMPIGNONS, AUX CERVELLES, AUX RIS, AUX QUENELLES.

Il peut également servir à garnir une tourte ou un vol-au-vent.

Manières diverses d'accommoder les restes de lapin au blanc.
Les restes de lapin au BLANC ou en FRICASSÉE peuvent s'accommoder de toutes les manières indiquées pour les restes de poulet au blanc ou en fricassée (*voir manières diverses d'accommoder les restes de fricassée, pag. 279.*)

Lapin roulé, (*chaud*) entrée, (*froid*) entremets.
Dépouillez, videz, désossez. — Cette dernière opération vous sera d'autant plus facile que le lapin est fendu du côté du ventre dans toute sa longueur. Il faut surtout prendre garde d'endommager les chairs en dessus.

Ayez une livre de chair à saucisses;
une demi-livre de porc frais;
une demi-livre de veau.
Bien entendu les os, la couenne, non compris.
Hachez le foie, le cœur, la rate du lapin, mélangez-

les avec la chair à saucisses, goûtez si cette farce est bien assaisonnée. (*Pour goûter les farces on en fait cuire un peu.*)

Coupez les chairs du lapin — telles que filets extérieurs, intérieurs des cuisses, etc... — en petites languettes de la grosseur et de la longueur du doigt.

Coupez de même le porc frais et le veau.

Étendez votre lapin désossé, mais auquel vous avez laissé la tête, sur la table... Mettez une couche de farce; puis une couche de lapin, de veau, de porc frais entremêlés; une autre couche de farce et ainsi de suite; relevez les côtés de votre lapin et donnez-lui la forme d'un lapin au gîte... ficelez bien.

MANIÈRE DE LE FAIRE CUIRE. — Mettez dans une casserole 125 grammes de beurre et plein une cuillère à bouche de farine; tournez sur feu vif jusqu'à ce que beurre et farine soient d'une belle couleur marron; éteignez avec deux verres d'eau ou de bouillon, deux cuillerées d'eau-de-vie; assaisonnez de sel et poivre; mettez le lapin; ajoutez autour les débris de viandes, deux oignons, une carotte coupée en ronds, un bouquet garni. Faites cuire trois ou quatre heures à petit feu. Ôtez le bouquet; dégraissez la sauce si elle est trop grasse et servez.

Le lapin roulé est très-bon à manger froid.

Galantine de lapin, entremets.

Préparez comme le lapin roulé; seulement vous mettrez en plus, dans les couches que vous disposez dans l'intérieur du lapin, une demi-livre de jambon salé et fumé cru et coupé en languettes.

Faites cuire comme la galantine de volaille. (*Voir galantine de volaille page* 292.)

Civet de lapin, entrée.

Se fait comme le civet de lièvre. (*Voir Civet de lièvre.*)

Lapin au kari, entrée.

Dépecez comme il est indiqué (*page* 317); puis accommodez et faites cuire comme il est indiqué pour la poule au kari (*page* 291).

Lapin à la Saint-Lambert, entrée.

Dépouillez, videz, dépecez.

Mettez dans une casserole avec assez de bouillon pour qu'il baigne entièrement, sel, poivre, muscade, épices, deux carottes, deux ou trois oignons, deux navets, deux pieds de céleri, un panais, un bouquet garni; laissez cuire une heure et demie à sept quarts-d'heure. Dressez le lapin en monticule dans un plat... Otez le bouquet, passez les légumes et la cuisson et servez autour du lapin.

Lapin sauté, entrée.

Choisir un jeune lapin, le dépouiller, vider, dépecer, puis procéder comme pour le poulet sauté (*page* 286).

Lapin à la marengo, entrée.

Choisir un jeune lapin, le dépouiller, vider, dépecer, puis procéder comme pour le poulet à la marengo (*page* 286).

Lapin à la bordelaise, entrée.

Choisir un jeune lapin, le dépouiller, vider, dépecer, puis procéder comme pour le veau à la bordelaise (*page* 213).

Lapereaux aux petits pois, entrée.

Pour les accommoder de cette manière il faut qu'ils soient tout au plus gros comme des lapins de garenne.

Dépouillez, videz, procédez ensuite comme pour les pigeons aux petits pois. (*Voir pigeons aux petits pois page* 312.)

Lapereaux à la crapaudine, entrée.

Les prendre au plus gros comme des lapins de garenne.

Dépouillez, videz... fendez la poitrine et ouvrez.

Procédez ensuite comme pour les poulets à la crapaudine. (*Voir Poulets à la crapaudine page* 281.)

Lapin à la chipolata, entrée.

Coupez en morceaux; ensuite procédez comme pour le poulet à la chipolata. (*Voir Poulet à la chipolata page* 285.)

Pour servir, on range les morceaux de lapin au milieu du plat; la garniture autour.

Lapereau au jambon, entrée.

Coupez un lapereau en morceaux... faites blondir un peu de beurre non salé, mettez-y le lapereau et des tranches de jambon, un peu d'huile, un verre de vin blanc, un bouquet de persil et ciboule, bouillon ou eau, poivre et sel; faites cuire une heure et demie environ à feu doux; disposez les morceaux en monticule sur le plat; liez la sauce avec de la fécule; passez et servez.

Lapereaux en papillotes, petite entrée.

Coupez par morceaux de très-jeunes lapins; trempez dans du beurre fondu; panez avec mie de pain assaisonnée de sel, poivre et fines herbes; enveloppez dans du papier beurré; faites cuire sur le gril à feu doux et servez avec le papier.

Lapin à la bonne femme, entrée.

Dépouillez, videz et coupez en six morceaux (*2 épaules, 2 cuisses, et le râble en deux; le cou et la tête ne seront pas mis dans ce ragoût*). Faites blondir du beurre; faites-y revenir votre lapin avec des lardons; lorsqu'ils sont légèrement colorés, versez-y un verre de vin blanc et un verre de bouillon; ajoutez sel, poivre, bouquet, persil, ciboule, échalotes, demi-feuille de laurier, 2 clous de girofle, une carotte coupée en ronds; faites cuire une heure; dégraissez la sauce; passez et liez avec fécule.

Lapereau aux olives, entrée.

Il s'accommode comme le poulet aux olives, *pag.* 284.

Lapereau frit, petite entrée.

Coupez en morceaux; puis procédez comme pour les pigeons frits (*Voir Pigeons frits pag.* 313).

Lapin en fricandeaux, entrée.

Prenez le râble et les deux cuisses d'un fort lapin. Faites-en trois morceaux; piquez-les (*Voir pag.* 315, *fig* 3).

Faites cuire comme le fricandeau de veau (*Voir Fricandeau pag.* 202).

Blanquette de lapin, entrée.

Se fait comme la blanquette de veau (*Voir p.* 212).

Capilotade de lapin, entrée.

Se fait comme la capilotade de veau (*Voir p.* 199).

Fritots de lapin, petite entrée.

Se font comme les fritots de volaille (*Voir p.* 293).

Croquettes de lapin, petite entrée (*Voir Croquettes pag.* 122).

Rissoles de lapin, petite entrée (*Voir Rissoles pag.* 123).

Cassolettes de lapin, petite entrée.

Se font comme les cassolettes de veau (*Voir p.* 225).

Coquilles de lapin, petite entrée.

Se font comme les coquilles de veau (*Voir pag.* 226).

Quenelles de lapin, garniture (*Voir Quenelles pag.* 121).

GIBIER.

SANGLIER.

Le sanglier vieux est fort dur et il faut le laisser mortifier longtemps; vieux il n'est jamais un manger délicat; jeune, il offre des ressources qu'on aurait tort de dédaigner, la hure, le filet, les côtelettes et même les jambons, bien apprêtés, peuvent prétendre aux honneurs des repas de cérémonie.

Hure de sanglier, entrée et entremets.
Se prépare comme la hure de cochon. (*V. pag.* 246).

Filet de sanglier. — Peut se servir entier ou en filets mignons. (Voir pour l'accommoder Filet de porc, *pag.* 244.) Laissez bien mortifier.

Côtelettes de sanglier, entrée.
Séparez les côtelettes et parez-les; mettez dans une casserole avec un morceau de beurre, sel, poivre, persil, ciboule, une petite gousse d'ail hachés très-fin, thym, laurier; faites prendre couleur; mouillez d'un peu d'eau où de bouillon... laissez cuire à petit feu... ajoutez une ou deux cuillerées de vinaigre, liez avec un peu de farine. Rangez les côtelettes dans le plat; passez la sauce et versez-la dessus.

Cuisse de sanglier, entrée et entremets.
Laissez bien mortifier. Traversez-la de part en part de lardons gros comme le doigt et que vous avez laissés dans le sel trois ou quatre jours. Faites mariner trois ou quatre jours.

Mettez dans une braisière avec assez de bouillon pour qu'elle baigne, sel, poivre, la marinade, oignons, carottes, bouquet garni. Faites cuire 6 à 8 heures suivant l'âge du sanglier. Lorsque la cuisse est à peu près cuite, ôtez-la; passez la cuisson; remettez le tout dans la braisière; faites réduire à grands bouillons jusqu'à ce qu'il n'y ait plus que la quantité de sauce nécessaire. Mettez dans un plat, versez la sauce autour.

Comme ENTRÉE, on sert ce mets chaud; comme entremets, on le sert froid.

Cuisse de sanglier en daube, entremets.
Désossez; enlevez la plus grande partie des chairs de l'intérieur; coupez ces dernières en morceaux de la longueur et de la grosseur du doigt; mettez toutes les

chairs (le grand morceau et les petits) dans une terrine avec sel, poivre, épices, un peu de salpêtre en poudre, thym, laurier, clous de girofle; laissez-les ainsi au moins trois jours en remuant tous les jours.

Étendez le grand morceau de chair sur une table, rangez dedans les petits morceaux que vous entremêlez de morceaux de veau et de poitrine de porc et aussi de chair à saucisses... repliez le grand morceau, ainsi garni, de manière à former une boule; ficelez soigneusement. Faites cuire comme la galantine de veau. Servez complétement froid et entouré de sa gelée.

Jambon de sanglier. — Se prépare et s'accommode comme les jambons de cochon (*Voir pag.* 255).

CHEVREUIL.

Le chevreuil a besoin d'être mariné pour être tout à fait délicat, mais c'est un tort de croire qu'il ne peut l'être trop; lorsqu'il ne sent plus que le vinaigre, à quoi bon manger du chevreuil?

Le chevreuil a besoin d'être bien mortifié.

Gigot de chevreuil mariné, entrée et rôt.

Dépouillez, parez et piquez de lardons fins; faites-le mariner pendant cinq à six jours dans une marinade composée de la manière suivante : Un verre de vin rouge, un demi-verre de vinaigre, sel, poivre, persil, thym, laurier, clous de girofle, une petite gousse d'ail, quelques rouelles d'oignons, trois ou quatre cuillerées d'huile.

Otez-le de la marinade, embrochez-le et maintenez-le à la broche de manière à l'arrondir un peu. Il faut environ une heure de cuisson.

On accompagne le gigot de chevreuil d'une sauce piquante ou poivrade.

Si on le sert comme rôti, on le présente dans un plat long et la sauce dans un saucier. S'il figure comme entrée, on le sert dans un plat rond entouré de sa sauce.

Manière d'accommoder les restes de gigot de chevreuil. — Coupez-les en tranches minces ; faites-les réchauffer dans la sauce, simplement réchauffer.

Filet de chevreuil. — Préparez et faites cuire comme le filet de bœuf mariné (*pag.* 174).

Petits filets mignons de chevreuil, entrée.

Coupez le filet de chevreuil en petites tranches de l'épaisseur du doigt ; aplatissez légèrement, piquez et marinez...

Faites cuire sur le gril à feu vif trois minutes d'un côté, trois minutes de l'autre ; servez en couronne sur sauce piquante ou poivrade.

Côtelettes de chevreuil, entrée.

Séparez et parez ; faites cuire sur le gril à feu vif trois minutes d'un côté, trois minutes de l'autre ; servez en couronne sur sauce piquante ou poivrade.

Chevreuil en civet, entrée.

On met en civet le cou, les épaules et la poitrine.

Pour deux livres de chevreuil :

Mettez dans une casserole gros comme un œuf de beurre ; faites blondir ; lorsqu'il est d'une belle couleur, mettez-y une livre de poitrine de porc coupé en morceaux de la grosseur d'une noix ; remuez. Lorsque les morceaux de porc seront d'une belle couleur dorée, retirez-les. Mettez dans le beurre plein une cuillère à bouche de farine, remuez sur le feu jusqu'à ce que beurre et farine soient d'une belle couleur marron foncé. Éteignez avec un grand verre ordinaire de vin rouge et la même quantité d'eau. (*Si votre vin est léger, mettez-en un peu plus.*) Mettez alors le chevreuil coupé par morceaux de la grandeur du quart de la main, les morceaux de porc et une vingtaine de petits oignons; assaisonnez de sel, poivre, bouquet garni, un peu de muscade. Remuez. Laissez cuire couvert et à feu pas trop vif une heure et demie à sept quarts d'heure. Otez le bouquet et servez.

Les champignons vont bien avec ce ragoût. Une vingtaine suffira. — Épluchez, lavez, mettez entiers ou par morceaux dans le civet un quart d'heure au plus avant la parfaite cuisson.

Epaule de chevreuil roulée, entrée.

Désossez l'épaule, enlevez un peu de la chair de l'intérieur; hachez cette chair avec égale quantité de poitrine de porc, assaisonnez de sel, poivre, épices.

Etendez l'épaule, saupoudrez d'un peu de sel et de poivre, mettez la farce que vous parsèmerez de quelques filets de jambon fumé, relevez les bords de manière à la mouler en boule; ficelez-la bien. — Faites cuire comme le veau à la bourgeoise pag. 210.

CERF, BICHE, DAIM.

Le cerf, la biche, le daim s'accommodent des mêmes manières que le chevreuil.

C'est un manger moins délicat.

LIÈVRES.

Vous prendrez de préférence les lièvres gros, courts, ramassés. Que la chair des reins forme bourrelet au-dessus de l'épine dorsale. N'achetez autant que possible que des levrauts et des trois-quarts. On reconnaît un lièvre tendre lorsque la patte de devant se casse facilement, lorsque les genoux sont gros, le cou court et charnu. Les levrauts ont, aux pattes de devant, au-dessus du joint, en dehors, une petite tumeur grosse comme une lentille.

Le lièvre se dépouille, se vide, se dispose et se découpe de la même manière que le lapin. (*Voir lapin domestique, manière de le dépouiller, pag.* 317 ; *manière de le vider, page* 317 ; *manière de le découper pour le mettre en ragoût, page* 317.)

Lièvre à la broche. — Dépouillez et videz, recousez la peau du ventre (*garder le foie et le sang pour la sauce*); rentrez par une incision les pattes de devant entre les côtes ; passez une brochette d'une cuisse à l'autre, attachez les pattes en les rapprochant de manière à ce qu'elles touchent presque le derrière.

Piquez ou bardez.

Embrochez l'animal en faisant ressortir la broche par la gueule de manière à maintenir la tête ; mettez une brochette au milieu des reins de l'animal pour l'empêcher de tourner sur la broche (*Voir pag.* 315, *fig. 1.*)

Mettez le lièvre ainsi embroché devant feu vif, mais pas trop vif cependant. Si vous n'avez pas de tournebroche, tournez toutes les cinq minutes.

Pour un beau lièvre il faut environ trois quarts d'heure de cuisson. *Il faut pour que le lièvre soit délicat que, lorsqu'on le découpe, l'intérieur soit rose.*

Débrochez, ôtez la brochette et les ficelles, enveloppez les pattes de derrière dans des manchettes de papier (*Voir papillotes pag.* 19), et servez sur un plat long avec sauce au sang (*Voir ce mot pag.* 103) dans un saucier.

Le lièvre se découpe de la même manière que le lapin (*Voir pag.* 319).

Manières diverses d'accommoder les restes de lièvre.

On peut en faire le RAGOÛT DU CHASSEUR : Coupez en

morceaux à peu près égaux ; faites réchauffer, simplement réchauffer, dans le reste de la sauce.

On peut aussi en faire des petites CROUSTADES : Otez la chair d'autour les os ; coupez-la en petits morceaux ; faites réchauffer dans un peu de la sauce... servez dans de petites croustades.

On peut en faire des CROQUETTES : Otez la chair d'autour les os, hachez-la avec le même poids de poitrine de porc, ajoutez un peu de mie de pain trempée dans de l'eau et bien pressée, sel, poivre, un peu de muscade, persil et ciboule hachés fin ; faites revenir sur le feu. Laissez refroidir, ajoutez un ou deux jaunes d'œufs, moulez en boulettes ou en bouchons, farinez, panez et faites frire.

Lièvre mariné à la broche. — Tout ce que nous avons dit à l'article lapin mariné à la broche peut être appliqué au lièvre, seulement le lièvre doit être un peu moins cuit (*Voir page* 320).

Civet de lièvre, entrée.

Dépouillez, videz et dépecez le lièvre comme il est dit plus haut pour le lapin page 317.

Si le lièvre est très-fort et si vous n'êtes que six ou sept personnes la moitié suffira, vous mettrez de côté le train de derrière pour l'accommoder d'une autre manière.

Mettez dans une casserole gros comme un œuf de beurre. Faites blondir. Lorsqu'il est d'un beau blond, mettez-y une livre de poitrine de porc frais coupé en morceaux de la dimension de gros dominos ; quand les morceaux de lard seront d'une belle couleur blonde, retirez-les. Mettez dans le beurre plein une cuillère à bouche de farine, remuez sur le feu avec une mouvette jusqu'à ce que beurre et farine soient d'une belle couleur marron foncé. Eteignez avec une demi-bouteille de vin rouge et un verre d'eau. (*Si votre vin est léger mettez tout vin.*) Mettez les morceaux de lièvre et les morceaux de porc et aussi le foie et le sang du lièvre (*foie et sang bien écrasés et pilés*), une carotte moyenne coupée en rouelles, dix ou douze oignons gros comme le pouce. (*On peut, si on le préfère, hacher les oignons très-fin.*) Assaisonnez de sel, poivre, bouquet garni, un peu de muscade. Remuez; laissez cuire couvert et à feu pas trop vif deux heures; ôtez le bouquet et servez le lièvre au milieu, porc et oignons autour.

Les champignons vont bien avec ce ragoût. Une vingtaine suffira. — Épluchez, lavez, mettez entiers ou par morceaux dans le civet un quart d'heure au plus avant la parfaite cuisson.

Civet à toute vitesse, entrée.

Lorsqu'on sera très-pressé, voici une manière de confectionner un civet de lièvre que je recommande :

Dépecez le lièvre comme pour le civet ordinaire.

Mettez-le dans une casserole ou un chaudron avec son sang et son foie écrasé, une demi-livre de poitrine de porc coupée en morceaux, une vingtaine de petits oignons, un peu de sel, poivre, muscade, un litre et demi de vin rouge et un verre d'eau-de-vie. Faites bouillir à toute vitesse. Au bout de quinze minutes environ, lorsque la sauce est réduite de moitié, approchez un papier enflammé, de manière à mettre le feu au ragoût. Lorsqu'il sera éteint, liez la sauce avec une demi-livre de beurre manié de farine. Servez.

Levraut chasseur, entrée.

Faites mariner le train de derrière d'un levraut...

Faites blondir dans une poêle 125 grammes de beurre; faites-y revenir des petits morceaux de poitrine de porc; mettez le morceau de levraut; faites cuire une demi-heure, trois quarts d'heure; un peu avant sa parfaite cuisson, ajoutez un verre d'eau ou de bouillon, une cuillerée d'eau-de-vie et un peu de la marinade.

Levraut sauté, entrée.

S'accommode comme le lapin sauté, page 324.

LAPINS DE GARENNE.

Les choisir et les acheter jeunes et bien en chair (se servir des mêmes indications que pour les lièvres). Ils s'accommodent de toutes les manières indiquées pour les lapins domestiques pag. 318 et suivantes.

PERDREAUX.

On les prendra jeunes, gras et bien en chair.

Voici quelques indices pour reconnaître l'âge des perdreaux :

« A l'époque de l'ouverture de la chasse les perdreaux sont presque aussi gros que père et mère. Les plus jeunes ont encore l'aile pointue à l'extrémité, mais elle tend déjà à s'arrondir. La nuance blanc-jaunâtre de la première jeunesse se trouve renforcée par quelques touffes de plumes grises. Un peu plus tard apparaissent sur la tête quelques touffes de plumes rousses et la partie comprise entre l'œil et l'oreille commence à rougir.

« Au commencement d'octobre, sur l'estomac des perdreaux, se dessine un demi-cercle en forme de fer à cheval de plumes plus foncées que le fond, et l'ergot se montre à la patte des mâles.

Plus un perdreau est jeune, plus ses pattes sont de nuance claire ; ceux qui ont les pattes brunes, presque noires, ne sont plus bons qu'à être mangés aux choux.

Certaines personnes préfèrent les perdreaux un peu *faisandés*, c'est une affaire de goût ; mais, sans adopter cette exagération, je conseille pour avoir un mets

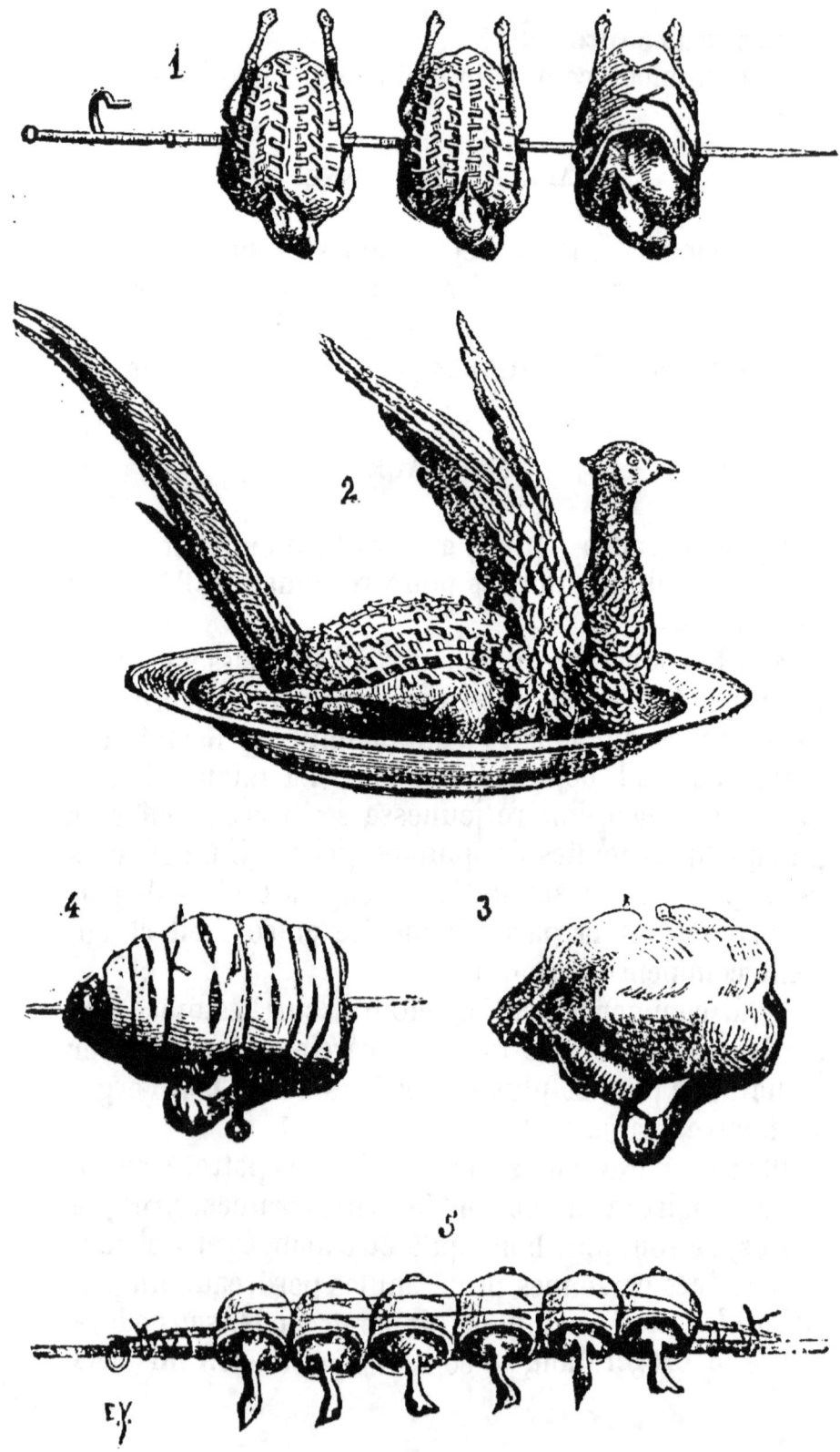

tout à fait délicat de ne pas manger les perdreaux trop nouvellement tués.

Le perdreau se trousse comme le pigeon, à la seule différence que l'on coupe l'aileron, ce qui simplifie le plumage (voir manière de vider et trousser le pigeon pag. 310).

Le perdreau se découpe membre par membre comme le poulet.

Perdreaux à la broche, rôti.

Pour quatre personnes un perdreau; pour cinq à dix, deux.

Choisissez les perdreaux jeunes. Les vieux ne sont pas un manger délicat à la broche. (*Voir pag. 334, les indices que nous avons donnés pour reconnaître les jeunes perdreaux.*)

Plumez, videz, piquez fin ou bardez. (*On peut, si l'on met deux perdreaux, piquer l'un et barder l'autre.*)

Embrochez en long, si vous n'en avez qu'un; en travers, si vous en avez plusieurs, en laissant un intervalle entre chacun (*Voir pag. 335, fig. 1*). Faites cuire devant feu vif trente minutes environ, *il ne faut pas que le perdreau soit trop cuit, car il perd toute sa délicatesse.* Débrochez; ôtez les ficelles que vous avez dû mettre, soit pour le brider, soit pour maintenir les bardes... S'il y a un peu de jus d'attaché à la lèchefrite, détachez-le avec une ou deux cuillerées d'eau ou de bouillon et mettez-le autour du ou des perdreaux.

Lorsque les perdreaux doivent figurer sur la table dans un dîner de cérémonie, il y a une manière de les présenter qui est d'un fort bel effet, surtout lorsque ce sont des perdreaux rouges qui ont le plumage beaucoup plus beau. On coupe le cou, les ailes, le croupion en se gardant bien d'abîmer les plumes; lorsque le perdreau est cuit on met autour, à peu près dans la position qu'ils ont lorsque l'animal n'est pas plumé, cou, ailes et croupion. On peut même avec deux bouts de fil de fer attachés en croix, ouvrir les ailes et redresser la tête et la queue de l'oiseau, ce qui lui donne une apparence de vie. (Voir, comme spécimen de cette présentation, le faisan entouré de ses plumes, pag. 335, fig. 2.) Bien entendu que, lorsqu'on présente l'animal avec ses plumes, on ne met pas son jus, s'il en a, autour.

Manières diverses d'accommoder les restes de perdreau rôti.

Les perdreaux rôtis sont fort bons froids. On peut aussi accommoder les restes de perdreau en SALMIS, (*Voir à la table des matières*), en MAYONNAISE (*Voir à la table des matières*), à la CHIPOLATA (*Voir à la table des matières*).

Perdreaux truffés, rôt.

Prenez de beaux perdreaux bien jeunes, bien en chair. Plumez, flambez, videz.

Pour qu'un perdreau soit bien truffé, il faut bien par perdreau 125 grammes de truffes; choisissez-les bien noires, bien fermes, bien parfumées; lavez-les, brossez-les, lavez-les à plusieurs eaux; pelez-les légèrement de manière à enlever la surface rocailleuse; hachez ces épluchures et mêlez avec 125 grammes de chair à saucisses un peu grasse; mettez cette farce et les truffes coupées par belles tranches, assaisonnées de sel, poivre, épices, dans une casserole sur le feu; laissez sur feu doux pendant un quart d'heure; versez dans un plat et laissez *presque* refroidir.

Une fois cette farce refroidie, mettez dans l'intérieur du perdreau et dans le creux de l'estomac. Vous aurez soin de glisser quelques belles tranches de truffes sous la peau de l'animal. Fermez bien toutes les ouvertures; enveloppez d'une barde très-mince; laissez l'animal se parfumer ainsi deux ou trois jours en été, six en hiver, selon que le temps est plus ou moins froid. Faites rôtir à feu vif vingt-cinq à trente minutes.

Perdreaux en salmis, entrée.

Pour huit à dix personnes, deux perdreaux.

Plumez, videz, faites cuire à la broche vingt-cinq à trente minutes devant feu vif. Levez les membres et l'estomac.

Mettez gros comme la moitié d'un œuf de beurre dans une casserole; faites-le blondir; mettez-y la moitié d'une soucoupe d'oignon haché fin, une cuillerée de farine; faites revenir sur feu vif; mettez le foie, les poumons, la carcasse des perdreaux que vous aurez bien pilés au mortier; puis la moitié d'une bouteille de vin rouge, la moitié d'un verre d'eau ou de bouillon, sel, poivre, bouquet garni, un peu de muscade et une petite bande de zeste de citron; faites bouillir une heure. Passez ce mélange dans une passoire à sauce, en pressant et pilant bien, jusqu'à ce qu'il ne reste plus dans la passoire que ce qu'il est impossible de faire passer. Mettez les membres et l'estomac des perdreaux dans le salmis et remettez sur le feu jusqu'à ce qu'ils soient chauds, en se gardant bien de laisser bouillir. Servez sur des croûtons frits ou des petites tranches de pain grillées.

Perdreaux aux choux, entrée.

Pour dix à douze personnes, deux perdreaux.

Il n'est pas nécessaire que les perdreaux soient très-jeunes, même les très-jeunes perdent de leur délicatesse quand on les met aux choux.

Faites blondir 125 grammes de beurre; faites-y revenir et prendre couleur aux perdreaux, à une demi-livre de poitrine de porc coupée en morceaux et à deux saucisses d'une demi-livre chacune. Otez perdreaux, porc et saucisses, au fur et à mesure qu'ils auront pris une belle couleur dorée. Mettez dans le beurre deux cuillerées de farine, tournez sur feu vif jusqu'à ce que beurre et farine soient d'une belle couleur marron foncé; éteignez avec un verre d'eau ou de bouillon; mettez sel, poivre, bouquet garni et une ou deux cuillerées d'eau-de-vie, une carotte coupée en ronds. Remettez perdreaux, porc et saucisses et autour un chou coupé en deux ou quatre, dont vous aurez, autant que possible, ôté les grosses côtes, que vous aurez fait bouillir un quart-d'heure dans de l'eau et bien égoutté. (*Employer de préférence un chou de Milan : s'il est petit en mettre deux.*) *Faites cuire deux heures.* (*Si les perdreaux étaient très-vieux, les faire cuire plus longtemps. Alors on mettrait les choux, le porc et les saucisses un peu plus tard.*)

On peut aussi mettre avec les perdreaux aux choux un petit cervelas, que l'on coupera au moment de servir en ronds minces et avec lequel on ornera le bord du plat.

Servez à courte sauce, les perdreaux sur les choux, morceaux de poitrine de porc autour.

Manière plus élégante de présenter les perdreaux aux choux. — Prenez un moule à gâteau de riz ou tout simplement une casserole ronde. Disposez régulièrement au fond les ronds de carottes; mettez une couche de choux; disposez sur cette couche les saucisses en cercle autour de la casserole, puis les morceaux de porc au milieu; sur la couche de porc, les deux perdreaux; puis une autre couche de choux, que vous pressez bien de manière à ce qu'elle comble tous les vides. Pressez bien; mettez un instant chauffer, renversez sur un plat et servez la sauce autour. La sauce doit avoir été maintenue chaude et ne pas être trop longue. Si elle était trop longue, on la ferait réduire à grand feu avant de la mettre autour des perdreaux.

Chartreuse de perdreaux, entrée.

Pour dix ou douze personnes, deux perdreaux.

Plumez, videz, bardez.

Mettez dans une casserole 125 grammes de beurre; faites blondir; faites prendre couleur, aux deux perdreaux; lorsqu'ils sont de belle couleur ajoutez un demi-verre de vin blanc et un demi-verre d'eau ou de bouillon, sel, poivre, bouquet garni, une carotte coupée en rond, deux oignons; faites cuire. Une fois cuits, ôtez les perdreaux. Faites cuire dans la cuisson des perdreaux, des carottes, des navets, des laitues (les laitues blanchies à l'eau bouillante et bien ficelées). On peut à la place des laitues mettre des choux. Une fois les légumes bien cuits, coupez les carottes et les navets en ronds de l'épaisseur d'un décime.

Faites cuire séparément des petits pois et des haricots verts.

Prenez un moule ou une casserole, beurrez le fond, dressez le long des parois les perdreaux coupés en deux dans le sens de leur longueur; mettez dans l'intervalle qui existe entre chaque morceau une carotte, un navet et une laitue; mettez, au milieu, des ronds de carottes et de navets, puis une couche de laitues; sur cette couche, les petits pois et les haricots que vous avez apprêtés avec la sauce de votre chartreuse; couvrez d'une couche de laitues; renversez sur le plat; servez la sauce autour.

Perdreaux à la chipolata, entrée.

Se préparent comme le poulet à la chipolata (*Voir page* 285).

Perdreaux en mayonnaise, entrée.

Se préparent comme la mayonnaise de volaille (*Voir page* 273).

Pour faire plus de morceaux, coupez les ailes en deux ; pour que ces morceaux d'ailes représentent davantage, couper l'aile dans son épaisseur.

Perdreaux en galantine, entremets.

Prendre des vieux perdreaux ; procéder comme pour la galantine de volaille (*Voir page* 292).

FAISAN.

Choisissez-le jeune, bien en chair. Le faisan jeune a l'ergot peu prononcé. Pour connaître s'il est tendre, pincer l'aileron pour s'assurer si la chair est flexible.

Le faisan trop frais est un manger des plus médiocres ; on aura donc soin de le bien laisser mortifier et de le flairer souvent afin de le prendre à point. Il ne faut le plumer et le vider que le jour où il doit être servi, excepté lorsqu'on veut le truffer.

On doit présenter le faisan rôti, surtout si c'est un mâle, garni de sa tête, de ses ailes, de sa queue non plumées, comme il est indiqué pour le perdreau page 336 (*Voir aussi pag.* 335, *fig.* 2).

Le faisan se pique ou se barde ; du reste toutes les indications que nous avons données pour les perdreaux peuvent servir pour les faisans, seulement à cause de leur plus de grosseur il faut aux faisans plus de temps de cuisson... 45 minutes environ.

On met aussi les faisans en SALMIS, aux CHOUX, en CHARTREUSE, à la CHIPOLATA, en MAYONNAISE, en GALANTINES, en TERRINES, en PATÉS, etc.

COQ ET POULE DE BRUYÈRE, GÉLINOTTE...

S'accommodent de toutes les manières indiquées pour le faisan. Il faut aussi ne pas les manger trop frais.

CAILLES.

Les choisir bien rondes, bien grasses. La véritable saison des cailles est le mois de septembre. Les jeunes cailles ont le plumage moins rayé que les vieilles.

Cailles à la broche, rôt.

Plumez, flambez et videz ; enveloppez d'une feuille de vigne et ensuite d'une barde de lard excessivement mince ; embrochez par le travers du corps et faites cuire à feu très vif, environ 20 minutes...

On peut aussi les faire cuire sur le gril.

Cailles en ragoût, entrée.

Plumez, flambez, videz.

Pour huit cailles, faites blondir gros comme un œuf de beurre ; faites-y revenir les cailles... ôtez-les. Mettez dans la casserole une cuillerée de farine ; remuez sur le feu jusqu'à ce que beurre et farine soient d'une belle couleur marron ; éteignez avec un verre d'eau ou de bouillon ; remettez les cailles ; assaisonnez ; ajoutez une douzaine de petits oignons et une demi-livre de petites saucisses chipolata. Faites cuire une heure à feu doux ; servez entourées de croûtons.

Salmis de caille, entrée.

Faites rôtir comme il est indiqué ci-dessus pour les cailles à la broche, coupez en 2 ou en 4 ; ôtez les feuilles de vigne et procédez comme pour les perdreaux en salmis, pag. 338.

RALES.

Il y a deux espèces de râles : le RALE GRIS et le RALE ROUGE dit aussi RALE DE GENETS.

Le RALE GRIS est un manger médiocre ; le RALE ROUGE, bien gras, est presque aussi délicat que la caille ; il s'apprête des mêmes manières.

GRIVES.

Elles s'apprêtent comme les cailles ; mais elles sont moins délicates. Elles sont surtout bonnes en automne, époque où elles sont grasses.

ALOUETTES OU MAUVIETTES.

Les alouettes ou mauviettes sont un manger très-délicat en automne et en hiver parce qu'alors elles sont grasses ; dans les autres saisons elles sont peu recherchées.

Les alouettes ne doivent pas se vider ; non vidées elles sont beaucoup plus savoureuses, cependant je conseille d'enlever la noix ou gésier ; cette opération est facile : il suffit de faire un petit trou sous la cuisse, de presser l'alouette et la noix se présente à l'ouverture.

On les barde avec une petite barde de lard excessivement mince.

Alouettes à la broche, rôt.

Plumez ; flambez ; ôtez la noix par une petite fente que vous faites sous la cuisse ; bardez de petites bardes excessivement minces.

Embrochez par le côté entre l'aile et la cuisse avec de petites brochettes et de manière à maintenir les bardes. Attachez la brochette à chaque extrémité sur la broche (*Voir pag.* 335, *fig.* 5) ; s'il y a beaucoup d'alouettes vous pouvez en mettre des deux côtés de la broche en mettant les alouettes dos à dos. Faites cuire à grand feu 20 minutes.

On peut placer dans la lèchefrite des tranches de pain grillées que l'on servira sous les alouettes.

Les alouettes se présenteront sur la table enfilées sur les brochettes.

Alouettes en salmis, entrée.

Plumez, flambez, ôtez la noix, bardez, faites rôtir.

Laissez entières ou fendez en deux dans le sens de la longueur.

Faites le salmis avec l'intérieur (*Voir Salmis de bécasses*); faites-y réchauffer les alouettes, servez sur des petites tranches de pain grillées ou des croûtons frits.

Alouettes à la minute, entrée.

Pour une douzaine d'alouettes :

Faites blondir gros comme un œuf de beurre; faites-y revenir un quart de poitrine de porc coupé en petits dés et les alouettes... Lorsque porc et alouettes sont de belle couleur, ajoutez un quart de verre d'eau et une cuillerée d'eau-de-vie... mettez sel et poivre, un oignon coupé en rouelles minces; faites cuire dix minutes à feu assez vif et servez.

Alouettes au roux, entrée.

Pour une douzaine d'alouettes :

Mettez dans une casserole gros comme un œuf de beurre; une fois fondu, ajoutez une cuillerée de farine; tournez sur le feu jusqu'à ce que beurre et farine soient d'une belle couleur marron... Éteignez avec un verre d'eau ou de bouillon; mettez-y une demi-livre de poitrine de porc coupée en petits dés, sel, poivre, bouquet garni... faites bouillir une heure à petit feu; mettez les alouettes dont vous avez ôté les noix... faites cuire vingt minutes; ôtez le bouquet et servez.

Alouettes en caisses, petite entrée.

Faites cuire les alouettes au roux comme il est indiqué ci-dessus... ajoutez dix minutes avant leur parfaite cuisson douze ou quinze champignons bien épluchés, entiers ou par morceaux; on peut aussi mettre des morceaux de ris de veau, de cervelles, des petites quenelles, etc. Otez le bouquet; servez chaque alouette dans une petite caisse en papier avec un peu de sauce et de garniture (Voir au vocabulaire le mot *Caisse*.)

Alouettes en timbale ou paté chaud d'alouettes, entrée.

Faire cuire et préparer les alouettes comme ci-dessus ; les servir dans une timbale (*Voir timbales*).

BÉCASSES.

La bécasse est un des meilleurs mets. Elle ne doit pas être mangée trop fraiche, sans cela les intestins, qui sont un délicat assaisonnement, resteraient filandreux. Il faut la garder trois ou quatre jours au moins l'été, huit à quinze l'hiver. La saison de la bécasse est l'hiver.

Il faut choisir les bécasses bien en chair et bien grasses.

Les bécasses ne se vident pas ; on coupe les ailerons et on enlève les yeux ; on enchevêtre les pattes, l'une dans l'autre ; le haut de cuisse est maintenu au moyen du long bec de l'animal que l'on passe à travers du corps (*Voir pag.* 335, *fig.* 3).

On ne pique pas les bécasses, on les barde... On maintient la barde au moyen d'une ficelle que l'on ôte au moment de servir (*Voir pag.* 335, *fig.* 4).

Lorsqu'on a une ou deux bécasses, on les embroche en long ; mais lorsqu'on en a trop pour les embrocher de cette manière, on les embroche par le côté en laissant un intervalle entre chacune.

La bécasse se découpe membre par membre.

Bécasses à la broche, rôt.

Plumez, flambez, ne videz pas, disposez comme il est dit ci-dessus, bardez en ayant soin de faire quelques incisions pour que la barde colle bien ; s'il n'y a qu'une bécasse ou deux, embrochez en long ; s'il y en a plus, par le travers.

Mettez dans la lèchefrite sous les bécasses une ou deux tranches de pain grillées pour recevoir ce qui tombera de l'intérieur; faites cuire, à feu vif, une demi-heure si les bécasses sont belles et grasses; un peu moins si elles sont maigres. Débrochez, ôtez la ficelle, si vous en avez mis pour maintenir la barde, et servez sur les tranches de pain.

Salmis de bécasses, entrée.

Faites cuire à la broche comme il est indiqué ci-dessus; dépecez en ayant soin de faire au moins deux morceaux des ailes en les partageant dans le sens de leur épaisseur; ôtez la noix ou gésier.

Pilez les os de la carcasse, le foie et l'intérieur dans un mortier jusqu'à ce que le tout soit bien réduit en pâte; délayez avec une demi-bouteille de vin rouge et un demi-verre d'eau ou de bouillon; passez dans une passoire en pressant bien; mettez cette espèce de coulis dans une casserole avec gros comme une noix de beurre, sel, poivre, muscade, un peu de zeste de citron; faites mijoter pendant trois quarts d'heure, une heure au moins; faites réchauffer, *simplement réchauffer*, sans bouillir, dans cette sauce les morceaux de bécasse; liez avec gros comme un œuf de beurre manié de fécule et versez dans le plat où à l'avance vous avez disposé de petites tranches de pain grillées ou frites. Entourez, si vous voulez, de croûtons frits et servez.

Autre manière. — Faites cuire à la broche et dépecez la bécasse, ôtez la noix ou gésier.

Faites fondre dans une casserole gros comme la moitié d'un œuf de beurre; versez-y une soucoupe comble d'oignons hachés très-fin et une cuillerée de farine; faites revenir sur feu vif jusqu'à ce que le tout commence à prendre couleur; ajoutez alors les os de la carcasse, le foie et l'intérieur de la bécasse, le tout

GIBIER

pilé au mortier, environ une demi-bouteille de vin rouge et un demi-verre d'eau, sel, poivre, muscade, deux clous de girofle, bouquet garni, un peu de zeste de citron ; faites bouillir pendant une heure et demie environ ; passez en ayant soin d'extraire toute la sauce, qu'il ne reste dans la passoire que ce qu'il est matériellement impossible de faire passer ; versez cette sauce sur les morceaux de bécasse que vous aurez disposés dans un plat sur des petites tranches de pain grillées ; faites réchauffer à feu doux, trois ou quatre minutes, et servez.

BÉCASSINES.

La bécassine est un petit oiseau de marais qui a la même forme et presque la même apparence que la bécasse, sauf la taille.

De même que la bécasse on ne la vide pas ; elle s'accommode des mêmes manières ; il lui faut un peu moins de cuisson.

Si l'on n'a pas assez de bécassines pour en donner une à chaque convive, on les coupe en deux dans le sens de leur longueur.

Salmis de bécassines. — Se fait comme le salmis de bécasses.

Croustades de bécassines, petite entrée.

Faites cuire à la broche ; coupez en deux dans le sens de leur longueur ; mettez en salmis auquel vous ajoutez quelques champignons coupés en morceaux ; servez chaque moitié de bécassine dans une petite croustade (*Voir croustades*), avec un peu de sauce et de garniture de champignons.

CANARD SAUVAGE.

Se dispose et s'accommode des mêmes manières que le canard domestique. (*Voir page 300 et suivantes.*)

SARCELLE.

Se dispose de la même manière que le canard. On peut la barder si elle n'est pas très-grasse. Elle se coupe en deux ou quatre ; excepté pour la mettre en salmis, alors on la découpe membre par membre.

POULE D'EAU.

Ce que nous disons pour la sarcelle convient également à la poule d'eau.

PIGEONS RAMIERS ET TOURTERELLES.

S'accommodent des mêmes manières que les pigeons domestiques. Il faut qu'ils soient jeunes pour les manger rôtis. Les vieux ont les pattes d'un rouge beaucoup plus foncé.

MACREUSES ET BISETTES.

Les macreuses et les bisettes sont des oiseaux de marais qui ont l'avantage d'être considérés comme maigres par l'Église et par conséquent de pouvoir être mangés les jours d'abstinence.

Elles ont la forme de canard, la macreuse est noire, la bisette grise, et elles ont cette marque distinctive d'avec les canards qu'elles ont toujours le plumage mouillé, collé au corps et plein de sable.

Salmis de macreuse, ou de bisette, entrée.

Une macreuse ou une bisette suffit pour huit à dix personnes.

Ne plumez pas, mais écorchez (*La peau des macreuses et des bisettes est huileuse, dure et coriace*), videz ; détachez d'abord les membres ; coupez membres et carcasse par morceaux.

Faites un roux avec gros comme un œuf de beurre et plein une cuillère à bouche de farine; lorsque votre roux est d'une belle couleur marron, faites-y revenir plein une soucoupe d'oignon haché fin; éteignez avec la moitié d'une bouteille de vin rouge et un demi-verre d'eau; assaisonnez de sel, poivre, épices, un peu de muscade, bouquet garni ; mettez les morceaux de bisette ou de macreuse, mais réservez le foie. Faites cuire deux heures à feu pas trop vif. Liez avec le foie bien écrasé, tournez une ou deux minutes sur le feu ; servez sur des tranches de pain grillé.

POISSON ET COQUILLAGE.

Pour le poisson, il faut s'attacher à la fraîcheur avant tout, ensuite le prendre épais et bien ferme, sans aucunes meurtrissures.

On reconnaît le poisson frais à l'œil, aux ouies, à l'odeur.

L'odeur ne suffit pas pour constater la fraîcheur et la qualité du poisson ; il peut être lavé et n'avoir, par cette raison, aucune mauvaise odeur appréciable; la chair n'en sera pas moins terne et molle. Il faut toujours se méfier du poisson lavé. Il vaut mieux le voir tel qu'il sort de l'eau, enduit d'une substance visqueuse.

Le poisson très-frais a l'œil brillant, limpide, la robe plus splendidement teintée. Il a les ouies d'un rouge-clair, ou grises frangées de rose. Lorsqu'elles sont d'un rouge brun, méfiez-vous! la marchande y aura mis du sang.

Les poissons perdent de leur qualité au moment du frai. On doit y penser en faisant ses acquisitions et ne pas acheter du poisson qui ait frayé ou est sur le point de frayer. On les reconnaît à leur ventre rentré au dedans ou démesurément gonflé. Cependant il est certains poissons au contraire qui, lorsqu'ils sont sur le point de frayer, sont fort recherchés à cause de leurs œufs et de leurs laitances.

Presque tous les poissons se VIDENT; les uns s'ÉCAILLENT, les autres s'ÉCORCHENT; quelques-uns s'écaillent ou ne s'écaillent pas, s'écaillent ou s'écorchent; nous indiquerons du reste en temps et lieu ces différents cas.

Pour les petits poissons, on enlève les boyaux par l'ouverture des ouies; pour les autres, il vaut mieux fendre le ventre de manière à pouvoir bien nettoyer l'intérieur et enlever tout le sang caillé; faire bien attention à conserver les œufs ou la laitance, dans certains poissons les œufs et la laitance sont un manger délicat. On enlève complétement les ouies.

Pour ÉCAILLER UN POISSON, une fois qu'il est bien vidé, on le saisit par le bout de la queue de la main gauche en le soulevant à moitié et on le frotte de la main droite, avec un couteau, à contre sens et pas trop fortement de manière à ne pas endommager la peau.

Pour ÉCORCHER UN POISSON, on passe le bout de la lame du couteau sous la peau, près de la tête, et l'on en détache une partie, on renverse cette partie; puis, de la main gauche, on prend le poisson par la tête au moyen d'un torchon pour qu'il ne glisse pas; puis de la main droite, en se servant d'un autre bout du torchon, la partie de peau détachée et renversée et l'on tire... On veille à ce qu'il ne vienne pas de fragments de chair avec la peau; dans ce cas, dès qu'on s'en aperçoit, on les détache de la peau avec un couteau pour qu'ils ne continuent pas à venir avec elle.

Voici quelques recommandations importantes :

Ne pas nettoyer le poisson trop longtemps à

l'avance ; le travail qu'il subit le fait passer promptement.

Le conserver dans un endroit frais.

Ne pas le laisser tremper dans l'eau ; les chairs y deviennent molles et flasques ; même je conseille, lorsqu'on a beaucoup de poissons à nettoyer, de les vider tous en suivant au lieu de les mettre dans l'eau au fur et à mesure.

Je conseille bien aussi en essuyant le poisson de ne pas trop le tamponner, car on le meurtrit et on lui ôte une grande partie de sa délicatesse.

On appelle FILETS de poisson, les morceaux de chair débarrassés de la peau et des arêtes.

Il y a trois manières principales d'accommoder le poisson :

Les COURTS-BOUILLONS comprenant le court-bouillon proprement dit, le bleu et la bonne eau.

Les FRITURES.

Les MATELOTES.

Comme le Court-bouillon, le Bleu, la Bonne-eau sont des cuissons qui conviennent à une foule de poissons, nous croyons plus court de les exposer ici une fois pour toutes ; il suffira alors d'y renvoyer lorsque nous parlerons des poissons à faire cuire de cette manière.

Bonne-eau. — Mettez dans une turbotière, poissonnière ou chaudière, assez d'eau pour que le poisson que vous avez à faire cuire baigne complètement ; assaisonnez de sel et poivre et d'un bouquet garni. Lorsque cette préparation commence à bouillir, mettez-y votre poisson ; faire attention, à partir de cet instant, que l'eau ne fasse que frémir, afin que le poisson ne se crevasse pas ; une fois le poisson cuit, ôter du feu ; mettre un verre d'eau froide et tenir ainsi le poisson chaudement jusqu'au moment de le servir.

Cette manière s'appelle aussi à l'eau de sel.

Souvent on ne met même pas de bouquet garni dans la cuisson à la bonne-eau, de manière à laisser au poisson son parfum particulier.

Les poissons ainsi cuits se servent dans le plat sur une serviette pliée d'une certaine manière et entourés de persil en branches. On les accompagne d'une sauce blanche parisienne, normande ou autre dans un saucier.

Court-bouillon. — Mettez dans une turbotière, poissonnière ou chaudière, moitié eau et moitié vin blanc ou moitié cidre, en assez grande quantité pour que le poisson que vous avez à faire cuire baigne complétement. (*Pour le court-bouillon on peut employer des petits vins blancs légers à 30 ou 40 centimes la bouteille.*) Mettez sel, poivre, bouquet garni, clou de girofle, oignons et carottes coupés en ronds. Faites bouillir une demi-heure à trois quarts d'heure; mettez le poisson. — (*Prendre garde, à partir de cet instant, que le court-bouillon ne bouille pas trop fort afin que le poisson ne se crevasse pas.*)

Le poisson ainsi cuit se sert comme le poisson à la bonne-eau avec accompagnement d'une sauce dans un saucier.

Court-bouillon économique. — Au lieu d'employer moitié eau et moitié vin, mettez une plus grande quantité d'eau et un verre ou un demi-verre de vinaigre.

Court-bouillon dit au bleu. — Procédez comme pour le court-bouillon au vin blanc seulement au lieu de vin blanc employez du vin rouge.

Court-bouillon pour l'alose. — Mettez dans la poissonnière eau et vin blanc ou eau et cidre, en quantité égale et assez grande pour que l'alose baigne complétement, sel, poivre, clou de girofle, bouquet garni, oignons, carottes, 500 grammes de beurre. Faites bouillir une heure et demie. — Otez les légumes et le bouquet, mettez l'alose vidée, non écaillée et bien ficelée. Remettez les légumes et le bouquet, faites cuire une heure à petits bouillons.

Ce court-bouillon délicat peut être employé pour toutes espèces de poissons, comme saumon, truite, etc. Il peut servir pendant toute la saison des aloses, plus il servira, meilleur il sera; mais à chaque fois pour remplacer la portion qui en aura été consommée, il faudra remettre une bouteille d'eau, une bouteille de vin ou de cidre et une demi-livre de beurre.

Il peut aussi se conserver d'une année sur l'autre. On le met dans des bouteilles que l'on bouche bien et que l'on ficelle; que l'on fait bouillir dix minutes dans un chaudron entourées de foin et baignant dans l'eau. On ôte du feu, on laisse refroidir l'eau; on retire les bouteilles et le lendemain on enduit les bouchons de cire. Conservez dans un endroit frais. J'ai mangé du court-bouillon qui était à sa quatrième année d'existence.

Manière de conserver du poisson pendant plusieurs mois. — Si le hasard fait qu'il tombe dans un petit ménage un saumon, un esturgeon ou autre gros poisson, qu'on n'ait pas l'emploi immédiat de la totalité, la recette suivante pourra tirer d'embarras :

Coupez votre poisson par tranches de l'épaisseur de deux doigts; faites cuire dans du court-bouillon; mettez dans un pot, dont l'orifice ne soit pas trop large, poisson et court-bouillon; que le poisson baigne complétement; couvrez d'une couche de bonne huile d'olives de l'épaisseur du doigt; couvrez le pot d'un papier et conservez dans un endroit frais.

Chaque fois que vous désirez manger de ce poisson,

ôtez du court-bouillon et faites réchauffer soit sur le gril, soit dans une sauce quelconque.

COQUILLAGE.

La meilleure époque pour le coquillage est l'hiver, cependant on en mange de bons également aux autres époques de l'année.

Règle générale : Il faut le prendre ayant la carapace très-dure. Lorsqu'elle est molle ou même flexible, c'est qu'il vient de changer de peau, alors il est maigre et vide. Il faut le prendre *relativement* lourd. CUIT, il ne doit avoir aucune mauvaise odeur; cru, il ne faut l'acheter que vivant; cuit mort, la chair est courte et molle quand on le mange. Prendre autant que possible les femelles qui ont des œufs, mais que les œufs soient encore à l'intérieur, car une fois sortis ils ne sont plus mangeables.

Pour le homard cuit, écartez-lui la queue du corps, si elle résiste, c'est d'un bon symptôme. Pour le homard cru, pressez-lui l'écaille du milieu de la queue, à la base, si l'animal donne une violente secousse, il est présumable qu'il est bien plein de chair. Les petits homards appelés *demoiselles* sont un excellent manger.

La LANGOUSTE est moins délicate que le homard, mais bien des gens la préfèrent, parce qu'elle est plus en chair.

Le crabe appelé, suivant les pays, TOURTEAU, CLOPOINT ou OUVAIS est très-difficile à connaître sous le rapport de la qualité; L'ARAIGNÉE DE MER OU CRABE DE MAI encore plus difficile. Il faut les soupeser... S'ils sont bons ils doivent être *relativement* lourds. La carapace doit être dure et de couleur foncée; les deux parties, dessus et dessous, doivent être comme gonflées et comme tendant à se disjoindre; en pressant on ne doit point pouvoir les rentrer l'une dans l'autre. A partir du mois de juin les araignées de mer bien pleines sont presque impossibles à trouver. C'est fâcheux parce que c'est un des coquillages les plus délicats.

SAUMON.

Choisissez-le à la chair bien rouge et bien ferme, examinez bien si la couleur rouge de la chair est bien réelle et si elle n'est pas un artifice de la marchande qui a enduit de sang son poisson pour lui *donner de l'œil.*

On peut conserver du saumon pendant plusieurs mois (*voir manière de conserver du poisson pendant plusieurs mois pag.* 353).

Saumon, relevé.

Videz-le, écaillez-le légèrement, faites cuire, s'il est petit, une heure; s'il est de grosseur moyenne, une heure et demie; s'il est très-gros, deux heures dans un court-bouillon au vin blanc (*Voir court-bouillon p.* 352) ou tout simplement à la bonne-eau (*Voir p.* 351). Ne le mettez dans la poissonnière que lorsque le court-bouillon ou la bonne-eau commence à bouillir; il faut qu'il en soit couvert; une fois que le poisson y est, il faut que la cuisson ne fasse que mijoter, sans cela il s'abîmerait.

Otez le poisson de la cuisson et le mettez sur un grand plat sur lequel vous avez disposé une serviette, ornez de persil en branches et servez accompagné d'une sauce blanche normande ou parisienne avec ou sans câpres, d'une sauce hollandaise, genevoise, vénitienne, ou au beurre d'anchois servie dans un saucier.

Si l'on n'a pas de plat assez grand, on peut faire tailler par le menuisier une planche de la forme du poisson; enveloppez-la d'une serviette et servez dessus le poisson.

Pour DÉCOUPER le saumon, on commence avec la truelle à poisson par faire une incision dans toute sa longueur; on soulève la peau et on la rabat de chaque côté... on divise la chair du dos et du ventre en morceaux que l'on détache de l'arête et que l'on fait passer au fur et à mesure, ou que l'on pose sur une assiette que l'on fait passer quand elle est pleine à chaque convive qui prend la quantité de saumon qui lui convient; la sauce suit.

Manières diverses d'accommoder les restes de saumon. — Les restes de saumon peuvent se manger FROIDS à l'huile et au vinaigre, ou avec une sauce mayonnaise. *Disposez bien les restes de saumon sur le plat et ornez de persil.*

On peut aussi en faire une MAYONNAISE MONTÉE. (*Voir mayonnaise de saumon.*)

On peut aussi en faire des CASSOLETTES, des COQUILLES, de petites CROUSTADES, etc.

Saumon, entremets.
Faites-le cuire comme le précédent au court-bouillon ou à la bonne-eau : servez froid entouré de persil.

On fait passer en même temps que le saumon froid l'huilier pour les personnes qui désirent le manger à l'huile et au vinaigre ou une sauce mayonnaise.

Saumon sur le gril, entrée.
Coupez-le par tranches de l'épaisseur du doigt; faites-le mariner quelques heures avec huile, vinaigre, persil, sel et poivre; mettez sur feu vif 6 minutes d'un côté, 6 minutes de l'autre; servez sur sauce maître-d'hôtel, ou sauce blanche parisienne ou normande avec ou sans câpres, ou sur sauce béarnaise, vénitienne, etc.

Saumon en papillotes, entrée.

Coupez par tranches tout au plus de l'épaisseur du doigt.

Beurrez des morceaux de papier assez épais taillés du double de grandeur des tranches de saumon; beurrez-les fortement; saupoudrez de mie de pain émiettée fin et mélangée de persil, ciboule hachés fin, sel et poivre... Enveloppez bien hermétiquement chaque tranche de saumon dans un des morceaux de papier disposés comme nous venons de le dire. Faites cuire dix minutes d'un côté, dix de l'autre à feu pas trop vif. Servez enveloppées.

Saumon en fricandeaux, entrée.

Coupez par tranches un peu plus épaisses que le doigt.
Piquez de tout petits lardons.

Mettez dans une casserole du jus (*voir jus p.* 118) en assez grande quantité pour que les tranches de saumon baignent à moitié; faites cuire une demi-heure avec feu dessus, feu dessous et à feu assez vif, arrosez souvent. Servez avec la cuisson réduite.

On peut ajouter des champignons.

AUX TOMATES. — Ajoutez à la cuisson au moment de servir une purée de tomates.

Escalopes de saumon, entrée.

Coupez-le par tranches de l'épaisseur de la moitié du doigt; de ces tranches, suivant la grandeur, vous en ferez deux, trois ou quatre morceaux que vous arrondirez. Mettez-les dans une casserole avec pas mal de beurre, du sel et du poivre. Faites sauter à feu vif jusqu'à ce qu'elles soient cuites; dressez-les en couronne sur le plat, versez au milieu une sauce tomate, genevoise, ou italienne; on peut aussi y mettre une sauce blanche parisienne ou normande ou même une sauce béarnaise ou vénitienne.

Entre chaque escalope on peut mettre un petit croûton frit de même dimension.

Mayonnaise de saumon, entrée.

Coupez en escalopes comme il est indiqué à la recette précédente, mettez sur feu vif avec eau, vin blanc, sel, poivre, oignon. Aussitôt cuit, ôtez du feu et laissez refroidir... Rangez autour d'une salade bien blanche, (laitue, chicon, scarolle ou même chicorée) ; ornez d'œufs durs, olives et filets d'anchois ; versez dessus une copieuse sauce mayonnaise blanche ou verte.

On peut faire une mayonnaise avec des restes de saumon cuit au court-bouillon ou à la bonne-eau ; coupez alors les morceaux aussi réguliers que possible.

Salade de saumon, entremets.

Faites cuire et disposez comme la mayonnaise de saumon ; seulement au lieu d'une sauce mayonnaise vous verserez dessus une sauce ravigote froide.

Conserves de saumon. — Nous avons indiqué, page 353, la manière de conserver du saumon pendant plusieurs mois.. On sait aussi que l'on trouve maintenant chez les épiciers et les marchands de comestibles des boîtes de saumon conservé. Ces tranches de saumon peuvent se servir en HORS-D'ŒUVRE dans des coquilles à hors-d'œuvre entourées de persil en branches, on peut les manger à l'huile ou au vinaigre ou avec une sauce mayonnaise ; à défaut de saumon frais, elles peuvent servir à confectionner une mayonnaise de saumon. On peut les faire réchauffer, mais simplement réchauffer dans leur eau ; les égoutter, les servir sur une sauce blanche ou genevoise ; on peut aussi les faire réchauffer sur le gril : égouttez-les bien et mettez-les sur feu très-vif.

Saumon salé. — Faites-le dessaler. On peut ensuite l'accommoder de toutes les manières indiquées pour la morue salée. (*Voir morue.*)

Saumon fumé, hors-d'œuvre.

Coupez en lames minces, posez sur le gril à feu vif

en les y laissant, pour ainsi dire, d'un côté et de l'autre, seulement le temps de voir le feu ; servez sur bon beurre frais à peine fondu.

TRUITES.

Truites. — Il y a différentes espèces de truites... Il y en a de taille énorme, entre autres parmi celles connues sous le nom de truites du lac de Genève. CES GROSSES TRUITES S'ACCOMMODENT ET SE SERVENT DE TOUTES LES MANIÈRES INDIQUÉES POUR LE SAUMON.

Parmi les petites truites, au nombre desquelles se trouvent les truites de rivière, se trouvent plusieurs variétés, la meilleure est celle que l'on qualifie de truite saumonée ; lorsqu'elle est prise dans sa pleine saison, sa chair est d'un joli rose et c'est alors un manger très-délicat. Ces petites truites, lorsqu'elles atteignent une demi-livre, trois quarts, une livre peuvent se manger à la sauce blanche, à la sauce genevoise, ou bien encore à l'huile et au vinaigre ; plus petites, mieux vaut les faire frire.

Pour les manger à la SAUCE BLANCHE, à la SAUCE GENEVOISE, ou à la sauce VÉNITIENNE, faites-les cuire à la bonne-eau (*Voir pag.* 351). Garnissez un plat d'une serviette et servez la truite bien égouttée dessus et entourée de persil. Servez en même temps, dans un saucier, la sauce blanche, parisienne ou normande, avec ou sans câpres, ou la sauce genevoise.

On peut aussi pour manger les truites à la sauce blanche les faire cuire sur le gril : videz, lavez les truites, essuyez-les et laissez-les égoutter la tête en bas ; faites quelques incisions sur les deux côtés, si elles sont un peu grosses ; faites griller à feu vif. (*Ayez bien soin de faire bien chauffer, presque rougir, le gril avant de les mettre dessus, sans cela elles s'y attacheraient.*)

Une fois cuites et bien grillées, servez sur sauce blanche, parisienne ou normande, avec ou sans câpres, ou bien sauce vénitienne, sauce dans un saucier.

Petites truites frites. — Choisissez-les tout au plus grosses comme un hareng.

Videz, lavez, essuyez et laissez bien sécher la tête en bas ; au dernier moment, trempez dans un peu de lait et ensuite dans la farine et faites frire à friture bien chaude (*Voir friture p.* 88), mettez égoutter sur une passoire et servez saupoudrées d'un peu de sel fin.

Truites à la provençale. — Prenez des truites pas trop grosses ; mettez dans un plat une couche d'huile de l'épaisseur d'un sou au plus ; saupoudrez de sel et poivre ; placez-y vos truites ; faites rissoler sur feu vif en agitant de temps en temps le plat pour que les truites ne s'y attachent pas ; lorsque les truites sont rissolées d'un côté, tournez-les de l'autre ; saupoudrez le dessus de mie de pain émiettée fin et mélangée de sel, poivre, persil, ciboule, échalote hachés fin ; faites cuire feu dessus, feu dessous, en arrosant de temps en temps le dessus de vos truites avec le peu d'huile où elles cuisent ; servez de belle couleur.

ESTURGEON.

Il se prépare et s'accommode de toutes les manières indiquées pour le saumon, au COURT-BOUILLON, à la BONNE-EAU, accompagné d'une sauce blanche ou d'une sauce genevoise, sur le GRIL, en PAPILLOTES, en FRICANDEAUX, en ESCALOPES, en MAYONNAISE, en SALADE, en PATÉ...

On peut aussi conserver de l'esturgeon pendant plusieurs mois (*Voir manière de conserver du poisson pendant plusieurs mois, pag.* 353).

THON.

Le thon frais se prépare et s'accommode de toutes les manières indiquées pour le saumon : au COURT-BOUILLON, à la BONNE-EAU, accompagné d'une sauce blanche ou d'une sauce genevoise; sur le GRIL, en PAPILLOTES, en FRICANDEAUX, en ESCALOPES, en MAYONNAISE, en SALADE, en PATÉ... mais il est d'un usage plus général mariné... On trouve du thon mariné chez tous les épiciers et les marchands de comestibles.

Thon mariné, hors-d'œuvre.

Tirez-le du flacon, égouttez-le, mettez-le dans des coquilles à hors-d'œuvre entouré de petites branches de persil.

Thon mariné en mayonnaise, entrée et entremets.

Tirez du flacon, égouttez, coupez en morceaux à peu près égaux; rangez autour d'une salade bien blanche (laitue, chicon, scarolle ou même chicorée); ornez d'œufs durs, d'olives et filets d'anchois; versez dessus une copieuse sauce mayonnaise blanche ou verte.

Salade de thon mariné, entremets.

Procédez comme pour la mayonnaise ci-dessus, seulement au lieu d'une sauce mayonnaise vous verserez dessus une sauce ravigote froide.

BAR.

Les gros bars se font cuire au COURT-BOUILLON ou à la BONNE-EAU (voir ces mots pag. 351 et 352). Videz, écaillez et lavez bien.

Les moyens se font cuire au COURT-BOUILLON, à la BONNE-EAU ou même encore sur le GRIL. — *Si vous les mettez sur le gril, ayez soin dé les faire bien sécher et de chauffer, presque rougir, le gril avant de les mettre dessus;* il est bon aussi de leur faire des incisions.

Les petits se font frire. (*Voir Petites trüites frites pag.* 360.)

MULET.

Procéder d'après les indications données pour le bar.

SURMULET.

Le surmulet est un poisson à la robe d'un rose grisâtre, qui n'est jamais de grande dimension et qui se conserve peu de temps.

C'est un mets fort délicat.

La meilleure manière de l'accommoder est de le faire cuire sur le gril et le servir accompagné d'une sauce blanche. Ne pas oublier de bien faire sécher le poisson et de bien faire chauffer le gril avant de mettre le poisson dessus. A Cherbourg, le pays du poisson, au moment de servir, on mêle à la sauce blanche le foie du poisson que l'on a mis de côté et qu'on écrase bien fin, ce qui donne à la sauce une teinte rosée.

Au lieu de faire cuire le surmulet sur le gril, on peut aussi le faire cuire à la bonne-eau.

GRONDIN OU ROUGET.

Le grondin, que la couleur de la peau d'une variété de son espèce à peau d'un rouge vif a fait appeler aussi rouget, est un poisson excellent, très-connu, il est vrai, mais méconnu... Sa chair est blanche, ferme, délicate... Elle est d'une grande ressource pour les farces de poisson.

Enlevez la tête, les nageoires, videz, écaillez, lavez bien, faites cuire soit à la bonne-eau, soit sur le gril. Servez accompagné d'une sauce blanche, parisienne ou normande, ou vénitienne, ou béarnaise.

On peut, comme pour le surmulet, écraser le foie dans la sauce.

Comme les arêtes du grondin sont assez dangereuses, on doit une fois cuit enlever les principales et autant qu'on peut des petites en écartant les chairs sans cependant les endommager. A cause de l'inconvénient des arêtes, choisissez toujours les plus gros grondins.

Grondin en mayonnaise, entrée.

Enlevez la tête, les nageoires, videz, écaillez, lavez bien, faites cuire à la bonne-eau. Enlevez soigneusement peau et arêtes. Coupez par morceaux à peu près égaux. Rangez autour d'une salade bien blanche, (laitue, chicon, scarolle ou même chicorée); ornez d'œufs durs, olives et filets d'anchois; versez dessus une copieuse sauce mayonnaise blanche ou verte.

Salade de grondin, entremets.

Faites cuire et disposez comme pour la mayonnaise de grondin; seulement au lieu d'une sauce mayonnaise, vous verserez dessus une sauce ravigote froide.

ALOSE.

Voici au dire de bien des gens l'un des meilleurs poissons; nous dirons, nous : c'est un très-bon poisson et qui a cet immense avantage de se présenter pendant le carême, époque où l'on est à court de mets.

L'alose s'accommode d'une infinité de manières;

mais la manière par excellence est l'alose au court-bouillon.

Choisissez l'alose bien ronde, bien fraîche, à la robe brillante, à l'œil limpide; les laitées sont préférables à cause de la délicatesse de leur laitance; mais les femelles ont la chair plus ferme.

Beaucoup de personnes préfèrent les aloses de la Seine à celles de la Loire; moi, je dis : prenez une alose bien fraîche et de bonne qualité et accommodez-la bien.

Alose au court-bouillon, relevé.

N'écaillez pas; fendez le ventre de manière à bien la vider, lavez à plusieurs eaux; remettez les œufs ou la laitance, ficelez bien. Mettez dans le court-bouillon bien préparé. (*Voir court-bouillon pour alose pag.* 352.) Qu'il y ait assez de court-bouillon pour que l'alose baigne; faites cuire une heure environ à petits bouillons; servez l'alose sur une serviette et entourée de persil et en même temps, dans un saucier, de la cuisson que vous avez fait réduire à part à grand feu.

Manières diverses d'accommoder les restes de l'alose cuite au court-bouillon.

Les restes de l'alose cuite au court-bouillon peuvent se manger froids au SEL, ou bien à l'HUILE ET AU VINAIGRE, ou avec une SAUCE MAYONNAISE.

Disposez les restes convenablement sur le plat entourés de persil, servez la sauce dans un saucier.

On peut aussi en confectionner une MAYONNAISE.

On peut les faire réchauffer dans un peu de court-bouillon; en confectionner des COQUILLES, des CASSOLETTES, des CROUSTADES, etc.

Alose au court-bouillon, *manière économique.*

L'alose apprêtée au court-bouillon d'après le procédé ci-dessus est un excellent mets, mais qui a l'immense tort d'être assez coûteux; pour les personnes qui regardent, qui ont besoin de regarder au prix des choses et qui cependant désirent manger une alose au court-bouillon, voici ce que je conseille de faire pour obtenir un court-bouillon moins dispendieux :

Mettez dans la poissonnière 2 litres d'eau et une bouteille de cidre ou de vin, sel, poivre, demi-livre de beurre, carottes, oignons coupés en rouelles, bouquet garni... Faites bouillir une heure... Mettez l'alose feu dessus feu dessous; arrosez fréquemment. Faites cuire une heure; servez et, en même temps, le court-bouillon réduit à la quantité nécessaire et passé dans une passoire.

Alose au four, relevé et rôt.

Videz, lavez, remettez œufs ou laitance...

Beurrez un plat; saupoudrez de sel, poivre, fines herbes hachées fin. Mettez l'alose, beurrez le dessus, saupoudrez de sel, poivre, fines herbes. Mettez un demi-litre d'eau et un demi-litre de cidre ou de vin blanc. Mettez au four. Arrosez fréquemment, tournez à moitié de la cuisson. *Il faut environ une heure de cuisson.* Servez sur la sauce ou la sauce dans un saucier.

Alose à la broche, relevé et rôt.

Ecaillez, videz, lavez, piquez les deux côtés de lardons fins... Remettez les œufs ou la laitance, ficelez bien; embrochez. Mettez devant feu vif; arrosez fréquemment avec le mélange suivant : 125 grammes de beurre, un demi-litre d'eau, un demi-litre de vin ou de cidre et fines herbes hachées fin que vous avez mis dans la lèchefrite. Faites cuire au moins une heure. Débrochez, déficelez et servez, sauce à part.

Alose entière à la sauce blanche, relevé.

Faites cuire à la bonne-eau; servez accompagnée d'une sauce blanche dans un saucier.

Tranches d'alose à la sauce blanche, entrée.

Coupez par tranches; faites mariner avec huile, vinaigre, sel et poivre. Faites griller à feu vif. Servez sur sauce blanche avec ou sans câpres.

Alose à l'oseille, entrée.

Coupez par tranches, saupoudrez de sel et poivre; faites griller à feu vif, servez sur purée d'oseille.

Alose à la maître-d'hôtel, entrée.

Coupez par tranches; faites mariner ou non; faites griller à feu vif; servez sur une sauce maître-d'hôtel.

Alose au beurre d'anchois, entrée.

Coupez par tranches; faites griller à feu vif; servez sur beurre d'anchois.

TURBOT.

Le turbot est un poisson à chair très-ferme, il n'y a que les petits que l'on puisse manger aussitôt pêchés; les gros seront plus délicats en les laissant mortifier quelques jours, surtout en hiver.

Écaillez, videz, coupez un peu les barbes, lavez-le et laissez-le dégorger au moins deux heures dans l'eau. Mettez-le dans la turbotière avec assez d'eau pour qu'il baigne entièrement, sel, poivre en grain et bouquet garni; laissez le cuire à *tous petits bouillons*, à partir du moment où l'eau commence à bouillir, une demi-heure, trois quarts d'heure, une heure suivant sa grosseur. S'il bouillait trop fort la peau se déchirerait. Servez sur une serviette le côté blanc en dessus, et entouré de persil.

Si l'on n'avait pas de plat assez grand, faire tailler une planche comme nous avons indiqué pour le saumon...

Le turbot chaud se sert comme relevé après le potage, on l'accompagne d'une sauce blanche parisienne ou normande avec ou sans câpres dans un saucier, ou d'une sauce homard et crevettes. Froid il est entremets, on fait passer en même temps à chaque convive l'huilier ou une sauce mayonnaise.

Pour découper le turbot, fendez-le avec la truelle à poisson par le milieu dans le sens de sa longueur; divisez les deux morceaux en petits morceaux; détachez de l'arête et servez ou posez sur une assiette que vous faites passer.

Manières diverses d'accommoder les restes de turbot.
Les restes de turbot peuvent s'accommoder de toutes les manières que nous avons indiquées, pour les restes de saumon (*Voir pag.* 356).

Petits turbots frits. — Ecaillez, videz, lavez; laissez égoutter la tête en bas; trempez dans un peu de lait puis dans la farine; faites frire à friture très chaude (*Voir friture pag.* 88); servez saupoudrés de sel fin.

Petits turbots au gratin, entrée.
Ecaillez, videz, lavez...
Garnissez de beurre le fond du plat dans lequel vous devez les faire cuire et les servir; saupoudrez de sel, poivre, persil et ciboule hachés fin, rangez-y les petits turbots le côté blanc en dessus..... Mettez sur les turbots des petits morceaux de beurre comme vous en avez mis au fond du plat; saupoudrez de sel, poivre, persil et fines herbes hachés fin; mettez un demi-verre d'eau et une cuillerée d'eau-de-vie. Faites cuire à feu pas trop vif en arrosant fréquemment; à moitié de la cuisson, saupoudrez de mie de pain émiettée très fin, arrosez de manière à imbiber la mie de pain, couvrez avec un couvercle très-chaud, presque rouge, et garni de braise ou mettez au four très-chaud de manière à

faire prendre couleur. Servez dans le plat où vous les avez fait cuire.

Il faut à peu près une demi-heure de cuisson en tout.

BARBUE.

Ce que nous avons dit du turbot peut servir pour accommoder la barbue ; seulement la barbue étant un poisson beaucoup moins ferme que le turbot, plus nouvellement pêchée on la mange, meilleure elle est... On ne doit pas pour la même raison la laisser tremper dans l'eau.

Barbue aux fines herbes, entrée.

Ecaillez, videz, lavez...

Beurrez le plat dans lequel vous voulez faire cuire et servir la barbue ; saupoudrez de sel et poivre, persil et ciboule hachés fin. Mettez la barbue le côté blanc en dessus ; mettez sur le poisson des petits morceaux de beurre comme vous en avez mis dessous ; saupoudrez de sel, poivre, persil et ciboule ; mettez un demi-verre d'eau et deux cuillerées d'eau-de-vie, ou un verre à vin de vin blanc. Faites cuire à feu pas trop vif en arrosant fréquemment.

Ce ne sera pas une précaution inutile, pour que la barbue cuise également, de mettre dessus un couvercle avec du feu ; mais pas trop vif pour qu'elle ne prenne pas couleur.

Servez dans le plat où vous l'avez fait cuire.

Il faut à peu près une demi-heure de cuisson.

DORADE OU SAINT-PIERRE.

La Dorade, appelée encore dans quelques pays

Saint-Pierre, est un excellent poisson. Il s'accommode des mêmes manières que la barbue.

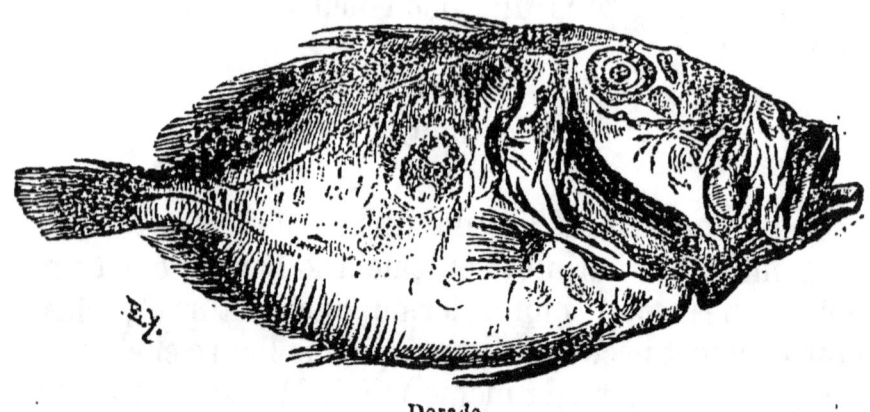

Dorade.

CARPES.

Les carpes bien en chair, bien grosses, bien grasses et ne sentant pas la vase, sont un mets assez délicat; malheureusement elles ont souvent ce défaut; aussi doit-on préférer celles qui sont pêchées dans les eaux courantes à celles que l'on prend dans les étangs. Le moyen de faire passer aux carpes le goût de vase est, aussitôt qu'on les a prises, de leur faire avaler un verre de fort vinaigre. Il s'établit alors sur tout le corps de l'animal une sorte de transpiration épaisse qu'on doit enlever du corps de l'animal en l'écaillant; videz-le et laissez dégorger dans de l'eau mélangée d'une ou deux cuillerées de vinaigre pendant deux ou trois heures; ôtez-le de l'eau et laissez-le égoutter la tête en bas.

Les laitances de carpes sont un mets fort délicat.

Carpe frite. — Ecaillez, videz, lavez.

Fendez-la en deux; faites-la mariner une heure ou deux avec vinaigre, poivre, sel, thym, laurier. Farinez-la et faites-la frire à friture très-chaude. Un instant après farinez la laitance ou les œufs et faites-les frire. (*Voir friture page* 88.) Servez bien égouttée et saupoudrée de sel fin.

Carpe au bleu, relevé.

Ecaillez, videz et lavez; faites-la cuire dans un court-bouillon dit au bleu (*Voir pag.* 352); égouttez, servez entouré de persil et avec une sauce blanche ou une sauce genevoise dans un saucier.

Carpe en matelote, entrée.

MATELOTE MARINIÈRE. — Ecaillez, videz, lavez et coupez la carpe ou les carpes par tronçons... On peut ajouter à la carpe toutes espèces de poissons de rivière.

Mettez dans une casserole avec bouquet garni, oignons coupés en rouelles, moitié vin blanc ou cidre et eau et en assez grande quantité pour que le poisson baigne presque... sel, poivre. Faites bouillir à grand feu vingt minutes environ. S'il y a de la laitance ou des œufs, on les fera cuire après. Rangez le poisson sur le plat où vous devez le présenter sur la table et dont vous avez garni le fond de quelques tranches de pain grillées. Ajoutez à la sauce vingt ou vingt-cinq champignons si vous en avez, faites réduire à grand feu; liez avec un bon morceau de beurre manié de farine; ôtez le bouquet et versez sur le poisson.

MATELOTE BRUNE. — Ecaillez, videz, lavez et coupez la carpe ou les carpes par tronçons...

Faites un roux avec une assez grande quantité de beurre et de farine; éteignez avec trois quarts de vin rouge et un quart d'eau, ajoutez bouquet garni, quinze à vingt petits oignons, sel, poivre, muscade... faites mijoter une heure à une heure et demie; mettez-y les tronçons de carpe, faites cuire vingt à trente minutes; ôtez le bouquet, servez sur petites tranches de pain grillées.

MATELOTE BLANCHE. — Ecaillez, videz, lavez et coupez la carpe ou les carpes par tronçons.

Mettez dans une casserole beurre et farine, aussitôt le beurre fondu et bien mélangé avec la farine, mettez eau ou bouillon et eau-de-vie dans la proportion de deux verres d'eau pour un verre à vin d'eau-de-vie. Mettez bouquet garni, sel, poivre, quinze à vingt petits oignons ; faites bouillir une demi-heure ; ajoutez les tronçons de carpe ; faites cuire encore vingt à trente minutes ; liez avec beurre manié de farine ou jaunes d'œufs, ou jaunes d'œufs et crême (*Voir liaison à l'œuf et liaison à l'œuf et à la crême pages* 99 et 100), ôtez le bouquet et servez entouré de croûtons frits...

MATELOTE BRULÉE. — Écaillez, videz, lavez et coupez la carpe ou les carpes par tronçons.

Mettez dans une casserole ou un chaudron avec le poisson un fort bouquet garni, une assez grande quantité d'oignons, des champignons, une gousse d'ail hachée ou écrasée, sel, poivre... pendez le chaudron à la crémaillère sur feu flambant ; au moment où la matelote commence à bouillir à gros bouillons, ajoutez un ou deux verres à vin d'eau-de-vie, des boulettes de beurre manié de farine... Remuez un peu le chaudron pour délayer un peu les boulettes... activez le feu qui doit prendre à la matelote. (*On doit arranger son feu de manière que la flamme arrive jusqu'au bord du chaudron.*)

Lorsque la matelote sera éteinte, ôtez le bouquet, disposez le poisson sur le plat, versez sauce, champignons et oignons sur le poisson, entourez de croûtons frits et servez.

Carpe à la provençale, entrée.

Écaillez, videz, lavez et coupez la carpe ou les carpes par tronçons.

Mettez dans une casserole avec deux ou trois cuillerées d'huile, un demi-litre de vin, un morceau de beurre manié de farine, sel, poivre ; persil, ail, échalote, champignons, le tout haché. Faites cuire à grand feu jusqu'à ce qu'il n'y ait plus que la quantité de sauce nécessaire.

Laitances et œufs de carpes frits. — Lavez, essuyez, enfarinez et faites frire à friture très-chaude, (*Voir friture page* 88), égouttez et servez saupoudrés de sel fin.

Laitances et œufs de carpes au gratin. — Garnissez de beurre le fond du plat où vous devez les faire cuire et les servir, saupoudrez de mie de pain émiettée fin et assaisonnez de sel et poivre, de persil et ciboule hachés fin... Rangez sur ce lit les laitances et les œufs de carpes ; saupoudrez encore de mie de pain, sel et poivre et fines herbes ; ajoutez un peu d'eau et une cuillerée d'eau-de-vie ; arrosez de beurre fondu ; faites cuire feu dessus feu dessous.

BRÈMES.

Il y a deux sortes de brèmes : la brème de mer ou gros-œil et la brème d'eau douce qui a quelque analogie avec la carpe. La brème s'accommode des mêmes manières que la carpe.

Brème de mer ou gros-œil à la Bonne-eau, relevé.

Ecaillez, videz, lavez...

Préparez une bonne-eau (*voir pag.* 351), mettez-y la brème au moment où l'eau bout ; laissez cuire une demi-heure à petits bouillons, ôtez, égouttez et servez entourée de branches de persil.

On sert en même temps que la brème une sauce blanche soit parisienne soit normande, ou sauce vénitienne, ou béarnaise dans un saucier.

Les restes de la brème à la bonne-eau peuvent être mangés froids soit à l'huile ou au vinaigre, soit en mayonnaise.

Brème de mer ou gros-œil sur le gril, entrée.
Ecaillez, videz, lavez...
Essuyez et laissez sécher ; faites des incisions des deux côtés.
Mettez sur le gril que vous aurez eu soin de faire bien chauffer à l'avance ; faites cuire à feu assez vif un quart-d'heure d'un côté, un quart-d'heure de l'autre ; servez avec sauce blanche soit parisienne soit normande.

Brème de mer ou gros-œil frit. —Choisissez-le pas trop fort...
Ecaillez, videz, lavez.
Essuyez et laissez sécher ; faites des incisions des deux côtés.
Trempez dans le lait et farinez ; faites frire à friture très-chaude (*voir friture pag.* 88). Égouttez, saupoudrez de sel fin et servez.

BROCHET.

Un bon brochet est un bon poisson, mais c'est assez rare ; souvent le brochet est maigre et sent la vase. Choisissez de préférence les brochets de rivière, ceux qui ont la robe brillante ; les autres l'ont plus brune et plus terne.

Jetez les œufs et les laitances ; c'est presqu'un poison ; ils occasionnent des vomissements et purgent violemment.

Les brochets moyens sont meilleurs que les très-gros.

Brochet au bleu, relevé.

N'écaillez pas, videz, lorsque vous ôterez les ouies servez-vous d'un torchon pour ne pas vous piquer; faites-le cuire dans le court-bouillon dit au BLEU. Servez-le accompagné d'une sauce blanche, parisienne ou normande ou d'une sauce genevoise, ou d'une sauce vénitienne. On peut aussi le manger à l'huile et au vinaigre.

Lorsqu'on sert le brochet, cuit au bleu, froid, il est entremets : on le mange à l'huile et au vinaigre, on peut aussi l'accompagner d'une sauce mayonnaise.

Brochet à la broche, entrée et rôt.

Ecaillez, videz, jetez œufs ou laitance, lavez bien, essuyez, piquez avec petits lardons de porc ou de chair d'anguille; enduisez-le d'huile, saupoudrez de sel et poivre. Embrochez-le. Faites cuire une heure devant feu assez vif en l'arrosant souvent avec le mélange suivant : beurre, cidre ou vin blanc, sel, poivre, fines herbes hachées fin. Débrochez et servez.

Liez la sauce avec un peu de beurre d'anchois manié de fécule et servez-la dans un saucier.

Brochets frits. — Prenez-les tout au plus gros comme des maquereaux.

Ecaillez, videz, lavez, laissez égoutter, faites quelques incisions sur les deux côtés, trempez dans un peu de lait, puis farinez; faites frire à friture très-chaude.

PERCHE.

S'accommode des diverses manières indiquées pour le brochet.

TANCHES.

Les tanches, comme presque tous les poissons d'étang du reste, ont le tort immense de sentir la vase;

aussi c'est une bonne précaution de ne pas faire cuire les tanches sans leur faire subir l'opération du LIMO-NAGE; cette opération consiste à verser sur les tanches de l'eau presque bouillante; ôtez-les promptement de l'eau, écaillez en prenant garde d'écorcher; videz-les et lavez-les bien à l'eau froide.

Matelote de tanches, entrée.

Limonez, écaillez, videz, lavez, coupez en tronçons, procédez ensuite comme pour les carpes en matelote.

Tanches frites. — Limonez, écaillez, videz, lavez, séparez en deux dans le sens de l'épaisseur; faites mariner une ou deux heures avec huile et vinaigre, sel et poivre; farinez et faites frire à friture très-chaude. (*Voir friture pag.* 88).

BARBEAU.

Pour qu'un barbeau soit bon il faut qu'il soit gros et gras et qu'il soit pris dans l'eau courante et limpide. Il s'accommode comme la carpe. Ses œufs et sa laitance, comme ceux du brochet, sont indigestes et purgent violemment.

Les BARBILLONS ou petits barbeaux se mangent frits.

ANGUILLES.

On doit de préférence prendre les anguilles de rivière plutôt que celles de fossés ou d'étangs; presque toujours ces dernières sentent la vase. Mieux vaut aussi les acheter vivantes et les préparer immédiatement.

L'anguille s'écorche.

MANIÈRE D'ÉCORCHER L'ANGUILLE. — Passez l'extrémité de la lame d'un couteau pointu sous la peau tout autour de la tête ; détachez une partie de cette peau ; renversez-la ; de la main gauche prenez l'anguille par la tête au moyen d'un torchon pour qu'elle ne vous échappe pas, puis, de la main droite, la partie de peau détachée et renversée en vous servant d'un autre bout du torchon et tirez...

Ensuite on coupe la tête de l'anguille ; on lui fend le ventre et on la vide.

Anguille à la tartare, entrée.

Ayez une belle anguille.

Écorchez, videz, lavez ; coupez la tête et les barbes.

Arrondissez-la en forme de couronne en lui fourrant la queue dans le ventre ; ficelez-la pour la maintenir dans cette position.

Faites-la cuire dans une casserole avec assez d'eau pour qu'elle baigne, un demi-verre de vinaigre, sel, poivre, épices, thym, laurier, persil, oignons coupés en rouelles... faites cuire vingt minutes, mais à feu doux ; il faut que l'eau ne fasse que mijoter ; *si elle bouillait trop fort, l'anguille se déchirerait.* Otez l'anguille et laissez-la refroidir. Une fois complétement froide, déficelez-la, enduisez d'une espèce de colle que vous ferez avec de la farine et un peu de la cuisson ; roulez dans la mie de pain émiettée fin et assaisonnée de fines herbes hachées fin, sel et poivre ; trempez ensuite dans un œuf (blanc et jaune), battu avec une cuillerée d'eau et une cuillerée d'huile, trempez de nouveau dans la mie de pain. Faites frire à friture bien chaude.

Souvent on fait prendre couleur à l'anguille, une fois panée, sur le gril ou sous le four de campagne, cette méthode que l'on peut suivre encore si l'on y tient est d'exécution plus longue et bien inférieure à la méthode de faire frire l'anguille ; sur le gril la panure prend de la couleur irrégulièrement ; dans la friture elle prend une belle couleur égale et comme goût elle est beaucoup plus délicate.

Une fois l'anguille frite de belle couleur, posez sur le plat et servez avec une copieuse sauce tartare au milieu.

Anguille en matelote, entrée.

Ecorchez, videz, ôtez la tête, lavez, coupez par tronçons, puis procédez de la manière indiquée pour les matelotes de carpes, pag. 370.

Anguille à la poulette, entrée.

Ecorchez, videz, ôtez la tête, lavez, coupez par tronçons.

Mettez dans une casserole gros comme un œuf de beurre et plein une cuillère à bouche de farine; faites fondre et mélangez bien sur le feu; éteignez avec un verre d'eau et un verre de vin blanc ou bien avec deux verres d'eau et un verre à vin d'eau-de-vie; remuez; ajoutez sel, poivre, bouquet garni, une douzaine de petits oignons; faites bouillir une demi-heure; mettez les tronçons d'anguille; faites cuire encore une demi-heure; ôtez le bouquet, liez avec jaunes d'œufs ou jaunes d'œufs et crême. (*Voir liaison à l'œuf et liaison à l'œuf et à la crême, pag.* 99 et 100).

On peut mettre dans ce mets des champignons; faites-les blanchir et mettez-les dans la sauce dix minutes avant la parfaite cuisson.

On peut aussi servir l'anguille à la poulette entourée de croûtons frits.

On peut aussi la servir dans une tourte ou un vol-au-vent (*Voir tourte et vol-au-vent*).

Anguille à la broche, entrée et rôt.

Prenez une grosse anguille.

Ecorchez, videz, ôtez la tête, lavez, piquez de lardons fins.

Faites mariner avec vinaigre, huile, sel, poivre, persil, thym, laurier, oignons coupés en rouelles.

Attachez l'anguille sur la broche avec des ficelles et maintenez avec une brochette; faites cuire une heure à feu vif en arrosant fréquemment avec du beurre et la marinade; servez accompagné d'une sauce piquante ou poivrade, ou d'une sauce rémoulade ou bien encore d'une sauce tomate, dans un saucier.

Tronçons d'anguille frits, petite entrée.

Ecorchez, videz, ôtez la tête, lavez, coupez par tronçons.

Mettez dans une casserole gros comme un œuf de beurre et plein une cuillère à bouche de farine; faites fondre et mélangez bien sur le feu; éteignez avec un verre d'eau et un demi-verre de vinaigre; remuez; ajoutez sel, poivre, bouquet garni, puis les tronçons d'anguille; faites cuire un quart-d'heure, ôtez du feu et laissez refroidir dans la sauce. Une fois bien froids, tournez les tronçons d'anguille dans la sauce, puis roulez dans la mie de pain émiettée fin et assaisonnée de sel, poivre et fines herbes hachées fin; trempez dans un œuf, (blanc et jaune,) battu avec une cuillerée d'huile et une cuillerée d'eau, trempez de nouveau dans la mie de pain. Faites frire à friture bien chaude; servez accompagnée d'une sauce piquante, tomate, italienne ou maître-d'hôtel.

Les petites anguilles, une fois dépouillées, vidées, lavées, se font frire sans autre préparation que de les fariner.

Tronçons d'anguille farcis. — Préparez et faites cuire comme les tronçons d'anguille frits, seulement avant de les paner, vous les ouvrez avec précaution et enlevez l'arête que vous remplacez par de la farce ou godiveau de viande ou de poisson (*Voir p.* 120 et 121); panez et faites frire.

Congre ou anguille de mer. — Le meilleur congre est le congre noir; achetez du plus gros que vous pourrez trouver; les petits sont désagréables à manger à cause du grand nombre d'arêtes qu'on y rencontre.

Une livre et demie de beau congre suffit pour six personnes.

Congre à la sauce blanche, entrée.

Ecorchez, lavez. Faites cuire à la bonne-eau une demi-heure environ. Servez avec accompagnement de sauce blanche parisienne ou normande et entouré, si vous voulez, de pommes de terre cuites à l'eau.

Congre en mayonnaise, entrée.

Ecorchez, lavez, coupez en escalopes de la grandeur d'une pièce de cinq francs; jetez dans l'eau bouillante assaisonnée de poivre, sel, et un peu de vinaigre; faites cuire cinq à six minutes. Egouttez et laissez refroidir; dressez en couronne avec une sauce mayonnaise au milieu; ou faites une mayonnaise montée.

Escalopes de congre, entrée.

Se disposent et s'accommodent comme les escalopes de saumon (*Voir pag.* 357).

Congre sur le gril. — Ecorchez, lavez, coupez en tranches de l'épaisseur du doigt. Faites mariner ces tranches une heure ou deux avec vinaigre, huile, sel, poivre; faites cuire sur le gril à feu pas trop vif cinq minutes d'un côté, cinq de l'autre. Servez avec sauce blanche, normande ou parisienne, sauce piquante, poivrade, sauce tomate, ou sauce tartare.

Congre mariné, hors-d'œuvre.

Ecorchez, lavez, coupez par tranches de l'épaisseur du doigt.

Mettez ces tranches dans une casserole avec sel, poivre, thym, laurier, clous de girofle, oignons en rouelles, et assez de vinaigre pour qu'elles baignent; faites cuire un quart-d'heure, vingt minutes; mettez dans un pot de grès, versez la cuisson dessus; laissez refroidir, couvrez d'une petite couche d'huile... Couvrez d'un papier. *Il faut qu'il y ait assez de liquide pour que les tranches de congre soit complétement couvertes.*

Le congre accommodé ainsi se garde plusieurs mois...

Il se sert comme hors-d'œuvre orné de persil haché.
On le mange avec un peu d'huile.

RAIE.

La raie est un poisson qui est de grande ressource; il est abondant et se conserve mieux que la plupart des poissons.

La raie la plus estimée est celle dite RAIE-BOUCLÉE à cause des petites boucles ou crochets qui s'aperçoivent de place en place sur sa peau de dessous. La GROSSE-RAIE appelée aussi RAIE-TURBOT est aussi fort estimée; seulement il ne faut pas la manger trop nouvellement pêchée, car alors sa chair est dure et coriace.

On vide la raie en lui ouvrant le ventre; mettez de côté le foie qui est un excellent manger et aussi les rognons s'il y en a; lavez-bien...

Raie à la sauce blanche, entrée.

Videz et lavez.

Mettez dans une casserole de l'eau en assez grande quantité pour que la raie ou le morceau de raie baigne entièrement, bouquet garni, sel et poivre. Lorsque l'eau bout à gros bouillons, mettez-y la raie, laissez cuire quinze, vingt, ou vingt-cinq minutes suivant l'épaisseur de la raie; ôtez-la de l'eau, posez-la sur un plat et avec un couteau enlevez toute la peau de dessus et de dessous. Une fois bien débarrassée de sa peau, des ouies et des cartilages de la tête, égouttez-la bien, placez dans un autre plat; versez dessus une sauce blanche parisienne ou normande ; faites jeter un ou deux bouillons et servez saupoudrée de persil haché fin si vous l'aimez.

Le foie a été aussi mis dans la cuisson de la raie et retiré aussitôt cuit. Il lui faut un peu moins de temps de cuisson qu'à la raie.

On peut accompagner la raie à la sauce blanche de quelques pommes de terre cuites à l'eau. On peut les laver et les mettre cuire avec la raie, les laisser jusqu'à ce qu'elles soient bien cuites, les peler et les ranger autour de la raie.

Raie au beurre noir, entrée.

Videz, lavez et faites-la cuire comme la précédente, à l'eau bouillante. Otez la peau et égouttez; mettez dans le plat où vous devez la servir et saupoudrez de sel et poivre.

Mettez dans une poêle un bon morceau de beurre, tournez la poêle sur le feu jusqu'à ce que le beurre soit de couleur très-foncée, presque noir; faites-y frire quelques branches de persil, versez sur la raie; mettez ensuite dans la poêle deux ou trois cuillerées de vinaigre que vous verserez aussi sur la raie aussitôt qu'elles seront chaudes.

Raie frite.

Videz, lavez, écorchez, coupez en morceaux ou, si la raie est très-épaisse, en lames de l'épaisseur du doigt au plus. Farinez et faites frire à la friture très-chaude; ou bien ne farinez pas et faites frire à la méthode cherbourgeoise (*Voir friture cherbourgeoise pag.* 92). Dans le dernier cas vous servirez avec la raie le peu de beurre, de graisse ou d'huile qui aura servi à la faire frire.

Petits raitons ou papillons frits. — Prenez-les au plus larges comme les deux mains, écorchez-les, videz-les, lavez, essuyez, farinez, et faites-les frire à friture bien chaude ; égouttez bien et servez saupoudrés de sel fin.

Raie à l'huile. — Préparez-la et faites-la cuire comme si vous vouliez l'accommoder à la sauce blanche ; enlevez la peau, égouttez et mettez sur le plat où vous devez la servir, laissez-la refroidir.

Servez entourée de persil ; faites passer à chaque convive l'huilier ou une sauce huile et vinaigre dans un saucier. Si l'on préfère, on peut aussi l'accompagner d'une SAUCE MAYONNAISE au lieu d'une sauce huile et vinaigre.

MORUE.

Il y a deux espèces de morues : la morue conservée, soit morue salée, soit morue sèche, et la morue fraîche appelée aussi cabillaud.

La meilleure morue salée a la peau lisse, la chair blanche, à grands feuillets… Avant d'employer la morue, faites-la dessaler 24 heures à l'eau froide en changeant l'eau plusieurs fois.

Morue salée à la sauce blanche, entrée.

Lavez, faites dessaler un jour, mettez sur le feu avec assez d'eau froide pour qu'elle baigne entièrement.

Lorsque l'eau bout d'ordinaire la morue est cuite ; dans le cas où la morue vous paraîtrait un peu dure, laissez-la bouillir encore quelques minutes.

Otez de l'eau, égouttez, enlevez les nageoires et les barbes, enlevez ou laissez la peau à votre volonté, posez sur le plat où vous devez la servir ; versez dessus une sauce blanche parisienne ou normande, mais dans laquelle vous ne mettrez pas de vinaigre ; le vinaigre ne va pas très bien avec les salines ; faites jeter un ou deux bouillons et servez.

On peut accompagner la morue à la sauce blanche de pommes de terre cuites à l'eau, c'est même pour ainsi dire la garniture indispensable. Lavez-les et mettez-les cuire avec la morue; laissez-les jusqu'à ce qu'elles soient bien cuites, pelez-les et rangez-les autour de la morue.

Morue à la cherbourgeoise, entrée.

Préparez et faites cuire comme la précédente.

Prenez un demi-litre environ de la cuisson; faites-y cuire plein une soucoupe d'oignon haché fin; que l'oignon soit bien cuit, et qu'il reste à peine du liquide dans lequel il a cuit; ajoutez la morue et les pommes de terre si vous en avez fait cuire avec. Laissez mijoter un quart-d'heure; au dernier moment mettez un bon morceau de beurre et quelques cuillerées de crème; servez morue au milieu, pommes de terre autour.

Morue à la béchamel, entrée.

Préparez et faites cuire comme la morue à la sauce blanche; mettez dans une sauce béchamel maigre (*Voir pag.* 105); laissez mijoter quelques minutes; servez.

Morue au gratin, entrée.

Accommodez à la béchamel, ajoutez du persil haché fin; beurrez un plat, saupoudrez de mie de pain; mettez votre morue, saupoudrez de mie de pain; arrosez de beurre fondu au moyen d'une passoire; faites prendre couleur au four ou sous four de campagne.

AU FROMAGE. — On peut ne pas mettre de persil et mélanger à la mie de pain émiettée du gruyère et du parmesan râpés.

Turban de morue, entrée.

Préparez et faites cuire comme pour la morue au blanc page 382, avec quatre ou cinq pommes de terre. Otez la peau et les arêtes de la morue, écrasez et pilez avec la moitié des pommes de terre, beurre, poivre, persil et ciboule hachés très fin; disposez en couronne épaisse sur le plat où vous devez la servir ; saupoudrez d'un peu de chapelure et faites prendre couleur au four ou sous four de campagne ; mettez ronds de pommes de terre autour et au milieu, versez autour et au milieu une sauce blanche, soit parisienne, soit normande, mais sans vinaigre... Servez...

On peut orner ce mets assez délicat de croûtons frits.

Brandade de morue, entrée.

Préparez et faites cuire à l'eau comme la morue à la sauce blanche (*Voir p.* 382) ; qu'elle soit très cuite...

Otez peau et arêtes.

Effeuillez par petits morceaux et jetez-la au fur et à mesure et encore toute chaude dans une casserole où il y a une gousse d'ail hachée fin et écrasée et une pomme de terre écrasée.

Tenez votre casserole d'une main sur le feu et versez de l'autre de l'huile goutte à goutte pendant que vous agitez la casserole en lui donnant un mouvement circulaire pour empêcher la morue de s'attacher.

Lorsque votre mets commencera à se lier, ajoutez un peu de lait bouillant...

Agitez toujours la casserole ; recommencez à mettre de l'huile goutte à goutte ; puis un peu de lait bouillant...

On confectionne ce mets sur le feu simplement pour le maintenir bien chaud ; il faut bien veiller à ce qu'il ne bouille pas.

Lorsque la morue ainsi travaillée semblera bien liée et comme mousseuse, — *il faut cependant que ce mets ait assez de consistance;*— ajoutez du persil haché très-fin ; servez.

On peut l'entourer de croûtons frits.

Cabillaud ou morue fraîche à la hollandaise.

Videz, lavez, faites-la cuire à la bonne-eau avec douze à quinze pommes de terre. *Veillez bien à ce qu'elle ne soit pas trop cuite.* Egouttez et servez sur une serviette ornée de persil en branches et entourée des pommes de terre. Accompagnez d'une sauce hollandaise dans un saucier.

A LA SAUCE BLANCHE. — Servez accompagnée d'une sauce blanche parisienne ou normande, avec ou sans câpres.

Petites morues fraîches frites. — Videz, lavez, laissez bien égoutter, farinez et faites frire à friture très-chaude. (*Voir friture page* 88.)

MAQUEREAUX.

Le maquereau frais a l'œil clair et limpide, les ouïes d'un rose foncé et le dos d'un beau bleu d'azur.

Ce poisson ne se garde pas longtemps.

Dans le cas où l'on ne pourrait pas le manger aussitôt acheté, il vaut mieux le faire cuire complétement et le faire réchauffer quand le moment sera venu de le présenter.

Maquereau à la maître-d'hôtel. — Videz-le, — mais sans fendre le ventre, — par les ouïes; lavez-le bien, mais sans le laisser tremper; égouttez, essuyez mais sans le tamponner, avec précaution dans la crainte de le meurtrir; s'il y a des œufs ou de la laitance, nettoyez-les bien et remettez-les précieusement à l'intérieur avec un morceau de beurre assaisonné de sel et poivre et manié avec ciboule et persil hachés fin et mie de pain finement émiettée. Faites quelques incisions sur les côtés si le maquereau est gros, mettez griller sur feu vif; ayez soin de bien faire chauffer, presque rougir, le gril à l'avance pour que le poisson ne s'y attache pas. Servez sur un bon morceau de beurre manié de fines herbes, assaisonné de sel et poivre.

Le beurre ne doit pas aller sur le feu ; la chaleur du plat et du poisson doit suffire à le faire fondre.

Quelques personnes ajoutent un filet de vinaigre.

A LA SAUCE BLANCHE. — Faites cuire comme le maquereau à la maître-d'hôtel ci-dessus, servez sur sauce blanche parisienne ou normande avec ou sans câpres.

Maquereau à la bonne-eau. — Videz, lavez, faites cuire à la bonne-eau, avec des pommes de terre; servez sur une serviette entouré des pommes de terre, orné de persil et accompagné d'une sauce blanche dans un saucier.

On peut le faire cuire à la bonne-eau et le manger froid à l'huile ou au vinaigre ou bien avec une sauce mayonnaise ou béarnaise ou vénitienne.

Maquereau en mayonnaise. — Faites cuire à la bonne-eau. Enlevez les arêtes; faites quatre morceaux de chaque côté des chairs; dressez-les autour d'une salade blanche, ornez d'œufs, etc. Versez dessus une copieuse sauce mayonnaise blanche ou verte.

Filets de maquereau sautés. — Videz, lavez le maquereau, fendez par le milieu en longeant l'arête du milieu, ôtez la peau, enlevez les arêtes aussi bien que possible; coupez chaque moitié de maquereau en quatre...

Faites blondir dans une casserole gros comme un œuf de beurre; mettez-y les filets de maquereau, saupoudrez de sel et poivre; tournez de l'autre côté, saupoudrez de sel et poivre. Une fois cuits de belle couleur, servez ces filets en couronne avec sauce béarnaise, italienne, tomate ou tartare au milieu.

Filets de maquereau frits. — Préparez en filets comme il est indiqué ci-dessus, faites mariner une ou deux heures avec sel, poivre, huile et vinaigre. Farinez et faites frire à friture bien chaude; servez rangés en couronne saupoudrés de sel fin et ornés de persil frit.

On peut aussi les servir avec une sauce béarnaise, tomate ou tartare au milieu; ne mettez pas alors de persil frit.

Filets de maquereau en papillotes. — Préparez en filets comme il est indiqué aux filets de maquereau sautés, enveloppez dans de petits carrés de papier beurrés et saupoudrés de mie de pain émiettée et mélangée avec persil, ciboule hachés fin, sel et poivre. Faites griller et servez dans le papier.

Maquereaux marinés, hors-d'œuvre.

S'accommodent comme les harengs marinés. Ils sont pour le moins aussi bons.

Maquereau salé à la sauce blanche. — S'accommode comme la morue salée à la sauce blanche.

HARENGS.

Le hareng est un bon poisson, mais il faut le prendre au moment où il est plein; lorsqu'il a frayé, il perd toutes ses qualités. On doit le choisir l'œil brillant, la robe argentée et sans meurtrissures.

Videz, écaillez, essuyez...

Je conseille de ne pas le laver, parce que souvent le lavage l'amollit et comme d'un autre côté les écailles sont nombreuses et qu'on l'écaille, on n'a aucune objection à faire à mon système au point de vue de la propreté.

Harengs sur le gril. — Videz en ayant soin de ne pas enlever les œufs ou la laitance, écaillez, essuyez. Mettez sur feu vif... (*Vous aurez soin de faire chauffer, presque rougir le gril à l'avance afin que le poisson ne s'y attache pas.*) Laissez cuire cinq à six minutes, tournez; saupoudrez de sel, laissez encore cinq à six minutes, mettez sur le plat; saupoudrez de sel le côté qui ne l'a pas été.

Le hareng sur le gril peut être mangé au naturel ou avec accompagnement d'une sauce blanche, tartare ou Robert dans un saucier.

Harengs frits. — Videz en ayant soin de ne pas enlever les œufs ou la laitance, écaillez, essuyez; farinez; faites frire à friture très chaude; égouttez, saupoudrez de sel fin et servez.

Harengs marinés, hors-d'œuvre.

Videz en ayant soin de ne pas enlever les œufs ou la laitance, écaillez, essuyez.

Mettez dans une casserole ou une grande terrine sel, poivre en grain, thym, laurier, clous de girofle, oignons coupés en rouelles... puis sur ce lit, disposez une couche de harengs; mettez de nouveau sel, poivre, thym, laurier, clous de girofle, oignons coupés en rouelles, puis une nouvelle couche de harengs et ainsi de suite; terminez par poivre, sel, thym, laurier, clous de girofle, oignons coupés en rouelles. Versez dessus autant de bon vinaigre qu'il en faut pour couvrir entièrement les couches de harengs. Couvrez et mettez cuire une demi-heure, trois quarts d'heure à four pas trop chaud, ou bien sur le feu en les laissant cuire dix minutes à partir du moment où le vinaigre commencera à bouillir. Otez du feu; laissez refroidir jusqu'au lendemain.

Rangez les harengs dans un pot ou une terrine en grès en ayant soin de ne pas les abîmer; versez la cuisson dessus; il faut qu'il y en ait assez pour les couvrir; mettez une petite couche d'huile; couvrez et conservez dans un endroit sec et frais.

Le hareng ainsi préparé se garde bien pendant deux ou trois mois.

Deux harengs suffisent pour une coquille de hors-d'œuvre. Ils se mangent sans aucun accompagnement ou simplement un peu d'huile.

Harengs salés. — Les faire dessaler 24 heures au moins dans de l'eau fraîche, les faire bien sécher; les faire cuire sur le gril.

Les manger ainsi au naturel ou avec une sauce blanche.

Harengs saurs. — Ouvrez-les par le dos, faites cuire à feu très-vif; mais tout au plus une ou deux minutes; les harengs saurs n'ont pas, pour ainsi dire, besoin de cuire; ils le sont déjà à moitié par le fumage et d'un autre côté en les laissant dessécher sur le feu, ils sont beaucoup plus salés...

Mangez-les ainsi au naturel avec un peu d'huile ou avec accompagnement d'une purée de pois verts, ou de fèves sèches, accommodée aux fines herbes ou à la bretonne.

Harengs saurs en anchois, hors-d'œuvre.

Fendez la peau tout le long du dos et enlevez-la; séparez les deux côtes des chairs, enlevez soigneusement les arêtes, sans endommager les chairs, coupez celles-ci en petits filets de la grosseur d'un fêtu; disposez-les dans une coquille à hors-d'œuvre; ornez d'œufs durs dont le jaune et le blanc ont été hachés séparément, ce qui permet d'en faire des dessins autour et sur le hareng...

Au moment de manger mettez un peu d'huile.

SOLES.

Les soles sont une des ressources les plus précieuses pour la cuisine; d'abord à cause de leur goût délicat, ensuite parce qu'elles se prêtent à une foule de combinaisons culinaires.

Les soles peuvent se garder un peu plus longtemps que les autres poissons, même les très-grosses soles sont un peu dures et coriaces si on les mange trop nouvellement pêchées; ce n'est pas à dire pour cela qu'on puisse plus que les autres poissons les manger avancées, non, et je répète ici qu'une des qualités essentielles du poisson, c'est la fraîcheur.

A Paris on écorche les soles du côté noir, mais je considère ce travail comme à peu près inutile.

Les soles demandent à être bien écaillées.

Sole frite. — Videz, écaillez, lavez... Laissez bien égoutter. Trempez dans du lait et ensuite dans de la farine. Faites frire à friture bien chaude. (*Voir friture pag.* 88.)

Servez le dessus, c'est-à-dire le côté noir, en dessous, et saupoudrée de sel fin.

Sole à la Colbert. — Faites frire une belle sole, bien épaisse, comme il est indiqué ci-dessus. Faites une fente du côté blanc tout le long de l'arête, soulevez un peu les chairs et enlevez l'arête; remplacez-la par du beurre manié de persil haché fin, servez sur du beurre manié de persil.

Sole aux fines herbes. — Videz, écaillez, lavez...

Beurrez un plat long.... saupoudrez de sel, poivre, persil et ciboule hachés très-fin; mettez la sole le côté noir en dessous. Eparpillez de place en place sur la sole de petits morceaux de beurre, saupoudrez de sel, poivre et fines herbes. Mettez un demi-verre d'eau, une ou deux cuillerées d'eau-de-vie; faites cuire feu dessus, feu dessous; mais à feu pas trop vif; arrosez fréquemment.

Il faut environ 25 à 30 minutes de cuisson.

Sole au gratin. — Préparez et accommodez comme la sole aux fines herbes ci-dessus; cinq à six minutes avant la parfaite cuisson, saupoudrez de mie de pain émiettée fin, arrosez de beurre et faites prendre couleur au four ou sous un couvercle fortement chauffé et couvert de braise.

Autre sole au gratin. — Videz, écaillez, lavez.

Beurrez un plat, saupoudrez de sel et poivre et placez-y la sole, peau noire en dessous; versez dessus une sauce préparée de la manière suivante :

Faites fondre dans une casserole gros comme un œuf de beurre, ajoutez plein une cuillère à bouche de farine, tournez sur feu vif jusqu'à ce que beurre et farine soient d'une belle couleur marron, faites-y revenir une ou deux échalotes ou un oignon hachés très-fin; éteignez avec un verre d'eau et deux cuillerées d'eau-de-vie.... faites mijoter un quart d'heure, vingt minutes; versez sur la sole. Faites cuire la sole vingt-cinq à trente minutes à feu doux; arrosez fréquemment, cinq ou six minutes avant la parfaite cuisson, saupoudrez de mie de pain émiettée fin et faites prendre couleur au four ou sous un couvercle fortement chauffé et couvert de braise.

Les champignons vont très-bien avec cette sole au gratin; les éplucher, les faire cuire quelques minutes dans la sauce que l'on prépare pour mettre sur la sole.

Sole en matelote. — Ecaillez, videz, lavez, coupez en morceaux.

On peut ajouter flondres, carrelets, plies, etc.

Mettez dans une casserole avec bouquet garni, beurre, oignons coupés en rouelles, moitié vin blanc ou cidre et eau, et en assez grande quantité pour que le poisson baigne presque, sel, poivre. Faites bouillir à grand feu 15 minutes environ.

Disposez le poisson sur le plat où vous devez le présenter et dont vous avez garni le fond de quelques tranches de pain grillé.

Ajoutez à la sauce vingt à vingt-cinq champignons

si vous en avez; faites réduire à grand feu; liez avec un bon morceau de beurre manié de farine, ôtez le bouquet et versez sur le poisson.

Sole normande. — Mettez dans une casserole 125 grammes de beurre; faites fondre, ajoutez plein une cuillère à bouche de farine; mélangez bien, éteignez avec un verre d'eau ou de bouillon et un verre à vin de vin blanc ou de cidre, ou bien encore deux cuillerées d'eau-de-vie... assaisonnez de sel et poivre... bouquet garni; mélangez bien et faites jeter quelques bouillons; faites cuire la sole dans cette sauce; une fois cuite, mettez-la dans le plat où vous devez la présenter. Otez le bouquet garni de la sauce, mettez dans celle-ci champignons, huîtres, moules préparées pour garnitures; liez avec deux jaunes d'œufs ou jaunes d'œufs et crème (*Voir liaison à l'œuf et liaison à l'œuf et à la crême pag.* 99 et 100). Versez sur la sole...

Passez si vous voulez une ou deux minutes à four très-chaud et servez entouré d'écrevisses, de croûtons frits et même de petits poissons, tels que goujons et éperlans frits.

Filets de sole à la Colbert. — Ecorchez la sole des deux côtés; enlevez les filets en vous aidant d'un couteau et commençant à partir de l'arête du milieu en allant vers les barbes. Roulez chaque filet et embrochez pour les maintenir roulés à une brochette. Farinez et faites frire à friture bien chaude. Servez sur une maître-d'hôtel (*Voir pag.* 100).

Filets de sole à la Orly. — Préparez et faites cuire comme il est indiqué pour les filets de sole à la Colbert; servez sur une sauce tomate.

Filets de sole en mayonnaise. — Ecorchez et enlevez les filets comme il est indiqué pour les filets de sole à la Colbert; coupez-les de grandeur égale à peu près; faites-les cuire avec de l'eau et du sel, égouttez et laissez refroidir. Rangez autour d'une salade blanche; ornez d'œufs et de filets d'anchois, etc. Versez dessus une copieuse sauce mayonnaise verte ou blanche.

Filets de sole à la poulette. — Ecorchez et enlevez les filets comme il est indiqué pour les filets de sole à la Colbert; roulez et maintenez au moyen d'un fil; faites cuire à l'eau assaisonnée de sel. Egouttez, ôtez les fils et mettez dans une sauce poulette; faites jeter un ou deux bouillons et liez avec jaunes d'œufs ou jaunes d'œufs et crême, (*Voir liaison à l'œuf et liaison à l'œuf et à la crême pages* 99 et 100). Servez entourés de croûtons frits.

On peut ajouter à ce mets des champignons, des quenelles et le servir dans une tourte ou un vol-au-vent.

Filets de sole farcis. — On peut si l'on veut encore apporter plus de raffinement dans les filets de sole accommodés des diverses manières indiquées ci-dessus, étendre sur les filets avant de les rouler une couche de farce de quenelle soit grasse soit maigre.

Les faire frire, ou bien les accommoder à la poulette, etc.

CARRELETS, PLIES, FLONDRES.

Les carrelets, les plies, les flondres, les limandes sont considérés, et avec raison, comme des poissons de qualité inférieure, cependant dans la pleine saison, quand ils sont bien frais, bien épais, ils ne manquent pas d'une certaine délicatesse.

Carrelets, plies, flondres, limandes frits. — Videz, grattez, lavez, farinez et faites frire à friture très-chaude (*Voir friture page* 88).

Ce sont surtout les petits et les moyens que l'on fait frire.

Carrelets, plies, flondres, limandes en matelote. — Se fait comme la matelote de sole (*Voir pag.* 291).

POISSON ET COQUILLAGE

Carrelets, plies, flondres, limandes au gratin. — Beurrez fortement un plat; saupoudrez de sel, poivre, fines herbes hachées fin; rangez les poissons bien vidés et lavés sur cette couche; mettez un demi-verre d'eau et une ou deux cuillerées d'eau-de-vie.

Faites cuire à feu doux quinze ou vingt minutes en arrosant souvent; saupoudrez de mie de pain émiettée fin, mettez à four très-chaud ou couvrez d'un couvercle bien chauffé et couvert de braise pour faire prendre couleur.

Carrelets et flondres sur le gril. — On fait cuire sur le gril surtout les gros carrelets et les grosses flondres.

Videz, grattez, lavez... faites égoutter et sécher. Faites cuire à feu vif... ayez bien soin de faire chauffer le gril à l'avance afin que le poisson ne s'y attache pas. Servez accompagné de sauce blanche parisienne ou normande dans un saucier.

MERLANS ET GODES.

Le merlan pour être mangé dans toute sa délicatesse doit être mangé très-frais.

Les godes sont des poissons qui ressemblent au merlan; mais elles sont moins estimées, cependant accommodées au moment où elles sortent de l'eau, elles sont très-bonnes; elles s'accommodent comme le merlan.

Les œufs et les laitances sont très-délicats.

Merlans frits. — Videz, lavez, essuyez, faites des incisions, farinez, faites frire à friture très-chaude, (voir friture page 88). Servez saupoudrés de sel fin.

Merlans grillés — Videz, lavez, faites égoutter et sécher, faites des incisions; faites griller à feu vif; servez avec une sauce blanche.

POISSON ET COQUILLAGE

Merlans aux fines herbes. — Accommodez comme les soles aux fines herbes (*Voir pag.* 390).

Merlans au gratin. — Accommodez comme les carrelets au gratin (*Voir pag.* 394).

L'églefin appelé encore Colinoulieu s'accommode de toutes les manières indiquées pour le cabillaud et le merlan.

VIVRES

Les vivres sont un assez bon poisson ; on les mange surtout frites ou grillées.

Videz, lavez et faites sécher.

En les vidant faire attention à ne pas se piquer à la nageoire dorsale qui est venimeuse ; enlever cette nageoire.

Grillées, on les sert accompagnées d'une sauce blanche.

ÉPERLANS.

Les éperlans sont de charmants petits poissons à la robe blanche nacrée... C'est un délicat manger, mais d'une digestion difficile... On est revenu de l'idée d'en donner aux convalescents.

Les tout petits s'appellent FRAI OU FRAIE.

Eperlans frits. — Videz-les, lavez et essuyez.

S'ils sont petits ou même moyens, embrochez à de petites brochettes en laissant un intervalle entre chacun ; trempez dans le lait et farinez ; faites frire à friture très-chaude (*Voir friture page* 88).

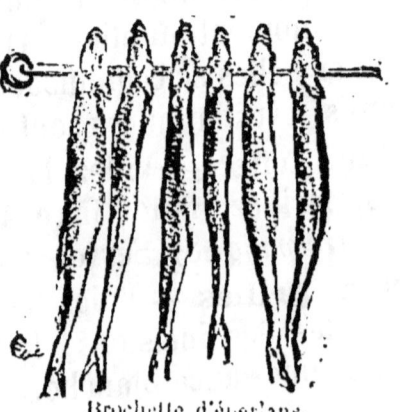
Brochette d'éperlans.

S'ils sont gros on peut les faire frire séparément.

Autre manière. — Au lieu de les tremper dans du lait et de les fariner, on peut les tremper dans un œuf, (jaune et blanc), battu avec une cuillerée d'eau et une cuillerée d'huile, les tremper ensuite dans de la mie de pain émiettée fin; faire frire (*Voir friture*, *page* 88).

Éperlans aux fines herbes. — Videz, lavez, essuyez...

Accommodez comme les soles aux fines herbes, pag. 390.

Éperlans au gratin. — Videz, lavez, essuyez...

Accommodez comme les carrelets au gratin, pag. 394.

Éperlans en matelote. — Videz, lavez, essuyez.

Mettez dans une casserole avec bouquet garni, beurre, oignons coupés en rouelles, moitié vin blanc ou cidre et eau, sel, poivre. Faites bouillir un quart d'heure à grand feu. Mettez les éperlans. Faites bouillir huit à dix minutes; disposez les éperlans sur le plat où vous devez les présenter et dont vous avez garni le fond de quelques tranches de pain grillées. Faites réduire la cuisson à grand feu; liez avec un bon morceau de beurre manié de farine; ôtez le bouquet et versez sur le poisson.

Éperlans sur le gril. — On accommode surtout de cette manière les très-gros éperlans.

Videz, lavez, essuyez...

Mettez griller sur feu vif; surtout faites chauffer, presque rougir, le gril avant d'y mettre le poisson. Servez sur une maître-d'hôtel ou accompagnés d'une sauce blanche.

Goujons et autres petits poissons d'eau douce. — Videz, — sans cela ils sont amers, — lavez, essuyez; farinez et faites frire à friture très-chaude (*Voir friture page* 88). Servez en pyramide saupoudrés de sel fin.

ANCHOIS.

Les anchois frais sont un excellent mets. Les accommoder des mêmes manières que les éperlans.

Anchois conservés à l'huile, hors-d'œuvre.

Se trouvent par flacons chez les épiciers et les marchands de comestibles.

On les enlève du flacon, on les égoutte et on les dispose en carrés ou en losanges dans les coquilles de hors-d'œuvre... On les orne et on les garnit de blancs et de jaunes d'œufs durs hachés séparément. Au moment de les passer aux convives on y met un peu d'huile.

Anchois salés. — On les lave, on les ouvre en deux, on ôte l'arête; on les coupe en filets; ils servent à garnir et à orner les salades et les mayonnaises.

Beurre d'anchois. — Pour une sauce devant accompagner un plat pour six personnes :

Prenez trois ou quatre anchois salés; lavez-les bien; ôtez les arêtes; pilez les chairs de manière à les réduire en pâte; faites passer à travers une passoire fine; mêlez avec 125 grammes de beurre. *Le beurre d'anchois est bon avec le poisson et le bœuf. Il suffit de le faire fondre et de servir le mets dessus.*

SARDINES.

Les sardines fraîches sont un délicieux poisson. Préférer l'espèce moyenne, à la grosse espèce. Videz, lavez, essuyez; faites griller à feu très-vif; servez saupoudrées de sel fin.

De bon beurre est un bon accompagnement pour les sardines.

Sardines salées. — Lavez et faites dessaler douze heures, laissez bien égoutter...

Mettez sur le gril à feu vif. Servez accompagnées de beurre dans un ravier.

Sardines à l'huile. — Se vendent par boîtes chez les marchands de comestibles...

Les tirer de la boîte et les mettre dans une coquille ou un bateau à hors-d'œuvre.

Matelote de tout poisson. — Se fait des différentes manières indiquées pour la matelote de carpe (*Voir pag.* 370); seulement il y entre toute espèce de poisson : carpe, anguille, brocheton, etc., et même éperlans.

La matelote de tout poisson est la véritable matelote.

Les poissons un peu forts se coupent. Les petits se laissent entiers.

HUÎTRES.

Huîtres crues. — On doit les ouvrir avec soin et seulement au moment de les présenter sur la table.

On a l'habitude de présenter en même temps sur la table du gros poivre appelé mignonnette et un citron dont quelques personnes aiment à les assaisonner.

On peut aussi les manger en les assaisonnant d'un peu de la préparation suivante servie dans une soucoupe :

Vinaigre, poivre et échalote hachée fin.

Le beurre est un fort bon accompagnement pour les huîtres.

Les huîtres les plus estimées sont la RONDE, la PARISIENNE, l'OSTENDE, etc. La très-grosse ou pied-de-cheval est surtout employée pour cuire ou mariner.

Huîtres pour garniture. — Prenez des huîtres dites pieds-de-cheval ou, à leur défaut, les plus grosses que vous pourrez trouver. Détachez-les avec soin, et mettez-les dans leur eau sur feu doux; quand elles commencent à se raffermir, retirez du feu.

Ces huîtres s'emploient beaucoup dans les matelotes. On les ôte de leur eau et on les fait simplement chauffer dans les sauces où on les met comme garniture.

Coquilles d'huîtres, petite entrée.

Préparez-les comme celles pour garniture.

Mettez dans une casserole un morceau de beurre et une cuillerée de farine; délayez beurre et farine avec un peu d'eau et un verre à vin de vin blanc ou une cuillerée d'eau-de-vie; ajoutez fines herbes hachées fin; faites cuire et réduire cette sauce, et mettez-y les huîtres; ôtez immédiatement du feu; mettez huîtres et sauce dans des coquilles Saint-Jacques ou dans des coquilles de métal, trois ou quatre par coquilles; saupoudrez de mie de pain émiettée fin; arrosez de beurre fondu au moyen d'une passoire et faites prendre couleur à four très-chaud ou sous le four de campagne.

Les champignons coupés en petits morceaux font bien dans la sauce des huîtres en coquilles.

Huîtres frites, petite entrée et garniture.

Prenez de préférence de grosses huîtres; ouvrez et détachez avec soin; laissez égoutter sur un torchon; farinez et faites bien rissoler des deux côtés dans du beurre, de l'huile ou de la graisse bien chaude.

Huîtres au gratin à la provençale. — Préparez-les comme celles pour garniture (*Voir page précédente*).

Mettez dans un plat assez d'huile pour couvrir le fond de l'épaisseur d'un centime, échalotes et persil hachés fin, sel, poivre; rangez-y les huîtres; saupoudrez de mie de pain émiettée fin; arrosez d'un peu d'huile au moyen d'une passoire; mettez gratiner feu dessus, feu dessous.

Huîtres marinées, hors-d'œuvre.

Les huîtres marinées se vendent toutes préparées

par petits barils chez les épiciers et marchands de comestibles. Dans le cas où l'on voudrait les préparer soi-même, en voici la recette :

Choisir de préférence de grosses huîtres dites pieds-de-cheval; les ouvrir et les détacher avec soin; les mettre avec leur jus sur feu doux; prendre garde qu'elles ne bouillent. Lorsqu'elles sont bien raffermies et cuites, les ôter de la cuisson; les mettre dans un petit baril ou un vase pouvant fermer hermétiquement; ajouter à la cuisson une assez grande quantité de saumure pour que les huîtres baignent complétement; faites jeter un ou deux bouillons et versez sur les huîtres. Laisser refroidir... Clore le baril ou le vase hermétiquement.

Lorsqu'on veut servir les huîtres marinées, on les ôte de leur eau et on les sert sans aucun accompagnement dans des coquilles à hors-d'œuvre.

Coquilles Saint-Jacques, petite entrée.

Mettez-les sur des charbons ardents pour les faire ouvrir; détachez-les de la coquille; enlevez le noir... lavez bien à plusieurs eaux. Hachez pas trop fin... mélangez avec sel et poivre, persil, ciboule hachés fin...; mettez dans le côté le plus creux de la coquille que vous avez bien lavé... saupoudrez de mie de pain émiettée fin; arrosez, au moyen d'une passoire, de beurre fondu; faites prendre couleur au four ou sous four de campagne. Servez dans les coquilles.

MOULES.

Les moules sont un excellent manger, mais dans la saison. La saison des moules varie suivant les pays; dans la Haute-Normandie c'est en été, au moment des grandes chaleurs; à Granville, à Cherbourg l'hiver;

à Paris, où tout abonde, de tous les points du globe, toute l'année.

Les moules de bonne qualité sont d'une belle nuance beurre frais, grasses, rebondies, sans vase ni crabes. Celles qui sont ouvertes et qui ne se referment pas, lorsqu'on y touche, sont mortes et par conséquent de mauvaise qualité.

Les moules sont une excellente garniture pour toutes espèces de matelotes.

Moules à la marinière. — Nettoyez les moules, enlevez toutes les filandres, toutes les rocailles, lavez à plusieurs eaux ; mettez dans une casserole avec oignon, persil, ciboule hachés très-fin ; faites sauter sur feu vif jusqu'à ce qu'elles soient bien ouvertes ; ajoutez un bon morceau de beurre et servez.

Quelques personnes ajoutent à la sauce, afin de la lier, un peu de mie de pain émiettée fin.

On mange la moule en prenant un peu de sauce avec la coquille. Quelques personnes ajoutent à la sauce dans leur assiette un filet de vinaigre ; d'autres même un peu de crème.

Les moules qui restent peuvent être tirées de leurs coquilles et employées en garniture ou mangées assaisonnées à l'huile et au vinaigre, mangées en coquilles, ou plongées dans une pâte légère et frites, etc.

Moules à la poulette. — Nettoyez, enlevez toutes les filandres et les rocailles, lavez à plusieurs eaux ; mettez dans une casserole et remuez sur le feu jusqu'à ce qu'elles soient bien ouvertes ; retirez-les du feu ; ôtez une coquille à chacune ; rangez-les sur un plat ; versez dessus une sauce poulette, saupoudrez de persil haché fin et servez.

Les moules à la poulette qui restent peuvent être tirées de leurs coquilles, mises dans des coquilles, saupoudrées de mie de pain émiettée fin et mangées gratinées.

Moules en coquilles. — Préparez à la poulette comme il est indiqué page précédente, seulement ôtez toutes les coquilles ; mettez dans des coquilles Saint-Jacques, saupoudrez de mie de pain et faites gratiner au four ou sous four de campagne.

Préparation des moules pour garniture. — Nettoyez, enlevez toutes les filandres et les rocailles, lavez à plusieurs eaux, mettez dans une casserole et remuez sur feu vif jusqu'à ce qu'elles soient ouvertes... ôtez du feu ; détachez les coquilles et ajoutez les moules aux matelotes ou aux sauces où vous voulez en mettre, au moment de servir.

HOMARDS, LANGOUSTES ET TOURTEAUX.

(Voir ce que nous avons dit des homards, langoustes et tourteaux et du coquillage en général page 354).

Homards et langoustes au naturel. — Faites-les cuire à bon feu, au moins une heure s'ils sont forts, avec assez d'eau pour qu'ils baignent entièrement, sel, poivre, persil, thym, laurier. Il faut beaucoup de sel surtout s'ils sont bien pleins. On peut les mettre en même temps que l'eau.

Otez la casserole ou le chaudron de dessus le feu... laissez le coquillage quelques minutes dans l'eau, ôtez, laissez égoutter et refroidir.

Nettoyez un peu la coquille, frottez-la avec un peu d'huile au moyen d'un linge pour lui donner du brillant et servez avec du persil en branche.

MANIÈRE DE LES DÉPECER ET DE LES ACCOMMODER. — Détachez les pattes et envoyez-les à la cuisine où on les cassera avec un marteau en frappant de petits coups secs de manière à fracturer la coquille sans écraser les chairs. Détachez la queue du corps; ouvrez le corps en deux parties : supérieure et inférieure ; mettez l'intérieur, la partie molle et jaune, et les œufs, s'il y en a, dans une assiette à part... Ils serviront à confectionner une sorte de sauce qui est la meilleure pour ces sortes de coquillages; faites une fente à la membrane de l'extrémité de la queue en dessous, introduisez-y une fourchette et poussez, en maintenant la queue droite, pour en faire sortir la chair. Coupez cette chair en rondelles et rangez autour d'un plat. Otez les organes respiratoires connus vulgairement sous le nom de FIÈVRE; coupez après en avoir ôté la fièvre, la partie composée de sortes de cases pleines de chair en morceaux plus ou moins gros, rangez aussi sur le plat où vous avez mis la chair de la queue et où vous mettrez aussi les pattes que l'on rapportera de la cuisine. Passez l'assiette à chaque convive qui prendra la portion de homard qui lui conviendra et faites suivre d'une sauce mayonnaise dans un saucier ou mieux de la sauce pour laquelle nous avons mis de côté l'intérieur du homard ou de la langouste et dont la recette suit.

Sauce pour le homard. — Écrasez les œufs et l'intérieur du homard ou de la langouste; ajoutez sel, poivre, un peu de vinaigre, trois ou quatre cuillerées d'huile et une demi-cuillerée de moutarde ; mélangez bien le tout et faites passer en même temps que les chairs.

Pour les grands repas, je conseille, si l'on n'a pas de domestique qui puisse le faire pendant le repas, de dépecer le homard et de préparer la sauce à l'avance. Dépecez sans trop endommager la coquille, de manière à pouvoir la faire figurer au lieu et place de l'animal, s'il entre dans la disposition de votre service de le faire figurer sur la table. Rajustez aussi bien que possible la coquille et ornez de persil comme si elle était pleine.

Manières diverses d'accommoder les restes de homards et de langoustes. — Les restes de homards et de langoustes peuvent être employés d'une foule de manières : on peut les mettre en SALADE, (*voir Salade de homard*), en MAYONNAISE, (*voir Mayonnaise de homard*), s'il y en a très-peu et qu'ils soient peu présentables, en CASSOLETTES, en CROUSTADES et aussi ils peuvent être mis dans des matelotes ou des sauces blanches pour poisson; les couper en tout petits morceaux et les mettre dans les sauces au moment de servir.

Salade de homard. — Faites cuire un homard ou une langouste au naturel; coupez la chair de la queue en tranches de l'épaisseur d'une pièce de cinq francs; coupez les chairs des pattes en petits morceaux; entremêlez de salade blanche, (laitue, chicorée ou chicon). Ornez d'œufs durs coupés en tranches, filets d'anchois, tranches de cornichons, etc. Assaisonnez au moment de la manger avec sel, poivre, huile et vinaigre comme une salade ordinaire.

D'habitude, dans les ménages bourgeois, on ne fait de salade de homard qu'avec les restes; c'est une bonne manière de les employer.

Homard ou langouste en mayonnaise, entrée.
Disposez comme pour la salade de homard; seulement au lieu de l'accommoder simplement à l'huile et au vinaigre, versez une copieuse sauce mayonnaise dessus.

Cassolettes de homard. — Mettez dans une casserole du beurre et de la farine; délayez sur le feu avec une certaine quantité d'eau. (*Un verre pour plein une assiette de homard.*) Mettez sel, poivre, laissez mijoter un quart-d'heure; ajoutez le homard cuit coupé en petits morceaux. Liez avec jaunes d'œufs ou jaunes d'œufs et crème. (*Voir liaison à l'œuf et liaison à l'œuf et à la crème, pages* 99 *et* 100.) Servez dans de petites cassolettes.

On fait ordinairement les cassolettes avec les restes de homard; dans le cas où il n'y aurait pas assez de homard on peut ajouter crevettes épluchées, moules préparées pour garniture, petits morceaux de poisson, petits morceaux de quenelles, etc.

Croustades de homard. — Préparez le homard comme pour les cassolettes; servez dans de petites croustades.

Escalopes de homard ou de langouste en turban, entrée.

Faites cuire le homard ou la langouste au naturel. (*Voir page* 402.) Débarrassez la queue de sa coquille; coupez-la en tranches un peu plus épaisses qu'une pièce de cinq francs; faites chauffer ces tranches ou escalopes dans du beurre que vous avez fait légèrement blondir; rangez en couronne sur un plat en les alternant avec des croûtons de la même grandeur que vous avez fait frire au beurre.

Mettez dans une casserole gros comme un œuf de beurre et plein une cuillère de farine; remuez sur le feu jusqu'à ce que beurre et farine soient bien amalgamés; mouillez avec un demi-verre d'eau; assaisonnez de sel et poivre; faites jeter quelques bouillons dans cette sauce à des quenelles de poisson (*Voir p.* 121), à une douzaine de grosses huîtres, détachées de leur écailles que vous aurez fait cuire dans leur eau et à une vingtaine de champignons moyens que vous aurez mis une ou deux minutes dans l'eau bouillante et que vous aurez bien égouttés; liez avec un ou deux jaunes d'œufs (*Voir liaison à l'œuf page* 99), et versez au milieu de la couronne d'escalopes, de homard et de croûtons.

23.

Coquilles de homard. — Préparez le homard comme pour les cassolettes; mettez dans des coquilles; saupoudrez de mie de pain émiettée fin; faites prendre couleur à four très-chaud ou sous four de campagne.

Homard à l'américaine, entrée.

Ayez un homard vivant; détachez les pattes, sciez ces pattes en plusieurs endroits, pour que les convives puissent facilement une fois cuites en prendre les chairs, mais pas complétement cependant; coupez le corps et la queue en 4 ou 5 morceaux suivant la grosseur.

Faites blondir dans une casserole un bon morceau de beurre; faites-y revenir le homard avec échalote et persil hachés fin; ajoutez demi-litre d'eau et un verre d'eau-de-vie; assaisonnez de sel, poivre, un peu de piment en poudre, bouquet garni; faites cuire à grand feu un quart-d'heure environ; ajoutez quelques cuillerées de purée de tomates et servez.

Les TOURTEAUX OU CLOS-POINTS, les CRABES DE MAI, etc., se font cuire comme les homards et langoustes, au naturel...

Ces animaux n'ont que la chair des pattes et la chair des petites cases intérieures.

Pour les tourteaux on prépare une sauce avec leur intérieur comme il est indiqué pour les homards au naturel. (*Voir page* 403.)

Les petits tourteaux ou clos-points, appelés dans quelques pays ouvais et les petits crabes verts se font cuire à l'eau de sel; il faut les mettre en même temps que l'eau, autrement ils perdent leurs pattes. Il faut au plus 8 à 10 minutes de cuisson à partir du moment où l'eau commence à bouillir.

ÉCREVISSES.

Évitez de prendre des écrevisses qui viennent de changer de carapace; prenez autant que possible les femelles ayant leurs œufs à l'intérieur.

CONSERVATION. — Si vous voulez conserver les écrevisses vivantes, mettez-les dans un seau ou un baquet, dont elles ne puissent sortir, avec des orties et des herbes mouillées; ne les couvrez pas, elles ont besoin de beaucoup d'air; portez-les dans un endroit frais. On peut les garder ainsi 2 jours.

Écrevisses au naturel. — Mettez dans une casserole avec sel, poivre, thym, laurier, persil, oignons coupés en rouelles, la quantité d'eau nécessaire pour que les écrevisses baignent entièrement. Lorsque l'eau bout à gros bouillons, mettez-y les écrevisses que vous avez lavées et auxquelles vous avez enlevé la nageoire du milieu de la queue qui entraîne avec elle le petit boyau noir et amer. (*Cette opération a dû être faite au dernier moment de manière que les écrevisses n'aient pas le temps de mourir avant qu'on les mette dans leur cuisson.*) Laissez cuire 4 minutes si les écrevisses sont petites; 5, si elles sont moyennes; 6, si elles sont grosses, à partir du moment où l'eau recommence à bouillir.

Pour bien réussir la cuisson des écrevisses il faut qu'elle ait lieu à grand feu, de manière à ce qu'elle ne languisse pas.

Otez la casserole ou le chaudron du feu; laissez encore les écrevisses dans leur cuisson dix à quinze minutes; si on les ôtait immédiatement, elles dessécheraient; goûtez si elles sont de bon assaisonnement; rajoutez du sel et du poivre s'il en est besoin... ôtez les écrevisses... laissez-les refroidir..., disposez en pyramide sur le plat orné de persil en branches.

Les écrevisses pour garniture se font cuire aussi de cette manière.

Ecrevisses à la bordelaise. — Faites cuire les écrevisses comme il est indiqué ci-dessus pour les écrevisses au naturel.

Faites blondir dans une casserole un morceau de beurre; faites-y revenir un oignon coupé en rouelles très-minces; une fois l'oignon de belle couleur, mouillez avec moitié vin blanc et moitié de la cuisson des écrevisses (pour 25 écrevisses, un demi-verre de chacun) saupoudrez de persil haché fin et d'un peu de poivre de Cayenne; faites réduire vivement; sautez-y les écrevisses conservées chaudement dans l'eau où elles ont cuit, et servez très-chaud.

Beurre d'écrevisses. — Faites cuire au naturel (*Voir page 407*) une douzaine de petites écrevisses, écrasez au mortier coquilles et chair; cependant on peut réserver la chair des queues si on le désire; mettez sur le feu avec 125 grammes de beurre, mélangez bien, passez dans un torchon au-dessus d'un vase où il y a de l'eau fraîche; pressez bien; recueillez le beurre quand il est figé.

CREVETTES, CHEVRETTES ET BOUQUET.

Que la crevette, appelée dans quelques pays sautico, soit bien vivante; cette recommandation est moins importante pour la chevrette ou salicoque ou bouquet, cependant, eux aussi, sont meilleurs quand on les fait cuire vivants.

Mettez dans une casserole avec sel, poivre, thym, laurier, persil, la quantité d'eau nécessaire pour que les crevettes baignent complétement. Lorsque l'eau bout à gros bouillons, mettez-y les crevettes que vous avez épluchées avec soin de toutes les saletés qui s'y trouvent et lavées, mais au dernier moment, parce que l'eau les tue. Laissez une minute au plus à partir du moment où l'eau a recommencé à bouillir.

Pour bien réussir la cuisson des crevettes il faut qu'elle ait lieu à grand feu, de manière à ce qu'elle ne languisse pas, souvent pour faire repartir l'eau plus vite, une fois qu'on y a mis les crevettes, on y plonge une tige de fer, la pelle à feu ou les pincettes rougies au feu; je recommande bien aussi de ne pas laisser les crevettes cuire trop longtemps, car elles s'écaleraient très-difficilement; ce qui est un grand défaut.

Renversez crevettes et cuisson dans une passoire. Mettez la crevette dans un saladier ou un plat, saupoudrez de sel fin et de poivre, faites sauter, goûtez pour l'assaisonnement

La crevette mangée ainsi toute chaude est un mets délicieux.

La crevette au naturel se sert comme hors-d'œuvre ou comme entremets. Comme hors-d'œuvre, servez dans des coquilles à hors-d'œuvre sur un lit de persil en branches; comme entremets, en pyramide sur un plat, et aussi garni de persil en branche.

Pour GARNITURE on la fait cuire de même; on l'écale et on la met dans le mets qu'on veut qu'elle accompagne une minute avant de l'apporter sur la table.

Crevettes à l'huile et au vinaigre. — Faites cuire comme ci-dessus, écalez, assaisonnez de sel, poivre, huile et vinaigre.

Mayonnaise de crevettes. — C'est la plus délicate des mayonnaises de poisson.

Faites cuire la crevette comme il est indiqué pour la crevette au naturel, écalez, rangez en petits tas autour d'une salade de laitue, romaine, scarolle ou chicorée; ornez de quartiers d'œufs durs; versez dessus une copieuse sauce mayonnaise verte ou blanche.

Les crevettes peuvent aussi être employées comme accompagnement des autres mayonnaises de poisson.

Crevettes sautées. — Faites cuire au naturel, écalez...

Faites blondir du beurre dans une casserole; ajoutez un oignon haché très-fin; faites revenir; ajoutez les crevettes, saupoudrez d'un peu de farine, mettez une ou deux cuillerées d'eau, tournez et servez.

Cassolettes de crevettes. — Mettez dans une casserole un morceau de beurre et de la farine, tournez sur le feu jusqu'à ce que le mélange soit bien opéré; ajoutez un peu d'eau... faites mijoter quelques minutes, mettez les crevettes bien cuites et bien écalées; liez de jaunes d'œufs ou de jaunes d'œufs et crême (*Voir liaison à l'œuf et liaison à l'œuf et à la crême, pages* 99 et 100), servez dans de petites cassolettes.

On peut ajouter aux crevettes des petits morceaux de homard ou de poisson cuit.

Croustades de crevettes. — Préparez et assaisonnez les crevettes comme pour les cassolettes de crevettes, servez dans de petites croustades.

GRENOUILLES.

Coupez au-dessous des épaules, ne conservez que le train de derrière, dépouillez-le, lavez et laissez tremper un moment dans l'eau fraîche.

Grenouilles à la poulette. — Mettez dans une casserole beurre et farine, tournez sur le feu jusqu'à ce qu'ils soient bien mélangés; mouillez avec un peu d'eau, assaisonnez de sel et poivre, un oignon, bouquet garni, faites mijoter un quart d'heure; mettez les grenouilles préparées comme il est indiqué ci-dessus...

laissez cuire cinq minutes; liez avec jaunes d'œufs ou jaunes d'œufs et crême (*Voir liaison à l'œuf et liaison à l'œuf et à la crême pages* 99 et 100), ôtez le bouquet et l'oignon et servez.

Grenouilles frites. — Ne prenez que le train de derrière, dépouillez, lavez, faites mariner une heure ou deux avec vinaigre, huile, sel et poivre; farinez, faites frire à friture bien chaude.

ESCARGOTS.

Mettez une bonne poignée de cendres dans un chaudron avec de l'eau sur le feu; quand l'eau commence à bouillir, mettez dedans les escargots et les y laissez quinze à vingt minutes; quand ils se tirent aisément de leurs coquilles, nettoyez-les et remettez-les encore sur le feu avec d'autre eau, fouettez-les et changez-les d'eau jusqu'à ce qu'ils ne rendent plus de viscosité.

En fricassée de poulet. — Préparez comme ci-dessus; mettez dans une casserole un morceau de beurre et un peu de farine; mélangez; mouillez avec du bouillon ou de l'eau et un verre de vin blanc; assaisonnez; ajoutez un bouquet garni, ciboule, des champignons et les escargots dans leurs coquilles; laissez-les cuire jusqu'à ce que les escargots soient moelleux et que la sauce soit réduite; liez avec jaunes d'œufs ou jaunes d'œufs et crême (*Voir liaison à l'œuf et liaison à l'œuf et à la crême pages* 99 et 100).

AUTRE MANIÈRE D'ARRANGER LES ESCARGOTS. — Préparez comme il est dit ci-dessus.

Remettez-les dans leurs coquilles, bouchez l'ouverture avec du beurre manié de fines herbes hachées fin et d'un peu de mie de pain émiettée assaisonnée de sel et poivre. Mettez quelques minutes sur le gril à feu vif. Servez dans leurs coquilles.

LÉGUMES, SALADES ET PLANTES COMESTIBLES

Il faut les avoir, autant que possible, frais, tendres et nouvellement cueillis.

Nous mettons en tête des différentes manières d'accommoder chaque espèce de légumes les conditions qu'ils doivent remplir pour être de parfaite qualité.

Nous indiquons aussi la saison de chacun, et les moyens de conservation les plus usités.

POMMES DE TERRE.

Nous diviserons les pommes de terre en deux catégories au point de vue culinaire : les pommes de terre qui arrivent à cuisson parfaite sans s'écraser ni se déformer, et qui sont celles dont on a lieu de faire un plus fréquent emploi ; puis celles qui s'écrasent facilement et que l'on choisit de préférence pour les purées. Les premières sont longues, en tortillons, ou en ovales ; les autres ressemblent plus à des boules.

Choisissez de préférence pour garniture la *vitelote* et la *hollande ;* elles conservent leur forme. La vitelote est supérieure comme goût, mais assez rare ; on la remplace sans trop de désavantage par la hollande que l'on *reconnaît* à sa forme ovale allongée et à sa peau lisse d'un jaune clair.

Les pommes de terre ne doivent avoir aucune tache de moisissure ni de pourriture même à l'extérieur ; évitez aussi celles qui ont une nuance verdâtre. Elles doivent être d'un gris jaunâtre, ou d'un beau rouge, ou d'un beau violet, bien franchement, selon leur espèce. L'intérieur doit être d'un beau jaune clair sans aucune tache. Éviter celles qui commencent à germer.

Les pommes de terre se conservent assez longtemps fraîches dans une cave ou un cellier.

Celles que l'on veut conserver en provision doivent être déterrées par un temps sec; les débarrasser de la terre et des racines; les laisser quelques heures exposées au soleil en les retournant de temps à autre; les mettre en tas sur un lit de paille dans un endroit sec où il ne gèle pas, et privé autant que possible de lumière. Les remuer de temps à autre à la pelle.

Pommes de terre en robe de chambre. — Lavez-les bien, mettez-les cuire bien couvertes avec de l'eau et un peu de sel; il faut environ une demi-heure, trois quarts-d'heure... servez sans les peler dans une serviette pliée en losange pour les tenir chaudes... Ces pommes de terre peuvent se manger avec toutes espèces de mets, viandes, poissons, rôtis ou ragoûts, en Angleterre et en Allemagne elles tiennent lieu de pain.

On peut aussi les peler et les présenter sur la table dans un légumier.

On les emploie aussi comme garniture pour poisson. Pelez-les et mettez-les autour du poisson qu'elles doivent garnir.

Pommes de terre dans les cendres ou au four. — Choisissez de belles pommes de terre. Mettez-les dans les cendres bien chaudes, recouvrez de charbons ardents, laissez cuire trois quarts-d'heure, une heure; déterrez, époussetez et servez dans une serviette.

On les mange avec de la viande, du poisson, ou bien seules avec du beurre et un peu de sel.

Il est préférable de faire cuire ces pommes de terre au four; elles sont plus propres et l'on peut manger la peau dont quelques personnes sont très-friandes. Lavez-les bien et mettez-les cuire à four très-chaud.

Pommes de terre à l'eau. — — Mettez-les cuire avec de l'eau et du sel; aussitôt qu'il sera possible d'ôter la peau, pelez-les, remettez-les sur le feu, sans eau, la marmite bien couverte et laissez-les achever de cuire.

On mange ces pommes de terre avec du beurre et du sel.

Pour garniture. — Choisissez des pommes de terre longues qui ne se déforment pas à l'eau, et à peu près d'égale grosseur; pelez-les, lavez-les et mettez dans une casserole avec assez d'eau pour qu'elles baignent et un peu de sel. Faire cuire environ quinze à seize minutes, assurez-vous du degré de cuisson en vous servant d'une épingle, si l'épingle entre facilement dans les pommes de terre, jetez l'eau et terminez de cuire les pommes de terre à la vapeur, c'est-à-dire en laissant sur un feu doux et couvrant la casserole d'un couvercle en tôle avec feu dessus. Huit à dix minutes suffiront pour parfaire la cuisson.

Ces pommes de terre accompagnent bien les poissons cuits à l'eau; rangez-les autour du poisson.

S'il reste des pommes de terre cuites à l'eau, on pourra les accommoder pour un repas suivant, soit en salade, soit en purée, soit sautées; on pourra en faire des pommes de terre duchesse.

J'ai vu pendant l'hiver, lorsqu'il est assez difficile d'avoir de salade blanche pour les mayonnaises, remplacer la salade par des pommes de terre cuites à l'eau et coupées en ronds... Mettez les pommes de terre au milieu, rangez autour la viande ou le poisson, ornez d'œufs, etc. Versez dessus la sauce mayonnaise.

Pommes de terre sautées. — Choisissez des pommes de terre qui ne s'écrasent pas à la cuisson et à peu près d'égale grosseur, pelez-les, lavez-les et essuyez-les.

Prenez une casserole qui ait le fond assez large pour que les pommes de terre ne soient pas les unes sur les autres, mettez-y un bon morceau de beurre ou de graisse, de manière qu'il y en ait, une fois fondus, l'épaisseur d'un décime au moins au fond de la casserole ; lorsque le beurre ou la graisse seront bien chauds, rangez-y les pommes de terre que vous saupoudrez de sel et de poivre. Tournez-les toutes les deux ou trois minutes de manière qu'elles se colorent également et de tous côtés... On peut les couvrir à la fin pour hâter la cuisson. Lorsqu'elles sont flexibles sous le doigt elles sont cuites.

Les pommes de terre sautées peuvent servir de garniture aux biftecks, aux entre-côtes, aux côtelettes de mouton, aux côtelettes de porc frais, etc.

Pommes de terre sautées. — AUTRE MANIÈRE. — Choisissez des pommes de terre qui ne s'écrasent pas à la cuisson ; lavez-les ; faites-les cuire à moitié avec eau et sel ; pelez-les et coupez-les en ronds de l'épaisseur de moitié du doigt.

Faites blondir dans une poêle ou une casserole du beurre ou chauffer de la graisse, mettez-y les pommes de terre ; saupoudrez de sel et poivre. Sautez sur feu vif jusqu'à ce que les tranches de pommes de terre soient d'une belle couleur dorée.

Pommes de terre frites. — Pelez-les, lavez-les, essuyez-les ; coupez-les dans un sens ou dans l'autre, celui que vous préférerez, en tranches de moitié du doigt d'épaisseur.

Faites fondre la friture à feu vif et lorsqu'elle commence à fumer, mettez-y les pommes de terre ; remuez souvent avec l'écumoire pour que les pommes de terre cuisent également. Elles devront être cuites au bout de 8 à 10 minutes. Lorsqu'elles sont d'une belle couleur dorée, retirez-les de la graisse avec l'écumoire, mettez-les un instant sur une passoire pour égoutter ; mettez sur le plat ; saupoudrez de sel et servez.

Les pommes de terre frites sont souvent employées comme garniture pour les biftecks, les entre-côtes, les côtelettes de mouton, les côtelettes de porc frais, etc.

Pailles de pommes de terre. — Pelez des pommes de terre, lavez-les, essuyez-les, coupez-les en petits bâtons gros du double au plus de fétus de paille.

Faites fondre la friture à feu vif; lorsqu'elle est bien fumante, mettez-y vos pailles de pommes de terre. Laissez cuire 4 à 5 minutes en remuant souvent avec l'écumoire. Lorsqu'elles seront d'une belle couleur dorée, retirez-les de la graisse avec l'écumoire, mettez-les une seconde sur une passoire pour égoutter; mettez sur le plat, saupoudrez de sel fin et servez.

Les pailles de pommes de terre sont une charmante garniture pour biftecks, entre-côtes, côtelettes de mouton, côtelettes de porc frais, etc.

Pommes de terre soufflées. — Voici un genre de pommes de terre frites très-usité dans les restaurants de Paris et qui demande une grande habitude, j'en ai obtenu la recette du chef d'un des meilleurs hôtels de Cherbourg, je vais tâcher de l'exposer ici d'une manière claire.

Prenez des pommes de terre, pelez-les, lavez-les, essuyez-les, coupez-les en tranches rondes de l'épaisseur de moitié du doigt à peu près.

Mettez la friture sur feu vif, et aussitôt fondue, mettez-y vos pommes de terre; aussitôt que la peau rissolée commencera à se former, retirez-les de la friture et mettez-les dans une autre friture très-chaude... Aussitôt la peau boursouflera. Otez de la friture, égouttez bien, saupoudrez de sel fin et servez immédiatement; car elles retombent promptement.

Les pommes de terre soufflées sont une charmante garniture pour biftecks, entre-côtes, côtelettes de mouton, côtelettes de porc frais, etc.

Lorsqu'on les met dans la seconde friture, il ne faut pas en mettre trop à la fois; elles se nuiraient les unes aux autres.

Pommes de terre à la maître-d'hôtel. — Choisissez des pommes de terre qui ne s'en aillent pas à la cuisson; faites-les cuire avec de l'eau et du sel; il faut environ une demi-heure, trois quarts-d'heure; lorsqu'elles sont cuites, pelez-les, coupez-les en tranches rondes de l'épaisseur de moitié du doigt, mettez dans une casserole avec un bon morceau de beurre, sel, poivre et persil haché fin. Sautez un instant sur le feu et servez bien chaud.

Lorsque les pommes de terre sont très-petites on peut se dispenser de les couper.

Pommes de terre en ragoût. — Choisissez des pommes de terre qui ne s'en aillent pas à la cuisson; pelez, lavez...

Mettez dans une casserole un bon morceau de beurre, faites-le blondir sur feu vif; mettez-y un ou deux oignons coupés en rouelles; lorsque l'oignon aura pris une belle couleur marron clair, mettez dans la casserole les pommes de terre, avec un verre d'eau; assaisonnez de sel, poivre et d'un bouquet garni; laissez cuire à feu pas trop vif trois quarts-d'heure, une heure.

Pommes de terre à la sauce blanche. — Choisissez des pommes de terre qui ne s'en aillent pas à la cuisson.

Faites-les cuire avec de l'eau et du sel; pelez-les; si elles sont grosses, coupez-les en deux ou en quatre ou en rouelles; versez dessus une sauce blanche normande ou parisienne, avec ou sans persil haché fin et légèrement acidulée avec un peu de vinaigre.

Pommes de terre au lard. — Choisissez des pommes de terre qui ne s'en aillent pas à la cuisson, pelez-les et lavez-les.

Faites blondir dans une casserole un morceau de beurre; mettez-y, pour une douzaine de pommes de terre, environ une demi-livre de poitrine de porc frais coupée en petits morceaux; lorsque le lard est de belle couleur, mettez dans la casserole une cuillerée de farine, remuez avec une mouvette jusqu'à ce que beurre et farine soient d'une couleur marron; mouillez avec un verre d'eau ou de bouillon. Assaisonnez de sel, poivre, bouquet garni; laissez bouillir cinq minutes, mettez les pommes de terre, laissez cuire à petit feu, casserole couverte, une demi-heure, trois quarts-d'heure.

Pommes de terre en matelote. — Choisissez des pommes de terre qui ne s'en aillent pas à l'eau, pelez-les et lavez-les.

Mettez dans une casserole pour une douzaine de pommes de terre moyennes, 125 grammes de beurre et une bonne cuillerée de farine; remuez sur feu vif jusqu'à ce que beurre et farine soient d'une belle couleur marron; éteignez avec un verre ordinaire d'eau et autant de vin; mettez sel, poivre, bouquet garni, une douzaine de petits oignons, puis les pommes de terre; laissez cuire, casserole couverte, une demi-heure, trois quarts-d'heure.

Pommes de terre à la provençale. — Prenez des pommes de terre qui ne s'en aillent pas à la cuisson; pelez-les, lavez-les.

Pour une douzaine de pommes de terre moyennes, mettez dans une casserole 6 cuillerées d'huile, sel, poivre, ail, persil, ciboule hachés très-fin, un peu de muscade, puis les pommes de terre. Faites-les cuire, casserole couverte, une demi-heure, trois quarts d'heure, en les sautant de temps en temps.

Pommes de terre farcies. — Pour 6 personnes prenez huit grosses pommes de terre.

Pelez-les, lavez-les, fendez-les en deux ; creusez le milieu jusqu'à ce que ce qui en restera ait l'épaisseur au moins d'un décime.

D'un autre côté vous aurez fait cuire deux pommes de terre à l'eau, pelez-les, écrasez-les avec gros comme un œuf de beurre, à peu près la même quantité de chair à saucisses, sel, poivre, persil et ciboule hachés fin.

Emplissez comble l'intérieur des moitiés de pommes de terre avec cette espèce de farce.

Beurrez le fond d'une tourtière ou d'un plat, rangez-y les moitiés de pommes de terre farcies ; placez sur feu pas trop vif, couvrez du four de campagne ou d'un couvercle avec feu dessus. Lorsque les pommes de terre seront de belle couleur, servez.

Pommes de terre en purée. — Pour 6 personnes, 12 pommes de terre moyennes.

Prenez de préférence des pommes de terre rondes, d'une espèce très-farineuse.

Lavez-les, faites-les cuire avec de l'eau et du sel. Pelez-les, écrasez-les, passez-les même à la passoire si vous voulez que votre purée soit bien fine ; mettez dans une casserole avec gros comme un œuf de beurre, sel, poivre et un peu de lait, la quantité nécessaire pour que la purée ait la consistance voulue. Faites jeter un ou deux bouillons en remuant avec une cuillère pour que la purée ne s'attache pas.... Servez.

Cette purée est un très-bon accompagnement pour les saucisses, les côtelettes de mouton, les côtelettes de porc frais etc. Faites-les cuire à part et rangez-les en couronne sur la purée au moment de servir.

Purée de pommes de terre gratinée. — Faites une purée de pommes de terre comme il est indiqué ci-dessus ; mettez dans un plat, égalisez le dessus, saupoudrez de mie de pain émiettée fin ; mettez prendre couleur au four de campagne.

Pommes de terre duchesses. — Pour 6 personnes 12 pommes de terre.

Prenez de préférence des pommes très-farineuses, entre autres l'espèce ronde jaune.

Lavez-les ; faites-les cuire à l'eau avec un peu de sel. Pelez-les, écrasez-les et passez-les à la passoire ; mettez-y gros comme un œuf de beurre, trois œufs jaune et blanc et, si l'on veut, un peu de persil haché très-fin ; mélangez bien le tout. Partagez en petits tas de la grosseur d'un œuf ; moulez en boules puis aplatissez de manière à former une petite galette ronde de l'épaisseur du doigt...

Faites blondir dans une poêle ou une casserole à large fond du beurre, ou bien chauffer de la graisse, en quantité suffisante pour qu'il y en ait à peu près l'épaisseur d'un décime ; rangez-y les unes auprès des autres les petites galettes de pommes de terre ; lorsqu'elles seront colorées d'un côté, retournez-les de l'autre.. Une fois de belle couleur des deux côtés, servez..

Au lieu de les faire rissoler dans un plat, on peut les faire frire en pleine friture; on peut aussi les disposer en croquettes.

Croquettes de pommes de terre.

Moulez-les en forme de poires ou de bouchons, farinez-les, trempez-les dans un œuf jaune et blanc battu avec une cuillerée d'huile et une cuillerée d'eau, ensuite dans de la mie de pain émiettée très-fin ; faites frire à friture bien chaude. Servez ornées de persil frit.

Pommes de terre en salade. — Prenez des pommes de terre qui ne s'en aillent pas à la cuisson.

Lavez-les et faites-les cuire à l'eau assaisonnée de sel. Pelez-les et coupez-les en ronds. Saupoudrez de persil, ciboule hachés fin. Assaisonnez comme une salade ordinaire d'huile, vinaigre, poivre et sel.

On peut orner et accompagner cette salade de filets de cornichons, de ronds de betterave cuite, de filets d'anchois ou de hareng saur, de câpres, etc.

Au lieu de l'assaisonnement ordinaire de la salade, on peut verser dessus une sauce mayonnaise blanche ou verte.

TOPINAMBOURS OU POIRES DE TERRE.

Les topinambours ou poires de terre sont des tubercules qui ont un peu l'aspect de pommes de terre violacées et toutes tordues et difformes; comme goût ils se rapprochent de celui du fond d'artichaut, mais un peu plus fade et plus sucré. On les mange seuls ou comme garniture. Comme garniture on peut les employer partout où l'on emploie les salsifis et les fonds d'artichauts.

Topinambours à la sauce blanche. — Lavez-les, mettez-les sur le feu avec assez d'eau pour qu'ils baignent et du sel. Assurez-vous de la cuisson au moyen d'une épingle, il faut que l'épingle pénètre très-facilement, il faut environ une demi-heure, trois quarts d'heure de cuisson...

Pelez-les; coupez-les par ronds; mettez-les dans une sauce blanche soit parisienne soit normande où vous mettrez un peu de vinaigre; faites jeter un bouillon. Servez.

Topinambours à la maître-d'hôtel. — Faites-les cuire comme pour les mettre à la sauce blanche, avec de l'eau et du sel; pelez-les; coupez-les en ronds; sautez-les avec un bon morceau de beurre; saupoudrez de sel et poivre et de persil haché très-fin; servez aussitôt le beurre fondu.

On peut y ajouter un filet de vinaigre.

Topinambours frits. — Faites-les cuire comme pour les mettre à la sauce blanche, avec de l'eau et du sel; pelez-les; coupez-les en ronds; faites mariner avec un peu de vinaigre, sel et poivre, trempez dans de la pâte à frire (*Voir Pâte à frire page* 91); faites frire à friture bien chaude.

Topinambours en salade. — S'accommodent de la même manière que les pommes de terre en salade.

Topinambours pour garniture. — Faite-lescuire comme pour les mettre à la sauce blanche, avec de l'eau et du sel; pelez-les, coupez-les en ronds ou en long... Mettez-les dans les ragoûts blancs ou bruns que vous voulez garnir une ou deux minutes avant de servir.

Topinambours à la poulette. — Mettez dans une casserole un morceau de beurre, plus ou moins gros suivant que vous avez plus ou moins de topinambours, et plein une cuillère à bouche de farine; remuez sur le feu avec une mouvette jusqu'à ce que beurre et farine soient bien mélangés; mettez environ deux verres d'eau, sel, poivre; faites jeter quelques bouillons; mettez-y les topinambours bien pelés, lavés, coupés en rouelles de l'épaisseur du doigt au plus, puis un ou deux oignons... faites cuire une demi-heure environ; liez avec jaunes d'œufs ou jaunes d'œufs et crême. (*Voir liaison à l'œuf et liaison à l'œuf et à la crême pag.* 99). Servez.

PATATES.

La patate a beaucoup d'analogie avec la pomme de terre; mais il ne faut pas la confondre avec cette dernière. Elle a l'aspect de pomme de terre démesurément longue. Ces racines ont un goût un peu sucré et sont estimées des gourmets.

On les accommode de toutes les manières indiquées pour les pommes de terre.

CHOUX.

Choisissez-les bien frais, sans trace de chenilles; que le cœur soit bien ferme.

Si l'on veut en faire des provisions d'hiver, il faut choisir les plus pommés; cueillez-les par un temps sec; suspendez-les au plafond dans une cave ou un cellier, la queue en haut, la tête en bas.

Choux à la sauce blanche. — Epluchez-les bien. Coupez-les en deux ou en quatre, enlevez le trognon; faites-les cuire à l'eau bouillante assaisonnée d'un peu de sel; il faut environ une demi-heure, trois quarts-d'heure de cuisson. Egouttez-les bien en les pressant, servez sur une sauce blanche, soit parisienne, soit normande.

Choux au roux. — Mettez dans une casserole, pour un chou moyen, gros comme un œuf de beurre et plein une cuillère de farine, remuez sur feu vif jusqu'à ce que beurre et farine soient d'une belle couleur marron foncé, éteignez avec un demi-verre d'eau; ajoutez deux ou trois oignons, une carotte coupée en ronds, un bouquet garni; assaisonnez de sel et poivre; laissez bouillir un quart d'heure; mettez le chou bien épluché, lavé et coupé en quatre... Laissez cuire trois quarts d'heure ; ôtez le bouquet et servez.

On peut faire cuire avec le chou accommodé de cette manière des saucisses et du lard.

Chou farci, entrée.

Choisissez un chou bien pommé, de Milan ou autre ; épluchez-le bien, enlevez le trognon, mais pas de manière à ce que les feuilles ne tiennent plus. Versez dessus de l'eau très-bouillante ; cette opération vous permettra d'écarter facilement les feuilles afin de pouvoir les farcir. Faites bien égoutter ; garnissez l'intervalle entre chaque feuille de farce soit de chair à saucisses, soit de hachis de lard et de veau, soit de godiveau de viande. Ficelez bien.

Faites un roux avec gros comme un œuf de beurre et plein une cuillère de farine ; une fois le roux d'une belle couleur marron foncé, éteignez avec un verre d'eau ou de bouillon et deux cuillerées d'eau-de-vie ; assaisonnez de sel et poivre, laissez jeter un ou deux bouillons, remuez... Mettez le chou disposé ainsi que nous l'avons dit ; mettez autour un ou deux oignons, une carrotte coupée en ronds, des os et débris de viande ; laissez cuire, casserole bien couverte, quatre heures à petit feu. Otez le bouquet, déficelez et servez.

CHOU FARCI AU BLANC. — Se dispose et se fait cuire comme le chou farci ci-dessus, seulement on ne laisse pas prendre couleur au beurre et à la farine ; aussitôt le beurre fondu et mêlé à la farine, on met l'eau ou le bouillon. Au moment de servir, on ôte le bouquet, on pose le chou sur le plat où l'on doit le présenter sur la table, on le déficèle et on lie la sauce avec des jaunes d'œufs ou jaunes d'œufs et crême. (*Voir liaison à l'œuf et liaison à l'œuf et à la crême pag. 99.*)

CHOUCROUTE.

Tous les choux blancs, à grosses pommes et non frisés peuvent être employés pour faire de la choucroûte.

Épluchez-les, enlevez les feuilles fanées et les vertes, coupez-les en deux ou quatre pour enlever le trognon et les grosses côtes, coupez les choux en filets menus pas plus larges que des brins d'herbe.

Prenez un baril ayant servi à du vin, surtout qu'il soit nettoyé soigneusement, garnissez le fond d'une couche de gros sel; mettez sur cette couche une couche de choux coupés en petites lanières comme nous venons de l'indiquer; semez dessus du genièvre, du laurier, du poivre en grain, tassez bien mais sans cependant briser les choux; mettez une nouvelle couche de choux, puis une couche de sel, et, de deux en deux couches, du genièvre, du laurier et du poivre en grain; tassez bien.

Pour vingt-cinq gros choux, il faut environ quatre livres de sel.

N'emplissez pas le baril plus qu'aux trois quarts; couvrez la choucroûte d'un morceau de forte toile, puis d'une planche taillée en rond et qui entre dans le baril de manière à bien appuyer sur la choucroûte; chargez-la de cailloux et de poids.

Au bout de peu de temps la planche descend et l'eau qui se forme passe par-dessus; on en enlève une partie, mais pas assez pour laisser la planche à sec.

Il faut attendre au moins un mois avant de prendre de la choucroûte. Lorsqu'on en prend, il faut avoir soin de laver la toile et la planche avant de les remettre et de remettre un peu d'eau fraîche après avoir ôté le dessus de celle de la choucroûte.

La choucroûte a une très-mauvaise odeur, mais il ne faut pas s'en inquiéter, c'est l'effet de la fermentation ; du reste cette odeur disparaît lorsqu'on la lave. La choucroûte de bonne qualité est très blanche.

On vend de la choucroûte toute préparée chez les marchands de comestibles.

Choucroûte garnie. — Lavez bien la choucroûte à plusieurs eaux, mettez-la dans une casserole avec un morceau de poitrine de porc fumée, des saucisses et un ou deux cervelas, moitié eau et moitié vin blanc et deux ou trois cuillerées de dégraissis de rôti. Faites cuire, casserole couverte, 6 heures au moins à petit feu. Servez le lard sur la choucroûte ; entouré des saucisses et des cervelas que vous coupez en ronds.

Choucroûte pour garniture. — Lavez-la à plusieurs eaux ; mettez-la dans une casserole avec eau ou bouillon et une bonne quantité de dégraissis ; deux ou trois cuillerées pour une livre de choucroûte. Faites cuire, casserole couverte, à petit feu, six heures au moins. Servez sur cette choucroûte des saucisses, des tranches de jambon, cuites à la poêle, des côtelettes de porc frais, etc.

Chou rouge mariné, hors-d'œuvre.

Otez les côtes ; coupez les feuilles en petites lanières de la largeur au plus d'un fêtu de paille ; mettez dans un vase, saupoudrez largement de sel, retournez-les le lendemain, laissez encore douze heures, égouttez, mettez dans un pot ou un bocal avec poivre en grain, clous de girofle, petits oignons, et même du piment si vous en avez ; couvrez de fort vinaigre. Conservez bien couvert dans un endroit sec et frais.

Le chou rouge se sert dans des coquilles à hors-d'œuvre et peut aller en pendant avec les cornichons, les achards, les champignons marinés, etc.

CHOUX DE BRUXELLES.

Les choux de Bruxelles sont des petits choux tout au plus de la grosseur d'une noix et que l'on récolte sur un chou d'une variété particulière, à la jonction des feuilles et de la tige principale.

La saison des choux de Bruxelles est du commencement de novembre à la fin de février.

On doit les choisir bien verts, très-fermes, nouvellement cueillis et sans feuilles jaunes et flétries.

Choux de Bruxelles à la maître-d'hôtel. — Pour huit à dix personnes, cinq cents grammes de choux de Bruxelles.

Otez les queues et aussi les feuilles jaunes et flétries; lavez et égouttez.

Faites bouillir dans une casserole avec un peu de sel, assez d'eau pour que les choux baignent complétement. Lorsqu'elle bout à gros bouillons, mettez-y les choux; laissez cuire à grand feu; il faut environ cinq à six minutes pour les petits, quinze minutes pour les gros, à partir du moment où l'eau recommence à bouillir.

Il ne faut pas couvrir les choux de Bruxelles pendant leur cuisson si l'on veut qu'ils gardent leur couleur verte. Lorsqu'ils sont trop cuits ils perdent beaucoup de leur délicatesse.

Une fois les choux cuits à point, ce dont vous vous assurez en en prenant un avec les doigts, renversez-les dans une passoire et laissez-les égoutter. Remettez-les dans la casserole avec 125 grammes de beurre, sel, poivre, saupoudrez d'un peu de farine; sautez sur feu vif et servez aussitôt le beurre fondu.

Les choux de Bruxelles accommodés à la maître-d'hôtel peuvent servir de garniture à des saucisses, à des biftecks, à des entre-côtes, à des côtelettes de mouton, à des côtelettes de porc frais, etc.

Choux de Bruxelles au jus. — Accommodez-les à la maître-d'hôtel comme il est indiqué ci-dessus. Au moment de servir, ajoutez-y deux ou trois cuillerées de jus.

Choux de Bruxelles à la sauce blanche. — Épluchez-les et faites-les cuire comme il est indiqué aux choux de Bruxelles à la maître-d'hôtel. Une fois bien égouttés, mettez-les dans une sauce blanche soit parisienne, soit normande, pas trop longue.

Dans la sauce blanche qui accompagne les choux de Bruxelles, il ne faut pas mettre de vinaigre; le vinaigre va mal avec les choux de Bruxelles.

Choux de Bruxelles à la poulette. — Épluchez-les et faites-les cuire comme il est indiqué aux choux de Bruxelles à la maître-d'hôtel. Une fois bien égouttés, mettez-les dans une sauce poulette; liez avec deux jaunes d'œufs ou jaunes d'œufs et crème (*Voir liaison à l'œuf et liaison à l'œuf et à la crême page 99*) et servez.

Choux de Bruxelles au roux. — Mettez dans une casserole gros comme un œuf de beurre et une cuillerée de farine, tournez sur feu vif jusqu'à ce que beurre et farine soient d'une belle couleur marron clair; éteignez avec la moitié d'un verre d'eau ou de bouillon; laissez mijoter un quart-d'heure; mettez les choux cuits à l'eau et au sel comme il est indiqué aux choux de Bruxelles à la maître-d'hôtel; saupoudrez de sel, poivre et d'un peu de muscade, servez.

CHOUX-FLEURS.

Il faut les choisir bien blancs, bien serrés et bien fermes.

Choux-fleurs à la sauce blanche. — Enlevez les feuilles, coupez les queues, mais pas trop près de manière à ne pas séparer les petits bouquets de fleurs; examinez-les avec beaucoup de soin et d'attention à cause des petites chenilles vertes ou charpieuses qui y établissent d'ordinaire leur domicile, même dans le cas où vous auriez trop de difficulté à les nettoyer il vaudrait mieux séparer chaque tête en deux ou quatre; jetez-les au fur et à mesure que vous les épluchez dans de l'eau fraîche mélangée de vinaigre.

Faites bouillir dans une marmite ou une casserole une quantité d'eau assez grande pour que les choux-fleurs baignent complétement et assaisonnée de sel. Lorsqu'elle bout à gros bouillons mettez-y les choux-fleurs la queue en bas. Quand ils fléchissent sous le doigt ils sont cuits, il faut environ un quart-d'heure, vingt minutes. Les choux-fleurs trop cuits sont fades.

Nous recommandons bien qu'ils baignent complétement pendant leur cuisson, sans cela ils noirciraient.

Une fois cuits, ôtez-les de dessus le feu; mais ne les ôtez de l'eau qu'au moment de les présenter sur la table si vous désirez qu'ils soient bien blancs. Otez-les de l'eau, égouttez-les bien; mettez-les sur le plat, la queue en dessous, et servez accompagnés d'une sauce blanche parisienne ou normande dans un saucier; on peut aussi les servir avec la sauce blanche autour.

Les restes de choux-fleurs à la sauce blanche peuvent s'accommoder au gratin, au fromage, ou se manger frits.

Choux-fleurs à la sauce tomate. — Les préparer et les faire cuire comme les choux-fleurs à la sauce blanche; les bien égoutter et les servir sur une sauce tomate.

Choux-fleurs au gratin. — Les préparer et les faire cuire comme pour les manger à la sauce blanche ; les bien égoutter ; les écraser avec beurre, crème, sel et poivre.

Beurrer le fond d'un plat, y mettre les choux-fleurs préparés comme nous venons d'indiquer ; égaliser le dessus, les saupoudrer de mie de pain émiettée fin, arroser, au moyen d'une passoire, de beurre fondu ; faire prendre couleur à four chaud ou sous four de campagne.

Choux-fleurs au fromage. — Préparez et faites cuire comme il est indiqué pour les manger à la sauce blanche ; égouttez-les bien.

Pour un beau chou-fleur, mettez dans une casserole gros comme un œuf de beurre et une cuillerée de farine, remuez sur le feu jusqu'à ce que beurre et farine soient bien mélangés ; mouillez avec un verre d'eau, assaisonnez de sel et poivre, faites bouillir 10 minutes. Ajoutez plein une soucoupe de fromage de gruyère et un peu de parmesan râpé, ôtez du feu.

Beurrez légèrement le fond d'un plat ; mettez-y environ le quart du chou-fleur écrasé, couvrez d'une couche de la sauce indiquée ci-dessus... enduisez de tous côtés le reste du chou-fleur du reste de la sauce, posez-le sur la couche de sauce et de chou-fleur écrasé. Saupoudrez le dessus de fromage râpé et de mie de pain émiettée fin ; arrosez au moyen d'une passoire d'un peu de beurre fondu. Mettez sous le four de campagne, feu très-vif dessus. Servez de belle couleur.

Choux-fleurs au fromage, manière plus simple.

Préparez et faites cuire comme il est indiqué pour les manger à la sauce blanche, égouttez-les bien, écrasez-les avec beurre, crème, sel et poivre et plein une soucoupe de fromage de gruyère et un peu de parmesan râpés.

Beurrez légèrement le fond d'un plat, mettez-y les choux-fleurs; égalisez le dessus; saupoudrez de fromage râpé et de mie de pain émiettée fin. Mettez au four ou sous le four de campagne avec feu très-vif dessus; servez de belle couleur.

Choux-fleurs frits. — Préparez et faites cuire comme il est indiqué pour les manger à la sauce blanche, mais un peu moins cuits.

Egouttez-les; séparez-les par deux ou trois bouquets, mettez-les mariner avec un peu de vinaigre, sel et poivre... Trempez-les dans la pâte à frire; faites frire d'une belle couleur blonde; servez en pyramide.

Choux-fleurs à l'huile. — Préparez et faites cuire comme il est indiqué pour les manger à la sauce blanche. Egouttez-les bien. Mangez-les avec huile, vinaigre, poivre et sel.

Choux-fleurs pour garniture. — Epluchez-les bien, séparez-les par bouquets, laissez tremper dans de l'eau mélangée d'un peu de vinaigre, faites-les cuire comme il est indiqué pour les manger à la sauce blanche, mais un peu moins cuits pour qu'ils se tiennent bien.

On les range autour des mets auxqu'ils ils doivent servir de garniture.

BROCOLIS.

Otez les feuilles fanées et la partie dure de la tige; attachez les brocolis ainsi épluchés par paquets.

Faites bouillir dans une marmite ou une casserole, avec un peu de sel, la quantité d'eau nécessaire pour que les brocolis baignent complétement; lorsqu'elle bout à gros bouillons, mettez-y les brocolis; laissez cuire dix à douze minutes; faites bien égoutter; servez avec sauce blanche normande ou parisienne.

Oignons farcis. — Prenez de gros oignons, épluchez-les, creusez-les de manière à en faire des sortes de petits vases; garnissez l'intérieur de chair à saucisses ou de farce de quenelle, ou de godiveau.

Mettez dans une casserole un morceau de beurre et plein une cuillère à bouche de farine; remuez sur feu vif jusqu'à ce que beurre et farine soient d'une belle couleur marron; faites-y revenir la partie que vous avez ôtée des oignons et que vous avez hachée fin; éteignez avec un peu d'eau et de bouillon, ajoutez une cuillerée d'eau-de-vie; assaisonnez de sel et poivre. Rangez les oignons farcis dans cette sauce; faites cuire au moins une heure et demie avec feu dessus et feu dessous et en arrosant fréquemment. Rangez sur un plat, versez la sauce dessus et servez.

Ces oignons peuvent aussi servir de garniture à une foule de plats de viande, entre autres au bœuf bouilli.

Oignons glacés pour garniture. — Choisissez des oignons à peu près d'égale grosseur; coupez la tête et la queue.

Mettez bouillir dans l'eau cinq minutes; faites refroidir dans de l'eau fraîche. Otez la peau jaune et la première enveloppe blanche; retirez une partie du milieu de l'oignon et mettez-y du sucre en poudre. Rangez les oignons sur un plat beurré. Faites prendre couleur à feu assez vif; retournez les oignons pour qu'ils se colorent également de l'autre côté; une fois bien colorés, mettez de l'eau ou du bouillon en assez grande quantité pour qu'ils baignent; faites réduire complétement à grand feu, en arrosant fréquemment les oignons.

Il faut s'arranger de manière que tout cet accommodement ne dure pas trop longtemps, car les oignons se mettraient en purée.

Purée d'oignons dite Soubise.
(*Voir sauce Soubise.*)

Oignons marinés, hors-d'œuvre.
Choisissez de préférence de petits oignons gros au plus comme le bout du pouce, épluchez-les en prenant bien soin de ne pas les endommager; enlevez la queue et les petites racines de la tête; mettez dans un petit pot de grès ou dans un flacon ou un petit bocal en verre avec du vinaigre très-fort en assez grande quantité pour qu'ils y baignent entièrement; ajoutez une ou deux gousses d'ail, estragon, un ou deux piments, poivre en grain, clous de girofle; couvrez et conservez dans un endroit sec et frais.

Conservation de l'oignon pendant l'hiver. — L'oignon, l'échalote, l'ail se conservent parfaitement en prenant les précautions nécessaires. Il ne faut pas les cueillir avant leur complète maturité, c'est à dire avant que leurs tiges ne soient tout à fait desséchées. Une fois les oignons, les échalotes, l'ail arrachés, on les expose au soleil pendant quelques jours pour les sécher un peu et on les suspend en *glanes* dans un grenier sec où on les étale sur de la paille.

CAROTTES.

Choisissez-les bien fraîches, de forme ramassée et d'un beau rouge foncé.

La saison des carottes nouvelles est du premier mai au commencement d'octobre.

Celles que l'on veut conserver en provision doivent être déterrées au mois d'octobre, à la fin au plus tard, par un temps bien sec. Coupez les feuilles à un pouce du collet; rangez les carottes les unes à côté des autres sur de la paille dans un cellier ou dans une cave qui ne soient pas humides et où il ne gèle pas.

Les carottes s'épluchent en coupant les feuilles et une petite partie du collet et en les grattant. Les carottes se grattent avec un couteau en les tenant par une de leurs extrémités; on coupe la queue et les filandres et on lave à pleine eau.

Les carottes pour le pot-au-feu se coupent en long; celles pour garnir les ragoûts en ronds ou en forme de bouchons ou de petites poires.

Carottes à la campagnarde. — Ratissez et lavez de belles carottes rouges ; faites-les cuire à l'eau avec un peu de sel; une fois bien cuites, coupez-les par ronds de l'épaisseur d'un décime.

Pour une livre de carottes environ, mettez dans une casserole ou dans une poêle gros comme un œuf de beurre, faites-le blondir, mettez-y deux oignons coupés en rouelles minces; lorsque les oignons auront pris une belle couleur marron, mettez les carottes et plein un verre de lait; liez avec une demi-cuillerée de farine, assaisonnez de sel et poivre, laissez mijoter dix minutes et servez.

Petites carottes nouvelles à la poulette. — Ratissez des petites carottes nouvelles, coupez queues et filandres, lavez-les bien.

Pour une livre de carottes environ, mettez dans une casserole gros comme un œuf de beurre et une cuillerée de farine; faites fondre et mêlez bien ; mouillez avec un verre d'eau ; ajoutez un ou deux oignons, un bouquet garni, assaisonnez de sel et poivre, faites jeter quelques bouillons ; mettez les petites carottes, laissez cuire une demi-heure, ôtez le bouquet et les oignons, liez avec deux jaunes d'œufs ou jaunes d'œufs et crème. (*Voir liaison à l'œuf et liaison à l'œuf et à la crème page 99.*)

NAVETS.

Il faut les choisir bien sains, non creux, éviter les piqûres de ver. Pour le pot-au-feu prenez de préférence les gros navets ordinaires ; pour les ragoûts, les petits navets de Fréneuse et de Marteau.

La véritable saison des navets est du premier mai à la fin de février.

Ceux que l'on veut conserver comme provision d'hiver doivent être déterrés au mois d'octobre, à la fin au plus tard, par un temps bien sec; coupez les feuilles à un pouce du collet; rangez les navets les uns à côté des autres sur de la paille dans un cellier ou dans une cave qui ne soient pas humides et où il ne gèle pas.

Les navets s'épluchent en coupant les feuilles et une petite partie du collet et en les grattant. Ils se grattent avec un couteau en les tenant par une de leurs extrémités ; on coupe la queue et les filandres et on lave à pleine eau.

Navets à la sauce blanche. — Ratissez, ôtez têtes et queues, faites cuire avec eau et sel, lorsqu'ils seront cuits, ôtez de l'eau laissez égoutter; servez sur sauce blanche parisienne ou normande.

Navets à la poulette. — Mettez dans une casserole un morceau de beurre et plein une cuillère à bouche de farine; lorsque le beurre est fondu et bien mélangé avec la farine, mouillez avec un verre d'eau, mettez un ou deux oignons, un bouquet garni, sel et poivre... Mettez les navets bien épluchés et lavés, et coupés en deux ou en quatre s'ils sont gros. Laissez cuire à petit feu. Otez bouquet et oignons, liez avec jaunes d'œufs ou jaunes d'œufs et crème, (*Voir liaison à l'œuf et liaison à l'œuf et à la crème page* 99.)

Navets au sucre. — Prenez de petits navets ; épluchez et lavez.

Mettez dans une casserole un morceau de beurre ; faites-le blondir ; mettez-y les navets. Lorsqu'ils seront de belle couleur, saupoudrez-les de sucre ; mouillez d'un demi-verre d'eau ou de bouillon ; assaisonnez de sel et poivre, laissez cuire à petit feu, casserole couverte.

Purée de navets. — Épluchez et lavez ; faites cuire à l'eau assaisonnée d'un peu de sel. Une fois bien cuits, ôtez de l'eau, égouttez-les, écrasez-les et passez dans la passoire ; mélangez-les avec beurre, sel et poivre ; faites chauffer sur le feu en remuant ; servez.

BETTERAVES.

Lavez-les, faites cuire au four ou à l'eau. Celles cuites au four sont préférables : elles sont plus sucrées et parfumées. Il faut les mettre au four pas trop chaud, et il leur faut bien quand elles sont grosses six à sept heures de cuisson.

Betteraves pour salades. — Faites-les cuire soit au four soit à l'eau ; pelez-les ; coupez-les par ronds de l'épaisseur d'un décime ; faites-les mariner dans vinaigre, sel et poivre ; rangez-les autour de la salade que vous voulez garnir et orner.

Dans le cas où l'on ne ferait pas mariner les ronds de betteraves, il faudrait mettre dans l'assaisonnement de la salade un peu plus de vinaigre.

Betteraves à la campagnarde. — Faites-les cuire soit au four soit à l'eau, pelez-les, coupez-les par ronds de l'épaisseur d'un décime et accommodez de la même manière que les carottes à la campagnarde (*Voir page 434.*)

HARICOTS VERTS.

Il faut les choisir très-frais et très-verts et nouvellement cueillis.

On épluche les haricots en enlevant un peu de leurs deux extrémités.

Il y a un assez grand nombre de procédés de conservation pour les haricots verts, dont les principaux sont les suivants :

Procédé de conservation pour les haricots verts. — Cueillez-les bien fins et bien verts, épluchez-les, mettez-les dans un bocal ou un pot de grès par couches de deux doigts d'épaisseur que vous couvrez de sel, terminez par une couche de sel... Veillez, une fois la saumure formée, à ce que tous les haricots baignent. Pour employer les haricots verts conservés au sel : Mettez-les tremper deux ou trois jours dans de l'eau fraîche jusqu'à ce qu'ils soient complétement dessalés ; faites cuire ensuite en les mettant à l'eau bouillante. Ajoutez plein une cuillère à café de bicarbonate de soude pour qu'ils cuisent mieux. Une fois cuits, on les accommode des diverses manières indiquées pour les haricots verts.

Autre manière de conserver les haricots verts. — Cueillez-les bien fins et bien verts ; épluchez-les ; jetez-les dans l'eau bouillante un peu salée où vous les laissez bouillir quelques minutes ; égouttez-les bien.... Mettez à four tiède sur des claies, en vous y prenant à plusieurs reprises, pour les faire bien sécher. Une fois bien secs, conservez-les dans des boîtes ou dans des sacs.

Pour les employer : Faites-les tremper quelques heures à l'eau froide et faites cuire à grande eau en les mettant en même temps que l'eau.

Autre manière de conserver les haricots verts.

— Prenez-les bien fins et bien verts; épluchez-les; jetez-les dans de l'eau bouillante un peu salée où vous les laissez bouillir quelques minutes; mettez dans des flacons à goulots un peu larges avec une partie de leur cuisson; bouchez et ficelez fortement; couchez vos flacons dans un chaudron entremêlés de foin pour qu'ils ne cassent pas en se heurtant pendant l'ébullition; emplissez le chaudron d'eau de manière que les flacons baignent complétement; faites bouillir cinq minutes. Otez le chaudron du feu; mais n'ôtez les flacons du chaudron que lorsque l'eau sera *complétement* froide, sans cela vous risquez de les faire éclater au contact de l'air. Une fois les flacons retirés de l'eau, laissez-les sécher deux ou trois jours; enduisez les bouchons de cire, et enfermez dans un endroit sec et frais.

Cuisson des haricots verts. — Épluchez et lavez. Faites bouillir dans une casserole, une quantité d'eau suffisante pour que les haricots baignent complétement, ajoutez-y une petite poignée de sel. Lorsque l'eau bouillira à gros bouillons, mettez les haricots; faites repartir à grand feu en vous gardant bien de couvrir la casserole; faites bouillir jusqu'à complète cuisson que vous pourrez constater en en pressant un entre vos doigts; ils doivent fléchir sous la pression, mais non s'écraser... Il faut environ 10 à 12 minutes de cuisson à partir du moment où l'eau recommence à bouillir.

En suivant exactement le procédé ci-dessus les haricots resteront d'un beau vert. Ce qu'il est important d'observer, c'est de mettre une grande quantité d'eau, la quantité de sel indiquée et de les faire cuire à grand feu et la casserole non couverte.

L'eau de la cuisson peut servir pour faire de la soupe à l'oseille.

Haricots verts à la Maître-d'Hôtel. — Pour 8 à 10 personnes ayez 500 grammes de haricots.

Épluchez, lavez et faites cuire comme il est dit page précédente; faites bien égoutter; remettez dans la casserole avec 125 grammes de beurre et plein une cuillère à bouche de persil haché très-fin; servez aussitôt le beurre fondu.

Haricots verts à la crème. — Accommodez comme les haricots verts à la Maître-d'Hôtel; seulement au moment de servir ajoutez-y une ou deux cuillerées de crème.

Haricots verts à la poulette. — Épluchez, lavez, faites cuire les haricots comme il est indiqué page précédente. Égouttez-les bien et mettez-les dans une sauce poulette pas trop longue; liez avec deux jaunes d'œufs ou jaunes d'œufs et crème (*Voir liaison à l'œuf et liaison à l'œuf et à la crème pag.* 99.)

Haricots verts en salade. — Épluchez, lavez, faites cuire les haricots verts comme il est indiqué page 438. Égouttez-les bien, mettez-les dans un saladier avec plein une cuillère à bouche de persil haché fin. Assaisonnez de sel, poivre, huile et vinaigre.

Haricots verts conservés. — CONSERVÉS DANS LEUR JUS : — Ôtez-les de la boîte; faites-les égoutter, accommodez-les d'une des manières indiquées ci-dessus pour les haricots frais.

CONSERVÉS PAR LE DESSÉCHEMENT. — Faites-les tremper dès la veille à l'eau froide, mettez sur le feu en même temps que l'eau et en se gardant bien d'y mettre du sel... Une fois cuits, ce qui demande plus de temps que pour les haricots frais, accommodez-les d'une des manières indiquées ci-dessus pour les haricots verts frais.

CONSERVÉS PAR LA SALAISON. — Lavez-les et faites-les dessaler jusqu'à ce qu'ils soient complétement dessalés, plusieurs jours s'il le faut, en changeant souvent d'eau... Mettez-les cuire à l'eau bouillante sans les couvrir... Une fois cuits, ce qui demande environ 15 minutes, accommodez-les d'une des manières indiquées à la page précédente pour les haricots verts frais.

PREDOMES OU HARICOTS MANGE-TOUT

Les prendre nouvellement cueillis, petits et très-verts et cependant le grain bien formé.

Pour les éplucher, casser les deux extrémités en ayant soin d'enlever avec elles les filandres qui garnissent d'ordinaire les côtés du predome, surtout si celui-ci est un peu fait.

Predomes fricassés. — Effilez, lavez, faites cuire, casserole découverte, une demi-heure dans de l'eau bouillante où vous avez mis un peu de sel.

Faites roussir dans une casserole, pour à peu près une livre de haricots, gros comme un œuf de beurre; faites-y prendre couleur à un oignon moyen haché très-fin; une fois l'oignon de belle couleur, mettez les haricots avec un peu de leur cuisson; saupoudrez d'une cuillerée de farine, assaisonnez de sel et poivre; ajoutez un peu de persil haché fin; sautez, laissez mijoter jusqu'à ce que la sauce soit presque complétement réduite; ajoutez deux ou trois cuillerées de crême; remuez et servez à courte sauce.

Si vous n'avez pas de crême, mettez un quart de verre de lait; mais alors il faut laisser mijoter quelques minutes avec le lait.

Les predomes s'accommodent aussi de toutes les manières indiquées pour les haricots verts.

HARICOTS FLAGEOLETS.

La saison des flageolets est du commencement de juillet à la mi-octobre.

Choisissez-les petits et d'un beau vert.

On peut conserver les flageolets en les faisant sécher. Cueillez-les avant leur maturité, quand ils sont encore bien verts, écossez-les ; étendez-les au soleil sur une table garnie d'une nappe ou d'une couverture. Une fois bien secs, enfermez-les dans des sacs ou des boîtes en bois.

Cuisson des haricots flageolets. — Lavez-les à l'eau froide.

Faites bouillir à grand feu dans une casserole ou une marmite une quantité d'eau suffisante pour que les haricots baignent complétement.

Lorsque l'eau bouillira à gros bouillons, mettez les flageolets, faites repartir vivement, mais en vous gardant de les couvrir, si vous voulez les avoir verts ; mettez du sel à moitié de la cuisson... il faut bien environ une demi-heure ; assurez-vous de la cuisson en un prenant un ; s'il est cuit, il fléchit sous le doigt sans cependant s'écraser... Otez du feu, égouttez ; accommodez soit à la Maître-d'Hôtel, soit à la crème ; (*Voir Haricots verts à la Maître-d'Hôtel et Haricots verts à la crème*).

L'eau de la cuisson peut être employée pour soupe à l'oseille.

Haricots flageolets conservés. — CONSERVÉS DANS LEUR JUS : — Otez-les de leur boîte, faites-les égoutter, accommodez-les soit à la Maître-d'Hôtel, soit à la crème.

CONSERVÉS PAR LE DESSÉCHEMENT. — Faites-les tremper dès la veille ; mettez-les sur le feu en même temps que l'eau ; ne mettez pas de sel ; une fois cuits, accommodez-les soit à la Maître-d'Hôtel, soit à la crème.

Haricots blancs à la bonne femme. — S'ils sont nouveaux, mettez-les à l'eau bouillante ; s'ils sont secs à l'eau froide, même il est bon de les laisser tremper quelques heures. Lorsqu'ils seront presque cuits, ajoutez beurre, sel, poivre, persil et ciboule hachés fin, faites réduire la sauce. Servez lorsque vous jugerez la sauce assez réduite.

Dans le cas où ils viendraient à manquer d'eau avant d'être complétement cuits, ne mettre que de l'eau chaude.

Haricots blancs à la bretonne. — S'ils sont nouveaux, mettez-les à l'eau bouillante ; s'ils sont secs à l'eau froide, même il est bon de les laisser tremper quelques heures ; faites cuire à pleine eau.

Pour un litre de haricots, mettez dans une poêle ou une casserole gros comme un œuf de beurre ; faites blondir, mettez-y un ou deux oignons coupés en rouelles minces ; lorsque les oignons seront d'une belle couleur marron, mettez les haricots bien cuits et une partie de leur cuisson, assaisonnez de sel et poivre. Laissez mijoter à petit feu un quart d'heure, vingt minutes, et servez à sauce pas trop longue.

Haricots blancs sautés. — S'ils sont nouveaux, mettez-les à l'eau bouillante ; s'ils sont secs, à l'eau froide, même il est bon de les laisser tremper quelques heures ; faites cuire à pleine eau.

Pour un litre de haricots, mettez dans une casserole 125 grammes de beurre, faites blondir, mettez-y les haricots bien égouttés, sel et poivre, faites rissoler un peu sur feu vif en agitant souvent la casserole.

Au lieu de beurre on peut employer de la graisse.

Haricots blancs à l'huile. — S'ils sont nouveaux, mettez-les à l'eau bouillante ; s'ils sont secs à l'eau froide, même il est bon de les laisser tremper quelques heures ; faites cuire à pleine eau. Une fois bien cuits, égouttez-les bien, mettez dans un plat ou un saladier, mettez dessus du persil et de la ciboule hachés fin, assaisonnez de sel, poivre, huile et vinaigre.

Purée de haricots blancs. — Pour huit à dix personnes ayez un litre et demi de haricots nouveaux ou un litre de haricots secs.

Si ce sont des haricots nouveaux que vous employez, mettez-les à l'eau bouillante ; si ce sont des haricots secs, mettez-les à l'eau froide, même il est bon de les laisser tremper quelques heures ; faites-les bien cuire à pleine eau ; passez à travers la passoire à purée, mais en employant très-peu de la cuisson, car cette purée doit être assez épaisse, beaucoup plus épaisse que la purée pour potage.

Faites blondir dans une poêle gros comme un œuf de beurre ; mettez, si vous l'aimez, un peu d'oignon haché très-fin ; puis lorsque l'oignon a pris un peu couleur, la purée de haricots ; assaisonnez de sel et poivre ; faites mijoter quelques minutes en ayant soin de remuer afin que la purée ne s'attache pas ; servez.

Haricots rouges. — Si ce sont des haricots nouveaux que vous employez, mettez-les à l'eau bouillante ; si ce sont des haricots secs, mettez-les à l'eau froide, même il est bon de les laisser tremper quelques heures ; faites-les cuire à pleine eau.

Les haricots rouges sont un peu plus longtemps à cuire que les haricots blancs.

Une fois cuits, accommodez-les comme les haricots blancs à la Bretonne Voir pag. précédente.

GOURGANES OU FÈVES DE MARAIS.

Les gourganes toutes petites sont un manger très-délicat dont ne peuvent se faire une idée les personnes qui n'en ont mangé que parvenues à tout leur développement.

En écossant les gourganes on doit avoir soin d'ôter l'espèce de petit croissant qui est à leur tête, car elles auraient un goût d'amertume.

Gourganes à la poulette. — Choisissez des fèves de marais pas encore parvenues à tout leur développement, écossez-les en ôtant l'amer...

Faites bouillir à grand feu dans une casserole ou une marmite une quantité d'eau suffisante pour que les gourganes baignent complétement; assaisonnez d'un peu de sel; lorsque l'eau bouillira à gros bouillons, mettez les gourganes, faites repartir vivement, mais en vous gardant bien de les couvrir. Il faut environ un quart d'heure de cuisson à partir du moment où l'eau recommence à bouillir.

Faites une sauce poulette pas trop longue, mettez-y les gourganes bien égouttées, sel, poivre et une cuillerée de sarriette hachée très-fin. Faites mijoter quelques minutes; liez avec jaunes d'œufs ou jaunes d'œufs et crême (*Voir liaison à l'œuf et liaison à l'œuf et à la crême pag.* 99) et servez.

PETITS POIS.

Les plus fins sont les meilleurs et les plus recherchés. Lorsqu'on en achète, en goûter un pour s'assurer s'ils sont tendres et sucrés.

A Paris les petits pois se vendent tout écossés.

Lorsque les petits pois sont très-faits, il est préférable de les manger comme garniture que seuls.

Petits pois au sucre. — Pour 6 personnes un litre et demi, une fois écossés bien entendu.

Écossez, lavez, mettez-les dans une casserole avec gros comme un œuf de beurre, un cœur de laitue ou de romaine si vous en avez, un oignon moyen, une ou deux cuillerées d'eau, sel, poivre et gros comme une noix de sucre. Faites cuire à feu doux, casserole couverte, en remuant de temps en temps, une demi-heure ; ôtez l'oignon, liez avec 2 jaunes d'œufs ou un jaune d'œuf et deux cuillerées de crème, (*Voir liaison à l'œuf et liaison à l'œuf et à la crème pag. 99*), et servez.

On peut ne pas mettre de liaison si l'on veut.

Lorsque les pois ne sont pas très-tendres ni très-fins, y mettre un peu plus d'eau.

Petits pois au lard. — Pour 6 personnes un litre de pois, 250 grammes de poitrine de porc frais.

Prenez les pois un peu plus faits que pour les manger au sucre et à l'anglaise (*Voir Pois à l'anglaise*).

Mettez dans une casserole gros comme un œuf de beurre ; faites-le blondir ; une fois de belle couleur, faites-y revenir le lard coupé en petits morceaux ; lorsque le lard est de belle couleur, ajoutez un demi-verre d'eau, puis les pois, sel, poivre, deux oignons, bouquet garni. Faites cuire à feu doux une heure ; ôtez le bouquet et servez.

Petits pois en garniture.

(*Voir Poitrine de veau aux petits pois; Pigeons aux petits pois; Canard aux petits pois, etc.*)

Petits pois conservés. — Mettez les petits pois dans une casserole avec du beurre, un morceau de sucre, un peu de sel, un peu de poivre ; faites chauffer à feu doux ; liez avec jaunes d'œufs ou jaunes d'œufs et crème, (*Voir liaison à l'œuf et liaison à l'œuf et à la crème pag. 99*), et servez.

Purée de pois verts. — Pour 6 personnes un demi-litre de pois.

Prenez des pois verts secs, — On en vend de tout décortiqués, — mettez-les tremper quelques heures dans l'eau tiède ; mettez cuire avec assez d'eau pour qu'ils ne viennent pas à en manquer. Une fois bien cuits, passez à la passoire.

Faites blondir dans une casserole ou dans une poêle gros comme un œuf de beurre ; faites-y prendre couleur à la moitié d'un oignon hachée très-fin ; mettez la purée ; assaisonnez de sel et de poivre ; faites mijoter cinq à six minutes en prenant bien garde qu'elle ne s'attache au fond de la casserole.

Cette purée ne doit pas être trop claire.

On peut ne pas y mettre d'oignon si on n'aime pas ce parfum.

On peut servir dessus des saucisses, des harengs saurs. Si on la prépare pour manger avec des harengs saurs, il n'y faut pas mettre de sel.

Si on la sert pour manger seule on peut l'entourer de croûtons frits que l'on dispose tout autour.

Pois-à-tirer appelés aussi pois sans parchemin. — Choisissez-les nouvellement cueillis. — Épluchez-les en lavant les fragments de tige qui y sont restés adhérents, mais laissez l'espèce de petit nœud qui se trouve à la tête et par lequel on les tient pour les manger.

Quelques personnes enlèvent nœuds et filandres avant de faire cuire les pois-à-tirer ; mais cette manière est défectueuse, car elle n'enlève pas complétement les filandres.

Faites cuire à l'eau bouillante une demi heure environ à pleine eau et sans couvrir ; égouttez, sautez avec beurre, poivre et sel. Ajoutez-y un peu de crème si vous l'aimez.

Manière de les manger. — On les saisit par le petit nœud qui se trouve à la tête ; une fois dans la bouche on les retient avec les dents et l'on extrait, en tirant sur le petit nœud, les filandres qui garnissent les côtés des pois.

LENTILLES.

Choisissez de préférence des lentilles larges, d'un beau blond.

Lentilles à la bonne femme. — Se préparent et s'accommodent comme les haricots blancs à la bonne femme (*Voir pag.* 442.)

Lentilles à la bretonne. — Se préparent et s'accommodent comme les haricots blancs à la bretonne (*Voir pag.* 442.)

Lentilles à l'huile. — Se préparent et s'accommodent comme les haricots blancs à l'huile (*Voir pag.* 442.)

Purée de lentilles. — Se prépare et s'accommode comme la purée de haricots blancs (*Voir pag.* 443.)

ARTICHAUTS.

La saison des artichauts est en mai et en octobre.

Prenez de préférence les artichauts aux feuilles ovales et un peu allongées de préférence aux artichauts de Bretagne aux feuilles plus serrées, plus rondes et à la forme un peu aplatie et qui sont beaucoup moins délicats. Choisissez des artichauts bien verts, bien frais et dont le sommet des feuilles ne pique pas, dans quel cas ils seraient durs et filandreux.

Les gros se mangent cuits, les petits à la croque-au-sel ou à l'huile et au vinaigre.

Artichauts à la sauce blanche. — Un artichaut moyen par 2 personnes.

Coupez la queue et enlevez avec elle quelques feuilles les plus rapprochées, coupez l'extrémité des autres, nettoyez des bêtes et insectes et lavez à l'eau froide.

Faites bouillir dans une casserole ou une marmite, avec une poignée de sel, une quantité d'eau assez grande pour que les artichauts puissent y baigner complétement. Lorsque l'eau bout à gros bouillons, mettez-y les artichauts le fond en bas; faites cuire sans couvrir. Pour vous assurer de la cuisson, tirez une feuille, si elle se détache facilement ils sont cuits; il faut environ une demi-heure de cuisson. Otez-les de l'eau, égouttez-les bien, enlevez le foin en soulevant le clocher que vous replacez ensuite, et servez accompagnés d'une sauce blanche parisienne ou normande dans un saucier.

Les artichauts qui restent peuvent être mangés au repas suivant à l'huile et au vinaigre, ou les fonds débarrassés des feuilles peuvent être mis dans des ragoûts ou frits.

Artichauts au jus. — Enlevez la queue, coupez l'extrémité des feuilles, coupez les artichauts en deux ou en quatre, enlevez le foin... jetez dans l'eau bouillante et laissez bouillir quatre à cinq minutes; égouttez.

Pour trois artichauts, faites blondir gros comme un œuf de beurre; faites-y revenir 125 grammes de poitrine de porc coupée en petits morceaux, mouillez avec un verre d'eau ou de bouillon; assaisonnez de sel et poivre; mettez un ou deux oignons, une carotte coupée en ronds et un bouquet garni... Mettez les artichauts apprêtés comme nous l'avons dit. Faites cuire à feu doux, casserole couverte, une demi-heure, trois quarts d'heure.

Pour servir, disposez les artichauts en rond sur le plat; ajoutez à la cuisson deux ou trois cuillerées de jus, liez d'un peu de fécule ou de farine, passez et versez au milieu des artichauts.

Artichauts au roux. — Enlevez la queue, coupez l'extrémité des feuilles, coupez les artichauts en deux ou en quatre, enlevez le foin; jetez dans l'eau bouillante et laissez bouillir quatre à cinq minutes; égouttez.

Pour trois artichauts, mettez dans une casserole gros comme un œuf de beurre et plein une cuillère à bouche de farine, remuez sur feu vif jusqu'à ce que beurre et farine soient d'une belle couleur marron, éteignez avec un verre d'eau ou de bouillon; mettez un ou deux oignons, un bouquet garni, sel, poivre... une ou deux cuillerées d'eau-de-vie. Mettez les artichauts apprêtés comme nous l'avons dit; faites cuire à feu doux, casserole couverte, une demi-heure trois quarts d'heure.

Pour servir, disposez les artichauts en rond sur le plat; ôtez oignons et bouquet, servez la sauce au milieu des artichauts.

Artichauts frits. — Coupez les queues, enlevez tout le vert des feuilles, par conséquent les premières feuilles presque complétement, coupez la pointe des feuilles blanches, fendez en quatre, en huit, en seize, suivant la grosseur des artichauts; enlevez le foin. Faites cuire à l'eau bouillante avec un peu de sel. Laissez bien égoutter. Trempez chaque morceau dans de la pâte à frire; faites frire à friture bien chaude, égouttez, dressez en pyramide, saupoudrez de sel fin et servez.

(*On peut faire frire aussi de cette manière les fonds des artichauts cuits à l'eau.*)

Artichauts à la barigoule. — Un artichaut moyen par deux personnes.

Coupez la queue et enlevez avec elle quelques-unes des premières feuilles, coupez l'extrémité des autres feuilles, nettoyez des bêtes et insectes et lavez à l'eau froide.

Faites cuire à l'eau bouillante avec un peu de sel,

mais un peu moins cuits que pour les manger à la sauce blanche; ôtez et faites égoutter; pressez même un peu pour faire sortir l'eau. Ôtez le foin.

Pour trois artichauts, mêlez gros comme un œuf de chair à saucisses avec la même quantité de pain trempé dans de l'eau et gros comme une noix de beurre, une cuillerée de farine, des fines herbes hachées fin, sel et poivre. (*On peut aussi ajouter quelques champignons hachés fin si l'on en a.*) Mettez cinq minutes sur le feu en remuant avec une cuillère. Remplissez de cette farce l'intérieur des artichauts, recouvrez du clocher. Mettez dans une casserole un peu d'huile de manière que le fond en soit légèrement couvert; saupoudrez de sel et poivre; rangez-y les artichauts les uns auprès des autres; arrosez-les d'un peu d'huile au moyen d'une passoire.

Faites cuire vingt minutes feu dessus feu dessous; mais beaucoup plus vif en dessus. Ajoutez quelques cuillerées de jus ou de bouillon au peu de sauce qui se trouve dans la casserole et servez.

Artichauts à la poivrade. — On mange à la poivrade principalement les petits, on peut cependant aussi y manger les moyens.

Coupez les queues et les premières feuilles, coupez l'extrémité des autres, lavez les artichauts à l'eau fraîche, présentez sur une assiette ou une coquille à hors-d'œuvre. Faites passer, en même temps que les artichauts, à chaque convive, l'huilier, le sel et le poivre pour qu'il accommode la sauce à son goût.

Les tout petits artichauts nouveaux peuvent se manger aussi tout simplement avec un peu de sel.

Conservation des artichauts. — Choisissez de beaux artichauts; coupez-les en quatre, enlevez le foin et le vert des feuilles; mettez-les au fur et à mesure que vous les apprêtez de cette manière dans de l'eau où vous avez mis du vinaigre pour les empêcher de noircir. Une fois tous apprêtés, jetez-les dans l'eau bouillante et faites-les cuire à moitié, mais non dans un vase de fer où ils noirciraient. Retirez-les et faites-les bien égoutter sur des claies. Enfilez-les ensuite avec une ficelle et faites-en des guirlandes que vous suspendez dans un endroit sec, mais aussi à l'abri du soleil. Il faut avoir soin, en les enfilant, de faire en sorte que les morceaux ne se touchent pas. Ces morceaux d'artichauts ainsi conservés peuvent être employés dans toutes espèces de ragoûts. On les lave et ils achèvent de cuire avec le mets que l'on veut qu'ils accompagnent.

SALSIFIS ET SCORSONÈRES.

Les salsifis sont d'un aspect gris-jaunâtre; les scorsonères ou saisifis d'hiver sont noirs; les scorsonères sont souvent plus tendres.

Les scorsonères et les salsifis s'apprêtent de la même manière.

L'espèce de petit cœur feuillu composé par les feuilles à l'endroit où elles s'attachent au salsifis est bon à manger. On l'épluche, on le lave, on le met par bottes et on l'accommode avec les salsifis ou séparément de toutes les manières indiquées pour les salsifis.

Salsifis à la sauce blanche. — Ratissez-les, enlevez queues et filandres et jetez-les au fur et à mesure dans de l'eau à laquelle vous aurez ajouté un peu de vinaigre, dans la proportion d'un quart de verre de vinaigre dans deux litres d'eau; cette précaution est pour les empêcher de noircir.

Faites bouillir avec une petite poignée de sel la quantité d'eau nécessaire pour que les salsifis baignent complétement; lorsqu'elle bout à gros bouillons, mettez-y les salsifis; laissez cuire une demi-heure, faites bien égoutter... Mettez dans un plat, versez dessus une sauce blanche parisienne ou normande; faites jeter un ou deux bouillons; ajoutez un peu de vinaigre; servez.

Salsifis à la poulette. — Ratissez-les, enlevez queues et filandres et jetez-les au fur et à mesure dans de l'eau à laquelle vous aurez ajouté un peu de vinaigre, dans la proportion d'un quart de verre de vinaigre et de deux litres d'eau; cette précaution est pour les empêcher de noircir.

Mettez dans une casserole du beurre et de la farine, faites fondre; lorsque le beurre est bien mélangé avec la farine, mouillez avec deux verres d'eau, mettez sel, poivre, un ou deux oignons, puis les salsifis; il faut qu'il y ait assez de sauce pour que les salsifis baignent à peu près au moment où on les met dans la casserole. Faites cuire, casserole couverte, une demi-heure au moins. Otez l'oignon, liez avec jaunes d'œufs ou jaunes d'œufs et crème. (*Voir liaison à l'œuf et liaison à l'œuf et à la crème pag.* 99.)

Si la sauce, une fois les salsifis cuits, était trop longue, on ôterait les salsifis avec une écumoire et l'on ferait réduire la sauce à grand feu avant d'y mettre la liaison.

Les restes de salsifis à la poulette peuvent se faire frire.

Salsifis frits. — Préparez et faites cuire à l'eau bouillante avec un peu de sel comme pour les manger à la sauce blanche ou bien apprêtez-les à la poulette, trempez-les dans la pâte à frire (*Voir Pâte pour friture pag.* 91) et faites frire de belle couleur.

Salsifis pour garniture. — Ratissez-les, enlevez queues et filandres et jetez-les au fur et à mesure dans de l'eau à laquelle vous aurez ajouté un peu de vinaigre, dans la proportion d'un quart de verre de vinaigre et de deux litres d'eau; cette précaution est pour les empêcher de noircir.

Egouttez et ajoutez au ragoût que vous voulez garnir, plus ou moins tôt suivant que les salsifis sont plus ou moins tendres, en même temps que la viande ou après, suivant que cette viande demande plus ou moins de temps de cuisson.

On peut si l'on veut avoir les salsifis très-blancs les mettre blanchir quelques minutes à l'eau bouillante avant de les mettre dans les ragoûts que l'on veut garnir. Cette précaution est surtout bonne pour les ragoûts blancs.

ASPERGES.

La saison des asperges est avril et mai. Il faut les choisir bien fraîches, nouvellement coupées, sans taches de rouille, ni morsures d'insectes; la tête d'un beau violet et le reste de l'asperge très-blanc; l'espèce verte est moins délicate.

Pour les manger en petits pois, il faut les choisir bien vertes et de petite dimension, mais aussi bien fraîches, bien tendres et bien intactes.

Asperges à la sauce blanche. — Grattez, lavez et coupez de même longueur; attachez par petits botillons.

Faites bouillir dans une casserole ou dans une marmite, avec un peu de sel, une quantité d'eau assez grande pour que les asperges y baignent complétement; lorsque l'eau bout à gros bouillons, mettez-y les asperges; laissez cuire; il faut un quart d'heure environ; pour être bonnes il faut que les asperges soient un peu croquantes. Egouttez, coupez les ficelles, servez dans une serviette pliée en losange, accompagnées d'une sauce blanche soit normande, soit parisienne, dans un saucier.

Les asperges qui resteront peuvent être mangées froides à l'huile ou bien coupées en petits morceaux et mises dans des œufs brouillées.

Asperges à l'huile. — Faites-les cuire comme pour les manger à la sauce blanche, ôtez de l'eau, laissez un peu refroidir; mangez avec huile, vinaigre, sel et poivre.

Asperges en petits pois. — Prenez de petites asperges; coupez-les, en vous arrêtant lorsque vous arrivez à la partie dure, en petits morceaux à peine plus gros que le bout du petit doigt; jetez une ou deux minutes à l'eau bouillante; égouttez; mettez dans une casserole avec du beurre, un morceau de sucre, un oignon, deux ou trois cuillerées d'eau tout au plus, laissez cuire à petit feu, casserole couverte, une demi-heure tout au plus; ôtez l'oignon; liez avec deux jaunes d'œufs ou un jaune d'œuf et une ou deux cuillerées de crème, (*Voir liaison à l'œuf et liaison à l'œuf et à la crème pag.* 99.)

Avec des pousses nouvelles de ronces ou de houblon on peut accommoder un mets qui a l'aspect et à peu près le goût d'asperges en petits pois.

CONCOMBRES.

Choisissez-les bien frais et bien fermes.

Pelez-les, fendez-les en quatre; débarrassez-les de leurs graines; coupez-les par morceaux de la longueur du doigt; jetez-les dans l'eau bouillante avec du sel et un demi-verre de vinaigre; au bout de cinq à six minutes de cuisson, égouttez dans une passoire et sur un linge blanc; car ce légume ne saurait jamais être trop égoutté. Accommodez-les ensuite des manières suivantes :

A LA MAÎTRE-D'HÔTEL. — Mettez dans une casserole du beurre manié de persil, ciboule hachés, sel, poivre; faites-y sauter vos concombres et servez chaud.

A LA POULETTE. — Faites une sauce poulette, mettez-y vos concombres et liez avec deux jaunes d'œufs, (*Voir liaison à l'œuf pag.* 99.)

A LA BÉCHAMEL. — Vous les achevez de cuire dans du bouillon, et les servez dans une béchamel.

Concombres farcis. — Coupez le bout du côté de la queue et videz-les; pelez-les; garnissez l'intérieur d'une farce de viande, de poisson, ou de godiveau; rebouchez-les avec les bouts que vous en avez ôtés, et que vous maintiendrez avec des petites brochettes de bois; enveloppez-les chacun dans un linge; mettez-les dans une casserole l'un à côté de l'autre avec du beurre, un bouquet garni, du bouillon; faites mijoter deux heures, retirez-les; faites réduire la cuisson, liez avec de la fécule, versez sur les concombres et servez.

Concombres frits. — Coupez les concombres par tranches en longueur, essuyez-les, farinez-les et les faites frire. On peut aussi les mettre dans de la pâte comme les salsifis (*Voir pâte pour friture pag.* 91.)

Salade de concombres hors-d'œuvre. — Coupez-les par rondelles minces, saupoudrez-les de sel fin; laissez tirer leur eau; égouttez-les et assaisonnez de sel, poivre, huile et vinaigre.

Si l'on aime l'oignon, on peut en mélanger aux concombres quelques rouelles très-minces.

CORNICHONS.

Les choisir petits, fermes et bien verts.

Cornichons marinés. — Voici un procédé très-simple et très-bon ; (*le seul défaut qu'on puisse lui reprocher est de ne pas conserver aux cornichons une belle couleur verte.*)

Choisissez des cornichons bien frais, bien verts et bien fermes. Frottez-les dans un torchon avec un peu de sel ; laissez-les dans une terrine jusqu'au lendemain puis faites-les bien égoutter ; mettez dans un pot en grès ou dans un pot en verre, couvrez de fort vinaigre ; au bout de quelques jours ajoutez estragon, ail, piment, petits oignons, poivre en grain. Couvrez et conservez dans un endroit sec et frais.

Autre procédé. — Ce procédé a l'avantage de les conserver très-verts.

Prenez un cent de petits cornichons, brossez-les, coupez le bout de la queue, mettez-les dans un vase de terre avec 2 poignées de sel ; retournez-les assez pour qu'ils soient tous bien imprégnés de sel, laissez-les ainsi reposer 2 heures ; égouttez-les de l'eau qu'ils ont rendue ; versez du vinaigre bouillant en quantité suffisante pour qu'ils y baignent. Couvrez le vase et laissez infuser 24 heures, ils auront pris une couleur jaune ; retirez-en le vinaigre que vous mettez bouillir dans un chaudron non étamé sur un feu très-vif ; jetez-y les cornichons, et, au moment où il commenceront à bouillir, remuez-les également ; ils reprendront leur couleur verte ; 4 minutes d'ébullition suffisent. Retirez-les du chaudron, laissez-les refroidir. Mettez-les dans les vases où ils doivent rester, et les couvrez d'assaisonnement comme estragon, piment, petits oignons, ail ; remplissez les vases de vinaigre de manière que le tout baigne ; couvrez-les avec soin ; ils sont bons 8 jours après.

Tomates farcies. — Pour 6 personnes, ayez 10 tomates d'égale grossseur.

Plongez-les dans l'eau bouillante une minute et

retirez-les; enlevez la petite peau qui se trouve dessus, puis ouvrez-les du côté de la queue en faisant un rond de 3 centimètres environ; retirez les pépins avec soin, (on emploie pour cette opération le manche d'une cuillère à café;) assaisonnez de sel et poivre; rangez-les dans le plat à sauter que vous aurez huilé avec 2 cuillerées à bouche d'huile; faites une farce comme pour les champignons (*voir Champignons farcis*); garnissez les tomates à un centimètre au-dessus du bord; saupoudrez de chapelure; mettez sur un feu très-vif pendant 8 minutes feu dessus feu dessous.

Tomates au gratin. — Fendez dans le sens de l'épaisseur six tomates... garnissez le fond d'un plat de beurre ou d'huile... mettez sel, poivre, fines herbes, mie de pain émiettée, rangez vos moitiés de tomates sur cette couche; saupoudrez de mie de pain, sel, poivre; arrosez de beurre fondu ou d'huile... mettez au four, ou au four de campagne feu dessus feu dessous, cuire une heure.

Tomates marinées, hors-d'œuvre.

Coupez par rouelles minces 3 tomates et un oignon; saupoudrez de sel, poivre, assaisonnez d'huile et vinaigre... Ce hors-d'œuvre peut remplacer les cornichons.

Tomates en purée, — conserve d'hiver. — Cueillez des tomates très-mûres, coupez-les en morceaux et faites cuire à petit feu. Passez dans une passoire, remettez-les sur le feu jusqu'à ce que toute l'eau soit évaporée et que la purée soit arrivée à l'état de marmelade épaisse. Versez dans des pots à confitures, laissez refroidir, couvrez de beurre ou de saindoux fondus, puis, la couche de graisse refroidie, de papier; et enfermez dans un endroit frais et sec.

Au lieu de mettre la purée de tomates dans des pots à confitures et de couvrir de saindoux on peut employer le procédé suivant :

Faites cuire et réduire en purée comme il est indiqué ci-dessus; mettez la purée dans de petites bouteilles à goulot un peu large, bouchez et ficelez fortement... couchez vos bouteilles dans un chaudron entremêlées de foin pour qu'elles ne cassent pas en se heurtant pendant l'ébullition; emplissez le chaudron d'eau de manière que les bouteilles baignent complétement; faites bouillir dix minutes. Otez le chaudron du feu; mais n'ôtez les bouteilles du chaudron que lorsque l'eau sera *complètement* froide, sans cela vous risquez de les faire éclater au contact de l'air.

Une fois les bouteilles retirées de l'eau, laissez-les sécher deux ou trois jours; enduisez les bouchons de cire, et enfermez dans un endroit sec et frais.

Les purées de tomates conservées par les deux procédés ci-dessus indiqués se conservent longtemps; on les emploie comme les purées de tomates fraîches. Si elles font une sauce trop épaisse, on ajoute un peu d'eau ou de bouillon.

Aubergines farcies. — Pour cinq à six personnes, prenez trois aubergines moyennes.

Coupez-les en deux parties sur le sens de la longueur; enlevez la chair de l'intérieur.

Mettez dans un plat à sauter deux cuillerées d'huile; rangez-y les aubergines et faites-les revenir à feu vif; lorsqu'elles sont d'une belle couleur blonde, égouttez-les sur un linge, le côté creux en dessous.

Hachez la portion que vous avez ôtée de l'intérieur et pressez-la bien dans un linge pour en extraire toute l'humidité; mettez avec l'huile dans le plat à sauter plein une cuillère de farine, remuez sur feu vif jusqu'à ce que huile et farine soient d'une belle couleur marron; mouillez avec un demi-verre de jus; mettez dans cette sauce la chair d'aubergines hachée, trois cuillerées de fines herbes hachées fin, sel, poivre; faites réduire.

Garnissez les morceaux d'aubergines avec cette espèce de farce; rangez-les dans le plat à sauter en ajoutant deux cuillerées d'huile; saupoudrez-les de chapelure et faites cuire pendant dix minutes feu dessus feu dessous.

Aubergines sur le gril. — Coupez les aubergines en deux dans le sens de leur longueur; saupoudrez-les de sel et poivre, et arrosez-les d'un peu d'huile; laissez-les ainsi une demi-heure; faites-les cuire sur le gril à feu vif, 5 minutes de chaque côté en les arrosant de temps en temps avec un peu d'huile.

CHAMPIGNONS.

Il est prudent de bien connaître les champignons, il est prudent même dans les bonnes espèces de ne pas employer les vieux.

Nous sommes trop encombrés de matières pour donner des instructions sur les différentes variétés de champignons et apprendre à distinguer les comestibles d'avec les vénéneux; du reste il y a plus d'un ouvrage sur ce sujet. Nous nous bornerons à dire comme avertissement utile que LA PLUPART DES PROCÉDÉS INDIQUÉS POUR CONNAITRE LA PRÉSENCE DES MAUVAIS CHAMPIGNONS ET COMBATTRE LEURS EFFETS SONT DOUTEUX ET QU'ON AURAIT TORT DE S'EN RAPPORTER COMPLÈTEMENT A EUX.

Maintenant abordons l'accommodement des champignons.

Épluchez-les bien de toutes taches et de la terre qui les salit, enlevez même pour certains la petite peau de dessus et jetez-les au fur et à mesure dans de l'eau froide mélangée d'un peu de vinaigre ce qui les empêche de rougir.

Ne les mettez dans les ragoûts que vous voulez garnir et parfumer qu'après les avoir bien égouttés ; souvent même, surtout pour les ragoûts blancs, il sera bon de faire blanchir les champignons quelques minutes dans l'eau bouillante.

Le champignon de couche, qui est celui dont l'usage est le plus généralement répandu, doit être choisi bien blanc, bien fermé, bien plein, n'ayant aucun vide entre la tête et la queue.

Champignons pour garniture. — Prenez des champignons formant bien la boule et à peu près d'égale grosseur. Epluchez-les en laissant une partie de la queue et lavez-les bien. Aussitôt épluchés et lavés, retirez-les de l'eau et égouttez-les sur un torchon. Si on les laissait trop longtemps dans l'eau ils perdraient de leur parfum. Mettez-les dans une casserole avec (pour 25 à 30 champignons moyens) gros comme la moitié d'un œuf de beurre, deux cuillerées à bouche d'eau et un peu de sel. Remuez et sautez sur feu vif et faites cuire pendant cinq minutes en agitant souvent la casserole pour que la cuisson se fasse également.

Employez ces champignons ainsi préparés pour sauces et garnitures.

Si on ne les emploie pas immédiatement, on peut les conserver dans une terrine, mais on aura soin de les couvrir d'une feuille de papier, ce qui empêchera de noircir ceux qui ne baigneraient pas complétement.

La cuisson peut servir à parfumer les sauces.

Champignons sautés. — Epluchez et lavez bien. Pour 25 à 30 champignons moyens, mettez dans une casserole gros comme un œuf de beurre; faites blondir légèrement ; mettez-y les champignons avec sel, poivre et une cuillerée de fines herbes (persil et échalote) hachées fin. Saupoudrez d'une demi-cuillerée de farine; sautez pendant cinq minutes sur feu vif; mouillez avec un peu d'eau et de bouillon; faites cuire encore une ou deux minutes. Servez.

Champignons sautés à la provençale. — Epluchez et lavez bien.

Mettez-les dans une casserole avec une ou deux cuillerées d'huile, sel, poivre, un tout petit peu d'ail haché très-fin; sautez-les à feu vif pendant cinq à six minutes; saupoudrez d'un peu de farine; sautez-les pendant une ou deux minutes; ajoutez une cuillerée d'eau et deux de vin blanc, ou deux cuillerées d'eau et une cuillerée d'eau-de-vie, du persil et de l'échalote hachés fin. Faites jeter deux ou trois bouillons et servez.

Champignons à la poulette. — Epluchez et lavez bien.

Faites-les blanchir une ou deux minutes à pleine eau bouillante; remettez-les à l'eau froide et égouttez-les bien.

Pour 30 ou 40 champignons moyens, mettez dans une casserole gros comme un œuf de beurre et plein une cuillère à bouche de farine; aussitôt le beurre fondu et bien mélangé avec la farine, mouillez avec un demi-verre d'eau, ajoutez sel, poivre, faites mijoter dix minutes. Mettez les champignons; faites cuire cinq à six minutes; liez avec deux jaunes d'œuf ou un jaune d'œuf et deux cuillerées de crème (*Voir liaison à l'œuf et liaison à l'œuf et à la crème page* 99).

Croûte aux champignons. — Arrangez les champignons à la poulette comme il est indiqué ci-dessus. Servez-les sur une belle tranche de pain frite au beurre.

On peut aussi les servir dans de petites CROUSTADES (*Voir ce mot pag.* 124).

Champignons en coquilles. — Accommodez les champignons à la poulette comme il est indiqué ci-dessus. Mettez dans des coquilles; saupoudrez de mie de pain émiettée fin ; arrosez de beurre fondu au moyen d'une passoire, et faites prendre couleur à four rouge. Servez.

Champignons sur le gril. — Il faut les choisir gros et ouverts.

Épluchez-les bien ; ôtez la queue et placez-les sur le gril le creux en dessus ; remplissez ce creux d'un peu de beurre, sel, poivre et fines herbes hachées fin ; faites cuire quatre à cinq minutes à feu pas trop vif. Servez sur un peu de beurre fondu.

Champignons farcis. — Pour 12 personnes ayez 15 à 16 champignons moyens ; qu'ils soient à peu près d'égale grosseur.

Épluchez et lavez-les bien ; mettez-les égoutter sur un linge. Coupez et hachez les queues.

Mettez dans une casserole gros comme la moitié d'un œuf de beurre et une cuillerée de farine ; faites fondre et prendre un peu couleur sur feu vif ; mettez les queues de champignons hachées, deux cuillerées de persil haché fin, une demi-cuillerée d'échalote, sel et poivre. Tournez une ou deux minutes sur le feu ; ajoutez un verre d'eau ou de bouillon. Faites réduire 7 à 8 minutes à feu vif.

Mettez dans un plat allant sur le feu deux cuillerées d'huile ; rangez-y les champignons le creux en dessus ; remplissez-les de la farce que vous venez de préparer. Saupoudrez d'un peu de mie de pain émiettée fin ou de chapelure. Faites cuire dix minutes feu dessus feu dessous ; servez.

Essence de champignons. — Épluchez et lavez bien des champignons ; mettez-les dans une terrine et couvrez-les d'une couche de sel fin ; laissez-les ainsi un ou deux jours au plus. Pressez-les fortement pour en extraire tout le jus. Faites bouillir ce jus avec poivre, épices, un ou deux clous de girofle ; écumez bien ; lorsqu'il ne se forme plus d'écume, passez et mettez en bouteilles ; bouchez soigneusement et conservez dans un endroit frais.

On en met un peu dans les sauces que l'on désire parfumer.

Conservation des champignons. — Pour les champignons de couche et les champignons de prairies : Épluchez-les bien, lavez à plusieurs eaux, faites bouillir deux ou trois minutes à l'eau bouillante... jetez-les dans l'eau froide et laissez égoutter... mettez dans des flacons avec assez d'eau pour qu'ils baignent à peu près et un peu de sel... bouchez hermétiquement et ficelez. Rangez vos bouteilles dans un chaudron entremêlées de foin pour qu'elles ne cassent pas en se heurtant pendant l'ébullition. Emplissez le chaudron d'eau de manière que les bouteilles baignent complétement ; faites bouillir 25 à 30 minutes. Otez le chaudron du feu ; mais n'ôtez les bouteilles du chaudron que lorsque l'eau sera *complétement* froide, sans cela vous risquez de les faire éclater au contact de l'air. Une fois les bouteilles retirées de l'eau, laissez-les sécher deux ou trois jours ; enduisez les bouchons de cire et renfermez dans un endroit sec et frais. Les champignons ainsi conservés seront employés avec leur eau qui d'ordinaire est très-parfumée.

Pour les CÈPES, les CHANTERELLES, les MORILLES, je conseille de les conserver par le desséchement ; épluchez-les, nettoyez-les, mais ne les lavez pas. Enfilez-les avec une ficelle de manière à ce qu'ils ne se touchent pas ; suspendez-les au fond dans un endroit très-sec. Lorsqu'on veut employer les champignons conservés par ce procédé, les laisser tremper un quart d'heure dans l'eau fraîche, les bien égoutter et s'en servir.

MORILLES.

Il y a beaucoup de villes où l'on ne connaît pas les morilles, c'est cependant une végétation d'un goût fort agréable se rapprochant de celui du champignon et même un peu de celui de la truffe.

La morille a un peu l'aspect d'une éponge.

On la trouve en avril et en mai au bord des fossés humides, au bord des bois, des haies, au pied des ormes et des frênes.

Il y a la variété noire et la variété grise, qui est celle que l'on préfère.

Les morilles s'emploient des mêmes manières que les champignons, mais surtout comme garniture; seules, en ragoût, elles sont moins délicates que les champignons à cause de l'intensité de leur parfum.

Il faut les éplucher avec le plus grand soin. Je conseille même de les fendre en deux ou en quatre, car souvent l'intérieur est plein de terre et d'insectes.

On les conserve par le desséchement : Enfilez-les en guirlandes, accrochez-les dans un endroit sec. Avant de faire usage des morilles sèches, on les met tremper quelques minutes dans l'eau froide.

TRUFFES.

Choisissez-les grosses, pesantes, noires en dessus et marbrées au dedans, aussi fermes que possible, d'une odeur agréable. On doit les laver à froid à plusieurs eaux, les frotter avec une brosse, jusqu'à ce que l'on soit bien certain qu'il n'y reste pas un grain de sable. Pelez-les toutes les fois que vous les employez dans des volailles ou des ragoûts et mettez les pelures hachées dans la farce.

Truffes au naturel. — Lavez et nettoyez bien ; enveloppez chacune de cinq ou six morceaux de papier que vous mouillez après, et les faites cuire dans la cendre chaude pendant une bonne heure ; ôtez le papier, essuyez les truffes et servez dans une serviette.

Truffes au vin. — Faites-les cuire entières dans une casserole avec du lard haché, bouquet garni, sel, poivre, un peu de jus et une demi-bouteille de bon vin blanc ; faites mijoter trois quarts d'heure. Servez dans leur cuisson.

Conservation des truffes. — Choisissez-les noires et bien fermes. — Débarrassez-les de leur terre, lavez-les une à une à l'eau froide en les frottant soigneusement avec une brosse de manière à enlever toute la terre, *mais surtout ne les laissez pas tremper dans l'eau.* — Une fois toutes les truffes ayant subi ce premier nettoyage, examinez-les de nouveau, nettoyez celles qui ne l'auraient pas été parfaitement lors de la première opération, enfin lavez-les toutes jusqu'à ce que l'eau reste bien claire. Essuyez-les une à une avec un linge, et laissez-les étendues sur un autre linge jusqu'au lendemain, de manière qu'elles sèchent bien. Rangez-les dans des pots de grès et versez dessus du saindoux fondu en assez grande quantité pour qu'elles soient complétement recouvertes ; laissez refroidir ; couvrez d'un papier et conservez dans un endroit sec et frais.

Chaque fois que vous aurez besoin d'en prendre, vous ferez fondre un peu de saindoux de manière à remplir le vide et que les autres truffes ne restent pas en contact avec l'air.

Ce procédé de conservation pour les truffes est excellent. On les garde ainsi plusieurs mois avec tout leur parfum et d'un autre côté ce procédé est peu dispendieux, car le saindoux, qui prend promptement le goût du précieux tubercule qu'il entoure, peut être employé à faire des omelettes, à mettre dans des œufs brouillés et dans une foule de ragoûts qu'il parfume agréablement.

Purée d'oseille pour garniture. — Pour six personnes prenez six bonnes poignées d'oseille...

Épluchez, enlevez les queues, lavez et égouttez; mettez sur feu doux avec gros comme un œuf de beurre, un peu de sel et un peu de poivre, laissez mijoter pendant au moins 20 minutes. Remuez et écrasez, passez même si vous désirez l'avoir très-fine. Liez avec deux jaunes d'œufs ou un jaune d'œuf et une ou deux cuillerées de crême (*Voir liaison à l'œuf et liaison à l'œuf et à la crême page* 99).

Si l'on pense que l'oseille que l'on doit employer est très-acide, avant de la faire cuire avec le beurre, on peut la jeter une minute dans l'eau bouillante. L'égoutter.

La purée d'oseille ci-dessus peut accompagner œufs durs ou mollets, jambon, andouillettes, etc.

Dans la PURÉE D'OSEILLE POUR FRICANDEAU vous ne mettrez pas de liaison aux œufs ni à la crême, vous vous contenterez, une fois l'oseille cuite avec le beurre et assaisonnée, de mêler le jus du veau avec.

Oseille conservée cuite. — Dans tous les ménages on fait un emploi fréquent de l'oseille; l'hiver elle devient rare, et par conséquent chère. Je conseille d'en conserver, d'autant plus que le procédé n'est pas excessivement coûteux.

Voici une manière très-simple :

Épluchez, lavez... mettez fondre sur un feu doux, remuez de temps à autre et laissez mijoter jusqu'à ce que toute l'eau soit bue et que par conséquent votre purée d'oseille soit assez épaisse. Mettez dans des pots à confiture. Laissez refroidir. Couvrez d'une couche de beurre ou de graisse fondus. Laissez refroidir. Couvrez d'un papier et enfermez dans un endroit frais.

Pour vous en servir, enlevez la couche de beurre ou de graisse et servez-vous de la purée d'oseille comme de purée d'oseille fraîche.

La couche de graisse ou de beurre peut être employée comme friture.

ÉPINARDS.

Les épinards sont âcres en été, les remplacer dans cette saison par du cresson de fontaine accommodé de la même manière.

Epinards au jus. — Pour 6 personnes 500 grammes d'épinards.

Otez les queues et en même temps épluchez bien les épinards de toutes les pailles et saletés; lavez à grande eau et égouttez; faites cuire cinq minutes à l'eau bouillante, retirez et faites-les refroidir promptement dans de l'eau froide; si on les laissait refroidir d'eux-mêmes ils jauniraient et seraient moins délicats de goût; pressez-les bien de manière à bien en extraire toute l'eau. Hachez. Mettez dans une casserole avec gros comme un œuf de beurre; sel, poivre, saupoudrez d'une-demi cuillerée de farine; remuez sur le feu pendant cinq minutes environ; ajoutez deux ou trois cuillerées de jus; servez chauds, entourés de croûtons frits.

Epinards au sucre. — Apprêtez et faites cuire comme les épinards au jus, seulement mettez gros comme deux noix de sucre et, au lieu de jus, liez avec 2 jaunes d'œufs ou un jaune d'œuf et une ou deux cuillerées de crème (*voir liaison à l'œuf pag.* 99); servez également entourés de croûtons frits.

LAITUE.

La laitue doit être très-blanche, bien pommée, à l'exception des premières petites laitues que l'on mange quoique vertes et à peine pommées et qui sont cependant très délicates, plus délicates, je dirai même, que les belles laitues pommées de la pleine saison.

Salade de laitue. — Épluchez-la avec soin, car il s'y niche beaucoup de limaces et de pucerons ; enlevez les feuilles fanées et les feuilles dures et par trop vertes, enlevez les côtes des autres ; laissez les cœurs arrivés à la grosseur d'un œuf entiers ou coupez-les en deux ou en quatre ; lavez bien à l'eau fraîche, secouez bien de manière qu'il ne reste pas d'eau, mettez dans le saladier. Mettez dessus cerfeuille, estragon haché très fin... on peut aussi ajouter à ces deux herbes pimprenelle, vert d'oignon etc. Ornez-la de quelques fleurs de capucines si vous le désirez. Assaisonnez de sel, poivre, huile et vinaigre.

Le salade de laitue doit être tournée sans être pressée, car elle se meurtrit facilement.

Les œufs durs sont une excellente garniture pour la salade de laitue ; les couper en quartiers et les disposer sur la salade de manière à l'orner.

Renseignements généraux sur l'assaisonnement des salades.

L'assaisonnement des salades par huile, vinaigre, sel et poivre se fait dans les proportions suivantes :

Pour une salade ordinaire : Pas tout à fait une cuillerée de vinaigre, même s'il est très fort à peine la moitié ; trois ou quatre cuillerées d'huile ; la moitié d'une cuillère à café de sel ; le quart d'une cuillère à café de poivre. Délayez le poivre et le sel avec le vinaigre dans la cuillère à salade; versez de place en place sur la salade; mettez l'huile; tournez.

Voici un expédient que je recommande aux maîtresses de maison pour l'assaisonnement des salades : Avant de se mettre à table, mettez dans le saladier poivre, sel, huile et vinaigre, remuez et battez bien le tout ensemble; posez avec précaution la salade sur cet assaisonnement... Vous ne la tournerez qu'au moment de la manger. *Cette manière d'apprêter l'assaisonnement de la salade à l'avance a aussi l'avantage de permettre de le bien mélanger.*

Vinaigre à l'estragon pour salade. — Mettez dans une casserole ou une terrine une bonne poignée d'estragon; versez dessus un litre de bon vinaigre bouillant; couvrez et laissez infuser jusqu'au lendemain; passez et mettez en bouteille; bouchez et conservez dans un endroit frais.

Ce vinaigre est surtout précieux l'hiver, époque où l'on n'a plus d'estragon.

On l'emploie comme l'autre vinaigre.

Salade de laitue à la crême. — S'apprête, se dispose et s'assaisonne comme la salade de laitue ordinaire, seulement on remplace les trois ou quatre cuillerées d'huile par trois ou quatre cuillerées de crême qu'on délaie avec le vinaigre.

Laitues au jus. — Prenez des laitues bien pommées; ôtez les feuilles vertes; débarrassez bien les laitues de toute espèce de limaces et pucerons, fendez-les en deux ou en quatre, faites-les cuire 20 minutes à l'eau bouillante, puis ôtez-les et mettez-les dans l'eau froide, laissez-les égoutter sur un torchon.

Mettez dans une casserole, pour quatre laitues très-fortes, gros comme un œuf de beurre et une cuillerée de farine; remuez sur feu vif jusqu'à ce que beurre et farine soient d'une belle couleur marron; éteignez avec un verre d'eau ou de bouillon ; ajoutez un ou deux oignons, un bouquet garni, sel et poivre ; mettez les laitues ; faites cuire feu dessus feu dessous, en arrosant souvent, pendant une heure ; faites réduire la cuisson, mettez-y deux ou trois cuillerées de jus ; disposez les laitues en couronne sur le plat, versez dessus la sauce dont vous avez ôté les oignons et le bouquet garni.

Laitues au maigre. — Prenez des laitues bien pommées ; trois grosses laitues pour 6 personnes.

Otez les feuilles vertes ; débarrassez bien ces laitues de toute espèce de limaces et de puceron ; fendez-les en deux ou en quatre, faites-les cuire 20 minutes à l'eau bouillante, puis ôtez-les et mettez-les dans l'eau froide ; laissez-les égoutter sur un torchon. Une fois bien égouttées, mettez-les dans une sauce poulette, faites-les cuire feu dessus feu dessous, en arrosant souvent, pendant une heure ; faites réduire la sauce si elle est trop longue, disposez les laitues en couronne sur un plat, liez la sauce avec jaunes d'œufs ou jaunes d'œufs et crème (*voir liaison à l'œuf et liaison à l'œuf et à la crème pag.* 99) et versez sur les laitues.

Laitue farcie. — Prendre une laitue bien ferme et bien pommée, puis procéder comme pour le chou farci (*Voir chou farci pag.* 424).

CHICON OU LAITUE ROMAINE.

Le choisir très-blanc.

S'apprête et s'accommode de toutes les manières indiquées pour la laitue ordinaire. (Voir LAITUE EN SALADE, LAITUE AU JUS, LAITUE AU MAIGRE, LAITUE FARCIE).

CHICORÉE.

La saison de la chicorée est de juin à janvier.
Choisissez-la aussi blanche que possible.
Elle se mange en salade et en ragoûts.

Salade de chicorée. — Enlevez les feuilles vertes ; enlevez les plus grosses côtes des autres feuilles, débarrassez le reste du sable, des limaces et du puceron, lavez à l'eau froide, égouttez et assaisonnez comme il est indiqué à la salade de laitue. (*Voir salade de laitue et les renseignements généraux sur l'assaisonnement des salades pag. 468*).

Au nombre des assaisonnements il en est un qui est employé spécialement pour la salade de chicorée, c'est le *chapon*. Le chapon consiste en un morceau de croûte de pain débarrassé de toute espèce de mie. On frotte cette croûte de tous les côtés avec une gousse d'ail, puis on la met dans la salade avant de l'assaisonner. Le chapon accompagne très-agréablement la chicorée, mais il faut s'abstenir d'en mettre quand on n'est pas sûr du goût de ses convives.

Chicorée cuite. — Pour six personnes, douze têtes de chicorée. — Choisissez les têtes de chicorée bien fraîches et bien blanches. Épluchez-les et ôtez autant que possible les parties dures et surtout nettoyez-les bien de toute espèce de vers, limaces et pucerons ; lavez-les à plusieurs eaux. Mettez-les cuire pendant vingt-cinq minutes à l'eau bouillante, égouttez et pressez-les bien ; hachez-les ; mettez dans une casserole avec au moins gros comme un œuf de beurre et un peu de graisse, une cuillerée de farine, sel et poivre, remuez quelques minutes sur feu vif. Mettez une ou deux cuillerées de bouillon ou de jus, laissez mijoter un quart-d'heure et servez entouré de croûtons.

On peut servir sur cette chicorée des saucisses, du jambon chaud. Elle est très-bonne aussi pour manger avec les rôtis de porc frais.

Chicorée conservée, pour garniture. — On peut employer pour conserver la chicorée le même procédé que pour l'oseille. Les conserves de chicorée sont pour le moins aussi avantageuses que celles d'oseille. La chicorée est assez chère l'hiver et quand on veut la manger cuite il en faut une grande quantité. C'est donc la peine de se donner le mal d'en conserver.

Enlevez les feuilles les plus vertes et le trognon, épluchez et lavez bien, jetez dans l'eau bouillante un peu salée où vous la laissez cuire vingt-cinq à trente minutes environ. Faites-la égoutter en la pressant bien entre les deux mains et hachez. Une fois bien hachée, tournez dans une casserole sur le feu avec beurre, sel et poivre. Faites mijoter un quart d'heure de manière que toute l'eau s'évapore, mettez dans des pots; laissez bien refroidir; couvrez de beurre ou de graisse, couvrez d'un papier et conservez dans un endroit sec et frais.

Pour se servir de la chicorée conservée ainsi, il suffit d'enlever la couche de graisse et de faire chauffer la chicorée sur feu doux en ajoutant une ou deux cuillerées d'eau ou de bouillon.

La couche de graisse que vous avez enlevée de dessus peut servir pour les fritures.

BARBE DE CAPUCIN OU CHICORÉE SAUVAGE.

Se mange crue en salade.

Son accompagnement presque indispensable sont

des ronds de betterave cuite au four ou à l'eau. Assaisonner à huile, vinaigre, sel et poivre.

ESCAROLE.

Se mange crue en salade. La choisir bien blanche. (*Voir pour l'apprêt et l'accommodement de la salade d'escarole ce que nous avons dit de la salade de laitue et les renseignements généraux sur l'assaisonnement des salades pag. 468.*)

PISSENLIT.

Le pissenlit se mange cru en salade; le choisir le plus blanc possible; on peut aussi le faire cuire. (*Voir, pour l'accommodement du pissenlit cuit, Chicorée cuite.*)

Le pissenlit cuit ressemble beaucoup à la chicorée cuite et la remplace très-bien dans une saison où il est difficile de se procurer de la chicorée.

CÉLERI.

Le céleri s'emploie en salade et en ragoûts.
Le prendre bien blanc et sans taches de rouille.
Céleri en salade. — Enlevez les feuilles vertes et les taches de rouille, lavez-le bien. Fendez-le en deux ou en quatre. Disposez-le en éventail autour d'un saladier, mettez une sauce rémoulade dans un bol au milieu.

Céleri en hors-d'œuvre. — On peut faire avec du céleri un hors-d'œuvre assez joli à l'œil.
Une fois le céleri épluché et lavé, partagez chaque pied en quatre, en six ou en seize; fendez chaque petite branche jusqu'à une certaine longueur, ce qui les fera frisotter; entourez de céleri, ainsi disposé, une co-

quille à hors-d'œuvre, mettez une sauce rémoulade au milieu.

Céleri au jus. — Enlevez les feuilles vertes et les taches de rouille, lavez-le bien. Fendez chaque pied en deux. Faites-le cuire à l'eau bouillante avec un peu de sel, en l'enfonçant de temps à autre pour l'empêcher de noircir.

Mettez dans une casserole une cuillerée de graisse et une cuillerée de farine ; remuez sur feu vif jusqu'à ce que graisse et farine soient d'une belle couleur marron ; éteignez avec un verre d'eau ou de bouillon, assaisonnez de sel et poivre ; faites bouillir un quart-d'heure ; mettez-y les pieds de céleri cuits à l'eau comme il est indiqué ci-dessus et bien égouttés, trois ou quatre cuillerées de jus et une cuillerée d'eau-de-vie ; faites bouillir jusqu'à ce que la sauce soit réduite à la quantité nécessaire.

Céleri au roux. — S'apprête et s'accommode exactement comme le céleri au jus, sauf qu'on n'y met pas de jus.

Céleri au gratin. — Préparez et accommodez comme le céleri au jus ou le céleri au roux.

Beurrez un plat, disposez-y le céleri, saupoudrez de mie de pain émiettée très-fin ; arrosez de beurre fondu au moyen d'une passoire ; faites prendre couleur sous four de campagne presque rouge.

On peut aussi mêler un peu de fromage de gruyère et de parmesan râpés à la mie de pain dont on saupoudre le céleri avant de le faire gratiner.

CÉLERI RAVE.

Le céleri rave dont on emploie seulement l'énorme racine s'accommode de toutes les manières indiquées pour le céleri ordinaire ; on le mange en salade, au jus,

LÉGUMES

au gratin; seulement au lieu de le tailler en branches on le coupe en tranches minces.

CARDONS D'ESPAGNE ET DE TOURS.

Au jus. — Ils s'apprêtent et s'accommodent de la même manière que le céleri au jus. (*Voir céleri au jus pag. précédente.*)

POTIRON, CITROUILLE, GIRAUMON.

Plus la citrouille a la chair jaune, meilleure elle est.
Soupe à la citrouille (*Voir page* 148).
Purée de citrouille. — Pour six personnes, un kilogramme de citrouille environ.

Retirez les pepins et la peau; coupez par morceaux; mettez dans une casserole avec un verre d'eau; faites cuire une heure et demie à feu pas trop vif de peur qu'elle ne brûle; passez à la passoire à purée; faites blondir dans une casserole gros comme un œuf de beurre; faites-y revenir un petit oignon haché fin; mettez la purée de citrouille; assaisonnez de sel et poivre; laissez mijoter à petit feu un quart-d'heure; liez avec deux jaunes d'œufs ou un jaune d'œuf et une cuillerée de crème (*Voir liaison à l'œuf et liaison à l'œuf et à la crème pag.* 99) et servez entourée de croûtons frits.

Cette purée peut servir de garniture à des saucisses.
Marmelade de citrouille, confiture.
Otez les pepins et la peau de la citrouille, coupez la citrouille par morceaux, mettez-la sur le feu avec un peu d'eau, très-peu, seulement pour l'empêcher de s'attacher au fond de la bassine, et deux cent cinquante grammes de sucre pour cinq cents grammes de citrouille, et du zeste d'orange ou de citron; le zeste

d'une orange ou d'un citron par cinq cents grammes de citrouille. Laissez cuire à feu pas trop vif pendant une heure ou une heure et demie et en remuant très-souvent. Cinq minutes avant la parfaite cuisson ajoutez le jus des oranges ou des citrons. Mettez dans des pots ; laissez refroidir ; couvrez et conservez dans un endroit sec et frais.

Il faut que cette confiture ait la consistance d'une marmelade de prunes ou d'abricots.

MELONS ET CANTALOUPS.

Melons et cantaloups. — On doit les choisir nouvellement cueillis ; relativement lourds ; la queue fraîche et bien détachée ; avec beaucoup de parfum.

Le cantaloup surnommé Cul-de-singe est rarement de mauvaise qualité.

Le melon dit melon d'Honfleur et de Lisieux en plus des caractères indiqués ci-dessus doit être bien brodé.

On s'assure de la maturité d'un melon d'abord par l'inspection de la queue ; il faut qu'elle soit bien détachée. Ensuite il faut que la partie du melon opposée à la queue fléchisse sous le pouce.

Le melon est considéré comme hors-d'œuvre. Cependant, dans certains pays, il se sert au dessert.

Dans le service où il est présenté comme hors-d'œuvre il ne figure bien qu'en face d'un autre melon, ou bien d'une belle pyramide de figues, fruits qui comme le melon sont à volonté hors-d'œuvre ou dessert, dans le cas où l'on aurait qu'un seul melon et pas de figues, la place où il figure le mieux est le milieu de la table.

On le sert ordinairement immédiatement après le potage, en même temps que le bouilli ou les petites entrées appelées autrefois hors-d'œuvre chauds.

On le découpe et on le fait passer à chaque personne qui prend la tranche qui lui convient.

On peut le faire figurer sur la table divisé en tranches en le découpant selon la figure ci-contre :

Il n'y a plus qu'à détacher l'extrémité des tranches pour que chaque convive puisse se servir.

Melon découpé.

Potage au melon. — Se fait comme le potage à la citrouille. *Cette recette sert à employer des melons trop mauvais pour être mangés autrement.*

Confitures d'écorce de melon. — Prenez de préférence l'écorce de cantaloups ou de melons à écorce très-épaisse; pelez-la; coupez-la par morceaux de la grosseur d'une grosse noix.

Pesez égal poids de sucre.

Mettez le sucre dans une bassine avec un verre d'eau par livre de sucre; lorsque le sucre est fondu, mettez l'écorce de melon et un zeste de citron ou d'orange par livre d'écorce. Laissez cuire une heure à une heure et demie et faites réduire à consistance de sirop bien épais. Cinq minutes avant la parfaite cuisson ajoutez le jus des citrons ou des oranges; mettez dans des pots; laissez refroidir, couvrez et conservez dans un endroit sec et frais.

RADIS.

Il y a différentes variétés de radis : le rose, le blanc, le gris, le noir.

Ceux qu'on doit choisir de préférence dans les diners de cérémonie sont les petits radis roses. Il faut les choisir d'un beau rose, petits et non creux. Le radis creux est gros et d'un rouge foncé. On les épluche en supprimant les racines et en laissant les deux ou trois petites feuilles les plus courtes. On les dispose avec ordre dans des coquilles à hors-d'œuvre avec un peu d'eau fraîche, mais très-peu afin d'éviter qu'on la répande sur la table. En entaillant d'une certaine manière les radis on peut leur donner l'aspect de petites fleurs; mais je ne le conseille pas au point de vue gastronomique; le radis ainsi entaillé est beaucoup moins délicat.

Le gros radis noir, beaucoup plus piquant que les petits radis roses, est estimé de bon nombre de personnes. Il est d'ordinaire exclu des dîners de cérémonie, cependant son exclusion n'est pas absolue. Servez-le pelé et coupé par tranches de l'épaisseur d'un sou; rangez-le dans une coquille à hors-d'œuvre, saupoudré de sel fin.

CRESSON DE FONTAINE.

Cresson de fontaine pour garniture. — Ôtez les tiges qui sont trop fortes ou trop dures. Ôtez aussi les filandres; lavez et secouez dans le panier à salade... disposez avec soin en couronne autour du bifteck, de la côtelette ou de la volaille que vous voulez garnir.

On peut aussi avant de le mettre autour du mets que l'on veut garnir, l'assaisonner d'un peu de sel et de vinaigre. Avoir bien soin alors de ne pas le meurtrir ni le froisser; le disposer autour de la viande de la même manière.

Cresson de fontaine en salade. — Ôtez les tiges qui sont trop fortes ou trop dures; ôtez aussi toutes les filandres; lavez bien et secouez dans le panier à salade; mettez dans un saladier et assaisonnez d'huile, de vinaigre, de sel et de poivre comme une salade ordinaire.

Cresson de fontaine en épinards. — L'été les épinards sont souvent âcres; on peut les remplacer sans trop de désavantage par du cresson de fontaine.

Otez les tiges qui sont trop fortes ou trop dures; ôtez aussi toutes les filandres, lavez, apprêtez et faites cuire comme les épinards : soit au sucre, soit au jus.

CRISTE-MARINE OU PERCE-PIERRE.

Criste-marine ou perce-pierre. — Cette plante, qui est pour ainsi dire la première qui pousse sur les terrains d'alluvion, se trouve avec abondance dans certaines contrées. C'est un mets agréable non-seulement marinée, mais encore accommodée comme les haricots verts, à la MAITRE-D'HOTEL, à la POULETTE, etc.

Otez toutes les parties dures jaunâtres et flétries.

Criste-marine marinée. — Epluchez. Mettez dans un pot ou un bocal avec assez de fort vinaigre pour qu'elle baigne entièrement; ajoutez petits oignons, poivre en grain, clou de girofle, estragon, etc. Couvrez et conservez dans un endroit frais.

POUR LES AUTRES ACCOMMODEMENTS DE LA CRISTE-MARINE, SE GUIDER SUR LES RECETTES INDIQUÉES POUR LES HARICOTS VERTS pag. 437 et suivantes.

Pousses de ronces et de houblon en petits pois. — Prenez soit des pousses nouvelles de ronces, soit des pousses nouvelles de houblon, apprêtez-les et accommodez-les comme les asperges en petits pois.

Pousses de ronces et de houblon à la sauce blanche. — Prenez soit des pousses nouvelles de ronces, soit des pousses nouvelles de houblon; ôtez de la tige tout ce qui est dur et boiseux; faites cuire huit à dix minutes à l'eau bouillante avec un peu de sel; égouttez bien; servez accompagnées d'une sauce blanche parisienne ou normande dans un saucier.

PERSIL.

On peut conserver le persil par le même procédé que l'estragon, par le *dessèchement à l'ombre;* mais c'est moins important, car on trouve du persil frais presque toute l'année.

On peut aussi faire sécher des racines de persil et les conserver, ainsi que des racines de céleri, et s'en servir pour bouquets garnis.

Persil frit. — Le persil frit s'emploie généralement comme garniture pour toutes les fritures de poisson, rissoles et croquettes.

Epluchez et laissez les queues; lavez, égouttez; essuyez, jetez dans la friture chaude; ôtez, égouttez.

ESTRAGON.

Si vous avez une grande quantité d'estragon, on peut le conserver pour l'hiver, époque où il est excessivement rare, par un procédé très-simple :

Coupez des branches d'estragon, secouez pour le débarrasser de la poussière, ôtez les toiles d'araignée, *mais surtout gardez-vous de le laver.* Une fois bien nettoyé, faites-le sécher *à l'ombre* en le tournant de temps à autre. Une fois bien sec, mettez-le dans un bocal bien bouché et enfermez dans un endroit sec.

On se sert de cet estragon comme de l'estragon vert pour tous les ragoûts auxquels on veut donner ce parfum, excepté pour les salades pour lesquelles on a la ressource du vinaigre à l'estragon.

CAPUCINES.

Les fleurs de capucines sont employées simplement comme ornement autour des salades ; mais les boutons à fleurs et les petites graines à peine formées peuvent être employées, marinés dans le vinaigre, en guise de câpres.

Boutons de capucines marinés, hors-d'œuvre.

Choisissez-les pas encore ouverts, mettez-les au fur et à mesure de la cueillette dans du fort vinaigre ; mettez poivre en grain et petits oignons. Couvrez et conservez dans un endroit sec et frais.

Graines de capucines marinées, hors-d'œuvre.

S'accommodent de la même manière que les boutons de capucines.

Jardinière brune, garniture.

(*Les quantités indiquées peuvent convenir comme garniture d'un mets pour huit à dix personnes.*)

Mettez dans une casserole gros comme un œuf de beurre et plein une cuillère à bouche de farine ; remuez sur feu vif jusqu'à ce que beurre et farine soient d'une belle couleur marron ; éteignez avec deux verres d'eau ou de bouillon ; assaisonnez de sel et poivre et mettez les légumes suivants :

Deux carottes moyennes et un beau navet, coupés tout au plus de la grosseur du petit doigt et du quart de sa longueur ;

Un oignon moyen haché fin ;

Une poignée de flageolets ;

Gros comme une noix de sucre ;

Faites mijoter pendant deux heures au moins.

Une heure avant la parfaite cuisson, ajoutez une poignée de haricots verts, bien épluchés et coupés de la longueur de moitié du petit doigt ; une belle pomme de terre coupée de même que les carottes et le navet; *(on met les haricots verts et la pomme de terre plus tard parce qu'ils sont moins de temps à cuire);* faites réduire à courte sauce; mettez dans le plat; rangez dessus côtelettes, biftecks ou autres viandes; ornez de petits bouquets de choux-fleurs, de petits tas de petits pois, de pointes d'asperges, de choux de Bruxelles, cuits, chaque espèce séparément, avec eau et sel.

Il n'est pas indispensable que tous les légumes indiqués se trouvent dans ce ragoût; on y met ceux qu'on a à sa disposition : elle a beau avoir un bon guide, il faut qu'à l'occasion une cuisinière prenne un peu d'initiative.

Jardinière blanche ou macédoine de légumes, garniture et entremets.

(Les quantités indiquées peuvent convenir comme garniture d'un mets pour huit à dix personnes.)

Mettez dans une casserole gros comme un œuf de beurre et plein une cuillère à bouche de farine; remuez sur feu vif jusqu'à ce que beurre et farine soient bien mélangés; éteignez avec deux verres d'eau ou de bouillon; assaisonnez de sel, poivre et mettez les légumes suivants :

2 carottes moyennes et un beau navet coupés tout au plus de la grosseur du petit doigt et du quart de sa longueur;

Un oignon moyen haché fin;

Une poignée de flageolets;

Gros comme une noix de sucre;

Faites mijoter pendant deux heures au moins.

Une heure avant la parfaite cuisson, ajoutez une poignée de haricots verts, bien épluchés et coupés de la longueur de moitié du petit doigt; une belle pomme de terre coupée de même que les carottes et le navet; *(on met les haricots verts et la pomme de terre plus* tard parce qu'ils sont moins de temps à cuire). Faites réduire à courte sauce; liez avec deux jaunes d'œufs ou un jaune d'œuf et deux cuillerées de crême (*voir liaison à l'œuf et liaison à l'œuf et à la crême*); mettez dans le plat; rangez dessus côtelettes, biftecks ou autres viandes; ornez de petits bouquets de choux-fleurs, de petits tas de petits pois, de pointes d'asperges, de choux de Bruxelles, cuits, chaque espèce séparément, avec eau et sel.

Il n'est pas indispensable que tous les légumes indiqués se trouvent dans ce ragoût; on y met ceux qu'on a à sa disposition.

La jardinière blanche peut se servir sans accompagnement de viande; alors elle est entremets et l'on peut la présenter, si l'on veut, entourée de croûtons frits.

SALADES COMPOSÉES.

Il ne sera pas traité dans ce chapitre des salades simples, telles que salade de laitue, de romaine, de chicorée, etc., puisqu'on en a indiqué la recette à la partie de cet ouvrage consacrée aux légumes; mais outre ces salades il y en a de plus compliquées, de plus coûteuses; mais qui d'un autre côté peuvent en même temps que salades tenir lieu de plats de légumes... Ce sont ces salades que je qualifie, pour les distinguer des autres, de SALADES COMPOSÉES. De ce nombre pourraient être comptées les MAYONNAISES, les salades de volaille, celles de homard et de crevettes, qui en outre ont encore l'avantage de pouvoir être considérées comme entrées et pouvoir être servies comme telles. Ces salades en général sont fort délicates et digestives et remplacent avec avantage dans les grandes chaleurs les entremets chauds de légumes.

Salade macédoine de légumes, salade et entremets.

Faites cuire avec de l'eau et un peu de sel, mais séparément :

Une poignée de céleri haché fin ;
Une poignée de haricots verts ;
Une poignée de haricots flageolets ;
Une poignée de petits pois ;
Une poignée de choux de Bruxelles ;
Deux fonds d'artichauts ;
Un petit chou-fleur ;
Trois pommes de terre ;
Deux carottes moyennes ;
Deux navets moyens.

Egouttez-bien et laissez refroidir ; coupez les fonds d'artichauts, les pommes de terre, les carottes, les navets en tranches, le chou-fleur par petits bouquets. Disposez symétriquement et avec goût ces divers légumes dans un saladier ; ornez de quelques cœurs de laitue ou de romaine, mais en petite quantité, de ronds de betterave cuite au four ou à l'eau, de cerfeuille et d'estragon hachés fin, d'œufs durs coupés en quartiers, etc. Assaisonnez de sel, poivre, huile et vinaigre comme une salade ordinaire, mais un peu plus, ou bien versez dessus une mayonnaise blanche ou verte.

On peut aussi orner la salade de légumes de filets minces d'anchois ou de hareng saur, de filets de homard ou d'autre poisson, d'écrevisses, d'olives dont on a enlevé les noyaux, de petits filets de cornichons, etc.

Salade russe, salade et entremets.

Ajoutez à la salade macédoine de légumes plein une soucoupe de petits morceaux de veau ou de poulet, sept ou huit anchois, la moitié d'une soucoupe de petits morceaux de jambon fumé, autant de cervelas coupé en petites tranches, un peu de caviar. Ajoutez à l'assaisonnement de la salade macédoine un peu de poivre de Cayenne et une ou deux cuillerées de moutarde.

On peut aussi, au lieu de l'assaisonnement ordinaire, la couvrir d'une mayonnaise blanche ou verte, mais ne pas oublier d'y ajouter le piment et la moutarde.

ŒUFS.

Prenez de préférence des œufs de poules; ils sont plus délicats.

La grosseur importe peu; mais surtout qu'ils soient très-frais. En les achetant, assurez-vous de leur fraîcheur en regardant le jour au travers; s'ils ne laissent apercevoir aucune lueur ne les achetez pas. Méfiez-vous surtout l'hiver, époque où les œufs sont chers, où les poules pondent peu et pour laquelle on garde souvent les œufs de l'été.

Il faut encore bien examiner les œufs en les cassant, avant de les mettre dans une préparation quelconque, car ils peuvent avoir un bon aspect et cependant avoir un mauvais goût. Examinez-les un à un et ne les mélangez et ne vous en servez que lorsque vous serez certain de leur parfaite qualité; un seul œuf mauvais gâte un mets.

Conservation des œufs. — Les œufs se gardent longtemps frais dans de l'eau froide. J'en ai vu qui, mis aussitôt pondus dans de l'eau fraîche, avaient encore le *lait* au bout de dix à douze jours. On sait que le lait dans les œufs est le symptôme de la plus grande fraîcheur puisque le blanc cuit clair ne présente l'aspect laiteux que dans les œufs pondus du jour. Changer l'eau de temps en temps.

Mais ce procédé ne pourrait être employé pour les grandes conserves d'hiver; il demanderait trop de temps et de soin et ne serait pas d'une assez longue efficacité. Dans nos campagnes on conserve les œufs en les enfouissant dans des tas de cendres, je conseille pour les maisons bourgeoises de les *conserver dans de l'eau de chaux.*

Mettez dans quatorze ou quinze litres d'eau (plus ou moins suivant la quantité d'œufs que vous avez à conserver), deux ou trois gros morceaux de chaux vive ; laissez tremper huit jours, en remuant tous les jours. Rangez les œufs dans des pots de grès ou de petits barils, emplissez avec de l'eau de chaux que vous ne remuerez pas auparavant et dont vous ne prendrez pas le dépôt. Couvrez et mettez dans un endroit frais. Il faut qu'il y ait au moins deux ou trois pouces d'eau de chaux au-dessus des œufs. Ne prenez des œufs qu'au fur et à mesure que vous en aurez besoin et encore en vous servant d'ustensiles très-propres. Ne remettez pas ceux que vous aurez touchés.

Œufs à la coque. — Lorsque l'eau bout à gros bouillons, mettez les œufs dedans avec précaution pour ne pas les casser ; laissez cuire trois minutes l'été, trois minutes et demie l'hiver ; retirez promptement et servez dans une serviette pliée pour les maintenir chauds.

Œufs mollets. — Faites cuire comme les œufs à la coque, seulement laissez-les cuire un peu plus, 4 minutes. Mettez dans l'eau froide, ôtez la coquille et servez sur telle garniture qu'il vous plaira.

Œufs durs. — Se font cuire comme les œufs à la coque, seulement laissez-les cuire au moins neuf à dix minutes.

Œufs durs en salade. — Faites durcir des œufs, ôtez la coquille, coupez en ronds, mettez dans un saladier, posez dessus persil et ciboule hachés fin, ou cerfeuille, estragon, ciboule, pimprenelle, etc., hachés fin. Assaisonnez de sel, poivre, huile, vinaigre comme une salade ordinaire.

Œufs pochés. — Choisissez des œufs très-frais. Emplissez une casserole pas trop profonde aux trois quarts d'eau; mettez un peu de sel et de vinaigre. Lorsque l'eau commencera à bouillir, cassez-y les œufs l'un après l'autre, avec les plus grandes précautions et le plus près de l'eau possible afin que les œufs ne tombent pas de trop haut et que le jaune ne se crève pas... n'en mettez pas trop à la fois afin qu'ils ne se collent pas les uns aux autres. Il vaut mieux en mettre moins que plus; dût-on pour les pocher tous s'y prendre à plusieurs reprises. Laissez cuire, mais sans que l'eau bouille à gros bouillons, 4 à 5 minutes au plus... Il faut que le jaune reste clair.

L'opération du pochage demande beaucoup de précautions et d'habileté. Il y a un ustensile dit *pocheuse* qui facilite cette opération; c'est une sorte de plateau en fer-blanc supporté par des pieds et ayant plusieurs vides circulaires; dans ces vides se placent de petits godets percés de petits trous. On place cet appareil dans la casserole avec assez d'eau pour qu'il soit couvert de l'épaisseur de deux doigts environ; lorsque l'eau commence à bouillir on casse un œuf dans chaque godet. Lorsque l'œuf est cuit on retire le godet par son anneau, on le débarrasse et on recommence à y mettre un œuf et ainsi de suite.

Pocheuse.

Ce qu'il y a de plus commode encore, c'est la POÊLE A CONCAVITÉS, d'invention récente.

Œufs au jus, entremets.

Pochez-les comme il est indiqué ci-dessus, égouttez-les bien; servez-les dans une certaine quantité du jus dont la recette est indiquée page 118.

Pour une douzaine d'œufs un demi-litre de jus suffit.

On sert à chaque personne un œuf avec environ plein une cuillère à bouche de jus.

Œufs frits. — Les œufs frits demandent beaucoup de précaution pour être bien frits et bien réguliers, on n'en peut pour ainsi dire faire frire qu'un à la fois à moins d'avoir un plat ou une poêle dont le fond présente une série de cavités de la capacité d'une cuillère à potage. Si vous n'en avez pas un grand nombre à préparer, faites-les cuire un à un dans une cuillère-à-pot en fer que vous consacrez à cet usage.

Mettez dans la cuillère à pot ou dans chaque cavité de la poêle gros comme une noix de beurre ou de graisse ou une cuillerée d'huile; faites bien chauffer; cassez-y un œuf... faites cuire 2 minutes, tournez l'œuf, laissez-le cuire une minute une fois tourné; servez.

Les œufs frits sont fort bons; ils accompagnent agréablement les mets accommodés à la Marengo ou à la bordelaise.

Œufs à la sole dits aussi au beurre noir. — Mettez dans la poêle un bon morceau de beurre, faites roussir jusqu'à ce qu'il soit d'une couleur marron foncé, cassez-y les œufs un à un avec beaucoup de précaution; saupoudrez de sel et poivre. Laissez cuire cinq à six minutes; faites glisser dans un plat, versez le beurre dessus et servez.

Il faut que le blanc soit pris et que le jaune soit liquide autant que possible.

Un filet de vinaigre va assez bien avec ces œufs; faites chauffer le vinaigre dans la poêle où vous avez fait cuire les œufs et versez sur les œufs.

Œufs à la sauce blanche. — Faites durcir des œufs, ou les faites cuire mollets; ôtez la coquille et servez sur une sauce blanche parisienne ou normande ou acidulée à l'oseille.

Si l'on emploie des œufs durs on peut les couper en deux.

Saupoudrez de persil haché fin si vous l'aimez.

On peut aussi servir à la sauce blanche des œufs pochés.

Œufs à l'oseille. — Faites durcir des œufs, ou faites-les cuire mollets, ôtez la coquille et servez sur une purée d'oseille. *(Voir purée d'oseille pour garniture).*

Si l'on emploie des œufs durs on peut les couper en deux.

On peut aussi servir à l'oseille des œufs pochés.

Œufs à la sauce tomate. — Pochez des œufs *(Voir pag. 487)*; servez sur une sauce tomate.

Œufs à la béchamel. — Faites durcir des œufs, ôtez les coquilles, coupez-les en tranches, mettez-les dans une sauce béchamel; faites chauffer et servez.

Œufs à la tripe. — Faites blondir du beurre, mettez-y une bonne quantité d'oignons *(un oignon moyen pour deux œufs)* coupés en rouelles minces... Lorsque l'oignon aura pris une belle couleur, ajoutez-y des œufs durs coupés en ronds et du lait dans lequel vous aurez délayé une pincée de farine; mettez sel et poivre; laissez mijoter un quart d'heure et servez.

Quelques personnes, au moment de servir, ajoutent à la sauce un peu de moutarde.

Œufs sur le plat dits au miroir. — Étendez un peu de beurre sur un plat qui aille au feu; cassez les œufs dessus avec précaution pour ne pas crever le jaune; disposez de place en place sur les œufs de petits morceaux de beurre gros comme des noisettes et aussi, si vous en avez, de tout petits tas de crème; saupoudrez de sel, poivre et d'un peu de muscade si vous l'aimez. Faites cuire feu dessus, feu dessous; servez lorsque le blanc sera à peu près pris... Il faut autant que possible que le jaune soit liquide.

Œufs au miroir aux asperges. — Prenez de petites asperges vertes, coupez-en le tendre en petits morceaux de la grosseur de petits pois ; faites-les cuire un quart-d'heure à l'eau bouillante ; mettez-les dans une casserole avec beurre, sel et poivre, une cuillerée d'eau et saupoudrez d'un peu de farine ; passez sur le feu ; mettez-les dans le fond du plat dont vous devez vous servir ; cassez dessus les œufs que vous assaisonnez de sel et de poivre et sur lesquels vous disposez de place en place de petits morceaux de beurre gros comme des noisettes, et même un peu de crême. Faites cuire feu dessus feu dessous.

Œufs aux fines herbes. — Mettez dans une casserole un morceau de beurre manié de persil, ciboule, échalote hachés fin, et une cuillerée de farine ; faites fondre et mêlez bien le tout ; ajoutez un demi-verre d'eau et deux cuillerées d'*eau-de-vie*... assaisonnez de sel et poivre. Faites mijoter cinq à six minutes.

Servez sur cette sauce des œufs durs, des œufs mollets ou même des œufs pochés.

Œufs brouillés appelés encore œufs à la tribouillette. — Mettez les œufs dans un plat avec beurre, sel et poivre ; battez et mêlez bien... posez sur feu assez vif en remuant toujours et en soulevant par lames avec la fourchette le mélange partout où il prend... Écrasez ces lames... et servez...

Il faut fort peu de temps pour accommoder les œufs de cette manière et il faut ôter le plat de dessus le feu avant que la cuisson ne soit parvenue au point où on la veut, car le plat étant très-chaud, les œufs cuiront encore une fois enlevés de dessus le feu.

Œufs brouillés au fromage ou fondue au fromage. — Ajoutez aux œufs et mêlez bien avant de mettre sur le feu une certaine quantité de fromage de Gruyère râpé... 125 grammes de fromage suffisent pour 12 œufs.

Œufs brouillés au hareng saur. — Ajoutez aux œufs du hareng saur haché très-fin... Un demi-hareng saur suffit pour six œufs... Ne pas mettre de sel...

Œufs brouillés au cervelas. — Otez la peau d'un cervelas, hachez fin, mêlez au beurre et aux œufs, mêlez-bien et faites cuire. Un cervelas suffit pour six œufs. Ne pas mettre de sel.

Œufs brouillés aux truffes. — Une petite truffe suffit pour six œufs... Lavez-la bien... hachez la pelure et coupez la truffe en petites tranches minces de la superficie au plus du bout du petit doigt; faites revenir dans du beurre avec sel et poivre; laissez refroidir; mêlez avec des œufs; faites cuire comme les œufs brouillés ordinaires.

Œufs brouillés aux pointes d'asperges. — Prenez pour 6 œufs une douzaine de petites asperges vertes; coupez-en le tendre en petits morceaux de la grosseur de petits pois; faites-les cuire un quart-d'heure sur feu doux avec beurre, sel et poivre et un tout petit peu d'eau... Laissez refroidir; mêlez avec les œufs; faites cuire comme les œufs brouillés ordinaires.

On peut remplacer les petites asperges vertes par des pousses nouvelles de ronces ou de houblon (*les disposer et les préparer de la même manière que les asperges*).

Œufs brouillés aux champignons. — Pour 6 œufs, épluchez, lavez huit à dix champignons, coupez en morceaux... faites revenir avec beurre, sel et poivre, laissez refroidir, mêlez avec les œufs et faites cuire comme les œufs brouillés ordinaires.

Œufs à l'aurore dits aussi œufs à l'escargot. — Pour 6 personnes 6 œufs.

Faites-les durcir; ôtez les coquilles; coupez-les en deux, dans un sens ou dans un autre, celui qui plaira le mieux. Otez les jaunes et écrasez-les avec 125 grammes de beurre, un peu de mie de pain trempée dans du lait, persil et ciboule hachés très-fin, sel, poivre, mêlez bien le tout ensemble. Remplissez de cette farce, en arrondissant en dessus, les moitiés d'œufs. Beurrez un plat ou une tourtière, saupoudrez de fines herbes hachées fin, d'un peu de farce, de sel et poivre; ajoutez un peu de crême si vous l'aimez; rangez sur cette couche les moitiés d'œufs farcies; mettez à four bien chaud ou sous four de campagne... Servez de belle couleur dorée.

Omelette au naturel. — Pour six personnes huit œufs.

Cassez-les dans une terrine, dans une soupière ou dans un saladier... ajoutez sel fin et poivre; battez bien.

Faites fondre dans une poêle sur feu vif 125 grammes de beurre; faites-le blondir; lorsqu'il est bien chaud et de belle couleur, versez-y les œufs préparés comme il est dit ci-dessus... faites cuire à feu assez vif en ayant soin de soulever avec une fourchette, aux endroits où l'on suppose que l'omelette prendrait trop de couleur, pour faire passer en-dessous la partie des œufs de dessus et qui par conséquent ne cuirait pas assez tandis que celle de dessous serait exposée à brûler...

Lorsque l'omelette commence à arriver au point de cuisson où on la désire, laisser une ou deux secondes sans la travailler; ôtez la poêle du feu, s'assurer avec la fourchette si l'omelette n'est pas attachée à la poêle, la faire glisser à moitié sur le plat et la replier.

Une omelette pour être délicate ne doit pas être trop cuite et être *baveuse*, plus ou moins, bien entendu, suivant les goûts.

(*Voir ce que nous avons dit au sujet des poêles à omelettes dans la première partie de cet ouvrage, pag. 27.*)

On peut servir cette omelette sur une PURÉE D'OSEILLE, sur un HACHIS DE LAITUE OU DE CHICORÉE, sur une SAUCE TOMATE, etc.

Omelette aux fines herbes. — Ajoutez aux œufs cassés, mêlés et assaisonnés comme pour l'omelette au naturel, persil et ciboule hachés très-fin. Faites cuire de la même manière que l'omelette au naturel.

Omelette aux pointes d'asperges. — Pour six personnes six œufs.

Prenez une douzaine de petites asperges vertes; coupez-en le tendre en petits morceaux de la grosseur de petits pois; faites-les cuire un quart-d'heure sur feu doux avec beurre, sel, poivre, une cuillerée d'eau et mêlez avec les œufs préparés comme pour l'omelette au naturel. Faites cuire de la même manière que l'omelette au naturel.

AUTRE MANIÈRE. — Faites une omelette au naturel... Une fois cuite et repliée sur le plat, glissez au milieu un petit ragoût de pointes d'asperges en petits pois (*Voir pointes d'asperges en petits pois pag. 454*).

Omelette aux champignons. — Pour 6 personnes six œufs.

Prenez douze à quinze beaux champignons; épluchez, lavez, coupez en morceaux; faites revenir dans une casserole avec beurre, fines herbes hachées fin, sel et poivre; laissez refroidir et mêlez avec les œufs préparés comme pour l'omelette au naturel. Faites cuire de la même manière que l'omelette au naturel.

AUTRE MANIÈRE. — Faites une omelette au naturel; une fois cuite et repliée sur le plat, glissez au milieu les champignons cuits à l'avance avec beurre, fines herbes, sel et poivre.

Omelette aux morilles. — Pour 6 personnes 6 œufs.

Prenez sept à huit belles morilles; épluchez, lavez, coupez en morceaux; faites revenir dans une casserole avec beurre, sel et poivre; ajoutez une ou deux cuillerées d'eau; laissez mijoter un quart-d'heure; laissez refroidir et mêlez avec les œufs préparés comme pour l'omelette au naturel. Faites cuire de la même manière que l'omelette au naturel.

Autre manière. — Faites une omelette au naturel; une fois cuite et repliée sur le plat, glissez au milieu les morilles accommodées avec beurre, sel et poivre.

Omelette aux truffes. — Pour 6 personnes 6 œufs.

Une petite truffe suffit.

Lavez-la bien, hachez la pelure et coupez la truffe en petites tranches minces de la superficie au plus du bout du petit doigt: faites revenir dans du beurre avec sel et poivre; laissez refroidir; mêlez avec les œufs préparés comme pour l'omelette au naturel. Faites cuire de la même manière que l'omelette au naturel.

Autre manière. — Faites une omelette au naturel; une fois cuite et repliée sur le plat, glissez au milieu un petit ragoût de truffes sautées.

Omelette aux rognons de veau. — Se fait ordinairement avec les restes de rognon de veau rôti.

Coupez en petites tranches les restes de rognon de veau et en petits morceaux le gras qui l'entoure ou, s'il y en a beaucoup, une partie... Mêlez les petites tranches de rognon et une partie du gras avec les œufs préparés comme pour l'omelette au naturel. Mettez dans la poêle le reste du gras; faites fondre et prendre couleur; lorsqu'il est bien chaud, mettez-y les œufs préparés comme nous l'avons dit. Faites cuire. Servez comme l'omelette au naturel. *Comme on le voit, dans l'omelette au rognon de veau, le gras du rognon remplace le beurre pour la faire cuire.*

Omelette au rognon de bœuf ou de mouton. — Pour 6 personnes 6 œufs; le quart d'un rognon de bœuf ou 3 rognons de mouton.

Faites une omelette au naturel. Une fois cuite et repliée sur le plat, glissez au milieu les rognons que vous avez sautés. (*Voir Rognons de bœuf et Rognons de mouton sautés.*)

Omelette au cervelas. — Dépouillez de sa peau un cervelas cuit et hachez-le, mêlez avec les œufs préparés comme pour l'omelette au naturel. Faites cuire de la même manière que l'omelette au naturel.

Le cervelas étant salé, on ne devra pas mettre de sel dans l'omelette.

Omelette au hareng saur. — Pour 6 personnes, 6 œufs, la moitié d'un hareng saur.

Dépouillez le hareng, prenez les filets, enlevez toutes les arêtes, hachez fin; mêlez avec les œufs préparés comme pour l'omelette au naturel. Faites cuire de la même manière que l'omelette au naturel.

Le hareng saur étant très-salé on ne devra pas mettre de sel dans l'omelette.

Omelette au lard. — Pour 6 personnes 6 œufs, 125 grammes de poitrine de porc frais.

Coupez le lard par tout petits morceaux; faites revenir dans la poêle avec gros comme une noix de beurre; une fois de belle couleur, mettez avec les œufs préparés comme pour l'omelette au naturel. Faites cuire de la même manière que l'omelette au naturel.

Si on emploie du lard salé, il ne faut pas mettre de sel dans l'omelette et encore si le lard est très-salé, le mettre dessaler avant de l'employer.

Omelette au jambon. — Pour 6 personnes 6 œufs, 125 grammes de jambon gras et maigre.

Séparez le gras du maigre; hachez le maigre, mais pas trop fin et mêlez-le aux œufs. Coupez le gras en morceaux ; faites-le revenir dans la poêle avec un peu de beurre, s'il n'y a pas suffisamment de gras ; une fois de belle couleur mettez les œufs. *Le jambon étant salé, ne pas mettre de sel.* Faire cuire comme une omelette au naturel.

Omelette à l'oignon. — Pour 6 personnes 8 œufs.

Coupez en rouelles très-minces deux oignons moyens... Faites revenir et cuire de belle couleur dans la poêle avec gros comme la moitié d'un œuf de beurre ; laissez un peu refroidir ; mêlez aux œufs préparés comme pour une omelette au naturel. Faites cuire de la même manière que l'omelette au naturel.

Omelette aux moules. — Pour 6 personnes 6 œufs ; plein les deux mains de moules.

Cassez les œufs dans un plat, battez-les avec des fines herbes si vous voulez, un peu de poivre ; ne pas mettre de sel à cause des moules qui sont salées ; ajoutez aux œufs les moules que vous aurez bien épluchées, bien lavées et fait ouvrir dans une casserole à feu vif et ôtées de leurs coquilles... *Vous aurez soin de bien les égoutter de leur jus avant de les mettre avec les œufs ; car l'eau de moules ferait mauvais effet dans l'omelette.* Mêlez bien œufs et moules. Faites cuire comme l'omelette au naturel.

Omelette aux crevettes. — Se fait comme l'omelette aux moules ci-dessus... Mettez des crevettes au lieu de moules. Faites cuire, épluchez les crevettes et mettez-les avec les œufs.

Omelette mousseuse. — Pour 6 personnes 6 œufs.

Cassez les œufs en mettant les blancs dans un plat et les jaunes dans un autre ; battez les blancs en neige, mêlez aux jaunes ; assaisonnez de poivre et sel, battez bien le tout ensemble. Faites cuire comme l'omelette au naturel.

Cette omelette a l'avantage de faire paraître l'ome-

lette beaucoup plus copieuse; sa cuisson demande beaucoup plus de surveillance, car elle brûle facilement.

On peut la faire aussi aux fines herbes.

Omelette au sucre, entremets sucré.

Pour 6 personnes 6 œufs.

Cassez les œufs en mettant les blancs dans un plat, les jaunes dans un autre; battez un peu les blancs; ajoutez aux jaunes deux cuillerées de sucre râpé et un peu de sel, battez bien; mêlez blancs et jaunes; faites cuire comme l'omelette au naturel. Une fois cuite saupoudrez de sucre en poudre. Faites glisser dans un plat, repliez et saupoudrez encore de sucre sur lequel vous passez la pelle rougie au feu. Servez chaud.

Omelette au rhum, entremets sucré.

Faites l'omelette au sucre ci-dessus; repliez; saupoudrez-la abondamment de sucre, versez dessus la moitié d'un verre ordinaire de rhum; mettez-y le feu au moment de la présenter sur la table.

Omelette à la confiture appelée aussi omelette à la Célestine, entremets sucré.

Pour 6 personnes 6 œufs.

Cassez et battez les œufs avec une cuillerée de sucre en poudre et un peu de sel.

Faites cuire comme l'omelette au naturel, mais beaucoup plus mince, car l'omelette à la célestine pour être délicate ne doit pas être beaucoup plus épaisse qu'un décime... Si la poêle est trop petite pour la faire assez mince; faites-en plusieurs.

L'omelette à la Célestine comme la plupart des omelettes entremets sucrés doit être plus cuite que les autres omelettes.

Une fois cuite et repliée sur le plat, garnissez le milieu de marmelade de prunes ou même de gelée de groseilles.

Omelette soufflée, entremets sucré.

Pour 6 personnes 5 œufs.

Cassez les œufs en mettant les blancs dans un plat, les jaunes dans un autre. Mêlez les jaunes avec cinq cuillerées de sucre en poudre, une petite bande longue comme le doigt de zeste de citron haché fin ou un peu de vanille en poudre, mêlez et battez bien. Battez les blancs en neige très-dure. Mêlez promptement blancs et jaunes; versez dans un plat mince, allant au feu, dans lequel vous aurez fait fondre gros comme une noisette de beurre; mettez à four bien chaud 8 à 10 minutes. Servez saupoudrée de sucre en poudre.

Cet entremets est l'un des plus délicats et des moins coûteux de la cuisine bourgeoise; seulement il faut qu'il soit fait avec beaucoup de soin et servir avec célérité, car il ne peut attendre, il retombe...

On peut mettre plus de blancs d'œufs que de jaunes, sans que l'omelette perde de sa délicatesse; cela permet de faire cuire l'omelette dans un plat complètement plat, les blancs se soutenant davantage que les jaunes.

Œufs à l'eau, entremets sucré.

Pour 6 personnes 7 œufs, un demi-litre d'eau.

Mettez dans une casserole un demi-litre d'eau, 100 grammes de sucre, une petite bande de zeste de citron, ou long comme le petit doigt de vanille, ou bien encore plein une cuillère à bouche d'eau de fleurs d'oranger. Faites bouillir dix minutes à petit feu... laissez refroidir. Cassez les œufs en mettant les blancs séparément. Battez bien les sept jaunes et un blanc... mêlez-les avec le liquide sucré que vous avez mis refroidir. Passez au tamis ou dans une passoire très-fine; mettez dans un plat ou dans de petits pots à crème. Faites prendre au bain-marie avec feu dessus.

Les personnes qui ont un fourneau économique, au lieu de faire prendre la crème ci-dessus au bain-marie, ce qui demande assez de précaution, pourront tout simplement la faire prendre dans le four de leur fourneau économique.

Les morceaux de vanille peuvent servir trois fois, — seulement la troisième on doit les fendre, — aussi doit-on avoir soin, lorsqu'ils ont servi, de les laver à l'eau fraîche, de les faire sécher et de les mettre de côté.

Œufs au lait, pour 6 personnes 6 œufs, un demi-litre de lait.

Mettez dans une casserole le demi-litre de lait avec 100 grammes de sucre, long comme le petit doigt de vanille, ou bien une cuillerée d'eau de fleurs d'oranger, ou bien encore une feuille de laurier-lait, une petite pincée de sel. Lorsqu'il bout, retirez-le du feu et laissez refroidir. Cassez les œufs; battez-les bien, blancs et jaunes ensemble, mêlez-les bien avec le lait que vous avez mis refroidir; mettez ce liquide dans un plat ou des petits pots à crème; faites prendre au bain-marie avec feu dessus ou dans le four du fourneau économique.

Œufs à la neige, entremets sucré.

Pour 6 personnes 6 œufs.

Mettez sur le feu un demi-litre de lait avec 125 grammes de sucre, long comme le doigt de vanille ou deux cuillerées d'eau de fleurs d'oranger.

Pendant le temps que le lait mettra à bouillir séparez le blanc du jaune des six œufs; battez les blancs en neige; qu'ils soient bien fermes et se détachent complétement du saladier où vous les battez. (*Pour battre les œufs il faut toujours se placer dans un endroit frais, sans cela on réussirait mal. On les bat avec un balai de fil de fer ou tout simplement avec une fourchette.*)

Lorsque le lait commence à bouillir, faites tomber dessus, par une petite secousse sèche, une portion des blancs battus en neige que vous aurez pris avec une cuillère à bouche et dont vous aurez, au moyen d'un couteau, arrondi régulièrement le dessus; mettez-en autant qu'en peut porter la surface du lait... retournez-les au bout d'un instant, laissez cuire encore un peu, retirez avec une écumoire et posez sur le plat où vous devez les présenter sur la table. Une fois tous les blancs cuits, retirez le lait de dessus le feu, joignez-y celui qui se sera égoutté dans le plat où vous avez déposé les blancs cuits, laissez refroidir...

Battez les jaunes d'œufs que vous avez mis de côté, mêlez avec le lait qui devra être presque tout à fait froid... remettez sur le feu et tournez jusqu'à ce que cette crème arrive à une certaine épaisseur, versez dans le plat où vous avez mis les blancs cuits, mais avec précaution, de manière que les blancs qui surnageront sur la crème restent bien blancs.

MACARONI.

Choisissez du macaroni d'une belle couleur jaune clair.

Le macaroni doit être mis à l'eau bien bouillante; comme il gonfle au moins du double, qu'il lui faut bien pour être convenablement cuit 25 à 30 minutes, il faut mettre une assez grande quantité d'eau pour qu'il ne vienne pas à en manquer; pour 250 grammes de macaroni il faut bien deux litres et demi d'eau, pour 500 grammes trois litres et demi.

Lorsque l'eau bout à gros bouillons, mettez-y le macaroni que vous avez cassé en bouts de la longueur du doigt; faites cuire ensuite à petits bouillons 25 à 30 minutes. *Quand il est assez cuit*, — ce dont vous vous assurez en en prenant un morceau entre les doigts; — mettez un peu de sel; mais avec précaution; car le fromage que vous emploierez pourrait être très-salé et alors le macaroni le serait trop; laissez encore jeter un ou deux bouillons, ôtez du feu et égouttez.

Macaroni à l'italienne. — Pour 6 personnes 250 grammes de macaroni, 250 grammes de fromage, (200 gr. gruyère et 50 gr. parmesan). *On peut mettre une quantité un peu moindre de fromage.*

Faites cuire le macaroni comme il est indiqué ci-dessus, égouttez-le; remettez-le sur le feu avec gros comme un œuf de beurre, sel et poivre; tournez sur le feu jusqu'à ce que le beurre soit fondu, alors faites tomber en pluie, d'une main, tandis que vous remuerez toujours de l'autre, le fromage que vous aurez râpé fin. Une fois bien lié et bien filant et de bon assaisonnement, versez dans un plat et servez.

Si le beurre tournait en huile, remettez le demi-quart d'un verre d'eau, remuez sur le feu une minute et servez.

Macaroni au jus. — Se fait comme le macaroni à l'italienne seulement on n'y met pas de beurre; une fois le macaroni cuit et bien égoutté, on le remet dans la casserole avec à peu près un verre de jus; on fait mijoter sur le feu jusqu'à ce que le jus soit à peu près complétement absorbé; alors on met le fromage.

Macaroni à la financière. — Préparez et faites cuire le macaroni comme il est dit page précédente. Egouttez-le bien; faites-le mijoter cinq à six minutes, jusqu'à ce que la sauce soit presque complétement réduite, avec une financière (*Voir pag.* 116); mettez le fromage... Servez chaud.

Macaroni en timbale. — Faites une timbale; mettez dedans soit un macaroni à l'italienne, soit un macaroni au jus, soit un macaroni à la financière... couvrez d'un couvercle fait avec la même pâte que la timbale; faites cuire au four pas trop chaud une demi-heure environ... démoulez et servez.

La timbale faite avec du macaroni à la financière s'appelle TIMBALE MILANAISE.

Petits pâtés au macaroni. — (*Voir à la table des matières petits pâtés au macaroni.*)

Macaroni au gratin. — Faites un macaroni au jus, ou à l'italienne; mettez dans un plat; nivelez le dessus, saupoudrez d'une partie du fromage râpé que vous aurez réservée, faites prendre couleur au four ou sous le four de campagne.

ASPICS.

Faites cuire dans du bouillon, ou un peu d'eau et de beurre, des filets de blanc de volaille, des filets de lapereaux, des filets de jeunes pigeons, des ris de veau, des cervelles, des crêtes et des rognons de coq... égouttez-les bien et laissez refroidir.

Faites du jus comme il est indiqué pag. 118, plus ou moins suivant que vous voulez avoir un aspic plus ou moins fort. *Si le temps est chaud, on mettra un peu plus de pied de veau dans le jus, il prendra mieux, mais ce sera aux dépens de la qualité.* Clarifiez-le.

Prenez un moule à gelées d'entremets. Mettez dans ce moule une couche de jus d'un centimètre à peu près d'épaisseur, laissez-la prendre, rangez dessus en formant des dessins une partie des viandes que vous avez préparées, versez une nouvelle couche de jus, mais de 2 à 3 centimètres d'épaisseur; que le jus soit à peine fondu pour qu'il ne fasse pas fondre la première couche. *On fait autant de couches que l'on veut. Il faut avoir soin que les objets dont on compose l'aspic ne touchent pas aux parois du moule de manière qu'ils soient complétement enveloppés par la gelée.* Faites prendre dans un endroit très-frais.

Lorsque l'instant de servir est arrivé, plongez le moule dans de l'eau chaude une ou deux secondes, puis renversez-le sur le plat. L'aspic une fois démoulé peut se conserver dans un endroit frais.

Aspic au poisson. — Employez des filets de poisson au lieu de filets de volaille, de lapereau, de pigeon...

ENTREMETS SUCRÉS DIVERS

Marmelade de pommes ou Charlotte de pommes.
Pour 6 personnes 12 pommes moyennes.

Pelez, épluchez et coupez par morceaux ; mettez dans une casserole avec gros comme la moitié d'un œuf de beurre et 125 grammes de sucre, un peu de canelle ou d'eau de fleurs d'oranger si vous aimez leur parfum ; *si les pommes ne sont pas très-juteuses ajoutez une ou deux fois plein une cuillère à bouche d'eau ;* faites cuire à feu doux, casserole couverte et en remuant souvent pour que la marmelade ne s'attache pas au fond de la casserole, écrasez bien, passez même à la passoire si vous voulez l'avoir bien fine ; versez dans un plat, égalisez la surface.

Si vous voulez la servir chaude, saupoudrez le dessus de sucre râpé sur lequel vous passez la pelle rouge et présentez-la entourée de croûtons frits.

Si vous voulez la servir froide, servez-la ornée de gelée de groseilles ou autres confitures.

Charlotte de pommes montée. — Faites une marmelade de pommes comme il est indiqué ci-dessus... Qu'elle soit bien épaisse.

Prenez un moule ou une casserole de grandeur à contenir la marmelade de pommes. Rangez au fond des croûtons frits en forme de triangle très-allongé, allant de la circonférence au centre, sans qu'il y ait d'intervalle entre les pointes des croûtons au centre, garnissez aussi de croûtons, mais taillés tout simplement en carrés longs, tout le tour du moule ou de la casserole.

Placez la marmelade au milieu de ces croûtons. Mettez quinze ou vingt minutes au four ou sous four de campagne. Renversez sur un plat et servez chaud.

Pour faire un mets plus délicat on peut mettre la marmelade par couches au milieu des croûtons et mettre entre chaque couche, une couche de gelée de groseilles, de marmelade d'abricots ou de prunes.

Charlotte de pommes meringuée. — Faites une marmelade de pommes comme il est indiqué pour la marmelade ou charlotte de pommes ordinaire ; qu'elle soit bien épaisse. Mettez-la sur un plat, un peu en pyramide. Égalisez la surface.

Fouettez deux blancs d'œufs en neige très-dure ; ajoutez-y deux cuillerées de sucre en poudre, couvrez de cette neige la marmelade de pommes ; saupoudrez de sucre et faites prendre couleur à four très-chaud. Servez chaud.

Pommes au beurre. — Pour 6 personnes 6 pommes moyennes.

Pelez-les, videz-les avec un vide-pommes ou petit cylindre de fer-blanc creux, en ayant soin de ne pas les endommager. Coupez des tranches de mie de pain que vous faites frire dans le beurre.

Beurrez la tourtière ; placez-y vos tranches de pain et les pommes dessus ; emplissez le vide de vos pommes de sucre et de beurre ; saupoudrez de sucre. Placez sur un feu doux et le four de campagne dessus ; vous en renouvelez le feu de temps à autre.

On les sert une fois cuites... mais il est nécessaire qu'elles cuisent à petit feu pour que le pain qui est essous ne brûle pas et que les pommes ne dessèchent pas trop.

Quelques personnes au moment de servir versent dessus un sirop composé d'un peu d'eau et de sucre.

Une des pommes les plus délicates pour mettre au beurre est la pomme de pigeon. Elle est plus juteuse. Si l'on emploie des pommes de pigeon, comme elles sont généralement petites, il faut bien en compter deux par personne.

Pommes au riz. — Pour 6 à 8 personnes, dix pommes; 6 pommes qu'on laisse entières et 4 que l'on met en marmelade.

Faites crever 125 grammes de riz dans un demi-litre de lait; sucrez.

Pelez six pommes, enlevez les cœurs avec le vide-pommes, mettez-les cuire à petit feu avec un verre d'eau et 125 grammes de sucre, retirez-les lorsqu'une fourchette y entrera facilement et faites-les égoutter. Faites réduire la cuisson à grand feu; lorsqu'elle sera arrivée à l'état de sirop bien épais, mettez-y les 4 pommes que vous avez réservées et que vous avez pelées et coupées en morceaux; laissez cuire en marmelade; ajoutez à cette marmelade le riz que vous avez préparé comme il est indiqué ci-dessus; laissez un peu refroidir et liez avec 3 jaunes d'œufs. Étendez ce mélange sur un plat ou une tourtière, introduisez-y les six pommes, de manière à ne laisser voir que le dessus de ces dernières; faites prendre couleur à feu doux ou sous four de campagne. Remplissez le creux des pommes de marmelade de prunes ou d'abricots et servez.

Pommes flambantes. — Pour 6 personnes, prenez 2 petites pommes, pelez-les; mettez-les dans une casserole avec autant d'eau qu'il en faut pour les couvrir et 125 grammes de sucre, un peu de cannelle ou le zeste d'orange ou de citron; faites bouillir jusqu'à ce qu'elles soient cuites, mais pas au point de s'écraser ; retirez-les avec précaution l'une après l'autre et mettez-les en pyramide sur une tourtière ou sur un plat ; faites réduire la cuisson en sirop épais ; versez sur les pommes en ayant soin de les arroser toutes ; saupoudrez fortement de sucre râpé ; faites tomber en pluie sur cette pyramide, au moyen d'une passoire, une assez grande quantité de rhum pour qu'elle puisse prendre feu au moment de poser le plat sur la table.

Le rhum ne prendra pas feu si les pommes ne sont pas très-chaudes.

Beignets de pommes. — Pour 60 beignets, faites la pâte suivante :

Ayez 500 grammes de farine ; faites un trou au milieu ; mettez dans ce trou quatre jaunes d'œufs, 2 cuillerées d'eau-de-vie, plein une cuillère à café de sel fin ; délayez peu à peu avec la farine, puis ajoutez peu à peu les trois quarts d'un litre de lait, *(je ne peux trop recommander de mélanger peu à peu de manière que tout s'amalgame bien et qu'il n'y ait pas de blocs de farine)*... Une demi-heure avant de vous servir de cette pâte, ajoutez-y, en mélangeant bien, les quatre blancs d'œufs battus en neige.

Trempez dans cette pâte des ronds de pommes de l'épaisseur d'un décime ; faites frire à pleine friture bien chaude. Qu'ils soient d'une belle couleur blonde.

Pour 60 beignets il faut environ de 8 à 10 pommes au plus.

On peut employer les restes de la pâte, s'il en reste, pour faire des crêpes ; seulement il faut l'éclaircir, soit avec un peu d'eau soit avec un peu de lait, sans cela vos crêpes seraient trop épaisses.

Beignets d'abricots. — Se font de la même manière que les beignets de pommes. Il faut employer des abricots pas trop mûrs et ne les couper qu'en deux; les abricots ne se pèlent pas.

Beignets de pêches. — Se font de la même manière que les beignets de pommes. Il faut employer des pêches pas trop mûres et ne les couper qu'en deux; les pêches se pèlent.

Beignets de fraises et de framboises. — Se font de la même manière que les beignets de pommes; choisissez des fraises et des framboises les plus grosses possible, bien fraîches et pas trop mûres... On les laisse entières.

Beignets de crème ou crème frite. — Faites une bouillie épaisse avec un litre de lait et quatre cuillerées combles de farine; mettez 125 grammes de sucre, un peu de sel, une cuillerée d'eau de fleurs d'oranger ou un peu de vanille ou de zeste d'orange ou de citron; laissez-la refroidir à moitié et ajoutez-y 4 jaunes d'œufs; versez sur des plats de manière à y former des couches de bouillie de l'épaisseur du doigt; laissez complétement refroidir.

Une fois votre bouillie bien solidifiée, coupez-la en morceaux de la dimension de beignets, soit ronds, soit carrés, soit en losanges; trempez dans des œufs battus comme pour omelette et sucrés, puis dans de la mie de pain émiettée fin; faites frire à friture bien chaude.

Beignets aux confitures. — Ayez des ronds de pain à chanter; couvrez le dessus d'une couche de confiture de l'épaisseur d'un sou, soit gelée de groseilles, de pommes, de framboises ou marmelade d'abricots ou de prunes (ayez soin de ne pas en mettre jusqu'aux bords) recouvrez d'un autre rond de pain à chanter; collez les bords des deux ronds ensemble au moyen d'un peu d'eau.

Trempez dans de la pâte à beignets de pommes (Voir

Beignets de pommes); faites frire à friture bien chaude.

Beignets soufflés dits pets de nonne. — Mettez dans une casserole un verre d'eau, gros comme un œuf de pigeon de sucre, autant de beurre, du zeste de citron un peu de sel, faites jeter quelques bouillons ; mettez dans cette eau, sucrée et aromatisée, de la farine d'une main, tandis que vous tournez avec une cuillère de l'autre, jusqu'à ce que la pâte devienne très-épaisse, et tournez jusqu'à ce qu'elle soit cuite : ce que l'on reconnaît lorsqu'en y touchant avec les doigts elle ne s'y attache pas ; retirez la casserole du feu et laissez refroidir votre préparation ; mettez-y un œuf en remuant vivement pour l'incorporer à la pâte ; cassez-en un autre et ainsi de suite jusqu'à ce que la pâte soit maniable et quitte lentement la cuillère ; prenez un peu de cette pâte avec une cuillère, gros comme une noix, que vous faites tomber avec le bout du doigt dans la friture pas trop chaude. Une fois ce morceau de pâte bien gonflé et de belle couleur, servez chaud, saupoudré de sucre. Les pets de nonne sont bons froids.

Si on préfère les pets de nonne à la fleur d'oranger, on remplacera le zeste de citron ou d'orange par une cuillerée d'eau de fleurs d'oranger ; mais on ne la mettra qu'avec le premier œuf.

Rissoles à la confiture. — Pour 8 personnes, 250 grammes de pâte, soit brisée, soit feuilletée (*Voir Pâte brisée et Pâte feuilletée*).

Etendez cette pâte de l'épaisseur d'un sou ; découpez en ronds au moyen d'un bol ou d'un pot à confitures ; couvrez-les soit d'une légère couche de confiture, soit de marmelade de pommes, de prunes, d'abricots etc... n'allez pas jusqu'au bord ; repliez en deux ; collez en enduisant d'un peu d'eau les deux bords superposés ensemble. Faites frire à friture bien chaude. Retirez de belle couleur; égouttez; saupoudrez de sucre et servez.

Croquettes de pommes, entremets sucré.
Pour 6 personnes 12 pommes moyennes.
Pelez-les, coupez-les en quartiers, enlevez les pépins. Mettez sur le feu avec 250 grammes de sucre et du zeste de citron haché fin; faites cuire et réduire en marmelade à feu pas trop vif; laissez refroidir; mêlez bien avec huit jaunes d'œufs; remettez sur le feu en tournant toujours; ôtez lorsque le tout sera bien lié... gardez-vous surtout de laisser bouillir... Laissez complétement refroidir. Faites des boulettes; farinez-les, trempez-les dans les blancs d'œufs que vous aurez battus avec quelques cuillerées d'eau, puis trempez les boulettes dans de la mie de pain émiettée fin. Faites frire à friture bien chaude.

Croûtes au Madère. — Taillez de la mie de pain ou de la brioche très-légère en morceaux de la grandeur du tiers de la main et de l'épaisseur d'un décime.

Faites blondir du beurre et faites-y frire de belle couleur les petites tranches de pain ou de brioche; enduisez chaque petite tranche d'un peu de marmelade d'abricots; rangez-les en couronne; versez au milieu une sauce faite avec moitié eau, moitié Madère et un peu de marmelade d'abricots. Passez une minute au four ou sous four de campagne et servez.

On peut orner ce mets de fruits confits soit entiers, soit en morceaux.

Croûtes aux pêches. — Taillez des petites tranches de mie de pain de l'épaisseur d'un décime en quantité suffisante pour couvrir le fond du plat ou de la tourtière dont vous devez vous servir.

Faites blondir du beurre et faites-y frire, de belle couleur, mais pas trop ferme, les petites tranches de pain, dont vous garnissez ensuite le fond du plat ou de la tourtière; couvrez-les de moitiés de pêches bien mûres, la peau du côté du pain et l'intérieur formant coquille en dessus; mettez dans chaque moitié de pêche pas mal de sucre en poudre et un petit morceau de bon beurre; faites cuire au four ou sous four de campagne très-chaud; faites réchauffer votre four de campagne à plusieurs reprises. Il faut environ trois quarts d'heure de cuisson. Servez de belle couleur.

Croûtes aux abricots. — S'apprêtent et s'accommodent exactement comme les croûtes aux pêches ci-dessus.

Croûtes aux prunes de Reine-Claude. — S'apprêtent et s'accommodent exactement comme les croûtes aux pêches.

Croûtes aux prunes de Mirabelle. — S'apprêtent et s'accommodent exactement comme les croûtes aux pêches.

Poires à l'allemande. — Prenez des poires cassantes, pour 6 personnes 6 ou 8 selon la grosseur; pelez-les et coupez-les en morceaux en ayant soin de les mettre dans l'eau au fur à mesure pour qu'elles ne noircissent pas; tournez-les sur le feu avec gros comme un œuf de beurre; saupoudrez-les de farine, mouillez avec un verre d'eau, ajoutez 125 grammes de sucre et faites cuire; liez au moment de servir avec deux jaunes d'œufs (*Voir liaison à l'œuf page* 99.)

Pommes, poires, pêches, abricots à la Condé. — Pour 6 à 8 personnes :

Faites cuire à feu doux 250 grammes de riz dans un litre de lait avec long comme le petit doigt de vanille; étant bien cuit et très-épais, sucrez-le avec 100 grammes de sucre, mettez-y gros comme une noix de beurre et une pincée de sel; liez avec deux jaunes d'œufs; formez une couronne sur un plat, enduisez cette couronne d'une légère couche de marmelade d'abricots ; placez au milieu soit des prunes, soit des poires, soit des pêches, soit des abricots cuits en compotes (Voir compote de prunes, de poires etc.) ; passez au four ou sous four de campagne et servez chaud.

On peut orner ce plat de fruits confits entiers ou par morceaux.

Roussettes. — Faites une pâte avec une livre de farine, 3 œufs, 125 gr. de beurre, un peu de sel, deux cuillerées de lait, une cuillerée d'eau-de-vie et une d'eau de fleurs d'oranger ; laissez-la reposer 3 heures ; étendez-la d'un demi-centimètre d'épaisseur, coupez-la en carrés, en losanges, en ronds etc, façonnez le dessus ; faites frire et saupoudrez de sucre des deux côtés.

Les Roussettes se mangent à volonté chaudes ou froides.

Elles peuvent se conserver plusieurs jours.

Pain perdu. — Faites bouillir un quart de litre de lait avec sucre, sel, demi-cuillerée d'eau de fleurs d'oranger ou zeste de citron.

Prenez des morceaux de brioche ou du pain, coupez en tranches de l'épaisseur du doigt, mettez-les tremper dans le lait, puis mettez-les égoutter. Trempez-les dans des œufs battus comme pour omelette ensuite dans de la mie de pain émiettée fin ; faites frire ; servez saupoudrés de sucre.

Crêpes. — Pour 16 à 18 crêpes, prenez cinq bonnes cuillerées de farine, délayez-les peu à peu avec trois œufs, deux cuillerées d'eau-de-vie, un demi-litre de lait ; *ayez soin qu'il n'y ait pas de grumeaux;* ajoutez plein une cuillère à café de sel fin et une pincée de poivre, mélangez et battez bien le tout. *Cette préparation doit avoir la consistance d'une bouillie très-claire et doit être faite trois ou quatre heures à l'avance.*

Faites fondre dans une poêle gros comme une

grosse noisette de beurre, promenez-le de tous côtés de manière à bien graisser tout le fond de la poêle; mettez-y plein une cuillère *à ragoût* de pâte, étendez-la de manière que le fond de la poêle en soit couvert, mais d'une couche excessivement mince; lorsque la crêpe est colorée d'un côté, tournez de l'autre; mangez brûlant.

Pour bien réussir les crêpes, il faut les faire cuire vivement, sur un feu clair et ne mettre de la pâte dans la poêle que lorsque celle-ci est très-chaude.

Crêpes. — Recette économique.

Au lieu de mettre tout lait comme il est indiqué ci-dessus, employez moitié eau et moitié lait, deux œufs au lieu de trois et une seule cuillerée d'eau-de-vie.

Au lieu de graisser la poêle avec du beurre, graissez-la en la frottant avec une couenne de lard, du côté gras bien entendu. Ce procédé est employé en Basse-Normandie et en Bretagne. La même couenne sert fort longtemps.

Galettes de sarrasin. — S'apprêtent et se font cuire exactement comme les crêpes; seulement on emploie de la farine de sarrasin au lieu de farine de froment. On peut si l'on préfère mettre moitié farine de froment et moitié farine de sarrasin.

Bouillie de sarrasin. — Délayez un litre de farine de sarrasin avec un litre et demi de lait, ajoutez au moins plein une cuillère à café de sel; mettez sur feu pas trop vif; faites cuire une demi-heure au moins à partir du moment où elle commence à mijoter. Il faut remuer constamment, car cette bouillie s'attache facilement. Servez dans la casserole.

On fait au milieu de la bouillie que l'on a prise sur son assiette un petit trou dans lequel on place gros comme une noix de beurre et l'on vient enduire chaque cuillerée d'un peu de beurre avant de la manger.

ENTREMETS SUCRÉS DIVERS

Bouillie de sarrasin frite. — Apprêtez et faites cuire la bouillie comme il est indiqué page précédente; une fois bien cuite, mettez-la dans des assiettes à soupe; laissez-la bien refroidir. Coupez-la en tranches de l'épaisseur d'un décime, faites rissoler des deux côtés à la poêle avec un peu de beurre ou de graisse.

Gâteau de riz. — Pour 10 à 12 personnes :
Lavez bien 250 grammes de riz; mettez avec un peu plus d'un litre de lait; mettez aussi le quart du zeste d'un citron ou moitié d'une gousse de vanille, suivant que vous voulez le gâteau au citron ou à la vanille; faites cuire et crever à feu doux sans remuer; il faut bien une heure; à moitié de la cuisson, ajoutez un peu de sel, 150 grammes de sucre, gros comme une noix de beurre; lorsque le riz sera bien crevé et bien épais, ôtez-le du feu; retirez le zeste du citron ou le morceau de vanille, laissez un peu refroidir. Le riz à moitié froid, mettez-y une cuillerée à bouche d'eau de fleurs d'oranger si vous n'y avez mis ni citron ni vanille ni aucun autre parfum, puis deux jaunes d'œufs et un blanc battu en neige; mêlez bien le tout. Enduisez un moule de beurre, saupoudrez-le de sucre en poudre et de chapelure, versez-y votre riz préparé comme il vient d'être dit, faites cuire trois quarts d'heure au four ou sous le four de campagne; laissez un peu reposer dans le moule et renversez sur un plat.

Au lieu d'enduire le moule de beurre et de le saupoudrez de chapelure, on peut y faire fondre deux cuillerées de sucre en poudre jusqu'à ce que ce sucre arrive à une belle couleur caramel clair; tournez le moule en tous sens jusqu'à ce qu'il soit bien enduit partout de caramel; laissez-le refroidir un instant et versez-y votre riz. Cette manière d'enduire le moule est préférable à la manière précédente, elle donne un parfum fort délicat au gâteau.

Si l'on veut faire du gâteau au riz un entremets tout à fait distingué, présentez-le entouré d'une crême comme celle qui sert de sauce aux œufs à la neige (*Voir Œufs à la neige pag.* 499.)

Les restes de gâteau de riz sont fort bons froids. — Les couper par morceaux; les ranger symétriquement autour d'un plat et verser au milieu une crême comme celle qui sert de sauce aux œufs à la neige parfumée avec un parfum quelconque, soit eau de fleurs d'oranger, soit vanille, soit citron, soit même un peu de rhum ou un peu de kirsch.

On peut aussi les manger au RHUM : Coupez par tranches; rangez sur un plat; saupoudrez de sucre; aspergez de rhum; faites un peu chauffer et servez flambants.

On peut aussi en faire des CROQUETTES.

Croquettes de riz. — Faites cuire et préparez du riz comme pour le gâteau ci-dessus; mais au lieu de le mettre dans un moule, faites-en des boulettes de la grosseur (au plus) d'un œuf; farinez-les; trempez-les ensuite dans un ou deux œufs (blancs et jaunes) battus comme pour omelette, puis dans de la mie de pain émiettée fin; faites frire à friture bien chaude; égouttez et servez en pyramide.

Riz sur le plat. — Lavez bien 250 grammes de riz; mettez dans une casserole avec un litre de lait; mettez aussi le quart d'un zeste de citron ou moitié d'une gousse de vanille, suivant que vous voulez le riz au citron ou à la vanille; faites cuire et crever à feu doux sans remuer; (*il faut bien une heure*); à moitié de la cuisson, ajoutez un peu de sel, 150 grammes de sucre, gros comme une noix de beurre; lorsque le riz sera bien crevé, ôtez-le du feu; retirez le zeste de citron ou le morceau de vanille, laissez un peu refroidir. Le riz à moitié froid, mettez-y une cuillerée d'eau de fleurs d'oranger *si vous n'y avez mis ni citron, ni vanille, ni aucun autre parfum;* renversez dans un plat; saupoudrez de sucre râpé et mettez 20 minutes au four ou sous four de campagne; retirez-le de belle couleur, saupoudrez de sucre et servez.

Bouillie renversée. — Délayez peu à peu avec un litre de lait six cuillerées de farine; faites cuire sur feu doux en remuant toujours; lorsque cette bouillie est devenue très-épaisse, mettez-y 125 grammes de beurre et la moitié d'une cuillère à café de sel; continuez à la faire cuire à petit feu et en la tournant toujours; au bout de quelques minutes ôtez-la du feu et laissez-la refroidir; liez avec trois jaunes d'œufs; ajoutez-y un peu de zeste de citron haché très-fin ou une cuillerée à bouche d'eau de fleurs d'oranger et les trois blancs d'œufs battus en neige.

Beurrez une casserole ou un moule; mettez un rond de papier au fond et une bande tout autour; versez-y votre bouillie cuite et préparée comme il vient d'être dit. *Il ne faut emplir le moule qu'aux trois quarts.* Faites cuire trois quarts d'heure au four ou sans four de campagne; renversez sur un plat; servez avec ou sans papier.

Gâteau de semoule. — Faites bouillir un litre de lait, mettez-y environ 250 grammes de semoule de manière à faire une bouillie épaisse, laissez cuire un peu, sucrez avec 150 grammes de sucre; parfumez d'eau de fleurs d'oranger, ou de zeste de citron ou de vanille; ajoutez 4 jaunes d'œufs et 2 blancs fouettés en neige. Beurrez un moule ou une casserole, en saupoudrant le beurrage de chapelure très-fine; versez-y votre composition; faites achever de cuire sur un feu doux le moule entouré de cendre et feu sur le couvercle; servez chaud et bien doré. *Au lieu de beurrer et d'enduire le moule de chapelure on peut l'enduire de caramel comme nous avons indiqué pour le gâteau de riz page 513.*

On peut aussi l'accompagner d'une sauce comme celle des œufs à la neige.

Gâteaux de riz et de semoule aux raisins secs et aux fruits confits. — On peut au moment où l'on met les œufs dans les gâteaux de riz et de semoule y ajouter des raisins secs et des fruits confits. On peut aussi y mettre un peu de rhum; alors il est inutile d'y mettre un autre parfum, soit vanille, soit eau de fleurs d'oranger.

Si l'on emploie du raisin de Malaga, on ôtera les pépins; les fruits confits : cédrat, citron, angélique, seront coupés en petits morceaux.

Soufflé à la fécule vanillé. — Pour 10 à 12 personnes ayez : un litre de lait, 250 grammes de sucre, 6 œufs, 2 bonnes cuillerées à bouche de fécule, une demi-gousse de vanille.

Faites bouillir le lait avec la demi-gousse de vanille; sucrez avec les 250 grammes de sucre, laissez refroidir, délayez peu à peu avec les deux cuillerées de fécule, assaisonnez d'un peu de sel fin, mettez sur le feu; remuez sur feu vif 2 à 3 minutes, jusqu'à ce que la bouillie devienne bien épaisse; retirez du feu et laissez refroidir. *Cette bouillie peut être faite à l'avance.* Au moment de l'employer, mêlez-y à froid six jaunes d'œufs, ajoutez-y les six blancs battus en neige, mêlez le tout; *il faut que cette dernière opération soit faite promptement pour que les blancs ne retombent pas.* Versez dans un moule ou un plat creux de 6 à 7 centimètres au plus de profondeur et qui ne doit être plein qu'aux trois quarts, enfournez promptement à four bien chaud, ou mettez sur de la cendre chaude et recouvrez du four de campagne chauffé à l'avance et garni de charbons ardents. Laissez cuire de 15 à 20 minutes; une fois bien monté et de belle couleur, saupoudrez de sucre et servez promptement.

A la fleur d'oranger. — Parfumer la bouillie avec de l'eau de fleurs d'oranger ou de la fleur d'oranger pralinée et écrasée au lieu de vanille.

Au citron. — Parfumer la bouillie avec plein une cuillère à café de zeste de citron haché fin au lieu de vanille ou tout simplement frotter le sucre que l'on emploie sur le zeste d'un citron.

Soufflé aux macarons. — Se fait de la même manière que le soufflé à la fécule; seulement on fait la bouillie avec un peu moins de fécule et on y ajoute des macarons écrasés.

Soufflé au café. — Se fait de la même manière que le soufflé à la fécule; seulement on parfume la bouillie avec une bonne cuillerée d'essence de café au lieu d'un autre parfum.

Soufflé à l'abricot. — Se fait de la même manière que le soufflé à la fécule; seulement on ne met dans la bouillie aucun parfum; avant d'y mettre les œufs on y mélange deux ou trois cuillerées de marmelade d'abricots.

Soufflé au riz. — Pour 10 à 12 personnes :

Prenez 125 grammes de riz; lavez-le bien; mettez-le dans une casserole avec un litre de lait; mettez aussi le quart du zeste d'un citron ou moitié d'une gousse de vanille, suivant que vous voulez le soufflé au citron ou à la vanille; faites cuire et crever à feu doux sans remuer, (*il faut une heure environ*); à moitié de la cuisson, ajoutez un peu de sel, 250 grammes de sucre; lorsque le riz sera bien crevé, ôtez-le du feu et passez-le à travers une passoire; parfumez-le avec une cuillerée d'eau de fleurs d'oranger si vous n'avez ni zeste de citron, ni vanille, ni aucun autre parfum; ajoutez-y six jaunes d'œufs, puis les blancs battus en neige très-dure; mêlez bien le tout et versez dans un plat creux légèrement beurré. *Il faut que le plat ne soit plein qu'aux trois quarts. Il faut aussi que le mélange de la bouillie avec les œufs soit fait promptement afin que les blancs d'œufs ne retombent pas.* Mettez au four pas trop chaud 18 à 20 minutes. Une fois bien monté et de belle couleur, saupoudrez de sucre et servez immédiatement, car les soufflés retombent très-vite.

Soufflé au chocolat. — Pour 10 à 12 personnes :

Prenez 6 tablettes de chocolat; faites-les fondre dans un peu de lait, puis ajoutez le reste de votre lait (ayez en tout un litre de lait); faites jeter quelques bouillons; laissez refroidir. Délayez peu à peu avec ce chocolat deux cuillerées de fécule; remettez sur le feu et remuez jusqu'à ce que votre mélange arrive à l'état de bouillie épaisse; ôtez du feu et laissez un peu refroidir. Votre bouillie au chocolat presque froide, ajoutez-y six jaunes d'œufs, puis les blancs battus en neige très-dure; mêlez bien le tout et versez dans un plat creux légèrement beurré. *Il faut que le plat ne soit plein qu'aux trois quarts; il faut aussi que le mélange de la bouillie avec les œufs soit fait promptement afin que les blancs ne retombent pas.* Mettez au four pas trop chaud 18 à 20 minutes. Une fois bien monté et de belle couleur, saupoudrez de sucre et servez promptement, car les soufflés retombent très-vite.

Soufflé à la farine de châtaignes. — Pour 10 à 12 personnes :

Délayez peu à peu avec un litre de lait deux bonnes cuillerées de farine de châtaignes; ajoutez 250 grammes de sucre et un peu de vanille si vous aimez ce parfum; faites cuire pendant 4 à 5 minutes en remuant toujours ; laissez refroidir. Cette bouillie presque froide, ajoutez-y six jaunes d'œufs, puis les blancs battus en neige très-dure ; mêlez bien le tout et versez dans un plat creux légèrement beurré. *Il faut que le plat ne soit plein qu'aux trois quarts ; il faut aussi que le mélange de la bouillie avec les œufs soit fait promptement afin que les blancs ne retombent pas.* Mettez au four pas trop chaud 18 à 20 minutes. Une fois bien monté et de belle couleur, saupoudrez de sucre et servez promptement, car les soufflés retombent très-vite.

Tôt-fait. — Pour 10 à 12 personnes :
Mettez dans une casserole 6 jaunes d'œufs, mélangez bien avec 125 grammes de farine ; délayez ensuite peu à peu avec un demi-litre de lait, ajoutez 250 grammes de sucre en poudre, une cuillerée à bouche d'eau de fleurs d'oranger ou bien un peu de vanille en poudre ou de zeste de citron. Beurrez un moule ou un plat creux ; versez-y votre bouillie à laquelle vous avez ajouté au dernier instant les 6 blancs d'œufs battus en neige très-dure. Faites cuire à four bien chaud ou sous four de campagne, au moins 20 minutes ; saupoudrez de sucre, et servez promptement, une fois bien monté et de belle couleur ; car sans cela votre tôt-fait retomberait.

Cheveux d'ange. — Ratissez, lavez une livre et demie de belles carottes bien rouges ; coupez-les en filets très-minces comme des brins de paille ; mettez-les une ou deux minutes dans l'eau bouillante, puis ôtez-les et laissez-les égoutter.

Mettez dans une casserole une livre de sucre avec un verre d'eau : faites bouillir dix minutes et mettez-y les filets de carottes et un zeste de citron haché très-fin. Lorsque le sirop sera presque réduit, pressez sur les carottes le jus du citron. Le sirop complétement réduit, ôtez du feu; éparpillez les filets sur un plat; laissez refroidir; montez en pyramide et servez.

CRÈMES.

Voici un des entremets les plus fréquenmment servis dans les maisons bourgeoises. Il est de facile exécution et fort délicat lorsqu'il est bien fait.

On peut y mettre plus ou moins d'œufs; on peut y mettre jaunes et blancs. Plus vous mettez de blancs d'œufs dans les crèmes plus elles prendront facilement; mais ce sera toujours aux dépens de leur délicatesse; en n'en mettant pas du tout, elles seront excellentes; mais elles seront plus longtemps à prendre. Du reste nous indiquerons dans les recettes suivantes les proportions les meilleures.

Si c'est un dîner de famille on peut mettre les crèmes dans un plat; mais dans un repas de cérémonie mieux vaut les présenter dans de petits pots faits pour cet usage; on aura le double avantage d'avoir un service plus élégant et en même temps pour un même nombre de convives, d'avoir besoin d'une moins grande quantité de crème.

Ces sortes de crèmes se font prendre au bain-marie : Mettez dans une casserole de l'eau bouillante, posez le plat dessus; couvrez le plat d'un couvercle chargé de braise...

Si la crème est en petits pots ne mettez dans la casserole que la quantité d'eau suffisante pour faire prendre la crème; il ne faut pas qu'elle monte plus haut que le tiers de la hauteur des petits pots sans cela en bouillant elle entrerait dedans.

On peut aussi les faire prendre dans le four d'un fourneau économique, ce qui évite toutes les précautions minutieuses du bain-marie.

Il faut environ 10 minutes un quart-d'heure pour faire prendre ces crêmes.

Par trop prises elles sont moins délicates.

Un litre de lait suffit pour remplir 15 à 16 petits pots de grandeur ordinaire.

Crême à la vanille. — Pour 15 à 16 pots :

Faites bouillir, avec long comme le petit doigt de vanille, un litre de lait ; sucrez avec 200 grammes de sucre ; ôtez du feu et laissez un peu refroidir.

Battez bien ensemble 6 jaunes d'œufs et un blanc ; mêlez peu à peu avec une petite partie du lait sucré et parfumé que vous avez mis refroidir, puis avec tout le lait... passez à la passoire fine ou au tamis ; versez dans un plat ou dans des petits pots ; faites prendre au bain-marie ou dans le four du fourneau économique.

Le morceau de vanille peut servir jusqu'à trois fois, seulement la troisième, si l'on veut qu'il donne du parfum il faut le fendre. Passez-le dans l'eau fraîche après chaque fois et faites-le sécher.

Crême au citron ou à l'orange. — Pour 15 à 16 pots :

Faites bouillir un litre de lait ; lorsqu'il bout, mettez-y la moitié d'un zeste de citron ou d'orange ; ôtez du feu ; sucrez avec 200 grammes de sucre et laissez un peu refroidir.

Battez bien ensemble 6 jaunes d'œufs et un blanc ; mêlez peu à peu avec une petite partie du lait sucré et parfumé que vous avez mis refroidir, puis avec tout le lait ; passez à la passoire fine ou au tamis ; versez dans un plat ou dans des petits pots ; faites prendre au bain-marie ou dans le four du fourneau économique.

Crême au laurier amandé ou laurier lait. — Pour 15 à 16 pots :

Faites bouillir un litre de lait ; mettez-y 2 feuilles

de laurier-lait; aussitôt que le lait bout ôtez du feu; sucrez avec 200 grammes de sucre et laissez un peu refroidir.

Battez bien ensemble 6 jaunes d'œufs et un blanc; mêlez peu à peu avec une petite partie du lait sucré et parfumé que vous avez mis refroidir, puis avec tout le lait; passez à la passoire fine ou au tamis; versez dans un plat ou dans des petits pots; faites prendre au bain-marie ou dans le four du fourneau économique.

Crème à la fleur d'oranger. — Pour 15 à 16 pots :

Faites bouillir un litre de lait; sucrez avec 200 grammes de sucre ; parfumez avec une cuillerée à bouche d'eau de fleurs d'oranger, et laissez un peu refroidir.

Battez bien ensemble 6 jaunes d'œufs et un blanc; mêlez peu à peu avec une petite partie de lait sucré et parfumé que vous avez mis refroidir, puis avec tout le lait; passez à la passoire fine ou au tamis; versez dans un plat ou dans des petits pots; faites prendre au bain-marie ou dans le four du fourneau économique.

Crème au café. — Pour 15 à 16 pots :

Faites bouillir un litre de lait; sucrez avec 200 grammes de sucre; parfumez avec quatre cuillerées d'essence de café et laissez un peu refroidir. *On peut aussi pour parfumer le lait, au lieu d'y mettre du café à l'eau très-fort, le faire bouillir avec des grains de café brûlé.*

Battez bien ensemble 6 jaunes d'œufs et un blanc; mêlez peu à peu avec une petite partie de lait sucré et parfumé que vous avez mis refroidir, puis avec tout le lait; passez à la passoire fine ou au tamis; versez dans un plat ou dans des petits pots; faites prendre au bain-marie ou dans le four du fourneau économique.

Crème au chocolat. — Pour 15 à 16 pots :

Prenez 125 grammes de chocolat, un litre de lait;

cassez le chocolat en morceaux; mettez-le dans une casserole avec un peu de lait; faites-le fondre sur le feu et écrasez-le bien de manière qu'il ne reste pas de grumeaux; versez-y le reste du lait; faites jeter quelques bouillons; sucrez avec 125 grammes de sucre et laissez un peu refroidir.

Battez bien ensemble 5 jaunes d'œufs et un blanc; mêlez peu à peu avec une petite partie du chocolat au lait que vous avez mis refroidir, puis avec tout le chocolat; passez à la passoire fine ou au tamis; versez dans un plat ou dans des petits pots; faites prendre au bain-marie ou dans le four du fourneau économique.

Crème au caramel dite aussi crème brûlée. — Pour 15 à 16 pots :

Faites bouillir un litre de lait et sucrez avec 200 grammes de sucre; laissez refroidir.

Mêlez avec du caramel fait de la manière suivante :

Faites caraméliser, remuant souvent, et jusqu'à ce qu'il soit d'une belle couleur marron très-foncé, 100 grammes de sucre que vous avez imbibé d'une cuillerée d'eau; une fois de couleur marron très-foncé, éteignez avec trois ou quatre cuillerées d'eau; faites jeter deux ou trois bouillons et ôtez du feu; mêlez lait et caramel. *Le mélange doit être fait presque à froid sans cela le lait tournerait.* Mêlez avec 6 jaunes d'œufs et un blanc bien battus ensemble; passez, mettez dans les pots et faites prendre au bain-marie ou dans le four du fourneau économique.

Crème renversée. — Pour huit à dix personnes prenez un litre de lait; si vous voulez que la crème soit entourée de sauce, ce qui en fait un mets beaucoup plus délicat, un litre et demi.

Faites bouillir avec la moitié d'une gousse de vanille le litre de lait; sucrez avec 250 grammes de sucre; ôtez du feu et laissez un peu refroidir.

Battez bien ensemble huit œufs jaunes et blancs ; mêlez peu à peu avec une petite partie du lait sucré et parfumé que vous avez mis refroidir, puis avec tout le lait, passez à la passoire fine ou au tamis, versez dans un bol ou un moule qui soit juste de grandeur à contenir cette crême et que vous avez enduit de caramel pas trop foncé. (*Vous faites ce caramel de la manière suivante : mettez dans une casserole 125 grammes de sucre avec une cuillerée d'eau, remuez jusqu'à ce que le sucre soit fondu et d'une belle couleur marron, enduisez-en promptement le moule ou le bol que vous avez fait chauffer dans l'eau bouillante.*)

Une fois la crême dans le moule, faites-la prendre au bain-marie, feu dessus feu dessous : lorsqu'elle sera bien prise, laissez-la refroidir ; posez un plat dessus et renversez-la sans la briser.

Si l'on veut servir cette crême entourée d'une sauce, ce qui la rend, comme nous l'avons dit, beaucoup plus délicate, au lieu d'un litre de lait prenez-en un litre et demi et sucrez avec 375 grammes de sucre au lieu de 250. Lorsque le lait est bouilli, sucré et parfumé, mettez à part le demi-litre destiné à faire la sauce ; laissez le refroidir, ajoutez-y peu à peu 4 jaunes d'œufs bien mélangés ; passez ; faites prendre sur le feu en remuant toujours comme la sauce des œufs à la neige ; lorsqu'il arrivera à une bonne épaisseur, laissez refroidir et versez autour de la crême renversée.

Blanc-manger. — Pour 15 à 18 personnes prenez :

250 grammes d'amandes parmi lesquelles vous aurez soin d'en mêler quelques-unes d'amères ; ôtez-en la peau en les laissant tremper quelques minutes dans l'eau bouillante ; pilez-les dans un mortier ; mêlez-y peu à peu deux verres d'eau froide ; passez à travers

un linge et pressez fortement... sucrez ce lait d'amandes avec 200 grammes de sucre; ajoutez un verre de lait et plein une cuillère à bouche d'eau de fleurs d'oranger. Mélangez à la préparation ci-dessus 30 grammes de belle gélatine fondue dans un demi-verre d'eau. Mettez dans un moule et laissez prendre dans un endroit frais et même sur de la glace si ce n'est pas en hiver. Démoulez et servez.

Crème sambayone. — Pour 8 à 10 personnes prenez :

6 œufs bien frais, un verre ordinaire ou un quart de litre de rhum ; 125 grammes de sucre en poudre : Séparez les blancs d'œufs des jaunes ; mettez dans une casserole les jaunes avec le sucre et le rhum ; mêlez bien ensemble ; tournez avec une cuillère de bois sur feu vif jusqu'à ce que votre mélange commence à épaissir ; retirez du feu, sans cela votre mélange tournerait ; ajoutez les six blancs battus en neige, mélangez bien le tout et versez dans de petits pots à crème.

On peut remplacer le rhum par du vin de Madère ou de bon vin blanc ; mais la crème ainsi aromatisée est bien moins agréable. Dans le cas où l'on emploie du vin de Madère ou du vin blanc, on ajoute au mélange une pincée de cannelle en poudre.

GELÉES D'ENTREMETS

Les gelées sont, sinon les plus délicats comme goût, les plus charmants, comme effet, des entremets connus ; surtout les gelées montées, mais ces dernières laissent beaucoup à désirer à cause de la quantité de gélatine que l'on est obligé d'y introduire pour les maintenir... Lorsqu'on les met dans des petits pots, on a besoin de les avoir moins consistantes ; aussi peut-on les avoir beaucoup plus savoureuses. — Si la température est très-chaude, on est obligé d'employer un peu plus de gélatine.

Les gelées ne sont ni longues ni difficiles à faire... La base est un mélange de sucre, d'eau et de gélatine... Il est essentiel de prendre de beau sucre, de belle gélatine, de la gélatine sans aucun goût, ni odeur, aussi transparente qu'un beau verre de vitre. On ne saurait apporter trop de soin pour les rendre claires, transparentes, limpides ; pour cela on emploie le filtre, la chaussé, les blancs d'œufs, comme il sera indiqué en temps et lieu.

Il suffit pour faire prendre ces gelées de les mettre trois ou quatre heures dans un endroit très-frais.

Il y a des petits pots spéciaux pour les servir ; à défaut de ces petits pots on peut employer des verres à vin.

Il est important, si l'on veut avoir ces gelées bien transparentes et d'une belle nuance, surtout si on emploie du jus de fruits, de ne se servir pour leur préparation, ni de vase de fer battu, ni de vase étamé, ni de cuillère de fer ou d'étain.

Gelée à l'orange. — Pour 12 à 15 pots :

Mettez dans une casserole de cuivre non étamée 15 grammes de gélatine, 300 grammes de sucre, 3 verres d'eau froide et 2 blancs d'œufs battus en neige pour clarifier ; remuez et battez sur feu doux jusqu'à ce que sucre et gélatine soient fondus ; ôtez au premier bouillon et passez à la chausse sans presser, jusqu'à ce que le liquide sorte bien clair.

Exprimez le jus de quatre oranges et d'un citron ; faites fondre dedans un morceau de sucre frotté sur la peau des oranges ; il faut qu'il y ait de jus d'orange et de citron à peu près la valeur d'un verre ; s'il y en avait moins vous compléteriez avec un peu d'eau ; filtrez.

Mêlez ensemble votre première préparation et le jus d'oranges et de citron. Mettez dans des petits pots de cristal ou des verres à vin ; faites prendre dans un endroit très-frais.

On peut perfectionner cet entre-mets en mettant dans chaque petit pot un quartier d'orange bien épluché. Emplissez d'abord à moitié avec de la gelée le petit pot; laissez prendre; posez le quartier d'orange; emplissez le pot de gelée et laissez prendre.

Si l'on veut faire prendre cette gelée dans un moule, au lieu de la mettre dans des petits pots, il faudra employer 25 grammes de gélatine au lieu de 15 et 400 grammes de sucre au lieu de 300.

Gelée au citron. — Pour 12 à 15 pots :

Mettez dans une casserole de cuivre non étamée 15 grammes de belle gélatine, 300 grammes de sucre, 3 verres d'eau froide et 2 blancs d'œufs battus en neige (*pour clarifier ;*) remuez et battez sur feu doux jusqu'à ce que sucre et gélatine soient fondus ; ôtez au premier bouillon et passez à la chausse sans presser, jusqu'à ce que le liquide sorte bien clair.

Exprimez le jus de quatre citrons et d'une orange ; faites fondre dedans un morceau de sucre frotté sur la peau des citrons ; il faut qu'il y ait de jus de citrons et d'orange à peu près la valeur d'un verre ; s'il y en avait moins, vous compléteriez avec un peu d'eau ; filtrez.

Mêlez ensemble votre première préparation et le jus de citrons et d'orange. Mettez dans des petits pots de cristal ou des verres à vin; faites prendre dans un endroit très-frais.

Si l'on veut faire prendre cette gelée dans un moule au lieu de la mettre dans des petits pots, il faudra employer 25 grammes de gélatine au lieu de 15 et 400 grammes de sucre au lieu de 300.

Gelée aux groseilles. — Pour 12 à 15 pots :

Mettez dans une casserole de cuivre non étamée 15 grammes de belle gélatine, 300 grammes de sucre, 3 verres d'eau froide et 2 blancs d'œufs battus en neige (*pour clarifier ;*) remuez et battez sur feu doux jusqu'à ce que sucre et gélatine soient fondus; ôtez au premier bouillon et passez à la chausse sans presser, jusqu'à ce que le liquide sorte bien clair.

Exprimez le jus de 250 grammes de petites groseilles, prenez des rouges de préférence pour avoir une gelée d'une belle couleur rose-vif; il faut qu'il y ait de jus de groseilles à peu près la valeur d'un verre; passez à la chausse.

Mêlez ensemble votre première préparation et le jus de groseilles. Mettez dans des petits pots de cristal ou des verres à vin ; faites prendre dans un endroit très-frais.

On peut perfectionner ce mets en mettant dans chaque petit pot quelques groseilles égrenées; mettez-les dans le pot lorsque la gelée commence à prendre, remuez un peu pour les y disperser; laissez prendre.

Si l'on veut faire prendre cette gelée dans un moule au lieu de la mettre dans des petits pots, il faudra employer 25 grammes de gélatine au lieu de 15 et 400 grammes de sucre au lieu de 300.

Gelée aux groseilles et aux framboises. — Se fait comme la gelée aux groseilles ci-dessus ; seulement on se sert de moitié groseilles et de moitié framboises au lieu de toutes groseilles.

Gelée aux fraises. — Pour 12 à 15 pots :

Mettez dans une casserole de cuivre non étamée 15 grammes de belle gélatine, 300 grammes de sucre, 3 verres d'eau froide et 2 blancs d'œufs battus en neige (*pour clarifier*) ; remuez et battez sur feu doux jusqu'à ce que sucre et gélatine soient fondus; ôtez au premier bouillon et passez à la chausse sans presser jusqu'à ce que le liquide sorte bien clair.

Exprimez le jus de 250 grammes de fraises bien mûres et de 125 grammes de petites groseilles ou à défaut de petites groseilles le jus d'un citron ; il faut qu'il y ait de jus de fraises et de groseilles à peu près la valeur d'un verre ; passez à la chausse.

Mêlez ensemble votre première préparation et le jus de fraises et de groseille. Mettez dans des petits pots de cristal ou des verres à vin ; faites prendre dans un endroit très-frais.

On peut perfectionner ce mets en mettant dans chaque petit pot quelques petites fraises ou une grosse fraise ; mettez dans le pot lorsque la gelée commence à prendre ; remuez un peu pour les y disperser ; laissez prendre.

Si l'on veut faire prendre cette gelée dans un moule au lieu de la mettre dans des petits pots, il faudra employer 25 grammes de gélatine au lieu de 15 et 400 grammes de sucre au lieu de 300.

Gelée au punch. — Pour 12 à 15 pots :

Mettez dans une casserole de cuivre non étamée 15 grammes de belle gélatine, 250 grammes de sucre, 3 verres d'eau froide et 2 blancs d'œufs battus en neige (*pour clarifier*) ; remuez et battez sur feu doux jusqu'à ce que sucre et gélatine soient fondus ; ôtez au premier bouillon et passez à la chausse sans presser jusqu'à ce que le liquide sorte bien clair.

Mêlez cette préparation avec un verre (*verre gobelet ordinaire*) de punch de dames (*Voir ce mot*) et le jus d'un citron. Mettez dans des petits pots de cristal ou des verres à vin ; faites prendre dans un endroit très-frais.

Si l'on veut faire prendre cette gelée dans un moule au lieu de la mettre dans des petits pots, il faudra employer 25 grammes de gélatine au lieu de 15 et 300 grammes de sucre au lieu de 250.

Gelée au Kirsch. — Pour 12 à 15 pots :

Mettez dans une casserole de cuivre non étamée 15 grammes de belle gélatine, 300 grammes de sucre, 3 verres d'eau froide et 2 blancs d'œufs battus en neige (*pour clarifier*) ; remuez et battez sur feu doux jusqu'à ce que sucre et gélatine soient fondus ; ôtez au premier bouillon et passez à la chausse sans presser jusqu'à ce que le liquide sorte bien clair.

Mêlez cette préparation avec un verre (*verre gobelet ordinaire*) de moitié eau et moitié Kirsch. Mettez dans des petits pots de cristal ou des verres à vin ; faites prendre dans un endroit très-frais.

Si l'on veut faire prendre cette gelée dans un moule au lieu de la mettre dans des petits pots, il faudra employer 25 grammes de gélatine au lieu de 15 et 400 grammes de sucre au lieu de 300.

Gelée au rhum. — Se fait comme la gelée au kirsch ci-dessus, seulement on emploie du rhum au lieu de kirsch.

Gelée à l'anisette. — Se fait comme la gelée au kirsch (*Voir plus haut Gelée au kirsch*) seulement on emploie de l'anisette au lieu de kirsch.

Gelée rubanée. — Pour 12 à 15 personnes :

Mettez dans une casserole de cuivre non étamée 15 grammes de belle gélatine, 400 grammes de sucre, 3 verres d'eau froide et deux blancs d'œufs battus en neige (*pour clarifier*) ; remuez et battez sur feu doux jusqu'à ce que sucre et gélatine soient fondus ; ôtez au premier bouillon et passez à la chausse sans presser jusqu'à ce que le liquide sorte bien clair. Ajoutez à moitié de votre mélange un demi-verre de jus de groseilles ou de jus de groseilles et de framboises ou de jus de fraises ; et à l'autre moitié un demi-verre ordinaire de kirsch, ou de rhum, ou d'anisette. Mettez dans un moule moitié de votre mélange rouge ; laissez prendre dans un endroit frais ; une fois pris, mettez dessus moitié de votre mélange blanc ; laissez prendre ; mettez le reste de votre mélange rouge ; une fois pris, le reste de votre mélange blanc. Laissez bien prendre ; démoulez au moment de servir en ayant soin, pour que la gelée se détache bien du moule, de placer le moule une demi-minute dans l'eau chaude.

On peut faire ces gelées à un plus grand nombre de parfums et de couleurs ; seulement avoir soin de les disposer dans le moule de manière à ce qu'ils contrastent bien les uns avec les autres.

Gelée macédoine de fruits. — Pour 15 à 20 personnes :

Mettez dans une casserole de cuivre non étamée 25 grammes de belle gélatine, 750 grammes de sucre, 3 verres d'eau froide et 2 blancs d'œufs battus en neige (*pour clarifier*) ; remuez et battez sur feu doux jusqu'à ce que sucre et gélatine soient fondus ; ôtez au premier bouillon et passez à la chausse sans presser jusqu'à ce que le liquide sorte bien clair ; parfumez soit avec du kirsch, du rhum, ou du jus de groseilles ; il faut que cette addition ait la valeur d'un verre ordinaire ; si on emploie du kirsch, du rhum ou autre liqueur quelconque en mettre la moitié d'un verre et compléter le verre par un peu d'eau. Mettez dans un moule une certaine quantité de votre mélange de manière qu'il y en ait une couche à peu près de l'épaisseur du doigt ; laissez prendre ; une fois prise, parsemez-la de quelques fraises, de quelques grains de raisin, de quelques groseilles, de quelques cerises, enfin de toutes espèces de petits fruits que vous avez à votre disposition. Mettez une nouvelle couche de votre mélange, faites prendre ; et ainsi de suite jusqu'à ce que le moule soit plein ; laissez bien prendre, démoulez au moment de servir, en ayant soin, pour que la gelée se détache bien du moule, de plonger le moule une demi-minute dans l'eau chaude.

On peut remplacer les fruits par des fruits cuits ou des fruits confits, ou morceaux de fruits confits ; dans le cas où l'on emploierait des fruits confits, il ne faut faire le sirop qu'avec 500 grammes de sucre et parfumer la gelée avec des jus de fruits de manière à ce qu'elle soit un peu acide ; ce qui contrastera avec le sucre des fruits confits et sera plus agréable.

On peut aussi disposer des gelées macédoines de fruits dans des petits pots en cristal ou des verres à vin, on peut alors n'employer que 30 grammes de gélatine et ne mettre que 600 grammes de sucre.

Fromage bavarois. — Pour 15 à 20 personnes :

Faites bouillir avec une demi-gousse de vanille un verre de lait, sucrez avec 125 grammes de sucre ; retirez du feu, couvrez et laissez refroidir.

Battez ensemble 6 jaunes d'œufs ; mêlez-les peu à peu avec le lait sucré et parfumé, passez à la passoire fine, remettez sur feu doux et remuez jusqu'à ce que cette crème ait la consistance de la sauce des œufs à la neige ; laissez refroidir.

Battez dans une terrine, au moyen d'une fourchette ou d'un petit balai à battre les œufs, un litre de crème (*Voir ce qu'on doit entendre par crême page* 80) dans lequel vous aurez mis 125 grammes de sucre en poudre et un peu de gomme adragante, (plein une cuillère à café) battez jusqu'à ce qu'elle devienne mousseuse ; mais non jusqu'à ce qu'elle se mette en grumeaux ; car vous finiriez par faire du beurre.

Faites fondre sur feu doux dans un demi-verre d'eau 30 grammes de belle gélatine ; ôtez du feu, laissez refroidir... Avant qu'elle ait commencé à épaissir, ajoutez-y peu à peu, en remuant et battant bien, la crème à la vanille préparée comme il est indiqué au commencement de cette recette, puis la crème fouettée. Mettez dans un moule et laissez prendre dans un endroit très-frais. Démoulez au moment de servir, en ayant soin pour que le fromage se détache bien du moule de plonger le moule une demi-minute dans l'eau chaude.

Pour rendre ce mets encore plus délicat, on peut mélanger à la composition angélique, cédrat, écorce d'orange confits, coupés en tout petits morceaux, du raisin de Corinthe bien nettoyé et lavé, des raisins de Smyrne, des raisins de Malaga dont on a ôté les pépins, etc.

Crème fouettée appelée encore fromage à la Chantilly, entremets et dessert.

Pour 12 à 15 personnes : prenez un litre de bonne crème (Voir crème pag. 80) ; ajoutez-y plein une cuillère à café de gomme adragante, 125 grammes de sucre en poudre.

Pour le faire A LA VANILLE, ajoutez un peu de vanille en poudre, ou d'extrait de vanille.

A LA FLEUR D'ORANGER. — Ajoutez une cuillerée d'eau de fleurs d'oranger.

A LA ROSE. — Ajoutez une cuillerée d'eau de rose ou une goutte d'essence de rose, et un peu de laque rose pour la colorer.

AU KIRSCH, AU MARASQUIN, A L'ANISETTE. — Ajoutez à la crème un petit verre de ces liqueurs.

AU CHOCOLAT. — Ajoutez 2 tablettes de chocolat fondues dans un quart de verre d'eau.

AU CAFÉ. — Ajoutez deux cuillères à bouche d'essence de café.

A LA FRAISE OU A LA FRAMBOISE. — Ajoutez le jus de 125 grammes de fraises ou de framboises bien mûres et un peu de laque rose pour colorer.

Mettez-vous dans un endroit frais ; sans cela la crème mousserait mal, et battez avec une fourchette ou des verges à battre les œufs, battez jusqu'à ce que la crème augmente visiblement de volume, mais non jusqu'à ce qu'elle se mette en grumeaux, car vous finiriez par faire du beurre. Conservez dans un endroit frais ; ne la présentez sur la table qu'au moment de la manger.

Cette crème peut servir à garnir des meringues et des choux (Voir choux au chap. pâtisserie).

Cette crème s'altère assez facilement, un des moyens qu'on indique pour la faire mousser et la maintenir longtemps est d'ajouter à la crème avant de la battre de la gélatine fondue dans aussi peu d'eau que possible ; on la laisse refroidir et on la mêle à la crème avant qu'elle ait commencé à se coaguler.

Il faut environ 24 grammes de gélatine pour un litre de crème.

Autre crème fouettée. — Mettez dans une terrine de bonne crème avec du sucre en poudre, extrait ou poudre de vanille, essence de café, eau de fleurs d'oranger ou autre parfum quelconque et un peu de gomme adragante ; fouettez avec une fourchette ou une verge à battre les œufs ; mélangez avec blancs d'œufs battus en neige, servez.

La proportion est, pour un litre de crème, 125 grammes sucre en poudre, plein une cuillère à café, de gomme adragante, quatre blancs d'œufs.

Charlotte russe. — Prenez un moule uni ou une casserole ; garnissez le fond et les côtés de biscuits à la cuillère serrés les uns contre les autres ; versez au milieu soit de la crème fouettée (*Voir crème fouettée*) soit de la composition de fromage bavarois, (*Voir fromage bavarois*) soit de la crème pâtissière (*Voir crème pâtissière*) ; renversez sur un plat, ôtez le moule et servez.

Diplomate. — Prenez des petites tranches de mie de pain au levain doux taillées de l'épaisseur d'un décime, beurrez-les; saupoudrez-les de sucre en poudre, aspergez-les de kirch ou de rhum.

Beurrez un moule, garnissez le fond de petites tranches de pain préparées comme nous venons de le dire répandez dessus une petite couche de raisins de Malaga dont vous avez ôté les pepins, de raisins de Corinthe bien lavés, de cédrat, d'écorce d'orange, d'angélique coupés en tout petits morceaux; que cette couche soit peu épaisse; remettez une couche de tranches de pain, une couche de fruits confits et ainsi de suite... terminez par une couche de pain... il ne faut pas que le moule soit plein plus qu'aux trois quarts.

Faites bouillir un verre de lait avec long comme le doigt de vanille; sucrez, laissez refroidir et mélangez avec quatre jaunes d'œufs et un blanc bien mêlés... passez, mettez sur le gâteau disposé dans le moule; laissez reposer une demi-heure pour que le pain s'imbibe bien; faites prendre au bain-marie. Lorsque la crême est prise, démoulez et servez entouré de la sauce suivante :

Dans un verre de lait délayez trois jaunes d'œufs, du sucre et de la vanille; faites prendre sur le feu en tournant toujours et sans laisser bouillir... versez autour du gâteau.

A la place de tranches de pain, on peut employer des biscuits à la cuillère. Une demi-livre suffit largement à confectionner un gâteau pour dix à douze personnes.

Diplomate au rhum. — Prenez 250 grammes de biscuits à la cuillère; enduisez-les de marmelade d'abricots, trempez-les dans un sirop fait d'eau, de rhum et de sucre, rangez par couches dans un moule bien beurré. Entre chaque couche de biscuits mettez une petite couche composée de raisins de Malaga dont vous avez ôté les pepins, de raisin de Corinthe bien nettoyé et lavé, de petits morceaux d'écorce d'orange, d'angélique, de cédrat confits; terminez par une couche de biscuits... *Il faut que le moule ne soit plein qu'aux trois quarts.* Faites cuire au bain-marie une heure et demie environ. Démoulez et servez entouré d'un sirop composé d'eau, de sucre et de rhum.

Pilau, entremets turc.

Prenez 250 grammes de riz ; faites-le crever, mais pas trop, sur feu doux dans un litre d'eau avec un peu de sel ; lorsque le riz est crevé, qu'il ne reste pour ainsi dire plus d'eau, ajoutez 250 grammes de raisin de Corinthe bien épluché et lavé, laissez mijoter quatre à cinq minutes sur le feu, mettez gros comme un petit œuf de bon beurre frais, une pincée de poudre dite des quatre épices, remuez, versez sur un plat aussitôt le beurre fondu et servez chaud.

DESSERT

Fromage à la crême connu dans quelques endroits sous le nom de piquette.

Faites cailler quatre litres de lait... (*Ce fromage est surtout agréable l'été. Pour que le lait soit caillé suffisamment, le mettre dans une terrine et le laisser reposer deux ou trois jours dans un endroit un peu frais.*) Enlevez la crême ; laissez bien égoutter les mattes..... un jour ou un jour et demi. Pour cela on emploie de petits paniers en paille ou en faïence, porcelaine ou terre que l'on garnit d'un linge fin. Une fois bien égoutté, ôtez le fromage du panier à égoutter et servez-le entouré de crême (Voir crême pag. 80).

On le mange avec du sucre râpé.

AUTRE MANIÈRE DE LE SERVIR. — Mélangez les mattes égouttées et la crême, écrasez, passez à la passoire, fouettez quelques minutes et servez.

Fromage de la bonne Marie.

Pour 12 à 15 personnes, ayez :

Un litre et demi de bonne crême (Voir crême pag. 80). mais cependant pas par trop épaisse ; mélangez avec 125 grammes de sucre en poudre et la moitié d'une gousse de vanille réduite en poudre,

Prenez un litre de cette crème, fouettez pendant cinq à six minutes avec une fourchette ou une verge à battre les œufs; mettez égoutter pendant cinq à six heures dans un petit panier de paille, de porcelaine ou de terre disposé pour cet usage et garni d'un linge fin. Servez en lui conservant la forme qu'il a prise dans le petit panier et entouré du demi-litre de crème que vous avez mis de côté et que vous n'avez pas fouetté.

PRÉPARATIONS CULINAIRES D'ORIGINE ANGLAISE

Sauces anglaises. — La cuisine anglaise est peu variée. Elle se compose en général de viandes rôties, de poisson frit ou bouilli, de légumes cuits à l'eau; leur sauce blanche se compose d'eau et de farine. Pour assaisonner et varier le goût de ces mets, on fait usage en Angleterre de sauces toutes préparées. Ces sauces se trouvent chez les épiciers et les marchands de comestibles. Les principales sont :

Harvey sauce. — Cette sauce d'une saveur assez forte accompagne très-bien les viandes froides.

Le ketchup. — Sauce à l'essence de champignons et qui en a le parfum très-prononcé. Une des meilleures sauces anglaises. Elle parfume agréablement les biftecks et les entre-côtes.

Sauce aux anchois. — Elle assaisonne agréablement les sauces blanches. Elle peut servir, mêlée à une certaine quantité de bon beurre, à confectionner promptement du beurre d'anchois.

Sauce jus de citron. — Cette sauce est commode. On peut en mettre quelques gouttes dans toutes les préparations culinaires où l'on mettrait du jus de citron.

Bœuf à l'anglaise.
(*Voir Bœuf de Hambourg page* 195).

Gigot de mouton à l'anglaise, relevé, entrée et rôt.

Faites bouillir dans une marmite, où le gigot puisse à l'aise, une grande quantité d'eau avec poivre, sel, thym, laurier, épices, oignons, carottes, bouquet garni. Quand elle est en pleine ébullition, placez-y le gigot, couvrez et faites cuire sans que l'eau cesse un instant de bouillir. Il faut autant de quarts d'heure de cuisson que le gigot pèse de livres. Ainsi s'il pèse 6 livres, il faudra une heure et demie, mais au plus. Otez-le immédiatement de l'eau et servez-le accompagné d'une purée de navets dans un plat à part ou d'une sauce blanche aux câpres dans un saucier.

Cette manière conserve au gigot son jus aussi bien que s'il était cuit à la broche.

Pigeon pie, entrée.

Pour dix à douze personnes, ayez :

Trois pigeons ;

750 grammes de bœuf, (*du faux filet*) ;

250 grammes de poitrine de porc ;

500 grammes de pâte feuilletée. (*Voir pâte feuilletée.*)

Prenez un plat creux de 8 à dix centimètres de profondeur ; garnissez le tour avec moitié de la pâte feuilletée que vous préparée, (*on ne met pas de pâte au fond*) ; coupez les 750 grammes de faux filet en tranches assez minces ; garnissez le fond du plat d'une couche de ces tranches ; placez trois moitiés de pigeon sur cette couche ; entremêlez d'un peu de poitrine de porc coupée en petits morceaux ; placez une nouvelle couche de bœuf, puis par-dessus les trois autres moitiés de pigeon et le reste de la poitrine de porc ; saupoudrez de la moitié d'une cuillère à bouche de sel fin, d'une bonne pincée de poivre et d'un tout petit peu d'épices ; ajoutez un demi-verre d'eau ; Couvrez les viandes, ainsi disposées et assaisonnées, du reste de la pâte feuilletée, imbibez bien le bord de cette espèce de couvercle d'eau de manière à les coller en appuyant avec les bords de la pâte qui garnit le tour du plat ; faites un trou au milieu du couvercle de pâte, trou autour duquel vous rangez les pattes des pigeons, que vous aurez eu soin de mettre de côté, et que vous disposez de manière à ce qu'elles semblent sortir du pâté ; Faites cuire une heure et demie à four doux. Servez chaud.

Beefsteak pie, entrée.

Le beefsteak pie ou pâté de biftecks se fait de la même manière que le Pigeon-Pie, seulement on n'y met pas de pigeons.

Sole à l'anglaise, relevé.

Videz, écaillez, lavez une belle sole. Faites cuire dans de l'eau avec sel et poivre et petites pommes de terre. Servez sur une serviette, entourée des pomme de terre, ornée de persil en branches et accompagnée d'une sauce blanche dans un saucier.

Servez en même temps des sauces anglaises telle que Kerchup, essence de champignons, essence d'anchois etc.

Petits pois à l'anglaise, entremets.

Pour six personnes un litre et demi de petits pois, écossés bien entendu.

Les prendre un peu plus faits que pour les manger au sucre. (*Voir Petits pois au sucre, p.* 444.)

Faites bouillir à grand feu, avec un peu de sel, deux litres d'eau ; lorsqu'elle bout à gros bouillons y jeter les pois que vous avez lavés à l'eau fraîche ; laissez bouillir douze à quinze minutes environ ; égouttez promptement dans une passoire et servez, saupoudrés de sel fin, sur un bon morceau de beurre qui doit fondre seulement par la chaleur des pois.

Plum-pudding, entremets sucré.

Pour 18 à 20 personnes, ayez :

250 grammes de raisin de Malaga ou de Smyrne ;
250 gr. de raisin de Corinthe ;
250 gr. de graisse de rognon de bœuf ;
125 gr. de farine ;

125 gr. de mie de pain émiettée ;

60 gr. de sucre en poudre ou de cassonade ;

100 gr. (*en tout*) de cédrat, d'écorce d'orange, d'angélique confits ;

Un verre de lait,

1/2 verre de rhum ou d'eau-de-vie (*verre gobelet ordinaire.*)

3 œufs.

Un citron.

Muscade, gingembre, cannelle en poudre, mélangés (*en tout* la moitié d'une cuillère à café) ;

Sel fin la moitié d'une cuillère à café ;

Otez toutes les peaux et filandres de la graisse, hachez-la jusqu'à ce qu'elle soit réduite en poussière fine ; mêlez-la avec la mie de pain et la farine ; délayez avec le verre de lait ; Battez bien les trois œufs (blancs et jaunes) avec la muscade, la gingembre et la canelle en poudre ; mêlez bien avec la pâte ci-dessus ; ajoutez le cédrat, l'écorce d'orange, l'angélique coupés en petits filets ; le raisin de Corinthe, bien nettoyé et lavé ; le raisin de Malaga ou de Smyrne ; *si vous employez du raisin de Malaga il faut ôter les pépins ;*) enfin le verre de rhum auquel vous avez mélangé le jus du citron, le sel et le sucre ; Remuez bien le tout avec une mouvette jusqu'à ce que la mouvette tienne debout dans la pâte. Laissez reposer cinq à six heures ou mieux faites la pâte le soir pour le lendemain.

Pour le faire cuire. — Beurrez ou huilez un moule ou un grand bol ; ne prenez pas le moule ou le bol trop grand de manière que, lorsque vous y aurez mis la pâte, il soit comble ; couvrez d'un torchon épais trempé dans l'eau bouillante, que vous attacherez au moyen d'une ficelle. Mettez cuire dans l'eau bouillante, le dessus du moule en bas, et baignant complétement. Faites bouillir au moins cinq à six heures ; il faut que l'eau ne cesse pas un instant de bouillir ; si l'eau vient à diminuer, remplissez avec de l'eau chaude, de manière que celle de la marmite ne cesse pas de bouillir. En sortant le plum-pudding de la marmite plongez-le complétement dix minutes dans l'eau froide, afin de le raffermir un peu et de le démouler sans le déformer; démoulez et servez saupoudré de sucre et arrosé de rhum auquel on met le feu.

Sauce. — On peut accompagner ce plum-pudding d'une sauce confectionnée de la manière suivante :

Mettez dans une casserole un demi-verre d'eau et autant de rhum ou de Madère, 100 grammes de sucre en poudre, gros comme un œuf de bon beurre bien frais, deux jaunes d'œufs que vous avez bien battus et que vous mélangez peu à peu au rhum et à l'eau; battez bien le tout ensemble; posez sur le feu jusqu'à ce que le beurre soit fondu en ayant soin de remuer toujours comme pour une liaison. Servez dans un bol ou un saucier.

Plum-pudding en timbale, entremets sucré.

Faites un mélange comme pour le plum-pudding ci-dessus, seulement au lieu de le faire cuire dans l'eau bouillante, mettez-le dans une timbale de pâte (*Voir ce mot*), mais à laquelle vous ne ferez pas de couvercle; faites cuire au four ou sous four de campagne bien chaud.

Petits plums-puddings, dessert.

Faites un mélange exactement semblable à celui du plum-pudding pag. 539; mettez-le dans de petits morceaux de pâte disposés comme pour les tartelettes ou de toutes petites timbales; faites cuire au four ou sous four de campagne bien chaud.

Plum-pudding parisien, entremets sucré.

Pour 18 à 20 personnes ayez :

300 grammes de raisin de Malaga ou de Smyrne. — *Si vous employez du raisin de Malaga ôtez les pépins.*

300 gr. de raisin de Corinthe bien lavé et nettoyé;

300 gr. de graisse de rognon de bœuf dont vous ôtez toutes les peaux et filandres, et que vous hachez jusqu'à ce qu'elle soit réduite en poussière fine ;

100 gr. (*en tout*) de cédrat, d'écorce d'orange, d'angélique confits que vous coupez en tout petits morceaux;

300 gr. de sucre en poudre;

300 gr. de mie de pain émiettée très-fin;

2 belles pommes de reinette que vous pelez, épluchez et coupez en tout petits morceaux;

Le zeste d'un citron haché très-fin.

Mêlez bien le tout ensemble; ajoutez-y la moitié d'une cuillère à café de cannelle, de muscade, de gingembre pilés très-fin et la même quantité de sel fin. Battez ensemble six œufs, blancs et jaunes, et ajoutez-les à votre composition; ajoutez-y aussi la moitié d'un verre ordinaire de rhum. Remuez pour bien mélanger le tout. Beurrez un moule et emplissez-le de la composition ci-dessus; remettez le couvercle; enveloppez d'un torchon, ficelez bien; faites cuire dans l'eau bouillante. — Il faut qu'il y ait de l'eau à peu près aux deux tiers de la hauteur du moule; qu'elle bouille bien au moment où l'on y met le pudding et qu'elle ne cesse pas de bouillir pendant tout le temps de la cuisson.

Il faut environ quatre heures de cuisson.

L'eau viendrait à trop diminuer, remettre de l'eau bouillante.

Au bout de quatre heures, ôtez de l'eau, démoulez; saupoudrez de sucre, arrosez de rhum, allumez et servez.

Pudding au pain, entremets sucré.

Pour 12 à 15 personnes :

Mettez tremper dans un peu de lait 250 grammes de mie de pain émiettée fin; égouttez-la bien, pressez même pour en extraire le lait; mélangez-la avec 250 grammes de sucre en poudre; 125 grammes de raisin de Malaga dont vous avez ôté les pépins; 125 grammes de raisin de Corinthe bien lavé et nettoyé; 125 grammes de beurre; ajoutez-y quatre œufs dont vous avez battu les blancs en neige et un demi-verre ordinaire de rhum ; *ne mettre les blancs qu'au moment de verser la composition dans le moule.* Mettez dans un moule bien beurré ; couvrez et faites cuire deux heures au bain-marie, le mettre ensuite un instant au four ou dans les cendres chaudes pour colorer un peu la surface. Démoulez ; servez saupoudré de sucre et arrosé de rhum auquel vous mettez le feu.

Autre pudding au pain. — Pour 12 à 15 personnes :
Prenez 250 grammes de mie de pain et faites-la tremper dans du lait ; retirez-la sans la presser, pétrissez-la avec le quart d'une cuillère à café de sel, un peu de muscade, une cuillerée de farine, 2 œufs (blancs et jaunes), 125 grammes de raisin de Corinthe bien nettoyé et lavé ; 125 grammes de raisin de Malaga dont on a ôté les pépins ; 125 grammes de graisse de rognon de bœuf dont on a ôté les peaux et les filandres et que l'on a hachée jusqu'à ce qu'elle soit réduite en poussière fine ; faites bouillir de l'eau à grands bouillons, trempez dans cette eau un torchon, tordez-le, étendez-le sur une table et saupoudrez-le de farine ; versez votre composition au milieu ; relevez les bords du torchon, réunissez-les et liez-les avec une ficelle, en ayant soin de ne pas trop serrer la pâte. Plongez le pudding ainsi enveloppé dans l'eau bouillante où il faut qu'il baigne entièrement et laissez-le bouillir sans interruption pendant environ cinq quarts-d'heure. Retirez-le de l'eau, mais ne le développez qu'un quart-d'heure plus tard pour qu'il prenne un peu de consistance.

Mettez dans une casserole 125 grammes de beurre et plein une cuillère à café de farine ; ajoutez un quart de verre d'eau et autant de rhum ; 50 grammes de sucre et un peu de sel ; laissez mijoter huit à dix minutes, versez sur le pudding et servez.

Pudding aux pommes, entremets sucré.
Prenez 500 grammes de farine ; faites un trou au milieu ; mettez-y 250 grammes de graisse de rognon de bœuf bien débarrassée de ses peaux et filandres et

hachée jusqu'à ce qu'elle soit comme de la poussière, *on peut remplacer la graisse par du beurre, mais le pudding a moins de goût*, un jaune d'œuf, 2 fois plein une cuillère à café de sel fin, environ un verre d'eau ou de lait; pétrissez bien le tout ensemble; faites deux parts de cette pâte, mais l'une beaucoup moins grosse que l'autre; étendez la plus forte part de l'épaisseur de moitié du doigt environ, garnissez-en l'intérieur d'un grand bol ou d'un bol à pudding; remplissez l'intérieur de cette pâte de pommes que vous avez pelées, épluchées et coupées en morceaux, il faut qu'elles bombent au-dessus de la pâte; saupoudrez d'un peu de poudre des quatre épices et de zeste de citron haché fin et de 125 grammes de sucre en poudre ou de cassonade. Etendez l'autre morceau de pâte, recouvrez-en les pommes, soudez bien en imbibant d'eau les bords des deux pâtes ensemble; couvrez le pudding d'un torchon que vous attachez bien au bol et dont vous relevez les coins au-dessus comme dans la figure ci-dessous.

Plongez ce pudding dans l'eau bouillante et faites cuire une heure et demie à deux heures.

Il faut que l'eau bouille toujours et que le pudding baigne complétement. Si l'eau venait à diminuer, remplir la marmite avec de l'eau bouillante.

Bol à pudding. Pudding disposé dans le bol et prêt à mettre dans la marmite.

Une fois cuit ôter le pudding de l'eau; le renverser dans un plat et le servir accompagné de sucre en poudre ou de cassonade dans les cas où les convives ne le trouveraient pas assez sucré.

Les puddings doivent être mangés chauds.

On peut ajouter un peu d'eau sucrée aux restes pour les faire réchauffer.

Puddings aux mûres, aux groseilles, aux cerises, aux prunes, etc.

Les puddings aux mûres, aux groseilles, aux cerises, aux prunes, aux abricots se font exactement comme le pudding aux pommes qui précède, seulement on ne met avec ces fruits ni citron ni épices.

On ôte les noyaux des abricots et des prunes, on laisse cependant ceux des prunes d'avoine.

On ôte seulement la queue des cerises.

On fait aussi des puddings avec des groseilles vertes, avec de la rhubarbe. (*Voir Pudding aux groseilles vertes et Pudding à la rhubarbe.*)

Rouled-pudding, entremets sucré.

Prenez 500 grammes de farine; faites un trou au milieu; mettez-y 250 grammes de graisse de rognon de bœuf bien débarrassée de ses peaux et filandres et hachée jusqu'à ce qu'elle soit comme de la poussière (*on peut remplacer la graisse par du beurre, mais le pudding a moins de goût*); un œuf; plein une cuillère à café de sel fin; environ un demi-verre d'eau; pétrissez bien le tout ensemble; étendez de l'épaisseur d'une pièce de cinq francs; enduisez toute la surface d'une couche excessivement mince de gelée de groseilles ou de marmelade de prunes ou d'abricots; roulez serré votre pâte ainsi enduite, de manière à lui donner la forme d'une grosse andouille; enveloppez d'un torchon; ficelez les deux bouts; faites cuire une heure et demie à deux heures à pleine eau bouillante.

Il faut que l'eau bouille toujours et que le pudding baigne complétement. Si l'eau venait à diminuer, remplir la marmite avec de l'eau bouillante. Développez le pudding et servez.

Ce pudding se coupe par tranches.

Le rouled-pudding doit être mangé chaud.

Couper les restes par tranches et les faire réchauffer avec un peu d'eau sucrée.

PATÉS

L'article PATÉ est une des préoccupations importantes des ménages bourgeois. Les PATÉS sont des mets délicats et de grande ressource ; commodes parce qu'on peut les préparer à l'avance et à toute éventualité ; aussi avons-nous cru devoir accorder à ces sortes de préparations un chapitre spécial.

Il y a les PATÉS FROIDS et les PATÉS CHAUDS.

Occupons-nous tout d'abord ici des PATÉS FROIDS, qui sont la variété la plus importante ; nous vous entretiendrons des pâtés chauds au chapitre PATISSERIE.

Les PATÉS FROIDS sont désignés ainsi parce qu'on les mange complétement refroidis.

Les différentes sortes de pâtés froids peuvent se classer de la manière suivante : PATÉS EN TERRINE (1), PATÉS ENTOURÉS D'UNE CROUTE DE PATE, auxquels revient seuls légitimement la qualification de PATÉS, et PAINS DE VIANDE.

On fait des pâtés avec toutes sortes de viandes : veau, porc, gibier, volaille, etc.

Pour faire de bons pâtés, surtout des pâtés dans une croûte, choisissez de préférence des viandes tendres ; car avec des viandes dures on n'obtiendrait jamais des pâtés très-délicats.

On fait aussi des pâtés avec toute espèce de poisson.

Les pâtés se composent d'une chair principale et de farce.

Farce pour pâtés. — Pour les pâtés à la viande, on compose la farce avec de la chair à saucisses (*Voir Chair à saucisses page* 252), à laquelle on peut joindre les débris maigres, non nerveux, des viandes que l'on doit employer pour le pâté ; hachez très-fin ; ajoutez, le quart *du poids de ce hachis*, de pain au levain doux

---

(1) Une terrine est un vase de terre, soit rond, soit ovale, dont le principal usage est de servir à contenir des pâtés sans croûte. On fait cuire les pâtés dedans et on les y laisse.

trempé dans de l'eau et bien égoutté ; sel ; poivre ; épices ; persil haché très-fin ; un peu d'oignon ou un peu d'ail écrasés, *si on aime leur parfum ;* mélangez bien le tout.

Faites cuire un tout petit peu de cette farce pour vous assurer de l'assaisonnement. Il faut qu'elle vous paraisse un peu trop assaisonnée, sans cela votre pâté, une fois cuit et refroidi, ne le serait pas assez.

On peut aussi employer comme FARCE pour pâté de la FARCE A QUENELLES et du GODIVEAU (*Voir ces mots pag.* 120).

Pour les pâtés de poisson, on se sert de farce de quenelles de poisson bien mélangée avec les débris de chair des poissons que l'on emploie comme principal du pâté.

Si l'on doit mettre des truffes dans les pâtés, soit de viande, soit de poisson, on mêlera les pelures bien hachées avec la farce.

On appelle PAINS DE VIANDE une variété de pâtés dont toutes les viandes au lieu d'être laissées en morceaux sont hachées et mêlées. On les fait cuire dans des moules ou des terrines à bords droits pour pouvoir les en tirer facilement en chauffant un peu le moule ou la terrine qui les contient dans l'eau bouillante ; car on les sert à nu.

Les pâtés froids, — terrines, pâtés en croûtes et pains de viandes, — ne doivent s'entamer que complétement froids ; le lendemain du jour de la cuisson au plus tôt. L'été il est parfois nécessaire de les mettre à la cave ou dans un cellier très-frais pour qu'ils refroidissent suffisamment.

PRÉCAUTIONS A PRENDRE LORSQU'ON VEUT CONSERVER LONGTEMPS LES PATÉS EN TERRINES. — Lorsqu'on a l'intention de conserver les pâtés en terrines, c'est une bonne précaution de les comprimer à la sortie du four avec une plaque ou une assiette que l'on charge d'un poids d'un ou deux kilogrammes, puis le lendemain on retire la plaque ou l'assiette en les chauffant un peu, on recouvre le dessus du pâté d'une couche de saindoux ;

on remet le couvercle; on ferme hermétiquement en collant une bande de papier tout autour du couvercle et en mettant un bouchon au trou du milieu. Conserver le pâté dans un endroit sec et frais.

Nous donnons immédiatement ci-après les meilleurs procédés indiqués pour la confection des différents pâtés en terrines et pains de viande; on trouvera les instructions particulières aux pâtés entourés d'une croûte au chapitre PATISSERIE (*Voir à la table des matières*).

Pâté-Terrine de veau et jambon. — Ayez rouelle de veau 500 grammes, *os et peaux non compris*;

Jambon fumé cru 250 grammes;

Chair à saucisses 500 grammes;

Otez les os, les peaux, les nerfs du veau; coupez-le en tranches; piquez-le de lardons au plus gros comme le petit doigt;

Otez la couenne du morceau de jambon que vous couperez en tranches.

Hachez menu et pilez de petits morceaux du veau et du jambon que vous mêlerez à la chair à saucisses et à 125 grammes de pain au levain doux trempé dans de l'eau et bien égoutté, ajoutez poivre et épices et persil haché fin... Je ne parle pas de sel parce que le jambon étant salé, si on remettait du sel, le pâté courrait risque d'être trop assaisonné. Du reste c'est à la personne qui prépare le pâté à discerner si elle doit en mettre, suivant le plus ou moins de salaison du jambon.

Mettez dans le fond de la terrine une barde de lard aussi mince que possible; sur cette barde disposez veau, jambon, farce bien entremêlés. Pressez bien de tous côtés pour en faire une seule masse. Finissez par une légère couche de farce. Couvrez d'une barde de lard très-mince sur laquelle vous éparpillez un peu de thym et de laurier; saupoudrez de sel et poivre. Mettez un demi-verre d'eau et deux cuillerées d'eau-de-vie; couvrez et faites cuire deux heures et demie au moins à four pas trop chaud.

Au lieu de mettre le veau coupé en deux ou trois morceaux et le jambon en tranches, on peut le couper en lardons de la grosseur et de la longueur du doigt et les entremêler avec la farce; cette méthode est même préférable à la précédente.

Pendant que le pâté cuit, mettez dans une casserole avec assez d'eau pour qu'ils baignent complétement la couenne du jambon, les débris et les os du veau, un oignon piqué de deux clous de girofle et un bouquet garni... faites bouillir au moins deux heures et réduire à la quantité d'un verre environ; passez et mettez autour du pâté une demi-heure au moins avant la cuisson parfaite de celui-ci.

Pâté-Terrine de volaille, entremets.

Plumez, flambez, videz un beau poulet; désosséz-le comme pour la daube ou galantine de volaille pag. 292.

Hachez ensemble une livre de veau et une livre de poitrine de porc frais, et le foie, les poumons, le cœur du poulet; ajoutez 125 grammes de pain au levain doux bien trempé et égoutté; mélangez bien le tout ensemble.

Préparez à même la chair des cuisses et des ailes du poulet des filets de la grosseur du petit doigt, préparez aussi des petits filets de jambon fumé cru, de veau et de porc frais.

Etendez le poulet la peau du côté de la table, couvrez-le d'une couche mince de farce, enfoncez aussi de la farce dans les cavités qu'ont laissées les os des ailes et des cuisses. Rangez sur cette couche de farce, en les entremêlant, les petits filets de poulet, veau, jambon, porc. Remettez une couche de farce. Puis une couche de poulet; veau, jambon, etc., ainsi de suite pour qu'il y en ait assez pour remplir complétement le poulet. Relevez les côtés du poulet en lui redonnant autant que possible sa première forme, enveloppez-le d'une couche de farce. Prenez une terrine assez grande pour contenir le poulet; éparpillez au fond une demi-feuille de laurier et une toute petite branche de thym que vous avez rompu en tout petits morceaux, puis mettez une barde de lard; posez sur cette barde le poulet farci et enveloppé de farce comme il est dit ci-dessus... pressez et mettez de la farce de manière à ce qu'il ne reste aucun creux; couvrez d'une barde et parsemez de sel, poivre, thym et laurier. Pressez-bien le tout et passez les doigts le long des parois de la terrine. Versez un demi-verre d'eau et un verre à vin d'eau-de-vie. Mettez le couvercle de la terrine dont vous entourez les bords avec une pâte faite avec un peu de farine et d'eau afin de clore hermétiquement la terrine. Faites cuire à four assez doux. Il faut bien deux heures et demie de cuisson.

Une demi-heure avant la parfaite cuisson, vous introduirez par le petit trou du couvercle de la terrine un verre de jus que vous aurez fait avec les os, le gésier du poulet et les débris des viandes qui ont servi pour la farce.

N'ouvrez la terrine que lorsqu'elle sera complétement froide et au moment de la manger.

Paté-Terrine de lapin haché, entremets.
Dépouillez, videz.
Otez toute la chair d'autour les os.
Ayez le même poids de chair de veau débarrassée de ses os et de ses peaux.
Le même poids de chair de poitrine de porc frais débarrassée également de ses os et de ses peaux.
Hachez ensemble lapin, veau et porc frais. Lorsqu'ils sont hachés très-fin, assaisonnez de sel et poivre... (*un peu d'oignon ou d'ail haché très-fin si vous l'aimez.*) Goûtez s'il est de bon assaisonnement.

Mettez au fond d'une casserole, d'un gîte ou d'une terrine de dimension à contenir votre hachis, un peu de sel et de poivre, une feuille de laurier coupée en trois ou quatre et une toute petite branche de thym également rompue en plusieurs morceaux. Mettez votre hachis de lapin, veau et porc... pressez bien. Couvrez le dessus d'une barde de lard très-mince. Saupoudrez de sel et poivre et de petits morceaux de laurier et de thym. Versez sur votre pâté un demi-verre d'eau et un verre à vin d'eau-de-vie. Couvrez. *Il est important pour la qualité du pâté que le couvercle ferme hermétiquement. Du reste en l'entourant d'un peu de pâte il est facile de boucher tous les interstices.* Faites cuire à four doux deux heures et demie.

Pour que ce pâté soit plus savoureux, mettez dans une casserole les os du lapin, les débris des autres viandes, couvrez d'eau... faites bouillir deux ou trois heures avec un oignon, une carotte, un bouquet garni... faites réduire à grand feu et passez. Lorsque le pâté est cuit, vous versez ce jus dessus... Faites mijoter cinq minutes et laissez refroidir.

Vous laissez refroidir le pâté dans la terrine, il faut au moins douze heures.

On sert ce pâté dans la terrine ou le gîte dans lequel il a cuit.

On peut n'employer, dans le cas où l'on voudrait un pâté moins fort, que la moitié du lapin... il faudrait aussi mettre moitié moins de veau et moitié moins de porc frais et choisir une terrine moins grande.

Autre pâté-terrine de lapin.
Dépouillez, videz;
Otez toute la chair d'autour les os;
Ayez même poids de veau débarrassé de tous ses os et de ses peaux;
Une livre et demie de chair à saucisses bien assaisonnée;
Coupez la chair de lapin en lardons de la longueur et de l'épaisseur du doigt;
Coupez de même la chair de veau;
Hachez le foie, le cœur et la rate du lapin, et mélangez avec la chair à saucisses.

Mettez au fond d'une casserole, d'un gîte ou d'une terrine de dimension à contenir l'ensemble des chairs, un peu de sel et poivre, une feuille de laurier coupée en trois ou quatre et une toute petite branche de thym également rompue en plusieurs morceaux. Mettez une couche de farce de l'épaisseur du doigt. Rangez dessus une couche de lardons de lapin, de veau et de porc frais... bien pressés les uns contre les autres. Puis dessus une couche de farce et ainsi de suite. Pressez bien. Couvrez le dessus d'une barde de lard très-mince, mais qui s'étende sur tout le dessus de votre pâté. Saupoudrez de sel et poivre et mettez, comme au fond, du laurier et du thym. Versez sur votre pâté un demi-verre d'eau et un verre à vin d'eau-de-vie. Couvrez hermétiquement. *Voir pour la cuisson ce que nous avons dit pour le Pâté de lapin haché.*

Pâté-terrine de lièvre. — Se fait comme la terrine de lapin. (*Voir Pâté-terrine de lapin haché et Pâté-terrine de lapin en morceaux, pages* 550 *et* 551).

Pâté-terrine de perdreaux, entremets.
Pour une terrine de deux perdreaux, ayez :
Deux perdreaux ;
1/2 livre de poitrine de porc que vous coupez en toutes petites languettes ;
Une livre de chair à saucisses ;
Deux bardes de lard minces comme un sou et grandes comme la main ;
125 grammes de pain au levain doux, soit régence, soit flûte, que vous mettez tremper dans de l'eau ;
Plumez, flambez, videz les perdreaux, enlevez pattes, ailerons ; fendez les perdreaux par le dos et désossez-les en vous gardant bien d'endommager la peau (*pour la manière de désosser voir à la recette de la daube ou galantine de volaille, pag.* 292.)
Hachez le cœur, le foie, les poumons et toutes les parties charnues qui tapissent les os à l'intérieur et mélangez-les avec la chair à saucisses et le pain que vous avez égoutté, sel, poivre, épices, un peu de persil et de ciboule hachés très-fin, mélangez bien le tout avec la main pour que ce soit mieux amalgamé... faites cuire un peu de cette farce pour voir si elle est bien assaisonnée...

Etendez sur une table vos deux perdreaux désossés...
couvrez-les du côté de l'intérieur d'une couche de
farce ; faites une incision dans l'épaisseur de la chair
des ailes pour y introduire de la farce ; mettez-en
aussi à la place des os des ailes et des cuisses ; mettez
de place en place, sur cette couche de farce, quelques
languettes de poitrine de porc, puis une nouvelle couche
de farce et ainsi de suite jusqu'à ce qu'il y en ait assez
pour remplir l'intérieur de chaque perdreau... relevez
chaque côté du perdreau et façonnez de forme ovale...
Entourez chaque perdreau d'une couche de farce...

Prenez une terrine assez grande pour contenir les
deux perdreaux; éparpillez au fond une demi-feuille
de laurier et une toute petite branche de thym que
vous rompez en petits morceaux, puis une des bardes
de lard ; posez sur cette barde une couche mince de
farce, puis les deux perdreaux que vous couvrez et entourez aussi bien que possible de farce, couvrez encore
d'une barde et parsemez d'un peu de thym et de laurier à peu près la même quantité que vous avez mise
au fond de la terrine. Pressez bien le tout et passez un
peu les doigts le long des parois de la terrine. Versez
un 1/2 verre d'eau et un verre à vin d'eau-de-vie.
Mettez le couvercle de la terrine dont vous entourez
les bords avec une pâte faite avec un peu de farine et
d'eau, afin de clore hermétiquement la terrine. Mettez à four assez doux... Il faut bien deux heures et demie de cuisson.

Une demi-heure avant la parfaite cuisson, vous introduirez par le petit trou du couvercle de la terrine
un verre de jus que vous aurez fait avec les os, les
gésiers des perdreaux et les débris et la couenne de la
viande de porc que vous aurez employée.

*Les truffes font bien dans les terrines de perdreaux;
on en dispose de place en place dans l'intérieur des perdreaux et l'on hache les épluchures que l'on mêle avec
la farce.*

Pâté-terrine de faisan, entremets.

Se fait comme le pâté-terrine de perdreaux.

Pâté-terrine de cailles, entremets.

Se fait comme le pâté-terrine de perdreaux. *On peut, si l'on veut, ne pas désosser les cailles.*

Pâté-terrine de pigeons, entremets.

Se fait comme le pâté-terrine de perdreaux.

Pâté-terrine de bécasses, entremets.

Pour une terrine de deux bécasses ayez :

Deux bécasses ;

250 grammes de poitrine de porc que vous coupez par languettes ;

500 grammes de chair à saucisses ;

Deux bardes de lard minces comme un sou et grandes comme la main ;

125 grammes de pain au levain doux, soit régence, soit flûte, que vous mettez tremper dans de l'eau ;

Plumez, flambez les bécasses ; ôtez la noix ou gésier, mettez de côté l'intérieur et les intestins ; coupez les pattes et les ailerons. Fendez les bécasses par le dos et désossez-les en vous gardant bien d'endommager la peau. (*Voir pour la manière de désosser la recette de la daube ou galantine de volaille pag. 292.*)

Hachez et pilez au mortier un peu de persil et de ciboule ; hachez et pilez également l'intérieur et les intestins des bécasses ; pilez la chair à saucisses ; égouttez et pressez bien le pain, écrasez-le bien ; mêlez persil, ciboule, intérieur, intestins, chair à saucisses et pain, assaisonnez de sel, poivre et épices, goûtez pour vous assurer si cette farce est de bon assaisonnement.

Etendez les deux bécasses désossées, couvrez-les du côté de l'intérieur d'une couche de farce ; faites une incision dans l'épaisseur de la chair des ailes pour y introduire de la farce ; mettez-en aussi à la place des os des ailes et des cuisses ; mettez de place en place sur cette couche de farce quelques languettes de poitrine de porc, puis une nouvelle couche de farce et ainsi de suite jusqu'à ce qu'il y en ait assez pour remplir l'intérieur de chaque bécasse; refermez chaque bécasse et façonnez de forme ovale; entourez chaque bécasse d'une couche de farce.

Prenez une terrine assez grande pour contenir les deux bécasses; éparpillez au fond une demi-feuille de laurier et une toute petite branche de thym que vous rompez en petits morceaux, puis une barde de lard; posez sur cette barde une couche mince de farce, puis les deux bécasses que vous couvrez et entourez aussi bien que possible de farce; couvrez encore d'une barde et parsemez d'un peu de thym et de laurier à peu près la même quantité que vous avez mise au fond de la terrine. Pressez bien le tout et passez un peu les doigts le long des parois de la terrine. Versez un 1/2 verre d'eau et un verre à vin d'eau-de-vie. Mettez le couvercle de la terrine dont vous entourez les bords avec une pâte faite avec un peu de farine et d'eau, afin de clore hermétiquement la terrine. Mettez à four assez doux; il faut bien deux heures de cuisson.

Une demi-heure avant la parfaite cuisson, vous introduirez par le petit trou du couvercle de la terrine un verre de jus que vous aurez fait avec les os des bécasses, les débris et les couennes de la viande de porc que vous avez employée.

Pâté-terrine d'alouettes, entremets.

Pour une terrine d'une douzaine d'alouettes ayez une livre de chair à saucisses;

Deux bardes de lard grandes comme la main et minces au plus comme un sou;

Une douzaine de petites bardes aussi minces que possible pour entourer les alouettes;

125 grammes de pain au levain doux, soit régence, soit flûte que vous mettez tremper dans de l'eau.

Plumez, flambez les alouettes, ôtez la noix ou gésier, mettez de côté l'intérieur et les intestins.

Hachez et pilez au mortier un peu de persil et de ciboule; ajoutez l'intérieur et les intestins des alouettes, pilez en pâte; ajoutez la chair à saucisses; pilez;

égouttez et pressez bien le pain, ajoutez-le au mélange ci-dessus, ajoutez sel et poivre, mêlez bien avec la main. Faites cuire un peu de cette farce pour goûter si elle est de bon assaisonnement; emplissez les alouettes de farce et bardez-les.

Prenez une terrine assez grande pour contenir les alouettes en deux rangées superposées. Saupoudrez le fond d'un peu de poivre et de sel et d'un peu de feuille de laurier et d'un peu de thym rompus en tout petits morceaux, puis mettez une des grandes bardes de lard. Posez sur cette barde une couche mince de farce, puis six alouettes bardées et farcies, couvrez et environnez aussi bien que possible de farce; mettez les six autres alouettes, puis une dernière couche de farce; couvrez de la dernière barde; parsemez le dessus d'un peu de sel, poivre, thym et laurier. Pressez bien le tout et passez un peu les doigts le long des parois de la terrine. Versez un demi-verre d'eau et deux cuillerées d'eau-de-vie. Mettez le couvercle de la terrine dont vous entourez les bords avec une pâte faite avec un peu de farine et d'eau, afin de clore hermétiquement la terrine. Faites cuire à four assez doux; il faut deux heures au plus de cuisson.

Une demi-heure avant la parfaite cuisson vous introduirez par le petit trou du couvercle de la terrine, un demi-verre de jus que vous aurez fait avec un peu de jarret de veau et les os et les couennes du porc qui vous aura servi à faire la chair à saucisses.

Laissez complétement refroidir avant d'ouvrir la terrine.

On peut désosser les alouettes; si on a la patience de les désosser, on obtient un mets encore plus raffiné.

Pâté-terrine de bécassines. — Se fait exactement comme le pâté-terrine d'alouettes.

Pâté-terrine de foie gras. — Ayez :
Un kilog de foie de veau;
Un kilog de foie gras;

250 grammes de poitrine de porc frais sans couenne ni nerfs;

750 grammes de panne de porc frais;

125 grammes de pain au levain doux;

550 grammes de truffes.

Coupez le foie gras en morceaux de l'épaisseur de la moitié du doigt au plus.

Hachez et pilez au mortier une échalote et deux branches de persil; ajoutez le foie de veau, la poitrine de porc frais et la panne; ajoutez à ce mélange le pain que vous avez fait mijoter vingt-cinq à trente minutes avec un verre d'eau; assaisonnez de sel, poivre, épices. Hachez, pilez et mélangez bien le tout.

Etendez une couche de cette farce de l'épaisseur du doigt au fond de la terrine; mettez dessus des tranches de foie gras et des tranches de truffes; saupoudrez d'un peu de sel, de poivre et d'épices; mettez une nouvelle couche de farce; puis une nouvelle couche de foie gras et de truffes; et ainsi de suite jusqu'à ce que la terrine soit pleine; ayez soin de terminer par une couche de farce; couvrez d'une barde de lard très-mince; mettez une feuille de laurier dessus; mettez le couvercle de la terrine et faites cuire au bain-marie trois heures environ.

Laissez refroidir complétement.

Si l'on veut la conserver longtemps, voir : *Précautions à prendre pour conserver longtemps les pâtés en terrine page* 547.

Sandwichs au foie gras. — Se font exactement comme les sandwichs au jambon (*Voir Sandwichs au jambon page* 259).

Pâté-terrine de foie de veau. — Imitation du pâté de foie gras.

Ayez deux kilos de foie de veau;

Un kilo de poitrine de porc frais;

500 grammes de panne;

125 grammes de pain qu'on aura mis tremper à l'avance dans de l'eau ou du lait;

Partagez le morceau de foie en deux; coupez l'une de ces parties en tranches au plus de l'épaisseur du doigt; hachez l'autre avec la poitrine de porc frais débarrassée de sa couenne. Hachez très-fin, pilez même, mêlez avec le pain trempé bien égoutté et pressé, assaisonnez de sel, poivre et épices.. goûtez si cette farce est convenablement assaisonnée... pilez de nouveau.

Mettez une couche de farce au fond de la terrine, puis une couche de tranches de foie... saupoudrez de sel et poivre, et ainsi de suite. Terminez par une couche de farce. Mettez en dessus une barde de lard très-mince, sel, poivre, une feuille de laurier... Fermez hermétiquement. Faites cuire trois heures à four très-doux ou au bain-marie, feu dessus feu dessous.

Laissez refroidir jusqu'au lendemain.

Pâté-terrine de foie de veau haché. — Hachez ensemble un kilo de foie de veau et un kilo de poitrine de porc frais. Hachez très-fin, assaisonnez de sel, poivre, épices.

Mettez au fond de la terrine une barde très-mince de lard, puis dessus une couche de deux doigts d'épaisseur du hachis de foie et de porc, puis une barde et ainsi de suite; terminez par une barde. Saupoudrez de sel et poivre et mettez une feuille de laurier. Fermez bien votre terrine et faites cuire deux heures et demie à four très-doux.

Pâté-terrine de foie de cochon. — Hachez très-fin trois livres de foie de cochon, deux livres de poitrine de porc frais, une demi-livre de panne; assaisonnez de persil, ciboule, sel, poivre, épices; mettez au fond d'un moule, d'une terrine ou d'une casserole une barde de lard très-mince, mettez dessus votre hachis de foie et de lard que vous entremêlez de quelques lardons; tassez fort, couvrez d'une barde mince... Couvrez hermétiquement et mettez cuire à four doux pendant deux heures et demie à trois heures. N'entamez que lorsqu'il sera complétement refroidi.

Boule de bœuf, entrée. — Prenez poids égal de maigre de bœuf et de poitrine de porc frais. Otez peaux et os. Hachez fin. Assaisonnez de sel et poivre. Faites cuire un peu de ce hachis pour vous assurer s'il est de bon assaisonnement. Mettez en boule. Faites blondir un peu de beurre. Faites-y prendre couleur au-dessus de la boule. Tournez-la. Mettez un ou deux oignons, un bouquet garni. Couvrez hermétiquement et faites cuire trois heures à tout petit feu. Une demi-heure avant complète cuisson, ajoutez un peu d'eau ou de bouillon; assaisonnez d'un peu de sel et poivre. La boule une fois cuite, dégraissez un peu la sauce, si elle vous paraît trop grasse, et servez chaud.

La boule de bœuf est également très-bonne froide.

Boule de porc frais, entrée. — Se fait exactement comme la boule de bœuf ci-dessus, seulement on n'emploie que de la chair de porc.

Boule de veau, entrée. — (*Voir Crépine de veau pag.* 202.)

Pâté-terrine de poisson. — Ayez un kilo et demi de poisson à chair ferme tel que saumon, thon, esturgeon, congre, gros rougets, etc.

Un kilo de farce de poisson (*Voir Godiveau de poisson pag.* 121).

Enlevez la peau et les arêtes du poisson, coupez en tranches de l'épaisseur du doigt;

Etendez au fond de la terrine une couche de farce, puis une couche de tranches de poisson; saupoudrez de sel, poivre et épices; mettez de nouveau une couche de farce et une couche de poisson; saupoudrez de sel et poivre, et ainsi de suite jusqu'à ce que la terrine soit remplie; terminez par une couche de farce; parsemez de petits morceaux de beurre; couvrez et faites cuire deux heures à four pas trop chaud.

PATISSERIE

J'ai souvent entendu dire, pour indiquer le haut degré de savoir d'une cuisinière : « Elle fait même de la pâtisserie ! »

La confection de la pâtisserie n'est pas plus difficile que la confection de certaines autres préparations culinaires, ce qu'il faut avant tout, c'est du soin, de l'attention, les notions préliminaires qui là, comme en bien des circonstances, sont toute la clé du mystère.

Savoir faire la pâtisserie est presque une nécessité pour une cuisinière, pour une maîtresse de maison, surtout à la campagne où l'on ne peut recourir aux gens de métier. L'adoption des fourneaux économiques, presque tous munis de fours, rendent la confection de la pâtisserie plus facile ; mais ce n'est pas une question *sine quâ non*, on peut en faire simplement avec le secours du four de campagne; cela demande plus de surveillance et d'habileté, mais est loin d'être impossible.

Manière de manœuvrer pour la cuisson de la pâtisserie dans les fours des fourneaux économiques. — La condition essentielle pour la cuisson dans le four des fourneaux économiques, c'est de n'enfourner que lorsque le four est bien chaud ; de rapprocher ou d'éloigner du foyer la pièce que l'on a mise à cuire suivant qu'elle prendra trop ou pas assez vite couleur; une fois loin du foyer si elle prenait encore trop de couleur, l'abriter avec une feuille de papier.

Cuisson des pâtisseries au four de campagne. — La cuisson au four de campagne demande encore plus de soin que la cuisson dans le four des fourneaux économiques. Ce que je recommande c'est de bien faire chauffer le four de campagne avant de le poser sur les pâtisseries et de bien entretenir le feu que l'on met dessus; le feu que l'on entretient sous les pièces que l'on fait cuire au four de campagne doit être très-doux, presque de la cendre chaude, sans cela on brûlerait indubitablement le dessous de ses pâtisseries.

Cuisson des pâtisseries dans le four d'un boulanger. — Souvent il arrive qu'on a à proximité un boulanger et que l'on a la faculté de se servir de son four, ce qui offre un grand avantage, mais nécessite cependant aussi quelques notions pour pouvoir en profiter; car s'en rapporter complétement au boulanger, c'est s'exposer à des déceptions, à ce que les pièces que l'on a à faire cuire reviennent ou brûlées ou pas assez cuites; car c'est toute autre chose de faire cuire du pain ou des pâtisseries.

Un four à pain a différents degrés de chaleur :

Lorsqu'il a atteint son plus haut degré de chaleur, la voûte est blanche, et si l'on y frotte un morceau de bois, ce morceau de bois produit des étincelles; à ce degré de chaleur, il faut attendre un instant avant de s'en servir, même pour les plus gros pains...

Avant de pouvoir introduire dans le four les pâtés froids, les pâtés chauds, les vol-au-vent, les galettes feuilletées, les tartes, il faut attendre plus d'une heure sous peine de voir toutes ces pâtisseries complétement brûlées.

Il faut attendre deux ou trois heures pour y mettre les biscuits, les gâteaux de Savoie et enfin toutes les pâtisseries qui ne doivent pas prendre de couleur.

Il faut attendre encore plus longtemps pour les meringues, les gâteaux meringués et surtout pour les macarons et les massepains qui ne doivent, pour ainsi dire, que dessécher.

CONDITIONS ESSENTIELLES POUR FAIRE DE BONNE PATISSERIE. — Une des premières conditions pour faire de bonne pâtisserie, de même que pour faire d'excellente cuisine, est d'avoir de bonnes matières premières, de bon beurre, de bons œufs, de bonne farine, de la farine bien fine, bien blanche, de la fleur de farine; ensuite de manipuler tout cela d'après de bonnes recettes.

OUTILLAGE INDISPENSABLE. — L'outillage pour la pâtisserie d'une maison bourgeoise peut se réduire à un très-petit nombre d'objets. Les indispensables sont : un ROULEAU pour étendre la pâte... un rouleau en bois dur, gros à peu près comme le bras et de 32 centimètres au plus de longueur, quelques MOULES petits et grands; deux ou trois TOURTIÈRES.

A ces objets, les seuls vraiment indispensables, on peut joindre quelques COUPE-PATES ou emporte-pièces pour découper la pâte en rond; il y en a d'unis et de gaudronnés.

RENSEIGNEMENTS UTILES. — Suivant le système que nous avons adopté dans ce livre, nous éviterons dans nos recettes pour la pâtisserie les expressions techniques, cependant il est nécessaire que l'on comprenne les suivantes qui seront de fréquent emploi, que l'on sache en quoi consistent le DORAGE, le GLAÇAGE et le COLLAGE.

Le DORAGE est l'action d'enduire d'une certaine substance les pâtisseries pour qu'elles prennent à la cuisson une belle couleur dorée et luisante. Pour les grosses pâtisseries, le dorage consiste, au moment de les enfourner, à les couvrir légèrement, au moyen d'un pinceau, ou d'une barbe de plume, de jaune d'œuf délayé avec un peu d'eau; pour les pâtisseries légères et qui ne veulent pas une grande coloration, comme les massepains et les macarons, on se sert d'eau seule.

Le GLAÇAGE a pour effet d'embellir une pâtisserie en la couvrant d'une couche mate de sucre. Pour glacer les gâteaux on les retire du four presque cuits, on les saupoudre de sucre en poudre auquel on a mêlé un quart de fécule; on les remet ensuite quelques minutes au four.

Le COLLAGE est l'action de faire adhérer ensemble deux fragments de pâte. Il suffit de bien imbiber d'eau les parties que l'on veut coller ensemble et de les appuyer l'une contre l'autre.

DIFFÉRENTES ESPÈCES DE PATES. — Pour la pâtisserie on se sert de trois espèces principales de pâte : la PATE BRISÉE, la PATE FEUILLETÉE et la PATE SABLÉE.

La PATE BRISÉE s'appelle ainsi parce que dans le travail pour la faire ou la rompt par morceaux que l'on rassemble ensuite, ou bien on l'étend et on la replie, ce qui produit le même effet que si on la rompait.

La pâte brisée s'emploie pour les galettes, pour entourages de pâtés de viandes, pour timbales, pour tartes et tartelettes. On la travaille un peu moins et différemment selon les usages pour lesquels on veut s'en servir; du reste nous indiquerons en temps et lieu le travail que l'on doit lui faire subir.

La PATE FEUILLETÉE s'appelle ainsi parce que, une fois cuite, elle se présente à l'aspect de feuilles minces complétement distinctes les unes des autres. Elle s'emploie aussi pour galettes, pour vol-au-vent, et pour grand nombre de petits gâteaux.

La PATE SABLÉE s'appelle ainsi parce que lorsqu'on la mange elle s'écrase dans la bouche en petites parcelles comme du sable fin, elle sert pour galettes bretonnes et aussi pour petits gâteaux et tartelettes.

Pâte brisée. — La pâte brisée se fait avec plus ou moins de beurre, plus ou moins d'œufs, quelquefois même sans œufs, plus ou moins d'eau, suivant le but pour lequel on la prépare, suivant aussi le plus ou moins de délicatesse que l'on veut lui donner. Les proportions les plus fréquemment employées sont, pour 500 grammes de farine, 250 grammes de beurre, un œuf, un verre ou un quart de litre d'eau, deux fois plein une cuillère à café de sel fin. On délaye et mélange beurre, œuf, farine, eau tout ensemble; on pétrit cette pâte sans la fouler et on l'étend avec le rouleau.

Pâte feuilletée. — Pour avoir un kilo de pâte feuilletée prenez 500 grammes de belle farine, 375 grammes de beurre de première qualité, un verre ordinaire ou un quart de litre d'eau, un œuf, 2 fois plein une cuillère à café de sel fin.

Faites un trou au milieu de la farine; mettez-y le verre d'eau, gros comme une noix-cerneau de beurre, le sel, le blanc de l'œuf (*Vous mettrez de côté le jaune que vous battrez avec deux cuillerées d'eau et qui vous servira à dorer les pâtisseries que vous confectionnerez avec la pâte feuilletée, voir Dorage pag. 561.*) Peu à peu faites tomber et mélangez la farine avec ce que vous avez mis au milieu et faites-en une pâte; rassemblez cette pâte en boule; couvrez-la d'un linge et laissez reposer 20 minutes. *Cette pâte doit être assez molle.*

Au bout de 20 minutes, farinez une table légèrement et étendez au moyen d'un rouleau la pâte de l'épaisseur de deux décimes. Aplatissez d'une seule pièce, dans un linge mouillé, les 375 grammes de beurre en lui donnant assez d'étendue pour couvrir *moitié de la pâte;* posez le beurre ainsi aplati sur la pâte; repliez la pâte sur elle-même de manière à bien recouvrir le beurre; aplatissez et étendez la pâte ainsi garnie de beurre avec le rouleau; pliez-la en quatre; c'est ce qu'on appelle un TOUR et laissez-la reposer un quart d'heure. Recommencez cette opération six fois en été, sept fois en hiver, en mettant entre chaque tour l'intervalle d'un quart d'heure; saupoudrez chaque fois la table et la pâte d'un peu de farine pour empêcher que la pâte ne colle. Les six ou sept tours étant donnés, vous pouvez employer le feuilletage cinq minutes après.

Si l'on veut avoir une pâte qui lève moins et qui se mette moins par feuilles, il suffira de l'étendre moins de fois et de ne pas mettre d'intervalle entre chaque tour.

REMARQUES IMPORTANTES. — Pour bien réussir le feuilletage, il faut que le beurre ne soit ni trop ferme ni trop mou, qu'il ait à peu près la même consistance que la pâte pour qu'ils puissent s'étendre également ensemble dans le travail. S'il fait chaud, ce sera une bonne précaution de faire raffermir le beurre dans de l'eau très-fraîche, on emploiera également de l'eau bien fraîche pour faire la pâte et on la travaillera dans un endroit frais; s'il fait très-froid, pour faire la pâte on emploiera de l'eau un peu tiède et l'on se mettra dans un endroit où il ne fera pas trop froid.

Il faut aussi avoir bien soin que le four soit prêt à recevoir la pâte lorsque celle-ci sera terminée, car si elle attendait, elle ne ferait pas son effet à la cuisson.

Pâte sablée. — Maniez ensemble 500 grammes de farine, 250 grammes de beurre, deux œufs, plein une cuillère à café de sel ; formez en boule, étendez avec le rouleau et employez pour toutes les pâtisseries où vous désirerez employer cette pâte.

RECOMMANDATIONS IMPORTANTES ET RENSEIGNEMENTS INDISPENSABLES.

Avant d'initier le lecteur à la confection des différentes sortes de pâtisseries il est nécessaire que nous complétions nos préliminaires par quelques renseignements.

D'abord nous ne saurions trop recommander d'avoir de bon beurre et des œufs bien frais, avec de mauvais beurre et des œufs gâtés on ne saurait faire de bonne pâtisserie.

Si l'on n'est pas sûr de son beurre, qu'on ne soit pas certain qu'il soit bien lavé, s'il est *court*, avant de l'employer on fera bien de le manier dans l'eau fraîche pendant une ou deux minutes.

D'un autre côté, si l'on veut bien réussir sa pâtisserie, il ne faut pas se mettre dans un endroit trop froid ni trop chaud ; par les trop grands froids et les trop grandes chaleurs la pâtisserie se travaille mal et fait mal son effet.

POUR EMPÊCHER QUE LA PATE NE COLLE AUX MAINS, A LA TABLE SUR LAQUELLE ON LA TRAVAILLE ET AU ROULEAU, il suffit de saupoudrer ou d'enduire les mains, la table et le rouleau d'un peu de farine.

Pour empêcher que la pâte ne colle aux moules ou aux tourtières, il suffit d'enduire les moules et les tourtières d'un peu de beurre, de graisse ou d'huile.

Crème pâtissière. — *Cette crème sert à garnir les entremets de pâtisserie, flans, tourtes, saint-honoré et autres.*

Elle peut se faire en toutes saisons et remplace, parfois avantageusement, la crème fouettée.

Mettez dans une casserole une demi-cuillerée de

fécule que vous délayez avec un demi-verre de lait et 100 grammes de sucre en poudre.

D'autre part, délayez 6 jaunes d'œufs avec également un demi-verre de lait ; mêlez avec le lait et la fécule ; faites lier en tournant sur le feu jusqu'à ce que le tout soit pris sans bouillir ; ajoutez à ce mélange un peu de poudre de vanille et les six blancs d'œufs battus en neige dure ; remuez avec une mouvette sur le feu jusqu'à ce que le tout soit bien mêlé ; ôtez du feu ; aussitôt que le tout est presque froid, on ajoute, en hiver, 16 grammes, en été jusqu'à 30 grammes, de gélatine fondue dans aussi peu d'eau que possible. Versez immédiatement sur les pâtisseries que vous voulez garnir, telles que choux, saint-honoré, etc.

Frangipane. — Mettez dans une casserole deux cuillerées de farine; délayez avec deux ou trois œufs; ajoutez peu à peu un demi-litre de lait; une fois le tout bien délayé, mettez sur le feu et laissez cuire un quart-d'heure en ayant soin de toujours remuer pour que le mélange ne s'attache pas à la casserole; ajoutez 65 grammes de sucre, un peu de fleur d'oranger pralinée hachée fin (*Voir Fleur d'oranger pralinée*), et quelques macarons écrasés.

On emploie cette frangipane pour tourtes et tartelettes.

Frangipane aux amandes. — Ajoutez à la frangipane ci-dessus, lorsqu'elle sera froide, 100 grammes d'amandes (*vous aurez soin qu'il y ait à peu près le sixième d'amandes amères*), pilées au mortier jusqu'à ce qu'elles soient réduites en pâte. (*Vous aurez soin en pilant les amandes de les humecter de temps en temps de quelques gouttes d'eau de fleurs d'oranger pour les empêcher de rendre leur huile.*)

On emploie également cette frangipane pour tourtes et tartelettes.

Lait d'amandes. — Prenez, pour avoir un demi-litre de lait, 125 grammes d'amandes douces auxquelles vous ajoutez quelques amandes amères ; mettez-les quelques minutes dans de l'eau bouillante pour pouvoir facilement ôter la pellicule ; une fois bien mondées, pilez-les dans un mortier avec 100 grammes de sucre et une cuillerée d'eau de fleurs d'oranger, ajoutez un demi-litre de lait; faites bouillir quelques minutes ; passez en pressant bien ; laissez refroidir.

Lait d'avelines. — Se fait de la même manière que le lait d'amandes ci-dessus.

PATÉS AVEC CROUTE

Nous avons parlé précédemment des pâtés en terrine (*Voir page 546 et suivantes*), dans ce chapitre nous allons entretenir l'aspirant cuisinier des pâtés entourés d'une CROUTE ou enveloppe de pâtisserie. Ces pâtés demandent plus de soin, plus de travail que les pâtés en terrine, cependant ils ne sont pas aussi difficiles d'exécution qu'on pourrait le supposer ; j'en ai confectionné et vu confectionner souvent et le résultat n'a pas trompé notre attente.

Ces pâtés se préparent et se disposent, pour tout ce qui concerne la viande, — le principal, — exactement de la même manière que les pâtés en terrine. *Recommandation essentielle : des viandes tendres, bien disposées et bien assaisonnées.* Il y a en plus la pâte dont on les enveloppe et sur laquelle nous allons immédiatement donner les indications indispensables.

PATE POUR CROUTE DE PATÉ. — Pour un pâté de trois livres de viande environ, prenez un litre et demi de farine, 250 grammes de beurre, 2 œufs, plein une cuillère à café de sel fin, un demi-verre d'eau, fraîche en été, tiède en hiver.

Faites un trou au milieu de la farine et mettez-y le beurre, les œufs et le sel, mêlez beurre et œufs, puis peu à peu, incorporez-y la farine ; puis à mesure que le mélange s'affermit, ajoutez-y un peu d'eau. Cette pâte doit être assez ferme, et pour atteindre ce but ne mettez pas l'eau tout d'un coup par crainte qu'il n'y en ait trop; on peut en mettre un peu plus si la pâte est trop ferme; mais il faut faire en sorte de ne pas avoir besoin de remettre de la farine, parce que cela changerait les proportions.

La pâte étant bien liée et réunie en boule, aplatissez-la en la foulant avec la paume de la main, puis rassemblez-la. Faites cette manœuvre trois fois en hiver, deux en été; pas davantage, vous risqueriez que votre pâte ne soit pas liée et qu'elle se casse pendant le dressage ou pendant la cuisson. Une fois terminée, remettez-la en boule et, dans le cas où vous ne l'emploieriez pas immédiatement, conservez-la dans un linge humide.

Cette pâte se dresse et se monte dans l'intérieur d'une casserole ou d'un moule à gâteau de riz, ou, mieux encore, dans un de ces moules cannelés dits moules à pâtés, ce qui donne aux pâtés, une fois cuits et démoulés, l'aspect d'un petit édifice. Ces moules sont en fer-blanc ou en cuivre (*prenez de préférence ceux en fer-blanc*) et se composent de plusieurs morceaux attachés ensemble par des charnières qui leur permettent de s'ouvrir pour que l'on puisse facilement en tirer le pâté quand il est cuit. On les trouve chez les chaudronniers et chez les quincailliers. Il y en a de ronds, il y en a d'ovales.

Moule ovale.

On peut aussi dans la disposition de la pâte autour des pâtés n'avoir recours à aucune espèce de moules; on peut tout simplement se contenter d'après la manière indiquée plus loin à envelopper de pâte les viandes, ce qui est d'un moins joli effet, mais de plus prompte et de plus facile exécution.

PATISSERIE

Manière de dresser la pate autour des moules :

On place le moule, beurré dans tous les coins et recoins à l'intérieur, sur une plaque de tôle garnie d'un papier beurré ; mettez-y la pâte préparée comme il vient d'être dit pag. 567 et aplatie avec le rouleau de l'épaisseur du doigt ; étendez-la d'abord sur toute la superficie du fond, puis montez-la le long des parois du moule en ayant soin d'entrer dans toutes les cannelures ; coupez la pâte qui dépasse ; mais pas tout près du moule, il faut bien la laisser dépasser de deux centimètres ; placez les viandes, composant votre pâté, dans l'intérieur de cette pâte exactement de la même manière dont vous garnissez l'intérieur des terrines (*Voir les différents pâtés en terrines pag. 548 et suiv.*), mais avec barde dessus seulement et ne mettez ni eau ni eau-de-vie. Ne pressez pas trop fortement les viandes dans la crainte de percer la pâte.

Rassemblez les rognures de pâte, pétrissez et étendez de grandeur à pouvoir couvrir tout le dessus du pâté, mouillez les bords d'eau fraîche ; soudez-les avec la pâte des côtés en pinçant les bords avec le pouce et l'index. *Cette sorte de gaudronnage que vous faites tout autour des bords du paté constitue déjà une ornementation, on la complète au moyen de quelques incisions à la superficie du couvercle et de quelques petits ornements en pâte.* Faites au milieu du couvercle un trou pour que la vapeur puisse se dégager et ne crève pas la croûte du pâté pendant la cuisson. Dorez à l'eau et à l'œuf (*Voir Dorage pag.* 561).

Souvent pour le couvercle des pâtés, au lieu d'employer seulement les rognures de pâte qui restent des côtés, on emploie un peu de pâte feuilletée : étendez de l'épaisseur d'un sou environ les rognures de pâte que vous avez rassemblées ; coupez de la grandeur convenable pour couvrir le pâté ; couvrez ce couvercle d'une même épaisseur de pâte feuilletée avec laquelle vous le collez en mouillant d'un peu d'eau ; décorez ce couvercle comme le précédent par des incisions et des ornements en pâte rapportés.

Dans le cas où l'on n'aurait pas de moule, on peut user du procédé suivant, plus prompt et plus facile, et souvent employé pour les délicats pâtés de Pithiviers :

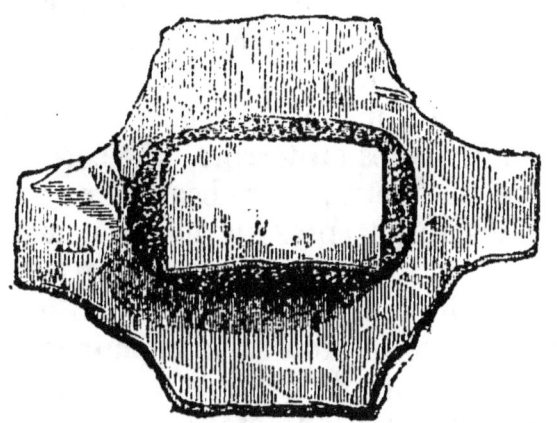 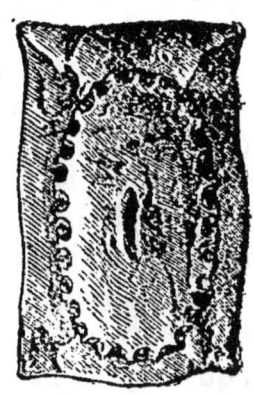

Pâté posé sur la pâte.   Pâté prêt à être enfourné.

Etendez la pâte de grandeur à pouvoir faire le fond et les bords du pâté; mettez la viande au milieu; entaillez un peu les quatre coins de manière à ne pas avoir trop d'épaisseur de pâte dans les angles; relevez la pâte des quatre côtés de manière à bien envelopper la viande et ayant soin de bien souder avec de l'eau pour ne pas laisser de place à l'écoulement du jus; faites avec les rognures un carré de pâte dont vous couvrez le pâté et dont vous soudez les bords à la pâte des côtés. Dorez le dessus de ces pâtés de la même manière que les autres avec de l'eau et de l'œuf.

CUISSON DES PATÉS EN CROUTE. — On conseille, dans certains livres de cuisine, de faire cuire à moitié les viandes avant de les disposer dans l'intérieur de la croûte, lorsque l'on fait des pâtés de grande dimension; je ne suis pas partisan de cette manière de faire; les pâtés faits avec des viandes à moitié cuites sont bien moins délicats. Si le pâté est fort et si vous craignez que la croûte ne brûle à la cuisson, mettez la pâté à four moins chaud et une fois coloré convenablement, couvrez-le d'une feuille de papier pour le garantir.

Si le pâté venait à crever pendant la cuisson, hâtez-vous de boucher les fissures avec un peu de farine et d'eau.

INSTRUCTIONS IMPORTANTES. — Les pâtés avec croûtes comme les pâtés en terrines ne doivent pas s'entamer avant d'être complétement froids.

Pendant qu'ils cuiront on fera avec les débris, comme on fait pour les pâtés en terrine, une sorte de jus; mais ce jus ne se mettra que beaucoup plus tard, lorsque les pâtés seront presque complètement cuits.

Lorsque les pâtés seront tout à fait refroidis, on bouchera avec un peu de pâte le trou de la cheminée du couvercle... Moins l'intérieur du pâté sera en contact avec l'air plus il se conservera longtemps.

Pâté de foie gras. — Ayez les mêmes quantités de viande indiquées pour la terrine de foie gras pag. 556, même quantité de pain et de truffes.

Préparez viande et farce de la même manière que pour la terrine.

Pour la croûte d'un pâté de la quantité de viande indiquée pour la terrine, prenez : un litre et demi de farine; 250 grammes de beurre, 2 œufs, plein une cuillère à café de sel fin, un demi-verre d'eau.

Faites la pâte comme il est indiqué pag. 567, dressez-la dans un moule (*voir pag.* 568); garnissez l'intérieur de la pâte avec le foie, la farce, les truffes de la même manière que vous avez garni l'intérieur de la terrine. Couvrez d'un couvercle de pâte; dorez; faites cuire deux heures et demie à trois heures à four chaud, un peu moins chaud cependant que pour les pâtés de viandes.

Pâté de saumon. — Pour environ 2 kilos de saumon, préparez un kilo et demi de la farce suivante :

Prenez de la chair de poisson, merlan, carpe ou brochet, ôtez les arêtes, hachez, pilez au mortier. Ajoutez pour 500 grammes de chair de poisson 300 grammes de beurre et 125 grammes de pain au levain doux trempé dans de l'eau; ajoutez deux œufs, sel et poivre, pilez et mélangez bien le tout ensemble.

Prenez un moule de grandeur à contenir poisson et farce, garnissez-le de pâte faite avec une livre et demie de farine, un demi-verre d'eau et 250 grammes de beurre, une cuillerée de sel fin. (*Voir Pâte pour croûte de pâté et manière de la dresser dans un moule pag.* 567.) Mettez une couche de farce au fond, mettez dessus des tranches de saumon de l'épaisseur du doigt; saupoudrez d'un peu de sel, de poivre et d'épices. Etendez une nouvelle couche de farce et dessus une nouvelle couche de saumon, et ainsi de suite jusqu'à ce que le pâté soit rempli; il faut terminer par une couche de farce. Couvrez avec de la pâte dont vous avez employé la plus grande partie à garnir le moule; soudez en imbibant d'eau les bords du couvercle et des côtés. Faites un trou au milieu du couvercle pour laisser une échappée à la vapeur; dorez avec du jaune d'œuf mélangé d'eau; faites cuire à four doux deux heures et demie. Une demi-heure avant la parfaite cuisson, introduisez par le trou du couvercle un demi-verre d'eau ou de bouillon mélangé de deux cuillerées d'eau-de-vie.

Au lieu de tout saumon, on peut mettre pour confectionner ce pâté moitié d'un gros poisson blanc comme esturgeon, turbot, etc., et moitié saumon.

PATÉS CHAUDS

Les pâtés chauds sont des croûtes de pâte garnies d'un ragoût ou mets quelconque. Ils se divisent en trois catégories : les pâtés chauds proprement dits; les vol-au-vent et les tourtes d'entrées et les timbales.

Pâtés chauds. — Prenez un litre et demi de farine, 250 grammes de beurre, 2 œufs, plein une cuil-

1ère à café de sel fin, un demi-verre d'eau fraîche en été, tiède en hiver.

Faites un trou au milieu de la farine et mettez-y le beurre, les œufs et le sel; mêlez beurre et œufs, puis peu à peu incorporez-y la farine, puis à mesure que le mélange s'affermit ajoutez-y un peu d'eau. *Cette pâte une fois terminée doit être assez ferme et pour atteindre ce but ne mettez pas le demi-verre d'eau tout d'un coup par crainte qu'il n'y en ait trop; on peut en mettre un peu plus que le demi-verre si la pâte est trop ferme; mais il faut faire en sorte de ne pas avoir besoin de remettre de farine, parce que cela changerait les proportions.*

La pâte étant bien liée et réunie en boule, aplatissez-la en la foulant avec la paume de la main, puis rassemblez-la. Faites cette manœuvre trois fois en hiver, deux en été; pas davantage, vous risqueriez que votre pâte ne soit pas liée et qu'elle se casse pendant le dressage ou pendant la cuisson; étendez cette pâte de l'épaisseur de moitié du doigt et dressez-la autour d'une casserole ou d'un moule à pâté en vous y prenant de la manière suivante :

Beurrez la casserole ou le moule; étendez la pâte d'abord sur toute la superficie du fond, puis montez le long des parois du moule en ayant soin d'entrer dans toutes les cannelures s'il y en a; coupez la pâte qui dépasse, mais pas tout près du moule, il faut bien laisser un centimètre; pincez avec les doigts pour faire sur ce bord une sorte de petite moulure.

Comme il faut que cette pâte cuise sans le mets dont on doit la garnir, emplissez-la, pour l'empêcher de s'affaisser et soutenir le couvercle, de papier mou chiffonné ou de vieux linge que l'on tasse en lui donnant la forme nécessaire pour soutenir les bords de la pâte et le couvercle pendant la cuisson.

Rassemblez les rognures de pâte; étendez et taillez un couvercle; posez sur le papier qui garnit l'intérieur de votre pâté; percez le couvercle de quelques trous pour éviter le soulèvement qui aurait lieu par la dilatation de l'air intérieur; dorez et faites cuire une heure et demie.

Garniture des patés chauds. — Les pâtés chauds se garnissent de ragoûts de volaille, de ragoûts de foie, crêtes et rognons de coq, de ris de veau, de ragoûts de veau, agneau, lapin, de cervelles, de filets de poisson, de tronçons d'anguilles, de ragoûts d'alouettes ou autres petits oiseaux, de quenelles et de boulettes de différentes viandes, d'écrevisses, etc.

On disposera la garniture le mieux possible, on parera le dessus des morceaux les meilleurs et même de quelques écrevisses si l'on veut, puis on replacera sur le tout le couvercle qui laissera voir la garniture qui doit bomber un peu au-dessus du bord de la croûte.

TOURTES D'ENTRÉE ET VOL-AU-VENT

La tourte d'entrée et le vol-au-vent sont deux genres de pâtés chauds qui se ressemblent beaucoup; la seule différence qui existe entre eux, c'est que la tourte est faite avec un fond et un couvercle de pâte brisée et un bord de pâte feuilletée, tandis que le vol-au-vent est tout en pâte feuilletée.

Le pâté chaud proprement dit dont nous venons de donner la recette plus haut et le vol-au-vent se font plus étroits et plus élevés que la tourte d'entrée.

Tourte d'entrée. — Faites de la pâte feuilletée comme il est indiqué pag. 563. Etendez-la de l'épaisseur de deux doigts; découpez au moyen d'un couvercle de casserole cette pâte en rond; enlevez le milieu de manière à ne laisser qu'une bande en forme de couronne plus ou moins large suivant la dimension qu'aura la tourte.

Pétrissez vos rognures de pâte, partagez en deux, étendez chaque morceau de l'épaisseur de deux décimes et faites deux ronds en vous servant pour guide du même couvercle qui vous a servi à faire une couronne de pâte. Ces ronds de pâte ne lèveront pas puisqu'on les a pétris, et serviront de fond et de couvercle pour la tourte.

Prenez un de ces ronds de pâte qui sera le fond de la tourte; sur ce fond placez du papier ou du linge façonné en forme de demi-boule; sur ce remplissage placez le second rond de pâte qui s'arrondira sur le remplissage et que vous souderez au premier sur les bords avec de l'eau; il constituera le couvercle de la tourte; pour décorer le couvercle faites quelques incisions en carrés ou en losanges avec un couteau. Placez enfin sur les bords soudés des deux ronds de pâte la bande en couronne que vous soudez avec eux en l'imbibant d'eau, en ayant bien soin de ne pas la fouler, ce qui l'empêcherait de faire tout son effet. Dorez à l'œuf et mettez à four assez chaud. Il faut environ une demi-heure, trois quarts d'heure de cuisson.

Au moment de servir, détachez le couvercle en suivant le contour intérieur du bord de la tourte, enlevez le remplissage, garnissez la tourte, mettez le couvercle et servez.

Les tourtes d'entrée se garnissent de la même manière que les pâtés chauds. (*Voir Garniture des pâtés chauds pag.* 574.)

Vol-au-vent. — Faites de la pâte feuilletée comme il est indiqué pag. 563. Etendez-la de l'épaisseur d'un doigt et demi. Posez dessus un couvercle de casserole, plus ou moins grand suivant que vous voulez votre vol-au-vent plus ou moins grand, coupez avec un couteau, en suivant les contours du couvercle, la pâte qui dépasse; ôtez le couvercle, tracez avec le couteau un cercle à trois centimètres du bord de la pâte en enfonçant le couteau aux trois quarts de l'épaisseur de la pâte. Le rond indiqué par cette incision circulaire formera plus tard le couvercle, décorez-le d'incisions peu profondes en carrés ou en losanges; dorez à l'œuf et faites cuire une demi-heure, trois quarts d'heure, à four pas trop chaud.

Si votre feuilletage est bien réussi, au bout de 10 minutes, un quart d'heure, vous verrez la pâte monter elle doit monter du double au moins.

Lorsque votre pâte est cuite, bien montée et d'une belle couleur, retirez-la du four; enlevez la partie qui doit être le couvercle; videz l'intérieur qui se compose de pâte non cuite et le vol-au-vent est prêt à recevoir sa garniture.

Les vol-au-vent se garnissent de la même manière que les pâtés chauds. (*Voir Garniture des pâtés chauds pag* 574.)

Les PETITS VOL-AU-VENT se font exactement de la même manière que les grands, seulement vous étendez votre pâte un peu plus et la laissez moins épaisse et vous employez comme guide pour couper les ronds de pâte, au lieu d'un couvercle de casserole, soit une soucoupe, soit un verre plus ou moins grand, selon que vous voulez vos vol-au-vent plus ou moins grands.

Ces petits vol-au-vent se garnissent avec les mêmes espèces de garnitures que les grands, mais les morceaux sont coupés beaucoup plus petits et débarrassés de leurs os ou de leurs arêtes selon que l'on emploie de la viande ou du poisson.

Les BOUCHÉES A LA REINE sont de tout petits vol-au-vent garnis de ragoût financière au blanc (*voir pag*. 117) où chaque chose (viande, quenelles, truffes) est coupée en tout petits morceaux.

Les PATÉS AU JUS sont de petits vol-au-vent un peu plus grands que les bouchées à la reine et que vous garnissez de ragoût financière brune (*voir pag*. 116) où chaque chose (viande, quenelles, truffes, etc.,) est coupée en tout petits morceaux.

Timbales. — Prenez 500 grammes de farine; faites un trou au milieu; mettez-y plein une cuillère à café de sel fin, 250 grammes de beurre, deux œufs, un demi-verre d'eau au plus; mélangez et pétrissez bien le tout ensemble; étendez cette pâte avec le rouleau, puis pliez-la; faites cette manœuvre trois ou quatre fois, étendez-la de l'épaisseur de moitié du doigt au plus; beurrez un moule ou une casserole et garnissez les côtés et le fond avec la pâte que vous venez de préparer; coupez de la pâte tout ce qui excède le bord du moule ou de la casserole et versez dedans le ragoût ou toute espèce de mets que doit enfermer la timbale et qui doit être assaisonné et préparé, et presque complètement cuit; faites avec les rognures de pâte un couvercle dont vous couvrez la timbale et que vous collez sur les bords avec un peu d'eau; faites cuire environ une heure et demie, renversez sur un plat et servez.

On fait des timbales de toutes les dimensions. La quantité de farine, de beurre, d'œufs indiquée ci-dessus est pour une timbale pour 15 à 20 personnes.

Petits pâtés. — Faites de la pâte feuilletée comme il est indiqué pag. 563. Etendez-la de l'épaisseur d'un décime et, avec un coupe-pâte en fer-blanc de 8 centimètres de diamètre, découpez en rondelles (*si l'on n'a pas de coupe-pâte, on peut se servir d'un verre comme guide et découper la pâte tout autour avec un couteau*); mouillez le dessus de chaque rondelle; mettez au milieu de chacune une petite boulette, grosse au plus comme une noix, de godiveau ou de tout autre farce de viande; recouvrez d'une autre rondelle et avec un coupe-pâte, ou un autre verre, plus petit que le premier appuyez sur chaque pâté de manière à bien souder ensemble les deux rondelles. Dorez-les à l'œuf et faites-les cuire à four très-chaud. Retirez-les de belle couleur et bien montés, et mangez chauds.

Autres petits pâtés. — Pour douze pâtés prenez 500 grammes de pâte brisée (*Voir pag. 563 Pâte brisée*) ou de pâte feuilletée (*Voir pag. 563 Pâte feuilletée*), étendez-la très-mince; découpez-la, en vous servant d'un bol à café au lait comme guide, en rondelles; imbibez la superficie de chaque rondelle d'un peu d'eau; posez sur chacune un petit tas de viande hachée ou de farce à quenelles; repliez chaque rondelle en deux de manière à envelopper la viande et à présenter la forme d'un petit chausson; mouillez les bords pour les coller ensemble et relevez un peu avec les doigts de manière à former une sorte de petite torsade; dorez et faites cuire une demi-heure environ à four bien chaud.

Cassolettes. — Prenez de la pâte brisée, (voir p. 563) étendez-la de l'épaisseur d'un sou ; coupez en rondelles de la grandeur de l'orifice d'un verre ordinaire ; garnissez-en de petits moules; faites cuire à four assez chaud vingt minutes.

Ces cassolettes ou petits vases de pâte se garnissetn de toute espèce de petits ragoûts de viande, de poisson, de coquillage, etc.

Si l'on n'a pas de moules, on peut faire des cassolettes en s'y prenant de cette autre manière :

Une fois la pâte étendue de l'épaisseur d'un sou, découpez des rondelles de deux grandeurs; de la grandeur de l'orifice d'un verre et autant d'un peu plus grandes. Posez sur les plus petites une boule de papier; recouvrez avec les plus grandes; collez les bords, dorez et faites cuire.

Les cassolettes cuites, enlevez dessus un petit rond qui formera le couvercle et par l'ouverture duquel vous enleverez la boule de papier.

Brioche. — Faire la brioche est une des choses difficiles de la pâtisserie, surtout de la pâtisserie de ménage. Cependant, en suivant minutieusement tous les détails de la recette que je donne, je ne doute pas qu'on arrive à un bon résultat.

Pour faire une brioche pour 6 ou 7 personnes, prenez 250 grammes (une demi-livre) de belle farine; mettez-la dans une terrine, une soupière ou un saladier. Faites un trou au milieu, mettez dans ce trou deux cuillerées à bouche complétement pleines de levure de bière liquide, ou 6 grammes de levure *solide* que vous délayez soigneusement avec trois cuillerées d'eau tiède. (*Nous rappelons ici que la levure ne se garde que 48 heures au plus en hiver. Si l'on ne peut s'en procurer, on emploiera de la levure de pain, mais il en faudra le double, et encore la pâtisserie réussira bien moins bien.*) Mêlez peu à peu de la farine avec la levure que vous avez mise au milieu jusqu'à ce que vous soyez arrivé à avoir une pâte assez ferme... pétrissez bien dans vos mains, mettez en boule, reposez au milieu de la farine dont vous la couvrez en rabattant la farine des bords dessus. *C'est le levain.* Mettez-le, vase couvert, dans un endroit chaud, pas trop chaud pour que la pâte cuise cependant, jusqu'à ce que la pelotte de pâte soit gonflée du double ou même du triple... Il faut bien de cinq à six heures.

Une fois le levain bien gonflé, retirez-le de la farine, refaites un trou au milieu de cette farine; mettez-y quatre cuillerées de lait, une cuillerée à café comble de sel fin, 175 grammes de bon beurre, mêlez peu à peu avec la farine, en remuant et agitant bien, en fouettant la pâte avec les doigts pour ainsi dire; ajoutez un œuf (blanc et jaune), continuez de bien mêler; ajoutez un autre œuf, pétrissez, maniez, travaillez votre pâte toujours dans le saladier ou la terrine. Enfin mêlez à cette pâte votre levain, mêlez bien sans cependant trop travailler la pâte. Une fois votre mélange bien fait; rassemblez la pâte en monticule au milieu du vase, couvrez d'une flanelle et d'une assiette, mais sans que l'assiette appuie sur la pâte, mettez reposer dans un endroit chaud onze à douze heures environ.

La pâte de la brioche ne doit être ni trop molle ni trop dure; elle doit être molle, mais ne pas couler ni s'évaser, si elle est trop molle, il faut ajouter de la farine; si elle est trop dure, de l'œuf.

Au bout de onze ou douze heures, aplatissez-la sur une table saupoudrée de farine pour qu'elle ne s'y attache pas; repliez les bords vers le centre... aplatissez-la de nouveau. Faites ce travail 4 fois; remettez en boule. Laissez reposer quatre heures recouverte d'un linge.

Aplatissez et repliez encore quatre fois...

Prenez le quart à peu près de la pâte pour faire une tête; arrondissez-la et posez-la sur l'autre portion de pâte également arrondie et aplatie de l'épaisseur de 5 centimètres.

Posez votre brioche sur un papier, dorez-la avec un œuf battu comme pour omelette, enfournez de suite à four *bien chaud*... cependant, si on la fait cuire dans un four à pain, il ne faudra l'enfourner qu'après le pain.

Il faut une demi-heure à trois quarts-d'heure de cuisson; si elle prenait trop de couleur avant ce temps, couvrez-la d'une calotte de papier.

Si on n'a pour la faire cuire que le four de campagne, je conseille de bien faire chauffer celui-ci et de mouler la brioche en couronne... Vous passez vos mains au milieu de la pâte et arrondissez en couronne en moulant et pétrissant; posez sur le papier et faites une fente au milieu de la largeur de votre brioche.

On peut préparer le levain de la brioche dans l'après-midi, faire la pâte tard dans la soirée, laisser reposer pendant la nuit et terminer la pâte le lendemain matin.

Baba. — Pour 6 ou 7 personnes, prenez 250 grammes de belle farine; mettez-la dans une terrine, une soupière ou un saladier; faites un trou au milieu, mettez dans ce trou deux cuillerées à bouche complétement pleines de levure de bière liquide, ou 6 grammes de levure solide que vous délayez soigneusement avec trois cuillerées d'eau tiède; mêlez peu à peu de la farine avec la levure que vous avez mise au milieu jusqu'à ce que vous soyez arrivé à avoir une pâte assez ferme, pétrissez-bien dans vos mains; mettez en boule; reposez au milieu de la farine dont vous la couvrez en rabattant la farine des bords dessus. C'est le levain. Mettez-le, vase couvert, dans un endroit bien chaud, pas trop chaud pour que la pâte cuise cependant, jusqu'à ce que la pelote de pâte soit gonflée du double ou même du triple. Il faut bien de cinq à six heures.

Une fois le levain bien gonflé, retirez-le de la farine; refaites un trou au milieu de la farine; mettez-y quatre cuillerées de lait, une cuillerée à café comble de sel fin, 175 grammes de bon beurre; mêlez peu à peu avec la farine, en remuant et agitant bien, en fouettant la pâte avec les doigts pour ainsi dire; ajoutez un œuf (blanc et jaune); continuez de bien mêler; ajoutez un autre œuf; pétrissez, maniez, travaillez votre pâte toujours dans le saladier ou la terrine. Enfin mêlez à cette pâte votre levain; mêlez bien sans cependant trop travailler la pâte... *Il faut que cette pâte soit un peu plus claire que celle de la brioche;* si elle est trop épaisse ajoutez un peu de lait.

Une fois la pâte bien mélangée avec le levain, faites un trou au milieu et mettez-y 50 grammes de sucre en poudre, un verre à vin de vin de Madère ou de rhum, 50 grammes de raisin de Malaga dont on a ôté les pépins et que l'on a coupé en deux, 50 grammes de raisin de Corinthe, 8 grammes de cédrat confit coupé en tout petits filets et une pincée de safran en poudre... Mélangez bien le tout. Mettez dans une casserole ou un moule beurré; comme cette pâte doit beaucoup gonfler n'emplir le moule qu'à moitié, laissez reposer jusqu'à ce que la pâte ait atteint presque le haut du moule; faites cuire une heure et demie à four assez doux.

Le baba chaud est bien meilleur que froid.

Savarin. — entremets et dessert.

Pour 10 à 12 personnes, ayez : 250 grammes de farine; un demi-verre de lait; gros comme une noix de levure de bière solide que vous délayez dans 2 cuillerées d'eau tiède, ou deux cuillerées de levure liquide; une cuillerée de sucre en poudre; le quart d'une cuillère à café de sel; 160 grammes de beurre; deux œufs.

Faites un trou au milieu de la farine; mettez-y les deux cuillerées de levure; *que la levure soit bien fraîche, car elle manquerait son effet;* et le quart environ du demi-verre de lait que vous aurez fait bouillir; (*ne pas l'employer trop chaud*); Pétrissez au milieu du trou en prenant peu à peu de la farine jusqu'à ce que levure, lait, farine forment une pâte assez dure; (*il doit y entrer à peu près le quart de la farine*); faites une boule; rabattez la farine dessus, couvrez le vase qui contient levain et farine d'un torchon et laissez lever dans un endroit chaud, mais pas assez chaud bien entendu pour cuire votre pâte.

Lorsque le levain a doublé de volume, (*il lui faut à peu près trois heures;*) ajoutez-y le reste du lait, la cuillerée de sucre en poudre, le sel, un œuf, (blanc et jaune) et les 160 grammes de beurre fondu à feu doux; mêlez bien en fouettant, pour ainsi dire, avec la main; mettez l'autre œuf; mêlez bien de la même manière, jusqu'à ce que la pâte prenne une apparence mousseuse.

Beurrez un moule à savarin ; pour la quantité de pâte indiquée ci-dessus, il faut un moule de 6 centimètres de hauteur et de 20 de diamètre. Semez à l'intérieur du moule beurré, au fond et sur les côtés, la valeur à peu près de deux cuillerées d'amandes hachées fin. Versez la pâte dans le moule ; il ne doit y en avoir que la moitié de la hauteur du moule. Mettez dans un endroit chaud. Lorsque la pâte

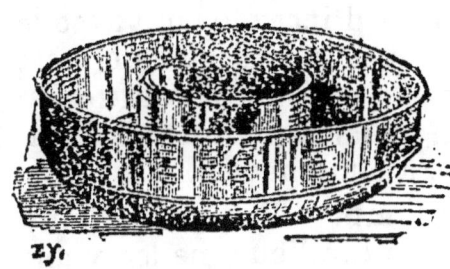

Moule à savarin.

remplira le moule, *il faut environ cinq à six heures*, faites cuire immédiatement à four chaud une demi-heure environ. Laissez un peu refroidir; démoulez et arrosez à différentes reprises avec un sirop de sucre parfumé soit avec un peu de vanille, soit un peu de rhum, soit un peu de kirsch.

Sirop pour imbiber le savarin. — Pour le savarin ci-dessus, mettez dans une casserole 125 grammes de sucre et un verre d'eau; faites jeter quelques bouillons; parfumez avec un verre à vin de rhum ou de kirsch.

Au lieu d'arroser le savarin avec ce sirop, on peut l'arroser avec du lait d'avelines, (*Voir Lait d'avelines pag.* 567).

Galette campagnarde. — Pour 6 à 8 personnes

prenez chez le boulanger 500 grammes de pâte au levain doux ; mêlez-la avec 250 grammes de beurre et plein une cuillère à café de sel fin ; travaillez dans les mains jusqu'à ce que la pâte ne s'y attache plus ; arrondissez en boule ; aplatissez avec la main ; faites des incisions en-dessus ; dorez avec de l'œuf, faites cuire 25 à 30 minutes à four très-chaud.

Galette parisienne. — Pour 6 à 8 personnes prenez 500 grammes de farine et 250 grammes de beurre ; une cuillerée de sucre en poudre.

Faites un trou au milieu de la farine ; mettez-y le beurre, un demi-verre d'eau, la cuillerée de sucre et plein une cuillère à café de sel fin ; mélangez bien le tout. Pétrissez bien la pâte, faites-en une boule et laissez-la reposer une demi-heure ; puis aplatissez-la avec la main de l'épaisseur d'un doigt au moins et en lui maintenant sa forme ronde. Pincez le bord avec le pouce et l'index de manière à former des dentelures ; ornez le dessus d'incisions peu profondes en carrés ou en losanges ; dorez à l'œuf et faites cuire une demi-heure, trois quarts d'heure, à four chaud.

Galette ou gâteau de plomb. — Prenez 500 grammes de farine ; faites un trou au milieu ; mettez-y une cuillerée de sucre en poudre, plein une cuillère à café de sel fin, 2 œufs (blancs et jaunes) et un demi-verre de lait, puis enfin 375 grammes de très-bon beurre. Mélangez bien et pétrissez bien le tout ; réunissez le tout en boule ; aplatissez de l'épaisseur d'un doigt et demi au plus ; faites des incisions peu profondes, en carrés ou en losanges, en dessus avec un couteau ; pincez le bord avec le pouce et l'index pour former tout autour une sorte de dentelure ; dorez à l'œuf et enfournez à four bien chaud. Il faut environ une demi-heure, trois quarts d'heure de cuisson.

Galette ou gâteau feuilleté. — Faites de la pâte feuilletée comme il est indiqué page 563. Cinq minutes après le dernier *tour*, aplatissez avec le rouleau de l'épaisseur du doigt ; coupez en rond avec un coupe-pâte ou avec un couteau en vous servant pour guide d'un couvercle de casserole ; ornez le dessus de votre pâte coupée en rond d'incisions en carrés ou en losanges ; dorez à l'œuf et enfournez à four bien chaud. Il faut environ une demi-heure de cuisson.

Les rognures de pâte peuvent servir pour tartelettes, petits gâteaux etc.

Galette cherbourgeoise. — Pour 10 à 12 personnes, faites fondre à feu doux 250 grammes de beurre ; délayez et fouettez en vous servant d'une fourchette avec 500 grammes de pâte au levain doux que vous prendrez chez le boulanger ; ajoutez deux œufs, deux cuillerées d'eau-de-vie, plein une cuillère à café de sel fin, continuez à fouetter encore pendant quelques minutes ; laissez reposer pendant deux heures dans un endroit tiède ; mettez dans un moule ou une casserole beurrés ; qu'ils ne soient pleins qu'aux trois quarts parce que cette galette monte. Faites cuire une demi-heure trois quarts-d'heure ; démoulez et servez chaud.

Cake, gâteau anglais.

Prenez 500 grammes de pâte préparée pour le pain, gros comme un œuf de beurre, un demi-verre de lait, deux cuillerées de sucre en poudre, plein une cuillère à café de sel fin et 8 cuillerées de raisin de Corinthe ; mélangez bien le tout et faites cuire dans une casserole beurrée une heure environ feu dessous feu dessus.

Quiche, galette lorraine.

Prenez 500 grammes de farine, 125 grammes de beurre, plein une cuillère à café de sel fin, un œuf ; mélangez bien le tout ; étendez cette pâte de l'épaisseur d'une pièce de cinq francs, placez-la sur une tôle, formez un bord à la pâte en la relevant et roulant un peu tout autour ; mettez 15 à 20 minutes au four chaud ; retirez-la et versez dessus deux œufs (blancs et jaunes) battus avec un verre de lait et un peu de sel. Une fois cette composition versée sur la pâte éparpillez-y de place en place des petits morceaux de beurre gros comme des noisettes et faites cuire un quart d'heure au four.

TARTES OU TOURTES DE FRUITS.

Pour 10 à 12 personnes, prenez 250 grammes ou un demi-litre de farine, 125 grammes de beurre, un œuf, le quart d'un verre d'eau, la moitié d'une cuillère à café de sel fin.

Faites un trou au milieu de la farine, mettez-y l'œuf, le beurre, le sel, l'eau; délayez et mélangez bien le tout ensemble; rassemblez en boule; étendez avec le rouleau de l'épaisseur d'un décime; garnissez soigneusement de cette pâte le fond et le tour de la tourtière, que vous beurrerez légèrement ou que vous saupoudrerez de farine pour que la pâte ne s'y attache pas. *Une tourtière de 30 centimètres de diamètre suffit pour 10 à 12 personnes. J'engage à avoir des tourtières les plus minces possible afin que le fond et le tour de la tourte cuisent convenablement. On peut remplacer la tourtière ordinaire par un appareil composé d'une feuille de tôle et d'un cercle ou bord mobile. Une fois la tourte cuite, ce cercle s'enlève et la tourte se trouve dégagée et prête à servir. Ces appareils sont beaucoup plus commodes que les tourtières ordinaires. On en fait de toutes les grandeurs.* Coupez les parties de pâte qui dépassent les bords de la tourtière et garnissez celle-ci de fruits.

J'engage à faire cuire la pâte avant de la garnir de fruits; ce procédé empêche que la pâte du fond ne soit lourde et compacte comme il arrive souvent et la rend plus croustillante. Dans le cas où l'on emploierait ce procédé de cuisson, on aurait soin de soutenir le bord de la pâte intérieurement avec un cercle de fort papier ou de carton et de piquer un peu le fond de place en place pour éviter le soulèvement de la pâte au four.

Tarte aux pommes. — Faites et disposez de la pâte comme il est indiqué ci-dessus. Remplissez de marmelade de pommes (*Voir pag.* 503), faites cuire à four assez chaud une demi-heure, trois quarts-d'heure.

Autre tarte de pommes. — Faites et disposez de la

pâte comme il est indiqué page précédente. Remplissez d'une couche de marmelade de pommes (*Voir pag.* 503) de l'épaisseur du doigt; faites sur cette couche de marmelade des rangées circulaires de petites tranches de pommes de l'épaisseur d'un sou au plus un peu superposées par leurs bords; saupoudrez de sucre en poudre; faites cuire à four chaud ou sous le four de campagne une demi-heure, trois quarts d'heure.

AUTRE TARTE DE POMMES DITE TARTE ANGLAISE. — Faites de la pâte comme il est indiqué page précédente; étendez-la de l'épaisseur d'un sou... au lieu de la disposer dans une tourtière, taillez la tout simplement en carré ou en carré long et posez-la sur une feuille de papier ou une tôle légèrement beurrée ou saupoudrée de farine; rangez sur cette pâte de petites tranches de pommes un peu superposées par leurs bords; saupoudrez de sucre en poudre; faites cuire une demi-heure à four chaud; enduisez le dessus d'un peu de marmelade d'abricots délayée avec un peu d'eau et servez.

Cette tarte est beaucoup plus délicate que toutes les autres tartes aux pommes.

AUTRE TARTE DE POMMES DITE TARTE DE FAMILLE. — Faites un tiers de plus de pâte; étendez-la de l'épaisseur d'un sou, posez-la sur une tourtière sans bords ou à bords à peine indiqués; garnissez-la d'une couche de marmelade de l'épaisseur du doigt au plus, mais n'allant pas tout à fait jusqu'aux bords; rassemblez le reste de la pâte; pétrissez-la de nouveau et étendez-la de l'épaisseur d'un sou; taillez dedans des petites bandes de la largeur du doigt au plus et une bande de la largeur de deux doigts. Disposez les petites bandes en triangles sur la pâte couverte de marmelade, posez la grande bande tout autour sur le bord; foulez de place en place avec une fourchette pour coller les bords. Faites cuire à four pas trop chaud une demi-heure, trois quarts-d'heure.

Tarte aux abricots. — Pour 10 à 12 personnes une douzaine d'abricots.

Faites et disposez de la pâte comme il est indiqué

page 585. Coupez les abricots en deux; ne les pelez pas; rangez-les sur la pâte la peau en dessous; mettez dans le creux de chaque moitié d'abricot un morceau du noyau dont vous avez ôté la pellicule; saupoudrez de sucre en poudre; faites cuire une demi-heure, trois quarts-d'heure.

On peut faire cette tarte dans une tourtière sans bords comme il est indiqué pour la tarte dite de famille et la couvrir de petites bandes de pâte que l'on dispose en triangles et d'une plus large qui entoure les bords.

Tarte aux pêches. — Pour 10 à 12 personnes 10 à 12 pêches.

Faites et disposez de la pâte comme il est indiqué page 585. Pelez les pêches, coupez-les en deux; rangez-les sur la pâte le creux en dessus; saupoudrez fortement de sucre en poudre et d'un peu de vanille en poudre. Faites cuire une demi-heure, trois quarts-d'heure.

On peut faire cette tarte dans une tourtière sans bords comme il est indiqué pour la tarte aux pommes dites de famille et la couvrir de petites bandes de pâte que l'on dispose en triangles et d'une plus large qui entoure les bords.

Tarte aux prunes. — On emploie de préférence les Reine-Claude et les Mirabelles.

On coupe les Reine-Claude en deux et on ôte les noyaux; si on emploie des Mirabelles on ôtera aussi les noyaux, mais on ne séparera pas les Mirabelles en deux.

Faites et disposez de la pâte comme il est indiqué page 585. Rangez les prunes sur cette pâte; saupoudrez d'une bonne quantité de sucre en poudre; Faites cuire une demi-heure trois quarts-d'heure.

On peut faire cette tarte dans une tourtière sans bords comme il est indiqué pour la tarte aux pommes dite de famille et la couvrir de petites bandes de pâte que l'on dispose en triangles et d'une plus large qui entoure les bords.

Tarte aux cerises. — Pour 10 à 12 personnes une livre à une livre et demie de cerises.

Faites et disposez de la pâte comme il est indiqué page 585. Rangez les cerises dont vous avez ôté les noyaux sur cette pâte, les unes très-près des autres, saupoudrez de sucre en poudre. Faites cuire une demi-heure trois quarts-d'heure.

On peut faire cette tarte dans une tourtière sans bords comme il est indiqué pour la tarte aux pommes dite de famille et la couvrir de petites bandes de pâte que l'on dispose en triangles et d'une plus large qui entoure les bords.

Tarte aux poires. — Les poires sont assez long-temps à cuire; aussi est-il prudent de les faire cuire avec un peu d'eau et de sucre avant de les employer pour tartes.

On les emploie entières ou par morceaux. Si on les laisse entières, il faut enlever un peu du gros bout arrondi pour les faire tenir debout.

Faites et disposez de la pâte comme il est indiqué page 585. Faites-la cuire un peu; rangez les poires ou les quartiers de poires dessus; arrosez du sirop dans lequel les poires ont cuit et mettez au four.

Tarte aux fraises. — Faites et disposez de la pâte comme il est indiqué page 585. Une fois cuite, rangez-y des fraises bien fraîches et bien mûres; versez dessus un sirop de sucre bien épais ou un peu de gelée de groseille fondue au bain-marie.

Tarte aux framboises. — Se fait de la même manière que la tarte aux fraises.

Tarte au raisin. — Otez les pépins du raisin au moyen d'un cure-dent... *On peut ne pas ôter les pépins.*

Faites et disposez de la pâte comme il est indiqué page 585. Rangez-y les grains de raisin très-serrés, saupoudrez de sucre en poudre; faites cuire une demi-heure, trois quarts d'heure.

Tarte aux fruits confits. — Faites et disposez de la pâte comme il est indiqué page 585. Couvrez d'une couche de marmelade de pommes de l'épaisseur du doigt; faites cuire une demi-heure; ôtez du four, rangez dessus en enfonçant un peu dans la marmelade, des poires ou des quartiers de pommes et de poires, cuits dans un sirop, des abricots, des pêches, des prunes confits, etc... Versez un peu de sirop dessus; remettez cinq minutes au four; servez.

On peut orner ces tartes de petits filets d'amandes, d'angélique, d'écorce d'orange ou de cédrat...

Tarte à la crême, entremets et dessert.

Délayez peu à peu avec un demi-litre de lait une cuillerée comble de farine, ajoutez gros comme un œuf de sucre et gros comme une noix de beurre et la moitié d'une cuillère à café de sel; faites prendre sur feu doux en remuant toujours. Lorsque cette bouillie est épaisse, ôtez du feu et laissez refroidir; liez avec deux jaunes d'œufs. Versez dans une pâte faite et disposée comme il est indiqué page 585. Faites cuire 25 à 30 minutes.

Tarte à la frangipane. — Faites et disposez de la pâte comme il est indiqué page 585. Emplissez de frangipane (*voir Frangipane pag.* 566). Faites cuire une demi-heure

Tarte des Vosges appelée aussi marasquin, entremets et dessert.

Prenez 250 grammes d'amandes; faites-les tremper quelques minutes dans l'eau bouillante de manière à pouvoir facilement ôter la peau, pilez au mortier; ajoutez 125 grammes de panne de porc frais épluchée de toutes les peaux et filandres et hachée jusqu'à ce qu'elle soit réduite pour ainsi dire en poussière; 125 grammes de farine; 250 grammes de sucre; une cuillerée d'eau de fleurs d'oranger; 2 œufs, les blancs en neige; une pincée de sel; une cuillerée de bonne crême; mêlez bien le tout ensemble et versez dans une pâte faite et disposée comme il est indiqué page 585. Faites cuire 30 à 40 minutes.

On peut glacer cette tarte en la saupoudrant de sucre en poudre mélangé d'un quart de fécule et en la remettant quelques minutes au four.

Tarte au riz, entremets et dessert.

Faites et disposez de la pâte comme il est indiqué page 585. Emplissez de riz cuit et préparé comme pour gâteau de riz, (*Voir Gâteau de riz pag.* 513). Faites cuire une demi-heure.

Tarte à la semoule, entremets et dessert.

Faites et disposez de la pâte comme il est indiqué page 585. Emplissez de semoule cuite et préparée comme pour gâteau de semoule, (*Voir Gâteau de semoule pag.* 515). Faites cuire une demi-heure.

Tartelettes, dessert.

Les tartelettes ou petites tartes se font et se garnissent comme les grandes tartes (voir pag. 585 et suivantes).

Boules, dessert.

Pour 12 boules, prenez 500 grammes de farine ou un litre de farine, 250 grammes de beurre, un œuf, le quart d'un verre d'eau, la moitié d'une cuillère à café de sel fin ; faites un trou au milieu de la farine; mettez-y l'œuf, le beurre, le sel, l'eau; délayez et mélangez bien le tout ensemble... ou bien prenez tout simplement chez le boulanger une livre de pâte au levain doux et mélangez-la avec 250 grammes de beurre et plein d'une cuillère à café de sel fin.

Faites douze parts de l'une ou de l'autre de ces pâtes ; étendez chacune, avec le rouleau, de l'épaisseur d'un décime; enveloppez dans chaque morceau une pomme ou une poire pelées ou non; si vous employez des poires, comme elles sont assez longues à cuire, vous les ferez cuire à moitié dans l'eau sucrée avant de les mettre dans la pâte. Dorez un peu le dessus de vos boules. Faites cuire une demi-heure environ.

Patrouillard, entremets et dessert.

Faites de la pâte comme pour les boules ci-dessus. Faites-en deux parts; étendez de l'épaisseur d'un sou... couvrez l'un des morceaux de quartiers de pommes; montez en pyramide; saupoudrez de sucre; recouvrez les pommes avec l'autre partie de pâte; mouillez avec de l'eau tout autour et repliez en torsade la pâte de dessous sur le bord de celle de dessus. Dorez avec jaune d'œuf délayé avec un peu d'eau; faites cuire une demi-heure trois quarts-d'heure.

Chaussons, dessert.
Pour douze chaussons prenez 500 grammes de pâte feuilletée (*Voir page 563 Pâte feuilletée*) étendez-la de l'épaisseur d'un sou; découpez-la, en vous servant d'un bol à café au lait comme guide, en douze rondelles; posez sur chacune un petit tas de charlotte de pommes, ou de marmelade de prunes ou d'abricots; repliez chaque rondelle en deux de manière à bien envelopper la garniture et à présenter la forme d'un petit chausson; mouillez les bords pour les coller ensemble; imbibez le dessus d'un peu d'eau; saupoudrez de sucre écrasé mais pas trop fin; faites cuire une demi-heure au plus.

Dartois aux pommes, dessert.
Faites de la pâte feuilletée (*Voir pag. 563*). Etendez-la le plus mince possible; mettez dessus épais comme un décime de marmelade de pommes dans laquelle vous aurez délayé les 2 tiers de gelée de groseilles; recouvrez de pâte de la même épaisseur que celle de dessous; collez bien ensemble les bords des deux pâtes en les imbibant d'eau; dorez le dessus avec du jaune d'œuf délayé avec 2 cuillerées d'eau et pour le décorer faites-y des incisions en carrés ou en losanges; — marquez la largeur de chaque dartois en appuyant d'un bout à l'autre de la pâte avec le dos de la lame d'un grand couteau, ensuite la longueur; saupoudrez de sucre en poudre; mettez cuire à four bien chaud 20 minutes environ.

Lorsque les dartois seront cuits, séparez-les et servez-les les uns sur les autres en pyramide.

On peut faire des dartois à la gelée de groseilles, à la marmelade de prunes, d'abricots etc.

Quatre-quarts, entremets.
Prenez trois ou quatre œufs;
  même poids de farine;
  même poids de beurre;
  même poids de sucre en poudre.

Mêlez-bien ensemble la farine, le beurre, le sucre et les jaunes d'œufs; assaisonnez d'une pincée de sel et d'une cuillerée d'eau de fleurs d'oranger; ajoutez les blancs d'œufs battus en neige, mettez dans un moule beurré, saupoudrez de sucre et faites cuire une heure et demie à four pas trop chaud.

Quatre-quarts aux amandes. — Si l'on veut avoir un quatre-quarts plus délicat, ajouter à la pâte 125 grammes d'amandes douces dépouillées de leurs pellicules et hachées fin, en parsemer aussi le dessus du gâteau avant de le mettre au four.

Pour enlever facilement la pellicule des amandes il suffit de les laisser tremper quelques minutes dans de l'eau très-chaude.

Plum-Cake, entremets et dessert.

Prenez chez le boulanger 500 grammes de pâte au levain doux. Maniez avec 200 grammes de raisin de Corinthe bien nettoyé et lavé, un morceau d'écorce d'orange confite coupé en tout petits morceaux; six œufs, blancs et jaunes; 125 grammes de saindoux ou de beurre; plein une cuillère à bouche moitié anis moitié carvi; 125 grammes de sucre en poudre, la moitié d'une cuillère à café de sel fin... Battez-bien le tout ensemble; garnissez l'intérieur d'un moule uni avec du papier beurré; remplissez-le aux trois quarts de la composition ci-dessus; faites cuire une heure et demie à four pas trop chaud. *Ne le démoulez qu'un quart-d'heure vingt minutes après sa sortie du four.*

Le plum-cake se mange chaud ou froid à volonté.

Pour faire de petits plum-cake il suffit de se servir de plusieurs petits moules au lieu d'un grand.

Dans le cas où l'on ne serait pas près d'un boulanger de manière à se procurer de la pâte toute prête, prenez-vous de la manière suivante pour confectionner le plum-cake :

Faites fondre à feu doux 125 grammes de beurre, retirez du feu; battez avec 125 grammes de sucre en poudre; ajoutez 250 grammes de raisin de Corinthe et un morceau d'écorce d'orange confite coupé en tout petits morceaux, l'anis et le carvi; puis l'un après l'autre, en battant bien, six œufs entiers, enfin 375 grammes de farine et une cuillerée de bonne levure de bière... Faire cuire comme le plum-cake qui précède.

Gaufres. — Mettez dans une terrine 250 grammes de farine; faites un trou au milieu; mettez-y plein une cuillère à café de sel fin, une cuillerée à bouche d'eau-de-vie, une cuillerée d'huile d'olive, trois jaunes d'œufs et deux blancs, deux cuillerées de sucre en poudre, une cuillerée d'eau de fleurs d'oranger ou un peu de râpure de zeste de citron, 65 grammes de beurre fondu. Délayez-bien la farine peu à peu avec tout ce que vous avez mis au milieu, sans déranger les bords et sans qu'il y ait un seul grumeau; ajoutez peu à peu du lait jusqu'à ce que votre pâte arrive à la consistance de bouillie épaisse; ajoutez-y le troisième blanc, mais battu en neige.

Faites chauffer des deux côtés, sur un feu de charbon de bois, un gaufrier ou moule à gaufre; enduisez l'intérieur du gaufrier d'un peu de beurre enfermé dans un nouet de grosse mousseline; versez-y un peu de la pâte, fermez sans serrer, posez sur le feu une ou deux minutes, selon l'ardeur du feu, d'un côté, une ou deux minutes de l'autre, débarrassez de la pâte qui dépasse le moule, si la gaufre est blonde, retirez-la et saupoudrez de sucre.

Choux, entremets et dessert.

Faites de la pâte comme il est indiqué pour les pets de nonne ou beignets soufflés (voir pag. 508). Lorsque la pâte a cuit et qu'on y a incorporé la quantité d'œufs nécessaire, qu'elle est maniable, saupoudrez de farine ou beurrez une feuille de papier ou une tôle, placez-y deplace en place, en laissant un intervalle du double de leur volume entre chacun, de petits morceaux de pâte de la grosseur d'une grosse noix; dorez-les à l'œuf; laissez-les reposer un quart-d'heure; mettez-les à four doux; lorsqu'ils sont d'une belle couleur blonde, saupoudrez-les d'un peu de sucre en poudre et remettez-les prendre couleur au moyen d'un feu clair allumé à la bouche du four ou en activant le feu s'ils cuisent dans le four d'un fourneau économique.

Choux à la crème. — Faites des choux d'après la recette ci-dessus; enlevez une petite portion du dessus, emplissez l'intérieur de crème pâtissière, (*Voir p.* 565.) ou de crème fouettée, (*Voir pag.* 533).

Saint-Honoré, entremets et dessert.

Faites une pâte comme celle que l'on fait pour les beignets soufflés ou pets de nonne (*Voir Beignets soufflés pag.* 508). Mettez-en sur un papier beurré de quoi faire un rond de la grandeur dont vous voulez faire le Saint-Honoré et de l'épaisseur de la moitié du doigt au plus; enfournez à four assez chaud; laissez cuire 30 à 40 minutes. Retirez du four; laissez refroidir; formez tout autour de cette galette une enceinte formée de petits choux de la grosseur d'une noix faits et cuits séparément, glacés au sirop de sucre sur le point de tourner au caramel blond et que vous collez avec le même sirop (*Vous pouvez les entremêler de fruits confits.*) Versez au milieu une crème pâtissière ou une crème fouettée; servez.

Gâteaux bretons. — Prenez 500 grammes de farine; faites-y un trou; mettez dans ce trou 250 grammes de sucre en poudre, 125 grammes de beurre, 125 grammes d'amandes débarrassées de leurs pellicules et pilées, un peu de râpure de zeste de citron, 4 œufs, blancs et jaunes; mélangez bien le tout. Cette pâte doit être un peu ferme; étendez-la de l'épaisseur d'un sou; découpez-la en petits ronds de la grandeur d'un pain à messe; parsemez le dessus d'un mélange d'amandes hachées fin et de sucre en poudre, et faites cuire à feu doux.

Gâteau de Madeleine. — Faites fondre à feu doux dans un plat 60 grammes de bon beurre; ôtez du feu; ajoutez-y 120 grammes de farine, 150 grammes de sucre, une cuillerée à bouche d'eau de fleurs d'oranger, la moitié d'un zeste de citron râpé, 3 jaunes d'œufs.

Battez en neige pas trop ferme les trois blancs d'œufs ; mélangez-les au moyen d'une cuillère avec la pâte ci-dessus. Mettez dans une casserole ou un moule beurrés. Faites cuire une heure à four pas trop chaud.

On peut aussi le faire cuire sous le four de campagne.

Si l'on veut de PETITS GATEAUX au lieu d'un gros, on met la pâte dans de petits moules et l'on fait cuire un peu moins de temps.

Gâteau d'amandes. — Prenez 250 grammes d'amandes ; débarrassez-les de leurs pellicules ; pilez-les au mortier avec 250 grammes de sucre, moitié du zeste d'un citron haché fin ; mélangez avec 60 grammes de fécule de pommes de terre, 4 œufs entiers plus 2 jaunes ; assaisonnez d'un peu de sel. Fouettez en neige bien dure les deux blancs d'œufs que vous avez conservés ; mélangez bien avec la composition ci-dessus. Beurrez un moule ou une casserole et mettez-y votre pâte. Faites cuire à feu pas trop vif trois quarts d'heure, une heure.

Biscuit ou gâteau de Savoie. — Prenez 5 œufs ; séparez avec beaucoup de soin les jaunes des blancs ; mettez les jaunes dans une terrine avec 250 grammes de sucre que vous avez bien frotté sur le zeste d'un citron avant de le mettre en poudre ; battez bien le tout ensemble jusqu'à ce que le mélange devienne mousseux ; ajoutez-y 125 grammes de farine ; battez de nouveau. Fouettez à part les 5 blancs d'œufs en neige très-ferme ; mêlez-les avec le mélange qui se trouve dans l'autre terrine, peu à peu et en soulevant la pâte avec la cuillère sans la battre ; Mettez cette pâte dans un moule que vous avez eu soin de beurrer et de chauffer à l'avance ; ne l'emplissez qu'à moitié. Faites cuire à feu pas trop vif une heure environ. Lorsque votre gâteau est d'une belle couleur dorée et que vous sentez qu'il a acquis la fermeté convenable, retirez-le du four ; laissez-le refroidir et ôtez du moule. Remettez-le un instant au four pour lui donner plus de fermeté.

Si l'on préférait le gâteau à la fleur d'oranger au lieu de l'avoir au citron, on ne frotterait pas le sucre sur du zeste de citron et l'on mettrait dans la pâte un peu de fleur d'oranger pralinée hachée fin : l'eau de fleurs d'oranger empêcherait le gâteau de monter... On peut aussi le faire à la vanille en y mélangeant un peu de poudre de vanille.

Si l'on n'a pas de four, on peut faire cuire le gâteau de Savoie en enterrant le moule dans les cendres chaudes et en mettant du feu sur le couvercle. On peut aussi le faire cuire sous le four de campagne ; mais ces deux procédés de cuisson demandent plus de soin et de surveillance.

Biscuits en caisses. — Préparez la même pâte que pour le biscuit de Savoie ci-dessus, mais en mettant 375 grammes de sucre au lieu de 250 ; mettez dans de petites caisses en papier (*voir Caisses pag.* 12) et faites cuire à feu doux.

Prenez avec une cuillère de cette même pâte, disposez-la en long sur du papier ; saupoudrez de sucre en poudre au moyen d'un tamis, faites cuire à four très-doux et vous aurez ce qu'on appelle BISCUITS A LA CUILLÈRE.

Marquis, entremets et dessert.

Faites un gâteau de Savoie comme il est indiqué page précédente ; laissez-le bien refroidir, coupez-le en trois tranches dans le sens de son épaisseur ; mettez entre chaque tranche une couche de crême comme celle qui sert de sauce aux œufs à la neige (*Voir Œufs à la neige pag.* 499). Enduisez le dessus et les côtés de ce gâteau avec du chocolat fondu sur le feu avec un peu d'eau ; 125 *grammes de chocolat dans deux cuillerées d'eau*) ; laissez sécher un peu et servez.

Gâteau au rhum, entremets et dessert.

Faites un gâteau de Savoie comme il est indiqué page précédente. Laissez-le bien refroidir ; coupez en trois tranches dans le sens de son épaisseur ; trempez chaque tranche dans un mélange de rhum, d'eau et de sucre ; enduisez la tranche du milieu des deux côtés de marmelade d'abricots ou de gelée de groseilles ou un côté de marmelade d'abricots et l'autre de gelée de groseilles ; remettez chaque tranche en place ; laissez un peu égoutter ; glacez le dessus et les côtés de ce gâteau avec un sirop de sucre mélangé de quelques cuillerées de fécule ; laissez refroidir et ornez le dessus de dessins faits avec des morceaux de fruits confits.

Gâteau à l'orange, entremets et dessert.

Se fait exactement comme le gâteau au rhum ci-dessus ; seulement on trempe les tranches de biscuit de Savoie dans du jus d'oranges sucré au lieu de le tremper dans un mélange de rhum, d'eau et de sucre.

Gâteau de Pithiviers, entremets et dessert.

Faites de la pâte feuilletée comme il est indiqué page 563, mais ne lui donnez que cinq tours... laissez reposer un instant... divisez la en deux morceaux ; étendez avec le rouleau chaque morceau de l'épaisseur de deux pièces de cinq francs et taillez-les en rond au moyen d'un coupe-pâte ou d'un couteau ; imbibez-les d'eau ; couvrez l'un de vos morceaux de pâte d'une couche de frangipane (*Voir Frangipane pag.* 566) n'allant pas tout à fait jusqu'au bord ; recouvrez avec l'autre rond de pâte en mettant le côté mouillé sur la frangipane ; appuyez un peu sur les bords pour coller les bords des deux ronds de pâte ensemble ; décorez au moyen de quelques incisions au couteau sur la pâte de dessus ; dorez à l'œuf et faites cuire une demi-heure trois quarts d'heure.

Petites galettes pour le thé appelés aussi gâteaux corses. — Prenez 4 œufs (jaunes et blancs) 125 grammes de beurre, 155 grammes de sucre.

Faites fondre le beurre à feu doux ; aussitôt fondu, ôtez du feu ; ajoutez-y le sucre, puis les œufs, puis de la farine, la quantité nécessaire pour que la pâte soit bien ferme ; un peu de sel fin. Battez cette pâte avec la main pendant un quart d'heure, roulez-la sur la table de manière à former des boudins. Coupez par morceaux d'égale longueur, aplatissez en forme de petites galettes, rangez-les sur une tôle très-légèrement beurrée et enfournez à four très-chaud... Si on se sert du four d'un boulanger on peut les mettre aussitôt le pain retiré. Cinq minutes au plus suffisent pour la cuisson de ces petites galettes. Il faut les retirer aussitôt qu'elles prennent une belle couleur dorée.

Ces gâteaux peuvent se conserver très-longtemps dans une boîte ou corbeille *non fermée* que l'on a seulement le soin de serrer dans un endroit sec.

Massepains, dessert.

Prenez 250 grammes d'amandes; débarrassez-les de leurs pellicules, pilez-les au mortier en y ajoutant de temps à autre un peu de blanc d'œuf pour qu'elles ne tournent pas en huile, on emploiera ainsi environ 2 blancs d'œufs; ajoutez un peu de zeste de citron haché fin ou de vanille en poudre, et 250 grammes de sucre en poudre; partagez cette pâte en petites boulettes que vous posez sur des feuilles de papier en les aplatissant un peu; faites cuire 10 à 15 minutes à four très-doux.

N'ouvrez pas le four avant qu'ils ne soient arrivés à peu près à leur complète cuisson, car ils ne lèveraient pas.

Ne les détachez du papier que lorsqu'ils seront complétement froids.

Macarons, dessert.

Les macarons se font de la même manière que les massepains (*Voir la recette ci-dessus*), seulement on emploie plus de sucre.

Petits-fours au blanc d'œuf. — Battez des blancs d'œufs en neige très-dure; mettez-y deux bonnes cuillerées de sucre par blanc d'œuf et aussi par blanc d'œuf plein une cuillère à café d'amandes hachées très-fin, ou de pétales de roses ou de fleurs d'oranger coupées très-fin avec des ciseaux; mélangez bien. Laissez tomber sur un papier des gouttes, grosses comme une noisette, de cette composition en laissant entre chacune un intervalle car elles s'évaseront et doubleront de volume à la cuisson; enfournez à four pas trop chaud de manière qu'elles dessèchent plutôt qu'elles ne cuisent.

Ces petits macarons peuvent se conserver plusieurs mois, bien enfermés dans des boîtes de fer-blanc mises dans un endroit sec.

Nougat. — Pour 12 à 15 personnes :
Prenez 500 grammes d'amandes; débarrassez-les de leurs pellicules; essuyez-les bien; coupez-les en filets ou hachez-les grossièrement, faites-les sécher dans une casserole sur feu doux en ayant soin de toujours les remuer. Mettez dans une casserole sur le feu 375 grammes de sucre, faites fondre en remuant avec une cuillère; lorsque le sucre est fondu et d'une belle couleur blonde, mettez les amandes chaudes dedans; ôtez du feu et montez le plus mince possible autour d'un moule que vous aurez huilé avec soin.

Le montage doit se faire le plus promptement possible, pour ne pas laisser à la composition le temps de refroidir. Pour ne pas se brûler les doigts, on peut se servir pour appuyer sur les amandes et le sucre d'une carotte bien nettoyée et séchée ou d'un citron.

Quand on fait des nougats de grande dimension, il faut s'y prendre à plusieurs fois pour la cuisson du sucre et des amandes; une personne monte le nougat pendant qu'une autre veille à la cuisson du sucre et des amandes.

Meringues ordinaires. — Pour 24 meringues, prenez six blancs d'œufs; battez-les en neige; une fois en neige très-dure, ajoutez-y six bonnes cuillerées de sucre en poudre très-fine; emplissez une cuillère de ce mélange et faites tomber par une secousse brusque sur un papier un peu fort; faites ainsi 24 petits tas allongés, assez espacés pour qu'ils puissent gonfler du double; saupoudrez de sucre en poudre et enfournez à four très-doux; car les meringues prennent facilement de la couleur et pour qu'elles soient cuites convenablement il faut qu'elles restent fort longtemps au four; décollez du papier et servez en pyramide sur un rond de papier dentelé.

Meringues à la crème, à la confiture, etc. — Prenez des meringues ordinaires; creusez-les un peu en dessous; remplissez-les au moment de les servir de crême fouettée à la Chantilly, (*Voir pag.* 533) ou de crême pâtissière, (*Voir pag.* 565) ou de fromage bavarois, (*Voir ce mot*) ou de confitures ou de glaces quelconque à la vanille, au café, au chocolat. Collez deux meringues ainsi garnies l'une contre l'autre.

Comme on le voit, pour 12 meringues à la crême ou à la confiture il faut 24 meringues ordinaires.

J'ai vu souvent opérer comme ci-dessus pour apprêter les meringues à la crême. Chez la plupart des pâtissiers on fait des meringues spéciales pour les mettre à la crême ou à la confiture. Voici la recette de ces meringues :

Pour douze belles meringues prenez six blancs d'œufs; battez-les en neige très-dure; ajoutez-y six bonnes cuillerées de sucre en poudre très-fine; faites-en sur un papier un peu fort, au moyen d'une cuillère ordinaire, 24 petits tas de forme ovale allongée; on les fait tomber de la cuillère par une secousse brusque; qu'ils soient assez espacés pour qu'ils puissent gonfler du double; saupoudrez de sucre en poudre et faites cuire à four très-doux. Ne les laissez pas prendre trop couleur, passez une cuillère en dessous et enfoncez la partie non cuite; remettez-les à l'entrée du four pour achever de cuire et dessécher. Laissez refroidir et garnissez l'intérieur, au moment de servir, de crême fouettée à la Chantilly, de crême pâtissière, de fromage bavarois, de glace ou de confiture.

Cette espèce de meringues, — mais non garnie bien entendu, — peut se garder longtemps dans une armoire sèche.

GROSEILLES VERTES.

En Angleterre on emploie beaucoup dans les tartes et gâteaux, et aussi pour confectionner une foule de friandises, des groseilles à maquereau non encore parvenues à leur maturité. On les emploie dans toutes sortes de tartes et de tartelettes au lieu de cerises, de prunes, d'abricots. On en fait aussi des puddings. On en fait usage aussitôt qu'elles sont formées et pendant tout le temps qu'elles restent vertes.

Tarte de groseilles vertes, entremets.

Préparez une croûte comme il est indiqué pag. 585; mettez un lit de sucre, puis un lit de groseilles, un lit de sucre, un lit de groseilles; terminez par du sucre; faites cuire 3 quarts-d'heure.

Groseilles vertes en pudding, entremets.

Mêlez ensemble 500 grammes de groseilles, 500 grammes de graisse de bœuf débarrassée de toutes ses peaux et filandres et hachée très-fin, 5 œufs, 4 cuillerées de farine, le quart d'une muscade râpée, un peu de gingembre ou d'épices, du sel; mettez dans un linge enfariné que vous ficelez de manière à bien enfermer le pudding. Mettez à pleine eau bouillante; faites cuire deux heures à trois heures sans que l'eau cesse de bouillir.

Autre pudding de groseilles vertes. — Employez le procédé des puddings aux mûres, aux groseilles etc., pag. 545; mais on y met un peu de zeste de citron haché fin.

RHUBARBE.

Il est une plante fort peu connue, sous le rapport gastronomique, en France, mais fort prisée en Angleterre; c'est la rhubarbe. La rhubarbe a cet immense avantage qu'elle est une ressource en avril, mai et juin, au moment enfin où les fruits de l'année passée sont mangés et où ceux de l'année nouvelle ne sont pas encore arrivés. Que le lecteur se rassure! Il peut se servir de la rhubarbe sans crainte d'aucun inconvénient. Les côtes ou nervures des feuilles de rhubarbe que l'on emploie pour préparations culinaires n'ont pas les vertus purgatives des racines. Elles ne sont pas plus rafraîchissantes et laxatives que la marmelade de pommes.

Rhubarbe sur le plat, entremets sucré.

Dégagez les côtes, principalement les grosses, de toutes les autres parties des feuilles; pelez-les; garnissez de place en place un plat allant sur le feu de petits tas de beurre gros comme la moitié d'une noisette; saupoudrez de sucre ou de cassonade et d'un peu de zeste de citron haché très-fin; rangez sur cette couche, les uns auprès des autres vos bâtons de rhubarbe; mettez dessus de place en place quelques tout petits morceaux de beurre, saupoudrez de sucre et de zeste de citron haché fin. (*Pour 250 grammes de rhubarbe, il faut environ 200 grammes de sucre, gros comme la moitié d'un œuf de beurre et le quart du zeste d'un citron;*) faites cuire feu dessus feu dessous environ une demi-heure, trois quarts-d'heure; au moment de servir, si vous vous aperceviez qu'il y eût trop de jus, faites-le réduire à feu vif; servez.

Tarte à la rhubarbe, entremets et dessert.

Faites et disposez une croûte comme il est indiqué pag. 585. Dégagez les côtes de rhubarbe, principalement les grosses, de toutes les autres parties des feuilles; pelez-les; coupez ces sortes de bâtons de rhubarbe ainsi dégarnis et pelés en petits morceaux de l'épaisseur d'un décime; mettez-en dans votre pâte une couche de l'épaisseur au moins du doigt; saupoudrez de sucre en poudre ou de cassonade et de zeste de citron haché fin; faites cuire une demi-heure trois quarts-d'heure.

Pour une tarte de la grandeur d'une grande assiette, il faut tout au plus 250 grammes de rhubarbe; le quart du zeste d'un citron; mais au moins 125 grammes de sucre.

Autre tarte à la rhubarbe. — Au lieu de laisser la rhubarbe en morceaux comme pour la tarte ci-dessus on peut en faire une marmelade; seulement pour une tarte de la même grandeur il faut employer moitié plus de rhubarbe.

Dégagez les côtes de toutes les autres parties des feuilles; pelez-les; coupez-les en morceaux; mettez-les sur feu pas trop vif avec au moins 125 grammes de sucre ou de cassonade, le quart du zeste d'un citron; faites bien cuire et passez en purée; garnissez votre pâte de cette purée, saupoudrez de sucre ou de cassonade et faites cuire une demi-heure trois quarts-d'heure.

Les personnes qui trouveraient la rhubarbe trop acide peuvent la jeter une ou deux minutes dans l'eau bouillante avant de la faire cuire pour la mettre en marmelade.

Crakinoskis à la rhubarbe, dessert.

Prenez le même poids d'œufs, de farine, de beurre, de sucre en poudre ou de cassonade et une pincée de poudre dite des quatre épices; maniez bien le tout ensemble de manière à en faire une pâte bien liée; garnissez-en de petits moules à tartelettes; emplissez ces tartelettes de marmelade à la rhubarbe, faite d'après le procédé indiqué pour la tarte à la marmelade de rhubarbe ci-dessus; faites cuire une demi-heure, trois quarts-d'heure.

Pudding à la rhubarbe, entremets.

Se fait comme les autres puddings aux fruits (Voir Pudding aux pommes pag. 543).

Pelez les côtes des feuilles de rhubarbe; coupez-les en morceaux du quart du petit doigt de longueur; emplissez-en votre pâte; saupoudrez fortement de sucre en poudre ou de cassonade et de zeste de citron; fermez votre pâte comme il est indiqué pour les puddings, (voir pag. 544) et faites cuire à l'eau bouillante.

Le pudding à la rhubarbe est bon; mais comme celui de groseilles vertes, il a l'inconvénient d'être très-acide.

CITRON.

Le citron est de fréquent emploi en cuisine; le jus et le zeste entrent dans la composition de beaucoup de préparations culinaires; le jus acidule agréablement les huîtres, le poisson; on se sert du zeste pour parfumer des crêmes, des gâteaux, les salmis; aussi serait-ce laisser une lacune regrettable à ce livre si nous ne faisions pas mention de ce fruit.

Citrons en hors-d'œuvre. — Les citrons assaisonnent bien les poissons et les huîtres; aussi en présente-t-on souvent avec ces mets. On les sert entiers dans des coquilles ou bateaux à hors-d'œuvre. On les coupe par moitié au moment de les passer et chaque personne presse un peu de jus sur le mets qu'elle veut assaisonner.

Tranches de citron pour garniture. — Coupez un citron en tranches de l'épaisseur d'un sou; ôtez les pépins; faites de petites coches à la peau qui entoure chaque rond de citron; placez ces ronds de citron ainsi entaillés tout autour du plat que vous voulez orner.

Cette garniture accompagne et parfume agréablement les volailles au jus. On en donne un rond à chaque personne en même temps qu'un morceau du mets principal.

Conservation du zeste de citron et d'orange. — Beaucoup de personnes reculent devant l'achat d'un citron, lorsqu'il n'en est pas absolument besoin pour la préparation culinaire qu'elles ont entreprise.
— Pour parfumer celle-ci, il faut peu de zeste de citron, long et large comme le doigt tout au plus, et souvent le reste est perdu; « mieux vaut s'abstenir et avoir un mets un peu moins savoureux, vous direz-vous! » Croyez-moi, passez-vous votre fantaisie; mais pelez votre citron ou votre orange complètement, employez du zeste ce qui vous sera nécessaire; faites sécher le reste à l'ombre, en le tournant chaque jour, enfermez-le hermétiquement dans un petit bocal ou une petite boîte de fer-blanc que vous mettrez dans un endroit sec. Le zeste de citron et d'orange ainsi conservé garde tout son parfum et peut attendre aussi longtemps qu'on le désirera.

FRUITS

Les fruits sont une partie essentielle des desserts; on ne saurait donc les passer sous silence dans un livre qui s'est annoncé avec des prétentions gastronomiques.

L'auteur croit aussi être agréable en indiquant quelques procédés de conservation pour les fruits.

Pour conserver longtemps les fruits. — Il faut qu'ils soient privés d'air, de chaleur et de lumière et surtout qu'ils soient à l'abri de la gelée et de l'humidité. L'endroit où on les conserve doit être, autant que possible, un cabinet noir. Une cave bien sèche est un excellent endroit. Placez les fruits, tels que pommes et poires, sur des planches, mais espacés de manière que chaque fruit ne touche pas à ceux qui l'avoisinent. Vous ferez fréquemment la visite de votre fruitier; vous ôterez les fruits qui commencent à se gâter, car leur contact ferait gâter les autres. Si l'on n'a pas un espace très-grand pour l'installation d'un fruitier, rangez vos fruits dans des caisses de bois peu profondes et placez ces caisses les unes sur les autres. Ainsi disposées on peut les placer dans un coin où elles tiendront peu de place. Les fruits y sont à l'abri des attaques des souris et des rats.

Quant au raisin. — On le conserve à la vigne jusqu'aux premières gelées en l'enveloppant de sacs de crin ou de papier huilé. Pour le conserver dans le fruitier, commencez par le nettoyer bien de tous les grains pourris ou entamés, suspendez-le la queue en bas et de manière que les grappes ne se touchent pas entr'elles.

Présentation des fruits. — Les fruits se présentent sur la table dans des corbeilles ou des compotiers; on les monte en pyramide en les entremêlant de feuilles de vigne ou de mauve frisée ou de mousse... Souvent on orne aussi ces pyramides de quelques fleurs.

Du parti a tirer des pommes qui ont gelé.

Quand les pommes ont gelé, elles sont molles, pâteuses, sans goût. En les faisant cuire, elles regagnent une partie de leurs qualités. On peut donc en faire des boules, des charlottes, des marmelades.

Groseilles candisées, dessert.

Prenez de belles grappes de petites groseilles rouges ou blanches ou des deux; qu'elles soient bien mûres; trempez-les, les unes après les autres, pour les humecter, dans un demi-verre d'eau auquel vous avez ajouté deux blancs d'œufs battus en neige; égouttez-les un peu et roulez-les dans du sucre en poudre; mettez-les sécher au soleil, le sucre se cristallisera autour de chaque grain et l'entourera comme de givre. Ces groseilles sont délicates et d'un charmant effet. Pour les servir, dressez en pyramide sur une assiette.

Salade d'oranges, dessert.

Prenez des oranges et coupez-les par tranches en leur conservant la peau; *surtout que votre couteau coupe bien.* Otez les pépins; rangez dans un saladier ou un compotier par couches en saupoudrant chaque couche de sucre en poudre; *vous ne mettrez pas les entames des oranges, mais vous en exprimerez le jus dans le saladier;* ajoutez un peu d'eau et, si l'on veut, un peu d'eau-de-vie ou de rhum... tournez et servez.

Pour 6 oranges il faut environ 8 à 10 cuillerées de sucre en poudre, un demi-verre d'eau et autant de rhum ou d'eau-de-vie. *Du reste on mettra plus ou moins de rhum ou d'eau-de-vie, selon qu'on les aime plus ou moins.*

Souvent dans les salades d'oranges, on ajoute aux ronds d'oranges des ronds de pommes et de poires coupés très minces. Entremêlez par couches les ronds de différentes espèces.

Oranges glacées, dessert.

Enlevez la peau et tout ce qu'il y a de cotonneux autour de l'orange, mais avec précaution de manière à ne pas endommager l'orange; détachez les quartiers sans les crever; passez un fil dans chaque quartier auprès des pépins, à l'endroit où il y a des filaments, et nouez de manière à faire une sorte d'anneau.

Disposez de petits crochets en fil de fer en forme d'S.

Pour 6 oranges, mettez dans une casserole en cuivre non étamé environ 500 grammes de sucre et un demi-verre d'eau; faites bouillir, en ayant soin d'écumer, jusqu'à ce que ce sirop arrive à ce point que si on en prend un peu il formera des fils se cassant sec, et que si on le laissait une seconde de plus il commencerait à blondir et à tourner au caramel. Prenez l'un après l'autre au moyen d'un des crochets en fil de fer, par l'anneau en fil, chaque quartier d'orange; trempez-le avec promptitude dans votre sirop arrivé au point de cuisson que nous venons d'indiquer et suspendez-le aussitôt à une baguette que vous avez eu soin d'installer à proximité; faites de même pour tous les quartiers. Toute cette opération doit être faite avec la plus grande promptitude; sans cela le sucre tournerait au caramel avant qu'on eût terminé.

On peut glacer de la même manière des cerises, des grains de raisin, de grosses fraises, des morceaux d'ananas... etc.

Croquenbouche, entremets et dessert.

Le croquenbouche est un assemblage soit de quartiers d'oranges, soit de fruits cuits ou confits, soit de choux, glacés et disposés de manière à former un petit monument.

Glacez, d'après le procédé indiqué ci-dessus pour les oranges, soit des quartiers d'oranges, soit des fruits crûs ou confits, soit des choux farcis de crême ou non... ou bien les uns et les autres; huilez un moule uni et dressez autour vos objets glacés en les collant avec du sucre arrivé au même point que celui que vous avez employé pour glacer; démoulez; ornez encore de quelques fruits glacés; servez.

Marrons bouillis, dessert.

Otez les mauvais; mettez les bons dans une casserole avec assez d'eau pour qu'ils baignent complétemet et, pour un litre de marrons, une cuillerée de sel; faites bouillir vingt à vingt-cinq minutes; servez dans leur cuisson; car s'ils desséchaient, on aurait beaucoup de mal à enlever leur seconde peau.

Marrons grillés, dessert.

Otez les mauvais; faites une petite fente aux bons pour les empêcher d'éclater à la cuisson; mettez-les sur feu vif dans une poêle percée de petits trous; remuez fréquemment... assurez-vous de la cuisson et présentez sur la table enveloppés dans une serviette pliée en losange. Il faut environ vingt minutes de cuisson.

Marrons glacés, dessert.
(*Voir à la table des matières*).

Cerneaux, dessert.

Prenez les grosses noix au moment où l'amande est complétement formée, mais pas complétement mûre; fendez-les en deux; détachez au moyen d'un couteau l'intérieur de chaque moitié et jetez-le au fur et à mesure dans de l'eau fraîche mélangée d'un peu de vinaigre pour les empêcher de noircir. Au moment de servir les cerneaux égouttez-les et mettez dans un saladier ou compotier... ajoutez pour 50 cerneaux, qui font 100 morceaux, une cuillerée comble de gros sel de cuisine bien écrasé, sautez cerneaux et sel dans le saladier et faites passer.

Certaines personnes ajoutent à l'assaisonnement des cerneaux un filet de vinaigre ou quelques cuillerées de verjus, mais je conseille de s'abstenir de cette adjonction et l'on est sûr de l'approbation du plus grand nombre des convives.

COMPOTES.

Il y a deux espèces de compotes : celles que l'on fait au moment et celles que l'on fait pour conserver l'hiver. Nous nous occuperons des premières dans ce chapitre, nous donnerons la recette des autres au chapitre confitures.

Compote de pommes, dessert.
Pour un compotier :
Prenez quatre belles pommes de Reinette; pelez-les; coupez-les en deux; ôtez les pépins et mettez-les au fur et à mesure qu'elles sont prêtes dans de l'eau fraîche pour les empêcher de noircir; faites fondre 125 grammes de sucre dans un verre d'eau; rangez-y les moitiés de pommes; ôtez-les quand elles sont cuites, mais sans attendre qu'elles soient déformées; rangez-les dans le compotier; faites réduire la cuisson et versez-la sur les pommes. On peut les orner de gelée de groseilles; ce qui produit un charmant effet; mais attendez pour mettre la confiture que les pommes soient entièrement froides.

On peut aussi les faire cuire entières. On les pèle; on les vide avec le vide-pommes; on les fait cuire dans un sirop un peu plus abondant de manière qu'elles baignent; on les ôte une fois cuites; on fait réduire le sirop à grand feu et on le verse dessus; une fois froides, ornez de gelée de groseilles; remplissez-en le trou du milieu.

Compote de poires, dessert.
Pour un compotier :
Prenez six belles poires, huit à dix si elles sont petites; pelez-les; coupez-les en quartiers si elles sont grosses et enlevez le cœur; laissez-les entières si elles sont petites; jetez-les dans l'eau au fur et à mesure que vous les apprêtez pour qu'elles ne noircissent pas; faites fondre 125 grammes de sucre dans deux verres d'eau; mettez-y les poires; arrosez de jus de citron, si vous voulez, pour qu'elles restent plus blanches; faites cuire à feu pas trop vif; quand les poires sont cuites, dressez-les dans le compotier en coupant un peu du gros bout si elles sont entières; faites réduire le sirop à grand feu et versez-le sur les poires.

Si vous voulez que les poires soient BLANCHES une

fois cuites, vous emploierez pour les faire cuire un vase qui ne soit pas de métal; si vous voulez qu'elles soient d'un beau ROUGE servez-vous d'un vase de cuivre étamé et surtout ne mettez pas de jus de citron.

Compote de poires au vin, dessert.

Pour un compotier :

Prenez six belles poires, huit à dix si elles sont petites; pelez-les; coupez-les en quartiers si elles sont grosses et enlevez le cœur; laissez-les entières si elles sont petites; mettez-les dans une casserole avec un verre d'eau, 125 grammes de sucre et un tout petit morceau de cannelle; faites cuire à petit feu; lorsque les poires seront à peu près cuites, ajoutez un verre de vin rouge; quand les poires seront cuites, ôtez-les; rangez-les dans le compotier; faites réduire le sirop à grand feu et versez-le sur les poires.

Compote de coings, dessert.

Pour un compotier six poires de coing.

Jetez-les dans l'eau bouillante et laissez-les cuire à moitié; retirez-les et mettez-les quelques minutes dans l'eau fraîche; coupez-les par quartiers; pelez-les; ôtez les cœurs; mettez dans une casserole un verre d'eau et 250 grammes de sucre; faites jeter quelques bouillons et écumez; mettez-y les quartiers de coings; une fois ceux-ci cuits, faites réduire le sirop à feu vif et versez dans le compotier.

Compote d'abricots, dessert.

Mettez dans une casserole pour une douzaine d'abricots 125 grammes de sucre et un verre d'eau; faites jeter quelques bouillons et écumez; mettez-y les abricots entiers ou par moitiés; mais dans les deux cas vous aurez soin d'ôter les noyaux; faites cuire quelques minutes, rangez dans le compotier; faites réduire le sirop et versez-le sur les abricots.

Compote de pêches, dessert.

Se fait de la même manière que la compote d'abricots ci-dessus.

Compote de prunes, dessert.

Mettez dans une casserole 125 grammes de sucre et un verre d'eau; faites jeter quelques bouillons; mettez 500 grammes de prunes; faites cuire jusqu'à ce que les prunes fléchissent sous le doigt; écumez; mettez les prunes dans le compotier; faites réduire le jus jusqu'à consistance de sirop et versez sur les prunes.

Compote de cerises, dessert.

Mettez dans une casserole 125 grammes de sucre et un demi-verre d'eau; faites jeter quelques bouillons; mettez-y 500 grammes de cerises dont vous avez coupé la moitié de la queue; faites cuire quelques minutes; dressez dans le compotier; faites réduire le sirop et versez-le sur les cerises.

Compote de raisin, dessert.

Mettez dans une casserole 125 grammes de sucre et un demi-verre d'eau; faites bouillir et réduire en sirop, mettez-y 500 grammes de raisin égréné et épépiné; faites jeter quelques bouillons et versez dans le compotier.

Compote de groseilles vertes, dessert.

Mettez dans une casserole 125 grammes de sucre et un demi-verre d'eau; faites bouillir et réduire en sirop; mettez-y 500 grammes de groseilles à maquereau pas encore mûres que vous avez mises sur le feu dans l'eau bouillante jusqu'à ce qu'elles montent au-dessus et que vous avez plongées ensuite dans de l'eau froide acidulée de vinaigre pour qu'elles reverdissent; faites bouillir quelques minutes; mettez les groseilles dans le compotier; faites réduire le sirop et versez-le sur les groseilles.

Compote de marrons, dessert.

Faites griller 40 ou 50 marrons. (*Voir Marrons grillés pag.* 608); ôtez la peau; mettez-les dans une casserole avec 125 grammes de sucre; un verre d'eau et un petit morceau de vanille; faites mijoter 25 à 30 minutes à petit feu, puis à feu plus vif pour que le sirop prenne un peu de consistance; versez dans le compotier.

COMPOTES DE CONSERVE, CONFITURES ET FRUITS CONFITS.

Avant de commencer à donner les recettes pour confectionner les différentes marmelades, compotes et confitures, nous allons donner quelques renseignements généraux sur les précautions à prendre pour les bien réussir et aussi pour les conserver parfaitement.

Nous conseillons tout d'abord pour confectionner les confitures, marmelades et fruits confits d'employer un vase, soit chaudron, soit bassine, soit casserole de cuivre non étamé; les vases de faïence ou de terre brûlent plus facilement et donnent souvent un mauvais goût; ceux en fer battu donnent une vilaine couleur. Les vases de cuivre présentent moins ces divers inconvénients, mais il faut les nettoyer avec soin et ne pas y laisser séjourner les confitures une fois faites, car le vert-de-gris ne tarderait pas à se former.

Pendant la cuisson des confitures, marmelades et fruits confits, il ne faut pas les quitter d'un instant, de manière à bien entretenir le feu, à enlever l'écume à mesure qu'elle monte, à veiller à ce qu'elles ne s'attachent pas et ne brûlent pas. Pour éviter ce dernier inconvénient il faut avoir soin que le feu ne soit pas par trop vif et remuer de temps en temps les confitures avec l'écumoire.

Quand les confitures sont cuites à leur point, on les verse bouillantes dans les pots, que l'on remplit *entièrement*; car les confitures baissent en refroidissant. Deux ou trois jours après on les couvre d'un rond de papier imbibé d'eau-de-vie; puis d'un autre papier et on les met dans un endroit sec, frais et bien aéré. Elles ne se conservent pas très-bien dans une armoire toujours fermée. Souvent il arrive que, malgré toutes ces précautions, les confitures, ou marmelades et fruits confits *moisissent* ou *fermentent*. S'ils moisissent c'est que l'endroit où on les a placés est humide et sans air.

Changez-les de papier et mettez-les dans un endroit plus sec et plus aéré. S'ils fermentent, c'est qu'ils ne sont pas assez sucrés ou pas assez cuits; le seul remède est de les faire recuire.

Gelée de groseilles. — Prenez des petites groseilles dites *grades*; écrasez-les, pressez-les dans un torchon humide jusqu'à ce que le jus en soit complétement extrait; pesez ce jus; mettez-le sur le feu dans une bassine en cuivre avec 250 grammes de sucre par 500 grammes de jus; écumez (*mettez l'écume de côté, elle est fort bonne à manger*), et laissez bouillir environ 25 à 30 minutes; mettez un peu de cette confiture sur une assiette, si elle fige, elle est cuite; mettez en pots; laissez refroidir deux ou trois jours; couvrez le dessus de la confiture d'un rond de papier trempé dans l'eau-de-vie, puis couvrez chaque pot d'un autre papier; conservez dans un endroit frais et sec.

Cette recette est économique; mais, si l'on veut avoir plus le parfum du fruit, c'est de mettre 375 grammes de sucre pour 500 grammes de jus et de faire cuire moitié moins de temps.

Si l'on mélange aux groseilles rouges des groseilles blanches, il ne faut pas en mettre plus d'un tiers; elles donnent à la gelée une nuance d'un plus joli rose, mais si on en employait une trop grande quantité la gelée serait trouble.

Gelée de groseilles framboisée. — Se fait comme la gelée de groseilles ci-dessus, seulement vous ajoutez aux groseilles avant de les presser un quart de framboises.

Gelée de pommes. — On emploie ordinairement les pommes de Reinette blanche, mais toutes les pommes sont également bonnes à faire de la gelée, même les pommes conservées pourvu qu'elles ne soient pas cotonneuses.

Pelez-les, coupez-les par petits quartiers, ôtez les cœurs et jetez-les au fur et à mesure dans l'eau fraîche pour qu'elles ne noircissent pas; mettez-les sur le feu dans une bassine non étamée avec assez d'eau pour qu'elles baignent ; quand elles sont molles sous le doigt, retirez-les et laissez égouttez dans un tamis sur une terrine ; pesez le jus et ajoutez-y 375 grammes de sucre par 500 grammes de jus ; faites bouillir 12 à 15 minutes ; écumez avec soin ; mettez-en un peu sur une assiette pour vous assurer de la cuisson ; mettez bouillante dans des pots à confitures dans lesquels vous aurez mis une tranche mince de citron.

Avec les pommes qui ont servi a faire la gelée on peut faire de la marmelade ou charlotte de pommes.

Gelée de coings. — Prenez des coings bien mûrs et procédez comme pour la gelée de pommes ci-dessus.

Dans la gelée de coings on ne met pas de citron.

Gelée de framboises. — Ecrasez les framboises et passez-les à travers un torchon humide, en pressant fortement pour en exprimer tout le jus ; mettez ce jus dans une bassine de cuivre non étamée avec 375 grammes de sucre par 500 grammes de jus ; faites cuire 15 à 20 minutes au plus ; retirez la bassine du feu et mettez la confiture dans des pots.

Gelée des quatre fruits. — Prenez : 500 grammes de cerises ; 500 grammes de groseilles ; 500 grammes de framboises ; 500 grammes de fraises ; écrasez bien le tout ensemble et passez à travers un torchon humide en pressant fortement pour en exprimer tout le jus ; mettez ce jus dans une bassine de cuivre non étamée avec 375 grammes de sucre pour 500 grammes de jus ; faites cuire 15 à 20 minutes au plus ; retirez la bassine du feu et mettez la confiture dans des pots.

Gelée d'épine-vinette. — Prenez de l'épine-vinette très-mûre ; égrénez-la et mettez-la dans une bassine avec assez d'eau pour qu'elle baigne ; mettez sur le feu ; lorsqu'elle aura bouilli 20 minutes environ, retirez-la du feu, écrasez les grains avec une cuillère de bois et passez au tamis ; mettez 500 grammes de sucre par 500 grammes de jus, remettez sur le feu et lorsque le liquide s'élèvera en mousse en bouillant ôtez du feu, écumez et versez dans des pots.

Confitures de cerises. — Retirez les queues et les noyaux en ayant soin de ne pas abîmer les cerises.

Prenez 375 grammes de sucre par 500 grammes de cerises préparées comme nous venons de le dire ; faites fondre dans une bassine avec un demi-verre d'eau par 500 grammes de sucre. Mettez-y les cerises ; faites cuire 20 minutes ; mettez les cerises dans des pots ; faites réduire le jus et versez-le sur les cerises.

AUTRE MANIÈRE. — Ayez pour 6 kilos de cerises un kilo et demi de groseilles ; écrasez-les et pressez-les bien à travers un torchon humide ; mettez dans une bassine ce jus et les cerises débarrassées de leurs queues et de leurs noyaux avec 250 grammes de sucre par 500 grammes de cerises et de jus ; faites cuire et bouillir le tout une demi-heure environ ; écumez ; retirez du feu et versez dans des pots.

Confiture de fraises. — 500 grammes de sucre par 500 grammes de fraises.

Choisissez des fraises bien mûres.

Mettez le sucre dans une bassine avec un demi-verre d'eau par 500 grammes de sucre ; faites bouillir à grand feu, écumez ; lorsque ce sirop est bien épais, qu'il monte en grosses bulles et est sur le point de se colorer, jetez-y les fraises bien épluchées ; faites jeter deux ou trois bouillons ; enlevez les fraises avec une écumoire, emplissez-en à moitié les pots ; faites réduire le jus, emplissez les pots.

Confiture de raisins. — Prenez de beau raisin bien mûr.

Otez au moyen d'un cure-dent les pépins de chaque grain ; mettez dans une bassine un poids de sucre égal à celui des grains de raisin avec un demi-verre d'eau par 500 grammes de sucre ; faites bouillir à grand feu ; écumez. Lorsque ce sirop est bien épais, qu'il monte en grosses bulles et est sur le point de se colorer, jetez-y les raisins préparés comme nous avons dit. Faites jeter deux ou trois bouillons ; mettez les grains de raisin dans des pots ; faites réduire un peu le sirop et versez sur les raisins.

Confiture de pêches. — Prenez des pêches peu mûres, pelez-les, ôtez les noyaux ; coupez les pêches en deux ou quatre ; mettez dans une bassine autant de livres de sucre que vous avez de livres de fruits et un demi-verre d'eau par livre de sucre ; faites bouillir et écumez bien ; faites cuire les pêches dans ce sirop environ une demi-heure ; retirez-les et placez-les dans des pots ; faites réduire le sirop jusqu'à ce qu'il soit bien épais ; ajoutez-y un peu de kirsch et versez-le sur les pêches.

Confiture d'abricots. — Prenez des abricots peu mûrs, coupez-les en deux ; ôtez les noyaux. Mettez dans une bassine autant de livres de sucre que vous avez de livres de fruits et un demi-verre d'eau par livre de sucre ; faites bouillir et écumez bien ; faites-y cuire les abricots une demi-heure environ ; retirez-les et rangez dans des pots ; faites réduire le sirop jusqu'à ce qu'il soit bien épais et versez-le sur les abricots que vous avez parsemés de leurs noyaux débarrassés de leur pellicule et coupés en petits morceaux. *Il faut employer la moitié des noyaux au plus.*

Marmelade d'abricots. — Prenez des abricots bien mûrs, ôtez les noyaux et les taches dures de la peau ; coupez-les en deux et mettez-les sur le feu avec 500 grammes de sucre par 500 grammes de fruits. *On peut ne mettre que 250 grammes de sucre par 500 grammes de fruits, mais alors il faudra faire cuire la marmelade trois quarts d'heure au lieu de 20 minutes.* Remuez votre marmelade pendant tout le temps de sa cuisson, en promenant la cuillère au fond de la bassine afin qu'elle ne s'attache pas ; laissez cuire un quart-d'heure, 20 minutes. Cassez la moitié des noyaux des abricots que vous avez employés, jetez-les dans l'eau bouillante afin d'en ôter facilement la pellicule et mettez-les entiers ou coupés en filets dans la marmelade un peu avant de la retirer du feu.

Pour vous assurer que la marmelade est suffisamment cuite, mettez-en un peu sur le bout de votre doigt; si en appuyant le pouce dessus et le relevant, elle forme un fil, elle est à point; mettez dans des pots.

Marmelade de prunes de Reine-Claude. — Se fait de la même manière que la marmelade d'abricots; on n'y met pas les noyaux.

La marmelade de prunes de mirabelle se fait aussi de la même manière.

Confiture de poires. — Prenez des poires à chair un peu résistante, pelez-les; si elles sont petites, laissez-les entières; si elles sont d'une certaine grosseur, coupez-les en deux ou en quatre, ôtez les cœurs et les parties pierreuses; mettez-les au fur et à mesure que vous les épluchez dans de l'eau fraîche pour qu'elles ne noircissent pas. Mettez dans une bassine autant de fois 375 grammes de sucre que vous avez de livres de fruits et un verre d'eau par 500 grammes de sucre; le sucre aussitôt fondu, mettez les poires dans la bassine; faites cuire deux heures et demie à trois heures à petit feu et sans remuer... faites réduire le sirop jusqu'à ce qu'il soit bien épais; mettez dans des pots.

Confiture de Bar. — Prenez des groseilles; enlevez à chaque petit grain les pépins, au moyen d'un cure-dent, en prenant garde d'endommager la peau; pesez les grains épépinés. Prenez aussi une livre et demie de beau sucre par livre de fruits, faites-le fondre sur le feu dans un quart de litre d'eau pour une livre de sucre; remuez, écumez et laissez cuire jusqu'au moment où si on en laisse un peu refroidir il a la consistance de glu. Mettez vos groseilles dans ce sirop, et retirez-les du feu au premier bouillon; versez dans de petits pots en verre, d'un quart de livre, en distribuant également les fruits, que vous enfoncez de temps à autre jusqu'à ce qu'ils ne remontent plus à la surface.

Raisiné de Bourgogne. — Égrenez des raisins bien mûrs; pressez-les dans un torchon humide; mettez le jus dans une chaudière, et faites bouillir jusqu'à ce qu'il soit réduit de moitié en ayant soin d'écumer et de remuer de temps à autre pour qu'il ne s'attache pas; mettez-y des poires coupées en quartiers et bien épluchées; faites réduire encore d'un tiers; mettez dans des pots. Dans les pays où le raisin n'atteint pas une maturité qui le rende très-sucré, il faut ajouter du sucre au jus de raisin, jusqu'à 3 livres pour 10 livres de jus. Dans ce cas on fait moins réduire le raisiné, il est meilleur et se garde plus longtemps.

Quand on n'a pas de poires, on les remplace assez avantageusement par des carottes tendres et point filandreuses; on les coupe en biais de manière à figurer à peu près des quartiers de poires et on les jette dans le jus du raisin dès qu'on le met sur le feu parce qu'il leur faut beaucoup plus de temps à cuire qu'aux poires.

Compote normande aux poires, aux pommes, etc. Prenez du cidre au moment où il vient d'être brassé; faites-le bouillir 6 heures à petits bouillons, remuez de temps en temps et écumez-bien; lorsqu'il est réduit à peu près de moitié, mettez-y des poires ou des pommes pelées, épluchées et coupées par quartiers (*On emploie ordinairement les poires dites de fontaine et les pommes dites de binet, petites pommes douces non amertumées; il faut qu'au moment où l'on met les fruits dans le sirop de cidre, il y en ait assez pour que les fruits baignent entièrement*); faites mijoter douze heures et lorsque le sirop sera assez réduit, mettez dans des pots de grès.

Ces confitures-compotes, bien faites, se conservent plusieurs années.

On peut ajouter aux poires, dans ces compotes, des morceaux de carottes tendres et non filandreuses; on les coupe de manière à figurer des quartiers de poires, mais on les met dans le cidre beaucoup plus tôt que les poires parce qu'il leur faut plus longtemps pour cuire et qu'elles cuiraient mal si on les mettait tout d'abord dans un sirop trop épais.

Compote de prunes d'avoine. — La prune d'avoine

est une petite prune à peine plus grosse qu'une prune de Mirabelle, d'un noir violacé, assez médiocre crue, mais dont on fait une excellente compote de conserve. La véritable prune d'avoine reste entière à la cuisson.

Mettez dans une bassine de cuivre autant de demi-livres de sucre que vous avez de livres de fruits et un verre d'eau par livre de sucre; faites fondre et écumez. Lorsque ce sirop aura jeté quelques bouillons, mettez-y les prunes... Disposez le feu sur les côtés de la bassine de manière que les confitures ne brûlent pas au fond; faites mijoter quatre à cinq heures au moins sans remuer. Pour vous assurer de la cuisson, mettez un peu du jus sur une assiette; s'il prend un peu de consistance en refroidissant la compote est cuite. Mettez-la dans des pots de grès; laissez refroidir jusqu'au lendemain... couvrez de papier fort et conservez dans un endroit sec et frais.

Cette confiture-compote lorsqu'elle est bien faite peut se conserver plus d'une année.

Sirops, fruits confits et conserves de fruits. — En ajoutant au titre de cet ouvrage ces mots : TOUT CE QUI A RAPPORT A LA TABLE, nous nous sommes pour ainsi dire engagé tacitement à aborder tous les sujets, à révéler le secret de bien des industries, — les petits secrets, car nous ne voulons pas former des pâtissiers, des confiseurs, etc., mais mettre les maîtresses de maison et les cuisinières à même de confectionner les mets et les friandises qu'elles peuvent désirer ou dont elles peuvent avoir besoin.

Dans les pages qui vont suivre nous ne ferons pas pénétrer dans les arcanes de l'art du confiseur, pas plus que nous n'avons révélé précédemment les grands procédés des pâtissiers et des cuisiniers en renom; mais encore sur ce point nous donnerons des recettes pratiques et aussi simples que possible; elles seront peut-être loin des règles de l'art; mais elles n'en seront peut-être que plus faciles à adopter.

Sirop de groseilles. — Ecrasez ensemble deux tiers

de groseilles rouges pas trop mûres et un tiers de cerises aigres ; mettez dans une terrine et laissez fermenter 24 heures. Après ce temps, passez le tout au tamis en pressant bien les fruits écrasés avec les mains pour en faire sortir tout le liquide. Pesez le liquide passé et mettez dedans 875 grammes de sucre par 500 grammes de jus ; versez dans une terrine et mettez sur le feu ; remuez de temps en temps ; le sucre étant fondu et après que votre sirop aura jeté 3 ou 4 bouillons ôtez-le du feu ; écumez ; laissez-le un peu refroidir et mettez-le en bouteilles. Le lendemain bouchez les bouteilles et mettez-les dans un endroit frais.

Sirop de groseilles framboisé. — Se fait de la même manière que le sirop de groseilles ci-dessus, seulement on ajoute aux groseilles et aux cerises un quart de framboises.

Sirop de cerises. — Pesez des cerises pas trop mûres ; ôtez les queues ; écrasez les cerises et laissez-les fermenter pendant 24 heures dans une terrine ; passez le jus au tamis en pressant un peu ; pesez ce jus et mettez-y 875 grammes de sucre pour 500 grammes de jus ; mettez alors dans une bassine sur le feu ; faites jeter un bouillon, écumez ; laissez un peu refroidir et mettez en bouteilles.

Sirop de mûres. — Se fait comme le sirop de cerises ci-dessus, avec des mûres pas trop mûres.

Sirop de vinaigre framboisé. — Mettez dans un bocal de verre ou une cruche en grès autant de framboises qu'ils peuvent en contenir, mais sans les presser ; versez-y de bon vinaigre de manière que les framboises soient couvertes entièrement ; laissez infuser 8 jours. Pressez dans un linge de manière à bien exprimer tout le vinaigre et le jus des fruits ; pesez ce liquide et par demi-kilo mettez-y un kilo de sucre en morceaux ; faites fondre au bain-marie à feu très-modéré ; le sucre fondu, ôtez du feu ; laissez refroidir et mettez en bouteilles.

Vinaigre framboisé. — Au lieu de faire du sirop avec le vinaigre framboisé, on peut conserver le vinaigre framboisé en bouteilles... Il suffira d'en mettre plein une cuillère à café dans un verre d'eau sucrée et il remplacera avec avantage le sirop de vinaigre framboisé.

Sirop d'oranges et de citrons. — Mettez dans une bassine sur le feu 500 grammes de sucre avec un verre d'eau; faites jeter deux ou trois bouillons et laissez refroidir; une fois froid, mettez-y le zeste de 6 oranges et de 3 citrons; couvrez et laissez infuser pendant 24 heures... Au bout de ce temps, ajoutez un litre d'eau et le jus des oranges et des citrons; passez à la chausse et mettez dans une bassine avec un kilo et demi de sucre cassé en morceaux; faites chauffer jusqu'à ce que le sucre soit complétement fondu et le sirop arrivé à 32 degrés... Laissez un peu refroidir et mettez en bouteilles.

Sirop d'orgeat. — Pesez sans les mêler un kilo 250 grammes d'eau et 2 kilos 500 grammes de sucre... Prenez 750 grammes d'amandes douces et 125 grammes d'amandes amères, jetez-les dans de l'eau bouillante afin de pouvoir les débarrasser de leurs pellicules, puis, une fois dépouillées, dans l'eau fraîche, égouttez-les et pilez-les au mortier par petites quantités en mettant de temps à autre quelques gouttes d'eau de fleurs d'oranger pour qu'elles ne tournent pas en huile. Lorsque les amandes sont bien réduites en pâte, délayez avec un peu plus de la moitié de l'eau que vous avez pesée; passez ce mélange au travers d'une toile serrée en pressant le plus fortement possible pour extraire tout le liquide. Remettez les résidus d'amandes dans le mortier, pilez-les en y ajoutant quelques morceaux de sucre et ensuite peu à peu le reste de l'eau; passez ce nouveau liquide et réunissez-le au premier.

Mettez le reste du sucre sur le feu avec un peu d'eau, faites jeter quelques bouillons et écumez; ajoutez-y votre lait d'amandes et remuez jusqu'au premier bouillon, ôtez du feu; ajoutez un demi-verre d'eau de fleurs d'oranger; laissez refroidir et mettez en bouteilles.

Fruits confits. — Confire un fruit, c'est extraire l'eau et l'acidité de ce fruit pour les remplacer par du sucre; les opérations du confisage doivent donc tendre à ce but... car tant qu'il reste de l'eau ou de l'acidité dans un fruit il est exposé à fermenter ou à moisir; c'est ce qui arrive lorsque les gelées et les marmelades ne sont pas assez cuites ou assez sucrées.

Prunes de Reine-Claude confites. — Prenez de véritables prunes de Reine-Claude parvenues à tout leur développement, mais quelques jours avant leur complète maturité; qu'elles soient encore fermes et croquantes; coupez un peu de la queue; piquez-les avec une grosse aiguille dans la fente et tout autour de la queue et jetez-les au fur et à mesure dans une bassine avec assez d'eau pour, lorsqu'elles y seront toutes, qu'il y en ait au-dessus une épaisseur de deux à trois doigts. Une fois toutes les prunes préparées comme il vient d'être dit, posez la bassine sur le feu jusqu'à ce que l'eau soit assez chaude pour ne plus pouvoir y tenir les doigts; retirez la bassine du feu et mettez-y 8 grammes de sel pour un kilo et demi de fruits; laissez reposer une heure environ; remettez les prunes sur le feu, sur feu doux, remuez-les; peu à peu les prunes qui étaient devenues jaunâtres reverdiront; activez un peu le feu jusqu'à ce que l'eau commence à *frémir;* retirez les prunes de l'eau au fur et à mesure qu'elles remontent à la surface ou qu'elles s'amollissent et mettez-les dans de l'eau froide. Faites-les égoutter et mettez-les dans une terrine.

Mettez dans une casserole de cuivre non étamée autant de livres de sucre que vous avez de livres de prunes et un verre d'eau par livre de sucre; faites bouillir à grand feu; remuez et écumez de temps en temps jusqu'à ce que le sirop arrive à marquer au pèse-sirop 29 degrés; versez le sirop arrivé à ce degré de cuisson sur les prunes; laissez-les tremper 24 heures.

Otez les fruits du sirop, remettez le sirop bouillir sur le feu jusqu'à ce qu'il soit parvenu à 32 degrés;

versez de nouveau sur les prunes et laissez-les tremper encore 24 heures.

Reprenez votre sirop une troisième fois et faites-le bouillir jusqu'à ce qu'il parvienne à 33 degrés; versez bouillant sur les prunes; cette fois on les laissera tremper 48 heures.

Après ce temps mettez les prunes dans des pots avec leur sirop ou égouttez-les, faites-les sécher dans un endroit chaud ou dans une étuve (1) sur des claies pour les enfermer ensuite dans des boîtes.

Les fruits ainsi préparés peuvent se servir pour dessert et encore se mettre à l'eau-de-vie. (*Voir Prunes à l'eau-de-vie.*)

Abricots confits. — Se préparent comme les prunes de Reine-Claude confites. (*Voir la recette ci-dessus.*)

Pêches confites. — Se préparent comme les prunes de Reine-Claude confites. (*Voir Prunes de Reine-Claude confites page 622.*)

Poires de Rousselet confites. — Pelez-les; puis préparez-les comme les prunes de Reine Claude confites. (*Voir Prunes de Reine-Claude confites pag. 622.*)

Figues confites. — Faites une fente du côté opposé à la queue; puis préparez-les comme les prunes de Reine-Claude confites. (*Voir Prunes de Reine-Claude confites page 622.*)

Angélique confite. — Choisissez des tiges d'angélique bien tendre, coupez en bâtons longs du double du doigt, jetez-les à mesure dans l'eau froide; retirez-les et mettez-les dans de l'eau prête à bouillir; laissez-y l'angélique tremper une heure, mais la bassine ôtée du feu; retirez l'angélique de l'eau, enlevez les filandres et la peau, jetez-la à mesure dans la bassine avec assez d'eau pour qu'elle baigne, et faites-la bouillir

---

(1) L'étuve est un petit cabinet ou une armoire où l'on peut entretenir une chaleur de 20 à 40 degrés au moyen d'un feu très-doux... Un chauffe-assiettes peut servir d'étuve, mais il est nécessaire qu'il y ait un peu d'air par en haut et par en bas.

jusqu'à ce qu'elle fléchisse sous les doigts; retirez du feu et jetez dans l'eau une demi-poignée ou une poignée de sel pour faire reverdir l'angélique; laissez-la tremper une heure, retirez-la et faites égoutter; faites un sirop avec autant de livres de sucre que d'angélique, et terminez comme il est dit pour les prunes page 622.

Noix confites. — Prenez des noix vertes dont l'amande ne soit pas encore formée, pelez-les légèrement et jetez-les à mesure dans une bassine d'eau froide; faites-les bouillir jusqu'à ce qu'elles puissent être pénétrées par une épingle; retirez-les du feu; jetez-les dans de l'eau froide, et faites-les bien égoutter; procédez ensuite comme pour les prunes pag. 622.

Marrons glacés. — Faites bouillir des marrons dans l'eau jusqu'à ce qu'ils soient cuits; pelez-les avec précaution pour ne pas les écraser dans vos mains; mettez-les au fur et à mesure qu'ils sont pelés dans l'eau fraîche pour les raffermir un peu; une demi-heure après, versez dans un autre vase du sirop de sucre cuit jusqu'à ce qu'il soit arrivé à la consistance de glu; mettez-y vos marrons (avec le plus grand ménagement pour ne pas les briser). Le lendemain ôtez les marrons du sirop; faites jeter quelques bouillons à ce dernier et remettez-le sur vos marrons; vous continuerez cette opération toutes les 24 heures pendant 4 jours, en ayant soin de donner la dernière fois un peu plus de cuisson au sucre. Vous les glacez ensuite à volonté, ce qui se pratique de la même manière que pour les autres fruits, c'est-à-dire en les trempant dans un sirop de sucre excessivement épais et les faisant sécher à l'étuve.

Conserves de fruits et de jus de fruits. — Ce que nous avons dit sur le choix à faire des fruits pour confire peut s'appliquer aux conserves de fruits... Il faut les choisir nouvellement cueillis, avant leur complète maturité, un peu fermes et croquants et bien sains. Si l'on fait des conserves avec des fruits trop mûrs elles sont peu délicates et se conservent mal.

CONSERVES DE FRUITS

Ces fruits se mettent avec un sirop plus ou moins sucré, selon qu'ils sont plus ou moins mûrs ou plus ou moins acides (*nous indiquerons pour chaque espèce la quantité de sucre*), dans des bouteilles de verre très-fort et à goulot assez large pour qu'ils puissent entrer et sortir facilement; disposez les fruits dans ces bouteilles aussi régulièrement que possible.

Bouteille pour conserves de fruits.

Cuisson des conserves de fruits. Les fruits et le sirop disposés dans les bouteilles comme il vient d'être dit, bouchez et ficelez bien les bouteilles, rangez-les dans un chaudron entremêlées de foin pour qu'elles ne se cassent pas en se heurtant pendant l'ébullition; emplissez le chaudron d'eau de manière que les bouteilles baignent complétement; faites bouillir 4 minutes; ôtez le chaudron du feu; mais n'ôtez les bouteilles du chaudron que lorsque l'eau sera complétement froide sans cela vous risquez de les faire éclater au contact de l'air. Une fois les bouteilles retirées de l'eau, laissez-les sécher deux ou trois jours; enduisez les bouchons de cire et enfermez dans un endroit sec et frais.

Ces conserves peuvent se garder au moins un an. Ne les déboucher et ne les mettre dans les compotiers qu'au moment de les servir.

Conserves de prunes de Reine-Claude. — Choisissez des prunes plutôt un peu vertes que trop mûres; piquez-les de place en place avec une grosse aiguille; coupez la moitié de la queue; jetez-les dans de l'eau bouillante et faites-leur jeter un bouillon pour qu'elles conservent leur couleur verte. Egouttez-les et mettez-les dans des bouteilles de verre très-fort et à goulot assez large pour qu'elles puissent entrer et sortir facilement; disposez les prunes dans ces bouteilles aussi régulièrement que possible; remplissez ces bouteilles, pas complétement cependant, d'un sirop fait dans la proportion de 800 grammes de sucre pour un litre d'eau. On ne fait jeter qu'un bouillon à ce sirop et on ne le met sur les fruits que complétement froid. Une fois les fruits et le sirop disposés dans les bouteilles comme il vient d'être dit, faites bouillir à pleine eau 4 minutes. (*Voir Cuisson des Conserves de fruits page* 625).

Conserves de prunes de Mirabelle. — Choisissez-les pas trop mûres, même un peu fermes; coupez un peu les queues; mettez dans les bouteilles; remplissez les bouteilles, pas complétement cependant, d'un sirop fait dans la proportion de 725 grammes de sucre pour un litre d'eau. On ne fait jeter qu'un bouillon à ce sirop et on ne le met sur les fruits que complétement froid. Une fois les fruits et le sirop disposés dans les bouteilles comme il vient d'être dit, faites bouillir à pleine eau 3 minutes. (*Voir Cuisson des conserves de fruits page* 625.)

Conserves d'abricots. — Prenez de préférence des abricots de plein vent parce qu'ils ont plus de goût et se conservent mieux entiers; coupez-les en deux; cassez les noyaux et prenez-en les amandes que vous débarrassez de leur pellicule après les avoir laissés quelques minutes dans l'eau bouillante; rangez dans des bouteilles à large goulot les moitiés d'abricots et les amandes des noyaux; remplissez les bouteilles, pas complétement cependant, d'un sirop fait dans la proportion de 725 grammes de sucre pour un litre d'eau. On ne fait jeter qu'un bouillon à ce sirop et on ne le met sur les fruits que complétement froid. Une fois les fruits et le sirop disposés dans les bouteilles comme il vient d'être dit, faites bouillir à pleine eau 4 minutes. (*Voir Cuisson des conserves de fruits page* 625.)

Conserves de cerises. — Choisissez des cerises peu mûres; coupez les queues à moitié; mettez dans les bouteilles; remplissez les bouteilles, pas complétement cependant, d'un sirop fait dans la proportion de 540 grammes de sucre pour un litre d'eau. On ne fait jeter qu'un bouillon à ce sirop et on ne le met sur les fruits que complétement froid. Une fois les cerises et le sirop disposés dans les bouteilles comme il vient d'être dit, faites bouillir à pleine eau 4 minutes. (*Voir Cuisson des conserves de fruits page* 625.)

Conserves de groseilles. — Prenez-les mûres, égrénez-les, puis procédez comme pour les conserves de cerises ci-dessus.

Conserves de framboises. — Choisissez des framboises peu mûres; mettez-les dans les bouteilles, remplissez les bouteilles, pas complétement cependant, d'un sirop fait dans la proportion de 860 grammes de sucre pour un litre d'eau. On ne fait jeter qu'un bouillon à ce sirop et on ne le met sur les fruits que complétement froid. Une fois les framboises et le sirop disposés dans les bouteilles comme il vient d'être dit, faites bouillir à pleine eau 2 minutes (Voir Cuisson des conserves pag. 625.)

Conserves de fraises. — Ces conserves sont peu délicates, les fraises ne conservant pas leur parfum.

Conserves de jus de groseilles. — Écrasez des groseilles et pressez-les dans un torchon mouillé pour en faire sortir le jus; laissez ce jus dans un endroit frais pendant deux ou trois jours pour le laisser fermenter. Lorsque toute l'écume et la lie sont venues en dessus, tirez le jus à clair; mettez-le dans des bouteilles, bouchez, ficelez; faites bouillir 5 minutes à pleine eau. (*Voir Cuisson des conserves de fruits page* 625.)

Ce jus ainsi préparé se conserve fort longtemps; pour le prendre on le mélange avec de l'eau sucrée ce qui forme une boisson beaucoup plus parfumée et plus agréable que le sirop de groseilles.

Pruneaux. — Prenez de belles prunes de Reinette mûres et bien saines, disposez-les une à une sur des claies, et mettez-les au four, à la sortie du pain; laissez-les jusqu'à ce qu'on le chauffe de nouveau, et avant de les y remettre retournez-les une à une; recommencez la même opération 3 ou 4 fois suivant que vous voyez qu'elles sont plus ou moins séchées. L'habitude seule vous apprendra le degré convenable. Lorsque vous les jugez à point, étalez-les pendant quelque temps dans un lieu sec et aéré; ensuite arrangez-les couche par couche dans des boîtes garnies de papier blanc; mettez aussi quelques feuilles de laurier parmi.

Pour les manger faites-les bouillir 15 minutes dans de l'eau sucrée; pour 500 grammes de pruneaux 125 grammes de sucre, deux verres d'eau; servez avec sauce pas trop longue.

Cerises sèches. — On les fait sécher comme les pruneaux. Il suffit ordinairement de les passer une fois au four et de les achever au soleil. Ne pas mettre de laurier. Il est important de choisir des cerises à chair ferme. Pour les manger on les fait bouillir comme les pruneaux avec de l'eau et du sucre.

Poires tapées. — Prenez des poires de Rousselet presque mûres, pelez-les avec précaution, coupez le bout de la queue, mettez-les à mesure dans une bassine pleine d'eau froide; faites bouillir à petits bouillons, tâtez les poires et lorsqu'il y en a qui fléchissent sous le doigt, retirez-les avec l'écumoire pour les jeter dans de l'eau fraîche; égouttez-les ensuite; faites fondre dans la bassine, pour 100 poires, un kilo de sucre avec un litre et demi d'eau; faites bouillir, écumez, garnissez le fond de la bassine de poires, faites-leur faire un seul bouillon, retirez-les pour les placer dans une terrine; mettez ensuite d'autres poires dans le sucre, jusqu'à ce qu'elles y aient toutes passé; laissez-les refroidir et arrangez-les sur des claies la queue en l'air, en les aplatissant tant soit peu sans les écraser; mettez-les dans le four à la sortie du pain où vous les laissez plusieurs heures; avant de les y remettre, trempez-les dans le sirop froid, replacez-les sur les claies, recommencez cette opération jusqu'à 4 fois; ensuite arrangez-les dans des boîtes, 2 rangs l'un sur l'autre, puis une feuille de papier et deux rangs de poires, etc., conservez-les en lieu sec. Le sirop qui reste peut servir à toutes espèces de confiseries et de compotes.

Pralines, dessert.

Prenez 500 grammes d'amandes douces ou d'avelines ou de pistaches; frottez-les dans un linge pour bien les débarrasser de toute leur poussière; mettez-les, avec 500 grammes de sucre et un demi-verre d'eau, sur le feu, dans un poêlon ou une casserole de cuivre non étamés. Lorsque les amandes ou avelines ou pistaches commencent à pétiller un peu fort, retirez-les du feu et remuez-les avec une cuillère de bois jusqu'à ce que le sucre devienne comme du sable blanc. Retirez du poêlon les amandes et moitié du sucre; remettez l'autre moitié du sucre sur le feu avec un demi-verre d'eau; faites bouillir jusqu'à ce qu'il exhale une petite odeur de caramel; mettez-y alors les amandes; retirez le poêlon du feu et tournez les amandes dedans jusqu'à ce qu'elles soient bien entourées de sucre; retirez-les du poêlon. Mettez dans le poêlon avec un demi-verre d'eau le sucre que vous avez mis de côté; faites bouillir jusqu'à ce qu'il donne un petit parfum de caramel, mettez-y les amandes, ôtez du feu; remuez les amandes jusqu'à ce qu'elles aient pris tout le sucre, retirez-les, posez-les sur du papier en ayant soin de séparer celles qui se seraient collées.

Pastilles de fleurs d'oranger appelées aussi pains de fleur d'oranger. — Faites fondre avec très-peu d'eau, dans un poêlon non étamé, du sucre concassé; faites bouillir et cuire jusqu'à ce que le sirop atteigne ce point de cuisson qu'on appelle le petit boulé. Pour constater que le sucre est arrivé à ce point, imbibez un de vos doigts d'eau fraîche, trempez-le dans le sirop, puis replongez-le vivement dans l'eau fraîche, le sirop doit former une espèce de glu. Versez-y des pétales de fleurs d'oranger coupés fin, faites cuire jusqu'à ce qu'en en versant sur une assiette vous voyez les gouttes prendre, alors vous versez lentement sur un marbre très-légèrement huilé, votre composition par gouttes ou par plaques, ce qui vous donne de petites ou de larges pastilles à volonté. On met plus ou moins de fleurs selon son goût; on peut en mettre beaucoup. Quand le sucre est refroidi dans la poêle et qu'il ne coule plus, on le remet au feu. — Ces pastilles se conservent très-bien toute l'année et sont une bonne ressource pour les desserts.

Fleurs d'oranger pralinées. — Epluchez des pétales de fleurs d'oranger, jetez-les un instant dans l'eau bouillante pour blanchir.

Faites cuire du sucre jusqu'à ce qu'il arrive à la consistance de glu, mettez-y les fleurs, et continuez de faire bouillir le sucre pour le faire revenir à la consistance qu'il avait; retirez du feu, remuez jusqu'à ce que le sucre devienne comme du sable; lorsque vous pouvez y endurer la main, ôtez-en la fleur d'oranger et faites-la sécher sur du papier.

La fleur d'oranger pralinée sert à parfumer les préparations culinaires où l'on ne peut employer l'eau de fleurs d'oranger. On la hache fin avant de l'employer.

FROMAGES

Le choix des fromages est assez difficile d'autant plus que les goûts varient; les uns les veulent forts de goût, les autres peu *faits*. RÈGLE GÉNÉRALE : l'intérieur doit être mat et d'une belle nuance beurre frais; les fromages à chair transparente sont de qualité inférieure. Dans les Camenberg et les Brie, les fromages *tout à fait surfins* doivent être mats, jaune-clair, sans blanc au milieu et ne pas couler, les fromages qui ont des dispositions à couler sont souvent trop salés : on reconnaît ces derniers à leurs bords arrondis.

GLACES ET SORBETS

Les glaces sont des préparations de liquide sucré et parfumé et transformé en une pâte onctueuse au moyen de la congélation. Les glaces tiennent une des premières places parmi les préparations gastronomiques. Les glaces ne sont pas plus difficiles à faire qu'autre chose. Le tout est de savoir s'y prendre ; c'est à quoi je vais tâcher d'initier dans cette partie de ce livre.

L'appareil presque indispensable, et encore, c'est la sorbétière. Prenez de préférence une sorbétière en étain. Préparez un sirop ou une crême comme il est indiqué plus loin lorsque nous indiquons le procédé pour confectionner les différentes glaces... (*Voir Glace à la vanille, Glace au citron, à l'orange*, etc.) Mettez dans la sorbétière et faites prendre dans de la glace.

MANIÈRE DE FAIRE PRENDRE LES GLACES ET DE LES TRAVAILLER. — Une fois le sirop ou la crême dans la sorbétière, prenez un seau de bois, le plus grand que vous pourrez trouver ; couvrez le fond d'une couche épaisse de glace cassée en petits morceaux et de gros sel de cuisine ; *le sel active la congélation;* posez la sorbétière sur cette couche ; entourez-la de couches de glace et de sel (*la proportion est d'un kilogramme de sel pour huit de glace*). Une fois la sorbétière bien installée parmi la glace et le sel, prenez-la par l'anse et agitez-la fortement pendant 8 à 10 minutes ; découvrez et détachez avec une cuillère ou une palette de bois la partie du liquide qui commence à se solidifier autour de la sorbétière, remuez bien le tout ; recouvrez la sorbétière, laissez reposer cinq minutes et recommencez au bout de ce temps le même travail ; opérez ainsi jusqu'à ce que votre sirop ou votre crême soit transformé en une pâte onctueuse. On a soin pendant toute l'opération de faire écouler l'eau par une petite ouverture que l'on a pratiquée au bas du seau et que l'on bouche avec une cheville et de remettre des morceaux de glace et du sel ; lorsque la glace est assez prise, on fait écouler toute l'eau du seau, on le couvre de glace, puis d'un torchon jusqu'au moment où l'on doit servir les glaces. Pour opérer il faut se mettre dans un endroit le plus froid et le plus sec possible. Il ne faut pas non plus s'éloigner trop longtemps, car le liquide se solidifierait par glaçons et les glaces seraient moins délicates, ou il prendrait insuffisamment faute de glace.

Il ne faut pas faire prendre les glaces trop longtemps à l'avance.

Une fois le moment de les servir arrivé, on travaille encore la pâte, puis on en emplit des verres en l'élevant au-dessus en pyramide. On peut aussi donner à cette pâte différentes formes en la mettant dans de petits moules.

Les glaces au jus de fruits rouges doivent être moins travaillées si l'on veut qu'elles conservent leur couleur rouge.

Les sorbets sont des espèces de glaces faites avec des préparations alcooliques telles que rhum, kirsch, liqueurs. Ils prennent moins que les glaces. Les sorbets se servent en même temps que le rôti au moment où, autrefois, l'on faisait le TROU NORMAND.

Glaces à la vanille. — Pour 10 à 12 personnes : Mettez dans une casserole un litre de bon lait avec une demi-gousse de vanille ; faites bouillir ; aussitôt qu'il bout, sucrez avec 375 grammes de sucre ; ôtez du feu et laissez refroidir. Battez bien ensemble 7 jaunes d'œufs ; mêlez avec le lait qui devra être presque tout à fait froid ; passez ; remettez sur le feu et tournez avec une cuillère jusqu'à ce qu'il commence à prendre ; *mais se bien garder de laisser épaissir ;* laissez refroidir, mettez dans la sorbétière ; qu'elle ne soit pleine qu'aux deux tiers ; couvrez ; et faites prendre et travaillez comme il est indiqué page précédente.

Glaces à l'orange. — Pour 10 à 12 personnes : mettez dans une casserole 500 grammes de sucre et un verre d'eau ; faites bouillir et écumez bien ; une fois bien écumé, ôtez du feu, ajoutez un autre verre d'eau et le jus de trois oranges et de trois citrons, plus le zeste des trois oranges ; laissez infuser une heure, passez au tamis et mettez dans la sorbétière, ne l'emplissez qu'aux deux tiers et faites prendre et travaillez comme il est indiqué pag. 631.

Glaces au citron. — Se fait comme celles à l'orange seulement *au lieu* du jus de trois oranges et de trois citrons et du zeste de trois oranges, on ajoute au sirop le zeste de trois citrons et le jus de 6.

Glaces à la groseille. — Pour 10 à 12 personnes : mettez dans une casserole 500 grammes de sucre et un verre d'eau ; faites bouillir et écumez bien ; une fois bien écumé, ôtez du feu et laissez refroidir ; ajoutez-y un demi-litre de jus de groseilles rouges bien limpide, mettez dans la sorbétière, ne l'emplissez qu'aux deux tiers et faites prendre et travaillez comme il est indiqué pag. 631.

Glaces à la framboise. — Se font comme celles à la groseille ci-dessus ; seulement *au lieu* d'un demi-litre de jus de groseilles, on ajoute au sirop un demi-litre de jus moitié groseilles et moitié framboises.

Glaces à la fraise. — Pour 10 à 12 personnes : mettez dans une casserole 500 grammes de sucre et un verre d'eau ; faites bouillir et écumez bien ; une fois bien écumé, ôtez du feu et laissez refroidir ; ajoutez-y un demi-litre de jus moitié fraises et moitié groseilles bien limpide ; mettez dans la sorbétière, ne l'emplissez qu'aux deux tiers et faites prendre et travaillez comme il est indiqué pag. 631.

Fromages glacés. — Au lieu de servir les glaces par petites portions, on peut les servir en masses que l'on façonne dans des moules, c'est ce qu'on appelle FROMAGES GLACÉS.

Entassez la glace préparée, parfumée et prise comme il est indiqué dans les pages précédentes dans un moule à fromage glacé, pressez fortement de manière qu'il ne reste pas de vide ; plongez le moule une demi-minute dans l'eau bouillante, renversez sur un plat ; ôtez le moule et servez.

Ordinairement on fait les fromages glacés à différents parfums, ainsi à la vanille et à la groseille, à la vanille et à l'orange, etc. On mettra côte à côte dans le moule les deux différentes sortes de glaces préparées séparément; on pressera fort, puis on démoulera.

Sorbet au rhum. — Pour 10 à 12 personnes : mettez dans une casserole 500 grammes de sucre et un verre d'eau ; faites bouillir et écumez bien ; une fois bien écumé, ôtez du feu ; ajoutez un verre d'eau et le jus de trois citrons ; versez dans la sorbétière, ne l'emplissez qu'aux deux tiers et faites prendre comme il est indiqué pag. 631. Au moment de servir, ajoutez un demi-verre gobelet ordinaire de rhum, remuez bien et servez dans des verres à vin.

Sorbets au kirsch. — Pour 10 à 12 personnes : mettez dans une casserole 500 grammes de sucre et un verre d'eau ; faites bouillir et écumez bien ; une fois bien écumé, ôtez du feu ; ajoutez un verre d'eau ; versez dans la sorbétière, ne l'emplissez qu'aux deux tiers et faites prendre comme il est indiqué pag. 631. Au moment de servir, ajoutez un demi-verre gobelet ordinaire de kirsch ; remuez bien et servez dans des verres à vin.

Punch à la romaine. — Pour 10 à 12 personnes : mettez dans une casserole 500 grammes de sucre et un verre d'eau ; faites bouillir et écumez bien ; une fois bien écumé, ôtez du feu ; ajoutez un verre gobelet ordinaire de bon vin de Chablis et le jus de trois citrons ; versez dans la sorbetière, ne l'emplissez qu'aux deux tiers et faites prendre comme il est indiqué pag. 631. Au moment de servir ajoutez un demi-verre gobelet ordinaire de rhum et trois blancs d'œufs battus en neige ; servez dans des verres à vin un peu grands.

Le punch à la romaine se sert, comme les sorbets, en même temps que le rôti.

CAFÉ.

L'usage du café est très-répandu et cependant peu de personnes savent faire le café, le nombre des maisons où l'on prend de bon café est très-restreint; mais les prétentions, les méthodes et les appareils ne manquent pas !

Il y a trois conditions essentielles pour faire de bon café: avoir de bon grain, le bien brûler et le bien infuser.

Le premier soin est d'avoir du grain bien sain, bien parfumé, ne sentant pas le moisi. Le grain le plus estimé comme arôme est le Moka, mais, comme il a un parfum très-prononcé, différent des autres cafés, souvent on le préfère mélangé avec une ou plusieurs autres variétés. Le meilleur mélange se compose d'un tiers de Moka, d'un tiers de Martinique et d'un tiers de Saint-Domingue.

La torréfaction du café est un point non moins important. Servez-vous d'un brûloir ou même et mieux d'une simple poêle comme celles que l'on emploie pour omelettes ; mais uniquement consacrée au café. Le café doit être torréfié, *brûlé* suivant l'expression généralement admise, bien également, d'une couleur pas trop foncée, mais plutôt foncée que claire cependant. Commencez-le à feu très-doux de manière qu'il se pénètre, qu'il cuise à l'intérieur comme à l'extérieur, puis augmentez l'intensité du feu; lorsqu'il est d'un beau marron foncé, il est suffisamment torréfié. Il faut environ trois quarts d'heure. Retirez-le du brûloir ou de la poêle et étendez-le sur un torchon pour refroidir; une fois froid, vous le serrerez dans une boîte en fer-blanc closant hermétiquement ; mais surtout ne le mettez pas dans la boîte avant qu'il ne soit complétement froid ; car il prendrait un goût mielleux très-désagréable. Il ne faut pas en faire brûler une quantité trop considérable à l'avance ; il ne faut le moudre qu'au fur et à mesure du besoin, car autrement vous perdriez une partie de son arôme.

Pour obtenir l'infusion de café on a inventé une foule d'appareils tous plus ingénieux les uns et les autres ; celui que j'ai toujours préféré, auquel je suis revenu après nombreuses expériences, est le filtre à la Dubelloy, ainsi nommé du nom de son inventeur.

Café à l'eau. — Torréfiez d'un beau marron foncé, moulez; mettez dans le filtre une cuillerée de café autant de fois que vous voulez avoir de tasses, à cette exception près que, si vous ne faites qu'une seule tasse, il faut pour cette seule tasse une cuillerée et demie; pressez un peu; faites bouillir de l'eau; lorsqu'elle bout à *gros bouillons*, versez sur le café... Il faut d'abord pour la première tasse mettre une tasse et demie d'eau, ensuite autant de fortes tasses d'eau que vous voulez de tasses de café en plus de la première.

Le café doit être fait presque au moment de le servir; si les circonstances font que vous soyez obligé d'attendre quelques minutes, maintenez le filtre qui contient votre café ou la cafetière où vous l'aurez transvasé et que vous aurez eu soin de bien chauffer à l'eau bouillante avant d'y mettre votre infusion, chaudement dans de l'eau très-chaude, mais surtout qu'elle ne bouille pas, votre infusion contracterait un goût désagréable connu vulgairement sous le nom de goût de *randou*. Par les mêmes raisons c'est une très-mauvaise méthode de faire du café dit *café à l'eau* pour plusieurs jours.

Pour le service du café voir ce que nous avons dit page 66 et suiv.

Café au lait. — Si l'on prend de mauvais café à l'eau on en prend encore de plus mauvais au lait. *Une des causes* de ce fait est que l'on suppose généralement que le café préparé pour être pris à l'eau peut servir pour le café au lait; c'est une erreur ce n'est pas une simple infusion qu'il faut pour le café au lait, c'est de l'essence de café, sans cela on met autant d'eau que de lait. *Une autre cause*, c'est qu'il importe à la qualité du café au lait que le lait soit excellent, il y a le baptême de l'eau qui souvent s'y oppose. Une précaution que l'on doit prendre c'est de ne pas faire bouillir le lait dans une casserole ou une cafetière où il y a eu de matières grasses, ce qui donne au lait un affreux goût de graillon. La CHICORÉE, l'atroce chicorée, qui rend épouvantable le meilleur café à l'eau, donne une onctuosité agréable à l'infusion de café préparée pour café à l'eau ; pour 2 cuillerées de café mettre dans le filtre une cuillerée de chicorée.

Pour faire de l'essence de café pour café au lait, mettre une tasse d'eau pour deux cuillerées de café et une de chicorée ; faire passer plusieurs fois l'infusion. On fera bien de faire bouillir le marc avec un peu l'eau, de la passer... Cette eau qui aura pris ce qui reste d'arome dans le marc sera préférable pour l'essence de café à de l'eau sans aucun parfum. Mais cet usage sera détestable pour le café à l'eau. L'essence de café, préparée comme nous venons de le dire, peut se garder trois ou quatre jours l'été, huit à dix l'hiver, dans un flacon bien bouché. Avis aux amateurs de bon café au lait. Il en faut une cuillerée à bouche pour un quart de litre ou un verre de lait. Il est inutile de faire chauffer, le lait, étant bouillant, ne sera pas refroidi par l'adjonction de cette cuillerée d'essence.

CHOCOLAT.

Il y a deux manières de préparer le chocolat : à l'eau et au lait. La première manière fait un chocolat plus facile à digérer ; mais la seconde donne un chocolat plus onctueux, plus agréable.

N'importe de quelle manière on le prépare, le chocolat doit être assez sucré pour ne pas y mettre de sucre, système défectueux qui autorise à supprimer une partie du chocolat et par conséquent du parfum : combien de fois m'a-t-on servi du chocolat qui n'était que du lait sucré ! Le chocolat comme les fabricants le préparent est suffisamment sucré ; s'il ne l'est pas assez une fois accommodé au lait ou à l'eau, c'est qu'on n'en a pas mis assez. Chaque livre est divisée en tablettes. La tablette est environ le huitième de la livre, elle suffit largement pour un quart de litre ou un verre d'eau ou de lait qui est à peu près ce qu'on entend par tasse pour le chocolat... la tasse pour soirée est de moitié moins.

Je conseille bien pour préparer le chocolat de ne pas râper les tablettes, mais de les casser par morceaux ; en les râpant, on enlève une grande partie du parfum du chocolat.

On doit éviter d'employer des vases en potin ou en fer battu ; car ils donneraient au chocolat une couleur noirâtre et parfois, surtout ceux en potin, un mauvais goût.

Lorsqu'on veut avoir du chocolat mousseux on peut employer pour le terminer l'appareil dit CHOCOLATIÈRE. Quand le chocolat est préparé, on le verse dans la chocolatière, on agite le moussoir et on l'apporte quand la mousse monte.

CHOCOLAT A L'EAU. — Prenez autant de tablettes de chocolat que vous voulez faire de tasses ; cassez-les en morceaux, mettez un peu d'eau ; faites fondre sur le feu et écrasez bien avec une cuillère ; lorsqu'il ne reste plus de grumeaux, ajoutez autant de verres d'eau qu'il y a de tablettes de chocolat ; faites mijoter un quart d'heure ; servez.

CHOCOLAT AU LAIT. — Se fait de la même manière que le chocolat à l'eau, seulement on emploie du lait au lieu d'eau.

THÉ.

Le thé VERT a peut-être un parfum plus fort, plus agréable, plus aromatique, mais, comme il agit assez fortement sur le système nerveux, je conseille d'employer de préférence le thé NOIR. Celui-ci est moins parfumé, cependant bien apprêté, il est aussi fort agréable.

Si l'on veut, on peut mettre moitié thé vert et moitié thé noir.

Chaque fois avant de vous en servir, rincez bien votre théière à l'eau bouillante. Mettez-y, pour trois tasses, plein une cuillère à café de thé ; versez dessus la valeur à peu près d'un demi-verre d'eau *bouillante;* laissez infuser un quart d'heure en tenant chaudement; après ce temps, ajoutez trois tasses d'eau; surtout, nous le répétons, que cette eau soit bien bouillante; laissez infuser encore un quart d'heure et servez. Si vous vous apercevez en le versant que le thé est trop fort, ajoutez-y un peu d'eau bouillante.

On sert en même temps que le thé un peu de lait ou de fleurette (*Voir Fleurette* p. 80) pour les personnes qui aiment ce mélange. Plein une cuillère à bouche de lait ou plein une cuillère à café de fleurette suffit pour une tasse de thé.

Le thé se sert à la fin du déjeuner en même temps que le café. Pour soirée, on l'accompagne de gâteaux dans le genre des brioches, des galettes de plomb, de petits gâteaux secs et de sandwichs.

Punch pour soirée. — Mettez dans un vase plein une petite cuillère à café de thé, le zeste d'un citron, le reste du citron débarrassé de sa peau blanche et des pépins et coupé en tranches, et 375 grammes de sucre; versez-y un litre d'eau *bouillante;* laissez infuser vingt minutes; ajoutez un litre d'eau-de-vie ou de rhum ou mieux moitié de l'un et moitié de l'autre; remuez, passez et mettez en bouteilles.

Ce punch peut se conserver plusieurs années.

Pour l'employer, on le fait chauffer sans le laisser bouillir; aussitôt qu'il est bien chaud, versez-le dans des verres à vin et servez.

Vin chaud. — Mettez dans une casserole un litre de vin, 125 grammes de sucre et long comme la moitié du petit doigt de cannelle; faites chauffer, retirez du feu quand il est prêt à bouillir et qu'il s'est formé dessus une sorte d'écume, et servez dans des verres à vin.

Limonade et orangeade. — Ajoutez à de l'eau sucrée du jus de citron ou d'orange.

Grog. — Mettez dans un verre du sucre, un rond de citron et le quart du verre d'eau-de-vie; remplissez le verre avec de l'eau chaude.

LIQUEURS

Liqueurs. — Nous n'allons pas faire un parallèle entre les liqueurs des distillateurs et les liqueurs domestiques; nous n'avons pas plus de raison de protéger les unes que les autres. Comme nous l'avons déjà fait quand il s'est agi d'autres préparations pour la table, nous dirons : c'est une affaire de goût. Les liqueurs domestiques tiennent fort bien leur place dans les festins, cependant, dans les dîners de cérémonie, elles ne doivent pas tenir la place des autres liqueurs ; elles peuvent se présenter auprès, mais non pas en tenir lieu.

Parmi les liqueurs distillées celle qui aujourd'hui semble avoir acquis tous les suffrages est la liqueur du révérend père Garnier; cependant cette liqueur, fort bien composée, je l'avoue, ne doit pas faire oublier le délicieux CURAÇAO SEC et le délicat NOYAU DE PHALSBOURG. (*Voir pour le service des liqueurs pag. 67.*)

Liqueurs domestiques. — Une chose essentielle pour la confection des liqueurs domestiques est d'employer de bonne eau-de-vie, je ne parle pas d'eau-de-vie fine ni d'eau-de-vie vieille, mais d'eau-de-vie de bonne qualité. On peut aussi employer de l'*esprit-de-vin* que l'on coupe avec moitié eau. Il y a économie notable, mais il est essentiel pour avoir de bonne liqueur d'avoir d'excellent esprit-de-vin.

Il y a différents procédés de COLORATION pour les liqueurs. Nous allons indiquer les plus simples. En *jaune* : prenez un peu de brindilles de safran que vous mettez infuser dans votre liqueur, une petite pincée par litre ; *couleur curaçao* : plein une cuillère à café de caramel (*Voir ce mot*) par litre de liqueur; en *rose* ou en *rouge* : servez-vous de teinture de cochenille que l'on vend toute préparée chez les droguistes, mettez-en plus ou moins suivant que vous voulez la nuance plus ou moins foncée.

Pour donner de l'onctuosité aux liqueurs. — Mettez dans la liqueur un peu de gomme arabique concassée, deux fois gros comme le bout du doigt par litre de liqueur, ou bien des amandes mondées ; remuez la liqueur de temps en temps.

Clarification des liqueurs. — Si les liqueurs, une fois faites, ne sont pas claires et limpides, il faut les clarifier en les faisant passer au filtre de papier ou dans un entonnoir au fond duquel on a mis un peu de coton, de ouate... Si elles sont limpides, on peut ne pas les passer, ou simplement les passer à la chausse.

Remarque. — Les liqueurs domestiques ont besoin de vieillir pour acquérir toute leur qualité ; on peut donc en faire une certaine provision, à l'exception du cassis qui en vieillissant prend un goût de vin d'Espagne ; ce goût peut plaire à certaines personnes, mais n'est pas apprécié du plus grand nombre, parce qu'en définitive, il dénature complétement le parfum de la liqueur.

Cassis. — Prenez du cassis mûr ; égrenez-le ; écrasez-le avec une fourchette ; mettez-le dans une cruche avec l'eau-de-vie (4 *litres d'eau-de-vie pour un kilogramme de cassis*) ; au bout de six semaines, 2 mois, passez votre liqueur, en pressant bien le marc ; une fois passée, remettez-la dans la cruche avec 185 grammes de sucre par litre de cassis ; remuez bien chaque jour jusqu'à ce que le sucre soit complétement fondu ; filtrez et mettez en bouteilles.

Liqueurs de framboises. — Emplissez à moitié un bocal de framboises ; finissez de remplir avec de l'eau-de-vie ; couvrez ; laissez cette liqueur se faire six semaines, 2 mois ; passez en pressant bien, sucrez avec un sirop de sucre fait avec 250 grammes de sucre par litre de liqueur et un peu d'eau, filtrez et mettez en bouteilles.

Liqueurs des quatre fruits. — Prenez un kilo et demi de cerises, 1/2 kilo de groseilles, 1/2 kilo de framboises et 250 grammes de cassis ; écrasez bien tous ces fruits, exprimez-en le jus et mélangez-le avec une quantité égale d'eau-de-vie, ajoutez un gramme de clous de girofle.

Faites fondre du sucre, *autant de fois* 200 *grammes qu'il y a de litres de liquide*, avec un peu d'eau; faites jeter un ou deux bouillons, ajoutez à votre liqueur; laissez reposer quelques jours; tirez à clair et mettez en bouteilles.

Liqueur d'angélique. — Prenez 250 grammes de côtes d'angélique bien épluchées de leurs feuilles; coupez par morceaux; versez dessus un kilogramme de sucre fondu dans un verre d'eau et trois litres d'eau-de-vie; laissez infuser six semaines en remuant de temps en temps; filtrez et mettez en bouteilles.

Genièvre. — Mettez infuser dans 2 litres d'eau-de-vie 65 grammes de grains de genièvre très-mûrs au moins pendant un mois six semaines.

Faites fondre un demi-kilo de sucre dans très-peu d'eau; faites jeter un ou deux bouillons; ajoutez à votre infusion de genièvre; filtrez et mettez en bouteilles.

Vespétro. — Mettez infuser dans 4 litres d'eau-de-vie un nouet renfermant 15 grammes de graine d'angélique, 60 grammes de graine de coriandre, deux pincées de graine de fenouil et autant de graine d'anis; ajoutez le zeste et le jus de deux citrons en vous gardant bien d'y mettre des pépins et un kilo de sucre; laissez infuser un mois en remuant de temps en temps; passez à la chausse et mettez en bouteilles.

Curaçao. — Pour un litre d'eau-de-vie : le zeste de quatre oranges, 500 grammes de sucre, un gramme de cannelle en bois pulvérisée, 3 clous de girofle, 4 grains de safran, plein un dé à coudre de coriandre. Mettez tout ensemble dans l'eau-de-vie; remuez de temps en temps; laissez infuser six semaines; filtrez.

Anisette. — Esprit-de-vin à 33 degrés; deux litres pour un litre d'eau.

Pour un litre de liquide, 30 gr. d'anis vert, 15 gr. de coriandre, un gramme de cannelle, un demi-gramme de macis, 500 grammes de sucre. On met tout ensemble; remuer de temps en temps; laisser infuser six semaines; filtrer.

Liqueur d'orange. — Pour un litre d'eau-de-vie, prenez le zeste de trois oranges; mettez infuser pendant un mois. Faites fondre 375 grammes de sucre dans un demi-verre d'eau; faites jeter un ou deux bouillons; mélangez avec votre infusion de zeste d'oranges; au bout de quelques jours, filtrez et mettez en bouteilles. Mettez dans chaque bouteille une amande, débarrassée de sa peau, pour donner de l'onctuosité.

Liqueur de citron. — Se fait comme la liqueur d'orange ci-dessus, seulement avec du zeste de citron.

Liqueur de fleurs d'oranger. — Prenez 90 grammes de pétales de fleurs d'oranger, 500 grammes de sucre en poudre, un litre d'eau-de-vie; mettez dans un plat creux vos pétales de fleurs d'oranger par couches saupoudrées de sucre en poudre; finissez par une couche de sucre; mettez à la cave douze heures... si on laissait plus longtemps, la liqueur serait amère; ajoutez le litre d'eau-de-vie, passez à la passoire; laissez reposer un mois; filtrez et mettez en bouteilles.

Noyau. — Cassez des noyaux d'abricots, mettez bois et amandes dans un bocal, qu'il y en ait à peu près le quart du bocal; remplissez avec de l'eau-de-vie; laissez infuser trois semaines en ayant soin de remuer de temps en temps; passez; faites fondre du sucre, 250 *grammes par litre de liqueur*, dans un peu d'eau; faites jeter un ou deux bouillons; mélangez avec votre infusion; au bout de quelques jours, filtrez et mettez en bouteilles

Le noyau fait avec des noyaux de pêches a un goût très-fin.

Brou de noix. — Pour quatre litres de liqueur: prenez 8 noix cerneaux déjà un peu grosses, mais assez peu formées pour qu'une épingle puisse passer à travers; pilez-les; puis mettez-les infuser 2 mois dans 4 litres d'eau-de-vie. Passez au tamis, mettez dans cette liqueur un kilo de sucre. Laissez-la pendant deux ou trois mois dans le vase où elle est en remuant de temps à autre; laissez reposer et filtrez.

FRUITS A L'EAU-DE-VIE.

Cerises à l'eau-de-vie. — Prenez de belles cerises nouvellement cueillies et en quantité suffisante pour emplir aux trois quarts le bocal dont vous vous servez; coupez-leur la moitié de la queue et mettez-les dans le bocal avec un petit nouet contenant un morceau de cannelle et une pincée de coriandre; versez dessus un sirop fait de sucre et très-peu d'eau; 150 grammes de sucre par livre de cerises; remplissez le bocal avec de l'eau-de-vie. Il faut deux mois pour que les cerises soient faites.

AUTRE PROCÉDÉ. — Prenez, supposons, 2 kilos de cerises précoces ou de merises; ôtez la queue et écrasez cerises et noyaux; mettez-les dans une bassine avec 500 grammes de sucre; faites bouillir doucement jusqu'à ce que ce jus ait la consistance d'un sirop. Mélangez ce sirop avec 2 litres d'eau-de-vie, 5 à 6 clous de girofle concassés et un petit morceau de cannelle; conservez dans un vase bien bouché.

Lorsque vous aurez les cerises que vous voulez mettre à l'eau-de-vie, passez votre préparation à travers un linge en pressant fortement, passez ensuite à la chausse, et mettez dans un bocal avec les cerises auxquelles vous avez coupé la moitié de la queue. Attendez deux mois avant de manger de ces cerises.

Pêches, abricots, prunes, poires à l'eau-de-vie. — Faites confire les fruits comme il est indiqué page 622 et suiv. Mettez-les, quelques jours seulement avant le jour où l'on doit les manger, dans l'eau-de-vie.

Ce procédé est le meilleur pour les pêches, abricots, prunes, poires à l'eau-de-vie.

TROISIÈME ET DERNIÈRE PARTIE

VINS EN FUTS ET VINS EN BOUTEILLES

Vins en fûts. — Placez la pièce de vin, aussitôt arrivée, à la cave (1) sur des chantiers plus ou moins élevés, suivant le degré d'humidité de la cave. La position du fût sur le chantier doit être parfaitement horizontale pour que la lie dépose au centre du fût de manière qu'en tirant le vin, celui-ci sorte clair jusqu'à la fin. Si le fût n'était pas complétement plein, une fois sur les chantiers, remplissez-le avec du vin à peu

---

(1) La cave où l'on met le vin doit être fraîche, plutôt un peu humide que sèche, car la sécheresse abime les fûts et fait évaporer le vin, mais il ne faut pas non plus qu'elle soit par trop humide, car la trop grande humidité occasionne la moisissure et détériore également les fûts. Le manque complet d'air est aussi d'un mauvais effet.

La cave doit être autant que possible à l'abri de toutes les variations de température; le vin redoute la chaleur et les trop grands froids. Le nord est l'exposition la plus favorable à la cave et celle qui lui procure la température la plus égale. Plus la cave est basse, moins elle est soumise aux variations de l'atmosphère.

Il est nécessaire qu'une cave ait des soupiraux. Pour la mettre à l'abri du froid et de la réverbération trop vive du soleil, on doit fermer ces soupiraux pendant les grands froids et les grandes chaleurs.

On ne doit mettre, dans la cave au vin, rien dont l'odeur ni la nature puisse nuire au vin. On ne doit non plus y laisser aucun détritus.

près de la même qualité que celui qu'il contient parce qu'un vide dans le fût peut faire perdre du bouquet au vin ou lui donner un mauvais goût... Dans le cas où l'on n'aurait pas de vin à peu près de la même nature ou qualité, opérez le remplissage au moyen de cailloux bien propres et très durs. Si le vin est assez vieux pour ne pas faire craindre la fermentation, placez le fût la bonde de côté, de manière à éviter toute espèce d'évaporation... On doit aussi avoir soin de ne pas appuyer le fût tout à fait contre le mur de manière à pouvoir aller derrière visiter s'il ne s'y est pas produit quelque avarie.

Il ne faut pas songer à mettre le vin en bouteilles avant un ou deux mois après son arrivée.

Pendant qu'il est en fût, on doit le visiter assez souvent pour obvier aux accidents qui peuvent survenir, soit que le vin travaille, soit que les fûts se détériorent... C'est surtout le dessous des cercles et le fond du fût du côté de la muraille qui doivent être l'objet de la plus grande surveillance. Si l'on s'aperçoit que le fût coule par la faute des cercles, il faut aussitôt soutirer le vin... On arrêtera l'écoulement, autant que possible, au moyen d'un cercle de fer brisé ou au moyen d'une forte corde et l'on se mettra immédiatement à la besogne, car il n'y a que ce moyen de sauver le vin... Quand une perte de vin est occasionnée par une fissure à une douve, si cette fissure est très petite, il suffit d'y appliquer un peu de suif, mais si elle est assez grande pour occasionner un véritable écoulement, il faut y introduire du papier ou un peu d'étoupe avec la pointe d'un couteau et mastiquer avec du suif fondu et du blanc d'Espagne.

Avant de mettre le vin en bouteilles il faut le COLLER de manière à ce qu'il soit bien limpide.

Le *collage* des vins se fait avec des blancs d'œufs

pour le vin rouge et de la colle de poisson pour le vin blanc.

COLLAGE DES VINS ROUGES. — Pour 250 litres : prenez 4 blancs d'œufs, 3 pour une demi-pièce ; si le vin est chargé en couleur, mettre un blanc de plus ; battez-les bien avec un demi-litre du vin que vous voulez coller. Otez du fût deux ou trois litres du vin pour faire de la place... Versez votre mélange de blancs d'œufs et de vin par la bonde; ensuite agitez fortement dans tous les sens le vin au moyen d'un bâton fendu en quatre et qui soit assez long pour aller jusqu'à moitié du liquide; remettez le vin que vous avez ôté pour faire de la place, remettez la bonde de manière à ce qu'elle bouche bien. Il faut laisser le vin huit jours au moins avant de le mettre en bouteilles. Pour le collage des vins, on peut mêler aux blancs d'œufs les coquilles bien broyées et même en plus grand nombre ; leur nature calcaire corrige l'acidité du vin. Le collage ne réussit pas bien à l'époque de la floraison de la vigne et de la formation et de la coloration du raisin.

Les vins des mauvaises années se clarifient difficilement.

COLLAGE DES VINS BLANCS. — Pour 250 litres de vin blanc : prenez 3 grammes de colle de poisson en feuilles; la laisser fondre dans un demi-litre d'eau en ayant soin pour cela de placer le vase dans un endroit chaud.

Lorsque la colle est fondue, passez-la dans un linge et mêlez-la avec un demi-litre du vin que vous voulez coller; puis versez dans le fût..... Terminez comme il est dit ci-dessus pour le collage des vins rouges.

Pour les vins collés par le moyen de la colle, il faut les tirer 7 ou 8 jours après le collage, sans cela la colle remonterait.

VINS EN BOUTEILLES. — On met les vins en bouteilles

pour les conserver plus longtemps et aussi pour leur faire acquérir une bonification qu'ils n'acquerraient pas sans cela... Les vins gagnent beaucoup en bouteilles ; mais c'est une erreur de croire qu'ils s'améliorent indéfiniment; gardés trop longtemps ils finissent même par perdre complètement leur qualité ; les Bourgognes en bouteilles ont atteint à 6 et 7 ans toute leur qualité; les Bordeaux s'améliorent pendant un laps de temps beaucoup plus long.

Pour mettre les vins en bouteilles il faut qu'ils soient arrivés à un certain point ; un vin âpre et vert mis en bouteilles resterait vert et âpre.

Il faut choisir pour mettre le vin en bouteilles un beau temps sec et froid ; on a remarqué que les vins mis en bouteilles par un temps chaud et humide étaient plus susceptibles de déposer. Il faut aussi éviter de les mettre en bouteilles au moment de la floraison de la vigne.

Nettoyage des bouteilles. — Les bouteilles que l'on doit employer pour le vin doivent être de la plus grande propreté. Celles qui ont servi doivent avoir été lavées et rincées avec du petit plomb pour détacher la lie, au fur et à mesure qu'elles ont été vidées, ensuite on doit les placer non bouchées et la tête en bas pour qu'elles s'égouttent bien, sans cela elles contracteraient un mauvais goût qu'elles communiqueraient au vin. La veille du jour où l'on doit s'en servir de nouveau, rincez-les jusqu'à ce que l'eau qu'on y passe en sorte bien claire et placez-les de façon qu'elles égouttent bien.

Manière dont il faut s'y prendre pour mettre le vin en bouteilles. — Percez le fût où se trouve le vin, au moyen d'un vilebrequin, pas tout à fait au bas du jable inférieur; aussitôt que le vin paraît, enfoncez la chantepleure, sans frapper pour ne pas remuer la lie.

Soulevez la bonde; laissez couler un peu de vin; nettoyez le bord du jable de la sciure de bois que le vilebrequin y a fait tomber, laissez reposer un instant. Emplissez vos bouteilles en laissant un vide de deux pouces au haut du goulot; bouchez avec de bons bouchons neufs, bien taillés, bien unis et avec le moins de pores possible... Choisissez des bouchons dont le bout le plus mince entre avec peine dans le goulot des bouteilles. Pour faciliter l'opération du bouchage trempez un peu le bouchon dans le vin avant de l'introduire dans le goulot de la bouteille; enfoncez le bouchon au moyen d'une tapette ou d'un instrument à boucher. Lorsqu'on veut cacheter le vin pour le garantir de l'humidité et de la piqûre des insectes, le bouchon doit dépasser à peine de 2 lignes le col de la bouteille.

Pour cacheter les bouteilles on trempe la partie du bouchon qui dépasse et le haut du goulot des bouteilles dans un mélange de poix-résine et de suif. — On vend ce mélange tout préparé; on n'a qu'à le faire fondre.

Une fois les bouteilles de vin bouchées, cachetées si l'on veut les cacheter, on les porte au caveau où on les empile par rangées au moyen de lattes, ou, ce qui vaut mieux, on les dispose sur des casiers en fil de fer. Les vins d'Espagne et d'Italie et les vins sucrés doivent se placer debout dans des armoires sèches et non à la cave.

Les vins en bouteilles demandent des soins aussi bien que les vins en fûts... Ils ont besoin d'être conservés dans une bonne cave et de n'avoir auprès d'eux aucun objet acide ou à mauvaise odeur.

Presque tous les vins déposent en bouteilles; surtout les vins rouges; à la longue même ils se débarrassent de la presque totalité de la partie colorante. Les vins fins, qui sont ceux que l'on garde le plus longtemps, sont aussi ceux qui déposent le plus; mais, tant qu'on ne les déplace pas, il est inutile de les transvaser; c'est seulement lorsque le moment est venu de les présenter qu'il est nécessaire de leur faire subir cette opération. Débouchez la bouteille le plus doucement possible pour ne pas agiter le dépôt, versez dans une bouteille propre ou une carafe jusqu'à ce que le liquide commence à devenir trouble.

Service des vins à table. — Nous avons, dans la première partie de cet ouvrage, donné quelques indications sur le service des vins à table (*Voir pag.* 65); ici nous n'allons donner que quelques conseils généraux au point de vue économique. J'ai remarqué que dans les grands festins on goûtait peu le vin, que les connaisseurs étaient en petit nombre, — on doit donner de bon vin, mais je crois que les vins réellement extraordinaires doivent être réservés pour les dîners d'intimes.

Dans certains dîners, j'ai vu servir des Bordeaux après des vins du Rhône et de Bourgogne sous prétexte que c'étaient des Bordeaux des grands crûs; on n'obtenait que ce résultat : Manquer son effet, car en dépit de toutes ses qualités, ce Bordeaux paraissait plat après des vins au bouquet plus prononcé.

Maladies des vins; de leur traitement. — Les vins sont sujets à bien des maladies; ils deviennent huileux, ils deviennent acides, ils prennent de l'amertume, un goût d'évent, de futaille ou de moisi.

Les vins huileux se guérissent avec le temps. S'ils sont en fût et qu'on ne puisse attendre pour les boire, il faut les coller une seconde fois, — faire fondre la colle dans une demi-bouteille d'esprit de vin. S'ils sont en bouteilles, vous les changez de bouteilles par deux fois, en laissant entre chaque transvasement un intervalle d'un mois.

Lorsque le vin devient acide, c'est qu'on a mis de la négligence à remplir les fûts, ou bien que l'endroit où on l'a mis ne convient pas aux vins, ou bien encore qu'on l'a transporté pendant les grandes chaleurs. Les vins faibles sont plus sujets à tourner à l'aigre que les autres. Si votre vin est faible, empêchez qu'il devienne aigre en versant cinq à six litres d'eau-de-vie dans chaque pièce. Quand vous commencez à vous apercevoir que le vin commence à devenir aigre, mettez-le dans un autre fût où vous avez brûlé un peu de mèche soufrée et collez-le avec une demi-douzaine de blancs d'œufs, laissez reposer huit jours, mettez-le en bouteilles et buvez-le de suite... Ces recettes ne sont pas à dédaigner, mais le meilleur parti lorsqu'on s'aperçoit que le vin tourne à l'aigre et qu'on n'en a pas une très-grande quantité, c'est d'en faire du vinaigre (*Voir, page suivante, le procédé pour faire de bon vinaigre.*)

Si le vin devient amer dans le fût, mélangez-le avec un vin plus jeune ; s'il est en bouteilles et dans une bonne cave il perdra son amertume avec le temps, mais il faut avoir bien soin de ne pas remuer les bouteilles.

D'ordinaire le goût d'ÉVENT ne se communique qu'au vin qui est dans un tonneau mal bouché. Le meilleur remède est de coller une seconde fois, de le mêler à un douzième de lie de bon vin et de le soutirer dans un autre fût où vous ajouterez trois ou quatre litres d'eau-de-vie.

Il est assez difficile de bonifier un vin qui a pris un goût de futaille ou de moisi... Ce qu'il y a de mieux à faire, c'est de le changer de fût et d'y mettre une livre de froment brûlé enfermé dans un sac très-long et très-étroit que vous ferez descendre par la bonde et que vous retiendrez par une ficelle ; bouchez le fût; au bout de 24 heures soutirez le vin et mettez-le dans un autre fût où vous aurez mis un huitième de lie de bon vin.

Les vins lourds, pâteux, trop foncés en couleur s'améliorent si on les coupe avec du vin blanc.

Le vin a-t-il gelé, il faut, avant que la température s'adoucisse, soutirer ce qui est resté liquide ; puis mettre l'autre partie, quand elle sera dégelée, dans un tonneau fortement méché et rincé avec un peu d'eau-de-vie, la coller après quelques jours de repos, et la mettre ensuite en bouteilles.

Fûts neufs. — Il faut d'abord bien les laver à l'eau froide, ensuite avec un litre d'eau bouillante dans laquelle on a fait fondre 250 grammes de sel ; égouttez-les bien ; introduisez-y deux litres de vin chaud, agitez dans tous les sens pour que l'intérieur des fûts soit bien humecté ; videz-les et servez-vous-en.

Nettoyage des fûts. — Aussitôt qu'un fût vient d'être vidé, lavez-le bien, faites-le bien égoutter, brûlez-y une mèche soufrée, bouchez-le et conservez-le dans un endroit sec.

Vinaigre. — Prenez un baril de la contenance de 30 à 40 litres. Faites bouillir 2 litres d'excellent vinaigre, rouge ou blanc, versez-le dans le baril, remettez la bonde ; roulez dans tous les sens pour que le vinaigre imprègne bien toutes les parois du baril. Emplissez le baril à moitié de vin de bonne qualité et laissez-le 8 jours dans un endroit chaud ; puis, au bout de ce temps, remettez-y deux autres litres de vinaigre que vous avez également fait bouillir, achevez de remplir avec du vin, mettez le baril en place, mais surtout pas dans le même endroit que les vins. Un mois après vous pouvez en prendre, cependant plus vous attendrez meilleur il sera. Mettez au baril une petite chantepleure de bois à 3 centimètres du jable d'en bas ; ne bouchez qu'à moitié avec la bonde et, toutes les fois que vous tirez du vinaigre, remettez une égale quantité de vin; n'en employez jamais de huileux ou de gâté, à l'exception de celui qui tourne à l'aigre; on peut aussi se servir de fond de tonneaux trouble sans être épais. Si c'est du vinaigre blanc que vous faites, n'employez que des vins un peu forts, et de bonne qualité. Si quelque circonstance vous obligeait à tirer beaucoup de vinaigre à la fois, et qu'ayant remis du vin, vous vous aperceviez que votre vinaigre faiblit, mettez-y de nouveau 2 litres de très-bon vinaigre bouillant.

FIN

TABLE ALPHABÉTIQUE DES MATIÈRES

ABATTIS de dinde	299
— de canard	306
— d'oie	309
ABRICOTS confits	623
— à l'eau-de-vie	611
— (Tarte aux)	586
— à la Condé	510
— (beignets d')	506
— (croûtes aux)	510
— (marmelade)	616
— (confiture d')	616
— (compote d')	610
AIGUILLETTES (ce qu'on entend par)	11
AGNEAU	238
ALOUETTES OU MAUVIETTES	343
— à la broche	343
— en salmis	344
— à la minute	344
— au roux	344
— en caisses	344
— en timbale	345
— (pâté chaud d')	345
— (terrine d')	555
— (pâté d')	567
ALOSE	363
— au court bouillon	364
— (Manière d'accommoder les restes d')	364
— au four	365
— à la broche	365
— à la sauce blanche	365
— (tranches d') à la sauce blanche	365
— à l'oseille	366
— à la maître d'hôtel	366
— au beurre d'anchois	366
ALOYAU OU ROSBIF	169
— rôti	170
— (Manière d'accommoder les restes d')	171
— en filet de bœuf	172
— à l'étuvée	173
— à la Bordelaise	173
AMALGAMER (ce qu'on entend par)	11
ANCHOIS	397
— conservés à l'huile	397
— salés	397
— (beurre d')	397
— hareng saur en)	389
ANDOUILLETTES	254
ANGÉLIQUE (liqueur d')	642
ANGUILLE	375
— à la tartare	376
— en matelote	377
— à la poulette	377
— à la broche	377
ANGUILLE (tronçons d') frits	378
— farcis	378
ANGUILLE DE MER OU CONGRE	378
ANISETTE	642
APPROVISIONNEMENTS	33
ARGENTERIE	28, 30 et 31
ARTICHAUTS	447
— Manière d'accommoder les restes d')	448
— au jus	448
— au roux	448
— frits	449
— à la barigoule	449
— à la poivrade	450
— (conservation des)	450
ASPERGES	453

TABLE ALPHABÉTIQUE DES MATIÈRES

ASPERGES à la sauce blanche	453
— à l'huile	454
— en petits pois	454
— Manière (d'employer les restes d')	454
ASPICS	502
ASSIETTES (ce qu'on entend par)	11
ASSIETTES VOLANTES (ce qu'on entend par)	11
AUBERGINES farcies	458
— sur le gril	459
AXONGE	86
AYOLI	108
BABA	580
BAIN-MARIE (ce qu'on entend par)	12
BAR	361
BARBE DE CAPUCIN (salade de)	472
BARBEAU	375
BARBUE	368
— aux fines herbes	368
BARDAGE	93
BARDER (signification du mot)	12
— Manière de)	94
BATEAUX (ce qu'on entend par)	12
BÉCASSES	345
— à la broche	345
— en salmis	346
— (terrine de)	554
— (pâté de)	567
BÉCASSINES	347
BEEFSTEACK-PIE	539
BEIGNETS aux pommes	506
— aux abricots	506
— aux pêches	507
— aux fraises	507
— aux framboises	507
— aux confitures	507
— de crème	507
— soufflés	508
BETTERAVES	436
— pour salades	436
— à la campagnarde	436
BEURRE (conservation du)	81
— en hors-d'œuvre	82
— fondu pour friture	82
BEURRE remplacé par graisse et dégraissis	128
— d'anchois	397
— d'écrevisses	403
BICHE	330
BIFTECKS (voir filets)	174
BISCUIT DE SAVOIE	595
BISCUITS en caisses	596
— à la cuillère	596
BISETTE	348
BLANC-MANGER	524
BLANQUETTE de volaille	293
— de veau	212
BŒUF (moyen d'attendrir le)	127
— (moyens de conservation du)	34
— (indices auxquels on reconnait le bon)	158
— (filet de)	174
— (côtes et entrecôtes de)	177
— (langue de)	180
— (palais de)	186
— (queues de)	188
— (cœur de)	188
— (rognons de)	188
— (cervelles de)	191
— (foie de)	193
— (pieds de)	195
— (tripes de)	194
— (boule de)	558
— à la mode	178
— de Hambourg	195
— à l'anglaise	195
— (Manières d'accommoder les restes de rôtis de)	171
BŒUF-BOUILLI	159
— (Manière d'accommoder les restes de)	160
— en huilade	160
— froid avec du jambon	160
— à la pauvre homme	161
— à la sauce piquante	161
— à la sauce poivrade	161
— à la sauce tomate	161
— sur le gril	162
— en hachis	162
— en croustades	163
— en rissoles	164
— en boulettes	162
— haché aux pommes de terre	164
— aux choux	165
— en matelote	165
— en miroton	166
— en bœuf à la mode	166
— aux navets	167
— au gratin	167

TABLE ALPHABÉTIQUE DES MATIÈRES

Bœuf-bouilli à la poêle . . . 168
— en blanquette. . 168
— en persillade. . 168
— en mayonnaise . 169
— utilisé pour les pâtés. 169
Bonne-Eau 351
Bouchées a la reine 576
Boudin noir. 249
— blanc. 251
Bouille-Baisse 155
Bouillie à la farine de froment. 140
— de sarrasin. 512
— frite 513
— renversée 515
Bouillon (moyen d'ôter l'acidité du). 128
Bouillon (conservation du). . 133
— à la minute. 156
— maigre. 157
— de veau. 157
— de poulet. 157
Boule de bœuf 558
— de porc. 559
— de veau ou crépine. . 202
Boules (pâtisseries) 590
Boulettes de bouilli. 162
Bouquet garni 125
Brandade. 384
Brèmes d'eau douce. 372
Brèmes de mer. 372
Brioche 578
Brochet 373
— au bleu. 373
— à la broche 374
— frit. 374
Brochettes (ce qu'on entend par). 12
Brocolis 431
Brou de noix. 643
Cabillaud ou morue fraîche . 384
— à la hollandaise. . . 384
— à la sauce blanche . 385
— frit. 385
Café 634
— à l'eau 636
— au lait. 636
— (essence de) 637
— (crème au). 522
— (service du) 66
Cailles. 342
Cailles (terrine de). 554
— (pâté de) 567
Caisses (ce qu'on entend par) . 12
— (alouettes en). . . . 344

Caisse (biscuits en). 596
Cake. 584
Canards 300
Canard à la broche. 302
— (Manières diverses d'accommoder les restes de). 304
— (cuisses de) au feu d'enfer 303
— en salmis. 304
— aux navets 305
— aux oranges. 306
— aux olives. 306
— à la bordelaise. . . . 306
— à la chipolata 306
— aux petits pois 306
— (abattis de). 306
Canards sauvages 347
Cantaloup 476
Capilotade de veau. 199
— de volaille. 293
Capucines (graines et boutons de). 481
Caramel 86
Cardons 475
Carpes. 369
— frites. 369
— au bleu 370
— en matelote.. 370
— à la Provençale . . . 371
— (laitances et œufs de). 372
Carottes. 433
— (petites carottes pour garnitures) 116
— (petites carottes nouvelles) 434
— à la poulette 434
— à la campagnarde. . 434
Carrelets 393
Cassis 641
Cassolettes (ce qu'on entend par). 13
— (Manière de faire les). 578
— de veau. 223
— de volaille. 294
— de lapin 326
— de crevettes. . . . 410
— de homard. 401
Casseroles (nettoyage des).. 28 et 29
Céleri 473
— en salade 473
— en hors-d'œuvre . . . 473
— au jus. 474
— au roux 474
— au gratin. 474

Céleri-Rave	474		Chicorée cuite	471
Cerf	330		— conservée pour garniture	472
Cerises sèches	628			
— à l'eau-de-vie	644		Chicorée sauvage	472
— (tarte aux)	587		Chocolat	637
Cerneaux	603		— à l'eau	638
Cervelas	254		— au lait	638
Cervelles de bœuf	191		— (crème au)	522
— de veau	216		Choses dont une maison doit être approvisionnée	78
— de mouton	236			
Chair a saucisses	252		Choucroute	425
Champignons	459		— garnie	426
— pour garniture	460		— pour garniture	426
— sautés	460		Choux	423
— sautés à la Provençale	461		— (soupe aux)	141
			— (soupe au lard et aux)	141
— à la poulette	461		— à la sauce blanche	423
— (croûtes aux)	461		— au roux	423
— en coquilles	461		— farcis	424
— sur le gril	462		Chou rouge mariné	426
— farcis	462		Choux de Bruxelles	427
— (essence de)	462		— à la maître d'hôtel	427
— (conservation des)	463		— au jus	428
Chandeliers (nettoyage des)	29		— à la sauce blanche	428
Chapelure	125		— à la poulette	428
Chapons	266		— au roux	428
Chapon à la broche	270		Choux-fleurs	428
— (Manières d'accommoder les restes de)	271		— à la sauce blanche	429
			— (restes de)	429
— au jus	275		— à la sauce tomate	429
— au riz	289		— au gratin	430
— au gros sel	289		— au fromage	430
— aux tomates	290		— frits	431
Charlotte de pommes	503		— à l'huile	431
— montée	503		— pour garniture	431
— meringuée	504		Choux pâtisserie	593
— russe	534		— à la crème	594
Chartreuse de poitrine de veau	214		Ciboule remplacée par oignon vert	128
— de pigeons	313			
— de perdreaux	340		Ciseler (signification du mot)	14
Chaudrons (nettoyage des)	29		Citron (liqueur au)	643
Chaussons	591		— (conservation du zeste de)	604
Chausse (ce qu'on entend par)	13			
Cheveux d'ange	519		Citrons en hors-d'œuvre	604
Chevreau	240		Citrouille (potage à la)	148
Chevrettes	408		— (purée de)	475
Chevreuil (gigot de) mariné	328		— (marmelade de)	475
— (filet de)	319		Cives remplacées par oignon vert	128
— (petits filets de)	329			
— (côtelettes de)	329		Civet de lapin	323
— en civet	329		— de lièvre	332
— (épaule de) roulée	330		— de chevreuil	329
Chicon	470		Clarification du jus	120
Chicorée	471		— du sucre	85
— en salade	471		Clarifier (signification du mot)	14

TABLE ALPHABÉTIQUE DES MATIÈRES

Clos-points.	406
Cochon.	240
— (fromage de)	245
— (tête de).	245
— (hure de).	246
— (oreilles de)	247
— (queues de).	247
— (foie de)	247
— (rogons de).	248
— (pieds de).	248
— (langue de)	249
Cochon de lait.	259
Cœur de bœuf.	188
— de veau sauté.	225
Coiffe (ce qu'on entend par).	14
Collage des pâtisseries	562
— des vins	646
Compote de pommes	609
— de poires	609
— de poires au vin.	610
— de coings	610
— de prunes	610
— d'abricots	610
— de pêches	610
— de cerises	611
— de raisins	611
— de groseilles vertes.	611
— de marrons	611
Compotes normandes aux poires.	618
— aux pommes.	618
— aux prunes d'avoine.	619
Concasser (ce qu'on entend par).	14
Concombres.	454
Confitures.	612
Confiture de cerises.	615
— de fraises	615
— de framboises.	614
— de raisins.	615
— de pêches	616
— d'abricots.	616
— de poires.	617
— de groseilles épépinées de Bar.	617
Congre ou anguille de mer	378
— à la sauce blanche.	379
— en mayonnaise	379
— (escalopes de)	379
— sur le gril.	379
— mariné	379
— (potage au)	153
Conservation des fruits.	605
— des viandes	34
— des légumes.	412
Conserves de fruits et de jus de fruits	624
— de prunes de Reine-Claude	625
— de prunes de mirabelle.	626
— d'abricots	626
— de groseilles.	627
— de framboises.	627
— de fraises	627
— de jus de groseilles.	627
— de gros poisson.	353
Consommé.	152
— aux œufs pochés	152
Coqs (moyen d'attendrir les vieux).	127
Coq (crêtes et rognons de).	293
Coq de Bruyère	341
Coquillage.	354
Coquilles (ce qu'on entend par).	14
Coquilles Saint Jacques	400
Cornichons.	455
Côte de bœuf rôtie.	177
— braisée.	177
Côtelettes de veau au jus	205
— au macaroni.	205
— à la financière.	205
— aux morilles.	205
— aux champignons.	205
— à la chicorée.	205
— à l'oseille	205
— à la sauce tomate.	205
— à la bourgeoise	205
— à la bordelaise.	206
— aux fines herbes.	206
— sur le gril.	206
— à la jardinière.	207
— farcies	207
— en papillotes.	207
Côtelettes de mouton au naturel	232
— à la sauce piquante	232
— à la sauce tomate.	233
— à la sauce béarnaise.	233
— aux pommes de terre frites.	235
— à la purée de pommes de terre.	233
— à la jardinière.	233
— aux haricots blancs.	233
— aux haricots verts.	233
— à la soubise.	233
— sautées	233
— panées et grillées.	233
— crépinées	234
Côtelettes de porc.	243

TABLE ALPHABÉTIQUE DES MATIÈRES

Côtelettes de porc panées . . . 244
Côtelettes de sanglier. . . . 327
— de chevreuil. . . . 329
Court bouillon. 352
— au bleu. 352
— pour alose. 352
Couteaux (nettoyage des) . . . 29
Crabes 406
Crabes de mai 406
Crakinoskis. 603
Crème (ce qu'on entend par) . . . . 14 et 80
— à la vanille. 521
— au citron. 521
— à l'orange 521
— au laurier 521
— à la fleur d'oranger. . . 522
— au café 522
— au chocolat. 522
— au caramel. 523
— renversée. 523
— fouettée 533
— frite. 507
— pâtissière. 565
— sambayone. 525
Crêpes 511
Crépine (ce qu'on entend par) . 10
— de veau. 202
Cresson remplaçant épinards. . 130
Crêtes de coqs 295
Crevettes 408
Cristaux (nettoyage des). . . . 29
Criste marine marinée. . . . 479
— à la poulette . 479
Croquenbouche. 607
Croquettes. 122
— de palais de bœuf . 187
— de veau. 226
— de volaille. 294
— de pommes de terre. 420
— de pommes. . . . 509
— de riz. 514
Croustades (ce qu'on entend par) 124
— (Manière de faire les) 124
— de veau. 225
— de fricassée de poulet 280
— de volaille . . . 294
— de bécassines. . . 347
— de crevettes . . . 410
— de homard. . . . 405
Croutes au madère 509
— aux pêches. 509
— aux abricots 510

Croutes aux prunes de Reine-Claude. 510
— aux prunes de mirabelle. 510
Croutons pour garnitures. . . 123
— pour potage 124
Cuisine (de la pièce où l'on fait la) 23
— (disposition de la) . . . 23
— (ameublement de la). . 23
Cuisinières (recommandations aux). 63
Cuisse de sanglier. 327
— en daube. 327
— de canard au feu d'enfer. 303
— d'oie. 308
— de poulet en papillotes. 272
Cuisson (ce qu'on entend par). 15
— des pâtés. 570
— de la pâtisserie . . . 560
Curaçao 642
Daim. 330
Dartois. 591
Daube ou galantine de volaille . 293
Décanter (signification du mot). 15
Décoction (ce qu'on entend par). 15
Dégorger (signification du mot). 15
Dégraisser (ce qu'on entend par). 15
Dégraissis (signification du mot). 15
— (emplois des). . . . 86
Déjeuners 40
Denrées (achat des). 33
Désosser (ce qu'on entend par). 15
Diplomate 535
— au rhum 535
Dindes et dindons 296
— (restes de). 298
— (abattis). 299
Diners 40
Domestiques (service des). . . 68
Dorade. 368
Dorage. 561
Dorer (ce qu'on entend par) . . 15
Dresser (ce qu'on entend par) . 15
Echalotes remplacées par oignons. 128
Echauder (signification du mot). 15
Ecrevisses 407
— (conservation des). . 407
— au naturel 407
— à la Bordelaise . . . 408
Entre-côtes 178
— panées et grillées. . 178
Entrées (ce qu'on entend par) . 15
Entremets (ce qu'on entend par). 15

TABLE ALPHABÉTIQUE DES MATIÈRES

Épaule de veau à la bourgeoise. 200
— en galantine. 201
— de mouton rôtie. . . . 231
— farcie braisée 231
— aux carottes. 231
— aux navets 232
— de chevreuil roulée. . . 330
Éperlans. 395
— frits 395
— aux fines herbes. . . 396
— au gratin. 396
— en matelote. 396
— sur le gril 396
Épigramme d'agneau. 239
Épinards. 467
— au jus 467
— au sucre 467
— remplacés par cresson. 130
Escalopes (ce qu'on entend par). 16
— de veau. 209
— aux fines herbes. . . 209
— à la milanaise. . . . 209
— à l'anglaise. 209
— de saumon. 357
— de homard ou de langouste 405
Escargots 411
Estragon. 480
— desséché 480
— (vinaigre à l'estragon). 469
Esturgeon. 360
Éteindre (signification du mot). 16
Étouffée (ce qu'on entend par). 16
Étuvée (ce qu'on entend par). . 16
Faisan 341
— (terrine de). 553
— (pâté de). 567
Farce pour garnir toute espèce de viande, pâtés etc. . . 120
Faux-Filet (ce qu'on entend par). 16
Filet (ce qu'on entend par) . . 16
— de bœuf mariné. 174
— à l'étuvée. 174
— de porc frais 244
— de chevreuil 329
Filets ou biftecks au naturel. 174
— à la maître d'hôtel . . . 175
— aux pommes de terre. . 175
— au cresson. 175
— au beurre d'anchois. . . 175
— à la Béarnaise 175
— à la sauce soubise . . . 175
— à la jardinière 176
— sautés aux champignons. 176
— aux olives 176

Filets aux truffes. 176
— au vin de madère. . . . 176
— Châteaubriand 177
Filets de sole à la Colbert . . 392
— à la Orly. 392
— en mayonnaise. 392
— à la poulette. 393
— farcis 393
— de maquereau sautés . . 386
— frits 386
— en papillotes.. 387
Filets mignons (ce qu'on entend par) 16
— de porc frais piqués. . . 244
— panés et grillés. 244
— de chevreuil 329
Fèves de marais 443
Filtre (ce qu'on entend par) . 16
Filtrer (signification du mot). 17
Financière brune. 116
— blanche 117
Fines herbes (ce qu'on entend par) 17
Flamber (signification du mot). 17
Flondres. 393
Fleurette 80
Fleurs d'oranger pralinées . . 630
Foie de bœuf à la maître d'hôtel. 193
— de veau à la broche. . . . 222
— à la bourgeoise. 222
— en biftecks. 223
— en papillotes. 223
— sauté. 223
— sauté à l'italienne. . . . 223
— à la Marengo. 224
— à la Bordelaise 224
— à la Provençale. 224
— (terrine de). 557
— de cochon 247
Foies de volaille 295
Foies gras (terrine de). . . . 556
— (pâté de). 571
— (sandwichs de). . . 557
Fondue au fromage. 557
Fourneaux économiques. . . . 31
(Fours de campagne (Recommandations pour les) . . . 32
Fraise de veau à la vinaigrette. 220
— (restes de). 220
Fraises (confiture de) 615
Fricandeau au jus 202
— à la sauce tomate . . 203
— à l'oseille. 203
— à la chicorée . . . 204
— aux champignons . 204

TABLE ALPHABÉTIQUE DES MATIÈRES

Fricandeau aux morilles	204
— à la jardinière	204
— à la financière	204
— au macaroni	205
— (lapin en)	326
Fricassée de poulet	279
Fritots de volaille	293
— de lapin	326
— de tête de veau	218
Fritures	80
Friture cherbourgeoise	92
— (pâte pour)	91
Fromages	630
— glacés	633
Fromage de cochon	245
— d'Italie	249
— Bavarois	532
— à la Chantilly	533
— à la crème	535
— de la Bonne-Marie	535
Fruits (conservation des)	605
— (confits)	612
— (à l'eau-de-vie)	614
— (conserves de)	624
— (gelées de)	613
Galantine de veau	201
— d'agneau	239
— de cochon de lait	261
— de volaille	292
— de dinde	298
— de lapin	323
— de perdreaux	341
Garbures	154
Garde-manger	34
Garnitures	114
— de pâtés chauds	574
— de vol-au-vent	576
— de tourte	575
Galette de sarrasin	512
— de campagne	582
— parisienne	583
— de plomb	583
— feuilletée	583
— cherbourgeoise	584
— lorraine	584
Galettes (petites) pour le thé	597
Gateau de riz	513
— de semoule	515
— de riz et de semoule aux raisins	516
— de plomb	583
— feuilleté	583
— anglais	584
— de Madeleine	594
— d'amandes	595
Gateau de Savoie	595
— au rhum	596
— à l'orange	597
— de Pithiviers	597
Gateaux corses	597
Gateaux bretons	594
Gaufres	593
Gelée de pommes	613
— de coings	614
— de groseilles	613
— de groseilles framboisées	613
Gelées d'entremets	525
— à l'orange	526
— au citron	527
— aux groseilles	527
— aux groseilles et aux framboises	528
— aux fraises	528
— au punch	529
— au kirch	530
— au rhum	530
— à l'anisette	530
— rubanée	530
— macédoine de fruits	531
Gélinottes	341
Gibelotte de lapin	321
Gigot de mouton rôti	226
— (Manières de découper le)	228
— (Manières diverses d'accommoder les restes de)	228
— à l'anglaise	533
— mariné	229
— braisé	230
— à la provençale	230
— de chevreuil mariné	328
Giraumon (potage au)	475
— (purée de)	475
Glacer (signification du mot)	17
Glaces	630
— à la vanille	632
— à l'orange	632
— au citron	633
— à la groseille	633
— à la framboise	633
— à la fraise	633
Godiveaux	120
Godiveau de viande	120
— de poisson	121
Goujons	396
Gourganes	443
Graisses	86
— (fonte et épuration des)	88
Graisse d'oie	309
— de rôti de lard	243

TABLE ALPHABÉTIQUE DES MATIÈRES

Graisse pour soupe à la graisse.	142
Gras-double à la lyonnaise	194
Gratin (ce qu'on entend par).	17
Gratiner (signification du mot).	17
Grenouilles frites.	411
— à la poulette.	410
Grillades de bœuf	174
— à la poêle	177
Grives	313
Grog	639
Grondins	362
— à la sauce blanche.	363
— en mayonnaise	363
— en salade	363
Gros-œil à la Bonne-eau	372
— sur le gril.	373
— frites	373
Groseilles (gelée de)	527
— (conserves de)	627
— (glaces aux)	633
— candisées.	606
— (sirop de)	620
— vertes	600
— (tarte aux).	601
— (pudding aux)	601
Hachis de bouilli.	162
— de bœuf ou boule de bœuf.	553
— de mouton	229
— de porc.	559
— de veau ou crépine.	202
Harengs.	337
— saurs.	339
Haricot de mouton	234
Haricots verts	437
— (procédés de conservation pour les)	437
— (cuisson des).	438
— à la maître d'hôtel.	439
— à la crème	439
— à la poulette.	439
— en salade.	439
— conservés	439
Haricots mange-tout	440
— fricassés.	440
Haricots flageolets	441
— (cuisson des)	441
— conservés	441
Haricots blancs à la bonne-femme	442
— à la bretonne.	442
— sautés	442
— à l'huile	442
— (purée de)	443
Haricots rouges.	443
Hochepot.	231
Hochepot (Queues de bœuf en).	188
Homards (Indices pour reconnaître les bons)	354
— au naturel	402
— (Manière de dépecer et d'accommoder les).	402
— (Manières diverses d'accommoder les restes de)	404
— (salade de).	404
— en mayonnaise.	404
— (cassolettes de).	404
— (croustades de).	405
— (coquilles de)	406
— à l'américaine.	406
— (escalopes de)	405
Hors-d'œuvre (ce qu'on entend par)	17
Houblon (pousses de)	129
Huîtres crues.	398
— pour garniture	398
— (coquilles d')	399
— frites.	399
— au gratin à la provençale	399
— marinées.	399
Hure de cochon.	246
— de sanglier	327
Indicateur pour servir à la composition des menus.	44
Indices pour reconnaître le bon bœuf.	158
— le bon veau.	196
— le bon mouton.	226
— le bon cochon.	240
— la bonne volaille.	264
— le bon poisson.	349
— le bon coquillage	354
— le bon beurre.	81
— les bons œufs	435
Infusion (ce qu'on entend par).	18
Issues d'agneau au lard.	240
Jambons (Manière de préparer les).	255
Jambon au naturel.	257
— aux épinards	257
— aux choux.	257
— à la choucroûte.	257
— au macaroni.	257
— à la sauce madère	258
— à la broche.	258
— (lames de) à la poêle	259
— (sandwichs au).	259
— (sauce au).	109
Jardinière brune.	481

Jardinière blanche	482
Jus	118
— (clarification du)	120
Kari (poule au)	291
— (lapin au)	324
Lait	80
— (Recette pour empêcher de tourner le)	129
— d'amandes	566
— d'avelines	567
Laitances de carpes frites	372
— au gratin	372
Laitues	468
— (salade de)	468
— à la crème	469
— au jus	469
— au maigre	470
— farcies	470
Laitue romaine ou chicon	470
Langue de bœuf	180
— au roux	180
— à la sauce piquante	181
— à la sauce poivrade	181
— à la sauce tomate	181
— panée et grillée	182
— à la broche	182
— au gratin	182
— (rondelles de) en papillotes	183
— en caisses	183
— à la poulette	184
— à la sauce blanche	184
— à la sauce bordelaise	185
— braisée	185
— à l'écarlate	185
Langue de veau	217
— de cochon fumée	249
Langues de mouton en papillotes	238
Langoustes	402
— (escalopes de)	405
Lapin domestique	316
Lapin (manière de dépouiller le)	317
— (manière de vider le)	317
— (manière de découper le) pour le mettre en ragoût	317
Lapin rôti	318
— (manière de découper le)	319
— (manière d'accommoder les restes de)	320
— mariné à la broche	320
— en gibelotte	321
— aux champignons	322
— aux pommes de terre	322
— au blanc	321
Lapin roulé	322
— (terrine de)	550
— (pâté de)	567
— (galantine de)	323
— (civet de)	323
— à la St-Lambert	324
— sauté	324
— à la marengo	324
— à la bordelaise	324
— aux petits pois	324
— à la crapaudine	324
— à la chipolata	325
— au jambon	325
— en papillottes	325
— à la bonne-femme	325
— aux olives	325
— frit	326
— en fricandeau	326
— (blanquette de)	326
— (capilotade de)	326
— (fritots de)	326
— (croquettes de)	326
— (rissoles de)	326
— (cassolettes de)	326
— (coquilles de)	326
— (quenelles de)	326
Lapins de garenne	334
Lard (ce qu'on entend par)	18
Légumes	412
— (macédoine de)	482
— (salade de)	484
— (du pot-au-feu)	133
Lentilles	447
— (potage à la purée de)	146
Levraut chasseur	333
— sauté	334
Liaisons	97
Liaison à la farine	98
— à la fécule	98
— à l'œuf	99
— à l'œuf et à la crème	100
— au beurre	98
— à l'huile	98
— au sang	100
Lièvre	330
Lièvre à la broche	331
— (manières diverses d'accommoder les restes de)	331
— mariné	332
— (civet de)	332
— (pâté de)	567
— (terrine de)	551
Limonade	639
Liqueurs domestiques	640

TABLE ALPHABÉTIQUE DES MATIÈRES

Liqueurs (coloration des)	640
— (service des)	67
Liqueur au cassis	611
— des 4 fruits	641
— aux framboises	641
— à l'angélique	612
— d'anisette	612
— de vespétro	612
— au genièvre	642
— au curaçao	612
— à l'orange	613
— au citron	643
— à la fleur d'oranger	643
— au noyau	643
— au brou de noix	613
Macaroni (potage au)	136
— au jus	501
— à l'italienne	501
— à la financière	501
— au gratin	502
— en timbale	501
Macarons	593
Macédoine de légumes	482
Macérer (signification du mot)	18
Maitresses de maison (Attributions des)	70
Macreuses	348
Maquereaux	385
— à la maître-d'hôtel	385
— à la bonne-eau	386
— en mayonnaise	386
— (filets de) sautés	396
— frits	386
— en papillotes	387
Maquereaux salés	387
— à la sauce blanche	387
Marasquin	589
Marché (Conseils pour faire le)	33
Marinades	96
Mariner (Signification du mot)	18
Marmelade de pommes	503
— d'abricots	616
— de prune de Reine Claude	616
Marquis	596
Marrons grillés	608
— bouillis	607
— glacés	624
Massepains	593
Masquer (Signification du mot)	19
Matelote brune	370
— blanche	370
— de carpes	370
— brûlée	371
— d'anguilles	277
Matelote de tout poisson	393
Mauviettes (Voir alouettes)	343
Mayonnaise de bouilli	109
— de volaille	273
— de perdreaux	340
— de poisson	359
— de homard	404
— de crevettes	409
Melon	476
Menu (Ce qu'on entend par)	40
— (modèle de)	42
— (indications pour la composition d'un)	44
Merlans frits	394
— au gratin	395
Meringues	599
— à la crème	600
— à la confiture	600
Mets (service des)	63
Mijoter (signification du mot)	19
Mock-Turtle potage imitant le potage à la tortue	153
Morilles	464
Morue salée	382
— — à la cherbourgeoise	383
— — à la béchamel	383
— — au gratin	383
— — au fromage	383
— — (turban de)	383
— — (brandade de)	384
— fraîche à la hollandaise	384
— — frite	385
Mouches (conseils contre les)	24
Moules	400
— à la marinière	401
— à la poulette	401
— en coquilles	402
— comme garniture	402
Moules à pâtés	568
Mouvettes (ce qu'on entend par)	19
Mouiller (signification du mot)	19
Mouton (moyen d'attendrir le)	127
— (côtelettes de)	232
— (gigot de)	226
— (selle de)	232
— (haricot de)	234
— (poitrine de)	235
— (pieds de)	236
— (rognons de)	236
— (cervelles de)	236
— (queues de)	236
— (langues de)	238
— (tripettes de)	239
Mulets	362
Navarin	234

Navets		435	Oie en salmis	308
—	pour garniture	116	— à la bourgeoise	309
—	à la sauce blanche	435	— (abattis d')	309
—	à la poulette	435	Oignons	432
—	au sucre	436	— farcis	432
—	(purée de)	436	— glacés pour garniture	432
Noisettes pour remplacer les amandes		129	— (purée d')	433
Noix (ce qu'on entend par)		19	— marinés	433
Noix (moyen de donner aux) les apparences de noix fraîches		129	— (conservation des)	433
			Omelette au naturel	493
Noyau (liqueur de)		643	— aux fines herbes	493
Nougat		599	— aux pointes d'asperges	493
Œufs		485	— aux champignons	493
—	(conservation des)	485	— aux morilles	493
—	à la coque	486	— aux truffes	494
—	mollets	486	— au rognon de veau	494
—	durs	486	— au rognon de bœuf	495
—	en salade	486	— au rognon de mouton	495
—	pochés	487	— au cervelas	495
—	au jus	487	— au hareng saur	495
—	frits	488	— au lard	495
—	à la sole ou au beurre noir	488	— au jambon	495
—	à la sauce blanche	488	— à l'oignon	496
—	à l'oseille	489	— aux moules	496
—	à la sauce tomate	489	— aux crevettes	496
—	à la béchamel	489	— mousseuse	496
—	à la tripe	489	— au sucre	497
—	sur le plat ou au miroir	489	— au rhum	497
—	aux asperges	490	— à la confiture ou à la célestine	497
—	aux fines herbes	490	— soufflée	497
—	brouillés ou à la tribouillette	490	Oranges (salade d')	606
—	au fromage	490	— (quartiers d') glacés	606
—	au hareng saur	491	Orange (gelée à l')	526
—	au cervelas	491	— (liqueur à l')	643
—	aux truffes	491	Oreilles de veau au naturel	219
—	aux pointes d'asperges	491	— — frites	220
—	aux champignons	491	Oreilles de cochon panées et grillées	247
—	à l'aurore ou à l'escargot	491	— — à la purée de pois verts	247
—	en omelette	492	Oseille (pour garniture)	466
—	à l'eau	498	— (conservation de l')	466
—	au lait	499	Outillage indispensable pour la pâtisserie	561
—	à la neige	499	Pailles de pommes de terre	416
Œufs de carpe		372	Pain-perdu	511
Oies		307	Pains de viandes	547
Oie à la broche		307	— de fleurs d'oranger	629
—	(graisse d')	308	Palais de bœuf	186
—	(restes d')	308	— farcis	187
—	aux navets	308	— frits	187
—	aux olives	308	— en croquettes	187
—	à la bordelaise	308		
—	à la chipolata	308	Paner (signification du mot)	19

TABLE ALPHABÉTIQUE DES MATIÈRES

Panures	94
— pour côtelettes	95
— pour croquettes. . . .	95
Papillons ou raitons frits . . .	381
Papillotes (signification du mot)	19
Parer (ce qu'on entend par) . .	20
Passer (ce qu'on entend par) . .	20
Pastilles de fleurs d'oranger .	629
Patates	423
Pate pour fritures.	91
— brisée.	563
— feuilletée	563
— sablée.	565
— pour croûte de pâté . . .	567
Patés.	546
— en terrine	546
— (précautions à prendre pour conserver longtemps les)	547
— (moules à)	563
— (farce pour).	546
Paté de foie gras	571
— de veau et jambon. . . .	567
— de volaille.	567
— de lapin	567
— de lièvre.	567
— de perdreaux.	567
— de bécasses	567
— d'alouettes dit de Pithiviers.	567
— de saumon.	571
Patés (petits)	577
— (petits au jus)	576
Patés chauds.	572
— (garniture des).	574
Patisserie	559
Patrouillard.	590
Paupiettes de veau	210
Perdreaux.	334
— à la broche.	336
— (manières d'accommoder les restes de).	337
— truffés.	337
— en salmis.	338
— aux choux	338
— (chartreuse de) . . .	340
— à la chipolata . . .	340
— en mayonnaise . . .	340
— en galantine	341
— (terrine de).	552
— (pâté de).	567
Pêches à la Condé.	510
— à l'eau-de-vie	644
— (tarte aux).	587
— (croûte aux).	509

Perce-pierre ou criste-marine	479
Persil frit	480
— conservé par la dissécation	480
Perches	374
Personnel pour les repas . . .	51
Petit salé	242
— aux choux	254
— à la purée de pois verts.	254
Petits-fours au blanc d'œuf. .	598
Petits-fours (ce qu'on entend par).	20
Petits patés	577
— au jus.	576
Petits pois au sucre.	444
— à l'anglaise	539
— au lard	445
— en garniture. . . .	445
— conservés	446
Pets de nonne	508
Pieds de bœuf.	195
— de veau au naturel. . . .	221
— — à la poulette . .	221
— — frits	222
— — farcis	222
— de mouton	236
Pieds de cochon à la cherbourgeoise. . . .	249
— — à la Sainte-Menehould. .	248
— — truffés. . . .	248
Pigeons.	309
— à la broche.	319
— (manières d'accommoder les restes de). .	311
— à la crapaudine. . . .	311
— farcis	311
— aux petits pois	312
— en compote.	313
— aux choux	313
— (chartreuse de). . . .	313
— au blanc	313
— en papillotes.	313
— à la chipolata.	313
— frits	313
— (terrine de).	554
— (pâté de).	567
Pigeon-pie	538
Pigeons-ramiers.	349
Pilau, entremets turc	536
Pintades	314
Piquage	93
Piquette (ce qu'on entend par).	10
Piquette	636

TABLE ALPHABÉTIQUE DES MATIÈRES

Pissenlit 473
— cuit employé pour chicorée 130
Plies 393
Plum-cake 592
Plum-pudding anglais 539
— à la parisienne . 541
Pocher (ce qu'on entend par) . 20
Pocheuse 487
Pois (voir petits pois) 444
Pois verts (purée de) 445
— (ptage à la p rée) 145
— à tirer ou sans parchemin 446
Poisson 349
— (moyen de rendre mangeable celui qui commence à se corrompre) 428
— conserve de gros) . . . 353
Poires 605
— à l'allemande 510
— à la Condé 510
— tapées 628
— à l'eau-de-vie 611
— (compote de) 609
Poitrine de veau 211
— farcie à la broche . . 211
— braisée 211
— aux petits pois 211
— en blanquette 212
— à la Marengo 212
— à la bordelaise 213
— en matelote 213
— aux choux 214
— (chartreuse de) 214
— à la chipolata 214
Poitrine au jambon 215
— de mouton panée et grillée 235
— en hochepot 234
Pommes 605
— au beurre 504
— au riz 505
— flambantes 505
— (beignets de) 506
— à la Condé 510
— (gelée de) 613
— (charlotte de) 503
— (compote de) 609
— (du parti à tirer de celles qui ont gelé 606
Pommes de terre 412
— (potage à la purée de) . 116
— en robe de chambre . . 413

Pommes de terre dans les cendres ou au four . . 413
— à l'eau 414
— pour garniture 414
— sautées 414
— frites 415
— en pailles 416
— soufflées 416
— à la maître-d'hôtel . . . 417
— en ragoût 417
— à la sauce blanche . . . 417
— au lard 418
— en matelote 418
— à la provençale 418
— farcies 419
— en purée 419
— en purée gratinée . . . 420
— duchesses 420
— en salade 421
Porc 240
— (conservation de la chair de) 241
— (rôti de) 242
— au four 243
— à l'étuvée 243
— (côtelettes de) 243
— (filet de) 244
— (filets mignons de) . . . 244
Potage au pain 134
— croûtes au pot 134
— riz au gras 135
— riz au maigre 139
— riz au lait 139
— riz Crécy 138
— au riz et à l'oseille . . . 144
— au riz et à l'oignon . . 150
— au vermicelle au gras . 136
— au vermicelle au lait . . 139
— au vermicelle et à l'oseille 144
— au vermicelle et à l'oignon 150
— aux pâtes d'Italie au gras 136
— aux pâtes d'Italie au lait 139
— aux luzanes 136
— au macaroni 136
— aux nouilles 137
— aux quenèfes 137
— à la semoule au gras . 138
— à la semoule au lait . . 140
— au tapioca au gras . . . 138
— au tapioca au lait . . . 140
— au sagou au gras . . . 138
— au sagou au lait 140

TABLE ALPHABÉTIQUE DES MATIÈRES

POTAGE à la fécule	138
— bouillie	140
— au jus de veau	140
— aux choux	141
— au lard et aux choux	141
— aux poireaux	142
— à la graisse	142
— à l'oseille	143
— à l'oseille et au jus de légumes	144
— panade	144
— à la purée de pois verts	145
— purée croûtons	145
— à la purée de lentilles dit à la Conti	146
— à la purée de pommes de terre	146
— à la purée de haricots blancs	146
— à la purée de haricots rouges dit à la Condé	147
— à la purée de marrons	148
— au potiron ou citrouille	148
— à la flamande	148
— à l'oignon	149
— à la julienne	150
— à la julienne maigre	150
— à la julienne en purée	151
— printanier	151
— printanier aux œufs pochés	151
— Crécy au gras	152
— Crécy au maigre	152
— consommé	152
— consommé aux œufs pochés	152
— à la bisque d'écrevisses	152
— à la tortue	153
— gascon ou garbure	154
— au congre	155
— marseillais ou bouillebaisse	155
POT-AU-FEU	130
— (légumes du)	133
POTIRON	475
POUDRE à nettoyer de Grosset-Grange	29
OULARDES	266
POULARDE rôtie	270
— (manière d'accommoder les restes de)	271
— (salade de)	273

POULARDE (mayonnaise de)	273
— rôtie aux marrons	273
— — au cresson	274
— truffée	274
— au jus	275
— au macaroni	276
— à la financière	276
— au gros sel	289
— aux tomates	290
POULES	267
— (moyen d'attendrir les vieilles)	127
POULE au jus	275
— au macaroni	276
— au riz	289
— aux tomates	290
— aux oignons	290
— au kari	291
— en daube ou galantine	292
POULE de bruyère	311
— d'eau	348
POULETS	267
— à la reine	267
— (brochette de)	272
POULET rôti	270
— (manières d'accommoder les restes de)	271
— (salade de)	273
— (mayonnaise de)	273
— rôti aux marrons	273
— — au cresson	274
— au blanc	276
— au blanc aux salsifis	277
— — aux carottes	277
— — aux pommes de terre	278
— — à la jardinière	278
— — aux champignons	278
— — aux cervelles, aux ris, aux quenelles	278
— (fricassée de)	279
— (vol-au-vent à la fricassée de)	279
— à la Saint-Lambert	281
— à la crapaudine	281
— à la diable	282
— à la Bourguignonne	282
— à la paysanne	283
— à l'estragon	283
— aux olives	284
— à la chipolata	285
— au beurre d'écrevisses	286
— sauté	286

TABLE ALPHABÉTIQUE DES MATIÈRES

Poulet sauté aux champignons.	286
— à la Marengo	286
— à la minute	287
— à la Bordelaise.	288
— au jambon.	288
— à la cinq clous.	288
— (terrine de)	549
— (pâté de).	567
— (capilotade de).	293
— (blanquette de).	293
— (fritots de).	293
— (papillotes de)	294
Pousses de ronces et de houblon.	129
Pralines	629
Préparations culinaires d'origine anglaise.	537
Provisions (grosses).	37
Predomes ou mange-tout	440
Pruneaux.	627
Prunes confites	622
— à l'eau-de-vie.	611
— (croûtes aux).	510
— (tarte aux).	587
— (marmelade de)	617
Pudding (Plum).	539
— au pain	542
— aux pommes	543
— aux cerises.	545
— aux prunes.	545
— aux abricots	545
— aux groseilles vertes	601
— à la rhubarbe.	603
— roulé.	545
Punch pour soirée.	639
— à la romaine.	634
Purée de lentilles	447
— (potage à la)	146
— de pois verts.	445
— (potage à la)	145
— de pommes de terre.	419
— (potage à la)	146
— de tomates.	457
— d'oseille	466
Quartier d'agneau rôti.	239
— — à la poulette.	239
Quatre-quarts	591
— aux amandes.	592
Quenelles grasses.	121
— maigres	122
Queues de bœuf.	188
— — braisées.	188
— — en hochepot.	188
— de mouton braisées.	236
— — à la chicorée.	237
Queues de mouton à l'oseille	237
— — à la sauce tomate	237
— — panées et grillées.	237
— — frites.	237
— — farcies.	237
— de cochon.	247
Quiche ou galette lorraine.	584
Radis.	477
Rafraîchissements pour soirées.	72
Raie	380
— à la sauce blanche.	380
— au beurre noir.	381
— frite.	381
— à l'huile.	382
Raisiné de Bourgogne.	617
Raitons ou papillons frits	381
Rales.	342
Raviers (ce qu'on entend par)	20
Relevés (ce qu'on entend par).	20
Repas (composition et service d'un)	38
Revenir (signification du mot).	11
Restes (différentes espèces de)	75
— (manière d'employer les).	75
— de rôti de bœuf	171
— — de veau.	198
— de rognon de veau.	199
— de tête de veau.	218
— de fraise de veau.	220
— de gigot de mouton.	228
— de cochon de lait.	261
— de volaille rôtie.	271
— de volaille truffée.	275
— de fricassée de poulet.	279
— de dindon	298
— de canard	304
— d'oie.	308
— de pigeons.	311
— de gigot de chevreuil.	329
— de lapin	320
— de lièvre.	331
— de saumon.	356
— de turbot.	367
— de homard.	401
— de choux-fleurs.	429
— de gâteau de riz.	514
Rhubarbe sur le plat.	602
— (tarte à la).	602
— (pudding à la).	603
Ris de veau	220
Rissoles	123
— de bouilli.	164
— de veau	226

TABLE ALPHABÉTIQUE DES MATIÈRES

Rissoles de volaille 294
— de lapin 326
— à la confiture. 503
Riz au plat 514
— à l'oseille (potage). 144
— à l'oignon (potage). 150
— au lait (potage) 139
— au gras (potage). 135
— (gâteau de riz). 513
Rognon de bœuf 188
— — sauté . . . 189
— — au vin de Madère. 189
— — au vin de Champagne. . . 189
— — aux champignons. . . . 189
— — à la maître d'hôtel . 189
— — 189
— — à l'étouffée. . . 190
— — en salmis . . . 190
Rognon de veau. 225
— — (restes de). . . 199
— — (omelette au). 494
Rognons de mouton à la brochette . 236
— — sautés . . 236
— de cochon. 243
— de coq. 295
Ronces (pousses de). 129
Rosbif (Voir aloyau). 169
Rôts (ce qu'on entend par). . . 21
Rouelle (signification du mot). . 21
Rougets ou grondins. 362
Rouled-pudding. 545
Roussettes. 511
Roux (ce qu'on entend par). . . 21
Saindoux ou axonge. 86
Saint-Honoré. 594
Saint-Pierre ou dorade 368
Salmis 112
— de canard 304
— pour restes de canard . . 113
— de pigeons 311
— de perdreaux. 338
— de cailles. 342
— d'alouettes 314
— de bécasses. 346
— de macreuse 348
— de bisette. 348
Salades. 468
Salade de laitue. 468
— de chicon. 470
— de chicorée 471
— de volaille. 273

Salade de saumon 358
— de thon. 360
— de homard. 404
— de légumes 484
— de concombres. 455
— russe 484
— d'oranges 606
Salsifis. 451
— à la sauce blanche. . . 451
— à la sauce poulette. . . 452
— frits. 452
— pour garniture. 452
Sambayon. 525
Sandwichs au jambon. 259
— au foie gras . . . 557
Sanglier 326
Sarcelles. 348
Sardines fraîches 397
— à l'huile. 398
Sauces (moyen de réduire les). . 97
— (moyen de détourner les). 97
— anglaises. 537
Sauce maître-d'hôtel. 100
— à la pauvre homme. . . 109
— au beurre noir 101
— piquante. 101
— Robert. 102
— poivrade 102
— au sang et au foie. . . . 103
— blanche parisienne . . . 103
— — normande. 104
— — à l'oseille. 104
— — aux câpres 105
— écrevisses, homard et crevettes 105
— blanquette 105
— poulette 105
— béchamel au gras. . . . 105
— — au maigre . . 105
— pour gibier et volaille. . 106
— rémoulade 106
— ravigote chaude. 106
— — froide 106
— tartare. 107
— mayonnaise blanche. . . 107
— — verte 108
— ayoli. 108
— tomate. 108
— soubise. 108
— au Madère 109
— aux anchois 106
— au jambon 109
— à la diable 109
— au Kari. 110

TABLE ALPHABÉTIQUE DES MATIÈRES

Sauce bordelaise	110
— béarnaise	110
— hollandaise	111
— italienne	111
— provençale	111
— genevoise	111
— vénitienne	112
— Périgueux grasse	112
— — maigre	112
Salmis	112
— pour restes de canard	113
— à la minute	114
Saucisses	251
— (chair à)	252
— (différentes espèces de)	251
— (manière de faire les)	252
— au naturel	252
— aux choux	253
— à la lorraine	253
— crépinettes	252
— chipolata	254
— fumées	254
Saucissons	358
Saumon	358
— salé	358
— fumé	358
— (escalopes de)	357
Saumure	21
— (manière de préparer la)	126
Sauter (ce qu'on entend par)	21
Savarin	581
Scarolle	
Selle de mouton (ce qu'on entend par)	21
— rôtie	232
Service de la table	64
— des domestiques	68
— des vins	65
— des mets	63
Services à la russe et à la française	53
Sirops	619
Sirop de groseilles	619
— de groseilles framboisé	620
— de cerises	620
— de mûres	620
— de vinaigre	620
— d'oranges	621
— de citrons	621
— d'orgeat	621
— pour savarin	582
Soirées	72

Soles	389
Sole frite	390
— à la Colbert	390
— à l'anglaise	539
— aux fines herbes	390
— au gratin	390
— en matelote	391
— normande	392
— (filets de)	392
— — à la Colbert	392
— — à la Orly	392
— — en mayonnaise	392
— — à la poulette	393
— — farcis	393
Sorbets	630
— au rhum	631
— au kirsch	631
Soufflés de riz	517
— de fécule	516
— au chocolat	518
— à la farine de châtaignes	518
Soupers	40
Soupes (voir potages)	134
Souris (conseils contre les)	24
Sucre en poudre	83
— pilé	83
— (clarification du)	85
— (cuisson du)	84
Surtout (ce qu'on entend par)	21
— (Modèle de)	22
Table (service et disposition de la)	51
Tanches	374
Tartelettes	590
Tartes	585
Tarte aux pommes	585
— anglaise aux pommes	586
— aux abricots	586
— aux pêches	587
— aux prunes	587
— aux cerises	587
— aux poires	588
— aux fraises	588
— aux framboises	588
— aux groseilles vertes	601
— au raisin	588
— à la rhubarbe	602
— aux fruits confits	588
— à la crème	589
— à la frangipane	589
— des Vosges	599
— au riz	590
— à la semoule	590
Terrines	516

TABLE ALPHABÉTIQUE DES MATIÈRES

Terrine de foie de veau	557
— de foie de veau haché	558
— de foie de cochon	558
— de foies gras	556
— de veau et jambon	548
— de volaille	549
— de pigeons	554
— de lapin haché	550
— de lapin en morceaux	551
— de lièvre	552
— de perdreaux	552
— de cailles	554
— d'alouettes	555
— de bécasses	554
— de bécassines	556
— de poisson	559
Tête de veau	215
— — (Manière d'accommoder les restes de)	218
— — à la financière	219
— — à la tortue	219
Tête de cochon panée et grillée	245
Thé	638
Thon	361
Toilette (ce qu'on entend par)	22
Tomates	456
Tomate (sauce)	103
Topinambours	421
Tot-fait	519
Tourtes aux fruits (voir tartes)	585
Tourte d'entrée à la fricassée de poulet	279
Tourteaux	354 et 406
Truffes	464
— (conservation des)	465
— sautées au vin de Madère	465
Trippes à la mode de Caen	194
Truites	359
Turbot	366
Turbots (Petits) frits	367
— au gratin	367
Ustensiles (Nettoyage des)	23
— (Conseils pour les)	23
Vaisselle (nettoyage de la)	28
Vanille en poudre	126
Veau (Indices auxquels on reconnait le bon)	196
— (rôti de)	197
Veau (Manière d'accommoder les restes de rôti de)	198
— (rognon de)	225
— (galantine de)	201
— (épaule de)	210
— (épine de)	202
— (fricandeau de)	202
— (côtelettes de)	205
— (escalopes de)	209
— (paupiettes de)	211
— (poitrine de)	211
— (tête de)	215
— (cervelles de)	216, 220
— (oreilles de)	219
— (ris de)	220
— (fraise de)	220
— (pieds de)	220
— (foie de)	222
— (cœur de)	225
— à la bourgeoise	210
Verres (nettoyage des)	29
Vespetro	642
Viandes (conservation des)	34
— (apprêt pour les viandes très-maigres)	127
— (moyen d'ôter le mauvais goût aux)	123
— (procédé pour mortifier promptement les)	126
Vins (service des)	65
— en fûts	645
— en bouteilles	647
— (collage des)	647
— (maladies des)	650
Vin remplacé par eau-de-vie	128
— chaud	639
Vinaigre (Manière de faire du)	652
— à l'estragon pour salades	469
— framboisé	620
— (sirop de)	620
Vocabulaire-culinaire	11
Volaille (ce qu'on entend par)	262
— (Manière de tuer, plumer, vider la)	265
— (moyen de mortifier la)	265
— (sang de)	266
— (salade de)	273
— rôtie	270
— (mayonnaise de)	273
— (blanquette)	293
— (pâté de)	567
— (terrine de)	519

38

Volaille (croquettes de)	294	
— (rissoles de)	294	
— (coquilles de)	295	
— (croustades de)	294	
— (cassolettes de)	294	
Vol-au-vent	575	
Vol-au-vent à la fricassée de poulet	279	
— (petits)	576	
Zeste (ce qu'on entend par)	22	
— (conservation du zeste de citron)	604	

FIN DE LA TABLE.

ANNEXE

RECETTES ET RENSEIGNEMENTS NOUVEAUX

Le bon accueil qu'a obtenu *la Bonne Cuisine française* me fait un devoir de compléter mon œuvre en soignant tout particulièrement cette nouvelle édition, en comblant les lacunes, en réparant les omissions existant dans la précédente. Cette annexe est le complément indispensable de mon livre. Elle se compose de recettes faciles, simples, et qui seront les bienvenues, j'en suis certain, de toutes les maîtresses de maison.

Potage au céleri.

Pour 6 personnes :
Mettez dans un litre et demi d'eau 2 ou 3 pommes de terre pelées, à peu près gros comme la moitié du poing de pain, la moitié d'un pied de céleri coupé par morceaux ; faites bien cuire le tout ; écrasez et passez ; ajoutez l'eau nécessaire pour que votre purée soit d'une bonne épaisseur ; mettez gros comme un œuf de beurre, un peu de sel et de poivre ; faites mijoter un quart d'heure en remuant de temps, en temps afin que votre potage ne s'attache pas à la casserole ; servez sur des petits croûtons frits. (*Voir Croûtons, pag.* 123 *et* 124.)

Bouilli aux fines herbes, entrée.

Au BRUN : Mettez dans une casserole gros comme un œuf de beurre et une cuillerée de farine ; remuez sur feu vif avec une mouvette jusqu'à ce que le mélange soit d'une belle couleur marron foncé ; éteignez avec un bon verre d'eau ; ajoutez une cuillerée d'eau-de-vie, sel, poivre, deux bonnes cuillerées de persil et de ciboule hachés fin ; puis le bouilli coupé en tranches ; laissez cuire une demi-heure... trois quarts d'heure.

Au BLANC : Se fait de la même manière que le précédent, seulement on ne laisse roussir ni le beurre ni la farine ; aussitôt le beurre bien fondu et mélangé avec la farine, on met l'eau.

Bouilli à l'estragon, entrée.

On procède comme pour le bouilli aux fines herbes, soit au brun, soit au blanc, seulement, au lieu de persil et de ciboule, on met de l'estragon.

Fricandeau.

J'ai donné page 202 la recette du Fricandeau ; si l'on n'arrivait pas à un résultat parfait, j'engage à la modifier de la manière suivante :

Faire avec les os, peaux, rognures du veau qui vous a servi à faire le fricandeau, les rognures et couenne du lard qui vous a servi à le piquer, un litre de jus environ (*Voir Jus, page* 118); mettez ce jus en même temps que le fricandeau dans la casserole; faites cuire trois heures à petit feu en arrosant fréquemment; disposez le fricandeau avec sa sauce sur le plat; enduisez le dessus, au moyen d'un pinceau, avec un peu de la sauce réduite à grand feu jusqu'à ce qu'elle ait la consistance d'une glu très-épaisse.

Poitrine de veau aux fines herbes, entrée.

Coupez la poitrine en morceaux grands à peu près comme le quart de la main.

Mettez dans une casserole gros comme un œuf de beurre et plein une cuillère à bouche de farine. Lorsque le beurre est fondu et bien mélangé avec la farine, éteignez avec un verre d'eau ou de bouillon; mélangez bien, mettez les morceaux de veau, une cuillerée d'eau-de-vie, un oignon, deux cuillerées de persil et de ciboule hachés fin, sel, poivre; laissez cuire une heure et demie à deux heures; servez entouré de croûtons frits si vous voulez.

Pour les personnes qui voudraient encore perfectionner ce mets, on peut, au moment de servir, lier la sauce avec des jaunes d'œufs ou des jaunes d'œufs et de la crème. (*Voir page* 99, *liaison à l'œuf et liaison à l'œuf et à la crème.*)

Ris de veau au blanc, entrée.

Enlevez l'espèce de tube coriace qui tient au ris, les petites peaux, les petits vaisseaux sanguins; laisser dégorger les ris pendant deux ou trois heures à l'eau tiède ; lavez-les bien ; puis procédez comme pour le poulet au blanc, page 276.

On peut mettre les ris au blanc aux SALSIFIS ; aux CAROTTES ; aux POMMES DE TERRE ; à la JARDINIÈRE ; aux CHAMPIGNONS ; à la FINANCIÈRE, enfin de toutes les manières indiquées pages 276 et suivantes pour le poulet au blanc.

Autres manières d'accommoder les ris.

On peut aussi mettre les ris de veau au GRATIN. On procède comme pour les *cervelles au gratin*, voir page 191.

On peut les mettre en coquilles. (Voir *Cervelles en coquille*, page 191.)

On peut les accommoder aux fines herbes.

Poulet aux fines herbes, entrée.

S'accommode comme la poitrine de veau aux fines herbes. (Voir page précédente).

Lapin aux fines herbes, entrée.

S'accommode comme la poitrine de veau aux fines herbes ; avoir soin, une fois coupé et avant de le mettre dans la sauce, de le faire blanchir à l'eau tiède.

Perdreaux.

Aux renseignements que nous avons donnés page 334, article *Perdreaux*, nous devons ajouter les suivants :

L'âge des perdreaux rouges est encore plus difficile à reconnaître. Les plus jeunes ont l'aile pointue et, à l'extrémité des grandes plumes, un point blanchâtre que n'ont plus les vieilles perdrix.

La bartavelle est une espèce de perdrix rouge, très-grasse.

Turbot entier en mayonnaise.

Il est fâcheux, lorsqu'on a un beau turbot, de le dépecer pour le mettre en mayonnaise. Dans ce cas, fendez-le du côté blanc dans toute sa longueur, soulevez les chairs avec précaution et enlevez l'arête ; mettez à la place la salade bien imbibée de sauce, ornez la fente et le poisson de quartiers d'œufs, d'écrevisses, etc.

Et vous aurez un fort joli plat.

Feinte.

La feinte est un poisson qui paraît, au printemps, sur les marchés, immédiatement après l'alose. Il est de même aspect, mais beaucoup plus petit. Il a l'inconvénient d'avoir beaucoup d'arêtes.

Il s'accommode de toutes les manières indiquées pour l'alose, page 363 et suiv.

Diable de mer.

Le diable de mer est un poisson à chair ferme et fort bon à manger ; il s'écorche et s'accommode, comme la raie et le congre, à la sauce blanche.

Œillet ou crâ-d'éau.

L'œillet est un petit poisson qui se pêche à l'embouchure de la Seine. Il se rapproche, comme aspect et comme goût, de la sardine de la petite variété. Sa saison commence vers la mi-mai.

Choisissez-le l'œil et la robe bien brillants; ne le videz pas; passez-le vivement dans l'eau, essuyez-le avec précaution; faites cuire à feu vif sur le gril bien chauffé auparavant, servez sur un peu de bon beurre et saupoudré de sel fin. C'est la seule bonne manière de l'accommoder.

Mâche appelée encore Boursette et Royale.

Se mange en salade avec accompagnement de céleri coupé fin et de ronds de betterave cuite.

S'assaisonne comme les autres salades, voir page 468.

On peut mélanger la mâche avec différentes autres espèces de salades telles que scarole, chicorée, chicon, etc.

Gâteau de blancs d'œufs vanillé, entremets.

Pour 12 personnes :

Prenez six œufs; séparez les jaunes d'avec les blancs; battez les blancs en neige très-ferme; ajoutez-y trois bonnes cuillerées de sucre en poudre et le demi-quart d'une gousse de vanille réduite en poudre; mettez dans un moule dont vous aurez enduit les parois avec du caramel blond foncé. — N'emplissez le moule qu'à moitié, car les blancs monteront; faites cuire au bain-marie, avec un peu de feu sur le couvercle du moule, 45 minutes. Renversez dans un plat ; servez entouré d'une sauce comme celle des œufs à la neige pour laquelle vous emploierez les jaunes que vous avez mis de côté. (*Voir OEufs à la neige, page* 499.) Pour la sauce d'un gâteau de la dimension indiquée ci-dessus, il faut un demi-litre de lait au moins.

Apple-kake, entremets d'origine anglaise.

Pour 14 ou 15 personnes :
Pelez 24 pommes de grosseur moyenne, ôtez-en les cœurs, mettez-les cuire dans une casserole avec un demi-verre d'eau, un zeste de citron, de la cannelle et 250 grammes de sucre. Lorsque les pommes sont bien cuites, passez-les. Remettez sur le feu une ou deux minutes, avec gros comme un œuf de bon beurre et deux cuillerées de fécule. Laissez un peu refroidir : ajoutez un à un, en remuant, huit œufs blancs et jaunes ; quand le tout est bien mélangé, beurrez un moule, mettez-y le mélange et faites prendre au bain-marie.

Ce gâteau se mange froid.

Flan russe, entremets.

Pour 6 personnes :
Battez en neige bien ferme 4 blancs d'œufs, mêlez-les avec deux cuillerées de sucre et deux cuillerées de confitures que vous avez bien battues ensemble avant de les joindre aux blancs d'œufs ; versez dans un plat et faites cuire au four de campagne bien chaud pendant dix minutes.

Cerises aux croûtons, entremets.

Prenez une livre de cerises, ôtez les queues, faites cuire avec 125 grammes de sucre pendant dix minutes; ôtez les cerises avec l'écumoire; faites réduire un peu le jus; versez-le sur les cerises, et servez entouré de croûtons frits.

Groseilles pour dessert.

On a l'habitude d'égrener les petites groseilles pour les présenter sur la table. Servez-vous d'une fourchette pour cette opération et disposez les groseilles une fois égrenées en pyramide dans le compotier.

Sucre d'orge, dessert.

Faites crever 125 grammes d'orge dans un litre d'eau; passez; ajoutez une livre et demie de cassonade de première qualité, faites cuire dans une casserole de cuivre non étamée, à grand feu jusqu'à ce que votre mélange arrive au *grand cassé*. (Voir page 85.) Versez sur une table de marbre légèrement huilée, et lorsque votre pâte est consistante, coupez avec des ciseaux par morceaux que vous roulez avec la main sur le marbre pour les allonger en bâtons.

- Caramels, dessert.

Faites fondre dans une casserole de cuivre non étamée 500 grammes de sucre dans un verre d'eau; faites cuire à grand feu en remuant de temps en temps jusqu'à ce que le sirop arrive à une belle couleur marron foncé; versez sur une table de marbre huilée; indiquez, en appuyant légèrement avec la lame d'un couteau sur la surface du caramel, des petites divisions, soit en carrés, soit en losanges. Lorsque le caramel est froid, vous le cassez suivant les divisions marquées.

Les deux recettes suivantes sortent un peu du cadre que nous nous étions tracé; mais comme il est indispensable qu'une cuisinière les connaisse, nous avons cru devoir leur accorder une place dans notre guide culinaire.

Bouillon aux herbes ou à l'oseille.

Faites bouillir un litre d'eau; lorsqu'il bout à gros bouillons, mettez-y une petite poignée d'oseille bien épluchée, deux ou trois branches de cerfeuil, quelques grains de sel, gros comme une noix de beurre; faites jeter deux ou trois bouillons et passez.

Lait de poule.

Mettez dans un bol un jaune d'œuf, une cuillerée de sucre en poudre, plein une cuillère à café d'eau de fleurs d'oranger, battez bien le tout ensemble jusqu'à ce que le mélange blanchisse; versez peu à peu un verre d'eau bouillante.

Le lait de poule est très-bon pour les maux de gorge; on doit le prendre lorsque la digestion est bien faite, lorsqu'on est couché, et aussi chaud que possible.

FIN DE L'ANNEXE.

TABLE DES MATIÈRES DE L'ANNEXE

Apple-cake.	681	Lait de poule.	683
Bouilli aux fines herbes	676	Lapin aux fines herbes	678
— à l'estragon.	676	Mache ou herbe royale	680
Bouillon aux herbes	683	Œillet ou crâ-d'eau	680
Caramels.	682	Perdreaux	678
Cerises aux croûtons.	682	Potage au céleri	675
Diable de mer	679	Poitrine de veau aux fines herbes	677
Feinte	679		
Flan russe.	681	Poulet aux fines herbes.	678
Fricandeau.	676	Ris de veau au blanc.	677
Gateau de blancs d'œufs	680	Sucre d'orge.	682
Groseilles pour dessert.	682	Turbot entier en mayonnaise.	679

FIN DE LA TABLE DE L'ANNEXE.

SAINT-GERMAIN. — IMPRIMERIE D. BARDIN.

www.ingramcontent.com/pod-product-compliance
Lightning Source LLC
Chambersburg PA
CBHW050057230426
43664CB00010B/1350